Volker Wellhöner
„Wirtschaftswunder" – Weltmarkt – Westdeutscher Fordismus

THEORIE UND GESCHICHTE

DER BÜRGERLICHEN GESELLSCHAFT

Herausgegeben von Heide Gerstenberger und Hans-Günter Thien

Band 12

Volker Wellhöner, Privatdozent, Dr., Studium der Geschichtswissenschaft und Mathematik in Bielefeld, Veröffentlichungen zur jüngeren deutschen und spanischen Wirtschaftsgeschichte; Arbeitsschwerpunkte: Geschichte der industriellen Massenproduktion im 20. Jahrhundert, Ökonomische Gleichgewichtstheorie im Kontext von Mathematik und Physik.

Volker Wellhöner

„Wirtschaftswunder" – Weltmarkt – westdeutscher Fordismus

Der Fall Volkswagen

WESTFÄLISCHES DAMPFBOOT

Gedruckt mit Unterstützung der Hans-Böckler-Stiftung.

Die Deutsche Bibliothek - CIP-Einheitsaufnahme

Wellhöner, Volker:
"Wirtschaftswunder" - Weltmarkt - westdeutscher Fordismus : der Fall Volkswagen / Volker Wellhöner. - 1. Aufl. - Münster : Westfälisches Dampfboot, 1996
   (Theorie und Geschichte der bürgerlichen Gesellschaft ; Bd. 12)
    ISBN 3-929586-71-1
NE: GT

1. Auflage, Münster 1996
© Verlag Westfälisches Dampfboot, Münster
Alle Rechte vorbehalten
Umschlag: Lütke Fahle Seifert
Druck: Druckwerkstatt Hafen GmbH, Münster
ISBN 3-929586-71-1

Inhaltsverzeichnis

Vorwort

Bei dem vorliegenden Buch handelt es sich um eine gekürzte und überarbeitete Fassung meiner Habilitationsschrift. Sie trägt denselben Titel wie das Buch und wurde von der Fakultät für Geschichtswissenschaft und Philosophie der Universität Bielefeld im Winter 1993/94 angenommen. *Werner Abelshauser* hat ihre Entstehung mit konstruktiver Kritik begleitet.

Ich habe mich bei dem Forschungsprozeß, welcher der Abfassung dieser Studie vorausging, von einem Satz Max Webers leiten lassen: »Nicht die 'sachlichen' Zusammenhänge der Dinge', sondern die 'gedanklichen' Zusammenhänge der 'Probleme' liegen den Arbeitsgebieten der Wissenschaften zugrunde.« Wer über das westdeutsche »Wirtschaftswunder« eine historische Arbeit schreiben will, benötigt - so glaube ich - ein *theoretisches* Verständnis dieses Prozesses. Die Fakten sprechen auch in diesem Fall *nicht* für sich. Ich habe mich demzufolge bemüht, im ersten Teil des Buches *meine* Interpretation der ökonomischen Nachkriegsprosperität zu entwickeln. Dabei greife ich *bestimmte* Anregungen der *Regulationstheorie* auf und distanziere mich insbesondere vom Marginalismus, der den meisten Arbeiten zum »Wirtschaftswunder« ausgesprochen oder unausgesprochen zugrunde liegt. Der zweite Teil des Buches analysiert die außergewöhnlichen Wachstumsbedingungen der fünfziger und frühen sechziger Jahre auf der Unternehmensebene. Aus Gründen, die aus der Lektüre der Studie erhellen, bot sich dafür das Volkswagenwerk an.

Dem *Unternehmensarchiv Stiftung AutoMuseum Volkswagen* in Wolfsburg - in den Anmerkungen abgekürzt als VW-Archiv - bin ich zu Dank dafür verpflichtet, daß ich nach Belieben auf alle wichtigen Quellen zugreifen konnte. Besonders die Unterstützung durch *Frau Resow* ging weit über das übliche Maß hinaus. Mit großer Herzlichkeit und ebenso großem Engagement hat sie mir immer wieder das Auffinden von interessantem Material ermöglicht. Auch der *Verband der deutschen Automobilindustrie (VDA)* und das Bundesarchiv Koblenz haben mir bereitwillig Material zur Verfügung gestellt.

Viele Freunde und Kollegen haben mich bei meiner Arbeit unterstützt. *Alice Teichova, Mikulás Teich* und *Elmar Altvater* lasen das Manuskript und gaben mir wertvolle Ratschläge. Fruchtbare Hinweise verdanke ich auch meinen Bielefelder Freunden *Thomas Haipeter, Cornelius Torp* und *Harald Wixforth,* die immer wieder für Diskussionen zur Verfügung standen. Ihnen allen sei ganz herzlich gedankt. Besonders hilfreich waren die Anregungen, die ich durch *Siegfried Katterle* erhalten habe. Durch ihn bin ich unter anderem auf die Arbeiten von Philip Mirowski gestoßen, die meine Kenntnisse über die wissenschaftshistorische Provenienz der Neoklassik und die daraus resultierenden Probleme wesentlich vertieft haben. Auch seine Hinweise auf die Schnittstellen zwischen der *Regulationstheorie* und dem *amerikanischen Institutionalismus* sowie dem *postkeynesianischen Theorieprogramm* waren wichtig. Ich habe versucht, wenigstens einiges davon in den Text und in die Anmerkungen aufzunehmen. Meinen wissenschaftlichen Interessen und meiner methodischen Auffassung hätte es entsprochen, diese theoretischen Fragen wesentlich gründlicher zu behandeln, als dies im Rahmen dieses Buchs geschehen ist. Daß ich meinen theoretischen Neigungen letztlich nur bedingt freien Lauf gelassen habe, hat pragmatische Gründe. Sollen die Unterschiede zwischen dem *Postkeynesianismus*, dem *Institutionalismus* und der *Regulationstheorie* - sowie ihre Gemeinsamkeiten gegenüber der Neoklassik - exakt herausgearbeitet werden, so führt dies unweigerlich auf die Frage nach der *Dynamik ökonomischer Systeme* und den geeigneten Instrumenten für ihre begriffliche Rekonstruktion. Dabei gerät insbesondere der Stellenwert des *Gleichgewichtskonzepts* in den Blick. Eine angemessene Erörterung dieser Probleme hätte den Rahmen dieser Studie, in der das Erkenntnisinteresse ja primär *wirtschaftshistorischer* Art ist, gesprengt - und wohl auch die Geduld derjenigen Leser, die vor allem etwas über das »Wirtschaftswunder« erfahren möchten, überstrapaziert. Ich ziehe es daher vor, die Fragen nach einem adäquaten theoretischen Referenzsystem wirtschaftshistorichen Arbeitens in einer späteren Arbeit neuerlich aufzugreifen.

Im Text habe ich der besseren Lesbarkeit wegen alle fremdsprachigen Zitate mit Ausnahme der englischen übersetzt.

Widmen möchte ich das Buch meinen Eltern und Petra, ohne deren Zuspruch, Geduld und Unterstützung es wohl nie erschienen wäre.

Bielefeld, November 1995

Einleitung: Methodisches zu einer Geschichte des westdeutschen »Wirtschaftswunders«

Zum Problem des Erklärungsansatzes

Wenn Menschen Vorgänge beobachten, die ihren Erfahrungen zu widersprechen scheinen, gelten ihnen diese Vorgänge bisweilen als »Wunder«. Die wirtschaftliche Entwicklung Westdeutschlands in den fünfziger und sechziger Jahren liefert dafür ein Beispiel. Zwischen 1950 und 1958 wuchs das bundesdeutsche Bruttosozialprodukt jährlich um durchschnittlich 8,2%, und in den folgenden acht Jahren lag der entsprechende Wert immerhin noch bei 4,9%.[1] Diese Zahlen kontrastierten scharf mit dem verhaltenen Wachstumstempo, das die deutsche Wirtschaft während der vorangegangenen Jahrzehnte vorgelegt hatte. Zwischen 1913 und 1950 verzeichnete ihr Output ein mittleres Wachstum von 1,3% pro Jahr[2], wobei sich hinter dem Mittelwert heftige konjunkturelle Schwankungen verbergen. Der steigende materielle Wohlstand und die wachsende soziale Sicherheit, die in den fünfziger Jahren mit den außergewöhnlich hohen Wachstumsraten einhergingen, verdichteten sich im Bewußtsein vieler Zeitgenossen zu der Vorstellung vom deutschen »Wirtschaftswunder« und nährten den »kurzen Traum immerwährender Prosperität« (Lutz). Wissenschaftler verschiedener Disziplinen haben sich seither immer wieder um die Entmystifizierung dieses »Wunders« bemüht. Sie ist offenbar gleichbedeutend mit der Identifizierung jener Wachstumskräfte, die in den fünfziger Jahren wirksam wurden und der Nachkriegszeit ihren besonderen wirtschaftlichen Charakter verliehen.

Der ökonomische Erfolg Westdeutschlands während der Nachkriegszeit wurde von Ökonomen und Wirtschaftshistorikern bisher selten mit bestimmten Technologien oder unternehmerischen Strategien in einen ursächlichen Zusammenhang gebracht.[3] Lange Zeit dominierten Deutungsmuster, welche die Ursachen des »Wirtschaftswunders« in den ordnungspolitischen Weichenstellungen[4], den Wirkungen des Marshallplans[5], der von der Bundesregierung betriebenen liberalen Außenwirtschaftspolitik[6] oder den institutionellen Besonderheiten der Bundesrepublik[7] suchen. Diese Ansätze sind seit den siebziger Jahren durch die wirtschaftshistorische Forschung relativiert worden. Werner Abelshauser zählt vor allem einen modernen Produktionsmittelbestand, dessen Qualität während des Krieges noch gestiegen war, und ein großes Reservoir gut ausgebildeter Arbeitskräfte zu den Ressourcen, welche die westdeutsche Wirtschaft nach 1945 mobilisieren konnte.[8] Für sich allein genommen vermag dieser Befund die Entfesselung der Wachstumskräfte aber nicht zu erklären, liefert er doch auf eine Reihe von Fragen keine Antwort. Diese Fragen betreffen die technologischen Grundlagen des »Wirtschaftswunders«, die sektorale Verteilung der »Produktionsfaktoren« und die Aufnahmefähigkeit der Märkte für ein rasch wachsendes Angebot an Konsum- und Investitionsgütern. In den fünfziger und sechziger

Jahren wurden ganz bestimmte Güter mit Hilfe ganz bestimmter Verfahren produziert, und ein immer größerer Teil dieser Güter fand seine Abnehmer außerhalb der Bundesrepublik. Unter diesem Aspekt ist das »Wirtschaftswunder« die Geschichte jener Branchen und Unternehmen, die den Wachstumsrhythmus der westdeutschen Wirtschaft prägten und für den Erfolg ihrer Industrie auf den internationalen Märkten verantwortlich waren.

In dieser Studie wird die These entwickelt, daß sich seit dem Koreakrieg ein allmählicher Formwandel der industriellen Entwicklung in Westdeutschland vollzog, der insbesondere von der Automobilindustrie getragen wurde und mit der gesamtwirtschaftlichen Wachstumsdynamik in Wechselwirkung stand. Die Eingliederung der Bundesrepublik in den Weltmarkt und die während des Wiederaufbaus nach 1945 steigende effektive Nachfrage begünstigten eine zunehmende Verbreitung der industriellen Massenproduktion, die umgekehrt dazu beitrug, daß der Wiederaufbau erstaunlich reibungslos in das beschleunigte Wachstum der fünfziger Jahre überging. Die langfristige ökonomische Entwicklung bis 1945 war aus dieser Perspektive für die Entstehung des »Wirtschaftswunders« deshalb von Bedeutung, weil unter den günstigen Wachstumsbedingungen der fünfziger Jahre auf einen gewachsenen Bestand an hochwertigen Produktionsmitteln und qualifizierten Arbeitskräften zurückgegriffen werden konnte.

Das »Rekonstruktionsmodell«, das Abelshauser in Anlehnung an Franz Jánossy für die Interpretation der westdeutschen Wirtschaftsgeschichte während der Nachkriegszeit vorgeschlagen hat[9], mißt der ökonomischen Vergangenheit eine weit höhere Erklärungskraft bei. Dieses Modell basiert auf der Idee eines gleichgewichtigen Wachstumspfades, der für eine Volkswirtschaft erreichbar sei, „wenn die zur Verfügung stehenden Produktionsmittel" ausreichen, um „die vorhandene Arbeitskraft ihrer Qualifikation und Struktur entsprechend wirken zu lassen."[10] Wird dieses langfristige Wachstumsgleichgewicht durch »exogene« Einflüsse – als solche gelten beispielsweise Kriege – gestört, so treten nach Ausschaltung der Störfaktoren automatische Mechanismen in Kraft, welche den Abstand zwischen der potentiellen und der realen Entwicklung einebnen. Der potentielle Wachstumspfad gerät zu einem Ausdruck wirtschaftlicher Normalität. Das westdeutsche »Wirtschaftswunder« erscheint vor dem Hintergrund des »Rekonstruktionsmodells« als Rückkehr des ökonomischen Systems zu seinem »Normalzustand«. Die außergewöhnlich hohen Wachstumsraten der fünfziger und sechziger Jahre gleichen kriegsbedingte Wachstumsverzögerungen aus. Weil für die Berechnung des potentiellen Entwicklungspfads die Wachstumsergbnisse der Zeit vor 1945 herangezogen werden, gibt die wirtschaftliche Vergangenheit diesem Anpassungsprozeß seinen Grenzwert vor.

Um die »normale« wirtschaftliche Entwicklung durch ein Wachstumsgleichgewicht beschreiben zu können, muß sich das »Rekonstruktionsmodell« die neoklassische Vorstellung zu eigen machen, daß ungehindert wirkende Marktkräfte eine optimale Ressourcenverteilung herbeiführen, die – bei gegebenen Präferenzen der beteiligten Akteure – durch die verfügbare Technologie festgelegt ist. Der Marktprozeß koordiniert in der neoklassischen Welt die Dispositionsgleichgewichte von Unternehmen und Haushalten derart, daß ein simultanes Gleichgewicht auf allen Märkten entsteht.[11] Dabei werden die »Produktionsfaktoren« so auf die ökonomischen Aktivitäten verteilt, daß das Verhältnis ihrer Grenzproduktivitäten, die sich aus dem technischen Zusammenhang zwischen »Faktoreinsatz« und Produktionsergebnis errechnen, in allen Verwendungsarten identisch ist.[12] Die neoklassische Wachstumstheorie berücksichtigt zusätzlich die Kapazitätswirksamkeit von Investitionen und den technischen Fortschritt. Das Resultat ist ein Wachstumpfad, der die gleichgewichtigen Proportionen des Systems auf immer höherer Stufenleiter reproduziert.[13]

Aus Gründen, die weiter unten erörtert werden, begegnet diese Studie dem harmonischen Bild, welches die Neoklassik vom Marktprozeß zeichnet, mit Skepsis.[14] Sie hält daher zum »Rekonstruktionsmodell«, das sich auf die neoklassische Wachstumstheorie stützt, bewußt Distanz. Wenn von der »Reorganisation des Produktionsprozesses nach 1945« gesprochen wird, ist die Überwindung der durch den Krieg bedingten Desorganisation gemeint. Mit der Wiederherstellung eines langfristigen Wachstumsgleichgewichts im Sinne des »Rekonstruktionsmodells« hat dieser Begriff nicht gemein.

Die Geschichte der Automobilindustrie nach 1945 ist aus mehreren Gründen ein zentraler Aspekt des »Wirtschaftswunders«. Der bundesdeutsche Weltmarkterfolg, der sich in erheblichen Außenhandelsüberschüssen niederschlug, war nicht zuletzt ein Erfolg der Automobilbranche. Weitreichende Rationalisierungsprozesse auf vorgelagerten Produktionsstufen wurden durch den Fahrzeugbau angestoßen. Der Motorisierungsschub der fünfziger Jahre prägte die Infrastrukturpolitik, wie bereits ein oberflächlicher Blick auf den Straßen- und den Städtebau der fünfziger und sechziger Jahre zeigt. Schließlich trug die Automobilindustrie als »Konjunkturlokomotive« wesentlich zur wirtschaftlichen und sozialen Stabilität der jungen Bundesrepublik bei. Der Aufstieg der Fahrzeugbranche in eine gesamtwirtschaftliche Schlüsselposition, der sich nach dem Zweiten Weltkrieg in Westdeutschland vollzog, basierte auf dem Übergang zur fordistischen Massenfertigung. Darunter ist die zunehmend automatisierte Serienproduktion standardisierter Produkte unter Einsatz von Fließbändern, Transferstraßen und Spezialmaschinen zu verstehen. Dieses Produktionskonzept ging einher mit weitgehend normierten »industriellen Beziehungen« und leistete einer Angleichung der organisatorischen Unternehmensstrukturen Vorschub.[15]

Die meisten Autoren, denen es um die Entstehung des »Wirtschaftswunders« geht, behandeln seine technologischen, sektoralen und produktspezifischen Aspekte höchstens am Rande. Sie konzentrieren ihre Aufmerksamkeit auf Fragen der Außenwirtschaftspolitik[16], auf die ordnungspolitische Einbettung der Preismechanismen oder auf die institutionellen Bedingungen des beschleunigten Wachstums.[17] Stillschweigend oder ausdrücklich teilen sie die neoklassische Überzeugung, daß sich die Technologiewahl rentabilitätsorientierter Unternehmen auf die Bewegung der relativen Faktorpreise zurückführen läßt. Die neoklassische Produktionstheorie operiert mit Produktionsfunktionen, die bestimmte mathematische Eigenschaften aufweisen[18], und gelangt zu der Regel, daß bei steigenden Löhnen unweigerlich »Arbeit« durch »Kapital« ersetzt wird.[19] Diese Substitutionsregel suggeriert das folgende Bild von der Nachkriegsentwicklung der westdeutschen Automobilindustrie. Bei niedrigen Löhnen und steigendem Bedarf an Fahrzeugen absorbierte diese Branche seit Ende der vierziger Jahre im großen Stile Arbeitskräfte, die zunächst im Rahmen arbeitsintensiver Produktionskonzepte eingesetzt wurden. Dieser Vorgang löste Akzelerator- und Multiplikatoreffekte aus, die zahlreiche Branchen in ihre Wirkungsketten einbezogen und die Automobilindustrie zu einem »Leitsektor« des gesamtwirtschaftlichen Wachstums aufsteigen ließen. Je mehr aber der Arbeitsmarkt im Laufe der fünfziger Jahre unter Spannung geriet, desto stärker wuchsen die Reallöhne, so daß die Unternehmen zunehmend menschliche Arbeitskräfte durch Maschinen ersetzten. Die steigende Kapitalintensität der Produktion wiederum führte zu Produktivitätssteigerungen, welche die internationale Konkurrenzfähigkeit der Automobilbranche sicherstellten. Im Lichte der neoklassischen Theorie ergibt sich also – bei gegebener Anfangsausstattung des ökonomischen Systems mit technologischen Optionen und anderen »Produktionsfaktoren« – die Produktpalette aus der Struktur der Endnachfrage, während über die Produktionstechnologie durch die Preisbildung auf den Faktormärkten entschieden wird. Folglich muß nach den Wurzeln des »Wirtschaftswunders« auf der Ebene der Marktprozesse und ihrer institutionellen Bedingungen geforscht werden, während eine Auseinandersetzung mit dem Produktionsprozeß soziologischen und mikroökonomisch ausgerichteten Studien vorbehalten bleiben kann.[20]

Gegen die neoklassische Vorstellung vom Verlauf der technologischen Entwicklung und seinen Ursachen lassen sich mehrere Einwände geltend machen. Der erste Einwand setzt auf der Ebene der Modellogik an. Ein linearer Substitutionszusammenhang zwischen »Arbeit« und »Kapital«, wie ihn die neoklassische Produktionstheorie behauptet, existiert nur innerhalb einer »Eingut-Ökonomie«, in der genau ein Produkt erzeugt wird, das gleichzeitig als Produktionsmittel und Konsumgut fungiert. Finden dagegen Austauschprozesse zwischen mehreren Sektoren im Modell Berücksichtigung, ist eine »Wiederkehr der Techniken« denkbar. Arbeitsintensive Technologien, die bei niedrigen Reallohnsätzen rentabler sind als kapitalintensive Produktionsverfahren, kommen auch bei hohen Reallohnsätzen zum Einsatz, während sie bei Reallohnsätzen auf mittlerem Niveau »ausgemustert« werden. Dieser Befund ergibt sich aus der kapitaltheoretischen Kontroverse, die während der zurückliegenden dreißig Jahre zwischen den Neoklassikern und ihren neoricardianischen Kritikern geführt worden ist.[21] Für die Analyse des westdeutschen »Wirtschaftswunders« ist er bedeutsam, weil er den methodischen Vorgaben neoklassisch inspirierter Deutungsmuster ihre

12

logische Grundlage entzieht. Der Boom der fünfziger und sechziger Jahre ist von der »Automobilmachung« der Bundesrepublik nicht zu trennen. Diese Motorisierungswelle basierte auf einer fortschreitenden Automatisierung der Fahrzeugherstellung, die der Automobilindustrie ein spektakuläres Wachstum ihrer Produktionsergebnisse ermöglichte und sich in einer steigenden Kapitalintensität niederschlug. Aber wegen der möglichen »Wiederkehr der Techniken« ist die Automatisierung der Produktion durch die Bewegung der Reallöhne nicht hinreichend zu begründen. Daher darf die Erklärung des »Wirtschaftswunders« nicht bei der Rekonstruktion der Marktprozesse stehenbleiben, sondern muß sich auch dem Produktionsprozeß zuzuwenden.

Dieses theoretische Argument gewinnt zusätzliche Plausibilität durch die industriesoziologische Debatte im angelsächsischen Raum[22] und die wirtschaftshistorische Forschung zu den industriellen Grundlagen der Vormachtstellung einzelner Staaten auf dem Weltmarkt. William Lazonick, der sich vor allem auf Studien zur amerikanischen, britischen und japanischen Wirtschaft stützt, kommt zu dem Ergebnis, daß die Richtung der technologischen Entwicklung während des 19. und 20. Jahrhunderts nicht durch die Konstellationen von Angebot und Nachfrage auf den Faktormärkten bestimmt wurde, sondern durch die betrieblichen Arbeitsbeziehungen.[23] Er demonstriert für die amerikanische Industrie, daß die Unternehmen seit dem späten 19. Jahrhundert den Übergang zur Massenproduktion betrieben, um die Kontrolle der Produktionsabläufe durch die qualifizierten Arbeiter zu brechen. Der technologische Wandel scheint in der Geschichte der westlichen Industriestaaten eng mit der Dynamik von Konflikt und Konsens auf Unternehmensebene verknüpft zu sein. Die Kapitel 5 und 6 dieser Studie präsentieren Quellenmaterial zum Volkswagen-Konzern, das mit dieser Vermutung im Einklang steht.

Den Kern der Neoklassik bildet die »Allgemeine Gleichgewichtstheorie«, die den ökonomischen Prozeß als Abfolge von Schwankungen um ein Gravitationszentrum begreift.[24] Dieses Gravitationszentrum repräsentiert eine gleichgewichtige Entwicklung des ökonomischen Systems. Die Gleichgewichtsmetapher und die Standardkategorien neoklassischer Modellbildung sind dem theoretischen Arsenal der Physik des 19. Jahrhunderts entlehnt.[25] Es ist schon häufig darauf hingewiesen worden, daß die neoklassischen Begriffe von Raum und (reversibler) Zeit ahistorischen Charakter besitzen und daher wenig zur Erkenntnis einmaliger ökonomischer Konstellationen beisteuern.[26] Die neoklassischen Argumentationsmuster unterstellen standardisierte Reaktionsweisen ökonomischer Akteure, die über Märkte miteinander in Beziehung stehen, und einer überhistorischen, instrumentell gefaßten Rationalität folgen.[27] Es ist vor diesem Hintergrund nicht überraschend, daß sich neoklassisch orientierte Studien schwer tun, zu den Ursachen des langen Booms nach dem Zweiten Weltkrieg vorzudringen – wurde doch der Boom gerade deshalb zum »Wirtschaftswunder« stilisiert, weil seine Entstehung einer standardisierten Logik nicht zugänglich ist. Am Ende von Kapitel 1 werden an den Studien Kindlebergers und Vernons exemplarisch die Grenzen traditioneller Interpretationen der Nachkriegsprosperität aufgezeigt. Die Skepsis gegenüber der empirischen Erklärungskraft der Neoklassik legt es nahe, sich bei der Interpretation des westdeutschen »Wirtschaftswunders« auf ein alternatives theoretisches Konzept zu stützen. Dieses Konzept muß den technologischen Wandel mit den betrieblichen Arbeitsbeziehungen und den makroökonomischen Rahmenbedingungen verknüpfen. Zugleich muß es den Auswirkungen des in den fünfziger Jahren einsetzenden Formwandels der industriellen Entwicklung auf das gesamtwirtschaftliche Wachstumstempo nachgehen. Da die Merkmale industrieller Arbeitsbeziehungen von der Handlungsweise der beteiligten Akteure im konkreten Kontext geprägt werden, verbietet es sich für ein geeignetes Interpretationskonzept, das »Wirtschaftswunder« als Spezialfall abstrakter ökonomischer Gesetzmäßigkeiten zu behandeln. Statt dessen muß es auf den historischen Verlauf der Kapitalakkumulation abstellen, um den Besonderheiten der westdeutschen Nachkriegssituation gerecht zu werden. Das in dieser Studie entworfene Bild von der bundesdeutschen Wirtschaftsgeschichte verdankt der in Frankreich entstandenen Regulationstheorie wesentliche Anregungen. In Kapitel 2 wird die Regulationstheorie ausführlich diskutiert, aber ihre Grundzüge sollen bereits hier kurz skizziert werden, um den Leser mit den wichtigsten Thesen dieses Buches vertraut machen zu können.[28]

Hinsichtlich der Periodisierung kapitalistischer Entwicklung orientiert sich die Regulationstheorie an den Beziehungen zwischen Arbeit und Kapital auf der Ebene des Unternehmens. In der historischen Entfaltung der kapitalistischen Produktionsweise macht sie zwei große Etappen aus, die sich durch die Struktur der Arbeitsbeziehungen unterscheiden. Der Periode extensiver Akkumulation, die im 19. Jahrhundert vorherrscht, folgt die Etappe der intensiven, fordistischen Akkumulation. Das charakteristische Merkmal fordistischer Arbeitsbeziehungen ist die perfektionierte Kontrolle des Managements über die Produktionsabläufe, der als Kehrseite eine weit fortgeschrittene Dequalifizierung der Arbeiter entspricht. Die Entstehung derartiger Arbeitsbeziehungen wird begünstigt durch den Einsatz von Fließbändern und Spezialmaschinen, die sich vor allem zur preisgünstigen Massenerzeugung langlebiger Gebrauchsgüter eignen. Den Aufstieg der fordistischen Technologie zum dominierenden Produktionskonzept innerhalb der Industrie erklärt die Regulationstheorie aus dem Bestreben der Unternehmen, vor dem Hintergrund intensiver Konkurrenz auf den Absatzmärkten die Kontrolle der qualifizierten Arbeiter über die Produktionsabläufe zu brechen und auf diesem Weg Produktivität und Investitionsrentabilität anzuheben. Fordistische Akkumulation im nationalen Maßstab gelingt nur, wenn sich entsprechende gesellschaftliche Rahmenbedingungen herausbilden und zu einem funktionsfähigen »Akkumulationsregime« verdichten. Durch einen »fordistischen Lohnkompromiß« muß die effektive Nachfrage an das rasch wachsende Angebot an Konsumgütern und Produktionsmitteln angepaßt werden. Der

Finanzsektor muß dem gewachsenen Investitionsbedarf und den sektoralen Schwerpunkten der Massenproduktion gerecht werden. Schließlich muß die staatliche Infrastrukturpolitik die Besonderheiten der fordistischen Produktionsweise berücksichtigen. Die Stabilisierung geeigneter Rahmenbedingungen kann im Verständnis der Regulationstheorie nicht den Marktkräften überlassen bleiben, sondern bedarf eines institutionellen Netzes, das die gesellschaftlichen Voraussetzungen des Fordismus immer wieder neu erzeugt, ohne daß einzelne Akteure bewußt die Konsolidierung des fordistischen Entwicklungsmodells betreiben. Die Details dieses institutionellen Netzes können von Land zu Land variieren. Die historischen Wurzeln des fordistischen Akkumulationsregimes liegen in den USA. Sie reichen zurück in die Zeit der Jahrhundertwende. Im Laufe der zwanziger und dreißiger Jahren kristallisierte sich in den USA ein auf industrielle Massenproduktion gegründetes Gesellschaftsmodell heraus, und nach dem Zweiten Weltkrieg begann unter amerikanischer Regie die Globalisierung dieses Modells, deren erster regionaler Schwerpunkt in Westeuropa lag. Die Globalisierung des Fordismus war die Grundlage für die lange ökonomische Prosperität, die mehrere westeuropäische Staaten in der Nachkriegszeit erlebten, da sie in dieser Region historisch einmalige Bedingungen für die Kapitalverwertung schuf. Mit diesem Ansatz liefert die Regulationstheorie nicht nur eine Erklärung für den langen Boom nach dem Zweiten Weltkrieg. Gleichzeitig wird die spätere Rückkehr der westeuropäischen Staaten zu bescheideneren Wachstumsraten und das allmähliche Umschlagen der Prosperität in die Stagnation der siebziger Jahre plausibel. Die Kapitalrentabilität erreichte in den fünfziger Jahren ihren Zenit, während ihre spätere Entwicklung auf eine deutliche Verschlechterung der Investitionsbedingungen hindeutet.[29] Die fordistische Prosperität unterlag einer schleichenden Zersetzung, lange bevor die Krise durch den Ölschock von 1973 offenkundig wurde.

Die Hauptthesen und der Aufbau der Studie

Die regulationstheoretische Interpretation der westeuropäischen »Wirtschaftswunder« wird durch den empirischen Befund, den die wirtschaftshistorische Analyse der Nachkriegszeit liefert, in ihren Grundzügen gestützt. Kapitel 1 verfolgt die ökonomische Entwicklung der Bundesrepublik zunächst auf der Makroebene. Dabei ergeben sich Ansatzpunkte, um das beschleunigte gesamtwirtschaftliche Wachstum der fünfziger Jahre mit der sektoralen Dynamik und der Unternehmensebene in Beziehung zu setzen. Es zeigt sich in Kapitel 3, daß der Akkumulationsprozeß der Automobilindustrie vor dem Hintergrund der »pax americana« auf dem Weltmarkt den Wachstumsrhythmus der bundesdeutschen Wirtschaft wesentlich beeinflußte. Weiter zeigt sich ab Kapitel 3, daß die Entwicklung im Automobilbereich durch eine konsequente fordistische Rationalisierung bestimmt wurde, wobei sich insbesondere das Volkswagenwerk als unumstrittener Branchenführer an amerikanischen Vorbildern orientierte und die importierten Produktionskonzepte an den westdeutschen Kontext anpaßte. An der Entwicklung dieses Unternehmens während der fünfziger und sechziger Jahre läßt sich die vermutete Wechselwirkung zwischen dem technologischen Wandel und dem Charakter der Arbeitsbeziehungen beispielhaft studieren.

Den zeitlichen Rahmen der Analyse – über den bei Bedarf immer wieder hinausgegriffen wird – markieren die Jahre 1947 und 1962. Im Mittelpunkt der Studie steht die fordistische Transformation des westdeutschen Automobilsektors, die sich seit dem zweiten Drittel der fünfziger Jahre beschleunigte. Besonderes Augenmerk gilt gleichzeitig der »Inkubationszeit« dieses Prozesses, dessen nationale und internationale Voraussetzungen sich seit 1947 herausbildeten.

Dieses Bild von der ökonomischen Prosperität Westdeutschlands nach dem Zweiten Weltkrieg bedarf der Präzisierung durch zwei zusätzliche Bemerkungen. Darüber hinaus sind theoretische Vorbehalte gegen die Erklärungskraft der Regulationstheorie anzumelden.

1. Die wirtschaftliche Nachkriegsentwicklung der Bundesrepublik basierte offenbar keineswegs auf einem flächendeckenden Siegeszug der fordistischen Technologie.[30] Möglicherweise verlieh gerade der Umstand, daß die Massenproduktion in Schlüsselbranchen wie dem Maschinenbau nicht oder kaum Eingang fand, dem intersektoralen Verflechtungsmuster eine hinreichende Flexibilität, um konjunkturelle Schwankungen ohne größere Probleme auffangen zu können.[31]

2. Die Verbreitung der Massenproduktion in Westdeutschland nach 1945 bedeutete keinen radikalen Bruch mit der industriellen Tradition der deutschen Wirtschaft. Bereits die Rationalisierungsbewegung der zwanziger Jahre hatte sich durch die Entwicklung in den USA inspirieren lassen und im größeren Stile mit der fordistischen Technologie experimentiert.[32] Aber die Ansätze einer industriellen Massenproduktion waren in den zwanziger und dreißiger Jahren halbherzig geblieben, weil das gesellschaftliche Umfeld der fordistischen Produktionsweise nicht förderlich war. In einigen Branchen hatten technische Schwierigkeiten mit der Standardisierung von Verfahren und Produkten die Serienfabrikation gehemmt.[33] Aber gerade im Bereich der langlebigen Konsumgüter – dem klassischen Terrain des Fordismus – fehlten die Rahmenbedingungen, um in Deutschland Massenproduktion rentabel zu betreiben zu können.[34] Ganz besonders betraf dies den Automobilsektor. Der Binnenmarkt ließ die Plazierung eines massenhaften Fahrzeugabsatzes nicht zu, was in erster Linie der staatlichen Verkehrs- und Steuerpolitik geschuldet war.[35] Auf dem Weltmarkt aber untergrub die unzureichende Produktivität der deutschen Automobilhersteller ihre Konkurrenzfähigkeit. Hinzu kam noch, daß sich der Weltmarkt in den dreißiger Jahren in fortschreitender Auflösung befand.

3. Die Regulationstheorie weist theoretische Mängel auf, die es verbieten, sie umstandslos zur Grundlage der empirischen Analyse zu machen. Probleme entstehen in unserem Zusammenhang vor allem durch ihre nationalstaatliche Aus-

richtung. Die Repräsentanten der Regulationstheorie behandeln die Rolle des Weltmarkts bei der Entstehung des wirtschaftlichen Nachkriegsbooms in der Regel als zweitrangiges Problem. Kapitel 1 läßt keinen Zweifel daran, daß die Vernachlässigung der internationalen Aspekte der Nachkriegsprosperität gerade im westdeutschen Fall den Fakten nicht gerecht wird. Ein westdeutsches »Wirtschaftswunder« hätte sich ohne die Eingliederung der Bundesrepublik in den Weltmarkt, die durch die institutionellen Besonderheiten und Spielregeln der »pax americana« begünstigt wurde[36] und an eine alte Tradition der deutschen Wirtschaft anknüpfte[37], schwerlich entwickeln können. Erst die Chance, weltweit zu exportieren, ermöglichte es den Unternehmen, ihre Investitionspolitik an der Logik steigender Skalenerträge auszurichten und erfolgreich industrielle Massenproduktion zu betreiben. Ebenso wichtig war, daß von der Weltmarktkonkurrenz ein ständiger Innovationsdruck ausging, und daß auf den internationalen Märkten »Know how«, Rohstoffe und Zwischengüter bezogen werden konnten. In Kapitel 2 wird der Versuch unternommen, die theoretischen Defekte der Regulationstheorie – soweit diese die Vernachlässigung des Weltmarkts betreffen – zu beheben, um sie als Leitfaden für die folgende empirische Analyse auf Branchen- und Unternehmensebene fruchtbar zu machen.

Das Kapitel 3 geht der Schrittmacherrolle der Automobilindustrie bei der Herausbildung eines westdeutschen Fordismus nach und begründet, warum sich die Geschichte dieser Branche während der fünfziger und sechziger Jahre am Beispiel des Volkswagenwerks in der Ära Nordhoff[38] aufarbeiten läßt. Dieses Unternehmen prägte die Struktur des Automobilsektors und war zudem von besonderer Bedeutung für die Volkswirtschaft. Der Akkumulationsprozeß der Automobilindustrie griff während des »Wirtschaftswunders« weit über die nationalen Grenzen hinaus. Sie exportierte 1962 in 142 Länder, und ihre Exportquote lag Ende der fünfziger Jahre bei ca. 50%, wobei in der zweiten Hälfte des Jahrzehnts allein das Volkswagenwerk fast die Hälfte der bundesdeutschen Exportüberschüsse erwirtschaftete. Für das Kapitel 3 ist vor allem das dokumentarische Material des Verbandes der deutschen Automobilindustrie (VDA) benutzt worden.

Kapitel 4 leitet über zu einer breit angelegten Unternehmensstudie, die sich mit dem Volkswagenwerk befaßt. Das Archivmaterial dieses Unternehmens vermittelt zahlreiche Einsichten in die Voraussetzungen und Folgen der technologischen Entscheidungen, die das Volkswagenwerk bis zum Anfang der sechziger Jahre zum größten Industrieunternehmen der Bundesrepublik werden ließen. Dabei finden sich im Handeln und Denken der »dramatis personae« die regulationstheoretischen Vorstellungen von den Triebkräften des technologischen Wandels wieder, wie aus der Auswertung von unternehmensinterner Korrespondenz, Protokollen, persönlichen Notizen und der gut dokumentierten Kommunikation des Managements mit der »Unternehmensumwelt« hervorgeht.

Kapitel 5 vollzieht nach, daß das Management des Volkswagenwerks während der frühen fünfziger Jahre die Arbeitsbeziehungen vor dem Hintergrund der

Weltmarktkonkurrenz als Blockade für Produktivitätssteigerungen wahrnahm. Die Unternehmensleitung folgerte aus dieser Wahrnehmung die Notwendigkeit einer intensivierten Kontrolle über die Produktionsabläufe, die besonders im Hinblick auf den internen Transport als dringlich empfunden wurde. Um dem Konkurrenzdruck auf dem Weltmarkt standzuhalten, entschloß sich die Konzernspitze 1954, eine technologische Reorganisation einzuleiten. Die Automatisierung der Produktion wurde konsequent vorangetrieben und führte Jahr für Jahr zu neuen Rekordmarken beim Produktionsvolumen. Das Volkswagenwerk hatte sich endgültig der fordistischen Massenproduktion verschrieben. In diesem Zusammenhang spielte der Technologietransfer aus den USA eine entscheidende Rolle. Die technologischen Veränderungen zogen eine parallele Reorganisation der Unternehmensorganisation nach sich. Ende der fünfziger Jahre bot das Volkswagenwerk das Erscheinungsbild eines multinationalen Konzerns nach amerikanischem Vorbild, dessen Organisationsmuster allerdings wegen der extremen Beschränkung der Produktpalette überschaubar blieb. Die betriebswirtschaftlichen Kennziffern deuten darauf hin, daß die fortschreitende Automatisierung die Kapitalrentabilität des Volkswagenwerks steigerte.

Kapitel 6 befaßt sich mit der Gestaltung der industriellen Beziehungen im Volkswagenwerk. Es gelang dem Management, durch eine betriebliche Sozialpolitik, die umfangreiche materielle Gratifikationen mit einer begrenzten Arbeitnehmerpartizipation kombinierte, die in der fordistischen Technologie angelegten Entfremdungsmomente auszugleichen und auf diese Weise die Effektivitätsreserven der Belegschaft auszuschöpfen. Angesichts der Quellenlage konzentriert sich Kapitel 6 auf die Strategie des Managements, während die Analyse der vom Betriebsrat und den Gewerkschaften verfolgten Konzepte notgedrungen ein Desiderat bleibt.

Im Mittelpunkt von Kapitel 7 steht die Versorgung des Unternehmens mit Rohstoffen, Zwischengütern und Maschinen, die bis 1951 häufig Schwierigkeiten bereitete, danach aber reibungslos funktionierte. Über den Weltmarkt bezog das Volkswagenwerk vor allem Magnesium, Aluminium, Qualitätsbleche, Spezialmaschinen sowie die Energieträger Kohle und Erdöl. Diese Produkte waren auf dem bundesdeutschen Markt entweder überhaupt nicht oder nur über dem Weltmarktpreis zu erhalten. Wertmäßig blieben die Importe des Volkswagenwerks aber derart hinter seinen Exporten zurück, daß diese Differenz zu einem entscheidenden Aktivposten der westdeutschen Zahlungsbilanz wurde. Soweit das Volkswagenwerk sich auf dem nationalen Markt mit Inputs für seinen Produktionsprozeß eindeckte, wurden die Zulieferer möglichst durch langfristige Verträge gebunden. Zugleich achtete das Unternehmen darauf, seine Bezugsquellen hinreichend zu diversifizieren, um nicht in die Abhängigkeit von einzelnen Firmen zu geraten. Umgekehrt waren die Zulieferer nicht selten auf die Aufträge aus Wolfsburg angewiesen, so daß das Volkswagenwerk in vielen Fällen niedrige Preise durchsetzen konnte. Diese Konstellation stimulierte viele Zulieferer,

ihrerseits auf die Massenproduktion zu setzen, um ihre Gewinnsituation zu verbessern – zumal Wolfsburg seinen Lieferanten den Absatz großer Serien standardisierter Produkte langfristig garantierte.

Die Kapitel 8, 9 und 10 befassen sich mit der internationalen Präsenz des Volkswagenwerks während der fünfziger und sechziger Jahre. Stärker noch als seine
deutschen Konkurrenten war das Volkswagenwerk weltmarktorientiert. Seine
Exportquote lag deutlich über dem ohnehin hohen Branchendurchschnitt. 1959
beispielsweise gingen 58% der Produktion des Volkswagenwerks in den Export.
Das Kapitel 8 beschreibt das regionale Muster der Volkswagen-Exporte, analysiert die globale Exportstrategie des Managements und geht den Faktoren nach,
die den Erfolg dieser Strategie möglich machten. Die »Käfer-Story« wurde durch
die besonderen Weltmarktbedingungen der Nachkriegszeit entscheidend begünstigt. So kamen die Spielregeln der »pax americana« den Bedürfnissen des
Volkswagenwerks stark entgegen. Die fixen Wechselkurse schufen eine verläßliche Kalkulationsgrundlage für das Weltmarktengagement der Konzerns, und als
ab 1954 die Produktivität bei Volkswagen unaufhaltsam anstieg, profitierte der
»Käfer« auf dem Weltmarkt davon, daß das Austauschverhältnis zwischen der
DM und dem Dollar bis 1961 unverändert blieb. Hinzu kam das günstige Umfeld, welches das Unternehmen in vielen Ländern für den Absatz seiner Fahrzeuge vorfand. Zum Teil lag das Erfolgsgeheimnis des Volkswagenwerks aber
auch in der Flexibilität, mit der es auf die stark divergierenden Rahmenbedingungen auf den internationalen Märkten reagierte. Schließlich konnte man in
Wolfsburg auf vielen Auslandsmärkten mit der Unterstützung durch die Außenwirtschaftspolitik der Bundesregierung zählen. Die Kapitel 9 und 10 vertiefen
die Ergebnisse des Kapitels 8 für die USA und Brasilien. Diese beiden Länder
hatten sich Anfang der sechziger Jahre als wichtigste Exportmärkte des Volkswagenwerks herausgeschält. Dabei ragte der US-Markt, der zu diesem Zeitpunkt
rund 21% der Inlands-Produktion des Konzerns aufnahm, an Bedeutung mit
weitem Abstand heraus.

Das Kapitel 11 widmet sich zum Abschluß der Studie dem Verhältnis zwischen
dem Volkswagenwerk und den staatlichen Instanzen der Bundesrepublik. Zwar
war das Volkswagenwerk unter rechtlichen Gesichtspunkten ein Staatsunternehmen, aber sein Management orientierte sich in erster Linie an Rentabilitätsgesichtspunkten. Interventionen staatlicher Stellen in die Unternehmenspolitik lassen sich bis in die frühen sechziger Jahre hinein nur in Ausnahmefällen nachwei-
sen. Die Distanz zu den staatlichen Instanzen bedeutete umgekehrt, daß das
Volkswagenwerk im Kalkül der Bonner Außenwirtschaftspolitik nicht mehr als
ein Mosaikstein unter vielen war. Zwar förderte die staatliche Außenwirtschaftspolitik nach Möglichkeit die Belange des Konzerns, doch rangierten diese Belange in ihrer Wertigkeit nicht selten hinter konkurrierenden Ansprüchen anderer Unternehmen und Branchen oder übergeordneten Zielen staatlicher Politik.
So änderten die starken Vorbehalte, mit denen das Volkswagenwerk – wie die

gesamte Automobilindustrie – der Gründung der EWG gegenüberstand, nichts am politischen Kurs der Bundesregierung.

Kapitel 1: Die westeuropäischen »Wirtschafts-wunder« im Kontext der Weltmarktrekonstruktion der fünfziger Jahre

Diese Studie geht am Beispiel des Volkswagenwerks dem Aufstieg des Fordismus in der westdeutschen Automobilindustrie nach. Die Erfolgsgeschichte, die das Volkswagenwerk während des »Wirtschaftswunders« schrieb, ist nicht von seiner Einbindung in den Weltmarkt zu trennen. Angesichts der internationalen Konkurrenz sah sich das Unternehmen in den fünfziger Jahren gezwungen, konsequent auf die Massenproduktion zu setzen, weil nur so die notwendigen Produktivitätssteigerungen zu erzielen waren. Ohne einen weltweiten Absatzmarkt aber wäre dieser Strategie kein Erfolg beschieden gewesen. Auch versorgte sich Volkswagen auf den internationalen Märkten mit Spezialmaschinen, Rohstoffen und Zwischengütern. Entscheidend war nicht nur, *daß* der Weltmarkt, der während der politischen Wirren der dreißiger Jahre zusammengebrochen war, in den fünfziger Jahren unter der Regie der USA wiederhergestellt wurde. Nicht minder wichtig waren die *Form* und der *Rhythmus* der Weltmarktrekonstruktion. Aus den Spielregeln, nach denen die »pax americana« auf den Feldern der Währung und des Handels funktionierte, erwuchsen der westdeutschen Automobilindustrie günstige Wachstumschancen, die sich durch die spezifische Rolle der Bundesrepublik innerhalb der internationalen Nachkriegsordnung und die lange Vorlaufzeit bis zu ihrem tatsächlichen Inkrafttreten noch erhöhten.[1] Die »Käferstory« ist daher nur zu verstehen, wenn zunächst die Rekonstruktion des Weltmarkts seit 1944 nachvollzogen wird. Der erste Abschnitt dieses Kapitels ist den quantitativen Aspekten dieses Prozesses gewidmet. Die folgenden Abschnitte behandeln die Spielregeln und Institutionen der »pax americana« sowie die Integration Westdeutschlands in den Weltmarkt. Das Kapitel schließt mit einer exemplarischen Würdigung der wirtschaftswissenschaftlichen Beiträge zur Interpretation der westeuropäischen »Wirtschaftswunder« im Kontext der Weltmarktrekonstruktion.

Der Welthandel und das Wachstum der Industriestaaten

Aus westeuropäischer Sicht prägten zwei Momente die wirtschaftliche Entwicklung der fünfziger und sechziger Jahre: *Erstens* verzeichneten viele Staaten Westeuropas außergewöhnlich hohe Wachstumsraten ihres Sozialprodukts. *Zweitens* wurden in vielen Fällen die Wachstumsraten des Sozialprodukts durch die Steigerung des Exports sogar noch übertroffen. Die Tabelle 1.1 dient der Präzisierung dieser Aussagen.

Tabelle 1.1: Die durchschnittlichen Wachstumsraten des Outputs[2] und der Exporte[3] in 16 OECD-Ländern von 1913-1973

	1913-1950 Output	1913-1950 Exporte	1950-1973 Output	1950-1973 Exporte
Australien	2,1 (0,7)	1,3	4,7 (2,5)	5,8
Österreich	0,2 (0,2)	-3,0	5,4 (5,0)	10,8
Kanada	2,9 (1,0)	3,1	5,2 (0,7)	7,0
Belgien	1,0 (0,7)	0,3	4,1 (3,6)	9,4
Dänemark	2,5 (1,5)	2,4	4,0 (3,3)	6,9
Finnland	2,4 (1,7)	1,9	4,9 (4,2)	7,2
Frankreich	1,0 (1,0)	1,1	5,1 (4,1)	8,2
Deutschland	1,3 (0,7)	-2,8	6,0 (5,0)	12,4
Italien	1,4 (0,7)	0,6	5,5 (4,8)	11,7
Japan	1,8 (0,5)	2,0	9,7 (8,4)	15,4
Niederlande	2,4 (1,1)	1,5	4,8 (3,5)	10,3
Norwegen	2,9 (2,1)	2,7	4,0 (3,1)	7,3
Schweden	2,8 (2,2)	2,8	3,8 (3,1)	7,0
Schweiz	2,0 (1,5)	0,3	4,5 (3,1)	8,1
Großbritannien	1,3 (0,9)	0,0	3,0 (2,5)	3,9
USA	2,8 (1,6)	2,2	3,7 (2,2)	6,3
OECD-Durchschnitt	1,9 1,2)	1,0	4,9 (3,8)	8,6

Vor diesem Hintergrund wird verständlich, daß die fünfziger und sechziger Jahre des 20. Jahrhunderts als »Goldenes Zeitalter« des Kapitalismus in die Literatur Eingang gefunden haben.[4] Die spektakulären Wachstumsraten der hochindustrialisierten Länder setzten sich – wenn auch mit abnehmender Tendenz – bis in die frühen siebziger Jahre hinein fort, und noch bis 1974 übertrafen die Steigerungsraten des Welthandels die der Weltproduktion.[5] Die westdeutsche Wirtschaft entwickelte in der Nachkriegszeit eine besondere Dynamik. Der einzige Industriestaat, der mit noch höheren Wachstumsraten aufwartete als die Bundesrepublik, war Japan. Demgegenüber blieben die USA, die bei Kriegsende einen deutlichen ökonomischen Entwicklungsvorsprung besessen hatten, während des »Goldenen Zeitalters« im Wachstumstempo deutlich gegenüber den westeuropäischen Metropolen zurück. Das verhaltene Wachstum der USA korrelierte positiv mit dem relativ geringen Produktivitätszuwachs, den die US-Ökonomie während dieser Periode verzeichnete.[6] Unter diesen Umständen büßten die USA zwangsläufig einen erheblichen Teil ihrer wirtschaftlichen Überlegenheit gegenüber Westeuropa ein. Dieser Nivellierungsprozeß läßt sich beispielsweise am Niveau des Pro-Kopf-Einkommens und der Produktivität ablesen.

Ebenso wie das Wachstumstempo des Sozialprodukts erhebliche nationale Unterschiede erkennen läßt, verbargen sich auch hinter den Wachstumsraten des Welthandels starke Asymmetrien.[10] Bis 1980 stieg der Wert des Welthandelsvolumen auf das 28-fache seines Wertes von 1953. Die westlichen Industrieländer konnten während der fünfziger und sechziger Jahre ihren Anteil am Welthandel kontinuierlich steigern. 1955 lieferten sie 61% aller Exporte. Davon gingen wiederum 63% in andere Industrieländer, so daß der Austausch zwischen

Tabelle 1.2: Die Wachstumsraten der Produktivität von 1913-1973[7] in 16 OECD-Ländern und ihr Produktivitätsniveau/Pro-Kopf-Einkommen im Verhältnis zur US-Ökonomie[8]

	1913-1950 Produktivität (Wachstum)	1950 Produktivität (Niveau)	1950 Pro-Kopf- Einkommen	1950-1973 Produktivität (Wachstum)	1973 Produktivität (Niveau)	1973 Pro-Kopf- Einkommen
Australien	1,6	64	66	2,7	68	70
Österreich	0,9	26	32	5,9	57	59
Kanada	2,4	76	72	2,9	85	85
Belgien	1,4	40	47	4,4	62	64
Dänemark	1,6	42	58	4,1	61	71
Finnland	2,3	30	39	5,2	55	62
Frankreich	2,2	38	44	5,0	67	68
Deutschland	1,0	29	37	6,0	64	69
Italien	1,7	33	35	5,5	66	62
Japan	1,7	13	17	7,6	40	60
Niederlande	1,7	51	53	4,3	78	71
Norwegen	2,5	42	51	4,3	64	64
Schweden	2,8	46	58	4,4	72	76
Schweiz	2,7	58	78	3,3	70	96
Großbritannien	1,6	54	62	3,2	64	68
USA	2,4	100	100	2,4	100	100
OECD-Durchschnitt[9]	1,9	43	53	4,5	65	72

dieser Staatengruppe insgesamt 38% des Welthandels ausmachte. 1968 lag der entsprechende Wert bei 51%. Der Anteil der Entwicklungsländer an den Weltexporten betrug 1955 rund 25%, um danach bis 1970 auf rund 18% abzusinken. Von diesen 18% entfiel ein Drittel (6%) auf die Öl exportierenden Länder, deren wertmäßiger Anteil an den Weltexporten dann im Zusammenhang mit der Ölkrise auf rund 15% anwuchs. 1955 gingen 70% der Exporte aus den Entwicklungsländern in die Industrieländer. Die Expansion des Welthandels in der Nachkriegszeit stand also vor allem im Zeichen einer Intensivierung der »Nord-Nord-Beziehungen«. Gleichzeitig absorbierten die Industrieländer den größten Teil der Exporte aus der »Dritten Welt«.

Die Zusammensetzung des Welthandels nach Waren erfuhr im Laufe der Zeit erhebliche Modifikationen, die bereits eine grobe Gliederung der Exporte hervortreten läßt. Der wertmäßige Anteil der landwirtschaftlichen Güter an den Weltexporten sank von 35% in 1955 über 29% in 1963 auf 21% in 1973. Die Mineralien, einschließlich der Brennstoffe und Nichteisen-Metalle, hielten ihren Anteil konstant. Die respektiven Werte für 1955, 1963 und 1973 betrugen 18%, 17% und 17%. Das relative Gewicht der Fertigwaren schließlich stieg von 45% (1955) über 53% (1963) auf 60% (1973). Hinter dieser Entwicklung stand in erster Linie der Bedeutungszuwachs einer Gruppe von Produkten, die Moore als »engineering products« zusammenfaßt: *Spezialmaschinen, Büro- und Telekommunikationssysteme, Straßenfahrzeuge, andere Maschinen und Transportausrüstungen sowie Haushaltsgeräte.*[11] Zusammengenommen steigerten die

»engineering products« ihren Anteil am Welthandel von 21% im Jahre 1955 auf 33% in 1973. Für die Straßenfahrzeuge betrugen die jeweiligen Werte 3,6% (1955), 4,6% (1963) und 7,1% (1973). Der Welthandel mit Straßenfahrzeugen expandierte also besonders schnell.

Die wertmäßigen Tendenzen des Welthandels resultierten aus dem Zusammenspiel zwischen den relativen Preisen und den ausgetauschten Mengen. Bis 1963 bleiben die Weltmarktpreise bemerkenswert stabil. Von 1963 bis 1968 stiegen sie um 5%, bevor sich die Inflationsraten deutlich erhöhten. Hinter diesem generellen Muster verbergen sich erhebliche Verschiebungen der relativen Preise. Gemessen an den Preisen der Fertigwaren sanken die Agrarpreise von 1953 bis 1963, stabilisierten sich dann bis 1968 und begannen danach, stark und mit heftigen Schwankungen zu steigen. Die Preise für die Mineralien stiegen bis 1963 langsamer und danach schneller als die der Fertigwaren. Dabei fällt auf, daß sich insbesondere die Rohölpreise zwischen 1950 und 1970 kaum änderten und erst in den siebziger Jahren zu ihrem Höhenflug ansetzten. Insgesamt verschoben sich also die »terms of trade« bis in die zweite Hälfte der sechziger Jahre hinein zugunsten der Fertigprodukte und damit zugunsten der Industrieländer. Da diese stets Nettoexporteure von Fertigwaren blieben und ihre Handelsbilanz in steigendem Maße von den Fertigwaren bestimmt wurde[12], erleichterte ihnen die Entwicklung der relativen Preise die Versorgung mit Rohstoffen und Zwischenprodukten auf dem Weltmarkt. Diese Situation sollte sich erst mit den »Ölschocks« der siebziger Jahre nachhaltig ändern. Umgekehrt sahen sich die Entwicklungsländer bei ihrem Bemühen um eine nachholende Industrialisierung dazu gezwungen, ihren Nettoimport an Fertigwaren immer mehr zu steigern.[13]

Die ungünstige Tendenz der »terms of trade« wirkte daher bereits in den späten fünfziger Jahren belastend für die Situation vieler Staaten der »Dritten Welt«, da die Menge an internen Ressourcen, die im Austausch für eine Einheit benötigter Investitionsgüter aufgebracht und transferiert werden mußte, permanent anstieg. Wenn einerseits das Sozialprodukt vieler westeuropäischer Staaten derartig schnell wuchs, daß daraus der Eindruck eines »Wirtschaftswunders« entstand und andererseits der Welthandel einen Aufschwung erlebte, entsteht die Frage nach dem Zusammenhang beider Tendenzen. Van der Wee konstatiert für die Phase zwischen 1950 und 1973, daß die Staaten, die am stärksten auf den Export ausgerichtet waren, zugleich die höchsten Wachstumsraten erzielten. Dies galt seit den fünfziger Jahren vor allem für die Bundesrepublik Deutschland, Frankreich, Italien, Japan, die Niederlande, Belgien und die Schweiz. Umgekehrt verzeichneten die Länder mit dem schwächeren Wachstum auch die schwächeren Exportleistungen, was namentlich Großbritannien und die USA betraf.[14] Bevor aber die Schlüsselfrage nach den Gründen des europäischen Booms der Nachkriegszeit aufgegriffen wird, sollen zunächst die Besonderheiten der »pax americana« erörtert werden.

Die »pax americana«: Das institutionelle Weltmarktregime der Nachkriegszeit

Der Aufschwung des Welthandels nach 1945 kam für die meisten Ökonomen überraschend. Weder die herkömmliche ökonomische Theorie noch die Verfassung des Weltmarkts während der Zwischenkriegszeit hatten ihnen Anhaltspunkte geliefert, um die Nachkriegsentwicklung zutreffend zu prognostizieren. Die dreißiger Jahre erlebten den Zerfall des Weltmarkts in abgegrenzte Währungsblöcke mit diskriminierenden Präferenzsystemen. Gleichzeitig erblickten viele Staaten aus politischen Gründen in wirtschaftlicher Autarkie ein vordringliches Anliegen, und der Protektionismus in Form tarifärer und nicht-tarifärer Handelshemmnisse wurde zu einem normalen Mittel der Außenwirtschaftspolitik. Die Lehrmeinung unter den Ökonomen trug dieser Konstellation Rechnung. Sombarts These von der abnehmenden Bedeutung des Außenhandels erfreute sich verbreiteter Anerkennung.[15] Kindleberger beispielsweise hielt noch 1962 an diesem Prinzip fest.[16]

Die Renaissance des Welthandels nach dem Zweiten Weltkrieg war kein spontaner Prozeß, sondern beruhte auf ordnungspolitischen Leistungen, die angesichts der militärischen, ökonomischen und politischen Kräfteverhältnisse nach 1945 in erster Linie von den USA erbracht werden mußten. Die wirtschaftliche Überlegenheit der USA unmittelbar nach dem Krieg läßt sich nicht nur am Niveau der Pro-Kopf-Einkommen demonstrieren. Besonders wichtig war die Verteilung der globalen Goldreserven. 1947 belief sich der US-Anteil daran auf mehr als 70%, und auch im Jahre 1957 brachten es die USA immerhin noch auf einen Anteil von 59%.[17] Einerseits schuf diese Verteilung der Goldreserven günstige Voraussetzungen, um den Dollar als Angelpunkt des internationalen Währungssystems zu etablieren. Andererseits waren in dieser Konstellation mittelfristige Zahlungsbilanzasymmetrien angelegt, denn nur die USA waren in der Lage, die notwendigen Güter für den europäischen Wiederaufbau nach 1945 bereitzustellen, ohne daß die entsprechenden Warenströme zunächst durch europäische Exporte in den Dollar-Raum ausgeglichen werden konnten.[18]

Entscheidend war, daß die USA nach dem Zweiten Weltkrieg im Unterschied zu ihrer Politik nach 1918 die Rekonstruktion des Weltmarkts als ein dringendes Gebot verstanden und diese Rekonstruktion unter Einsatz von politischem und wirtschaftlichem Druck betrieben. Dabei verfolgten sie eine Strategie, die im State Department seit den dreißiger Jahren entwickelt worden war und auf den Ordnungsprinzipien »Liberalität« und »Multilateralität« basierte.[19] Seit Kriegsende entstand unter der Regie der USA in einem konfliktreichen Prozeß das internationale Regime der »pax americana«, dessen Kern in einem Ensemble von Institutionen und Spielregeln zur *politischen Regulation* des Weltmarkts bestand. Die institutionellen Säulen der »pax americana« waren das *GATT* und das *Weltwährungssystem von Bretton Woods.*

Das *GATT* (General Agreement on Tariffs and Trade) ging aus den weitreichenden Liberalisierungsvorstellungen der USA unmittelbar nach Kriegsende hervor. US-Präsident Truman hatte im Rahmen der UNO die Konstituierung einer »International Trade Organization« (ITO) angeregt, die eine Welthandels-Charta ausarbeiten sollte. Diese Initiative zielte auf einen allgemeinen Übergang zur Meistbegünstigungsklausel. Zölle, nichttarifäre Handelshemmnisse und Präferenzsysteme sollten nach den Vorstellungen der USA so schnell wie möglich abgeschafft werden. Der Vorstoß scheiterte aber am Widerstand der Europäer, die wegen ihrer akuten Zahlungsbilanzprobleme für eine vorsichtigere Liberalisierungspolitik plädierten. Die im März 1948 in Havanna verabschiedete Welthandels-Charta stellte einen Kompromiß zwischen beiden Positionen dar, der gegenüber der ursprünglichen US-Initiative stark verwässert worden war und vom amerikanischen Kongreß nicht ratifiziert wurde. Letztlich blieb das »General Agreement on Tariffs and Trade«, das 23 Staaten 1947 in Genf signiert hatten. Es war das Resultat von Verhandlungen über eine Senkung der Zolltarife im Rahmen des amerikanischen »Trade Agreement Act« und sollte ursprünglich den Welthandel bis zur Ratifizierung der ins Auge gefaßten Welthandels-Charta regulieren. Nachdem diese Ratifizierung ausblieb, verlor das GATT seinen provisorischen Charakter und etablierte sich als Forum für die Liberalisierung des Welthandels. Es erhielt ein Sekretariat in Genf, das für die Organisation der regelmäßigen Welthandelskonferenzen zuständig war. Der im Rahmen des GATT erreichte Grad an Liberalisierung des Welthandels blieb zwar weit hinter den amerikanischen Ordnungsvorstellungen zurück, brachte aber wesentliche Schritte, die auf der Linie der amerikanischen Konzeption lagen. Das GATT umfaßte eine Liste von nach und nach erweiterten Zollkonzessionen, die sich die Mitgliedsländer gegenseitig einräumten, einen Kodex der internationalen Handelspolitik sowie Regeln für die Austragung von Handelskonflikten. Alle Unterzeichnerstaaten verpflichteten sich auf die *Gegenseitigkeit von Konzessionen* und das Prinzip der *Meistbegünstigung*. Beide Grundsätze wurden allerdings durch eine ganze Reihe von Ausnahmen relativiert. So konnte die Meistbegünstigungsklausel bei der Gründung von Zollunionen und Freihandelszonen außer Kraft gesetzt werden. Ende der siebziger Jahre war die Zahl der GATT-Mitglieder auf 83 angewachsen. Bis 1967 fanden sechs Verhandlungsrunden statt: Genf (1947), Annecy (1949), Torquay (1950/51), Genf (1955/56), Genf (1961/62, die sogenannte »Dillon-Runde«) sowie die Kennedy-Runde (1963-67). Seit der Kennedy-Runde wurde nicht mehr über einzelne Produkte verhandelt, sondern über Prozentsätze, um welche die Tarife *aller* Produkte gesenkt werden sollten.[20]

Das *Weltwährungssystem von Bretton Woods* wurde 1944 aus der Taufe gehoben. Es ging hervor aus Verhandlungen zwischen der alten Hegemonialmacht Großbritannien und der neuen, aufstrebenden Vormacht der westlichen Welt, den USA. Sein Anliegen bestand vor allem darin, nationale und internationale Prioritäten der Wirtschaftspolitik auszubalancieren. Außenwirtschaftliches

Gleichgewicht und Vollbeschäftigung sollten *gleichzeitig* erreichbar sein, wobei im Unterschied zu früher die Vollbeschäftigung Priorität genoß. Um diese Vorgabe zu verwirklichen, wurde ein System von »flexibel fixierten« Wechselkursen mit dem Dollar als Leitwährung etabliert. Der Dollar selbst blieb mit der Parität von 35 $ pro Unze an das Gold gebunden. Die übrigen in das System integrierten Währungen sollten untereinander und gegenüber dem Dollar frei konvertibel sein und wurden mit einer Schwankungsbreite von 1% gegen den Dollar fixiert. Die Fixierung der Wechselkurse zielte auf die Schaffung von stabilen Rahmenbedingungen für die Expansion des Welthandels. »Fundamentale« Zahlungsbilanzungleichgewichte sollten durch gemeinsam beschlossene Wechselkursanpassungen korrigiert werden, während vorübergehende Ungleichgewichte durch die Gewährung von Krediten seitens des *IWF* überwunden werden sollten. Der IWF (Internationaler Währungsfond) wurde als institutionelles Zentrum des Bretton Woods-Systems ins Leben gerufen. Ihm gehörten bei seiner Gründung am 27. 12. 1945 44 Länder an. 1977 waren es 129 Staaten. Seine wesentlichen Funktionen bestanden darin, erstens die Einhaltung der Spielregeln des Gold-Dollar-Standards zu überwachen und zweitens im Bedarfsfall die Kreditgewährung an die Mitgliedsstaaten zu organisieren. Die Ausstattung des IWF mit finanziellen Mitteln erfolgte über nationale Finanzierungsquoten der am System beteiligten Länder, die zum Teil in Gold und zum anderen Teil in nationaler Währung aufzubringen waren. Das ursprüngliche Abkommen von Bretton Woods legte die Gesamthöhe aller an den IWF zu entrichtenden Quoten auf 8,8 Billionen US-Dollar fest, bei addierten Reserven der Gründerstaaten in einer Höhe von 38 Billionen US-Dollar. 1959 wurden sämtliche Quoten um 50% erhöht, 1966 um weitere 25%. Da das Stimmrecht im Rahmen des IWF vom Beitrag der jeweiligen Staaten zu seiner Finanzierung abhing, war der entscheidende Einfluß der USA auf die Politik dieser Institution faktisch in ihren Statuten garantiert. Der US-Anteil an der Finanzierung des IWF belief sich bei seiner Gründung auf zunächst 36%, um bis 1966 auf immerhin noch 22% abzusinken.[21]

Das System von Bretton Woods inthronisierte den US-Dollar als »Weltgeld« der Nachkriegszeit. Bis in die fünfziger Jahre hinein teilte der Dollar diese Rolle noch mit dem Pfund Sterling, doch gewann er gegenüber dem Pfund beständig an Terrain. Er wurde immer mehr zur zentralen *Transfer-, Reserve- und Interventionswährung* des Weltmarkts.

Obwohl der IWF 1947 seine Tätigkeit offiziell aufnahm, konnten bis zum Ende der fünfziger Jahre weder das GATT noch das Weltwährungssystem von Bretton Woods die ihnen zugedachte Funktion der Regulation des Weltmarkts wirklich übernehmen. Denn solange in Europa der Bilateralismus die Struktur der internationalen Handelsbeziehungen prägte, mußten die Auswirkungen von Zolltarifänderungen im Rahmen des GATT auf die Entwicklung des Welthandels zweitrangig bleiben. Die für den Bilateralismus charakteristische Bewirtschaftung von Außenhandel und Devisen erwies sich im Europa der Nachkriegszeit als unverzichtbar, weil die »Dollarlücke« hartnäckige Ungleichgewichte im Austausch der westeuropäischen Staaten mit den USA anzeigte. Das internationale ökonomische Gleichgewicht, das der in Bretton Woods geschaffene Gold-Dollar-Standard konservieren sollte, existierte zunächst nicht. Die sang- und klanglos gescheiterten Experimente mit der Konvertibilität des Pfundes machten 1947 diesen Umstand für jedermann sichtbar.[22] Unter dem Zwang der ökonomischen Verhältnisse und dem Widerstand der Europäer wandelten die Vereinigten Staaten ihre ursprüngliche Strategie einer schnellen und radikalen Liberalisierung des Welthandels in ein wesentlich behutsameres Konzept um. Zunächst sollten schrittweise die Handels- und Währungsbeziehungen innerhalb Westeuropas liberalisiert und auf eine multilaterale Grundlage umgestellt werden, wobei die USA für eine Übergangzeit Diskriminierungen gegen den Dollarraum in Kauf nahmen. Sie setzten den Marshallplan als politischen Hebel ein, um die Politik der westeuropäischen Staaten auf dieses Konzept regionaler Liberalisierung zu verpflichten, und benutzten ihren direkten Zugriff auf die Politik Westdeutschlands, um der angestrebten Liberalisierung zusätzlichen Nachdruck zu verleihen.[23] Mit der Gründung der OEEC in Paris (1947) und der Europäischen Zahlungs-Union (EZU, 1950) entstand ein institutioneller Rahmen für das Liberalisierungsprojekt und die Vorbereitung des 1958 vollzogenen Übergangs zur Konvertibilität der wichtigsten Währungen. 50% der Gesamt-Importe der OEEC-Länder *aus dem OEEC-Raum* wurden bereits im Dezember 1949 von quantitativen Restriktionen befreit. Bis 1955 war dieser Prozentsatz – trotz mancher Rückschläge – auf 90% angewachsen.[24] 1961, also 14 Jahre nachdem der IWF ins Leben gerufen worden war , wurde das Eintreten »normaler« internationaler Funktionsbedingungen für seine Arbeit offiziell konstatiert und die Periode des Übergangs zum System des Gold-Dollar-Standards für beendet erklärt. Sie hatte rund dreimal solange gedauert wie ursprünglich geplant.

Das europäische Liberalisierungsprojekt mündete aber nicht – wie es die US-Strategie vorsah – mit dem Verschwinden der Dollarlücke in einen vorbehaltlosen Übergang zum Freihandel innerhalb der westlichen Welt. Statt dessen führte es über die Montanunion und die gescheiterte Europäische Verteidigungsgemeinschaft (EVG) zur Gründung der Europäischen Wirtschaftsgemeinschaft (EWG), die am 1.1. 1958 in Kraft trat, und zur Errichtung der Europäischen Freihandelszone (EFTA) im Jahre 1960. Damit entstanden in West- und Nordeuropa zwei Handelsblöcke, die ihre internen Austauschbeziehungen – unterschiedlich weitgehend – liberalisiert hatten, deren Etablierung aber deutliche Züge einer Abgrenzung von den USA trug. Auch das Verhältnis von EWG und EFTA untereinander war keineswegs konfliktfrei. Der EWG gehörten bei ihrer Gründung die Benelux-Staaten, Italien, Frankreich und die Bundesrepublik an. Die EFTA umfaßte Großbritannien, Norwegen, Schweden, Dänemark, Österreich, die Schweiz und Portugal. Die EWG-Länder schlossen sich zu einer Zollunion zusammen, die auf einem gemeinsamen Außenzoll basierte und eine schrittweise Abschaffung aller inneren tarifären und nicht-tarifären Handelshemmnisse anstrebte. Darüber hinaus verpflichteten sich die EWG-Staaten zu einer gemeinsamen Agrar- und Transportpolitik und bekannten sich zu einer langfristigen Harmonisierung der Wirtschafts- und Sozialgesetzgebung. Schließlich sollte die Freizügigkeit des Kapital- und Dienstleistungsverkehrs hergestellt werden. Demgegenüber beschränkte sich die pragmatischer ausgerichtete EFTA im wesentlichen auf eine Liberalisierung des Handels mit Industrieerzeugnissen und verzichtete auf einen gemeinsamen Außenzoll sowie weitergehende Pläne zur Koordinierung der von den Mitgliedsländern betriebenen Wirtschaftspolitik.[25]

Mit gutem Grund sah das Fixkurs-System von Bretton Woods Beschränkungen der internationalen Kapitalbewegungen vor – aber auch den schrittweisen Abbau solcher Beschränkungen. Internationale Kapitalbewegungen wurden zur Stimulierung des Welthandels nicht benötigt und als bedrohlich für die Stabilität der Wechselkurse eingeschätzt. Daher wies der IWF seine Mitgliedsstaaten in den Statuten ausdrücklich an, sich gegenseitig bei der Einführung von Kontrollen internationaler Kapitaltransfers zu unterstützen. Zugleich wurde dem IWF untersagt, Kredite zur Korrektur von Zahlungsbilanzungleichgewichten zu gewähren, wenn diese durch Kapitaltransfers verursacht worden waren.[26] Diese Maßnahmen konnten jedoch nicht verhindern, daß sich seit 1957 mit dem *Eurodollarmarkt* ein weitgehend unregulierter Weltmarkt für Geldkapital herauszubilden begann, dessen Eigendynamik später dem Fixkurs-System von Bretton Woods erheblich zusetzen sollte. Den Anfang dieser Entwicklung markiert die Errichtung der ersten freien Bankzone in London im Jahre 1957, als die britischen Banken begannen, ihre internationalen Kreditgeschäfte in Dollars zu denominieren. Sie reagierten damit auf das wegen der Pfundschwäche erlassene Verbot der englischen Regierung, Pfundkredite zur Handelsfinanzierung außerhalb des Sterlingblocks zu gewähren. Nach und nach machte diese Praxis Schule. Die britischen Banken vergaben zunehmend Dollarkredite auf Grundlage der bei ihnen deponierten Dollarguthaben, statt diese Guthaben über ihre Vertreter in den amerikanischen Markt zurückzuschleusen. So entstand allmählich außerhalb der USA ein Markt für Dollarguthaben, sprich für Geldkapital in Form von Ansprüchen auf Zentralbankgeld der USA. Weil diese Dollarguthaben keinen Einfluß auf die britische Geldzirkulation besaßen, sah die Bank of England keinen Anlaß, auf den Handel mit ihnen dieselben Kontrollen und Beschränkungen anzuwenden, welche die inländische Geld- und Kreditzirkulation regulierten. Insbesondere wurden die Dollarguthaben von der Reservepflicht und dem Verzinsungsverbot für kurzfristige Einlagen freigestellt. Diese Praxis legte den Grundstein für die Aufspaltung des monetären Weltmarkts in einen regulierten und einen unregulierten Bereich.[27] In dem Maße, wie sich die freien Bankzonen auch außerhalb Großbritanniens ausbreiteten, mußte sich die Bedeutung des Eurodollarmarktes erhöhen – mit entsprechenden Rückwirkungen auf das internationale Währungssystem und den Welthandel.

Schließlich begann sich in den fünfziger Jahren eine Tendenz zur *Internationalisierung der Produktion* abzuzeichnen. Die ausländischen *Direktinvestitionen* wuchsen noch schneller als der Außenhandel. Dennoch standen die fünfziger Jahre im Zeichen der Expansion des Welthandels, bevor im darauffolgenden Jahrzehnt der immer größere Umfang der Direktinvestitionen zum charakteristischen Merkmal der Weltmarktentwicklung wurde. Die Schrittmacherrolle bei der Internationalisierung der Produktion übernahmen die US-Unternehmen. Zu Beginn der siebziger Jahre erreichte der Wert ihrer Auslandsproduktion nahezu das Vierfache der amerikanischen Exporte.[28]

Die wichtigsten Ergebnisse dieses Kapitels lassen sich folgendermaßen zusammenfassen: Die außergewöhnlich hohen Wachstumsraten, die viele westliche Industrieländer während der fünfziger und sechziger Jahre verzeichneten, fielen zeitlich zusammen mit der Rekonstruktion des Weltmarkts. Während der fünfziger Jahre stand dabei die Expansion des Welthandels im Vordergrund. Besonders dynamisch entwickelte sich der Handel mit den sogenannten »engineering products«, insbesondere derjenige mit Spezialmaschinen und Straßenfahrzeugen. Die Wiederherstellung des Weltmarkts war das Ergebnis ordnungspolitischer Anstrengungen, hinter denen vor allem die USA standen. Ungeachtet ihrer wirtschaftlichen Überlegenheit gelang es der westlichen Vormacht aber nicht, ihre ordnungspolitischen Vorstellungen gegenüber den europäischen Staaten uneingeschränkt durchzusetzen, so daß Ergebnis und Rhythmus der Weltmarktrekonstruktion erheblich vom ursprünglichen Konzept der USA abwichen.

Die Bundesrepublik im System der »pax americana«

Bereits zeitgenössische Analysen verbanden den wirtschaftlichen Aufschwung der fünfziger Jahre eng mit Deutschlands Rückkehr zum Weltmarkt.[29] Diese Rückkehr hatte erhebliche Hindernisse zu überwinden. Die Nachfolgestaaten des Deutschen Reiches hatten die staatliche Souveränität verloren, und die deutsche Außenwirtschaftspolitik fiel unter die Kompetenz der Alliierten. Diese handhabten ihre Befugnisse anfangs sehr restriktiv. Den deutschen Unternehmen waren zunächst nicht einmal telefonische Geschäftskontakte mit dem Ausland erlaubt, und die »Dollarklausel« lähmte die Entwicklung des Außenhandels. Die inneren Währungsverhältnisse blieben bis zur Reform von 1948 zerrüttet, wodurch eine Integration der deutschen Währung in das Bretton Woods-System für längere Zeit unrealistisch blieb. Auch an deutsche Direktinvestitionen im Ausland war zunächst nicht zu denken. Das deutsche Auslandsvermögen blieb blockiert, und umgekehrt unterlagen ausländische Investitionen in Deutschland starken Beschränkungen.[30] Die Wiedereingliederung der Westzonen bzw. der Bundesrepublik in den Weltmarkt setzte demzufolge einen komplexen institutionellen Prozeß voraus.

In das Fixkurs-System von Bretton Woods wurden die Westzonen faktisch bereits im unmittelbaren Vorfeld der Währungsreform einbezogen. Amerikaner und Briten einigten sich auf einen einheitlichen Wechselkurs für die Mark, der seit Mai 1948 in der Bizone Gültigkeit hatte und das bis dahin gültige System multipler Wechselkurse ersetzte. In der französischen Zone wurde dieser feste Umrechnungskurs im Dezember 1948 einführt. Er fixierte ein Verhältnis von 3,33 DM pro US-Dollar. Am 19.9.1949 wurde die DM um 20% gegenüber dem Dollar abgewertet, so daß sich der neue Kurs auf 4,20 DM pro Dollar belief. Diese Parität behielt Gültigkeit bis zur 5%-Aufwertung der DM im Jahre 1961, obwohl die westdeutsche Währung bereits lange vorher wegen der deutschen Handelsbilanzüberschüsse unter Aufwertungsdruck geraten war. Der 1961 fixierte Dollarkurs der DM galt dann bis zum Ende der sechziger Jahre, bevor die DM zwischen 1969 und 1972 neuerlich (mehrfach) aufgewertet wurde. Als seit 1952 in der Bundesrepublik Leistungsbilanzüberschüsse an die Stelle der traditionellen Defizite traten, stieg naturgemäß das Interesse der Bundesregierung am Übergang zur Konvertibilität der wichtigsten westlichen Währungen, denn die Umwandlung der positiven Bilanzsalden in Dollarguthaben war eine verlockende Perspektive. Innerhalb der EZU drohte die Bundesrepublik wegen ihrer Gläubigerposition unterdessen politisch an den Rand gedrängt zu werden, was zu einer europäische Diskriminierung gegen deutsche Exporte hätte führen können. Die seit 1952 auf internationalem Parkett diskutierten Pläne zur Einführung der Konvertibilität der europäischen Währungen konkretisierten sich 1958. Erst zu diesem Zeitpunkt hatte sich die Position des Pfund Sterling hinreichend stabilisiert, um einen solchen Schritt wagen zu können, ohne das Risiko fundamentaler außenwirtschaftlicher Schieflagen einzugehen. In der Bundesrepublik bestätigte der Übergang zur Konvertibilität lediglich formell den Status quo. Bereits seit 1956 galt in Westdeutschland die volle Ausländerkonvertibilität, und auch im Bereiche der Inländerkonvertibilität waren wesentliche Fortschritte erzielt worden. Diese Annäherung an die Konvertibilität der DM entsprach der um die Mitte der fünfziger Jahre vorangeschrittenen Liberalisierung des bundesdeutschen Handelsverkehrs mit dem Ausland. 1959 wurden letzte Einschränkungen der DM-Konvertibilität aufgehoben, und 1961 unterstellte sich die Bundesrepublik formell dem Artikel VII der IWF-Statuten, womit sie ausdrücklich auf die einseitige Wiedereinführung einer Devisenkontrolle verzichtete.[31]
Die bundesdeutschen Direktinvestitionen waren von ihrem Umfang her am Ende des Booms die drittgrößten der Welt, allerdings mit weitem Abstand hinter den USA und Großbritannien. Sie betrugen 1973 5638,1 Millionen DM. Ausgehend von eher bescheidenen 409,9 Millionen DM in 1955 stiegen sie über 739,6 Millionen in 1960 und 3494,2 Millionen in 1970. In den sechziger Jahren lagen die westdeutschen Unternehmen also in der Tendenz zur Internationalisierung der Produktion, wobei die Jahre 1962, 1966 und 1973 mit Wachstumsraten von 63,5%, 50,9% und 93,7% die größten Sprünge verzeichneten.[32] Die beiden folgenden

Tabellen rekonstruieren die Regional- und die Branchenstruktur der bundesdeutschen Direktinvestitionen im Ausland.

Tabelle 1.3: Regionalstruktur der westdeutschen Direktinvestitionen in % der investierten Summen[33]

		1956	1961	1965	1968	1972
Europa		38,2	38,5	53,8	56,6	60,5
EWG		18,0	14,9	25,3	29,3	35,5[34]
	Frankreich		5,3	9,3	9,8	9,9
	Belgien/Luxemburg		2,8	9,2	12,0	10,9
	Niederlande		2,3	4,2	3,4	5,0
	Italien		3,5	4,2	4,0	3,7
EFTA		15,1	20,2	23,0	21,5	16,5[35]
	Großbritannien		1,4	1,7	2,4	2,6
	Schweiz		12,1	13,4	11,5	14,1
	Österreich		3,6	5,3	5,5	4,6
	Spanien		2,6	3,6	3,8	6,0
Amerika		52,1	49,2	35,2	33,2	30,0
	USA		8,7	6,4	8,2	8,1
	Kanada		11,9	9,8	8,4	8,0
	Brasilien		16,6	10,0	8,3	6,8
Industrieländer[36]		66,8	61,7	71,6	74,4	79,2
Entwicklungsländer[37]		33,2	38,3	28,4	25,6	20,8

Tabelle 1.4: Branchenstruktur der westdeutschen Direktinvestitionen während des Booms (in %)[38]

	1961	1965	1968	1972/74
Industrie (insgesamt)	77,4	80,0	77,4	62,6
Chemische Industrie	18,0	14,6	19,4	13,1
Eisen- und Stahlerzeugung			11,3	2,9
Großeisen	12,7	9,2	7,0	
Metallhütten	2,0	2,2	0,8	
Bergbau und Energie	2,6	3,1	5,9	
Elektrotechnik und Elektronik	13,7	12,4	10,7	8,7
Maschinenbau, Maschinen und Apparate	6,2	7,1	6,7	
Feinmechanik und Optik	0,6	2,1	0,5	
Straßenfahrzeugbau				3,7
Automobile und Zubehör	7,5	9,3	10,3	
Nahrungs- und Genußmittelindustrie	3,3	5,3	4,4	3,5
Alle übrigen	22,6	19,8	22,4	
Dienstleistungsbereiche				35,6
Sonstige Sektoren				1,8

Bis zum Beginn der sechziger Jahre tätigten die westdeutschen Unternehmen einen relativ hohen Anteil ihrer auswärtigen Direktinvestitionen in den Entwicklungsländern. Von diesem Zeitpunkt an gewannen die Industrieländer als Standorte an Bedeutung, wobei der auf die USA entfallende Prozentsatz der deutschen Direktinvestitionen stagnierte, Kanada an Bedeutung verlor, und Europa zunehmend zum regionalen Zentrum wurde. Innerhalb Europas wiederum überflügelte die EWG mit der Zeit den EFTA-Bereich, was vor allem auf die politisch organisierte Liberalisierung des Kapitalverkehrs innerhalb der EWG zurückzuführen ist. Die *Branchenstruktur* der bundesdeutschen Direktinvestitionen wurde bis zum Ende des Nachkriegsbooms von der Industrie geprägt. Dabei dominierten die standardisierte Massengüter produzierenden Branchen, an der Spitze die Chemie. Die Automobilindustrie rangierte je nach Stichjahr zwischen Rang 3 und Rang 4. Von 1945 bis 1961 unterlagen bundesdeutsche Direktinvestitionen im Ausland einem grundsätzlichen Verbot, das allerdings zunehmend gelockert wurde. 1949 war die Regie der Außenwirtschaftspolitik an deutsche Stellen zurückgegeben worden. Ab 1952 konnten Direktinvestitionen im Ausland in Ausnahmefällen genehmigt werden, sofern „sich die Anlage und Unterhaltung von Vermögenswerten im Ausland alsbald und nachhaltig devisenbringend oder devisensparend auswirkt"[39], was vor allem auf die Gründung von Absatzorganisationen im Ausland zielte. Seit 1954 konnten auch allgemeinere handelspolitische Erwägungen zur Genehmigung von Auslandsinvestitionen führen, und ab 1956 wurde die Genehmigungspflicht für Direktinvestitionen in einer Höhe von bis zu 3 Millionen Mark durch eine Meldepflicht ersetzt. Endgültig entfiel dann die Genehmigungspflicht mit dem Außenwirtschaftsgesetz vom 1961, die Meldepflicht für Direktinvestitionen blieb dagegen bestehen.[40] Selbstverständlich zog die Bundesrepublik im Zuge ihrer Integration in den Weltmarkt auch ihrerseits ausländische Direktinvestitionen an. Aber ähnlich wie bei den bundesdeutschen Direktinvestitionen im Ausland intensivierte sich dieser Prozeß erst seit dem Ende der fünfziger Jahre entscheidend. Unmittelbar nach dem Krieg waren zunächst nicht nur ausländische Neuinvestitionen in den Westzonen verboten, sondern auch die alten Guthaben von Ausländern in deutscher Währung wurden für investive und sonstige Zwecke gesperrt. Ab 1948 war Ausländern das Investieren in Deutschland zwar prinzipiell möglich. Gleichzeitig wurde diese Möglichkeit für potentielle Investoren aber dadurch unattraktiv, daß weiterhin jeder Gewinntransfer und jeder Rückzug von einmal in Deutschland investierten Summen extrem restriktiv gehandhabt wurde.[41] Einen wesentlichen Schritt in Richtung einer Liberalisierung ausländischer Investitionen tat die Bundesregierung 1954 mit der weitgehenden Deregulierung der alten »Sperrguthaben«, die nunmehr Ausländern als relativ frei disponibler Investitionsfonds zur Verfügung standen. Ab 1958 entfielen dann auch die verbleibenden Beschränkungen der Neueinfuhr ausländischen Kapitals.[42] Wegen des Umfangs der amerikanischen Direktinvestitionen in der Bundesrepublik kam der Normalisierung der deutsch-amerikanischen Wirtschaftsbeziehungen in diesem Zusammenhang eine besondere Bedeutung zu. Der 1953 unterzeichnete bilaterale Handelsvertrag zwischen beiden Ländern schuf die rechtliche Grundlage, „auf der die Geschäftsleute beider Länder in der Lage sind, ihren Wohnsitz in einem der beiden Länder zu nehmen, um dort ihre Geschäfte zu betreiben".[43] Diesem Han-

delsvertrag folgte 1954 das deutsch-amerikanische Doppelbesteuerungsabkommen. Vor diesem Hintergrund wuchs die Zahl der in der Bundesrepublik aktiven amerikanischen Unternehmen zwischen 1954/55 und 1958 bereits um 67%, stieg bis 1963 um weitere 121,4% und legte bis 1968 noch einmal 124,7% zu.[44] Nach Angaben von Link unterhielten 1971 in der Bundesrepublik 588 amerikanische Unternehmen 700 Zweigstellen und repräsentierten zu dieser Zeit etwa 50% der Gesamthöhe der direkten Auslandsinvestitionen in Westdeutschland.[45] 1963 machte der Umsatz der in der Bundesrepublik operierenden US-Unternehmen 3,2% des westdeutschen Bruttosozialprodukts aus.[46]
Die Rückkehr Westdeutschlands auf den Weltmarkt während der fünfziger Jahre wurde vor allem durch die Eingliederung in den Welthandel bestimmt. Tabelle 1.5 liefert Aufschluß über das Verhältnis von Direktinvestitionen und Exporten von 1956 bis 1973.

Tabelle 1.5: Die ausländischen Direktinvestitionen der westdeutschen Unternehmen in % der westdeutschen Exporte[47] und die Integration der westdeutschen Wirtschaft in den Welthandel[48]

	1950	1956	1960	1965	1970	1974
Direktinvestitionen in % der Exporte		1,3	1,5	1,6	2,8	2,0
Bruttosozialprodukt[49]	98,1	200,5	302,3	460,4		
Importe[50]	11,4	28,0	42,7	70,4		
Exporte[51]	8,4	30,9	48,0	71,7		
Index der Welthandelsintegration[52]	20,2	29,6	30,6	31,4		

Noch zu Beginn der siebziger Jahre nahmen sich die ausländischen Direktinvestitionen der Bundesrepublik im Vergleich zu ihren Exporten vergleichsweise bescheiden aus. Im Schnitt der Jahre 1970-1972 erreichten die Direktinvestitionen wertmäßig nur 2,2% der Exporte. Der entsprechende Wert für die USA lag bei 9,5%.[53]
In der Entwicklung der Exporte und Importe kommt die sich stark intensivierende Integration der westdeutschen Wirtschaft in den Weltmarkt zum Ausdruck. Die erfolgreiche Rückkehr Westdeutschlands auf den Weltmarkt schlug sich seit 1952 in permanenten Handelsbilanzüberschüssen nieder. Diese wiederum waren die Grundlage für die positiven Zahlungsbilanzsalden der fünfziger Jahre, die der westdeutschen Zentralbank halfen, ihre Devisenposition nachhaltig zu konsolidieren und das westdeutsche »Wirtschaftswunder« von der äußeren Flanke her abzusichern. Erst die beginnenden sechziger Jahre konfrontierten die Bundesrepublik gelegentlich wieder mit negativen Abschlüssen der Devisenbilanz, die jedoch angesichts der angehäuften Reserven leicht verkraftet werden konnten.
Von großem Interesse für diese Studie (vgl. Tabelle 1.7) sind die stoffliche und die regionale Struktur der bundesdeutschen Warenexporte.
Die grobe Gliederung der Tabelle 1.8 läßt bereits das Stagnieren der Ernährungswirtschaft, den Bedeutungsverlust der Rohstoffe und Halbwaren und das steigende Gewicht der industriellen Enderzeugnisse hervortreten. Wie der Vergleich

Tabelle 1.6: Zahlungsbilanz der Bundesrepublik 1952-1965[54]

	Handels- bilanz (fob-Werte)[55]	Dienst- leistungs bilanz	Bilanz der Über- tragungen	Kapital- bilanz langfristig	Kapital- bilanz kurzfristig	Devisen- bilanz
1950	-2314	- 178	+2065	+488	+149	-564
1951	+1493	-721	+1529	-79	-464	+2038
1952	+2162	+156	+160	-357	+363	+2900
1953	+3652	+672	-451	-378	-320	+3646
1954	+3920	+223	-474	-438	+332	+2971
1955	+3237	-168	-834	-271	-369	+1851
1956	+5620	+60	-1221	-365	+203	+5010
1957	+7321	+462	-1882	-390	-2265	+5122
1958	+7363	+635	-2000	-1437	-892	+3444
1959	+7628	-197	-3279	-3629	-2769	-1692
1960	+8447	-176	-3488	-81	+1353	+1019
1961	+9618	-1995	-4430	-4053	-956	-2297
1962	+6521	-2891	-5210	-183	-414	-877
1963	+9181	-3095	-5095	+1806	-1186	+2740
1964	+9611	-3776	-5311	-894	-431	+435
1965	+5200	-5046	-6377	+1137	+1005	-1283

Tabelle 1.7: Auslandsposition der Bank deutscher Länder resp. der Bundesbank 1950-1965 in Mio. DM[56]

	Gold	Reserveposition im IWF und Sondererziehungsrechte	Devisen und Sorten (darunter US-Dollar)	Netto- Auslandsposition
1950	-	-	798 (623)	-664
1951	116	-	1792 (1418)	1523
1952	587	139	2384 (2082)	4774
1953	1367	157	4143 (3537)	8329
1954	2628	346	5798 (5436)	11290
1955	3862	346	6272 (5756)	13141
1956	6275	346	8137 (7301)	18151
1957	10674	346	6563 (6124)	23273
1958	11085	617	8392 (7409)	26717
1959	11077	1127	7965 (7257)	24748
1960	12479	1296	15819 (14982)	32767
1961	14654	2549	11516 (10888)	30456
1962	14716	2069	11074 (10786)	29579
1963	15374	2208	11939 (11669)	32319
1964	16992	3650	8191 (7713)	32754
1965	17639	4305	5376 (5168)	31471

der fünfziger Jahre mit 1936 zeigt, könnte man diese Tendenzen auf den ersten Blick als eine Wiederannäherung an das sektorale Vorkriegsmuster des deutschen Warenexports begreifen, wobei der zusätzliche Bedeutungsgewinn der Enderzeugnisse einen *quantitativen* Industrialisierungsschub zum Ausdruck brächte. Aber hinter der Klassifizierung der Warenexporte verbergen sich *qualitative*

Tabelle 1.8: Anteil einzelner Warengruppen am Export des Deutschen Reiches 1936 u. der Bundesrepublik von 1950 bis 1965 in %.[57]

	Nahrungsmittel	Rohstoffe	Halbwaren	Fertigwaren Vorerzeugnisse	Fertigwaren Enderzeugnisse
1936	1,8	8,8	9,6	26,9	52,9
1950	2,3	14,0	18,9	22,3	42,6
1951	3,4	9,0	14,5	25,2	47,9
1952	2,2	7,6	15,0	20,6	54,5
1953	2,6	8,0	14,7	18,3	56,4
1954	2,3	7,7	13,1	18,6	58,2
1955	2,7	6,1	12,7	18,5	60,0
1956	2,7	5,6	12,4	19,3	59,8
1957	2,3	5,4	11,5	19,8	60,7
1958	2,4	4,6	10,5	18,3	63,9
1959	2,4	4,8	10,5	19,4	62,7
1960	2,3	4,6	10,4	20,2	62,2
1961	2,1	4,3	10,4	19,1	63,8
1962	2,2	4,5	9,4	18,6	64,9
1963	2,3	4,3	9,3	17,9	65,8
1964	2,5	3,9	8,8	18,2	66,1
1965	2,8	3,6	8,7	18,6	65,9

Veränderungen, die deutlich werden, sobald man die groben Kategorien dieser Tabelle verfeinert (vgl. Tabelle 1.9).

Im Zuge der Reintegration Westdeutschlands in den Welthandel traten die traditionellen Energieträger Kohlen und Koks als Exportfaktor in den Hintergrund. Demgegenüber stabilisierten die chemische Industrie und der Bereich der Eisen- und Eisenwaren (– letzterer mit leicht sinkender Tendenz -) ihr Gewicht auf einem hohen Niveau. Der Export von Maschinen und elektrotechnischen Erzeugnissen verzeichnete im Laufe der fünfziger und frühen sechziger Jahre einen weiteren Bedeutungszuwachs. Mit dem Maschinenbau und der elektrotechnischen Industrie ist der Erfolg der Bundesrepublik im internationalen Handel eng verknüpft. Doch das hervorstechende Merkmal ihres Exportsektors während des Nachkriegsbooms ist der Aufstieg der Fahrzeugbranche. Der Posten Kraftfahrzeuge und Luftfahrzeuge, der von der Automobilindustrie bestimmt wurde, steigerte seinen Anteil an den westdeutschen Exporten von 4,8% in 1950 auf 14,4% in 1965. 1936 hatte er lediglich 2,6% betragen. Er war damit bereits lange vor der Mitte der sechziger Jahre die mit Abstand wichtigste Subkategorie der bundesdeutschen Außenhandelsstatistik, die 1965 einen höheren Exportwert auf sich vereinigte als die gesamte chemische Industrie oder die eisenschaffende und die eisenverarbeitende Industrie zusammengenommen. Das Gewicht der Kraft- und Luftfahrzeuge wurde nur vom aggregierten Export sämtlicher Zweige des Maschinenbaus übertroffen. Der Bedeutungszuwachs der Fahrzeugbranche ist um so auffälliger, als er sich vor dem Hintergrund eines insgesamt stark expandierenden Exportsektors vollzog. Der *Wandel der westdeutschen Industriestruktur nach 1945*, der im Zusammenhang mit der Verbreitung der fordistischen Mas-

Tabelle 1.9: Anteil der wichtigsten Waren am Export des Deutschen Reiches 1936 u. der Bundesrepublik von 1950 bis 1965 in %[58]

	1936[59]	1950	1955	1960	1965
Maschinen[60]	12,7	14,1	18,7	18,9	20,9
Werkzeugmaschinen	3,1	2,5	3,0	3,4	3,3
Kohlen und Koks	8,2	15,8	7,3	4,8	2,9
Eisen- und Eisenwaren	15,2	17,6	12,4	15,4	13,3
Chemische Waren	14,6	11,2	11,9	11,7	12,4
Vorerzeugnisse	8,8	6,7	6,0	6,3	6,8
Halbwaren	2,1	2,7	3,3	2,3	1,9
Fahrzeuge[61]	3,6	5,7	10,6	13,2	15,1
Kraft- u. Luftfahrzeuge	2,6	4,8	9,7	12,6	14,4
Elektrotechnische Erzeugnisse[62]	5,4	3,6	8,1	8,5	9,0
Textilien und Bekleidung			6,6	5,0	5,7
Gewebe, Gewirke usw.	4,5	3,3	3,4	2,3	2,4
Feinmech. u. optische Erzeugnisse	1,9	2,1	3,2	2,5	2,5
Waren aus Nichteisen-Metallen	2,7	1,5	2,1	1,6	1,7
Zellstoff, Papier u. Papierwaren	3,1	1,0	1,3	1,3	1,5

senproduktion stand und insbesondere von der Automobilindustrie getragen wurde, wirkte auf die Weltmarktabhängigkeit des Landes zurück. Die stofflichen Veränderungen in der Zusammensetzung des westdeutschen Exports folgten ebenso dem internationalen Trend wie die regionale Entwicklung des bundesrepublikanischen Außenhandelsmusters.

Die Reintegration der Bundesrepublik in den Welthandel stützte sich in erster Linie auf den Austausch mit anderen Industriestaaten. Zu Beginn der fünfziger Jahre war das regionale Muster ihrer Handelsbeziehungen noch stark von den Sonderbedingungen der Wiederaufbauphase geprägt. Danach wurden die Entwicklungsländer zunehmend in den westdeutschen Außenhandel einbezogen, und zwar bei den Importen auf höherem Niveau als bei den Exporten. Seit dem Ende der fünfziger Jahre entwickelte sich ihr Anteil am westdeutschen Außenhandel jedoch wiederum rückläufig. Das Gewicht der USA überwog stets deutlich bei den Importen gegenüber den Exporten, und innerhalb Europas führte offensichtlich die Gründung der EWG mittelfristig zu einer erheblichen regionalen Umstrukturierung des westdeutschen Außenhandels. Zwar intensivierte sich per saldo die bundesdeutsche Integration in den Welthandel durch die Gründung der EWG kaum, doch veränderte sich durch diesen Vorgang ihr geographisches Muster. Schließlich ist der geringe Umfang des innerdeutschen Handels und des bundesdeutschen Austausches mit dem RGW-Bereich hervorzuheben. Der Vergleich mit den Zahlen von 1936 läßt also eine Orientierung des westdeutschen Außenhandels nach Westen erkennen.

Die Weltmarktintegration der Bundesrepublik während der fünfziger und sechziger Jahre setzte ihre *institutionelle Einbindung* in das Weltmarktregime der Nachkriegszeit voraus. Mit Wirkung vom ersten Oktober 1951 trat die Bundesrepublik dem GATT bei und gewann mit diesem Schritt volle Souveränität in der Zoll- und Handelspolitik. Sie hatte dafür – unter amerikanischem Druck – mit der deutschen Schutzzolltradition gebrochen und einen Zolltarif präsentiert, der eine „mittlere Linie zwischen Hochzollländern wie Italien, Frankreich und

Tabelle 1.10: Die Regionalstruktur der westdeutschen Exporte 1936-1965 in %[63]

	1936[64]	1950	1955	1960	1965
Europa	70,74	75,70	66,77	67,38	72,15
EWG	23,13	35,18	27,41	29,51	35,20
Frankreich	5,34	7,34	5,67	8,76	10,87
Belgien/Luxemburg	4,44	8,10	6,74	6,03	7,76
Niederlande	8,30	13,92	9,42	8,78	10,29
Italien	5,05	5,82	5,58	5,94	6,28
EFTA	26,70	26,47	28,85	28,04	26,99
Großbritannien	8,51	4,32	3,99	4,48	3,91
Österreich	2,28	3,73	5,28	5,10	5,30
Schweden	4,83	6,35	6,92	5,41	5,24
Dänemark	3,82	4,22	3,45	3,43	3,25
Norwegen	1,91	1,42	2,33	2,44	1,94
Schweiz	4,73	5,89	5,93	6,24	6,49
Portugal	0,62	0,54	0,95	0,94	0,86
Amerika	15,15	13,63	15,60	15,88	13,75
USA	3,61	5,14	6,23	7,86	8,01
Kanada	0,74	0,49	0,89	1,12	1,08
Industrieländer[65]	78,69	84,13	77,23	80,13	84,82
Entwicklungsländer[66]	21,31	15,87	22,77	19,87	15,18
RGW[67] 17,18		6,18	3,35	5,82	5,91
DDR[68]		3,93	2,19	2,00	1,68

Tabelle 1.11: Die Regionalstruktur der westdeutschen Importe 1936-1965 in %

	1936[69]	1950	1955	1960	1965
Europa	59,87	54,94	52,95	58,02	62,88
EWG	14,58	25,06	23,05	29,74	37,82
Frankreich	2,34	6,08	5,90	9,36	11,13
Belgien/Luxemburg	3,29	3,56	5,66	5,71	7,69
Niederlande	4,00	10,96	7,23	8,51	9,69
Italien	4,95	4,46	4,26	6,16	9,31
EFTA	21,39	21,01	19,15	19,64	17,23
Großbritannien	6,25	4,30	3,54	4,58	4,46
Österreich	1,82	1,57	2,85	2,70	2,42
Schweden	4,54	5,60	4,51	4,22	3,51
Dänemark	3,66	4,31	2,95	2,70	2,11
Norwegen	2,08	1,91	1,42	1,27	1,22
Schweiz	2,52	3,08	3,46	3,81	3,16
Portugal	0,52	0,24	0,42	0,36	0,34
Amerika	19,90	23,43	26,67	24,76	21,08
USA	5,51	15,25	13,08	13,99	13,05
Kanada	0,45	0,37	2,01	2,05	1,29
Industrieländer	68,41	75,10	71,80	76,82	80,25
Entwicklungsländer	31,59	24,90	28,20	23,18	19,75
RGW	17,79	3,95	3,61	5,22	4,80
DDR[70]		3,00	2,40	2,63	1,79

Großbritannien und ausgesprochenen Niedrigzolländern wie Dänemark oder den Benelux-Staaten einnahm".[71] Damit aber zollpolitische Maßnahmen überhaupt irgendeine Bedeutung für die Regulierung des Außenhandels gewinnen konnten, mußten zuvor die Vorbehalte der Besatzungsmächte – insbesondere der USA – gegen eine Rückkehr Westdeutschlands auf den Weltmarkt ausgeräumt werden. Diese Vorbehalte manifestierten sich vor allem in der bis in das zweite Halbjahr 1949 gültigen »Dollarklausel«, welche die Bezahlung der deutschen Exporte in US-Währung forderte. Angesichts der europäischen »Dollarlücke« mußte diese Regelung die westdeutschen Ausfuhren stark beschränken.[72] Als aber die USA ihren Plan einer unmittelbaren Liberalisierung und Multilateralisierung des Handels im globalen Maßstab aufgaben und statt dessen zunächst auf eine innereuropäische Lösung setzten, wurde die Dollarklausel endgültig dysfunktional für die amerikanischen Interessen. Die USA nutzten seither ihren Einfluß auf die Bundesrepublik, um durch deren Einbindung in die OEEC-Verhandlungen und die EZU die innereuropäische Liberalisierung voranzutreiben.[73] Nachdem die OEEC ihre Mitgliedsstaaten bereits zum Jahresende 1949 auf eine Abschaffung von 50% aller mengenmäßigen Beschränkungen im Handel untereinander verpflichtet hatte, wurden Ende 1950 60% erreicht, und der gemeinsam mit dem EZU-Abkommen im September 1950 in Kraft tretende europäische Liberalisierungskodex sah bis Februar 1951 eine Quote von 75% vor. Im deutschen Fall mündete allerdings die Liberalisierung zunächst in eine akute Zahlungsbilanzkrise, die trotz eines Sonderkredits in Höhe von 180 Mio. Mark seitens der EZU zu einer im Ausland heftig kritisierten Suspendierung der Liberalisierung durch die Bundesregierung und die Bank deutscher Länder führte. „Der bis März 1951 erreichte Liberalisierungssatz von 60% wurde rückgängig gemacht, eine Bardepot-Pflicht von 50% des DM-Gegenwertes der für Importe beantragten Devisen eingeführt und schließlich die Ausgabe von Importlizenzen völlig eingestellt."[74] Doch die – durch den Koreakrieg stark angeheizte – internationale Nachfrage nach bundesdeutschen Fertigwaren brachte schon bald eine Entspannung der Zahlungsbilanzprobleme. Die Handelsbilanz Westdeutschlands trat in eine lange Phase aktiver Salden ein, und Anfang 1952 konnte die Liberalisierung des Austausches von Gütern und Dienstleistungen im Rahmen der OEEC wieder aufgenommen werden.[75] Die Einbindung der Bundesrepublik in die »pax americana« war definitiv vollzogen. 1954 wurde eine erste Freiliste für Waren aus dem Dollar-Raum erlassen, die 40% der privaten Einfuhr von Dollar-Gütern aus dem Jahre 1953 umfaßte. Bis Juni 1956 erhöhte sich der Liberalisierungsgrad für den Dollar-Raum auf 93%.[76] Der Beitritt der Bundesrepublik zum GATT, zum IWF, zur OEEC und zur EZU wurde ergänzt durch zahlreiche bilaterale Wirtschaftsabkommen und durch die Regelung der Reparationsfrage im Zuge der Londoner Schuldenverhandlungen von 1951.[77] Damit waren die institutionellen Voraussetzungen für die Eingliederung Westdeutschlands in den *Weltmarkt der westlichen Hemisphäre* geschaffen worden. [78]

Der Weltmarktboom der Nachkriegszeit und die Wirtschaftswissenschaft

An wirtschaftswissenschaftlichen Studien, die sich die Erklärung des europäischen Booms nach dem Zweiten Weltkrieg zum Ziel setzen, herrscht kein Mangel. Dabei reicht das Spektrum von Arbeiten, welche die Angebotsseite in den Mittelpunkt ihrer Argumentation stellen, bis hin zu den in keynesianischer Tradition stehenden Ansätzen, welche die Schlüsselrolle der Nachfrage für die außergewöhnliche Dynamik des Wachstums betonen.[79] Es ist hier weder möglich noch notwendig, die gesamte Debatte über den Boom der Nachkriegszeit detailliert zu würdigen.[80] Statt dessen soll exemplarisch auf *Kindlebergers* Theorie des sich selbst tragenden Wachstums (»virtuous cycle«) und auf die Theorie vom »product cycle« eingegangen werden. Die Theorie der Produktzyklen ist vor allem deshalb ausgewählt worden, weil sie für die Entwicklung der Automobilindustrie von Interesse ist. Dem »virtuous cycle« Kindlebergers kommt aus zwei Gründen eine besondere Bedeutung zu. Erstens besitzt diese Theorie dynamischen Charakter und ist daher besonders geeignet, viele Aspekte der an gesellschaftlichen Veränderungen reichen Nachkriegszeit zu beleuchten. Zweitens rückt sie das Arbeitskräfteangebot und die Reallohnbewegung in den Mittelpunkt der Analyse und identifiziert damit aus der Sicht dieser Studie entscheidende Faktoren der europäischen »Wirtschaftswunder«. Gleichwohl wird die Diskussion dieser beiden Ansätze einen Mangel ökonomischer Theoriebildung aufdecken: *die Vernachlässigung der Formspezifik des historischen Prozesses.*

Kindlebergers Analyse des Booms der fünfziger Jahre

Der amerikanische Ökonom *Charles P. Kindleberger* vom Massachusetts Institute of Technology (MIT) legte 1967 eine Studie über »Europe's Postwar Growth« vor, die den Untertitel »The Role of Labour Supply« trug.[81] Die Grundzüge seiner damaligen Argumentation hat Kindleberger kürzlich wiederholt.[82] Sie basiert auf dem von *Arthur Lewis* konzipierten Modell zur »Entwicklung unter den Bedingungen eines nicht limitierten Arbeitskräfteangebots«, das dieser allerdings auf den Kontext wirtschaftlich rückständiger Staaten bezogen hatte.[83] Dessen ungeachtet hält Kindleberger das Lewis-Modell für geeignet, um sowohl das beschleunigte westeuropäische Wirtschaftswachstum der fünfziger Jahre als auch die Unterschiede der nationalen Wachstumsraten zu erklären.[84] Seine zentrale These lautet, daß die Ursache für die bemerkenswerten Wachstumsraten, die viele westeuropäische Länder seit 1950 erzielten, in der Verfügbarkeit eines längere Zeit hindurch unbegrenzten Arbeitskräfteangebots zu suchen ist – wenn er auch zugesteht, daß nicht alle nationalen Unterschiede in den Wachstumsraten auf dieses Ursache allein zurückzuführen sind. Das elastische

Arbeitskräfteangebot speiste sich aus dem natürlichen Bevölkerungswachstum (Niederlande), aus der Abwanderung von Arbeitskräften aus der Landwirtschaft in den industriellen Sektor und in den Dienstleistungsbereich (Bundesrepublik, Frankreich, Italien), aus der Integration von Flüchtlingen (Bundesrepublik) und schließlich aus der Einwanderung von Gastarbeitern aus den Mittelmeerländern (Frankreich, Deutschland, Schweiz). Großbritannien, Belgien und die skandinavischen Länder, die allesamt keine substantiellen Erweiterungen ihres Arbeitskräfteangebots erlebten, verzeichneten ein vergleichsweise schwaches Wachstum.[85]

In seiner einfachsten Version bezieht sich das Lewis-Modell auf eine geschlossene Ökonomie, die in einen agrarischen und einen industriellen Sektor unterteilt wird. Beide Sektoren arbeiten mit jeweils zwei »Produktionsfaktoren«. In der Industrie kommen »Kapital« und »Arbeit« zum Einsatz, in der Landwirtschaft Boden und »Arbeit«. Ausgangspunkt der Argumentation ist ein Überangebot an »Arbeit« in der Landwirtschaft, wo das »Grenzprodukt der Arbeit« gegen Null tendiert und die überzähligen Arbeitskräfte aus dem Faktoreinkommen des Bodens, der »Rente«, alimentiert werden. Das industrielle Beschäftigungsniveau wird bestimmt durch die sektorale Nachfrage nach »Arbeit«, die ihrerseits abhängt von der angewandten Technologie, der Verfügbarkeit von »Kapital« und der Endnachfrage nach industriellen Produkten. Die funktionale Einkommensverteilung erfolgt auf konkurrenzintensiven Faktormärkten, wobei wegen des unbeschränkt elastischen Angebots an »Arbeit« die Lohnhöhe zunächst nur leicht oberhalb des in der Landwirtschaft erreichten Subsistenzniveaus liegt.

Im nächsten Argumentationsschritt wird diese *Gleichgewichtskonstellation* dadurch aus der Balance gebracht, daß im industriellen Sektor die Nachfrage nach Arbeitskraft steigt – sei es durch einen Technologiewechsel, der die industrielle Effizienz erhöht, sei es durch eine steigende Nachfrage nach industriellen Produkten oder sei es durch einen Kapitalzufluß von außerhalb des Systems. Bei annähernd konstantem Angebot hätte eine steigende Nachfrage nach »Arbeit« Lohnsteigerungen zur Folge. Aber weil in der Landwirtschaft eine mobile Arbeitskraftreserve zur Verfügung steht, kommt es zu einer Ausweitung der industriellen Beschäftigung, ohne daß die relativen Faktorpreise verändert würden. Wohl aber steigen – bei konstanten Löhnen – *die industriellen Profite,* da die Erweiterung der Nachfrage nach Arbeitskräften ausgelöst wurde durch eine – wie auch immer zustandegekommene – Erhöhung des »Grenzprodukts der Arbeit«. Die gestiegenen Profite lösen Neuinvestitionen aus, die abermals die Nachfrage nach Arbeitskraft steigern und – da die Löhne wiederum konstant bleiben – die Profite weiter steigen lassen. Auf diese Weise wird ein »*virtuous cycle*« ausgelöst, der erst dann zum Stillstand kommt, wenn die »Arbeitsreserven« der Landwirtschaft aufgebraucht sind, weil von diesem Moment an die wachsende Nachfrage nach Arbeitskraft in der Industrie zu einer Steigerung der industriellen Löhne führen muß.

Das beschleunigte Wachstum der Industrie erzeugt Rückkoppelungen in der Landwirtschaft. Hier hebt die Abwanderung überschüssiger Arbeitskräfte in den industriellen Sektor das »Grenzprodukt« der landwirtschaftlichen Arbeit zunächst auf das Niveau des Subsistenzlohns und dann darüber. Von nun an steigen die landwirtschaftlichen Löhne durch das Spiel von Angebot und Nachfrage und tendieren dazu, auch die industriellen Löhne in die Höhe zu treiben. Aber diese Tendenz kann durch eine wachsende Effizienz der landwirtschaftlichen Produktion außer Kraft gesetzt werden. Nach Voraussetzung liegt das »Grenzprodukt der Arbeit« in der Landwirtschaft nahe bei Null, die überschüssigen Arbeitskräfte tragen also nur unwesentlich zum landwirtschaftlichen Output bei. Daher wird das sektorale Einkommen durch ihre Abwanderung in die Industrie nur unwesentlich tangiert, muß aber nun auf weniger Personen verteilt werden. Die landwirtschaftliche Ersparnis steigt, und wenn die Löhne zu wachsen beginnen, entsteht ein Anreiz für die landwirtschaftlichen Betriebe, durch kapitalintensive Investitionen »Arbeit« zu sparen. Die Nachfrage nach Ausrüstungsgütern wird in diesem Fall gestärkt, und der »virtuous cycle« im industriellen Sektor setzt sich fort. Sobald also erst einmal das System über eine Steigerung des »Grenzprodukts der Arbeit« in der Industrie angestoßen worden ist, kommt es im Lewis-Modell durch eine Reihe von intrasektoralen und intersektoralen Rückkoppelungen zu einem sich selbst tragenden Wachstum, das sich erst abschwächt, wenn die »Arbeitsreserven« des agrarischen Sektors ausgeschöpft sind und das »normale« Spiel von Angebot und Nachfrage auf den Faktormärkten wieder wirksam wird.[86]

Der Wachstumsprozeß erscheint bei Lewis als *Abfolge von makroökonomischen Gleichgewichten* auf immer höherem Einkommensniveau.[87] Die innere Logik des Modells hängt offenbar nicht davon ab, daß das unbeschränkte »Arbeitsangebot« in der Landwirtschaft freigesetzt wird. Ebenso kann es sich aus anderen Sektoren der Ökonomie speisen, aus einem wachsenden Anteil der Erwerbstätigen an der Bevölkerung, aus einer hohen Rate des natürlichen Bevölkerungswachstums oder aus der Zuwanderung ausländischer Arbeitskräfte.[88] Eben diese Prozesse sieht Kindleberger im Laufe der fünfziger und sechziger Jahre in weiten Teilen Westeuropas ablaufen. Insbesondere für den westdeutschen Fall identifiziert er auf der Grundlage statistischer Zusammenhänge das elastische Arbeitskräfteangebot als *conditio sine qua non* des Booms. Alle übrigen Momente waren für Kindleberger nur von zweitrangiger Bedeutung. Als Hauptquellen des elastischen Arbeitskräfteangebotes benennt er in bezug auf die Bundesrepublik Vertriebene und Flüchtlinge – 12 Millionen bis 1961, von denen sich 7 Millionen in den Arbeitsprozeß eingliederten – sowie den sich in den sechziger Jahren intensivierenden Zustrom von Gastarbeitern. Das Überschußangebot an »Arbeit« habe es der Bundesrepublik ermöglicht, die Nachfrage nach Importgütern, Investitionsgütern und Konsumartikeln auf hohem Niveau zu halten, ohne dafür mit steigenden Inflationsraten bezahlen zu müssen. Zwar seien die Löhne im Laufe der fünfziger Jahre gestiegen, aber nicht stärker als die übrigen Faktoreinkommen, so daß sich ihr Anteil am Volkseinkommen nur unwesentlich erhöht habe. Wegen der gleichzeitig gestiegenen »Grenzproduktivität der Arbeit« in der Industrie habe der von Lewis modellierte Mechanismus des »virtuous cycle« in West-deutschland voll gegriffen.[89]

Kindleberger stellt das Verhältnis von Kapital und Arbeit in den Mittelpunkt seiner Analyse und teilt damit im Hinblick auf die Analyse des westeuropäischen Nachkriegsbooms das methodischen Konzept dieses Buches. Dennoch greift sein Ansatz aus einer Reihe von Gründen zu kurz. *Erstens* reduziert das Lewis-Mo-dell das Verhältnis von Kapital und Arbeit auf die Lohnhöhe. Weder differen-ziert es zwischen direktem und indirektem Lohn, noch berücksichtigt es die Qua-lifikation der Arbeitskräfte, die Arbeitszeit, den Zeithorizont der Arbeitsverträ-ge, die Modalitäten der Lohnfindung, die Partizipationschancen der Arbeiter oder staatlich verbürgte Mechanismen sozialer Sicherheit. Damit ignoriert es Fakto-ren, die für das Verständnis der ökonomischen Prosperität der fünfziger Jahre in Europa unerläßlich sind. *Zweitens* vernachlässigt das Lewis-Modell die Bedeu-tung des technologischen Wandels.[90] *Drittens* schenkt es – in der neoklassischen Tradition stehend – der Nachfrageseite wenig Aufmerksamkeit. *Viertens* began-nen in Westdeutschland die Wachstumsraten bereits zu sinken, bevor die Arbeits-reserven ausgeschöpft waren.[91] *Fünftens* schließlich – und dies ist der wichtigste Einwand gegen Kindlebergers Ansatz – ist das Lewis-Modell nicht in der Lage, die *Initialzündung des Booms* zu erklären. Es formuliert lediglich Bedingungen dafür, daß ein ökonomischer Impuls in dynamisches Wirtschaftswachstum trans-formiert wird. Die entscheidende Frage, welche wirtschaftlichen oder außer-wirtschaftlichen Faktoren diesen Impuls ausgelöst haben, ist nicht Gegenstand der Analyse. Dieser Grenze seiner Argumentation ist sich Kindleberger selbst bewußt.[92] Deshalb erörtert er im Anschluß an die Diskussion der Tragfähigkeit des Lewis-Modells die Bedeutung weiterer Angebots- und Nachfragefaktoren für das Niveau und die nationalen Unterschiede des europäischen Wachstums der fünfziger Jahre. Auf der Nachfrageseite behandelt er insbesondere den Ex-port und die Investitionen, auf der Angebotsseite diskutiert er diverse Aspekte des technologischen Wandels und der ökonomischen Effizienz. Für Kindleber-ger war der europäische Nachkriegsboom exportgeleitet. Wachstumsimpulse wurden insbesondere erzeugt durch die Antizipation der europäischen Wirt-schaftsintegration durch die »business-community«, die hohe Elastizität der Exportnachfrage nach bestimmten Produkten, die internationale Spezialisierung, die Exportförderung durch die Politik der westeuropäischen Regierungen und die rasch steigende Produktivität der exportorientierten Branchen. Aber keines dieser Momente, so Kindleberger, besitzt für die Erklärung der Eigendynamik des einmal entfesselten Wachstums ein ähnliches Gewicht wie die Elastizität des »Arbeitsangebots«. Auch die Initialzündung des »virtuous cycle« läßt sich nach Kindlebergers Urteil nicht auf außenwirtschaftliche Faktoren zurückführen. Die staatliche Wirtschaftspolitik, der technische Fortschritt, die Realisierung steigen-der Skalenerträge, die Intensität des Wettbewerbs und die divergierende Effektivi-tät der Unternehmerschaft können zur Erklärung nationaler Unterschiede bei den

Wachstumsraten herangezogen werden, aber als *Ursache* der europäischen »Wirtschaftswunder« der fünfziger Jahre kommen sie für Kindleberger nicht in Betracht.[93] So hängt die Eigendynamik des »virtuous cycle« vor allem an der Elastizität des Arbeitskräfteangebots, sein Ursprung bleibt aber letzten Endes ungeklärt.

Außenhandel, Auslandsinvestitionen und der Produktzyklus

Die Theorie des Produktzyklus, die Posner, Hirsch und Vernon in den sechziger Jahren entwickelt haben, stellt auf den Zusammenhang zwischen Innovationen, Wachstum, Außenhandel und Auslandsinvestitionen auf Branchenebene ab.[94] Vernons Ausgangspunkt sind Beobachtungen, die nur schwer mit der konventionellen Außenhandelstheorie in Einklang zu bringen sind. Insbesondere das »Leontieff-Paradoxon« scheint dem – auf David Ricardo zurückgehenden – Postulat, das Muster der internationalen Handelsbeziehungen werde durch die Struktur der *komparativen Kosten* determiniert, zu widersprechen.[95] Aus diesem Grund regt Vernon ein Modell des internationalen Handels an, das die Doktrin der komparativen Kosten weniger stark betont als das »Timing« von Innovationen, die Wirkungen steigender Skalenerträge und die Bedeutung von unvollkommener Information und Unsicherheit.[96] Vernon unterstellt in seinem Modell einen freien Zugang der Unternehmen aller hochindustrialisierten Staaten zum modernsten technischen Wissen. Es sei jedoch eine Illusion zu glauben, dieser Zugang werde von allen Unternehmen in gleicher Weise genutzt. Die Wahrscheinlichkeit, daß einzelne Firmen das modernste »Know how« nutzen, steigt in Vernons Modell mit ihrer geographischen Nähe zum Zentrum des technischen Fortschritts und mit der Intensität der Kommunikation.[97] Das Zentrum des technischen Fortschritts verortet Vernon in den USA. Das überdurchschnittliche Pro-Kopf-Einkommen der USA sorge für ein hohes Niveau der Nachfrage nach dauerhaften Konsumgütern, und die kapitalintensive Produktion der amerikanischen Firmen garantiere einen kontinuierlichen Absatz von Investitionsgütern. Die Marktchancen für innovative Unternehmer seien also in den Vereinigten Staaten besonders hoch. Dieser Umstand erklärt für Vernon aber nicht, warum profitmaximierende Unternehmen die Vereinigten Staaten als Standort für ihre Produktion wählen sollten. Kostenerwägungen könnten leicht die Wahl anderer Standorte nahelegen. Demzufolge muß die *vorübergehende* Bindung der innovativen Unternehmen an den Standort USA auf andere Ursachen zurückgehen. Ausschlaggebend sind dabei für Vernon drei Faktoren. Erstens sei eine reibungslose Versorgung mit Produktionsmitteln, die sich zur Herstellung noch nicht standardisierter Produkte oder zur Einführung neuer Produktionsverfahren eignen, am ehesten in den USA gewährleistet. Zweitens sieht Vernon das Kostenargument dadurch relativiert, daß bei der Einführung einer Innovation in den Markt häufig Bedingungen herrschen, die einem Anbietermonopol ähneln. Drittens schließlich erfordere die Einführung neuer Produkte einen intensiven Dialog zwischen Herstellern und Kunden.[98] Haben sich die Innovationen aber erst einmal etabliert, so unterliegt diese Konstellation nach Vernon entscheidenden Veränderungen. Die einsetzende Standardisierung und das Auftreten von Konkurrenten, welche die Pionierunternehmen nachahmen, verleihen dem Kostenkalkül ein steigendes Gewicht. Weil Standardisierung zu einer Senkung der Stückkosten führt, entsteht mit der Zeit auch in Ländern mit einem geringeren Pro-Kopf-Einkommen eine Massennachfrage nach den neuen Produkten. Folglich intensivieren sich die Exporte aus den USA, und parallel dazu steigt der Anreiz zur Gründung von Produktionsstandorten im Ausland. Solange die marginalen Produktionskosten in den USA zuzüglich der Transportkosten noch unterhalb derjenigen im Ausland liegen, werden solche Gründungen die Ausnahme bleiben. Aber schon weil jeder Kostenvergleich unter den Bedingungen nicht perfekter Märkte mit einem erheblichen Maß an Unsicherheit behaftet ist, ist es eine Frage der Zeit, wann die Produktion im industrialisierten Ausland von den ersten US-Unternehmen aufgenommen wird. Danach zwingt die Konkurrenz andere Unternehmen dazu nachzuziehen. Darüber hinaus werden die Innovationen jetzt von ausländischen Unternehmen imitiert, so daß sich der internationale Wettbewerb weiter verschärft. Die Innovation ist in die *Phase des endgültig standardisierten Produktes* – die letzte Etappe ihres Zyklus – eingetreten. Nun werden unter Umständen auch die *Entwicklungsländer* als Produktionsstandorte attraktiv. Diese Umstände sind dann gegeben, wenn es sich bei der nunmehr ausgereiften Innovation um ein Produkt handelt, dessen Herstellung nicht zu kapitalintensiv verläuft, dessen Nachfragekurve hinreichend preiselastisch ist und dessen Marktchancen nicht allzu sehr von schnellebigen Moden abhängen.[99]

Es ist der Theorie des Produktzyklus mehrfach attestiert worden, daß sie das beschleunigte europäische Wirtschaftswachstums der fünfziger Jahre plausibel mache. Die hohen europäischen Wachstumsraten der Nachkriegszeit werden in dieser Interpretation durch Akzelerator- und Multiplikatoreffekte erklärt, die aus der Überlagerung mehrerer Produktzyklen resultierten. Der Bereich langlebiger Konsumgüter war in diesem Prozeß ebenso eingebunden wie der Investitionsgütersektor.[100] Während in dieser Logik die Häufung von Innovationen als Ursache der *Prosperität* gilt, erscheinen die Intensivierung der internationalen Handelsbeziehungen und das Wachstum der Auslandsinvestitionen als abgeleitete Phänomene.

Für Lyndon Moore ist die Entwicklung der Automobilindustrie im 20. Jahrhundert eines der wichtigsten Beispiele eines Produktzyklus.[101] Das Automobil repräsentiert für Moore das Ergebnis einer Serie von Innovationen in Deutschland, Frankreich und der Schweiz, die 1885 zur Konstruktion eines ersten benzingetriebenen Vehikels führte, das sich als marktfähig erwies. Später folgten in den USA und Westeuropa entscheidende Verbesserungen an Karosserie und Motor, und mit Produktion des *Modell T* durch *Henry Ford* wurde das Automobil zu einer standardisierten, langlebigen Ware für den Massenkonsum. Die Zeitspanne zwischen der Entstehung eines Massenmarktes für Automobile in den USA und der Gründung erster »Auslandstöchter« durch die amerikanischen Pionierunternehmen war verhältnismäßig kurz. *General Motors* beispielsweise begann in Europa bereits in den zwanziger Jahren mit der Produktion. 1925 übernahm der US-Konzern in Großbritannien Vauxhall und 1929 folgte die Übernahme der Adam Opel AG in Deutschland. Auch war lange vor dem Zweiten Weltkrieg eine europäische Automobilindustrie entstanden. Dennoch »explodierte« der europäische Automobilmarkt erst nach 1945. Moore erklärt diesen qualitativen Sprung der Nachkriegszeit durch das wachsende europäische Pro-Kopf-Einkommen, die sinkenden Kosten der Automobilhaltung und einen Wandel im Massengeschmack, der zunehmend den privaten Transport favorisierte.[102]

Das Modell des Produktzyklus lenkt die Aufmerksamkeit tatsächlich auf einige wesentliche Aspekte des westeuropäischen Nachkriegsbooms. Insbesondere betont es die stofflichen Veränderungen in der Zusammensetzung von Sozialprodukt und Außenhandel, die sich hinter den Wachstumsraten der makroökonomischen Kennziffern verbergen. Aber auch kulturelle Momente wie den »Zeitgeist«, welche die Struktur der aggregierten Nachfrage beeinflussen, aber im Rahmen wirtschaftswissenschaftliche Analysen zumeist als »exogene Faktoren« eine Nebenrolle spielen, rückt die Theorie des Produktzyklus stärker in den Mittelpunkt des Interesses. Darüber hinaus scheint sich gerade die internationale Entwicklung der Automobilindustrie in diesem Jahrhundert problemlos in die Chronologie eines Produktzyklus einpassen zu lassen.

Gleichwohl stößt auch die Erklärungskraft dieses Modells bei der Interpretation der westeuropäischen Wirtschaftswunder nach 1945 an offensichtliche Grenzen. *Erstens* vernachlässigt die Theorie des Produktzyklus die *besonderen* Weltmarktbedingungen der fünfziger und sechziger Jahre, welche die Entfaltung der in den Produktzyklen angelegten wirtschaftlichen Dynamik ermöglichten. Weshalb schufen steigende Pro-Kopf-Einkommen, niedrige Energiekosten und Veränderungen der Nachfragestruktur ausgerechnet zu dieser Zeit einen europäischen Massenmarkt für Automobile, nachdem doch die Direktinvestitionen der amerikanischen Automobilkonzerne auf dem alten Kontinent und die Nachahmung der amerikanischen Produktionstechniken durch europäische Unternehmen bereits lange vorher eingesetzt hatten? Warum überlagerten sich auf dem Weltmarkt seit Mitte der sechziger Jahre nicht mehr genügend Produktzyklen, um die spektakulären Wachstumsraten aufrechtzuerhalten?[103] *Zweitens* blendet Vernon die Frage aus, wie die Überlagerung mehrerer »Produktzyklen« die Kapitalrentabilität in Westeuropa beeinflußte. Damit abstrahiert er von einem wichtigen logischen Zwischenglied bei der Erklärung des gesamtwirtschaftlichen Wachstums durch die Verallgemeinerung von Produkt- und Prozeßinnovationen. *Drittens* finden die institutionellen Rahmenbedingungen des Booms in der Theorie des Produktzyklus keine Berücksichtigung. Insgesamt kann also auch diese Theorie die europäischen »Wirtschaftswunder« nicht befriedigend erklären, da sie entscheidende Facetten des Booms, die ihrerseits *erklärungsbedürftig* sind, einfach als *gegebene* Rahmenbedingungen des Wachstumsprozesses unterstellt.

Der historische Prozeß und die Modellzeit der Wirtschaftswissenschaft

Der Umstand, daß es weder Kindlebergers Theorie des »virtuous cycle« noch Vernons Konzept des Produktzyklus gelingt, die *Initialzündung* des europäischen Nachkriegsbooms zu rekonstruieren, ist – so lautet eine Schlüsselthese dieses Buches – letztlich dem *Zeit- und Raumverständnis* der mit »marginalistischen« Begriffen operierenden Wirtschaftswissenschaft geschuldet. Die marginalistischen Modelle sind in Analogie zur Newtonschen Mechanik konstruiert, arbeiten also mit *reversibler* Modellzeit und *homogenem* Raum. Die klassische Mechanik ist methodisch der Idee verpflichtet, daß sich die Anordnung eines beliebigen Versuchs *zu jeder Zeit und an jedem Ort* exakt reproduzieren läßt und daß der Versuch selbst unter identischen Bedingungen nach zeit- und rauminvarianten Gesetzen mit genau prognostizierbaren Resultaten verläuft.[104] Übertragen auf die Ökonomie impliziert dieses Prinzip die entscheidende Schlußfolgerung, daß wirtschaftliche Prozesse wiederholbar sind, wenn nur durch politisches Handeln oder durch Zufall die entsprechenden Rahmenbedingungen erzeugt werden. Die Möglichkeit, daß im Zuge eines »Großversuchs gesellschaftlicher Entwicklung« Externalitäten entstehen, die eine Rekonstruktion der Versuchsanordnung ausschließen, wird nicht einkalkuliert.[105] Noch im Selbstverständnis Kindlebergers, dessen Vorliebe für die Wirtschaftsgeschichte bekannt ist, spiegelt sich dieses Grundverständnis ökonomischer Theoriebildung: „I am an historical economist, not an economic historian, by which I mean that I am interested in using history to test the validity and generality of economic laws and models."[106] Ganz im Sinne dieser methodischen Vorgabe setzt er das Lewis-Modell nicht nur ein, um den europäischen Nachkriegsboom zu analysieren, sondern auch, um Aspekte der industriellen Revolution in England oder das Wachstum der USA seit dem Ende des 19. Jahrhunderts zu behandeln. Es ist das erklärte Ziel ökonomischer Modellbildung, möglichst universelle Anwendbarkeit zu erreichen. Dabei ist der methodische Angelpunkt der *neoklassischen* Modelle eine – unterschiedlich gefaßte – Vorstellung vom ökonomischen Gewicht. Dieses fungiert als Gravitationszentrum des wirtschaftlichen Prozesses, der seinerseits in Analogie zur Pendelbewegung um die Gleichgewichtslage schwingt. Es ist vom Prinzip her nicht entscheidend, ob dieses Gleichgewicht statisch oder dynamisch definiert wird. Das marginalistische Paradigma abstrahiert erstens davon, daß die *historische* Zeit keine reversible Modellzeit ist, und ignoriert zweitens den Tatstand, daß ökonomisches Handeln durch Stoff- und

Energietransformationen zahlreiche *irreversible* Veränderungen des Raumes hervorbringt. Wenn Etappen des historischen Prozesses auf der Basis des marginalistischen Paradigmas interpretiert werden, bleiben die *konkreten* Merkmale der gesellschaftlichen Entwicklung zwangsläufig unterbelichtet, da ja ein universeller Modellanspruch zur Fixierung auf *abstrakte* Kausalketten führt. Diese These soll durch zwei Bemerkungen präzisiert werden.

1. In der historischen Entfaltung des Kapitalismus lassen sich unterschiedliche Entwicklungsmuster voneinander abgrenzen. Diese Entwicklungsmuster verbinden jeweils spezifische Formen wirtschaftlicher Reproduktion mit einem Netz aus institutionellen und ideologischen Formen. Sie sind einem Lebenszyklus unterworfen, insofern sie im Verlaufe der *historischen* Zeit *immanente sozioökonomische und ökologische* Schranken aufbauen, die schließlich ihre Lebensfähigkeit untergraben und sich als Sachzwänge geltend machen. Die Ablösung eines gesellschaftlichen Entwicklungsmusters durch ein neues markiert jeweils einen *Bruch*, der *möglicherweise* eine neue ökonomische Prosperität innerhalb stabilisierter »sozialer Verhältnisse« entstehen läßt. Historische Diskontinuität aber sperrt sich gegen das analytische Instrumentarium des Marginalismus, weil sie aus einer Transformation der *Spielregeln des ökonomischen Systems* resultiert, der im Rahmen einer *zeitlosen* Mechanik von Schwingungen um eine ökonomische Gleichgewichtslage nicht Rechnung getragen werden kann.

2. Der Ablauf der historischen Zeit hinterläßt im Bewußtsein der handelnden Personen Spuren durch die Verinnerlichung von Handlungs- und Legitimationsmustern, die nur in den Kontext eines spezifischen Entwicklungsmusters passen. Diese internalisierten Bewußtseinsinhalte blockieren unter Umständen den Übergang zu neuen gesellschaftlichen Praktiken.[107] Herkömmliche ökonomische Modelle können solche Phänomene deshalb kaum angemessen behandeln, weil sie die gesellschaftlichen Subjekte auf die Charaktermaske des »homo oeconomicus« reduzieren, der – unbeeindruckt vom historischen Wandel – einen abstrakten ökonomischen Nutzen maximiert, dessen inhaltliche Bestimmung dem Marginalismus stets schwergefallen ist.

Marginalistisch inspirierten Studien zu den westeuropäischen »Wirtschaftswundern« der Nachkriegszeit ist die Idee fremd, daß der Boom auf einer *einmaligen* Konfiguration ökonomischer, sozialer und politischer Momente beruhte, die sich im Laufe der Zeit *irreversibel* auflöste. Genau diese Idee aber wird in diesem Buch vertreten und im folgenden Kapitel theoretisch entwickelt. Trifft sie zu, dann folgt daraus, daß die fünfziger Jahre als Vorbild für die Entwicklung zukunftsträchtiger Konzeptionen der Wirtschaftspolitik nur sehr eingeschränkt taugen. In diesem Falle muß die Suche nach perspektivenreichen gesellschaftlichen Praktiken bei dem Entwurf eines *neuen* Entwicklungsmodells ansetzen.

Kapitel 2: Über Taylorismus, Fordismus und Amerikanisierung

Die Grundzüge der Regulationstheorie: Der Fordismus und seine Globalisierung[1]

Nach 1945 waren in Europa wohl die meisten Menschen davon überzeugt, vor einem Neubeginn zu stehen. Scharfsinnige Beobachter wie Karl Polanyi versuchten, die Strukturen der »alten« gesellschaftlichen Ordnung herauszuarbeiten und hinter der politischen Aktualität die tiefer liegenden Mechanismen ihrer Zersetzung aufzuspüren. Polanyi meinte, die Welt des 19. Jahrhunderts habe auf vier Säulen geruht. Als solche galten ihm das zwischen den Großmächten herrschende *Gleichgewicht der Kräfte*, der *Goldstandard*, der *selbst regulierende Markt* und schließlich der *liberale Staat*. Das Zusammenwirken dieser vier Elemente habe über ein Jahrhundert in Europa den Ausbruch langer und verheerender Kriege verhindert. Die Destabilisierung dieses Systems führte aus Polanyis Sicht direkt in die europäische Katastrophe des 20. Jahrhunderts. Ausgelöst wurden die internationalen Wirren durch den Niedergang des Goldstandards, aber ihre Ursache lag für Polanyi in den Funktionsstörungen des selbst regulierenden Marktes.[2] Wie immer man diese Thesen im einzelnen beurteilen mag, zweifellos hatte Polanyi vier Merkmale herausgegriffen, durch die sich die Welt des 19. Jahrhunderts von der entstehenden Nachkriegsordnung unterscheiden sollte. Die Balance der europäischen Großmächte wurde ersetzt durch das Patt der Supermächte im kalten Krieg, der Goldstandard wurde durch den mühsam etablierten Gold-Dollar-Standard abgelöst, im Rahmen dessen der Dollar die Weltgeldfunktionen übernahm, und das Vertrauen in die Marktkräfte wich dem Ruf nach dem Staat, dessen Interventionen in das Wirtschaftsleben zunehmend als zwingend notwendig erachtet wurden. Natürlich vollzog sich der Übergang fließend. Die meisten Wurzeln der Nachkriegsordnung reichten bis weit vor den Zweiten Weltkrieg zurück, und viele ihrer Elemente setzen sich regional ungleichzeitig und ungleichmäßig durch. In diesem Lichte trifft ein Satz Antonio Gramscis den Charakter der Zwischenkriegszeit: „Die Krise besteht gerade darin, daß das Alte abstirbt und das Neue nicht entstehen kann."[3] Was aber machte die Substanz der europäischen Nachkriegsordnung aus, die so günstige Bedingungen für die wirtschaftliche Entwicklung der fünfziger und sechziger Jahre schuf? Im Verständnis dieses Buches erscheint die Nachkriegszeit als Auftakt zu einem neuen Abschnitt in der historischen Entfaltung des Kapitalismus, der im Zeichen der Globalisierung des in den USA entstandenen »fordistischen Akkumulationsregimes« stand und für den eine spezifische Form der Koppelung von Weltmarktentwicklung und Kapitalakkumulation auf der Ebene der Nationalstaaten charakteristisch war.

Es war Gramsci, der Mitte der zwanziger Jahre den Begriff »Fordismus« prägte. Um die Fähigkeit des Kapitalismus zum *Überleben durch Selbsttransformation* zu studieren – die ja im krassen Gegensatz zu den im marxistischen Lager verbreiteten Zusammenbruchsprognosen stand –, hatte er den Blick nach Amerika gerichtet. Bei aller Kritik an ihren sozialen Folgen erkannte Gramsci in den amerikanischen Produktionskonzepten und den mit ihnen einhergehenden Organisationsformen eine tragfähige und zukunftsweisende Modernisierungsstrategie: „Die Fordmethode ist »rational«, muß also verallgemeinert werden, aber dafür ist ein langer Prozeß der Veränderung der gesellschaftlichen Bedingungen und der individuellen Verhaltensweisen und Sitten und Gewohnheiten nötig; und das kann nicht durch bloßen »Zwang« erfolgen, sondern nur durch Milderung des Zwanges (Selbstdisziplin) und Überzeugung, auch in Form hoher Löhne."[4] Er beurteilte die Anstrengungen der Sowjetunion, die fordistischen Produktionsmethoden zum Zwecke der beschleunigten Industrialisierung in sozialistische »Produktionsverhältnisse« einzubetten, als prinzipiell richtig, wenn auch verhängnisvoll rigide.[5]

Mitte der siebziger Jahre wurden Gramscis Überlegungen von *Michel Aglietta* und den Theoretikern der Regulation in Frankreich aufgegriffen. Ihr Ausgangspunkt war die Kritik an der neoklassischen Interpretation der internationalen Wirtschaftskrise. Diese erklärte die ökonomischen Probleme der westlichen Staaten durch den »Ölschock« und blendete »endogene« Krisenursachen weitgehend aus. Zugleich warf der Umstand, daß die von der Wirtschaftskrise verursachten sozialen und politischen Turbulenzen keine wirklich systembedrohenden Ausmaße annahmen, erneut die Frage nach den »Stabilisierungsressourcen« des Kapitalismus auf. Für eine alternative Interpretation der ökonomischen Krise griff Agliettas Pionierwerk der Regulationstheorie[6] auf die Marxsche Akkumulationstheorie zurück, die für handlungstheoretische Überlegungen geöffnet wurde, um den Gründen für die Stabilität des kapitalistischen Systems nachgehen zu können.

Für die Regulationstheorie wird die *ökonomische* Entwicklung unter kapitalistischen Vorzeichen durch die Tendenz der *allgemeinen Profitrate* bestimmt.[7] Das Problem der Selbstorganisation des Kapitalismus als Voraussetzung seines Überlebens stellt sich dann als Frage nach den Mechanismen, welche die Vereinbarkeit individuellen und kollektiven Handelns mit den ökonomischen »Sachzwängen« sicherstellen. Um diese Frage zu beantworten, geht die Regulationstheorie vom Begriff des *sozialen Verhältnisses* aus, der gesellschaftliche Praktiken meint, die sich durch ihre *Regelmäßigkeit* auszeichnen. Die Regelmäßigkeit sozialer Verhältnisse ergibt sich nicht von selbst, sondern setzt ihre – *prinzipiell entziehbare* – Anerkennung durch die gesellschaftlichen Akteure voraus.[8] Jede historische Gesellschaftsformation läßt sich im Verständnis der Regulationstheorie durch ein *Ensemble sozialer Verhältnisse* charakterisieren. Konstitutiv für die kapitalisti-

sche Gesellschaftsformation sind das *Warenverhältnis* und das *Lohnverhältnis*. Kapitalistische Vergesellschaftung basiert auf der Interaktion unabhängiger privater Produzenten nach den Regeln des Tausches (Warenverhältnis), wobei die Verfügung über Produktionsmittel für die Machtposition der Marktteilnehmer von entscheidender Bedeutung ist (Lohnverhältnis).[9] Die entscheidende Frage lautet nun, wie innerhalb dieser gesellschaftlichen Verhältnisse, die infolge einer asymmetrischen Verteilung von Macht und Ressourcen sowie potentiellen Marktversagens sozialen Sprengstoff bergen, ein funktionsfähiges *Akkumulationsregime* entstehen kann. Dabei wird unter einem Akkumulationsregime „ein Modus systematischer Verteilung und Reallokation des gesellschaftlichen Produktes" verstanden, „der über eine längere Periode hinweg ein bestimmtes Entsprechungsverhältnis zwischen den Veränderungen der Produktionsbedingungen (dem Volumen des eingesetzten Kapitals, der Distribution zwischen den Branchen und den Produktionsnormen) und den Veränderungen in den Bedingungen des Endverbrauchs (Konsumnormen der Lohnabhängigen und anderer sozialer Klassen, Kollektivausgaben usw. ...) herstellt."[10] Die Regulationstheorie geht davon aus, daß die *Stabilität* der sozialen Verhältnisse durch Marktprozesse allein nicht sichergestellt werden kann, sondern der politischen Regulation bedarf. Diese obliegt einer „Gesamtheit institutioneller Formen, Netze und expliziter oder impliziter Normen", deren Zusammenspiel „die Vereinbarkeit von Verhaltensweisen im Rahmen eines Akkumulationsregimes" sichert. Ein derartiges Geflecht aus Normen und Institutionen wird als *Regulationsweise* bezeichnet.[11] Es muß bestimmten funktionellen Anforderungen genügen, die sich auf die Regulation des Lohnverhältnisses (Zeitnormen, Arbeitsintensität, Lohnhöhe, Qualifikationshierarchie etc.), die Steuerung der Investitionstätigkeit, die Geldpolitik und die Staatstätigkeit im weiteren Sinne beziehen.[12]
Regulationsweisen erwachsen aus konfliktreichen gesellschaftlichen Suchprozessen auf der Ebene des Nationalstaates. Diese Suchprozesse vollziehen sich *ohne steuerndes Subjekt*. Jede historisch gewachsene Regulationsweise verkörpert eine prekäre Balance sozialer Kräfte, die durch gesellschaftliche *Krisen* destabilisiert werden kann. Solche Krisen entstehen, wenn die ökonomische Reproduktion im Rahmen des aktuellen Akkumulationsregimes stockt und die konkurrierenden Strategien zur Überwindung der wirtschaftlichen Schwierigkeiten zu einer Zuspitzung sozialer Konflikte führen. Die Auswirkungen derartiger Prozesse sind auf theoretischer Ebene nicht prognostizierbar. Die Regulationstheorie unterscheidet zwischen »großen« sozialen Krisen, die den Übergang zu einem neuen Entwicklungsmodell einleiten und »kleinen Krisen«, die durch eine partielle Transformation der etablierten Regulationsweise aufgefangen werden und in eine Restabilisierung der aus den Fugen geratenen Balance münden.[13] Den Krisen wohnt also ebenso ein destruktives wie ein konstruktives Potential inne, wobei gerade die kleinen Krisen als »Stoßdämpfer« der tradierten Ordnung wirken. Als »kleine« Krisen kapitalistischer Gesellschaften gelten der Regulationstheorie

beispielsweise die Abschwungsphasen klassischer Konjunkturzyklen. »Kleine Krisen« stabilisieren die existierende gesellschaftliche Ordnung aber nur dann, wenn eine *demokratische Öffentlichkeit* zu einer allgemein akzeptierten Interpretation der akuten Probleme gelangt, welche die sozialen Krisensymptome für die staatlich legitimierten Formen der Kompromißfindung zugänglich macht. Nur so ist zu verhindern, daß sich »kleine« Krisen zu einer systembedrohenden »großen« Formkrise auswachsen. Gerade die Rolle der Öffentlichkeit trägt für die Regulationstheorie wesentlich zur historischen Beharrungsfähigkeit des Kapitalismus in den Industrieländern bei.

Für den Entwurf einer *historischen Freske* der kapitalistischen Entwicklung arbeiten die Regulationstheoretiker zwei Grundmuster der Regulation (»Regulationsweisen«) heraus, die mit den verschiedenen Formen der Akkumulation (»Akkumulationsregimen«) funktional verknüpft werden. Diese beiden Grundmuster unterscheiden sich vor allem durch die *Regulation des Lohnverhältnisses.* Der vorwiegend *extensiven* Form kapitalistischer Akkumulation entspricht eine *konkurrenzintensive* Regulation des Lohnverhältnisses, die bei kurzfristigen Arbeitsverträgen den Preis der Arbeitskraft an die Marktschwankungen bindet. Demgegenüber entspricht der *intensiven* Form der Akkumulation die *monopolistische* Regulation des Lohnverhältnisses, bei der die Arbeitsverträge einen Zeithorizont von mehreren Jahren umspannen und die Entwicklung des ökonomischen Umfeldes in den Vertragsmodalitäten antizipiert werden.[14] Daraus ergeben sich zwei Konfigurationen, die jeweils ein Akkumulationsregime mit einem Grundmuster der gesellschaftlichen Regulation verknüpfen und für die Periodisierung der kapitalistischen Entwicklung herangezogen werden. In dieser Perspektive erscheint die Zeit bis 1914 – insbesondere in Frankreich und den USA – als *Etappe vorwiegend extensiver Akkumulation,* die durch die marktförmige Regulation der sozialen Beziehungen geprägt war. Deren charakteristische Merkmale waren

> „– eine Anpassung der Löhne an die Lebenshaltungskosten durch den täglichen Verkauf der Arbeitskraft entsprechend den bestehenden Konstellationen des Arbeitsmarktes. Die Qualifikationsstruktur ist relativ stabil;
> – Unternehmen, die sich hauptsächlich in einer einzigen Branche engagieren und ihre Preise entsprechend der Nachfrage regulieren, während der Kapitaltransfer von einer Branche zur anderen vor allem über den Börsenmarkt verläuft;
> – eine Währung, die sich letztlich auf die Goldware gründet und ein Kreditberg, der spekulativen Wellen ausgesetzt ist;
> – ein Staat, der sich »außerhalb« der ökonomischen Bewegung befindet und nur eingreift, um Recht und Gesetz des kapitalistischen Eigentums Geltung zu verschaffen."[15]

Gegen Ende des 19 Jahrhunderts stieß das extensive Akkumulationsregime an seine historischen Grenzen, weil die Entwicklung der Absatzmärkte stagnierte und die Produktivitätsreserven der angewandten Technik zur Neige gingen.[16] Mit dem *Taylorismus* und der *fordistischen Massenproduktion* entstanden um die Jahrhundertwende in den USA die Strukturelemente des *intensiven Akkumulations-*

regimes, die dem Akkumulationsprozeß des Kapitals neue Schubkraft verliehen und bald auch in Europa Fuß faßten.[17]

Eine erste schwungvolle Periode intensiver Akkumulation setzte in den 1920er Jahren ein. Der Fordismus trat – zunächst in den USA – seinen Siegeszug durch die der Massenproduktion zugänglichen Sektoren an. Doch schon bald erwies sich die Unvereinbarkeit zwischen der traditionellen Regulationsweise und der Logik »fordistischer« Akkumulation. Der Widerspruch zwischen den alten Formen gesellschaftlicher Regulation und dem modernen Akkumulationsregime brach in der *Weltwirtschaftskrise* offen aus. Erst unter dem Druck der Krise entstand – wiederum zunächst in den USA – ein Netzwerk aus Institutionen und Normen, das den gesellschaftlichen Konsequenzen des »fordistischen Akkumulationsregimes« Rechnung trug.[18] Als nach dem Zweiten Weltkrieg die USA ihre Vormachtstellung in der westlichen Welt konsolidiert hatten, begann unter amerikanischer Regie die tendenzielle *Globalisierung* des Fordismus, wobei die entstehenden nationalen »Fordismen« erhebliche Unterschiede aufwiesen.[19] Das fordistische Entwicklungsmodell wurde nach 1945 zunächst in Westeuropa heimisch, wo sich bereits lange vor 1939 Elemente einer »fordistischen Gesellschaft« herausgebildet, aber nie zu einem tragfähigen Entwicklungsmodell verdichtet hatten. Während an den Rändern des Weltmarkts die *nachholende* fordistische Industrialisierung auf halbem Wege steckenblieb, konnte der Fordismus in den europäischen Metropolen während der Nachkriegszeit sein Wachstumspotential voll entfalten. Er sorgte in dieser Region – insbesondere in Westdeutschland – für einen nahtlosen Übergang von der Wiederaufbauperiode in die Ära der »Wirtschaftswunder«, als deren technologische Grundlage die industrielle Massenproduktion identifiziert wird, die inzwischen im Grad der Automatisierung bereits weit vorangeschritten war. *Benjamin Coriat* faßt die regulationstheoretische Interpretation der westeuropäischen Nachkriegsprosperität folgendermaßen zusammen:

> „Es beginnen die goldenen Jahre des Kapitals. Die kapitalistische Massenproduktion, deren Elemente sich nach und nach in Amerika konstituiert haben, wird im alten Europa heimisch und etabliert sich dort, mit dem zusätzlichen Beitrag – gleich zu Anfang – der industriellen Automaten. Es scheint, daß der Raum zurücktreten muß, sich unterwerfen muß. ... Die Mythen über »Entwicklung« florieren. Für den industrialisierten und kapitalistischen Norden scheint der Süden in Reichweite und seine »Industrialisierung« unvermeidlich. Ist der Süden vielleicht nicht schwerwiegend unterentwickelt?
> ... während man in den Universitäten und den staatlichen Kommissionen gelehrt über »Investitionsschwellen« debattiert, die notwendig sind, um den »take-off« auszulösen, packen »die unten«, die agrarischen Tagelöhner, die Koffer. Und dann ... der Startschuß für die Emigration, das Marschsignal für den Weg in die Fabriken des Nordens. Weil im Norden Italiens und in Europa die Fabriken nun dazu bereit sind, diese Leute massenweise zu empfangen. Die Montagebänder bei Fiat und Volkswagen können alle Arten von Leuten gebrauchen. Und sie brauchen insbesondere diesen Arbeitertyp.“[20]

Erst Mitte der sechziger Jahre hatten sich die durch die Globalisierung des Fordismus entfesselten Wachstumskräfte langsam erschöpft. Die dadurch ausgelösten Krisentendenzen mündeten 1973/74 in die zweite »großen« Formkrise des Kapitalismus im 20. Jahrhundert und traten mit dem »Ölschock« ins Bewußtsein der westlichen Öffentlichkeit. Dem dieser historischen Skizze zugrundeliegenden Verständnis des »Fordismus« und seiner Entwicklung soll nun weiter nachgegangen werden.

Zur gesellschaftlichen Logik des Fordismus

Aus Sicht der Regulationstheorie entstand der »Fordismus« keineswegs zufällig in den USA. Dort hatte der chronische Mangel an qualifizierten Arbeitern in zweifacher Hinsicht die Optionen der Unternehmenspolitik eingeschränkt. Erstens ließ das limitierte Angebot an Arbeitskraft industrielle Massenproduktion nicht zu. Zweitens verlieh der Nachfrageüberhang auf dem Arbeitsmarkt den gelernten Arbeitern und ihren Interessenvertretungen eine Verhandlungsmacht, die den Spielraum für Produktivitätssteigerungen durch Intensivierung der Arbeit einengte. Eine Veränderung dieser – vom Standpunkt der Unternehmer aus betrachtet – mißlichen Umstände erforderte einerseits die Mobilisierung zusätzlicher Arbeitskräfte. Um aber gelernte durch ungelernte Arbeitskräfte ersetzen zu können, mußte darüber hinaus die *Kontrolle der Arbeiter über den Produktionsprozeß* gebrochen werden.[21] Diese Kontrolle ergab sich aus den vorwiegend handwerksmäßigen Fertigungsverfahren, welche die Beherrschung komplexer und nur durch »Faustregeln« normierter Arbeitstechniken voraussetzten. Die Produktion erforderte also eine spezifische Qualifikation der Arbeitskräfte, die in der Tendenz zu einem quasi-ständisches Monopol der gelernten Arbeiter führte.[22] Während die Einwanderungsströme in der zweiten Hälfte des 19. Jahrhunderts die demographischen Voraussetzungen für die massenhafte Eingliederung unqualifizierter Arbeitskräfte in den Fertigungsprozeß schufen, gab der *Taylorismus* – die „principles of scientific management" – den Unternehmern das Instrumentarium in die Hand, um die Kontrolle über die Produktionsabläufe zu übernehmen und damit den endgültigen Übergang von der *formellen* zur *reellen* Subsumption der Arbeit unter das Kapital zu vollziehen.[23]
Diese Sichtweise entspricht dem Selbstverständnis *Frederick Winslow Taylors,* der im Ausmerzen des systematischen »Sich-um-die-Arbeit-Drücken« eine Voraussetzung der Steigerung von Effektivität und Wohlstand erblickte. Taylor begründet sein »Projekt« allerdings nicht mit dem Interesse der Unternehmer an der Maximierung ihrer Profite, sondern mit der Beförderung der sozialen Harmonie und dem Allgemeininteresse.[24] Gleichwohl streben seine »principles« die Kontrolle des Arbeitsprozesses durch die „Leitung" und die *Dequalifizierung der Arbeitskraft* als Bedingung ihrer effektiven Nutzung an:

„Alle Kopfarbeit wurde unter dem alten System von dem Arbeiter mitgeleistet und war ein Resultat seiner persönlichen Erfahrung. Unter dem neuen System muß sie notwendigerweise von der Leitung getan werden in Übereinstimmung mit wissenschaftlich entwickelten Gesetzen. ... Was eine angemessene Tagesleistung darstellt, wird eine Frage für wissenschaftliche Untersuchungen, statt ein Gegenstand zu sein, über den man handelt und feilscht. Das »Sich Drücken« oder Zurückhalten mit der Arbeit wird aufhören ... "[25]

Die Umsetzung dieses Programms erhoffte Taylor, der für seine Methode eine universelle Anwendbarkeit beanspruchte, von einer extremen *Vertiefung der Arbeitsteilung,* die durch höhere Löhne flankiert werden sollte, um die Arbeiter für ihre Dequalifizierung und die Intensivierung der Arbeit zu entschädigen. Sämtliche Fertigungsschritte werden in umfassend normierte Teilprozesse zerlegt, nachträglich verbunden und mit Hilfe eines rigiden Kontrollsystems überwacht. Der Taylorismus kombiniert die tendenzielle Reduktion der im Produktionsprozeß eingesetzten Arbeitskraft auf die kontinuierliche Wiederholung monotoner mechanischer Abläufe mit einer Erweiterung der Kluft zwischen den Arbeitern und den verschiedenen Stufen des Managements. Mit der Normierung der Arbeitsabläufe geht die Standardisierung der serienmäßig erzeugten Produkte einher. Eine zentrale Stellung in der tayloristischen Organisation des Arbeitsprozesses nimmt das »Arbeitsbüro« ein, dem es obliegt, die Prozeßabläufe zu koordinieren und die strikte Einhaltung der exakt durchkalkulierten Normen zu überwachen.[26] Im Kontext der tayloristischen Produktion wurden die handwerklichen Fähigkeiten qualifizierter Arbeitskräfte überflüssig. Sie erlaubte die massenhaften Rekrutierung ungelernten Personals, das im Rahmen des jeweiligen Betriebes auf seine wenig anspruchsvollen Aufgaben vorbereitet werden sollte.[27] Der Fordismus stellt für die Regulationstheorie eine Weiterentwicklung des Taylorismus dar, insofern die »fordistischen Produktionsnormen« den endgültigen Durchbruch zur Herstellung standardisierter Massenware brachten und die Investitionsrentabilität abermals auf eine neue Stufe hoben.[28] Das fordistische Produktionskonzept basiert auf den von *Henry Ford* eingeführten *Montagelinien,* die durch den Einsatz von Fließbändern, Einzweck-Präzisionsmaschinen und gesonderten Montageabteilungen möglichst alle Arbeitsschritte zu einem *kontinuierlichen* Prozeß zusammensetzen.[29] Die Fließbandproduktion erforderte eine perfektionierte Standardisierung der Produktteile, denn ein reibungsloser Produktionsfluß wäre durch zu weite Fabrikationstoleranzen behindert worden. Unter *Rentabilitätsgesichtspunkten* brachten die Montagelinien eine Steigerung der Arbeitsproduktivität, weil der Arbeitsrhythmus an den Takt von Maschinen und Fließbändern angepaßt wurde und sich dadurch über biologische Grenzen hinwegsetzte. Zugleich machte der »Sachzwang Maschine« zumindest die schlimmsten despotischen Auswüchse des Kontrollsystems überflüssig.[30] Schließlich eröffneten die Montagelinien den Unternehmen die Chance zur Beschleunigung des Kapitalumschlags, denn der integrierte Produktionsprozeß reduzierte den Zwang zur Lagerhaltung und verkürzte die »Totzeiten« des Arbeitsprozesses. All diese Faktoren zusammen führten zu einer beträchtlichen Senkung der Stückkosten.

Die kontinuierliche Senkung der Automobilpreise war für *Henry Ford* eines von vier zentralen Elementen seiner Geschäfts-Philosophie. Daneben traten die kontinuierliche Rationalisierung der Produktion, die *konsequente Beschränkung seines Unternehmens auf die Massenherstellung eines »Schlüsselproduktes«* – des legendären »Modells T« und seiner Ableger – sowie die Finanzierung seiner Investitionen aus den Profiten.[31] Während die Massenproduktion relativ billiger Konsumgüter und die permanente Rationalisierung in jede Definition des »fordistischen Akkumulationsregimes« eingehen, spielen die Beschränkung der Produktpalette und die konsequente Selbstfinanzierung selten eine Rolle bei dem Bemühen, den »Fordismus« losgelöst von seiner Entstehungsgeschichte als Etappe der kapitalistischen Entwicklung zu begreifen. Gleichwohl sind im Hinblick auf die Geschichte des Volkswagenwerks diese beiden Elemente des »Fordismus« von außerordentlicher Bedeutung. Ford selbst hielt 15 Jahre lang – bis 1927 – an der Fixierung auf sein Modell T fest. Erst unter dem Druck der Konkurrenz durch General Motors auf dem immer enger werdenden Automobilmarkt vollzog Ford Mitte der zwanziger Jahre eine allmähliche Diversifizierung der Produktpalette.[32] Die Parallelitäten zwischen der Karriere des »Modells T« und der des »Käfers« nach dem Zweiten Weltkrieg sind unübersehbar. Darauf ist später zurückzukommen. Zwar schuf das Fordsche Produktionskonzept auf der *mikroökonomischen* Ebene die Voraussetzungen für eine Steigerung der Investitionsrentabilität, aber von der Verallgemeinerung der Fordschen Methoden war nur dann ein gesamtwirtschaftlicher Wachstumsschub zu erwarten, wenn die *makroökonomischen Rahmenbedingungen* mit der Logik der Massenproduktion zur Deckung zu bringen wären. Aus dieser Bedingung entstand ein vielfältiger wirtschaftlicher, sozialer und kultureller *Regulationsbedarf*.

Erst der Absatz der produzierten Waren auf dem Markt schließt den Prozeß der Kapitalverwertung ab – und leitet ihn zugleich erneut ein. Massenproduktion mußte daher Massenkonsum nach sich ziehen, wenn die fordistische Akkumulation gelingen sollte. Massenkonsum aber setzte eine entsprechende Entwicklung der *kaufkräftigen* Nachfrage voraus, die unter kapitalistischen Vorzeichen nur über *Reallohnsteigerungen* gewährleistet werden konnte. Zugleich ließ sich über sie das fordistische Akkumulationsregime sozial konsensfähig machen. Andererseits durften die Reallohnsteigerungen die Rentabilität der Investitionen nicht zu stark belasten, da sonst die Akkumulation ins Stocken zu geraten drohte. Diesem doppelten Sachzwang trug die Herausbildung des *fordistischen Lohnkompromisses* Rechnung, der die Koppelung des Reallohnwachstums an die Produktivitätsentwicklung sicherstellte und damit die Lohnsteigerungen *rentabilitätsneutral* machte. Der fordistische Lohnkompromiß hing von den Verhaltensdispositionen der beteiligten Akteure ab und war somit prinzipiell der institutionellen Regulation zugänglich. Alain Lipietz identifiziert die *institutionell verankerte*

Koppelung des Reallohnwachstums an die Produktivitätszuwächse als erste von zwei Säulen des »Goldenen Zeitalters« fordistischer Entwicklung.[33]

Die zweite Säule der fordistischen Prosperität war die *mittelfristige Konstanz der Kapitalintensität,* die angesichts der dem Fordismus innewohnenden Tendenz zur Substituierung menschlicher Arbeitskraft durch Maschinen nur durch ein rasches Wachstum der Produktivität im Produktionsmittelsektor erreicht werden konnte. Die Konstanz der Kapitalintensität resultierte aus einer technologisch bestimmten Dynamik, die sich wegen ihres »spontanen« Charakters weitgehend gegen jede Form der institutionalisierten Regulation sperrte. Die Kapitalintensität blieb daher stets eine Achillesferse fordistischer Akkumulation, weil der »stumme Zwang der Verhältnisse« naturgemäß weniger kompromißfähig blieb als die Träger des fordistischen Lohnkompromisses.[34]

Die makroökonomische Tragfähigkeit des fordistischen Akkumulationsregimes hing also in doppelter Hinsicht an der Mobilisierung immer neuer Produktivitätsreserven. Die Produktivitätssteigerung im Produktionsmittelbereich hatte die steigende technische Zusammensetzung des Kapitals zu neutralisieren, und die Produktivitätssteigerung im Lohngütersektor eröffnete überhaupt erst Kompromißkorridore im systemisch bedingten Verteilungskonflikt. Auch andere Zugeständnisse an die Arbeiter, wie etwa Arbeitszeitverkürzungen, waren unter den Bedingungen kapitalistischer Konkurrenz nur möglich, wenn über hinreichende Produktivitätssteigerungen rentabilitätsmindernde Auswirkungen aufgefangen werden konnten. *Sinkende Wachstumsraten der Produktivität* mußten demzufolge den Weg in die große Formkrise des fordistischen Akkumulationsregimes vorprogrammieren. Sie mußten Druck auf die *Profitrate* ausüben und damit mittelfristig den Akkumulationsprozeß blockieren.

Der Umschlag der fordistischen Prosperität in die fordistische Krise wiederum zeitigte nicht zuletzt deshalb schwerwiegende gesellschaftliche Folgen, weil die Massenproduktion immer größere Teile der Bevölkerung *vollständig* in die Kapitalakkumulation eingebunden hatte. Die fordistische Massenproduktion löste Urbanisierungsprozesse im großen Stil aus. Der Arbeiter, der einen großen Teil seiner Subsistenzmittel jenseits des Marktes in »traditionalen« Verhältnissen erwirtschaftete, wurde als soziale Figur im Zuge der Herausbildung des Fordismus zunehmend zu einer Randerscheinung. *Burkhart Lutz* hat darauf hingewiesen, daß sich in Westeuropa nach 1945 die »dualen Reproduktionsstrukturen« in einem Prozeß »innerer kapitalistischer Landnahme« auflösten.[35] Diese Entwicklung wiederum erweiterte das Terrain *staatlicher* Regulation. Ein Ansatzpunkt dafür ergab sich aus dem wachsenden Bedarf an Infrastrukturpolitik. Die Urbanisierung erforderte staatlichen Wohnungsbau, die erhöhte Mobilität von Menschen und Gütern machte den Ausbau der Kommunikationsstrukturen notwendig, und die Vorbereitung der Menschen für das Lohnarbeiterdasein ließ die Bedeutung des Ausbildungssystems wachsen. Noch wichtiger war die staatliche *Sozial- und Redistributionspolitik.* Denn weil die fordistische Produktion die Lohnarbeiter aus ihrem traditionellen Umfeld herauslöste und ihre individuelle Reproduktion *unmittelbar* mit dem Kapitalkreislauf verknüpfte, erhöhten sich die persönlichen Lebensrisiken, die aus konjunkturellen Schwankungen resultierten. Arbeitslosigkeit, Krankheit und altersbedingtes Ausscheiden aus dem Berufsleben konnten nicht mehr über die Solidaritätsmechanismen eines »halbproletarischen« Umfeldes aufgefangen werden und stellten eine Herausforderung zur Entwicklung sozialstaatlicher Strukturen dar.[36] Vor diesem Hintergrund sind die vielfältigen Formen des *indirekten Lohnes* und die staatliche Kodifizierung eines *Normalarbeitsverhältnisses* mit längerfristigem Zeithorizont zu interpretieren. Konjunkturelle Schwankungen erzeugten aber unter fordistischen Vorzeichen nicht nur wegen ihrer potentiellen sozialen Dynamik einen erhöhten staatlichen Regulationsbedarf, sondern auch wegen der ökonomischen Logik der Massenproduktion. Diese basiert auf der Senkung der Stückkosten durch die Nutzung steigender Skalenerträge. Massenproduktion lohnt sich aber nur, wenn die Kapazitätsauslastung oberhalb einer technologiebedingten Rentabilitätsschwelle liegt. Unter diesen Umständen konnten konjunkturelle Krisen leicht eine Eigendynamik entfalten, die auch große Unternehmen in ihrer Existenz bedrohte. Daher wurde die Einebnung des klassischen Konjunkturzyklus zu einem erstrangigen Anliegen des *keynesianischen Interventionsstaates,* der in den dreißiger Jahren in den USA Gestalt annahm.[37] Doch reichte die Globalsteuerung, auf die der »konventionelle« Keynesianismus mit seinem geld- und fiskalpolitischen Instrumentarium setzte, nicht aus. Die aus der Expansion der fordistischen Industrien resultierende sektorale Dynamik erforderte die Aufhebung der alten Demarkationslinie zwischen Staat und Wirtschaft. Der Staat war unter fordistischen Verhältnissen zur *strukturpolitischen* Aktion gezwungen. Er wurde selbst *unternehmerisch* tätig, wo in sensiblen Bereichen der Infrastruktur private Unternehmen keine Chancen für rentable Investitionen sahen.

Der Fordismus löste schließlich auch eine Tendenz zur Ausweitung des *Dienstleistungssektors* der Wirtschaft aus. Zwei Aspekte dieser Tendenz sind für die Geschichte des Volkswagen-Konzerns interessant und sollen deshalb kurz erwähnt werden.

Die Produktpalette der Massenproduktion setzte sich vor allem aus langlebigen und weniger langlebigen Gebrauchsgütern zusammen. Weil diese Waren als standardisierte Serienprodukte hergestellt wurden, hing ihre Marktfähigkeit von der gleichzeitigen Herausbildung entsprechender Konsummuster ab. Bei deren Entstehung und Verfestigung öffnete sich ein weites Feld für *Massenmedien* und *Werbeagenturen*, die sich als feste Größe des tertiären Sektors etablierten.[38] Vor allem dort, wo mehrere Unternehmen um Anteile auf stagnierenden Märkten für langlebige Konsumgüter rangen, entstanden neue Formen der Absatzkonkurrenz wie beispielsweise die *Gewährung von Konsumentenkrediten*, die Variation von Basisprodukten durch »*Produktlinien*« oder auch der *Kundendienst*. Abermals war es die Automobilindustrie, die ca. 10 Jahre nach der Fordschen Prozeßinnovation neue Wege im Marketingbereich erschloß und damit den Anstoß für eine branchenübergreifende Entwicklung gab. Bei der Entwicklung im Marketingbereich übernahm aber nicht Ford, sondern *General Motors* die Vorreiterrolle – und wegen der schwerfälligen Reaktion Fords zugleich für lange Zeit die Branchenführung in der amerikanischen Automobilindustrie.[39]

Die Regulationstheorie und die westdeutsche Wirtschaftsgeschichte

Volker Berghahn hat in die wirtschaftshistorische Diskussion über die Nachkriegsgeschichte der Bundesrepublik die These von der »Amerikanisierung« der deutschen Wirtschaft eingebracht. In seiner Wahrnehmung benutzten die USA nach 1945 ihren direkten Zugriff auf die westdeutsche Politik, um einen »Brückenkopf« für die »Amerikanisierung« der europäischen Volkswirtschaften zu schaffen.[40] Den Krieg wertet Berghahn in ökonomischer Perspektive als Auseinandersetzung zwischen zwei konkurrierenden Typen einer „privatwirtschaftlich organisierten Industriewirtschaft und Industriegesellschaft: des nordamerikanischen und des deutschen (und wohl auch des japanischen) Typs." Der Kern des deutschen Modells sei eine autarkistische, nationalwirtschaftliche Großraumorientierung gewesen, während dem amerikanischen die Konzeption einer offenen Weltwirtschaft zugrundegelegen habe.[41] Vor diesem Hintergrund konstatiert Berghahn für die fünfziger und sechziger Jahre eine voranschreitende »Amerikanisierung« der bundesrepublikanischen Wirtschaft und Gesellschaft, die sich allerdings nicht als schlichte Kopie des amerikanischen Modells vollzog, sondern als kreative Synthese aus amerikanischen Einflüssen und deutschen Traditionen. Die Begründung dieser These spitzt Berghahn zu auf die ordnungspolitische Dimension – wobei er vor allem die Kartellfrage in den Mittelpunkt stellt – und die mittel- und langfristigen Veränderungen der »deutschen Unternehmermentalität«. Die Nähe dieser Argumentation zu der von den Regulationstheoretikern entworfenen »historischen Freske« kapitalistischer Entwicklung ist unübersehbar. Beide Ansätze basieren auf der Unterscheidung zwischen zwei stilisierten Typen kapitalistischer Gesellschaft, beide thematisieren die Interferenzen von Ökonomie, Politik und Kultur, und in beiden Ansätzen erscheinen die USA als Heimat desjenigen Modells, dessen Durchsetzung in Europa sie nach 1945 entschieden befördern. Die Regulationstheorie ist aber den Thesen Berghahns an analytischer Schärfe überlegen, weil sie über eine *theoretische* Konzeption kapitalistischer Entwicklung verfügt und die »Amerikanisierung« der europäischen Volkswirtschaften mit der *inneren Dynamik* der »Wirtschaftswunder« verbindet, wobei die Verbreitung der fordistischen Massenproduktion als »Kernprozeß« der Prosperität identifiziert wird. Um die regulationstheoretische Version der »Amerikanisierungsthese« einer Überprüfung zu unterziehen, muß die wirtschaftshistorische Forschung ihre Aufmerksamkeit auf einen facettenreichen Prozeß richten. Im Mittelpunkt stehen dabei der *Transfer von Technologie und organisatorischem Wissen (a)*[42], die *Gestaltung der industriellen Beziehungen (b)*, der *Modus der funktionalen Verteilung des Sozialprodukts (c)*, die *Standardisierung der Konsummuster (d)* und die Herausbildung eines *keynesianischen Wohlfahrtsstaats (e)*. Darüber hinaus entsteht die Frage, ob und wie die »Amerikanisierung« der deutschen Industrie und der Import amerikanischer Formen gesellschaftlicher Regulation mit der gesamtwirtschaftlichen Entwicklung Westdeutschlands während der Nachkriegszeit zusammenhingen. Zu dieser Frage präsentiert das Kapitel 3 einige Überlegungen, die sich vor allem auf die Rolle der Automobilindustrie konzentrieren, aber keinesfalls den Anspruch auf eine erschöpfende Bearbeitung erheben.

Der zweite Teil dieses Buchs ist der Entwicklung des Volkswagenwerks gewidmet und berücksichtigt in den Kapiteln 5 bis 7 exemplarisch die Aspekte (a) bis (c). Die regulationstheoretischen Anregungen erweisen ihre Fruchtbarkeit sowohl bei der Verknüpfung von Mikro- und Makroebene als auch im Hinblick auf die unternehmensgeschichtliche Fallstudie. Zugleich werden jedoch die Grenzen dieser Fruchtbarkeit deutlich, die – aus wirtschaftshistorischer Perspektive – vor allem aus einer *Vernachlässigung der internationalen Aspekte kapitalistischer Entwicklung* resultieren.[43]

Bereits Agliettas Pionierwerk der Regulationstheorie hatte den Vorrang des Nationalstaats als Untersuchungseinheit behauptet. Für Aglietta existieren »fundamentale Gründe für die Auffassung, daß der innere Zusammenhalt der sozialen Beziehungen, der über das Lohnverhältnis hergestellt wird, zum (Untersuchungs-)Rahmen der Nation führt.«[44] Analysen der Weltmarktdynamik seien demgegenüber von zweitrangiger Bedeutung. Mit dieser methodischen Ausrichtung hat die Regulationstheorie auch später nicht gebrochen. Die anspruchsvollste regulationstheoretische Auseinandersetzung mit der Weltmarktproblematik stammt von Alain Lipietz.[45] Auch für Lipietz besitzt der Nationalstaat unter analytischen Gesichtspunkten Priorität gegenüber dem Weltmarkt.[46] Durch das »Goldene Zeitalter« des Fordismus nach dem Zweiten Weltkrieg sei diese Priorität weiter untermauert worden: „We may suspect that relations with the outside world were originally very important, that they became less important as capital created its own internal market; that at its height, Fordism marks the extent to which developed capitalism can be autocentred; and that the crisis in Fordism will open up new possibilities."[47]

Aus wirtschaftshistorischer Sicht klingt diese These einigermaßen überraschend, vollzog sich die Rekonstruktion des Weltmarkts doch gerade während der fünfziger und sechziger Jahre. Der Welthandel wuchs während dieser Zeit noch schneller als das Sozialprodukt der entwickelten Industrieländer – ein in der Geschichte der kapitalistischen Weltwirtschaft einmaliger Vorgang. Besonders im deutschen Fall war die Weltmarktintegration eine *conditio sine qua non* des

»Wirtschaftswunders«, was sich auch an der Geschichte des Volkswagenwerks erweisen wird. Empirische Erwägungen deuten also darauf hin, daß Lipietz ein theoretischer Fehler unterläuft. Dieser Fehler besteht darin, daß er ein plausibles Argument überstrapaziert.

Sein Ausgangspunkt ist der theoretische Streit zwischen der *Modernisierungstheorie* und der *Dependenztheorie*. Den Vorzug der Dependenztheorie erblickt Lipietz darin, daß sie eine überzeugende Kritik an dem von der Modernisierungstheorie entworfenen Bild harmonischer Weltmarktzusammenhänge liefert. Zugleich moniert er jedoch, daß die Dependenztheorie den harmonischen Determinismus der Modernisierungstheorie durch einen »disharmonischen Determinismus« ersetze. Eine *abstrakte* Theorie des kapitalistischen Weltmarkts, welche die *Unterentwicklung* der Peripherie als Bedingung für die Entwicklung der Zentren begreift und der Überwindung von Unterentwicklung keinerlei Chancen einräumt, wird aus der Sicht von Lipietz weder dem Auftreten der »Newly Industrializing Countries« noch dem Formwandel der Kapitalakkumulation in den kapitalistischen Metropolen gerecht. Dem Fordismus entsprach nach Lipietz ein internationales Szenario, das sich deutlich vom Weltmarkt des präfordistischen Zeitalters unterschied.[48] Lipietz ergänzt dieses Argument um einige Ausführungen zum Charakter »historischer Gesetze«, die nach seiner Auffassung den historischen Prozeß nicht eindeutig determinieren, sondern im historischen Kontext mögliche von unmöglichen Entwicklungen scheiden.[49] Seine Zurückhaltung im Umgang mit »Gesetzmäßigkeiten« sozialer Systeme übertreibt Lipietz im Hinblick auf die Weltwirtschaft. Während er auf der nationalstaatlichen Ebene Funktionsbedingungen fordistischer Akkumulation benennt und damit die Spielräume gesellschaftlichen Handelns eingrenzt, regiert im Rahmen seines Konzepts auf der internationalen Ebene eine kaum eingeschränkte Kontingenz. Ein »Sachzwang Weltmarkt« kommt bei ihm nicht vor. In bezug auf die Weltmarktentwicklung nach 1945 zieht Lipietz es vor, von einer »Weltkonfiguration« statt von einem »internationalen Akkumulationsregime« zu sprechen. Diese »Weltkonfiguration« sei durch die kulturelle, finanzielle und institutionelle Intervention der USA entstanden und durch das Nebeneinander unterschiedlich erfolgreicher nationaler »Fordismen« charakterisiert gewesen. Die Rolle der USA innerhalb dieser Konfiguration habe vor allem in der Sicherung der Rohstoffzufuhr für die entwickelten »Fordismen« des »Nordens« bestanden.

Lipietz' Weltmarkttheorie haftet ein entscheidender Konstruktionsfehler an. Statt den kapitalistischen Weltmarkt als einen »globalen ökonomischen Funktionsraum« zu bestimmen, dessen historische Dynamik die Logik nationalstaatlicher Entwicklungen überlagert, zeichnet er das Bild einer »Restkategorie Weltmarkt«. Der Entwicklungspfad der einzelnen Staaten wird in erster Linie von *internen* Prozessen entschieden. Es ist nur folgerichtig, daß Lipietz vor diesem Hintergrund die entscheidende Frage nach den *internationalen* Bedingungen einer erfolgreichen fordistischen Industrialisierung nicht einmal aufwirft. Zwar ist ihm darin zuzustimmen, daß die Weltmarkttendenzen den Entwicklungsweg einzelner Staaten nicht im Sinne des klassischen Determinismus[50] vorprogrammieren. Aber dies rechtfertigt nicht den Schluß, daß die fordistische Industrialisierung in unterschiedlichen Teilen der Welt durch die Weltmarktentwicklung weder entscheidend stimuliert noch blockiert worden sei. Eine *historisch* orientierte Weltmarkttheorie sollte – unter Verzicht auf ein *Vorurteil* über die Wirkung der Weltmarktmechanismen – die *theoretische Vermittlung* der Weltmarktkonstellation mit der ökonomischen Entwicklung einzelner Länder unter *Berücksichtigung regionaler Besonderheiten* leisten. Für das Verständnis der europäischen »Wirtschaftswunder« nach 1945 ist eine solche Vermittlung unverzichtbar.[51]

Gegenüber vorangegangenen Etappen der Weltmarktentwicklung wies der Weltmarktzyklus, der sich zwischen den Krisen der 30er und der 70er Jahre erstreckte, neue Merkmale auf. Er wurde geprägt durch die Globalisierung des fordistischen Akkumulationsregimes. Weil die Kapitalakkumulation unter fordistischen Bedingungen jede nationale Grenze sprengte, erforderte ihr reibungsloser Fluß eine internationale Regulationsweise, die auf die Bedingungen »fordistischer Prosperität« zugeschnitten war. Diese Regulationsweise nahm die Gestalt der »pax americana« an. Ihre Entstehung setzte voraus, daß die USA erstens dazu bereit waren, eine hegemoniale Rolle innerhalb des westlichen Lagers zu übernehmen, und daß sie zweitens dazu auch in der Lage waren. Schon die Bereitschaft war keineswegs selbstverständlich, erzeugt doch die Mobilisierung der notwendigen ökonomischen, politischen und militärischen Ressourcen Kosten, die eine potentielle Hegemonialmacht zum »free-rider«-Verhalten veranlassen können. Noch nach dem Ersten Weltkrieg hatten die USA ihre Rolle als »Scharniermacht« des internationalen Systems vor allem durch außenwirtschaftliche Hebel wie den Waren- und Kapitalexport wahrgenommen.[52] Daß sie sich nach 1945 ohne großes Zögern zu einem weit aufwendigeren ordnungspolitischen Engagement bereit fanden, hing nicht zuletzt damit zusammen, daß die Entwicklung der fordistischen Massenproduktion in den USA inzwischen weit vorangeschritten war. Die historische Entwicklung der »economies of scale and scope« hatte mittlerweile ein Niveau erreicht, das für die Vereinigten Staaten einen Rückzug in die Isolation unmöglich erscheinen ließ.[53] In die gleiche Richtung wirkte der Zwang zur Sicherung der Rohstoffquellen, und bedurfte es darüber hinaus noch eines weiteren Impulses, so lieferte ihn der Gegensatz zur UdSSR. Vor diesem Hintergrund übersetzten die USA nach 1945 ihren Entwicklungsvorsprung in einen hegemonialen Führungsanspruch und entwickelten – intern durchaus umstrittene – Vorstellungen von einer globalen Ordnung unter amerikanischer Ägide, die sie in Reaktion auf die weltpolitischen Tendenzen modifizierten. Diese globalen Ordnungsvorstellungen bestanden aus fünf zentralen Elementen.

1. Ein großräumiges Integrationskonzept zielte auf die Überwindung der nationalstaatlichen Zersplitterung Westeuropas und mußte die USA zwangsläufig in einen politischen Gegensatz zu tiefverwurzelten europäischen Interessen brin-

gen. Die Verklammerung der divergierenden Kräfte gelang aber angesichts des Gegensatzes zur UdSSR.[54]

2. Der Weltmarkt sollte als Freihandelssystem rekonstruiert werden, wobei seine Funktionsfähigkeit über ein hinreichend flexibles Weltwährungssystem mit dem US-Dollar im Zentrum garantiert werden sollte. Auch hier lag eine Quelle vieler Gegensätze zwischen den westlichen Staaten.

3. Erstmals in der Geschichte der kapitalistischen Weltwirtschaft wurde zum Zweck der Weltmarktregulation ein Gefüge supranationaler Organisationen geschaffen, dessen Kern aus dem IWF, der Weltbank, dem GATT und der OEEC bestand.

4. Mit der Zuspitzung des Kalten Krieges seit 1947 strebten es die USA an, das westliche Lager darauf zu verpflichten, sich auch unter Inkaufnahme wirtschaftlicher Nachteile der Blockade des »Ostblocks« anzuschließen.[55]

5. Überzeugt von der Überlegenheit ihres eigenen Wirtschafts- und Gesellschaftsmodells, intendierten die USA den Export dieses Modells in die mit ihnen verbündeten Staaten.

Die ursprünglichen Ordnungsvorstellungen der USA scheiterten teilweise an den Spielregeln des hegemonialen Konsenses in der westlichen Welt. So erwiesen sich die nationalstaatlichen Strukturen Westeuropas gegenüber den amerikanischen Ordnungszielen als überaus beharrungsfähig, und die Form der europäischen Integration betonte gerade die nationalen Sonderinteressen der Europäer gegenüber dem Integrationskonzept der Amerikaner. Auch das Bretton Woods-System funktionierte bis 1958 überhaupt nicht und auch danach nicht gemäß seinem ursprünglichen Entwurf.[56] Schließlich stießen auch die Gleichschaltungsbemühungen der USA bei der ökonomischen Isolation des Ostblocks im Verlauf der fünfziger Jahre an ihre Grenzen. Gleichwohl erwiesen sich die Institutionen, Medien und Spielregeln der »pax americana« über lange Zeit als geeignet für die internationale Regulation der fordistischen Akkumulation. An diesem Befund lassen die europäischen Wachstumsraten der fünfziger und sechziger Jahre keinen Zweifel.

Die Etablierung der »pax americana« setzte aber nicht nur den Willen der Vereinigten Staaten zur hegemonialen Rolle voraus, sondern auch ihre Fähigkeit dazu. Diese Fähigkeit resultierte aus dem deutlichen ökonomischen Entwicklungsvorsprung, mit dem die USA gegenüber allen anderen Staaten aus dem Krieg hervorgegangen waren. Abgesehen von den militärischen Aspekten basierte die »pax americana« vor allem auf der Inthronisierung des Dollars als *Weltgeld* im Rahmen des Bretton Woods-Systems, ohne die der Liberalisierung des internationalen Handels viel von ihrer Wirkung genommen worden wäre. Eine Rückkehr zum Goldstandard hatte sich in der Zwischenkriegszeit als unpraktikabel erwiesen – auch wenn es nach 1945 noch immer Fürsprecher dieser Option gab –, und die Schaffung eines internationalen Kunstgeldes nach dem Muster des von Keynes vorgeschlagenen »bancor« war politisch ebensowenig durchsetzbar gewesen. Als

Alternativen blieben theoretisch die Inthronisierung des Dollar oder die Einführung eines Multiwährungsstandards. Letzterer aber hätte wegen der zu erwartenden Wechselkursschwankungen die finanziellen Instabilitäten des Weltmarkts erhöht und damit die international operierenden Unternehmen erheblich behindert. Das Beispiel des Volkswagen-Konzerns wird zeigen, daß die Investitionsrentabilität in Ländern, die dem Bretton Woods-System nicht angeschlossen waren, entscheidend von der Wechselkursentwicklung abhing. Es lief also alles auf ein Fixkurssystem mit dem US-Dollar als Leitwährung hinaus – zumal die USA wegen des vielzitierten »Seignorage«-Vorteils[57] an einem solchen System interessiert sein mußten. Diese Lösung setzte internationales Vertrauen in den Dollar voraus, und dieses Vertrauen wiederum basierte – da ja keine überstaatliche Institution Garantiefunktionen als »lender of the last resort« übernahm – auf der Position der USA als internationaler »Supergläubiger«[58] sowie dem Produktivitätsvorsprung der US-Ökonomie, der die mittelfristige Konstanz dieser Gläubigerposition erwarten ließ.[59]

Die nach Kriegsende beginnende Rekonstruktion des Weltmarkts unter der hegemonialen Regie der USA schuf die Bedingungen für einen erfolgreichen Export des fordistischen Entwicklungsmodells nach Westeuropa. Erst die Entstehung eines internationalen »Zirkulationsraums« ermöglichte es den europäischen Unternehmen, mit Absatzzahlen zu kalkulieren, die industrielle Massenproduktion rentabel werden ließen. Bevor sich allerdings die durch die Verbreitung der Massenproduktion entfesselten Wachstumskräfte in Europa entfalten konnten, mußte die europäische »Dollarlücke« geschlossen werden. Diese blockierte den fordistischen Aufschwung bis weit in die fünfziger Jahre hinein, weil die westeuropäischen Staaten das »Schmiermittel Dollar« nicht im erforderlichen Umfang besaßen, um die notwendigen Produktionsmittel in den USA erwerben zu können. Alternative Bezugsquellen aber existierten unmittelbar nach dem Zweiten Weltkrieg zunächst nicht. Erst mit der Herausbildung *komplementärer Warenströme* zwischen Europa, den USA und dem Dollarraum nach dem Abschluß der europäischen Wiederaufbauetappe verschwand die Dollarlücke. Gerade die Rückkehr der Bundesrepublik auf den Weltmarkt war ein wesentlicher Faktor für die Entstehung eines solchen Musters gleichgewichtiger Handelsbeziehungen, das die Handelsbilanzsalden in der Balance hielt. Seit Anfang der fünfziger Jahre übernahm die Bundesrepublik einen steigenden Anteil der Versorgung des EZU-Raums mit Maschinen, Fahrzeugen und unedlen Metallen – Produkte, die seither ca. die Hälfte der bundesdeutschen Exporte in die OEEC auf sich vereinigten. Bereits 1952 entfielen auf die Bundesrepublik 26% der Importe der EZU-Länder an Maschinen und Fahrzeugen. Der Anteil der USA dagegen betrug »nur« noch 24%. Bis 1955 hatte sich diese Relation weiter zugunsten der Bundesrepublik verschoben; ihr Anteil betrug nun 34%, der US-Anteil 19%. Insgesamt konnte die Bundesrepublik ihre Exporte an Kapitalgütern und Metallen in die OEEC-Länder zwischen 1951 und 1958 von 808 Millionen Dollar auf 2,6 Milliarden Dollar steigern – also mehr als verdreifachen. Im gleichen Zeitraum stiegen die US-Ausfuhren in diesen Raum lediglich von 754 Millionen auf 1 Milliarde Dollar. Diese Entwicklung war die Basis für die Rekordüberschüsse der Bundesrepublik gegenüber der EZU, denen regelmäßig Defizite im Austausch mit dem Dollarraum gegenüberstanden. Da aber die anderen Mitglieder der EZU Dollarüberschüsse erwirtschafteten, ergab sich bei der Saldierung in der Tendenz ein gleichgewichtiges Nullsummenspiel.[60]

Der Export des Fordismus nach Europa schuf in der Nachkriegszeit ein kompliziertes *Absatzproblem*. Erstens erforderte die Massenproduktion ein proportionales Wachstum der Absatzzahlen, was wegen der Stufenleiter der Produktion einen internationalen Zirkulationsraum voraussetzte. Zweitens wurde das Absatzproblem durch die politische Fragmentierung des Weltmarkts noch komplexer. Massenkonsum konnte sich ja nur aus der Aggregierung der *unterschiedlich denominierten* kaufkräftigen Nachfrage in den einzelnen Nationalstaaten ergeben. Die fordistische Massenproduktion führte zu einer Verdichtung der internationalen Warenzirkulation und löste damit eine *monetäre* Saldenmechanik aus, die das Risiko von Ungleichgewichten in sich barg. Solche Ungleichgewichte bedrohten die Wirtschaftspolitik der betroffenen Länder mit außenwirtschaftlichem Anpassungszwang, der die jeweiligen Währungen in einem entscheidenden Moment als Medium nationalstaatlicher Regulation entwertet hätte. Als sich nämlich in den europäischen Staaten ein »fordistischer Gesellschaftskonsens« rund um die Steigerung des materiellen Wohlstands erst konsolidierte, hätte die Stabilisierung des Außenwerts der nationalen Währung durch eine strenge »Austerity-Politik« sozial desintegrativ wirken müssen und das Gelingen des »fordistischen Projekts« gefährdet. Solange daher die saldenmechanische Stabilität der internationalen Austauschbeziehungen nicht abzusehen war, konnte man sich aus europäischer Sicht für die Steuerung des Außenhandels nicht auf das Weltgeld Dollar verlassen. Der Außenhandel mußte vielmehr *politisch geplant* werden. Handelsverträge und internationale Kreditvereinbarungen, die mit Quoten operierten und zwischen zwei oder auch mehreren Staaten geschlossen wurden, waren für die Konsolidierung des europäischen Fordismus während der fünfziger Jahre von *essentieller* Bedeutung. Diese politische Rahmenplanung paßte dem internationalen Handel eine Zwangsjacke an, auf die erst ab Ende der fünfziger Jahre verzichtet werden konnte. Erst zu diesem Zeitpunkt hatte sich das Muster des Warenverkehrs zwischen den entwickelten Industriestaaten soweit stabilisiert, daß die Einführung der Währungskonvertibilität (1958) nicht mehr mit unkalkulierbaren politischen und sozialen Risiken behaftet war. Die *internationale Balance der Handelsbeziehungen,* die zunächst politisch organisiert wurde, bevor sie sich gegen Ende der fünfziger Jahre stabilisiert zu haben schien, *war eine dritte tragende Säule des fordistischen Booms in Westeuropa.* Sie ergänzte den fordistischen Lohnkompromiß und die Konstanz der Kapitalintensität, auf die ja die Regulationstheorie so eindringlich hinweist.

Die Belebung des internationalen Handels und seine institutionelle Einbettung waren *notwendige* Bedingungen der fordistischen Prosperität im Europa der Nachkriegszeit. *Hinreichend* für ihre Erklärung sind diese Faktoren aber nicht, denn die *Profiterwartungen,* welche die Unternehmen im Zusammenhang von Investitionen in die fordistische Technologie hegen konnten, hingen nicht nur von der Entwicklung des Absatzes ab. Derartige Investitionen wurden entscheidend durch das *internationale Produktivitätsgefälle* stimuliert. Bei Kriegsende besaßen die USA einen erheblichen Produktivitätsvorsprung gegenüber Westeuropa, der gerade in den fordistischen Industrien besonders ausgeprägt war. 1950 lag das Bruttosozialprodukt pro Kopf der Bevölkerung in Frankreich bei 45% des US-Niveaus, in Westdeutschland bei 36%, in Großbritannien bei 56% und in Italien bei 26%.[61] Schätzungen der Jahresproduktion pro Arbeitnehmer in der amerikanischen Automobilindustrie schwanken für 1955 zwischen 11,1 und 19,1 Fahrzeugen. Die entsprechenden Werte für England (4,2), die Bundesrepublik (3,9), Frankreich (3,6) und Italien (3,0) lassen den Rückstand Westeuropas in diesem Bereich deutlich werden.[62] Unter diesen Umständen konnten die US-Unternehmen darauf hoffen, durch einen verstärkten Kapitalexport nach Europa aufgrund ihrer technologischen, organisatorischen und finanziellen Überlegenheit *Extraprofite* zu erzielen. Hatte der Wert der amerikanischen Direktinvestitionen in Europa 1950 erst 1,7 Milliarden US-Dollar betragen, so lag er 1960 bereits bei 6,7 Milliarden und 1968 bei 19,4 Milliarden.[63] Da diese Investitionen in Europa überwiegend in das Verarbeitende Gewerbe flossen, stimulierten sie auf dem »alten Kontinent« durch Multiplikator- und Akzeleratoreffekte das Wachstum. Vor allem aber setzten sie die europäischen Unternehmen unter Anpassungsdruck. Zu Beginn der fünfziger Jahre konnten die europäischen Unternehmen die amerikanischen Produktivitätsvorteile noch durch eine geringere Kapitalintensität und ein vergleichsweise niedriges Reallohnniveau ausgleichen. Doch mit der Generalisierung des fordistischen Lohnkompromisses wurde es für sie unausweichlich, die überlegene Produktionstechnik der amerikanischen Konkurrenz zu übernehmen. Zugleich ermöglichte es ihnen die beginnende Liberalisierung des Welthandels, sich auf den internationalen Märkten mit entsprechenden Maschinen, Know how und Rohstoffen zu versorgen. Der daraus resultierende Formwandel der industriellen Akkumulation heizte den Wachstumsprozeß in Westeuropa nachhaltig an. Hinzu kam noch, daß die voranschreitende europäische Integration den westeuropäischen Ländern nicht nur einen gemeinsamen Markt erschloß, sondern auch den Zugriff auf ein Reservoir billiger Arbeitskräfte in Südeuropa sicherte, der die Rentabilität der fordistischen Massenproduktion in den Metropolen zusätzlich steigerte. In Westdeutschland gewann die Zuwanderung von Gastarbeitern aus Südeuropa an Bedeutung, nachdem mit der Errichtung der Berliner Mauer der Zustrom von Arbeitskräften aus der DDR und Osteuropa versiegte.

Die *relative Rückständigkeit* der westeuropäischen Staaten nach 1945 wirkte unter den Bedingungen der Weltmarktrekonstruktion also keineswegs als Entwicklungsblockade. Aus dem internationalen Produktivitätsgefälle resultierten im Gegenteil zahlreiche Wachstumsimpulse, die einen entscheidenden Beitrag zur Entfesselung der westeuropäischen »Wirtschaftswunder« leisteten.[64] Dieser Prozeß ließ den Modernisierungsvorsprung der US-Ökonomie dahinschmelzen. Europa und Japan holten auf, da sich ja die modernen fordistischen Produktionsformen immer mehr verallgemeinerten. In den USA wuchs die Stundenproduktivität in der Verarbeitenden Industrie während der fünfziger Jahre um durchschnittlich 2%, in Westdeutschland um 6,2% und in Japan um 9,5%. Im folgenden Jahrzehnt lag der entsprechende Wert für die USA bei 3,4%, für Westdeutschland bei 5,6% und für Japan bei 10,8%.[65] *Diese Nivellierungstendenzen aber untergruben aus drei Gründen die Grundlage der fordistischen Prosperität.* Erstens verödete langsam aber sicher der Lebensnerv des Weltwährungssystems von Bretton Woods, dessen Funktionsfähigkeit an der realwirtschaftlichen Überlegenheit der USA hing – zumal letztere durch ihr Engagement in Vietnam den Verlust ihrer Gläubigerposition zusätzlich beschleunigten.[66] Zweitens schufen die amerikanischen Auslandsinvestitionen die Voraussetzungen für den entstehenden »Eurodollarmarkt«, dessen Eigendynamik dazu beitrug, die Versuche einer politischen Regulation der internationalen Währungsbeziehungen zu konterkarieren. Unter dem Druck der spekulativen Kapitalbewegungen brach das Fixkurssystem des Gold-Dollar-Standards seit 1971 zusammen.[67] Drittens schließlich beeinträchtigte die Globalisierung der Massenproduktion mit der Zeit die Kapitalrentabilität, weil vor dem Hintergrund der fordistischen Entwicklung die Kapitalintensität *langfristig* eben doch nicht konstant blieb.[68] Unter diesen Vorzeichen verlor die Kapitalakkumulation in den Metropolen der Massenproduktion gegen Ende der sechziger Jahre deutlich an Schwung. Mit der Ölkrise erreichte der internationale Lebenszyklus des Fordismus seinen oberen Wendepunkt. Es würde zu weit führen, auf die Krise der siebziger und achtziger Jahre an dieser Stelle näher einzugehen. Dieses Buch konzentriert sich auf die fünfziger und frühen sechziger Jahre, und zu dieser Zeit standen die europäischen »Wirtschaftswunder« in voller Blüte. Sie basierten in erster Linie auf dem Aufbau fordistischer Reproduktionsstrukturen. Die Weltmarktrekonstruktion der Nachkriegszeit hatte bei ihrer Entstehung als Katalysator gewirkt.

Kapitel 3: Die Automobilindustrie als Schrittmacher bei der Herausbildung des bundesdeutschen Fordismus

Die fordistische Massenproduktion in der Automobilindustrie und ihre Wachstumseffekte

Die Auffassung, daß die Automobilindustrie eine Schlüsselrolle beim nahtlosen Übergang vom wirtschaftlichen Wiederaufbau in den westeuropäischen Boom der fünfziger und sechziger Jahre gespielt hat, ist in der wirtschaftshistorischen Literatur seit langem geläufig.[1] Kapitel 2 hat diesen Boom mit der Verbreitung der fordistischen Massenproduktion, der Herausbildung entsprechender Formen der gesellschaftlichen Regulation und der seit Kriegsende vorangetriebenen Weltmarktrekonstruktion in Zusammenhang gebracht. Die Bedeutung der Automobilindustrie für die Entstehung der Nachkriegsprosperität in den europäischen Ländern – und insbesondere in Westdeutschland – bemißt sich also an ihrem Beitrag zum Aufbau fordistischer Reproduktionsstrukturen.

In der westdeutschen Automobilindustrie vollzog sich die Ablösung der noch immer handwerklich geprägten »Losfertigung« durch die fordistische »Fließfertigung« im Laufe der frühen fünfziger Jahre.[2] Bei der »Losfertigung« wird eine flexibel einsetzbare Maschinengruppe zur Produktion einer festgelegten Anzahl gleichartiger Stücke (Lose) eingesetzt und danach für die Herstellung andersartiger Werkstücke umgerüstet. »Fließfertigung« dagegen beruht auf der massenhaften Produktion standardisierter Teile mit Hilfe von Spezialmaschinen und Vorrichtungen, die ausschließlich für diese eine Art von Werkstück ausgelegt sind. Charakteristisch für die Fließfertigung ist eine eng umrissene Definition der Arbeitsplätze in der Produktion und eine Koordinierung der einzelnen Arbeitsschritte im Rahmen einer Prozeßsteuerung, die dem Muster der Fordschen Fabriken folgt. Einen ersten Eindruck von der Richtung, welche die technische Entwicklung innerhalb der westdeutschen Automobilindustrie während der fünfziger Jahre nahm, vermittelt der *Karosseriebau* bei Volkswagen. Die Rohkarosse eines VW-Käfers bestand aus drei Hauptbaugruppen, dem Vorderwagen, dem Hinterwagen und dem Dach. Jede dieser drei Hauptbaugruppen setzte sich zusammen aus einer Reihe von Unterbaugruppen und Blechteilen. Im Rahmen der im Volkswagenwerk bis 1953 betriebenen handwerklichen Fertigung wurden sämtliche Einzelteile der Karosserie von Hand in sogenannte Aufbaublöcke eingespannt und mit Hilfe von Punktschweißpistolen manuell zusammengeschweißt. Der maximale Produktionsausstoß, der mit dieser Methode erzielt wurde, betrug pro Aufbaublock und Schicht 60 Karossen. 1953 erfolgte bei Volkswagen der Bruch mit der handwerklichen Produktionsweise. Der Einsatz einer *Transferstraße* und die Anwendung von Spezialmaschinen markierten den Einstieg in die fordistische Fließfertigung, die bis 1970 in mehreren Etappen perfektioniert wurde. Die drei Hauptbaugruppen – Vorderwagen, Dach, Hinterwagen – wurden jetzt vor dem endgültigen Zusammenbau komplett vorgefertigt. Der Zusammenbau der Vorderwagens erfolgte in einer Rundschweißanlage, die sich aus vier hydraulischen Schweißpressen zusammensetzte. Lediglich das Einlegen der Untergruppen erforderte dabei noch den Einsatz von Handarbeit. Noch weiter automatisiert verlief der Zusammenbau des Hinterwagens. Hier mußten nur der Kofferboden und das Abschlußblech manuell eingelegt werden, den Rest erledigte die aus fünf hydraulischen Schweißpressen bestehende Rundschweißanlage. Den Zusammenbau des Daches schließlich leistete eine Transferstraße mit einer Batterie aus drei Ziehpressen, sechs Stanz- und Zieheinheiten und drei Schweißstationen. Mit Deckenförderern wurden die fertigen Hauptbaugruppen auf eine Transferstraße transportiert, wo sie vollautomatisch eingelegt, zusammengespannt und zur Rohkarosse verschweißt wurden. Die Leistung pro Schicht, die mit dieser Transferstraße zu erzielen war, belief sich 1970 auf 1.800 Rohkarossen, wofür nur sechs Mann Bedienungspersonal erforderlich waren. Gegenüber 1950 wurden im Karosseriebau mehr als 500 Bedienungsleute eingespart. Hinzu kam eine Flächenersparnis von über 10.000 Quadratmetern. Ein ähnliches Bild der technischen Entwicklung boten die meisten anderen Komponenten des Automobilbaus, beispielsweise das Schweißen der Lenkerbolzen oder das Schäumen der Schalttafeln. Interessant ist, daß Volkswagen den Ausstieg aus der handwerklichen Produktion nicht mit letzter Konsequenz vollzog. Für die Herstellung des VW 1.600, der in kleineren Stückzahlen nachgefragt wurde, und für die Berücksichtigung von Sonderwünschen blieben die alten Ovalbänder und Aufbaublöcke in Betrieb. *Das Unternehmen kombinierte die hochspezialisierte fordistische Massenproduktion mit Elementen der flexiblen Spezialisierung.*

Tabelle 3.1: Die Pkw-Preise 1950-1962[3]

	Index der Erzeugerpreise für Pkws 1958=100	*Das Wachstum der Erzeugerpreise in %*
1950	111	
1951	112	0,9
1952	119	6,3
1953	112	-5,9
1954	107	-4,5
1955	101	-5,5
1956	99	-2,0
1957	99	0
1958	100	1,0
1959	100	0
1960	99	-1
1961	99	0
1962	102	3,0

Im Kontext der fordistischen Technologie sollen durch die Nutzung steigender Skalenerträge die Stückpreise gesenkt werden, um einen massenhaften Absatz der betreffenden Produkte zu ermöglichen. In den fünfziger Jahren ging dieses Konzept in der westdeutschen Automobilindustrie auf. Bezogen auf 1958 als Basisjahr stellt sich der Index für Personenkraftwagen für 1950 auf 111 und für 1962 auf 102.[4] Personenkraftwagen hatten also in der Bundesrepublik während des »Wirtschaftswunders« ihre *absoluten* Preise im Schnitt nicht nur gehalten, sondern kosteten sogar 1962 etwas weniger als noch 1950. Der Sondercharakter der Preisentwicklung im Automobilbereich wird deutlich, wenn man den Index der allgemeinen Verbraucherpreise zum Vergleich heranzieht. Dieser stieg zwischen 1950 und 1962 von 64,5 auf 81,9 (1970=100), also um rund 27%.[5] Vor allem aber hatten die wichtigsten Inputs der Automobilproduktion während der fünfziger Jahre einen erheblichen Preisauftrieb zu verzeichnen. Der Preis für Stahl stieg zwischen 1951 und 1960 um rund 100%, die Löhne gar um rund 150%.[6] Ermöglicht wurde die Sonderentwicklung bei den Automobilpreisen durch die Steigerung der Produktivität. Im Automobilbau stieg sie zwischen 1953 und 1962 mit jahresdurchschnittlichen Raten von 9,4%, während die gesamtwirtschaftliche Produktivität in dieser Zeit mit Raten von 5% wuchs.[7] Während der gesamten fünfziger Jahre hatte der technische Fortschritt an der Produktivitätssteigerung im Automobilbereich den Hauptanteil. [8]

Tabelle 3.2: Die Entwicklung der Produktivität im westdeutschen Fahrzeugbau[9]

	Wachstum der Arbeitsproduktivität im Fahrzeugbau (in %)	Beitrag des technischen Fortschritts	Beitrag der Ersetzung von Arbeit durch Kapital (in %)
1953	3	59	41
1954	22	71	29
1955	14	71	29
1956	3	68	32
1957	6	67	33
1958	18	74	26
1959	10	69	31
1960	10	71	29
1961	5	92	8
1962	4	58	42

Die fordistische Technologie führte zu einer Substitution von Arbeitskraft durch Maschinen und verursachte langfristig eine steigende Kapitalintensität. Dieser Prozeß schlug sich nieder in der Zusammensetzung der Produktionskosten, wie sich aus dem Vergleich der beiden Untersuchungen ablesen läßt, die der VDA 1950 und 1958 über die Kostenstruktur in der Kfz-Branche durchführen ließ. Der Anteil der Löhne an den Kosten für die Herstellung von Kraftwagen war in diesem Zeitraum von 13,2% auf 11% gesunken.[10]
Die neuen Fertigungsmethoden im Automobilbau führten zu einem kräftigen Wachstum des Outputs. Sein nominaler Wert stieg zwischen 1952 und 1968 von

4,9 auf 31,6 Milliarden DM, also um ca. 545%. Damit konnte die Automobilindustrie ihren Anteil am Bruttoinlandsprodukt von 1,7% in 1952 auf 5,0% in 1960 und weiter auf 8,9% in 1968 erhöhen.[11]
Noch beeindruckender nimmt sich die Entwicklung der Stückzahlen aus, da diese nicht durch Preiseffekte überlagert wird. Wurden 1950 in der Bundesrepublik 219.409 Personen- und Kombinationskraftwagen erzeugt, so waren es 1962 bereits 2.109.166, rund 961% der Quantität von 1950. Seit 1956 lag die Bundesrepublik bei der Produktion von Kraftfahrzeugen kontinuierlich auf dem zweiten Platz in der Welt hinter den USA.

Tabelle 3.3: Die Automobilproduktion in der Bundesrepublik und im internationalen Vergleich (1945-1962)[12]

	1945	1950	1952	1954	1956	1958	1960	1962
BRD[13]	1293	219409	317643	561172	910996	1306854	1816779	2109166
BRD[14]		2,7	5,4	7,1	10,1	15,0	14,2	15,1
Großbritannien		6,4	7,6	9,8	7,8	12,0	10,6	9,0
Frankreich		3,2	6,3	5,6	7,3	11,1	8,7	9,4
Italien		1,2	1,9	2,3	3,1	4,2	4,7	6,3
USA		81,8	73,3	70,5	64,4	48,6	52,5	49,7
Schweden		0,1	0,2	0,4	0,4	0,9	0,9	0,9
Japan		0,0	0,1	0,1	0,4	0,6	1,3	1,9
Kanada		3,5	4,8	3,6	4,2	3,4	2,6	3,1
Niederlande		0,0	0,0	0,0	0,0	0,0	0,1	0,2
Österreich		0,0	0,0	0,0	0,1	0,2	0,1	0,1
Welt		100	100	100	100	100	100	100

Angesichts solcher Zahlen überrascht es nicht, wenn die führenden Repräsentanten der Automobilindustrie in den fünfziger und sechziger Jahren euphorisch den technischen Fortschritt feierten und keine Gelegenheit ausließen, das Hohelied von Automatisierung, elektronischer Datenverarbeitung und Kybernetik zu singen:

> » ... der Arbeiter, der nur seinen Bizeps mitbringt, verliert ständig an Wert, auch wenn er aus ganz anderen Gründen hoch bezahlt wird. Was er kann, können Maschinen viel besser, ermüdungsfrei und ohne auch nur einen weiteren Anspruch zu stellen. Aber nicht das allein: die Voraussetzungen, von denen der „Klassiker" Karl Marx einmal ausgegangen war und auf denen seine so überzeugend und scheinbar ausweglos aufgestellten Lehrsätze beruhen, stimmen allesamt nicht mehr: die Revolutionäre unserer Zeit sind Techniker, Physiker, Astronomen, Kybernetiker. ... Dazu kommt gleichwertig die Beachtung des volkswirtschaftlichen Aspektes, der besonders bei den großen Unternehmen eine wesentliche Rolle spielen und sehr wohl einmal den Vorrang vor reinen Unternehmensgesichtspunkten haben kann. Wenn ich etwa bedenke, daß das Volkswagenwerk mit seinem Export nicht nur über 60.000 Menschen unmittelbar beschäftigt – das Mehrfache davon mittelbar –, sondern damit zugleich rund die Hälfte des gesamten Devisenüberschusses der Bundesrepublik aufbringt, so ist das nicht nur der Ausdruck einer absolut dominierenden Position, sondern ebensosehr einer überragenden Verantwortung.«[15]

Stolz verwiesen sie auf die Vorreiterrolle, welche die Autobranche bei der Ausbreitung der industriellen Massenproduktion übernommen hatte. Daß deren ökonomische Tragfähigkeit von der *Entwicklung der kaufkräftigen Nachfrage* abhing, war ein Umstand, der in Kreisen der Automobilindustrie – und namentlich gilt dies für Volkwagen-Chef *Heinrich Nordhoff* – bestens bekannt war:

>»Aber ich möchte doch noch auf etwas ganz Wichtiges hinweisen, darauf nämlich, daß dieses alles nur möglich ist bei *kontinuierlicher völliger Ausnutzung der gesamten Kapazität*; denn der Investitionsaufwand für diese allein international konkurrenzfähige Art des Produzierens ist so überaus groß, daß er nur unter dieser Voraussetzung sinnvoll und rentabel ist.«[16]

Die »kontiuierliche völlige« Auslastung der gesamten Produktionskapazität durch die Nachfrage nach Fahrzeugen war alles andere als eine Selbstverständlichkeit. Sie hatte einen komplexen gesellschaftlichen Prozeß zur Voraussetzung, dessen Merkmale der Nachkriegszeit ihr *besonderes* wirtschaftliches Gepräge verliehen. *Erstens* schufen die Reallohnentwicklung und die Einbindung von immer mehr Menschen in die Marktzusammenhänge in Westdeutschland die ökonomische Grundlage für eine massenhafte Nachfrage nach Automobilen. *Zweitens* erlaubte die konjunkturelle Entwicklung während der fünfziger Jahre die Verstetigung dieser Nachfrage. *Drittens* wurde die Expansion des westdeutschen Automobilmarkts durch einen boomenden Export flankiert. *Viertens* schließlich sorgte die kollektive Mentalität der Bundesbürger mit ihrer Ausrichtung auf eine kontinuierliche Steigerung des Lebensstandards für die Entstehung und Verfestigung entsprechender Konsummuster.
Heidrun Edelmann betont in ihrer Arbeit über die Entwicklung des Automobils »Vom Luxusgut zum Gebrauchsgegenstand«, daß die Anwendung amerikanischer Technologie in der deutschen Automobilindustrie vor dem Zweiten Weltkrieg eben an den *fehlenden Absatzmöglichkeiten* scheiterte. Insbesondere galt dies für die zwanziger Jahre, als die deutsche Automobilindustrie vor dem Hintergrund der Rationalisierungsbewegung weitreichende Initiativen zur Einführung amerikanischer Produktionsmethoden entwickelte. Nach Edelmann beruhte die Enge des Marktes für Personenkraftwagen in Deutschland bis 1945 vor allem auf dem Niveau der *Haltungskosten*. Soweit dieses Niveau nicht durch die Weltmarktpreise für Kraftstoff bestimmt wurde, sondern durch Versicherungen, Steuern und Zölle, war die verzögerte Entwicklung der Nachfrage im Automobilsektor ein Problem *politischer Regulation*. Die staatlichen Instanzen behandelten während der zwanziger und dreißiger Jahre die Senkung der bei der Automobilhaltung anfallenden Kosten mit geringer Priorität und verhinderten so die massenhafte Einbeziehung breiter Bevölkerungsschichten in den Kreis der Autobesitzer. Das Auto blieb in Deutschland vor dem Zweiten Weltkrieg ein Produktionsmittel – statt ein Gebrauchsgegenstand in den Händen von Lohn- und Gehaltsempfängern zu werden.

Mit dem »Wirtschaftswunder« der fünfziger Jahre brachen in Westdeutschland die Dämme der Massenmotorisierung. Lange Jahre hindurch überstieg auf dem westdeutschen Markt die Nachfrage nach Automobilen das Angebot, so daß sich die Strategie der Konzerne vor allem auf die Probleme der Angebotsseite konzentrieren konnte, ohne sich um die Pflege der Nachfrage auf dem nationalen Markt allzu sehr sorgen zu müssen. Erst gegen Ende der fünfziger Jahre machten sich Tendenzen einer Nachfragesättigung bemerkbar, die im Pkw-Bereich das allmähliche Umschlagen des Angebotsmarktes in einen Nachfragemarkt signalisierten.

Tabelle 3.4: Die Zahl der Neutzulassungen von Pkws in der Bundesrepublik Deutschland (1951-1963)[17]

1951	1953	1955	1957	1959	1961	1963
178330	233987	389052	565123	828197	1095128	1271000

Mit verblüffender Geschwindigkeit reduzierte die Bundesrepublik während der fünfziger Jahre ihren internationalen Rückstand bei der Entwicklung der Kraftfahrzeugdichte. Die Zahl der angemeldeten Personenkraftwagen verzeichnete in Westdeutschland zwischen 1953 und 1962 ein Wachstum von 414%, verglichen mit 227% für den gesamten EWG-Raum.[18] Kamen noch 1950 in der Bundesrepublik auf einen Pkw 106 Einwohner – im Vergleich zu 4 in den USA, 22 in Großbritannien, 27 in Frankreich und 49 im Weltdurchschnitt –, so waren es 1962 nur noch 10 Personen, die sich statistisch einen angemeldetem Kraftwagen teilten. In den USA entfielen zu diesem Zeitpunkt auf einen Pkw 2,8 Einwohner, in Großbritannien 8,6, in Frankreich 7,8 und im globalen Mittel 28.[19] Auch die soziale Zusammensetzung der Pkw-Besitzer hatte sich entscheidend verändert. Der Anteil der privaten Käufer an den Zulassungen steigerte sich von 11% (1950) über 50% (1960) auf 60% (1965).[20] In diesen Zahlen spiegelt sich die Tatsache, daß mit der Entstehung einer fordistischen Gesellschaft das Automobil zu einem allgemeinen Gebrauchsgut wurde.

Der Großteil der Nachfrage nach Personenkraftwagen auf dem bundesdeutschen Markt wurde in den fünfziger und frühen sechziger Jahren von fünf großen Firmen bedient, obwohl sich phasenweise bis zu 18 Unternehmen gleichzeitig in der Pkw-Herstellung engagierten.[21]

Tabelle 3.5: Der westdeutsche Automobilmarkt in den fünfziger Jahren[22]

	1951	1953	1955	1957	1959	1961	1963
Volkswagen	33,7	39,3	34,0	31,0	30,2	34,7	29,7
Opel	16,7	19,1	16,9	18,1	16,9	17,9	23,8
Ford	10,1	8,3	6,9	7,8	9,1	12,7	15,6
Daimler Benz	15,9	9,4	8,3	7,4	6,5	6,4	6,3
Autounion	7,4	7,7	6,1	4,8	4,8	7,2	4,5

Bei den »Großen Fünf« handelte es sich um VW, Opel, Ford, Daimler Benz und die Autounion. Diese Firmen vereinigten etwa 1961 78,8% aller Neuzulassungen auf sich. Innerhalb dieser Gruppe wiederum nahm der Volkswagen-Konzern eine herausgehobene Position ein. Bis 1962 absorbierte er stets mehr als 30% der Neuzulassungen auf dem deutschen Markt und erreichte 1953 einen Spitzenwert von 39,3%. Schon mit einem deutlichen Abstand auf Volkswagen folgte Opel, dessen Anteil an den Neuzulassungen sich auf knapp 20% einpendelte. Importierte Wagen konnten ihren Anteil an den Neuzulassungen auf dem deutschen Markt von eher unbedeutenden 3,9% in 1955 in der zweiten Hälfte der fünfziger Jahre auf immerhin 11,3% steigern.

Der Anteil der Zulieferungen an der Wertschöpfung der Automobilindustrie lag 1950 bei 51% und stieg bis 1958 auf 60,4%, wobei die Finalisten nur 18,6% (1952) respektive 16,5% (1960) zu der statistisch ausgewiesenen Produktion von Teilen und Zubehör beisteuerten.[23] Innerhalb der Teile- und Zubehörindustrie lag der Konzentrationsgrad deutlich unterhalb des auf der Endstufe der Automobilfertigung erreichten Niveaus. Noch 1969 umfaßte die Teileindustrie 182 Unternehmen mit insgesamt 124.000 Beschäftigten gegenüber 16 Unternehmen, die zur Kraftwagenindustrie zählten und 340.000 Personen beschäftigten. Gab es in der Kraftwagenindustrie in diesem Jahr nur ein Unternehmen mit weniger als 100 Beschäftigten, so herrschten in der Teileindustrie die kleinen und mittleren Unternehmensgrößen vor. Von den 182 Firmen wiesen 132 eine Beschäftigtenzahl von unter 500 auf.[24] Die westdeutschen Automobilhersteller sahen also während der fünfziger und sechziger Jahre von großangelegten Bemühungen um eine vertikale Integration ab. In den USA dagegen hatten sich die großen Automobilkonzerne in den zwanziger und dreißiger Jahren bis in die Rohstoffversorgung hinein vorgelagerte Fertigungsstufen angegliedert. Die Amerikanisierung der westdeutschen Automobilindustrie, die auf der technologischen Ebene nach dem Zweiten Weltkrieg deutliche Konturen annahm, erstreckte sich nicht auf die Produktionstiefe.

Die Automobilindustrie profitierte während des »Wirtschaftswunders« nicht nur von der Entwicklung der gesamtwirtschaftlichen Nachfrage. Sie trug zugleich entscheidend zu ihrer Ausweitung und Verstetigung bei, indem sie bei der *Lohnentwicklung* Maßstäbe setzte und zunehmend in die Rolle einer *»Konjunkturlokomotive«* hineinwuchs. Darüber hinaus nutzte sie die Rekonstruktion des Weltmarkts, um sich konsequent einen internationalen Absatzmarkt zu erschließen, und versuchte über ihren Verband, den VDA, die staatliche Politik auf die Schaffung günstiger Rahmenbedingungen für die fordistische Massenproduktion zu verpflichten. Damit wurde die Automobilindustrie zum »Schrittmacher« bei der Entstehung eines westdeutschen Fordismus.

Bei der *Lohnentwicklung* setzten sich die Automobilhersteller europaweit an die Spitze. Untersuchungen, die vom Statistischen Amt der EWG Anfang der sechziger Jahre veröffentlicht wurden und 14 Industriegruppen einbezogen, zeigten, daß die Stundenlöhne im Automobilbereich weit höher lagen als in anderen Branchen. Diese Untersuchungen zeigten auch, daß die westdeutsche Automobilin-

dustrie höhere *Direktlöhne* zahlte als die europäische Konkurrenz. Der Stundenlohn betrug bei den deutschen Unternehmen im Schnitt 30,35 bfrs., in Frankreich 30,04 bfrs. und in Italien 22,92 bfrs. Doch wurde dieses Gefälle zumindest
bis 1959 durch die Struktur der Lohnnebenkosten *zugunsten* der westdeutschen
Konzerne mehr als ausgeglichen. Erst 1961 erreichten die *Gesamtaufwendungen*
für Löhne und Lohnnebenkosten in der bundesdeutschen Automobilindustrie
das französische und italienische Niveau.[25] Dies dürfte nicht unwesentlich zum
westdeutschen Erfolg auf dem internationalen Fahrzeugmarkt der fünfziger Jahre
beigetragen haben.

Der Beitrag der Automobilindustrie zur Entwicklung der effektiven Nachfrage
beschränkte sich aber in der Bundesrepublik nicht auf die Durchsetzung von
Lohnstandards, die in die Logik fordistischen Wachstums paßten. Der Akkumulationsprozeß dieser Branche löste darüber hinaus zahlreiche *Multiplikator-
und Akzeleratoreffekte* aus, die von erheblicher Bedeutung für den Verlauf der
Konjunktur waren. Die Automobilindustrie expandierte rasch und absorbierte
auf diese Weise im großen Stil Arbeitskräfte, die als Konsumenten auf dem Markt
für Lohngüter in Erscheinung traten. Der Anteil aller Erwerbstätigen, der auf
die Autoindustrie entfiel, stieg zwischen 1952 und 1962 von 3,5% auf 5,2%. Durch
intersektorale Austauschprozesse wurden auch andere Branchen in die Wirkungsketten der von der Automobilindustrie ausgehenden konjunkturellen Impulse
einbezogen. Rechnet man diese indirekten Effekte hinzu, so hingen 1961 9,7%
der Gesamtbeschäftigung in Westdeutschland von der Automobilwirtschaft ab
– nachdem es 1954 erst 6,7% gewesen waren. Nahezu jeder zehnte Arbeitsplatz
war also zu Beginn der sechziger Jahre direkt oder indirekt an den Akkumulationsprozeß der Automobilindustrie gekoppelt. Hinter diesen 9,7% der
Gesamtbeschäftigung verbargen sich 2,5 Millionen Arbeitnehmer.[26]

Besonders wichtig war, daß sich die Autobranche während der fünfziger Jahre
um die *Einebnung des Konjunkturzyklus* verdient machte. Bereits 1929 hatte das
Berliner Institut für Konjunkturforschung sie in die Gruppe der »konjunktur-
symptomatisch besonders wichtigen Industrien« aufgenommen, doch blieb ihre
Expansion, die nach Überwindung der Weltwirtschaftskrise einsetzte, noch eine
»Sonderkonjunktur«.[27] Dieses Bild änderte sich in den fünfziger Jahren grundlegend. Die Automobilindustrie wurde zu einem »cycle-maker« auf gesamtwirtschaftlicher Ebene. Ihr Entwicklungszyklus lief der Bewegung der Konjunktur
mit einer gewissen Phasenverschiebung voraus und vermittelte ihr immer dann
Impulse, wenn dies zur Überwindung eines Konjunkturloches notwendig war.
Sowohl beim dritten als auch beim vierten Nachkriegszyklus der westdeutschen
Konjunktur fungierte die Nachfrage nach Automobilen als Auslöser des Auf-
schwungs. Während der konjunkturellen Schwächeperioden von 1957/58 und
1962/63 waren jeweils rund 25% des gesamtwirtschaftlichen Wachstums der
Automobilindustrie zuzurechnen. In beiden Fällen lösten Anstöße, die vom
Weltmarkt kamen, kräftige Investitionsschübe der Automobilhersteller aus.[28]

Der Weltmarkt als globales Absatzgebiet der westdeutschen Automobilidustrie

Um ihre Schrittmacherrolle bei der Herausbildung des westdeutschen Fordismus spielen zu können, war die Automobilindustrie auf den Weltmarkt angewiesen. Schon um die Massennachfrage nach Personenkraftwagen in der Bundesrepublik zu konkurrenzfähigen Preisen bedienen zu können, mußten die Unternehmen auf die Fabrikation großer Serien nach fordistischem Muster setzen. Die dabei anfallenden Stückzahlen erreichten zwangsläufig eine Größenordnung, die das Fassungsvermögen des deutschen Marktes bei weitem überschritten. Es trat also ein Absatzproblem auf, und dieses Absatzproblem gewann durch die Struktur der internationalen Handelsbeziehungen noch an Komplexität. Einerseits mußte die kaufkräftige Nachfrage rein mengenmäßig eine rentable Kapazitätsauslastung ermöglichen, andererseits aber mußte sie so zusammengesetzt sein, daß die entsprechenden Zahlungsströme in das Muster der internationalen Handelsverträge und Verrechnungsabkommen paßten. Der essentiellen Bedeutung des Weltmarkts war man sich in der westdeutschen Automobilindustrie vollkommen bewußt, wie etwa der Geschäftsbericht des VDA aus dem Jahre 1960/61 zeigt:

> »Wir treten immer wieder für größere Wirtschaftsräume und für eine liberale Handelspolitik ein, weil die Automobilindustrie aus ihrer Struktur heraus ein weltweites Absatzgebiet braucht. Um Personenwagen wirtschaftlich herstellen zu können, sind so große Fabrikationseinheiten erforderlich, daß der Bedarf der Nationalstaaten üblicher Größe nicht ausreicht, sie auszulasten. Das Ausland ist also nicht nur ein willkommener zusätzlicher Abnehmer, sondern der Export ist lebenswichtig und macht uns erst wettbewerbsfähig im Inland, in der EWG und auf dem Weltmarkt.«[29]

Tabelle 3.6: Die Exportquote der Automobilindustrie im internationalen Vergleich (1949-1961)[30]

	1949	1951	1953	1955	1957	1959	1961
BRD	13,4	33,0	37,0	45,2	48,3	50,4	46,5
Großbritannien		65,0	50,8	41,6	49,5	47,8	36,9
Frankreich		29,1	21,9	23,7	29,6	45,6	36,1
Italien		24,2	21,1	30,1	34,8	46,2	33,9
USA		4,1	2,5	2,7	2,5	2,0	1,9
Schweden		0,0	0,0	9,2	33,7	47,1	41,5
Japan		0,0	0,0	0,0	0,1	6,2	4,6
Kanada		13,3	7,7	3,2	4,8	3,2	2,9
Niederlande						18,6	48,5
Österreich			0,0	0,1	0,1	5,7	4,7

Waren es 1950 nur 41 Staaten, die von der Bundesrepublik aus mit Personenkraftwagen beliefert wurden, so wuchs ihre Zahl bis 1962 auf 141 an.[31] Diese Entwicklung spiegelte sich auch in der Entwicklung der *Exportquote,* also dem Anteil der Exporte bezogen auf die Gesamtproduktion. Tabelle 3.6 weist aus, daß die Exportquote der bundesdeutschen Automobilindustrie sich bereits von 1949

(13,4%) auf 1951 (33%) erholte. Von diesem Zeitpunkt an stieg sie beinahe ununterbrochen, bis sie 1959 den Rekordwert von 50,4% erreichte. Erst mit den beginnenden sechziger Jahren zeigte die Exportquote eine leicht rückläufige Tendenz. Diese Entwicklung signalisierte eine Abschwächung der internationalen Prosperität, von der auch die Erwartungen der bundesrepublikanischen Automobilexporteure nicht unbeeinflußt blieben. Erstens funktionierte das gerade erst wirklich in Kraft getretene Bretton Woods-System keineswegs so gleichgewichtig wie erhofft. Immer wieder traten in diversen Staaten Zahlungsbilanzprobleme auf, auf die die betreffenden Regierungen häufig mit Einfuhrbeschränkungen gegen »non essentials« reagierten, worunter nach einem verbreiteten Verständnis auch Personenwagen fielen. Zweitens erstreckten sich die Industrialisierungsbestrebungen der »Entwicklungsländer« zumeist auch auf den Aufbau einer nationalen Automobilindustrie. Im Zuge dieser Strategie wurden die Beschränkungen des Imports ausländischer Wagen kontinuierlich verschärft, so daß den Konzernen der Metropolen nichts anderes übrig blieb, als Montagebetriebe und Fertigungsstätten in der »Dritten Welt« einzurichten, wollten sie von diesem Markt nicht vollständig verdrängt werden.

Angesichts ihrer besonders ausgeprägten Exportabhängigkeit war die westdeutsche Automobilindustrie bereits in den fünfziger Jahren anfällig für die Rückwirkungen von Turbulenzen auf den internationalen Märkten. Andererseits drückt der erreichte Grad internationaler Integration den Weltmarkterfolg der Branche aus. Wie ein Blick auf Tabelle 3.6 zeigt, gelang es der Automobilindustrie anderer Länder nicht, ihre Exportquote auf dem westdeutschen Niveau zu stabilisieren. Für die amerikanischen Autokonzerne behielt nach wie vor der Binnenmarkt Priorität. Die französische und die italienische Automobilindustrie konnten ihre jeweilige Exportquote steigern, wenn auch nicht ganz in dem Maße wie die deutsche. Einen Einbruch auf dem internationalen Automobilmarkt erlebte dagegen Großbritannien, dessen Exportquote im Pkw-Bereich von 65% in 1951 auf 36,9% in 1961 sank. Die Verschiebung der Gewichte auf dem Weltmarkt wird noch deutlicher in absoluten Zahlen. Die bundesdeutsche Automobilindustrie hatte bei den Exportzahlen 1950 lediglich auf dem vierten Platz gelegen, mit weitem Abstand hinter den USA und Großbritannien, sowie mit immer noch beträchtlichem Abstand auf Frankreich. 1955 belegte sie bereits den zweiten Platz hinter Großbritannien. 1956 wurde die Bundesrepublik dann erstmalig »Exportweltmeister« im Automobilbereich und behauptete diese Position bis in die sechziger Jahre hinein. 1962 exportierte Westdeutschland 986.417 Personen- und Kombinationskraftwagen, annähernd doppelt so viele wie Großbritannien (544.792). Seit 1956 lag die Bundesrepublik bei der *Produktion* von Automobilen hinter den USA an zweiter Stelle. Von 1950 bis 1962 steigerte sie ihren Anteil an der Weltproduktion von 2,7% auf 15,1%. Auch zu diesem Zeitpunkt war die Dominanz der USA beim Produktionsumfang mit einem Anteil von 49,7% an der Welterzeugung noch immer unangefochten, hatte sich aber gegenüber 1950

(81,8%) relativiert. Zu Beginn der sechziger Jahre blickte also die westdeutsche Automobilindustrie auf ein Jahrzehnt ausgesprochen erfolgreichen Konkurrenzkampfes auf dem Weltmarkt zurück. Sie tat dies mit sichtlicher Zufriedenheit, aber auch mit deutlich vernehmbarer Sorge um die zukünftige Weltmarktverfassung:

>»Keinem anderen Automobile erzeugenden Land ist es bisher gelungen, einen so hohen Exportanteil über längere Zeiträume zu halten. Wenngleich dieser Erfolg zu einem erheblichen Teil auf der Qualität der deutschen Automobile und dem Aufbau eines weltweiten Kunden- und Ersatzteildienstes beruht, so ist dafür sicherlich auch die von der deutschen Bundesregierung verfolgte Wirtschaftspolitik bestimmend gewesen. Diese Wirtschaftspolitik hatte stets einen liberalen Zug. Sie war zumindest für Industrieerzeugnisse darauf aus, im Sinne der Bestrebungen des GATT die Handelshemmnisse abzubauen und keine Möglichkeit zu versäumen, Zollzugeständnisse zu machen, wenn von anderer Seite entsprechende Gegenleistungen auf dem Automobilsektor geboten wurden. So hatte schließlich, abgesehen von den USA, die Bundesrepublik die niedrigsten Einfuhrzölle aller Automobile erzeugenden Länder. ... Wir sind und bleiben überzeugt, daß die Bundesrepublik und insbesondere unsere Industrie nur dann in dem bisherigen Ausmaß oder vielleicht sogar verstärkt Industrieerzeugnisse ausführen kann, wenn die Zölle ermäßigt und sonstige Handelshemmnisse abgebaut werden. Das können wir aber nur erwarten, wenn wir selber ein gutes Beispiel geben. Leider wird diese Überzeugung von den Vertretern der Automobilindustrie in den übrigen EWG-Ländern nicht geteilt. ...«[32]

Die besorgten Zwischentöne in der Erfolgsbilanz werden erst vollauf verständlich, wenn man sich das historisch gewachsene regionale Muster der westdeutschen Automobilexporte vergegenwärtigt und dabei bedenkt, daß die im Rahmen der EWG-Verträge angestrebte Zollunion neben der Abschaffung von Zöllen und mengenmäßigen Beschränkungen im Handelsverkehr zwischen den Mitgliedsstaaten auch einen gemeinsamen Außenzoll vorsah. Die Höhe dieses Außenzolls sollte für die meisten Produkte – so auch für Personenkraftwagen – dem arithmetischen Mittel des Zollniveaus der Teilnehmerländer entsprechen, was im deutschen Falle auf eine kräftige Anhebung der Zollbelastung für Automobilimporte aus Drittländern hinauslief. Die westdeutschen Automobilhersteller mußten vor diesem Hintergrund mit Gegenmaßnahmen der betroffenen Länder rechnen, die ihre starke internationale Position zu beeinträchtigen drohten. Tabelle 3.7 rekonstruiert das regionale Muster der bundesrepublikanischen Automobilexporte.

Das herausragende Merkmal dieses Musters war die Sonderrolle der *USA* als Abnehmerland deutscher Automobile. Aus unbedeutenden Anfängen entwickelten sie sich zum mit weitem Abstand wichtigsten Auslandsmarkt für bundesdeutsche Wagen. 1961 absorbierten die USA wertmäßig 23,3% der westdeutschen Automobilexporte. Die Initialzündung des Exports in die USA fiel in das Jahr 1955, als der Anteil der Vereinigten Staaten auf 12% des gesamten Exportwerts der Automobilbranche heraufschnellte. Die Bedeutung Europas als Absatzmarkt bundesdeutscher Pkws entwickelte sich dagegen bis zum Ende der

Tabelle 3.7: Das regionale Muster der westdeutschen Automobilexporte nach Werten (in %)[33]

	1951	1953	1955	1957	1959	1961
Europa	76,4	76,5	67,3	51,4	40,5	53,8
EWG	31,0	28,8	20,7	14,8	12,2	20,0
Frankreich	7,2	2,1	1,6	1,2	1,6	4,5
Belgien/Luxemburg	14,9	17,0	11,0	8,3	6,7	9,3
Niederlande	8,4	8,7	7,5	4,3	2,7	4,3
Italien	0,5	1,1	0,7	0,9	1,1	1,9
EFTA	36,8	43,2	43,0	34,0	26,1	30,4
Großbritannien	0,0	0,9	1,7	1,5	1,5	1,8
Österreich	1,8	3,3	10,3	6,7	4,6	5,6
Schweden	17,2	12,5	15,7	13,0	9,6	9,2
Dänemark	2,4	8,9	3,9	3,3	3,9	3,7
Norwegen	1,8	2,4	1,1	1,8	1,3	3,0
Schweiz	11,5	12,7	8,3	6,3	4,2	6,1
Portugal	2,2	2,6	2,1	1,4	1,1	1,0
Amerika	12,2	12,8	18,4	33,4	44,8	32,9
USA	0,5	3,0	12,0	24,1	33,4	23,3
Kanada	0,0	1,1	1,7	4,3	4,5	3,5
Japan	0,1	1,5	0,2	0,3	0,3	0,4
Australien	0,8	0,1	2,0	1,8	1,9	1,3
Neuseeland	0,0	0,0	0,4	0,4	0,1	0,2
Südafrika	3,6	1,9	2,1	4,9	4,0	2,7
Industrieländer	81,4	84,1	85,6	87,3	84,7	85,0
Entwicklungsländer	18,6[34]	15,9	14,4	12,8	15,3	15,0
RGW	0,1	0,4	0,3	0,4	0,4	0,7
UdSSR	0,0	0,0	0,0	0,0	0,0	0,0
Jugoslawien	0,1	0,4	0,2	0,3	0,3	0,6

fünfziger Jahre rückläufig, um erst zu Beginn des folgenden Jahrzehnts neuerlich anzusteigen. Die Prozentzahlen lauteten 76,4% für 1951, 40,5% für 1959 und 53,8% für 1961. Innerhalb Europas wurde der EWG-Raum bis zum Beginn der sechziger Jahre klar vom EFTA-Raum übertroffen. 1957 gingen wertmäßig 34% der von der Bundesrepublik exportierten Personenkraftwagen in das Gebiet der späteren EFTA, nur 14,8% entfielen auf den in der Entstehung begriffenen gemeinsamen Markt der EWG. Im EFTA-Raum wiederum waren es vor allem *Schweden*, die *Schweiz* und *Österreich*, die den größten Anteil der deutschen Automobilexporte auf sich vereinigten. Diese Verteilung der Gewichte zwischen den beiden westeuropäischen Handelsblöcken *vor* dem Zeitpunkt ihrer endgültigen Konstituierung überrascht nicht, bedenkt man, daß sich im EWG-Raum mit Frankreich, Italien und der Bundesrepublik drei der vier großen europäischen Metropolen der Automobilproduktion zusammenschließen sollten. Die Autokonzerne dieser Länder betrachteten »ihre« nationalen Märkte als eigenes Revier, und insbesondere Frankreich und Italien bemühten sich, es mit einer Vielzahl von institutionellen Vorkehrungen abzusichern. Erst die mit der Gründung von EWG und EFTA in Gang gesetzte institutionelle Eigendynamik veränderte schnell und nachhaltig die relative Bedeutung beider Ländergruppen für den westdeutschen Automobilexport. Denn einerseits erweiterte das Inkrafttreten der EWG-Verträge – wenn auch alles andere als reibungslos – den Zugang der bundesdeutschen Automobilindustrie zu den Märkten der Partnerländer. Andererseits verschlechterte sich umgekehrt automatisch ihre Position in den EFTA-Ländern, insbesondere gegenüber den britischen Konkurrenz, da die Bundesrepublik vom Abbau der Zollschranken innerhalb der EFTA ausgeschlossen blieb. Bereits 1962 exportierte die Bundesrepublik mehr Automobile in die EWG als in die EFTA. Sowohl der erleichterte Zugang zu den Märkten der EWG-Länder als auch die erschwerten Konkurrenzbedingungen im übrigen Westeuropa waren im Vorfeld der EWG-Gründung von der Automobilindustrie antizipiert worden. Der Tätigkeitsbericht des VDA für 1956/57 bemerkte zu diesem Komplex:

»Nach Verwirklichung des gemeinsamen Marktes wird für die Automobilindustrien der beteiligten Länder ein „heimischer" Markt bestehen, der der Grösse des amerikanischen Marktes in etwa entspricht. Es wird ein Zustand erreicht sein, in dem der Verkauf eines deutschen Automobils etwa an einen französischen Kunden kein Export-Geschäft mehr sein wird, sondern in das Aufgabengebiet der Verkaufsabteilung für den heimischen Markt fällt. Der erweiterte heimische Markt wird es gestatten, künftig in noch größeren Serien, also noch rationeller, zu produzieren. Damit kann ein Weg beschritten werden, der z. B. in den USA zu einer wesentlichen Verbilligung der Erzeugnisse geführt hat. Weiteren Volksschichten kann dadurch der Kauf von Gegenständen des gehobeneren Bedarfs ermöglicht werden. Der Automobilabsatz in den Vereinigten Staaten stellt das Musterbeispiel einer derartigen Entwicklung dar. ... Die Automobilindustrien der drei großen automobilerzeugenden Länder des Gemeinsamen Marktes Bundesrepublik, Frankreich und Italien werden trotz der erhofften Aufwärtsentwicklung im heimischen Markt erhebliche Anstrengungen in Richtung auf ein gutes Exportgeschäft machen müssen. Es wird also notwendig sein, die Auswirkungen, die die Bildung des gemeinsamen Marktes auf die Handelsbeziehungen zu den nicht beteiligten Ländern – besonders in die, die sich als gute Absatzmärkte für deutsche Automobile entwickelt haben –, genau zu beobachten.«[35]

Nachdem dann die EWG-Gründung vollzogen worden war, verfolgte die bundesdeutsche Automobilindustrie eine Strategie mit doppelter Stoßrichtung. Während man sich bemühte, Italien und Frankreich zum Verzicht auf eine Diskriminierung deutscher Pkw-Importe zu bewegen, sollten schädliche Auswirkungen der EWG-Gründung auf die Wettbewerbsposition der deutschen Fahrzeugexporteure in anderen europäischen Ländern vermieden werden. Dieser Doppelstrategie war aber nur ein Teilerfolg beschieden. Während das erste Ziel nach einem zähen Ringen weitgehend erreicht wurde, wurden die Vorstellungen der Automobilindustrie über die Gestaltung des Verhältnisses der EWG zu den europäischen Drittländern immer wieder frustriert.

In diesem Zusammenhang lassen sich mehrere Etappen ausmachen. Bei Gründung der EWG favorisierte der VDA zunächst die Vision einer großen europäischen Freihandelszone, der sämtliche europäische OEEC-Mitglieder angehören sollten. Im Rahmen dieser Freihandelszone sollten alle Beschränkungen des zwischenstaatlichen Handels konsequent abgeschafft werden. Parallel dazu sollten die EWG-Staaten ihre Ansätze zur Schaffung eines gemeinsamen Wirtschaftsraumes weiterentwickeln.[36] Mit dem Beschluß der »Äußeren Sieben« zur Gründung einer »Kleinen Freihandelszone«, der EFTA, hatten sich die Hoffnungen der bundesdeutschen Automobilhersteller auf eine ganz Westeuropa einbindende Lösung der Liberalisierungsfrage zerschlagen. Die Spaltung Westeuropas in zwei Handelsblöcke hatte sich nicht verhindern lassen, und fortan mußte es aus Sicht der Automobilindustrie darum gehen, das Verhältnis beider Blöcke zueinander möglichst spannungsfrei zu gestalten. In diese Richtung zielten die diversen Überlegungen, die im VDA ventiliert wurden. Sie reichten bis hin zu dem Vorschlag, die EWG solle als korporatives Mitglied der EFTA beitreten, um durch die Hintertür doch noch eine umfassende Lösung des Liberalisierungsproblems zu erreichen. Realistischer mutet die Forderung nach einem moderaten Außenzoll an, der zu einer Annäherung zwischen EWG und EFTA beitragen sollte.[37] Diese immer wieder vorgebrachte Auffassung hatte natürlich die Verteidigung der starken bundesdeutschen Stellung auf dem Automobilmarkt der EFTA-Länder zum Ziel. Vor allem Schweden hatte sich Ende der fünfziger Jahre gemeinsam mit Belgien/Luxemburg hinter den USA als zweitgrößter Exportmarkt der westdeutschen Automobilindustrie herauskristallisiert. Nun blieben die deutschen Exporteure beim Zollabbau innerhalb der EFTA ausgeschlossen, und die Befürchtung, unter diesen Bedingungen gegenüber der britischen Konkurrenz an Terrain zu verlieren, lag nahe:

> »In Stellungnahmen gegenüber dem BMW und dem BDI sowie in Briefen an den Herrn Bundeskanzler und den Herrn Bundeswirtschaftsminister machte der Verband im Namen der deutschen Automobilindustrie auf die Gefahren aufmerksam, die eine weitere Verschärfung der Gegensätze zwischen EWG und EFTA für den Absatz deutscher Automobile in den EFTA-Ländern mit sich bringen würde und bat die Bundesregierung darum, unter allen Umständen den Ministerrat der EWG von Entscheidungen zurückzuhalten, die die Gegensätze im westeuropäischen Wirtschaftsraum vertiefen.«[38]

Aber die Initiativen des VDA an der Zollfront stießen in Italien und Frankreich auf wenig Gegenliebe. Die Automobilindustrie dieser Länder stand in einer protektionistischen Tradition und befürchtete, durch einen niedrigen Außentarif Einbußen auf dem EWG-Binnenmarkt zu erleiden, die durch zusätzliche Marktanteile außerhalb der EWG nicht auszugleichen wären.[39] Erst die »Dillon-Runde« des GATT brachte 1961 eine nachhaltige Senkung der gemeinsamen Automobilzölle der EWG, die Bestandteil eines Kompromisses zwischen den USA und der EWG war. Die USA verpflichteten sich zu einer Reduktion ihrer Pkw-Zölle von 8,5% auf 6,5%, wohingegen die EWG einen Abbau von 29% auf 22% bei Personenkraftwagen und von 19% auf 14% bei Teilen und Zubehör zusicherte.[40] Bei diesen 29% handelte es sich allerdings um den angestrebten gemeinsamen Außentarif der EWG, so wie er sich rechnerisch aus den Gründungsvereinba-

rungen ergab. Die Anpassung der einzelnen Mitgliedsländer an diesen Satz sollte stufenweise erfolgen, so daß in der Bundesrepublik Mitte 1960 noch Zollsätze
von 13-16% für Pkws und 14% für Teile und Zubehör galten. Somit implizierte
die GATT-Vereinbarung von 1961 für die Bundesrepublik *Steigerungen* der Zölle
für Personenkraftwagen, die zwischen 6 und 9% gegenüber dem Niveau von 1960
lagen.[41] Unter diesen Vorzeichen begrüßten die deutschen Automobilhersteller
1960/61 nachdrücklich die sich scheinbar konkretisierenden Pläne Großbritanniens, der EWG beizutreten, verhieß doch ein solcher Schritt im Automobilbereich die Herstellung von Chancengleichheit in Drittländern. Jede Maßnahme
von dritter Seite, die sich im handelspolitischen Bereich gegen die EWG gerichtet hätte, hätte zwangsläufig auch die britische Automobilindustrie betroffen. Bekanntlich zerschlugen sich aber die britischen Beitrittspläne aus politischen Gründen, worauf die deutsche Automobilindustrie ausgesprochen verärgert reagierte.[42]
Zwar gelang es den westdeutschen Automobilexporteuren noch eine geraume Zeit
nach der Gründung von EWG und EFTA, insbesondere in Schweden wesentliche Einbußen gegenüber britischen Fahrzeugen zu vermeiden, doch änderte dies
nichts daran, daß die EFTA als Exportmarkt deutlich an relativem Gewicht verlor. Die Automobilindustrie empfand die handelspolitische Zweiteilung Europas als starke Belastung ihrer Weltmarktposition, und ihre Repräsentanten wurden nicht müde, mit entschiedenen Worten darüber Klage zu führen. Volkswagen-Chef Nordhoff etwa machte seinem Ärger im November 1963 Luft:

>»Die Zweiteilung Europas in EWG und EFTA ist bestimmt nicht die Lösung, die jeder
>echte Europäer fordert. An Stelle der angestrebten wirtschaftlichen Gemeinschaft ist
>eine Gruppenbildung getreten, die man bestenfalls noch in der Welt von Metternich
>dulden konnte – heute ist das unerträglich. Das Europa der Vaterländer, die kleineu-
>ropäische Konstellation, die nur dem französischen Hegemonieanspruch gerecht wird,
>wäre ein Unglück für Europa, und sie ist selbst als Zwischenlösung untragbar. Dieses
>System vertieft Gegensätze, die überwunden werden müssen, und es liegt ihm ein
>Inferioritätskomplex zugrunde, den wir in der deutschen Automobilindustrie nicht
>kennen. ... Das EFTA-System funktioniert eben, es ist von Wirtschaftlern organisiert,
>während im EWG-System zuviel politische Romantik mitspielt.«[43]

Aus Tabelle 3.7 geht hervor, daß die *Industrieländer* seit 1953 stets mehr als 84%
der bundesdeutschen Automobilexporte aufnahmen. Der Anteil der Entwicklungsländer pendelte von 1953 bis 1961 zwischen 11% und 16%. Unter den
Entwicklungsländern waren zu Beginn der sechziger Jahre die südamerikanischen
Länder Mexiko, Argentinien, Venezuela und Brasilien am wichtigsten für den
westdeutschen Pkw-Export. Die Entwicklungsländer spielten also als Absatzmarkt für die westdeutsche Automobilindustrie eine nicht zu vernachlässigende
Rolle. Denn erstens bildeten sie gerade in den frühen fünfziger Jahren, als bundesdeutsche Automobile auf dem Weltmarkt erst Fuß zu fassen begannen, ein
wichtiges Standbein des internationalen Absatzes. 1950 nahmen sie wertmäßig

immerhin 34% der westdeutschen Pkw-Exporte auf, und auch 1951 waren es noch über 18%. Zweitens war ein Markt, auf dem zwischen 10% und 15% der Exporte abgesetzt wurden, unter dem Vorzeichen fordistischer Massenproduktion von erheblicher Bedeutung. Man registrierte daher in Kreisen der Automobilindustrie die seit Mitte der fünfziger Jahre akuter werdenden Zahlungsbilanzprobleme der »Dritten Welt« und die verstärkten Bemühungen um eine importsubstituierende Industrialisierung als ernstes Problem, auf das es mit gezielten Initiativen zu reagieren galt. 1960/61 unterstützte der VDA den Vorschlag des BDI, eine »Entwicklungsanleihe« in Höhe von 1 Milliarde DM aufzulegen. Das Geld sollte von der westdeutschen Industrie aufgebracht und zur Förderung von Projekten in den Entwicklungsländern eingesetzt werden. Darüber hinaus begegnete der VDA den wachsenden Problemen des Exports in die Entwicklungsländer mit einem Bündel von Forderungen an die Bundesregierung. Man insistierte darauf, die Entwicklungshilfe solle nicht nach dem »Gießkannenprinzip« organisiert werden[44] und drängte die Bundesregierung immer wieder, im Rahmen der Hermes-Bürgschaften verbesserte Möglichkeiten zur Absicherung des politischen Exportrisikos zu schaffen. Schließlich wurde der Ruf nach einer steuerlichen und diplomatischen Förderung von Auslandsinvestitionen laut.[45]

Fast keine Rolle im Zusammenhang mit dem westdeutschen Automobilexport spielten die Ostblockstaaten. Der Anteil des RGW an der exportierten Menge stieg lediglich von 0,1% in 1951 auf 1% in 1961, wobei diese Steigerung in erster Linie auf das bescheiden expandierende Jugoslawiengeschäft zurückging. Im Unterschied zu manch anderer Branche nahm die Automobilindustrie während der fünfziger Jahre auch kaum Interesse an Geschäften mit dem Ostblock. Die Geschäfts- und Tätigkeitsberichte des VDA beschränkten sich in dieser Zeit darauf, den unerheblichen Umfang dieser Geschäfte zu konstatieren und gelegentlich das Desinteresse an ihrer Ausweitung zu artikulieren.[46]

Etwas anders lagen die Dinge phasenweise im innerdeutschen Handel. 1955 trat der VDA in Kontakt mit den zuständigen DDR-Behörden – MAI (Ministerium für Außenhandel und innerdeutschen Handel) und DIA (Deutscher Innen- und Außenhandel) –, um die totale Blockierung des innerdeutschen Handels zu überwinden. Die Gespräche mündeten in den Wunsch der DDR, rund 10.000 gebrauchte Kraftwagen im Werte von 40-45 Millionen DM direkt bei westdeutschen Herstellerfirmen zu beziehen. Das angebahnte Geschäft platzte jedoch infolge der Publicity in der westdeutschen Presse, welche die ostdeutsche Seite eine ungünstige Beeinflussung der Preise befürchten ließ.[47] Die Kontakte rissen ab und scheinen bis in die sechziger Jahre hinein – zumindest auf Verbandsebene – nicht wieder aufgenommen worden zu sein.

An dieser Stelle ist eine Disaggregierung der bundesdeutschen Pkw-Exporte nach Unternehmen vorzunehmen, deren entscheidendes Ergebnis in der Feststellung besteht, daß der Weltmarkterfolg westdeutscher Automobile in den fünfziger Jahren vor allem eine »Käfer-Story« war.

Tabelle 3.8: Die Exporte der westdeutschen Automobilindustrie nach Unternehmen (1951-1962)[48]

	1951	1953	1955	1957	1959	1961	1962
Volkswagenwerk[49]	33614	60074	160862	241535	362173	482692	576415
Volkswagenwerk	36,5	41,5	46,7	48,1	47,8	54,5	58,4
Ford	9,5	11,3	8,0	5,8	8,6	10,9	10,3
Opel	33,8	30,1	26,0	21,6	22,3	16,9	14,3
Daimler Benz	12,0	8,3	7,8	7,6	7,3	7,6	7,0
Autounion	2,6	3,7	3,6	4,3	3,5	3,7	3,4

Aus Tabelle 3.8 geht hervor, daß der Anteil des Volkswagenwerks an den westdeutschen Exporten von Personen- und Kombinationskraftwagen bis 1953 um die 40% schwankte. Danach stieg dieser Anteil noch weiter und betrug 1962 58,4%. Der überragenden Stellung des Volkswagen-Konzerns am nächsten kamen noch Opel, Ford und Daimler Benz – doch mit weitem Abstand auf Volkswagen. 1962 exportierte das Volkswagenwerk 576.415 Pkws und Kombinationskraftwagen und übertraf damit den zweitgrößten Exporteur, Opel, um mehr als das vierfache. Soll also die Entstehung des westdeutschen Fordismus im Rahmen einer Fallstudie verfolgt werden, so liegt es nahe, sich auf den Volkswagen-Konzern zu konzentrieren, da dieses Unternehmen während der fünfziger Jahre im Inland für sich die unangefochtene Marktführerschaft reklamieren konnte und zugleich rund die Hälfte des bundesdeutschen Exports im Automobilbereich bestritt.

Die rasante Entwicklung der Automobilexporte besaß eine hohe *funktionale* Bedeutung für den Erfolg, den die westdeutsche Wirtschaft in der Zeit des »Wirtschaftswunders« auf den internationalen Märkten zu verzeichnen hatte. Der Automobilsektor war einer von zwei Schwerpunkten bundesdeutscher Weltmarktpräsenz, die wie Scharniere in die Architektur des »im Bau befindlichen« Weltmarktgefüges paßten. Die Entstehung fordistischer Reproduktionsstrukturen schuf in Westeuropa einen hohen Bedarf an Investitionsgütern, der phasenweise noch durch politische Sonderbedingungen, wie zur Zeit des Koreakriegs, verstärkt wurde. In der unmittelbaren Nachkriegszeit konnte der Bedarf an solchen Gütern zunächst nur durch Lieferungen aus den USA einigermaßen gedeckt werden, doch seit dem Beginn der fünfziger Jahre stand auch die Bundesrepublik wieder als Bezugsquelle von Investitionsgütern zur Verfügung. Der Investitionsgüterbereich etablierte sich – die Tradition der Vorkriegszeit wieder aufnehmend – als erster Schwerpunkt der bundesdeutschen Weltmarktintegration. Zugleich brachte der europäische Fordismus einen Massenmarkt für langlebige Konsumgüter hervor, den die westdeutsche Automobilindustrie in ihrem Bereich zu besetzen wußte. Sie faßte vor allem in den Ländern Fuß, die – wie Schweden, die Schweiz, Österreich oder Belgien/Luxemburg – einen relativ hohen Lebensstandard aufwiesen, aber keine hoch entwickelte Kraftwagenindustrie besaßen. Frankreich, Italien und Großbritannien, die drei anderen europäischen Metropolen der Automobilherstellung, spielten dagegen als Märkte für westdeutsche Pkws zunächst eine geringere Rolle, was sich später im Falle Frankreichs und Italiens infolge der EWG-Gründung ändern sollte. Da die Erschließung des europäischen Marktes durch den Erfolg auf dem nordamerikanischen Markt flankiert wurde und schließlich von der Automobilindustrie auch auf den Märkten einer Reihe von Entwicklungsländern ansehnliche Segmente besetzt werden konnten, *etablierten sich Fahrzeuge zunehmend als zweiter Schwerpunkt der westdeutschen Integration in den Welthandel.*

Im Verlauf der fünfziger Jahre trat diese Tendenz immer klarer hervor. Während die Grundstoffindustrien in den Hintergrund traten, wurden Fahrzeuge unaufhaltsam zu einem entscheidenden Aktivposten im Warenaustausch mit den wichtigsten Handelspartnern. Insbesondere in den USA und in Schweden, wo die Entwicklung fordistischer Konsumstandards ein sehr hohes Niveau erreicht hatte, übertraf die Bedeutung der bundesdeutschen Fahrzeugimporte sogar die der Maschinenimporte. 1960 importierten die USA Kraft- und Luftfahrzeuge im Werte von 1,2 Milliarden DM aus der Bundesrepublik, Maschinen dagegen nur im Werte von 0,4 Milliarden.[50] In erster Linie den Pkw-Exporten war es zu verdanken, daß die Vereinigten Staaten 1959 zum wichtigsten westdeutschen Exportmarkt aufgestiegen waren und sich auch danach in der Spitzengruppe hielten.

Die kontinuierlich wachsende Bedeutung der Automobilindustrie für die Weltmarktintegration der Bundesrepublik läßt sich aus Tabelle 3.9 herauslesen. Die Autobranche erzielte bei Pkws im Laufe der fünfziger und frühen sechziger Jahre kontinuierlich Exportüberschüsse, die eine wachsende Tendenz aufwiesen. 1962 erreichte dieser Überschuß 3,7 Milliarden Mark. Der wertmäßige Anteil der Pkw-Exporte an den Gesamtexporten der Bundesrepublik stieg von 2,8% in 1950 auf 8,1% in 1962. Für sämtliche Kraftfahrzeugexporte zusammen lauten die respektiven Zahlen 3,2% und 14%. Während die Gesamtexporte zwischen 1949 und 1962 mit einer durchschnittlichen jährlichen Rate von 24,2% wuchsen, lag die mittlere Steigerung der Pkw-Exporte bei 52,7%.

Durch ein Zahlenexperiment läßt sich der Beitrag der Automobilindustrie zur Konsolidierung der westdeutschen Zahlungsbilanz seit 1952 unterstreichen. Die Bundesrepublik akkumulierte zwischen 1950 und 1962 Devisen in einer Höhe von 29,6 Milliarden DM. Werden aus diesem Saldo die Automobilexporte herausrechnet, verringert sich der Devisenüberschuß auf nur noch 3,8 Milliarden DM. Besonders dynamisch entwickelte sich der Fahrzeugexport in den Dollarraum. 1950 enfiel auf Kraftfahrzeuge ein Anteil von 2,5% an den westdeutschen Exporten in die EZU. 1958 waren es 6,3%. Die entsprechenden Werte für die Exporte in die USA lauteten 0,3% und 25,4%. Insbesondere der Automobilindustrie war es also zu verdanken, daß das westdeutsche Handelsbilanzdefizit gegenüber dem Dollarraum nicht in prekäre Dimensionen hineinwuchs.

Der Weltmarkt befand sich während der fünfziger Jahre in einer Etappe der Rekonstruktion und war alles andere als ein nach den Lehrsätzen der liberalen Theorie funktionierender Allokationsmechanismus. Vielmehr war er ein politisch

Tabelle 3.9: Der Beitrag der Automobilindustrie zur Weltmarktintegration Westdeutschlands[51]

	1950	1951	1952	1953	1954	1955	1956	1957	1958	1959	1960	1961	1962
Handelbilanzübersch. im Pkw-Bereich (Mio. DM)	208	320	410	539	960	1332	1617	2000	2567	2919	3420	3491	3626
Wachstum der westd. Exporte (%)	102,2	74,3	16,0	9,6	18,9	16,7	20,0	16,6	2,9	11,3	16,4	6,3	3,9
Wachstum der Pkw-Exporte (5)	341,5	49,2	23,2	31,6	73,5	42,0	20,8	24,0	32,6	19,3	14,0	2,3	11,4
Pkw-Exporte in % der Gesamtexporte	2,8	2,4	2,5	3,1	4,5	5,4	5,5	5,8	7,5	8,0	7,9	7,6	8,1
Kfz-Exporte in % der Gesamtexporte	6,2	6,9	7,9	8,0	9,7	11,2	11,2	11,3	13,4	13,8	13,8	13,5	13,9
westd. Devisenbilanz (Mio. DM)	-564	2038	2900	3646	2971	1851	5010	5122	3444	-1692	8019	-2297	-877
Devisenbilanz ohne Automobilexp. (Mio. DM)	-798	1679	2452	3067	1980	450	3324	3030	673	-4998	4250	-6151	-5193
Automobilexp. in % der Gesamtexp. in die EZU	2,5	2,7	2,9	3,4	5,1	5,7	5,3	5,1	6,3				
Automobilexp. in % der Gesamtexp. in die USA	0,3	0,2	1,0	1,4	3,5	10,0	12,5	19,0	25,4				

regulierter ökonomischer Funktionsraum, dessen Funktionsweise auf die Globalisierung des Fordismus und die – zum Teil widerstreitenden – Interessen der westlichen Industrieländer zugeschnitten wurde. Die internationale Konkurrenz im Automobilbereich vollzog sich trotz aller Liberalisierungstendenzen vor dem Hintergrund eines schwer überschaubaren Gewirrs von Handelsbeschränkungen, die Objekt des zwischenstaatlichen »Bargainings« waren. Noch 1964 vertrat der VDA in seinem Geschäftsbericht die Auffassung, die Exportperspektiven der deutschen Automobilindustrie seien dadurch erheblich belastet, »daß das Automobil Gegenstand eines weltweiten Dirigismus ist, der nur noch von dem für Agrarerzeugnisse üblichen übertroffen wird.«[52] Die Zollfrage war in diesem Zusammenhang nicht das einzige Problem für den internationalen Handel mit Personenkraftwagen. Lange Zeit hindurch war sie nicht einmal das wichtigste Problem. Bis in das letzte Drittel der fünfziger Jahre hinein wurden die Automobilexporte durch ein Netz von mehr oder weniger großzügigen *Einfuhrkontingenten* reguliert.[53]

Der VDA unterteilte die »ökonomische Umwelt« in Ländergruppen, wobei er sich am Grad der erreichten Handelsliberalisierung orientierte.[54] Eine *erste* Gruppe bildeten die Länder der entstehenden EWG, denen die Römischen Verträge für die Zukunft einen schrittweisen Abbau sämtlicher quantitativer Handelsbeschränkungen vorschrieben. In der *zweiten* Gruppe erschienen die Länder mit liberalisierten oder quasi liberalisierten Automobileinfuhren. Hierzu zählten etwa die USA, Kanada, Schweden, Österreich und Portugal. Unter den Staaten der *dritten* Gruppe, denjenigen mit bilateralen Einfuhrkontingenten, befanden sich insbesondere Japan und Indonesien. Zur *vierten* Gruppe rechnete der VDA die

Staaten, die ihre Automobilexporte durch die Vergabe von Lizenzen regelten, darunter Südafrika, Brasilien, Australien und Venezuela. Die *fünfte* Gruppe umfaßte solche Handelspartner, die infolge von Zahlungsbilanzschwierigkeiten die Pkw-Importe aus der Bundesrepublik vorübergehend eingeschränkt hatten. 1958/59 fielen unter diese Rubrik Länder wie Neuseeland, Chile, Kolumbien, Peru, Uruguay, die Türkei, Spanien, Ägypten, Kolumbien, Pakistan und Argentinien. In die *sechste* Gruppe, die der »hoffnungslosen Fälle«, wurden die Ostblockstaaten eingeordnet. In der Bundesrepublik waren umgekehrt Importe von Kraftwagen, Kraftfahrzeugteilen und Zubehör bereits seit 1954 in die Liberalisierung einbezogen und für die Mitgliedsländer der OEEC von quantitativen Einfuhrbeschränkungen befreit worden. Prekär blieb die Liberalisierung oder Quasiliberalisierung der Länder, die zur zweiten Gruppe zählten, denn stets bestand das Risiko, daß diese Länder eine Beschränkung der Importmöglichkeiten im Automobilsektor einsetzten, um der Bundesregierung Zugeständnisse auf anderen Gebieten abzuringen. Zu spüren bekamen die westdeutschen Automobilhersteller diese Konstellation beispielsweise des öfteren beim Export nach Schweden, Österreich oder Portugal:

> »Im Falle Schweden z.B. bringen die schwierigen Verhandlungen über die Erneuerung des Weizenabkommens die deutsche Automobilindustrie hinsichtlich ihres Absatzes erfahrungsgemäß in eine bedrohliche Lage. Wie schon in den vergangenen Jahren wird Schweden den Import von deutschen Automobilen drosseln, sofern keine annehmbare Grundlage zum Abschluß eines neuen Weizenabkommens zwischen Schweden und Deutschland gefunden wird.«[55]

Angesichts der Exportabhängigkeit vieler seiner Mitglieder war es nur logisch, daß der VDA für eine allgemeine Liberalisierung des Außenhandels eintrat. Mit allen ihm zur Verfügung stehenden Mitteln war er bestrebt, zum Abbau der mengenmäßigen Beschränkungen im internationalen Handel mit Kraftwagen beizutragen. Dort, wo sein Maximalziel – die völlige Abschaffung aller quantitativen Handelsrestriktionen – nicht erreichbar schien, plädierte der VDA dafür, den zwischenstaatlichen Warenaustausch auf eine multilaterale Grundlage zu stellen. Dabei sollten die bilateralen Warenkontingente durch flexiblere Globalkontingente ersetzt werden. Scheiterten auch diese Bestrebungen, versuchte der VDA, der Automobilindustrie im Rahmen der zweiseitigen Abkommen möglichst großzügige Kontingente zu sichern.

Gegen Ende der fünfziger Jahre wurden beim Abbau mengenmäßiger Handelsbeschränkungen auf globaler Ebene (GATT-Prozeß) und im regionalen Rahmen (EWG) Fortschritte erzielt. Diese Bewegung verlief aber widersprüchlich, und ihre Ergebnisse waren aus Sicht der deutschen Automobilexporteure ambivalent. Der VDA wurde regelmäßig von der Bundesregierung in die Vorbereitung der GATT-Runden einbezogen und hatte auch Gelegenheit, bei den Verhandlungen selbst seine Forderungen und Wünsche vorzutragen. Diese zielten darauf ab, einerseits die Handelspartner der Bundesrepublik zu Konzessionen im Automobilbereich zu bewegen und andererseits die Bundesregierung dazu zu veranlassen, auf die Forderungen ihrer Verhandlungspartner nach einer Liberalisierung *außerhalb* des Kraftwagensektors einzugehen. Nur so war zu verhindern, daß die deutschen Autoexporte zum Objekt von Retorsionsmaßnahmen anderer Staaten wurden. Diese Gefahr bestand insbesondere anläßlich der Genfer GATT-Verhandlungen im Jahre 1959, als die Bundesrepublik wegen der Aufrechterhaltung bestimmter Einfuhrbeschränkungen und der Ungleichbehandlung von OEEC-Ländern, Dollarländern und übrigen GATT-Staaten unter Druck geraten war: »Anläßlich der im Mai 1959 in Genf durchgeführten XIV. GATT-Verhandlungen konnten die Auseinandersetzungen zwischen der Bundesrepublik und den vorwiegend überseeischen Exportländern von Agrarprodukten und Rohstoffen durch ein Dreijahresmoratorium vorläufig beendet werden. Nach dem Abkommen ist die Bundesrepublik verpflichtet, innerhalb bestimmter Fristen sowohl gewerbliche als auch Agrarpositionen zu liberalisieren. Darüber hinaus hat die Bundesrepublik den Partnerländern zugesagt, weiterhin alle Möglichkeiten zu prüfen, um noch verbleibende Einfuhrbeschränkungen stufenweise abzubauen. Durch den Abschluß dieses Abkommens konnte die Verurteilung der Bundesrepublik durch das GATT verhindert werden. Eine Verurteilung hätte jedem anderen GATT-Land das Recht gegeben, jederzeit autonome Maßnahmen auf dem Zoll- und Kontingentsektor zu Ungunsten der Bundesrepublik anzuwenden. Für die Automobilindustrie wäre diese Situation sehr unbequem geworden, weil bei dem hohen Volumen ihrer Exporte z.B. in die Skandinavischen Länder und nach Nordamerika Vergeltungsmaßnahmen sich erfahrungsgemäß in erster Linie auf sie selbst ausgewirkt hätten.«[56]

Innerhalb der EWG war der Abbau sämtlicher mengenmäßiger Handelsbeschränkungen von vornherein beschlossene Sache. Dies galt auch für den Handel mit Automobilen. Über die Liberalisierung an sich mußte also nicht mehr mühsam verhandelt werden, wohl aber über ihre Modalitäten. Da die Bundesrepublik im Automobilbereich bereits seit 1954 den Außenhandel liberalisiert hatte und auch in den Benelux-Ländern Kraftwagen weitgehend frei eingeführt werden konnten, betrafen die Stufenpläne für die Erweiterung der Importkontingente in erster Linie Italien und Frankreich. Sehr zum Ärger der deutschen Automobilindustrie versuchten aber diese Länder, Zeit zu gewinnen und ließen jede Begeisterung für die Liberalisierung vermissen. Die Römischen Verträge sahen vor, daß jedes Mitgliedsland der EWG innerhalb eines Jahres die geltenden bilateralen Kontingente zu Globalkontingenten zusammenfassen sollte, um diese Globalkontingente dann von Jahr zu Jahr zu erhöhen – bis zum Wegfall aller Kontingente am Ende der Übergangszeit. Sonderregelungen betrafen solche Erzeugnisse, deren Einfuhrwert sich auf weniger als 3% der nationalen Produktion belief. Die vorprogrammierten Unstimmigkeiten ließen im Automobilbereich nicht lange auf sich warten. Sie bezogen sich sowohl auf die Zusammensetzung der Globalkontingente als auch auf zeitliche Aspekte des Stufenplans. Vertragsgemäß erhöhten Frankreich und Italien 1959 die ihren Partnerländern zugestandenen Einfuhrwerte. Im Falle Frankreichs stiegen diese Werte von 20,4 auf rund 94 Millionen DM, im Falle Italiens von 22 auf rund 52 Millionen DM. Doch gingen den westdeutschen Automobilexporteuren wichtige Monate der Verkaufssaison 1959 auf dem französischen und dem italienischen Markt verloren, weil beide Länder administrative Gründe geltend machten, um die Erhöhung der Pkw-Kontingente nicht bereits im Januar vornehmen zu müssen. Zusätzlich wollten sie mit Hilfe einer Typenauswahl bei den Importen die Auswirkungen der verschärften Konkurrenz für ihre eigenen Autoerzeuger mildern. Unterstützt von der Bundesregierung, lief der VDA gegen diese Praxis Sturm und konnte seine Position bei den EWG-Behörden in Brüssel auch durchsetzen.[57] Während daraufhin Frankreich ab dem 1.1.1960 auf Importkontingente für Personenkraftwagen völlig verzichtete und den deutschen Exporteuren damit bei der Herstellung gleicher Wettbewerbsbedingungen innerhalb der EWG einen wesentlichen Schritt entgegenkam, ließ die italienische Seite weitere Zeit verstreichen, die abermals vom VDA und der Bundesregierung zu Verhandlungsoffensiven genutzt wurde. Dessen ungeachtet folgte Italien zwar weiter dem festgelegten Liberalisierungsplan, indem es die den EWG-Partnern zugestandenen Globalkontingente für Pkws jährlich erhöhte, den französischen Schritt einer vollständigen Liberalisierung vollzog es jedoch erst zum 1.1.1962. Ungeachtet der vielen Konflikte, die diesen Prozeß begleitet hatten, war damit die Liberalisierung im Automobilbereich innerhalb der EWG wesentlich zügiger verlaufen als es der ursprüngliche Plan mit einer Übergangszeit von 12 Jahren vorgesehen hatte.

Doch trotz dieser letztlich durchschlagenden Fortschritte innerhalb des Gemeinsamen Marktes erwies sich jeder Optimismus hinsichtlich der Liberalisierungsfrage als verfrüht. Die Zahlungsbilanzprobleme vieler Ländern und die forcierten Bemühungen um eine importsubstituierende Industrialisierung in den Entwicklungsländern führten dazu, daß die administrativen Zügel, die dem internationalen Automobilhandel angelegt waren, wieder fester angezogen wurden:

> »Die Lage wird am deutlichsten gekennzeichnet, wenn man die Ausnahmen nennt, d.h. die Länder außerhalb Europas, die bei ins Gewicht fallendem Bedarf den Handel mit Automobilen liberal handhaben. Es sind dies nur die USA und Kanada. Der echte Markt außerhalb dieser liberalen Inseln wird immer kleiner. Der Anteil der hier abgesetzten Automobile an unserer Gesamtausfuhr hat sich seit 1958 laufend von 29 auf jetzt 18 vH vermindert. ... Wichtigster geschlossener Exportmarkt für deutsche Automobile sind nach wie vor die Vereinigten Staaten von Nordamerika und Kanada. Dorthin fließen seit Jahren etwa gleichbleibend rund ein Viertel unserer Ausfuhr und damit mehr Automobile als in alle übrigen außereuropäischen Länder zusammen.«[58]

Ebenso wie auf dem Felde der mengenmäßigen Beschränkungen war die westdeutsche Automobilindustrie auch hinsichtlich der *Zollpolitik* einem liberalen Kurs verpflichtet. Auch dies ergab sich zwingend aus ihren materiellen Interessen auf dem Weltmarkt. Diese Feststellung bedarf allerdings einiger Einschränkungen.

1. Der liberale Enthusiasmus der Automobilindustrie wuchs mit ihrem Welt-markterfolg. Je mehr die Branche ihre Weltmarktposition festigen konnte, desto vorbehaltloser lehnte sie protektionistische Elemente der Außenwirtschaftspolitik ab. Noch 1954, als die Bundesregierung eine konjunkturpolitische Zollsenkung ins Auge faßte, findet man in einer Streitschrift des VDA gegen diese Maßnah-men Argumente, die an die protektionistische Haltung des RDA während der zwanziger Jahre erinnern.[59] Unter anderem hieß es dort, der »Bedarf« könne «durch die deutsche Automobilindustrie gedeckt werden«.[60]

2. Zollsenkungen waren aus Sicht der westdeutschen Automobilindustrie immer nur wünschenswert auf Gegenseitigkeitsbasis, da sie andernfalls ihre Wettbe-werbsposition auf dem Binnenmarkt zu beeinträchtigen drohten, ohne einen Ausgleich außerhalb der Landesgrenzen zu bieten. So sperrte sich der VDA des öfteren gegen Senkungen der Automobilzölle, die von der Bundesregierung als Verhandlungsmasse in die GATT-Runden einbracht wurden, konnte sie aber nicht immer verhindern.[61]

3. Besonders ungern sah die Automobilindustrie solche Reduktionen der Automobilzölle, die von der Bundesregierung aus konjunkturpolitischen Erwä-gungen heraus vorgenommen wurden, und die mehrfach den im Rahmen der GATT-Vereinbarungen übernommenen Verpflichtungen vorauseilten. Diese konjunkturpolitischen Opfer mißfielen der Kfz-Branche ganz und gar, und 1961/ 62 kam es darüber zu einem handfesten Streit zwischen Wirtschaftsminister *Erhard* und den Automobilerzeugern. Letzere hatten im Laufe des Jahres 1961 auf breiter Front die lange stabilen Preise für Pkws erhöht, ihrer eigenen Argumen-tation zufolge, um der gestiegenen Kostenentwicklung Rechnung zu tragen. Erhard forderte die Unternehmen auf, die Preiserhöhung zurückzunehmen, da er sie für konjunkturpolitisch unverträglich hielt. Als dieser Appell ergebnislos verhallte, drückte der Bundeswirtschaftsminister im Bundestag eine Senkung der Automobilzölle durch, um den Wettbewerb auf dem bundesdeutschen Pkw-Markt zu intensivieren und so die Rücknahme der Preiserhöhungen zu erzwin-gen. Die Maßnahme verfehlte jedoch den erwünschten Erfolg, schon weil die ausländischen Importfirmen die Zollsenkungen preispolitisch nicht weiterga-ben.[62]

Ungeachtet dieser Einschränkungen stimmte die westdeutsche Automobilbranche generell mit der liberalen Zollpolitik der Bundesregierung überein, die im Kfz-Sektor auf ein im internationalen Vergleich niedriges Niveau der Tarife hinaus-lief, das lediglich von den USA unterboten wurde.[63] Auffällig ist, daß in den meisten Ländern die Zölle für Teile und Zubehör die auf fertige Personenkraft-wagen erhobenen Tarife unterschritten. Durch dieses Gefälle sollte für ausländi-sche Unternehmen ein Anreiz geschaffen werden, Montagebetriebe oder Fertigungsstätten einzurichten.

Als Foren für die internationalen Zollverhandlungen fungierten das GATT und die EWG. Die GATT-Verhandlungen schlugen sich während der fünfziger Jahre auch im Automobilbereich in einem insgesamt sinkenden Zollniveau nieder. Der VDA hatte Gelegenheit, auf diesen Prozeß Einfluß zu nehmen, indem er bei den Verhandlungsrunden jeweils Zollforderungen präsentieren konnte. Er tat dies, in der Regel allerdings ohne allzu großen Erfolg.[64] Die Zollvereinbarungen im Rahmen der EWG brachten aus Sicht der Bundesrepublik im Automobilsektor das widersprüchliche Ergebnis hervor, daß sich die Zölle innerhalb des Gemeinsamen Marktes bereits kurzfristig drastisch reduzierten, die Zölle gegenüber Drittländern dagegen erheblich erhöhten. Die daraus resultierenden Konsequenzen für die regionale Struktur der bundesdeutschen Pkw-Exporte sind bereits erörtert worden.

Mit der schrittweisen Handelsliberalisierung innerhalb der EWG gewannen andere Praktiken der staatlichen Wirtschaftspolitik für den Konkurrenzkampf der Unternehmen an Bedeutung. Im Automobilbereich war dies in erster Linie die *Umsatzsteuerpolitik,* insbesondere die Handhabung der Umsatzsteuerrückvergütung für Exporte. Zwar zielte der für den EWG-Raum gültige Grundsatz der Besteuerung im Bestimmungsland auf eine Gleichstellung der Importgüter mit der Inlandsproduktion. Doch bei der Anwendung dieses Prinzips tat sich ein beträchtlicher Spielraum für Manipulationen auf, der von den Mitgliedsstaaten auch genutzt wurde, was nach Berechnungen des VDA zu einer Schlechterstellung der bundesdeutschen Automobilindustrie gegenüber ihren Konkurrenten aus Frankreich und Italien führte. Außerhalb der EWG benachteiligte nach Auffassung des VDA die Praxis der Steuerrückvergütung die deutschen Exporteure gegenüber der britischen Automobilindustrie. Während 1962 die effektive steuerliche Belastung bundesdeutscher Personenkraftwagen bei einer Einfuhr nach Italien bei 46% des Produktionswertes ab Werk lag und sich im Falle Frankreichs auf 51,4% stellte, wurden italienische Importe in die Bundesrepublik lediglich mit 33% belastet und französische gar nur mit 16%. Es ist nicht verwunderlich, daß der Ruf nach einer *Reform des Steuersystems* in den Tätigkeits- und Geschäftsberichten des VDA stets zum Katalog der Forderungen an die Bundesregierung gehörte.[65]

Auch die Frage der *Finanzierung und Versicherung der Exporte* beeinflußte den Konkurrenzkampf auf dem internationalen Automobilmarkt. Der VDA forderte immer wieder vergeblich, der Staat solle die Zahlungstitel, die seinen Mitgliedsunternehmen aus dem Export erwuchsen, *ankaufen,* statt sie nur zu kreditieren. Zu diesem Zweck sollte ein spezielles Institut gegründet werden, das in Anlehnung an die Arbeitsweise der alten Golddiskontbank die Exporteure aus ihrem Obligo entlassen sollte. Auf dieser Grundlage hoffte man, den ausländischen Kunden der deutschen Automobilindustrie längere Zahlungsziele einräumen zu können. Gerade in dieser Hinsicht veranschlagte der VDA die Wettbewerbsfähigkeit der westdeutschen Exporteure als gering. Außerdem fürchtete man, durch die zunehmende Belastung der Unternehmensbilanzen mit unsicheren Exporttiteln werde die Kreditwürdigkeit der Automobilbranche beeinträchtigt.[66] Hinsichtlich der Selbstbeteiligungssätze bei den *Hermes-Bürgschaften* wurden 1955/

56 die Quoten für das wirtschaftliche Risiko auf 30% und die für das politische respektive das Fabrikationsrisiko auf 20% heraufgesetzt. Rund zwei Jahre später aber wurde den Protesten der exportorientierten Wirtschaft, darunter die Automobilindustrie, dahingehend entsprochen, daß der Satz beim wirtschaftlichen Risiko wieder auf 20% zurückgestuft wurde. Der VDA sprach in diesem Zusammenhang aber lediglich von einem bescheidenen Erfolg, unter Hinweis auf die weit geringeren Selbstbeteiligungssätze in England (5%), Frankreich und Italien (jeweils 10%).[67]

Der Dialog zwischen dem VDA und den staatlichen Instanzen im In- und Ausland

Der VDA war am 27. 8.1945 in Hannover unter Beteiligung von nur fünf Automobilfabriken – Büssing-NAG, Ford, Hanomag, Vidal & Sohn, Volkswagenwerk – als »Produktionsausschuß der Automobilindustrie« gegründet worden. Sein Wirkungskreis war zunächst die britische Besatzungszone. Bald traten weitere Automobilfirmen und Werke der Teile- und Zubehörindustrie der Organisation bei, die sich seit dem 2.5.1946 offiziell »Verband der Automobilindustrie« (VDA) nannte. Nach Gründung der Bizone 1947 strebte der VDA eine regionale Ausweitung an, um die Interessen der Automobilindustrie effektiv vertreten zu können. Doch standen diesem Schritt zunächst Vorbehalte der amerikanischen Besatzungsmacht entgegen, die Verbandsfragen wesentlich zurückhaltender handhabte als die Briten. Dennoch erhielt der VDA schließlich die Genehmigung, eine Vereinigung der Automobilindustrie auf bizonaler Ebene einzuleiten. 32 Fabriken gründeten am 3.2.1948 den bizonalen »Verband der Automobil-, Motorrad und Zubehör-Industrie«, der zunächst formell unabhängig vom VDA der britischen Zone seine Arbeit aufnahm. Im Juni desselben Jahres erfolgte die Umbenennung in »Verband der Automobil- und Zubehör-Industrie«, da die Motorradindustrie ausschied und zur separaten Verbandsbildung schritt. Im September 1948 dann wurde die Auflösung des VDA der britischen Zone beschlossen. Gleichzeitig übernahm der Automobilverband der Bizone den Namen »VDA« und ließ sich als solcher am 28.5.1949 in das Verbandsregister der Stadt Frankfurt eintragen. Mit der Gründung der Bundesrepublik erhielten auch die bisherigen Gastmitglieder des VDA aus der französischen Zone volles Stimmrecht. Damit war die Konstituierung des Verbandes der Automobilindustrie vollzogen.[68] Bis 1962 wuchs die Zahl der stimmberechtigten Mitglieder des VDA von 215 auf 277, dazu kamen noch 37 außerordentliche Mitglieder.
Die Verbandsorganisation umfaßte drei Herstellergruppen (Kraftfahrzeuge und deren Motoren, Anhänger und Aufbauten, Teile und Zubehör), deren spezifische Angelegenheiten innerhalb sogenannter »Fachabteilungen« bearbeitet wurden. Mit der Bearbeitung der gemeinsamen Interessen dagegen waren die

»Sachabteilungen« befaßt. Die Verbandsspitze bestand aus Vorstand, Präsidium und Geschäftsführung. Sich am föderalen Aufbau der Bundesrepublik orientierend, hatte der VDA während der fünfziger Jahre in allen Bundesländern und in Berlin Außenstellen gegründet und Landesbeauftragte eingesetzt. Darüber hinaus war der VDA institutionell eingebunden in den *Bundesverband der Deutschen Industrie (BDI)*, wo er in zahlreichen Ausschüssen vertreten war. Außerdem war er korporatives Mitglied in der *Deutschen Straßenliga*, der *Studiengesellschaft für Behälterverkehr*, dem *Rationalisierungskuratorium der Deutschen Wirtschaft*, dem *Bund der Steuerzahler* sowie der *Bundesverkehrswacht*. Eine enge Zusammenarbeit bestand zwischen dem VDA und der *Arbeitsgemeinschaft der Eisenverarbeitenden Industrie (AVI)*. Auf internationalem Parkett war der VDA seit 1955 Mitglied des *»Bureau Permanent International des Constructeurs D'Automobiles«* und gehörte auch zur Deutschen Gruppe der *Internationalen Handelskammer*. Hatte sich der Aktionsradius des VDA bei seiner Gründung als zonaler Verband der britischen Besatzungszone ursprünglich auf den Bereich der Produktionsorganisation beschränkt, so hatte sich das Tätigkeitsspektrum des VDA im Laufe der Zeit erheblich aufgefächert hatte. Alle Aktivitäten waren auf ein übergeordnetes Ziel hin orientiert: die Koordinierung der Interessen innerhalb der Automobilindustrie und die Vertretung dieser Interessen gegenüber dem Staat, der Öffentlichkeit und den für die Automobilindustrie relevanten internationalen Institutionen.

Der *Dialog des VDA mit den staatlichen Stellen* erstreckte sich sowohl auf Probleme des Exports als auch auf binnenwirtschaftliche Fragen.

Unter den Themen, die vor allem den *Export* betrafen, war dem VDA die *Außenhandelspolitik* besonders wichtig. Der Verband der Automobilindustrie begriff die staatliche Außenhandelspolitik als Mittel, das es innerhalb der Weltmarktkonkurrenz einzusetzen galt:

> »Alle Handelspolitik ist letzten Endes nichts weiter als das Bemühen, den internationalen Wettbewerb zu beeinflussen, und zwar in der Regel in dem Sinne, daß die Ausfuhr begünstigt und die Einfuhr benachteiligt wird.«[69]

Gleichwohl war der Automobilindustrie bewußt, daß sich der Staat keineswegs zu einem Werkzeug ökonomischer Sonderinteressen degradieren ließ. Der Kampf um Einfluß auf die staatliche Politik fand auf einem umkämpften Terrain statt, und es konnte nur darum gehen, auf diesem Terrain möglichst viel an Boden zu besetzen. Insbesondere in die Handelspolitik fanden auch konkurrierende Interessen anderer Industriezweige Eingang, und jenseits *aller* Partikularinteressen verfolgten die staatlichen Instanzen mit der Handelspolitik nicht selten autonome Ziele. Dessen ungeachtet trug die Automobilindustrie die von der Bundesregierung verfolgte Generallinie einer liberalen Außenhandelspolitik aktiv mit. Umgekehrt erwartete sie, daß sich die Bundesregierung im Rahmen ihrer liberalen Strategie auf diplomatischem Wege für einen freien Zugang westdeutscher Pkws zu den internationalen Märkten verwendete. Diese Erwartung bezog sich nicht nur auf den Abbau von mengenmäßigen Handelsbeschränkungen und Zöllen, sondern auch auf die Berücksichtigung der deutschen Anbieter von Kraftwagen bei der Aufteilung bestehender Globalkontingente. In der Regel konnte der VDA dabei mit der Kooperation der staatlichen Stellen rechnen. In den Tätigkeitsberichten des VDA kam die Zufriedenheit der Branche mit der staatlichen Unterstützung regelmäßig zum Ausdruck:

> »Die Zusammenarbeit mit dem AA und dem BWM verlief in bewährter Form. Das Fachreferat Fahrzeugbau zeigte für die Wünsche der Industrie im großen und ganzen das erforderliche Verständnis. Die Bearbeitung von Spezialfragen mit den einzelnen Länderreferaten bereitete keine besonderen Schwierigkeiten, da die Referatsleiter durch häufige Besuche und persönliche Aussprachen für die Belange der Automobilindustrie eingenommen werden konnten. Besonders hervorzuheben ist hierbei der gute persönliche Kontakt zu den einzelnen Herren des gesamten BMW, der auch im Laufe des Berichtsjahres gefestigt werden konnte.«[70]

Auch bezüglich der *Preispolitik* lag der VDA auf der Linie der Bundesregierung. Da im internationalen Automobilhandel während der fünfziger Jahre eine heftige Preiskonkurrenz zwischen den Anbietern herrschte, mußte den westdeutschen Automobilherstellern an der Stabilität ihrer Erzeugerpreise gelegen sein, denn eine Kosteninflation hätte ihre Wettbewerbsfähigkeit unterminiert. Der VDA war daher ein unbedingter Parteigänger einer straffen Stabilitätspolitik. Er widmete ihr breiten Raum in seinen Publikationen und bemühte sich, die Öffentlichkeit auf den Kurs der Regierung festzulegen. Daß sich der VDA spätestens seit dem Inkrafttreten der Römischen Verträge aus Wettbewerbserwägungen heraus zu einem Sprachrohr der Forderung nach einer Reform der *Umsatzsteuergesetzgebung* machte, ist bereits zur Sprache gekommen und auch auf die Diskussion um die *staatliche Exportförderung* wurde schon eingegangen.

Soweit der Dialog des VDA mit den staatlichen Instanzen sich auf binnenwirtschaftliche Fragen bezog, standen vier Problemkreise im Mittelpunkt. Der erste betraf die *steuerliche Belastung von Kraftfahrzeugen*. Die Entwicklung des Absatzmarktes für Automobile hing im Westdeutschland der Nachkriegszeit in erster Linie davon ab, ob es gelingen würde, private Käuferschichten im großen Stil in den Kundenkreis einzubeziehen. Für diese Schlüsselfrage wiederum war nicht zuletzt das Niveau der Haltungskosten von ausschlaggebender Bedeutung. Für dessen Senkung machte sich der VDA vehement – und letztlich erfolgreich – stark. Von der verbesserten steuerlichen Absetzbarkeit der Fahrzeuge bis zur Einführung einer Kilometerpauschale für Arbeitnehmer setzte der Verband eine Reihe von Maßnahmen durch, die den Kauf eines Autos zunehmend attraktiver – und erschwinglicher – machten.[71] Der Forderung der Automobilindustrie nach einer Abschaffung der Kraftfahrzeugsteuer für Personenkraftwagen war allerdings in den fünfziger Jahren ebensowenig Erfolg beschieden wie später.

Aktiv wurde der VDA auch bezüglich der *Verkehrspolitik*, insbesondere mit Blick auf den Straßenbau. Auf diesem Gebiet erkannte zwar der VDA die intensiven

Anstrengungen der staatlichen Politik an, hielt aber deren Ergebnisse Ende der fünfziger Jahre für unzureichend, wobei er immer wieder auf die USA als leuchtendes Vorbild verwies. Handlungsbedarf wurde abgeleitet aus Gesichtspunkten der Verkehrssicherheit, der Verkehrsdichte oder der gesamtwirtschaftlichen Bedeutung der Infrastruktur. Notorisch monierte der VDA eine mangelnde Bereitstellung von Haushaltsmitteln für den Straßenbau und forderte – erfolglos – die Abgaben der Verkehrswirtschaft mit einer Zweckbindung zu belegen. Weiteren Zündstoff lieferte der Konflikt *Schiene-Straße*. Hier ging es dem VDA insbesondere um einen Abbau der Bahnprivilegien im Güter- und Personenverkehr und allgemein um die Anwendung liberaler Prinzipien in der Verkehrspolitik.[72] Ein Dauerbrenner der politischen Auseinandersetzungen in der Bundesrepublik war die Diskussion um das *Wettbewerbsrecht*. Im Mittelpunkt dieser Diskussion stand insbesondere das *Kartellgesetz*, dessen Verabschiedung sich nahezu endlos hinauszögerte und dann auch nur in stark verwässerter Form erfolgte. Aus den Verhandlungen im Vorfeld hielten sich die Automobilindustrie und ihr Verband weitgehend heraus, da insbesondere Personenkraftwagen in der Branche als nicht kartellfähig galten. Erst als das Inkrafttreten des Kartellgesetzes Ende 1957 unmittelbar bevorstand, tauchte die Frage auf, ob die im Automobilbereich übliche *Preisbindung der 2 Hand* und die gängigen *Arbeitspreislisten* rechtswidrig seien. Nun bezog der VDA aktiver Position, vor allem mit dem Argument, es fehle dem Gebrauchtwagenmarkt an Transparenz, weshalb die Preisbindung der 2. Hand einen Verbraucherschutz darstelle – eine etwas eigenartige Auffassung angesichts des liberalen Credos der Automobilindustrie.[73] Eben dieses Credo lieferte dem VDA das Arsenal an Argumenten, mit dem er gegen das Zwangskartell bei den Kfz-Versicherern zu Felde zog. Bis 1959 wurden die Versicherungstarife staatlich verordnet, bevor eine Reform den insbesondere vom VDA vorgebrachten Protesten Rechnung trug und die Einführung von Wettbewerbstarifen bei der Kraftfahrzeugversicherung vorsah. Jenseits aller theoretischen Argumente dürfte es der Automobilindustrie bei ihrem Kampf gegen die Einheitstarife der Kraftfahrzeugversicherung um die Haltungskosten und damit um die Entwicklung ihres eigenen Marktes gegangen sein.[74]
Schließlich war der *Streit um die Zulassungsnormen für Maße und Gewichte* ein Schwerpunkt der verbandspolitischen Aktivitäten des VDA gegenüber den staatlichen Stellen. Er bezog sich vor allen Dingen auf den LKW-Bereich, und der VDA begriff ihn als Bestandteil seinen Kreuzzugs gegen staatlichen Dirigismus im Verkehrsbereich.[75]
Zum Abschluß dieses Kapitels muß darauf hingewiesen werden, daß der VDA die Exportinteressen der westdeutschen Automobilindustrie auch im Ausland vertrat – vor allem durch direkte Interventionen bei den Regierungen der Handelspartner. Dabei wurde er häufig von den staatlichen Stellen der Bundesrepublik unterstützt, handelte aber nicht selten auch auf eigene Faust. Solche Interventionen wurden insbesondere dann notwendig, wenn die bundesdeutschen

Exporteure bei der Aufteilung von Generalkontingenten – etwa wegen Zahlungs-bilanzschwierigkeiten der Abnehmerländer – keine ausreichende Berücksichtigung fanden. Wie erwähnt, war der VDA seit 1955 Mitglied im »*Bureau Permanent International des Constructeurs D´Automobiles*«. Dabei handelte es sich um einen Zusammenschluß der Automobilverbände aus 13 Ländern, einschließlich der USA. Im Vorfeld der EWG-Gründung gelangten die Verbände der sechs zukünftigen Mitgliedsländer zu der Auffassung, der sich anbahnende gemeinsame Markt mache die Schaffung einer separaten Institution außerhalb des »Bureau International« erforderlich. Diese Auffassung wurde durch die Konstituierung des »*Comité de Liaison de l'Industrie Automobile pour les pays de la Communité Économique Européenne*« im Mai 1957 in die Tat umgesetzt. Unter seinem Dach arbeiteten drei Kommissionen, jeweils eine für wirtschaftliche, technische und statistische Fragen. Ziel dieser Vereinigung waren die Koordinierung der die nationalen Grenzen überschreitenden gemeinsamen Interessen der Automobilbranche und ihre Repräsentation gegenüber der EWG und den nationalen Regierungen. Darüber hinaus war das Komitee ein Forum, auf dem die gegensätzlichen Interessen der deutschen, französischen und italienischen Automobilproduzenten artikuliert werden konnten –, ohne daß immer ein Kompromiß gefunden wurde. Diskutiert wurden im Komitee namentlich der EWG-Außenzoll für Kraftwagen und der Abbau mengenmäßiger Beschränkungen des Automobilhandels zwischen den Mitgliedsstaaten. Als die Praxis, mit der die italienischen und französischen Stellen die Aufteilung der 1959 erhöhten Einfuhrkontingente für Personenkraftwagen handhaben, auf den entschiedenen Widerstand des VDA trafen, wurden dessen diplomatische Offensiven nicht nur von der Bundesregierung, sondern auch von der deutschen Sektion des Comité de Liaison unterstützt.[76]

Kapitel 4: Das Volkswagenwerk am Vorabend des »Wirtschaftswunders« und die Grundzüge seiner Entwicklung während der fünfziger Jahre

In der Selbstdarstellung des Volkswagen-Konzerns gilt das Jahr 1945 als „Stunde Null" der Unternehmensgeschichte. Dieser Eindruck muß aber relativiert werden. Vertieft man sich nämlich in die Berichte, die die offiziellen Broschüren des Unternehmens über die Verhältnisse bei Kriegsende geben, so liest man von „zerstörten Produktionshallen", in denen „die Maschinen erst einmal still" standen.[1] Diese Schilderungen deuten also darauf hin, daß die Bombenangriffe während des Kriegs erhebliche Gebäudeschäden verursachten und dadurch den Produktionsfluß des Volkswagenwerks empfindlich störten – ohne daß dabei allerdings der *Produktionsmittelbestand* vernichtet worden wäre. Diese Vermutung wird durch Steven Tollidays Ergebnisse, die sich auf den »United Strategy Bombing Survey« stützen, bestätigt. Seinen Schätzungen zufolge wurden durch die Bomben der Alliierten, die 1944 in drei Attacken auf das Werk niedergingen, 20% der Fabrikationshallen unbrauchbar gemacht und weitere 14% stark beschädigt. Bezüglich des *Maschinenparks* dagegen errechnet Tolliday einen Totalverlust von nur rund 8% und betont, daß das unternehmenseigene Kraftwerk den Krieg funktionsfähig überstanden hatte.[2] So waren also in Wolfsburg durchaus die Voraussetzungen dafür gegeben, gleich nach Kriegsende mit der Produktion von Fahrzeugen für den zivilen Gebrauch zu beginnen. Die britische »Control Comission for Germany« (CCG) gab im August 1945 das Startsignal mit der Erteilung eines Auftrags über 21.000 Wagen für das Militärpersonal der Alliierten. Unter der Leitung britischer Ingenieure wurde mit dem Rücktransport der während des Krieges teilweise ausgelagerten Maschinen und der Reparatur beschädigter Teile begonnen. 1948 brachte es das Volkswagenwerk bereits auf eine Monatsproduktion von 1.000 Fahrzeugen.[3] Unter seinen Kunden befanden sich damals neben der CCG mehrere deutsche Behörden, die Reichspost, das Deutsche Rote Kreuz und andere institutionelle Abnehmer. Privatpersonen blieben bis Ende 1946 von der Belieferung durch das Unternehmen ausgeschlossen.

Ein weitgehend intakter Produktionsmittelbestand war indes der einzige Trumpf, den das Volkswagenwerk nach dem Zweiten Weltkrieg in der Hand hielt. Weder gab es eine Stammbelegschaft, noch waren die finanziellen und politischen Voraussetzungen erfüllt, um die reibungslose Versorgung mit Roh- und Zwischenprodukten sicherzustellen. Bis in die fünfziger Jahre hinein führten diese Probleme immer wieder zu Unterbrechungen der Produktion und zu Abstrichen bei der ehrgeizigen Planung der Stückzahlen. Vor allem aber war nach Kriegsende die zukünftige Existenz des Volkswagenwerks keineswegs gesichert. Als Teil des DAF-Vermögens war es konfisziert und unter die Kontrolle der CCG gestellt worden, die zunächst beabsichtigte, das Werk zu demontieren und den Maschinenpark für Reparationszwecke zu verwenden. Diese Pläne entsprachen ebenso den Wünschen, die von französischer Seite an die CCG herangetragen wurden, wie den Bestrebungen der britischen Automobilproduzenten, die sich durch die Liquidierung des Volkswagenwerks im Hinblick auf die Neuverteilung der Quoten auf dem internationalen Markt eines unangenehmen Konkurrenten zu entledigen suchten.[4] Die Zeit sollte zeigen, daß die Befürchtungen der britischen Firmen nur zu berechtigt waren.

Daß die CCG dennoch ihre ursprünglichen Pläne änderte und auf eine Demontage des Volkswagenwerks verzichtete, lag an der wachsenden Sorge der englischen Regierung um die eigene Zahlungsbilanz, die eine Steigerung des Exports aus dem britisch kontrollierten Teil Deutschlands als dringend geboten erscheinen ließ. Innerhalb des britischen Staatsapparats war es besonders die »Treasury«, die sich über die Bedenken des »Board of Trade« hinwegsetzte und die Genehmigung der Volkswagen-Exporte forcierte.[5] 1949 verzichtete die Alliierte Militärregierung auf die weitere Kontrolle der bis dahin konfiszierten NS-Vermögenswerte und überstellte auch das Volkswagenwerk in die Verfügungsgewalt der Bundesregierung, die ihrerseits das Land Niedersachsen mit der Wahrnehmung ihrer Rechte an dem Unternehmen beauftragte. Die staatliche Kontrolle über das Volkswagenwerk schlug sich in der Zusammensetzung des Aufsichtsrats nieder, blieb aber weitgehend formaler Natur. Faktisch leitete das Management – mit der Generaldirektion an der Spitze – die Geschicke des Unternehmens und orientierte sich dabei ausschließlich an den Kriterien privatwirtschaftlicher Rationalität.

Hatten sich die Zukunftsperspektiven des Volkswagenwerks noch 1945 prekär ausgenommen, so verzeichnete man in Wolfsburg 1948/49 bereits einen Vorsprung gegenüber der deutschen Konkurrenz. 1948 entfielen im Pkw-Bereich 64,4% der Neuzulassungen auf dem westdeutschen Markt auf das Volkswagenwerk. Der Exportanteil an seiner Produktion belief sich auf 23% und brachte insgesamt 21 Millionen DM an Devisen ein.[6] Nicht zuletzt profitierte das Volkswagenwerk in den ersten Nachkriegsjahren davon, daß seine Lieferungen an die Besatzungsmächte als »Mandatory«-Aufträge eingestuft wurden und ihm daher einen *relativ* privilegierten Status bei der Materialversorgung eintrugen.[7] Daß die Alliierten letztlich schon früh auf das Volkswagenwerk als Devisenbringer setzten, hing auch mit der zögerlichen Haltung zusammen, mit dem die amerikanischen »Mütter« von *Ford* und *Opel* einer Expansion in Deutschland gegenüberstanden. *Opel* hatte erhebliche Kriegsschäden erlitten und darüber hinaus sein in Brandenburg gelegenes Lastwagenwerk an die Sowjetzone verloren. Die amerikanische Militärregierung, die über das Opel-Werk in Rüsselsheim zu befinden hatte, ordnete in den turbulenten ersten Monaten der Besatzungszeit die Demontage sämtlicher Produktionsanlagen für den Kadett an, die als Reparationen an die Sowjets gingen. Die amerikanische Zentrale von General Motors ließ diese

Entwicklung ohne größeren Widerstand geschehen. »GM« hatte während des Krieges seine deutschen Investitionen in Höhe von 35 Millionen Dollar steuerlich abgeschrieben, so daß für den Fall einer Wiederaufnahme der Eigentumsrechte an Opel eine erhebliche steuerliche Mehrbelastung drohte. Vor allem aber beurteilte man im Management von »GM« die Perspektiven des deutschen Automobilmarktes eher pessimistisch und mochte sich daher in Westdeutschland zu keinem entschlossenen Vorgehen verstehen. Auch als die amerikanische Militärverwaltung auf einer Interimsbasis die Produktion in Rüsselsheim wieder anlaufen ließ und General Clay Druck auf General Motors ausübte, um den Konzern zu einer aktiveren Politik in Deutschland zu bewegen, reagierte das Management zurückhaltend und halbherzig. Erst im November 1948 nahm General Motors seine Kontrolle über Opel wieder auf, und auch dies zunächst nur unter erheblichen Vorbehalten.[8] *Fords* Ausgangslage hatte sich 1945 in mancher Hinsicht günstiger dargestellt als die von Opel. Die Kriegszerstörungen im Kölner Ford-Werk waren weniger schwerwiegend ausgefallen als die Schäden in Rüsselsheim, und die britische Militärregierung agierte in der Frage von Demontagen und Reparationen von Anfang an gemäßigter als die amerikanische. Auch spielte Ford im Kalkül der britischen Industriepolitik im besetzten Deutschland anfangs eine Schlüsselrolle. Es war geplant, die gesamte Produktion von Last- und Personenwagen auf das Kölner Ford-Werk zu konzentrieren, wohingegen Volkswagen ja hatte demontiert werden sollen. Doch eine Reihe von Umständen behinderte die Expansion von Ford-Deutschland entscheidend. Erstens schuf der geringe Grad an vertikaler Integration eine ausgeprägte Anfälligkeit gegenüber Störungen des ökonomischen Umfelds, die nach 1945 häufig auftraten. Zweitens zögerte die Zentrale zu lange mit der Umwandlung des von der deutschen Filiale angehäuften Geldvermögens in Produktionsanlagen, so daß ein großer Teil der liquiden Mittel der Währungsreform zum Opfer fielen. Drittens beurteilte die amerikanische Konzernzentrale offenbar den deutschen Markt ähnlich skeptisch wie das Management bei General Motors und litt darüber hinaus in der Nachkriegsetappe an interner Desorganisation.[9] Diese Konstellation hatte zum Ergebnis, daß es der deutschen Ford-Filiale nicht gelang, innerhalb des Konzerns hinreichende Finanzmittel für eine dynamische Expansion einzuwerben.[10]
Eine Überwindung der Lethargie bei Ford und Opel ließ in der Bundesrepublik bis zu den frühen sechziger Jahre auf sich warten, was nicht unwesentlich dazu beitrug, daß das Volkswagenwerk auf dem westdeutschen Markt seinen während der Wiederaufbauperiode gewonnenen Vorsprung über die fünfziger Jahre hinweg halten konnte – auch wenn allmählich die in- und ausländische Konkurrenz stärker spürbar wurde. Ernsthafte Konkurrenz von seiten deutscher Firmen ohne amerikanischen Hintergrund hatte Volkswagen nach 1945 zunächst ohnehin nicht zu fürchten. Der einzige Kandidat hierfür wäre die Gruppe der *Autounion* gewesen, doch lagen deren Produktionsstätten in der sowjetischen Besatzungszone, so daß sie von vornherein aus dem Rennen war.

Der Grund für die herausgehobene Stellung, die das Volkswagenwerk unter den westdeutschen Automobilfabriken während der Nachkriegszeit einnahm, lag darin, daß sein Entwicklungskonzept bereits in den dreißiger Jahren über die Tradition der Branche hinausgewiesen hatte. Denn während die Größe und Technologie der übrigen Unternehmen vor dem Hintergrund der gescheiterten Rationalisierungbestrebungen auf die Dimensionen eines nur beschränkt aufnahmefähigen Binnenmarktes berechnet waren, war das Volkswagenwerk gleich zu Beginn für die Massenproduktion gegründet worden. Die Pläne für seine Struktur sahen einen hochintegrierten Fabrikationszusammenhang vor, der sich auf fordistische Produktionslinien stützen sollte. Für die Endstufe wurde eine Jahresproduktion von 1,5 Millionen Fahrzeugen anvisiert, und selbst in der ersten Ausbaustufe war das Volkswagenwerk die größte Automobilfabrik der Welt.[11] Die Fabrikationshallen umfaßten 50% mehr Raum als die Ford-Fabrik in Willow-Run und waren mit zahlreichen und teuren Spezialmaschinen bestückt worden, die man aus den USA importiert hatte.

Ende 1939 waren 80% der ersten Ausbaustufe für insgesamt 215 Millionen Reichsmark fertiggestellt, ohne daß allerdings die Serienproduktion des »Käfers«[12] im Volkswagenwerk bis zu diesem Zeitpunkt angelaufen wäre. Über die Herstellung von Prototypen war man nicht hinausgekommen. Das Produkt, dessen massenhafte Herstellung das Volkswagenwerk anstrebte, war jener billige »KdF-Wagen«, für den Ferdinand Porsche Hitler 1934 gewonnen hatte und dessen Funktion darin bestehen sollte, den Motorisierungsrückstand, den das Deutsche Reich – nicht nur gegenüber den USA, sondern auch gegenüber den westeuropäischen Metropolen – aufwies, zu überwinden.[13] Dabei verdankte sich scheinbar die Förderung, die der nationalsozialistische Staat der Realisierung der Porsche-Idee angedeihen ließ und in die Hitler persönlich eingeschaltet blieb, eher ideologischen und ökonomischen Motiven als militärischen Erwägungen im Zusammenhang mit der Aufrüstung.[14] Die staatliche Initiative im Bereiche der Motorisierung setzte auf mehreren Ebenen an. Erstens wurde durch die Weiterentwicklung des Straßensystems die Verbesserung der Infrastruktur betrieben. Zweitens senkten bereits ab 1933 steuerliche Maßnahmen die Kosten der Kraftwagenhaltung.[15] Drittens entstand unter der Ägide der Reichsregierung der Entwurf für die Volkswagen-Fabrik, dessen Umsetzung dann zunächst dem Reichsverband der Deutschen Automobilindustrie (RDA) anvertraut wurde.[16] Im Laufe der Zeit allerdings geriet die staatliche Unterstützung für die Automobilindustrie in Widerspruch zu übergeordneten Prioritäten der NS-Wirtschaftspolitik. Je stärker der autarkistische Akzent die Grundlinien dieser Politik bestimmte – etwa in der Frage der Treibstoffversorgung – desto mehr verschlechterten sich die Rahmenbedingungen für die Automobilbranche, die nicht nur mit einem immer engeren Absatzmarkt zu kämpfen hatte, sondern auch bei der Versorgung mit Roh- und Zwischenprodukten vor schwer lösbare Probleme gestellt wurde.[17] Aber auch die Verwirklichung des Volkswagen-Projekts war ins Stocken geraten, da die entscheidenden Mitglieder des RDA diese Pläne als nicht in ihrem Interesse liegend betrachteten und ihre Realisierung verschleppten. Die Volkswagen-Idee kollidierte mit zeitgleichen privatwirtschaftlichen Bemühungen – etwa bei Opel und der Autounion –, eigene Kleinwagen herauszubringen. Darüber hinaus hielt man in den Kreisen der deutschen Automobilfirmen den »KdF-Wagen« für einen technisch wenig tauglichen Versuch und das gesamte Vokswagen-Projekt für überdimensioniert und hochgradig riskant. Es ist nicht ohne Ironie, daß ausgerechnet *Heinrich Nordhoff,* der zu dieser Zeit in Diensten von Opel stand, zu den Protagonisten der Opposition gegen das von Porsche entwickelte Fahrzeug gehörte.[18]

1937 wurde angesichts der Zurückhaltung des privaten Sektors die Verantwortung für die Durchführung der Volkswagen-Pläne auf die Deutsche Arbeitsfront (DAF) übertragen, doch selbst deren finanzielle Kapazitäten reichten nicht aus zur Finanzierung der für die damaligen Verhältnisse gigantischen Fabrik, die aus strategischen Gründen in der Nähe der niedersächsischen Stadt Gifhorn plaziert worden war. Der Ausweg bestand in dem propagandistisch ausgeschlachteten Plan des »Volkswagen-Sparer-Fonds«, der quasi Zwangscharakter besaß. Noch im Vorfeld der Produktionsaufnahme sollte jeder Sparer 25 RM pro Monat beisteuern und nach Einzahlung von insgesamt 1.200 RM – übrigens unter wenig kundenfreundlichen Bedingungen[19] – schließlich seinen »KdF-Wagen« erhalten. Bis 1939 waren 253.000 Fahrzeuge – das Dreifache des gesamten Produktionsausstoßes der deutschen Automobilindustrie im Jahre 1935 – vorbestellt und 110 Millionen RM gezeichnet worden. Diese Art der Finanzierung hinterließ dem Volkswagenwerk eine Hypothek, die sich nach Kriegsende in den kostenträchtigen »Volkswagen-Sparer-Prozessen« niederschlug. Gleichwohl wurde trotz dieser Mobilisierung von zusätzlichen Investitionsmitteln die Serienproduktion vor Kriegsausbruch gar nicht erst aufgenommen. Die Versorgung der »Volksgenossen« mit billigen »KdF«-Wagen blieb Zukunftsmusik, da das Volkswagenwerk im Verlaufe des Krieges in die Rüstungsproduktion eingespannt wurde und statt des »Käfers« 50.788 Kübelwagen sowie 14.276 Schwimmwagen für militärische Zwecke herstellte. Vom »Käfer« dagegen gab es bei Kriegsende erst 630 Exemplare – wahrlich keine überwältigende Zahl, wenn man sie zu den hochfliegenden Plänen ins Verhältnis setzt, welche die Gründung des Volkswagenwerks inspiriert hatten.[20]

Ungeachtet der Kluft zwischen den ambitionierten Gründungsplänen und der Realität im Jahre 1945 prädestinierten seine großangelegte Konzeption und der weitgehend intakte Produktionsmittelbestand das Unternehmen dafür, in der Nachkriegszeit die Führungsrolle unter den westdeutschen Automobilfabriken zu spielen. Diese Führungsrolle manifestierte sich gegen Ende des wirtschaftlichen Wiederaufbaus in einem herausgehobenen Marktanteil im Inland. Als sich jedoch die Exportorientierung des Volkswagenwerks mit dem Beginn der fünfziger Jahre intensivierte und die Konkurrenz auf dem internationalen

Automobilmarkt sich verschärfte, sollte sich herausstellen, daß die *Technologie* des Unternehmens zwar im westdeutschen Kontext herausragte, gemessen am Produktivitätsstandard des Weltmarkts aber rückständig war.

Große Teile des Maschinenparks hatten zwar noch während der Wiederaufbauetappe nach 1945 gute Dienste geleistet, waren aber inzwischen hoffnungslos veraltet. Aber auch die Art, wie die Maschinen im Volkswagenwerk zu Produktionslinien zusammengesetzt waren, wurde internationalen Maßstäben nicht gerecht. *Weder gestattete sie eine Optimierung der Skalenerträge, noch sicherte sie dem Management die Kontrolle über die Abläufe und den Rhythmus der Produktion.* So eröffnete die Rekonstruktion des Weltmarkts während der fünfziger Jahre dem Volkswagenwerk zwar die Chance zu einer Expansion auf internationaler Ebene. Doch setzte eine solche Expansion eine angemessene Antwort auf den *Modernisierungsdruck* voraus, der die Kehrseite der Weltmarktrekonstruktion war. Das folgende Kapitel wird sich damit befassen, wie das Volkswagenwerk auf diese Herausforderung durch eine 1954 eingeleitete grundlegende Reform des Produktionsprozesses reagierte. Diese Reform kombinierte den konsequenten Einstieg in die *fordistische Fließfertigung* mit einer fortschreitenden *Automatisierung* und ermöglichte es dem führenden westdeutschen Automobilkonzern, seinen Produktivitätsrückstand gegenüber den großen US-Firmen systematisch zu verringern – und damit auf den internationalen Märkten immer mehr in den Genuß der unterbewerteten DM zu kommen. Die erfolgreiche Anpassung an den Weltmarktdruck, der aus der Eingliederung der Bundesrepublik in die »pax americana« resultierte, ist der Schlüssel für das Verständnis der spektakulären Entwicklung, die das Volkswagenwerk von nun an nahm.

Seit 1948 stand das Volkswagenwerk unter der Leitung von *Heinrich Nordhoff,* der faktisch als Treuhänder des Staates in Wolfsburg nahezu unumschränkt Regie führte. Nordhoff, der in den frühen zwanziger Jahren bei Georg Schlesinger in Berlin studiert hatte, begann seine Karriere bei den »Bayrischen Motorenwerken« als Konstrukteur im Flugmotorenbau, bevor er 1929 zu Opel nach Rüsselsheim – und damit in die Automobilindustrie – wechselte. Dort übernahm er die Leitung der technischen Abteilung des Kundendienstes. In eben diesem Jahr wurde Opel von der General Motors Corporation übernommen, und Nordhoff erhielt Gelegenheit, in der Konzernzentrale von »GM« den amerikanischen Fordismus aus erster Hand kennenzulernen. Seit 1939 stand Nordhoff dem »Berliner Büro« der Firma Opel vor und war mit der Pflege des Kontaktes zu den Behörden betraut. Im April 1942 stieg er zum Vorstandsmitglied der Aktiengesellschaft auf, und kurz darauf übernahm er die Leitung des Brandenburger Lkw-Werks, das Opel 1935 errichtet hatte und das seinerzeit das größte und modernste seiner Art in Europa war. 1943 wurde Heinrich Nordhoff zum »Wehrwirtschaftsführer« ernannt. Obwohl er nie der NSDAP beigetreten war und sich Opel während des Krieges erfolgreich gegen den Einsatz von KZ-Häftlingen in der Produktion gewehrt hatte, fiel Nordhoff nach Kriegende in der amerikanischen Zone in Ungnade und wurde dort als »persona non grata« behandelt. Einer Fortsetzung seiner Karriere bei Opel respektive General Motors war damit die Grundlage entzogen. Im Sommer 1947 erreichte ihn das Angebot der britischen Militärregierung, die Leitung des Volkswagenwerks in Wolfsburg zu übernehmen. Nach einigem Zögern akzeptierte er Ende des Jahres – und stand seit Anfang 1948 jenem Unternehmen vor, dessen Perspektiven er 10 Jahre zuvor so skeptisch beurteilt hatte.

Heinrich Nordhoff leitete die Geschicke des Volkswagenwerks bis zu seinem Tode im Jahre 1968. Er prägte seinen Stil und setzte die Akzente, die es bis zum Beginn der sechziger Jahre zum größten deutschen Industrieunternehmen und zum drittgrößten Automobilkonzern der Welt werden ließen. Die von Nordhoff verfolgte Konzeption der Unternehmenspolitik war stark durch seine intime Kenntnis der amerikanischem Automobilindustrie beeinflußt. Die konsequente Beschränkung der Produktpalette auf den »Käfer« und seine Variationen, die Nordhoff – trotz phasenweise heftigen Widerstandes einer starken Fraktion seiner Mitarbeiter im Volkswagenmanagement – durchhielt, orientierte sich am Erfolgsrezept Henry Fords, das dieser während seines Aufstiegs praktiziert hatte. Die technologische Reorganisation des Volkswagenwerks seit 1954 stützte sich auf einen systematischen Technologietransfer aus den Vereinigten Staaten. Nicht anders verhielt es sich mit den organisatorischen Maßnahmen, welche die technologischen Neuerungen flankierten. Auch sie orientierten sich an amerikanischen Vorbildern. Am Ende der fünfziger Jahre hatte das Volkswagenwerk die Struktur eines multinationalen Konzerns nach amerikanischem Muster angenommen.

Der amerikanische »Stempel«, den Heinrich Nordhoff der Unternehmenspolitik des Volkswagen-Konzerns aufdrückte, lief aber keineswegs auf ein undifferenziertes Plagiat amerikanischer Vorbilder hinaus. Nordhoff orientierte sich zwar am US-Fordismus, hatte dabei aber stets die Besonderheiten der deutschen Verhältnisse im Auge, so daß das Volkswagenwerk ein unverwechselbares Unternehmensprofil erhielt. Besonders klar zeichnete sich dieses Profil auf dem Felde der *industriellen Beziehungen* ab. Darüber hinaus verzichtete Nordhoff für den westdeutschen Markt weitgehend auf Werbung und detaillierte Marktforschung. Auch berücksichtigte der Technologietransfer aus den USA die Grenzen, die dem Wachstum des Volkswagenwerks durch die Dimension des deutschen Binnenmarkts gesetzt waren. Um diese Grenzen aufzuheben und die Potentiale der fordistischen Technologie voll zur Entfaltung zu bringen, setzte Heinrich Nordhoff von Anfang an entschlossen auf die *Karte des Exports* – wobei im Laufe der Zeit der US-Markt immer mehr an Bedeutung gewann.

Das Volkswagenwerk war in *Hauptabteilungen* gegliedert, deren Arbeit von der Generaldirektion mit Nordhoff an der Spitze koordiniert wurde und die sich ihrerseits aus mehreren *Abteilungen* zusammensetzten. Als das Unternehmen 1960 in eine Aktiengesellschaft umgewandelt wurde, wurden die Hauptabteilungsleiter neben Nordhoff in den Vorstand kooptiert, der sich somit als koope-

ratives Leitungsgremium des Unternehmens konstituierte. Die Richtlinienkompetenz lag aber auch über 1960 hinaus bei Heinrich Nordhoff, denn an den
Machtverhältnissen hatte die Teilprivatisierung des Konzerns nichts zu ändern
vermocht. Der Bund und das Land Niedersachsen hielten weiterhin eine Beteiligung von jeweils 20%, während der Rest der Aktien breit gestreut wurde. Im
Rahmen der durch die Konzernspitze vorgegebenen Grenzen besaßen die einzelnen Hauptabteilungen Handlungsfreiheit. Nordhoff legte Wert darauf, daß
die Hauptabteilungsleiter an der Formulierung der Konzernpolitik beteiligt
wurden und daß diese ihrerseits die mittleren Stufen des Managements in die Ent-
scheidungsfindung einbanden. Allerdings blieben die Zuständigkeiten klar geregelt, so daß selten Kompetenzgerangel auftrat. Auch waren im Volkswagenwerk
die Mitgestaltungsmöglichkeiten auf die Ebene des Managements beschränkt.
Dagegen blieb die Arbeiterschaft weitgehend vom Einfluß auf die Grundlinien
der Unternehmenspolitik ausgeschlossen.

Im Laufe der Zeit expandierte das Volkswagenwerk über die Dimensionen der
Wolfsburger Fabrik hinaus. Darauf reagierte die Zentrale mit der Errichtung von
Zweigwerken, die entweder – wie im Falle Hannovers – eine eigene Produktionslinie erhielten oder aber Teile für die Endmontage in Wolfsburg fertigten. Bis
1962 waren zwei Zweigwerke gegründet worden. Den Anfang machte 1954
Hannover. Die forcierte Automatisierung, die sich zunächst vor allem auf die
Pkw-Fabrikation bezog, hatte das Werk Wolfsburg an die Grenzen seiner räumlichen Kapazität geführt und drohte diese Grenzen in naher Zukunft zu sprengen. Parallel dazu war die Nachfrage nach den VW-Transportern stark angewachsen, doch bestand in Wolfsburg kein Spielraum mehr, um darauf zu reagieren.
Die Lösung dieses Problems bestand in der Ausgliederung der Transpor-
terfabrikation nach Hannover, wo im März 1956 das erste Fahrzeug vom Band
lief. Später übernahm das Werk Hannover auch die Erzeugung der Hinterach-
sen und der Motoren für sämtliche VW-Typen. Auch die Errichtung des Zweigwerks *Kassel,* das Mitte 1958 mit der Produktion beginnen konnte, war bei anhaltender Automobilkonjunktur durch die Ausschöpfung der räumlichen Kapazität in Wolfsburg motiviert gewesen. In Kassel wurden die Getriebe- und
Ersatzteilefertigung sowie die Aggregateaufbereitung konzentriert. Ausschlaggebend dafür, daß die Standortwahl des Managements für die Zweigwerke auf
Hannover respektive Kassel fiel, waren jeweils Erwägungen, die sich auf die Infrastruktur bezogen. Dabei spielte insbesondere der regionale Arbeitsmarkt eine
wichtige Rolle. Daneben fielen die verkehrstechnische Anbindung, steuerliche
Vergünstigungen und das Entgegenkommen der Behörden auf anderen Gebieten ins Gewicht. Hinzu kam schließlich noch das Werk *Braunschweig* als älte-
ster Außenposten des Volkswagenwerks. Bereits 1938 war es unter der Regie der
DAF von der »Gezuvor« (Gesellschaft zur Vorbereitung des Deutschen Volkswagens mbH) gegründet worden. Sein ursprünglicher Zweck hatte darin bestanden, durch Ausbildung von Facharbeitern und Betriebsingenieuren den Wolfsbur-

ger Bedarf an qualifizierten Arbeitskräften zu decken. Nach Kriegsende war das Werk Braunschweig an die Amerikaner gefallen, die es teilweise demontierten. Schon im Verlaufe des Jahres 1945 jedoch wurde es auf Anordnung der Militärregierung in den Produktionszusammenhang des Werks Wolfsburg integriert und fertigte von nun an Vergaser, Kupplungen und Stoßdämpfer.

Die Entwicklung des Volkswagenwerks zu einem multinationalen Konzern wurde durch die Absatzbedingungen auf wichtigen Auslandsmärkten bestimmt. Bis 1962 waren sechs Tochtergesellschaften im Ausland gegründet worden. Dabei handelte es sich um die »Volkswagen Canada Ltd.« (1952), die »Volkswagen do Brasil« (1953), die »Volkswagen of America Inc.« (1955), die »South African Motor Assemblers and Distributors Ltd. (SAMAD)« (1956), die «Volkswagen (Australasia) Pty. Ltd.« (1957) und die »Volkswagen France S.A. (1960)«. Prinzipiell basierte die Exportstrategie des Volkswagenwerks auf einem Netz aus Generalimporteuren und Händlern, die den Vertrieb der aus Wolfsburg gelieferten Fahrzeuge auf den Auslandsmärkten zwar nach zentral vorgegebenen und relativ eng definierten Regeln, aber auf eigene Rechnung organisierten. In einigen Ländern jedoch kam man angesichts der Konkurrenzverhältnisse nicht umhin, selbst den Verkauf der Wagen durch von Wolfsburg kontrollierte Tochtergesellschaften zu übernehmen. Dies war der Hintergrund für die Präsenz des Volkswagenwerks in *Kanada,* den *USA* und *Frankreich,* wo sich durch die EWG-Gründung plötzlich neue Perspektiven für die bundesdeutschen Automobilfirmen abzeichneten.

Die Gründung von Tochtergesellschaften in Brasilien, Australien und Südafrika, die in eigener Regie montierten bzw. produzierten, war dagegen dem Umstand geschuldet, daß diese Staaten sich um den Aufbau einer nationalen Automobilindustrie bemühten und daher den Marktzugang für Importeure einschränkten. Diese Auslandsgründungen lagen quer zu den strategischen Präferenzen der Wolfsburger Zentrale und wurzelten weitgehend in dem Bemühen, den Verlust wichtiger Exportmärkte zu vermeiden.

Wie die deutschen Zweigwerke, so genossen auch die Auslandstöchter ein hohes Maß an Handlungsfreiheit, die jedoch immer durch die globale Konzernstrategie begrenzt wurde. Entscheidungen von größerer Tragweite -Kapitalerhöhungen, Geländekäufe oder Aufstockungen der Belegschaft – konnte das Management der Tochtergesellschaften niemals ohne die Genehmigung Heinrich Nordhoffs treffen. Neben der deutschen Zentrale waren auch die Tochtergesellschaften des Volkswagen-Konzerns an diversen Kredit-, Versicherungs- und Vertriebsunternehmen beteiligt, so daß der Konzern 1962 den Eindruck eines recht weit verzweigten Multis erweckte, wie ein Blick auf Schaubild 2 im Anhang verdeutlicht.

Kapitel 5: Die fordistische Massenproduktion bei Volkswagen

Fließfertigung und die forcierte Automatisierung seit 1954

Unternehmerisches Handeln hatte in der Automobilindustrie nach 1945 zwangsläufig einen internationalen Horizont. Vor dem Hintergrund der Konkurrenzverhältnisse auf dem Weltmarkt schien ausschließlich die fordistische Massenproduktion wirtschaftlichen Erfolg zu versprechen – wobei die Maßstäbe im Hinblick auf die Produktivität nach wie vor von den US-Konzernen gesetzt wurden. Die fordistische Technologie aber war auf die Fabrikation großer Serien zugeschnitten, die – zumindest im europäischen Kontext – das Aufnahmevermögen des Binnenmarkts überstiegen. Der Übergang von der Losfertigung zur fordistischen Fließfertigung setzte im Volkswagenwerk 1954 ein. Im Vorfeld war immer wieder deutlich geworden, daß es unter dem Druck des Wettbewerbs zu einem Wandel der Produktionstechnik keine Alternative gab. Namentlich betraf dies die Teileproduktion. So schrieb etwa *Heinrich Nordhoff* unter dem 1.10.1952 an *Wilhelm Steinmeier* von der Produktionsleitung:

> „Bei meinen letzten Besuchen in den U.S.A. und England ist mir die einheitliche Durchführung des letzten Auswuchtvorganges an kompletten Motoren aufgefallen. Es kann kein Zweifel darüber sein, daß das bloße Auswuchten der Kurbelwelle, selbst wenn es mit Schwungrad und Kupplung erfolgt, den derzeitigen Ansprüchen nicht mehr genügt. Es müssen die Toleranzen der hin und hergehenden Teile viel enger gehalten werden, als das jetzt der Fall ist, und ebenso muß ein Auswuchten insgesamt vorgenommen werden.
> Maschinen, die diesen Vorgang nahezu automatisch ausführen, werden angeboten – ich fürchte, daß ihre Lieferfristen sehr lang sein werden.
> Da wir uns insgesamt in ein Gebiet begeben, in dem sehr viel höhere Ansprüche gestellt werden, als wir sie jetzt noch befriedigen können, bitte ich, *umgehend* dafür Sorge zu tragen, daß wir bei dieser Entwicklung nicht zurückbleiben, sondern unbedingt in der Spitzenentwicklung mitgehen, das heisst, dafür Sorge zu tragen, dass die erforderlichen Maschinen in kürzester Zeit in Auftrag gegeben werden."[1]

Zu Beginn der fünfziger Jahre lag die relative Rückständigkeit der bei VW angewandten Produktionstechnologie auf der Hand:

> „So sehr ich die Aufstellung einer zweiten Rahmenstrasse begrüsse, so sehr bin ich dagegen, dass sie auf dieselbe altmodische Weise aufgestellt wird wie die jetzige. Ich bin im Gegenteil der Meinung, daß es höchste Zeit ist, dass diese völlig überholte Anlage, die nicht mehr in eine moderne Fabrik passt, durch eine echte Fliessband-Anordnung ersetzt wird."[2]

Zwar gab es bei Volkswagen auch vor 1954 Ansätze zu einer fordistischen Fießfertigung – beispielsweise im *Preßwerk* –, doch waren weder der Spezialisierungsgrad der Maschinen noch ihre Kombination zu Produktionslinien weit genug fortgeschritten, um auf den internationalen Märkten bestehen zu können:

> „Beginnen wir ... nochmals mit einigen Aufnahmen aus dem damaligen Preßwerk. Man sieht, daß wir damals Hilopressen eingesetzt hatten, die, so glaube ich, sicherlich noch hier und da in Brasilien, Südafrika oder Mexiko heute ihren treuen Dienst erweisen. Großartige Verkettungen zwischen den Pressen gab es noch nicht. Die Pressen-Kapazitäten standen trotz Fließfertigung nicht zur Verfügung, daher mußten auch hier ständige Umrüstungen durchgeführt werden. Materialstapelungen waren daher unausbleiblich."[3]

Der größte bundesdeutsche Automobilproduzent hatte im technologischen Bereich den Anschluß an das Weltmarktniveau noch nicht geschafft. Auch der Bericht einer »Studiengruppe für Härterei-Technik«, die 1952 im Auftrag des Volkswagenwerks 27 amerikanische Firmen und Forschungsinstitute besuchte, ließ daran keinen Zweifel:

> „Die amerikanischen Härterei-Einrichtungen unterscheiden sich von den deutschen Einrichtungen im allgemeinen wesentlich. Dies ist in erster Linie auf die Massenfertigung zurückzuführen. Für diese sind besondere Einrichtungen entwickelt worden, die diese Massenfertigung wirtschaftlich zu behandeln erlauben und die auf Grund des reichlich und billig vorhandenen Stromes und durch das Erdgas, das ebenfalls in ausreichendem Maße mit höchster Gleichmäßigkeit und hohem Heizwert überall zur Verfügung steht, ermöglicht werden. ... Die Bereitwilligkeit, eigene Erfahrungen und Ansichten an uns weiter zu geben, war im allgemeinen sehr gut, in einzelnen Fällen hervorragend. Nur in wenigen Fällen hatte der Besuch keine größere Bedeutung als eine übliche Werksbesichtigung."[4]

Der Unternehmensleitung mit *Nordhoff* an der Spitze war klar, daß alle nur möglichen Anstrengungen unternommen werden mußten, um den technologischen Rückstand zu überwinden. Auf branchenübergreifender Ebene sollten sich diese Anstrengungen auf die *Intensivierung der Grundlagen- und Zweckforschung* konzentrieren. Den geeigneten Rahmen dafür sah man bei Volkswagen in den *Max-Planck-Instituten,* die über die Grundlagenforschung hinaus in den Anwendungsbereich einsteigen sollten, um die internationale Wettbewerbsfähigkeit der deutschen Industrie zu fördern. Unabhängig jedoch von solchen Überlegungen, die eher mittelfristige Resultate verhießen, galt es auf die technologische Überlegenheit der US-Konkurrenz *kurzfristig* durch geeignete Maßnahmen zu reagieren. Diesen Maßnahmen ging 1954 eine zielgerichtete USA-Reise der mit der Rahmenplanung betrauten Mitarbeiter voraus. Es handelte sich dabei um *Höhne* von der Produktionsleitung, *Schuld* von der Planungsabteilung 1 und *Dorls* von der Planungsabteilung 2. Sie wurden von *Nordhoff* damit beauftragt, die Ergebnisse ihrer Reise in ein Reformkonzept umzusetzen:

> „Ich wäre Ihnen sehr dankbar, wenn Sie mir einen kurzen Bericht über die Resultate Ihrer Amerika-Reise machen könnten, wobei ich weniger Wert darauf lege, daß das von Ihnen in USA Gesehene dargestellt wird, sondern daß ihre Erwägungen, welche Konsequenzen man für den Ausbau unseres Werkes daraus ... ziehen sollte, dargelegt

werden. Ihre Meinung hätte ich gern zu meiner persönlichen Unterrichtung und als Vorbereitung für eine Aufgabe, die ich Ihnen ... stellen will, mit dem Ziel, eine Vorstellung davon zu gewinnen, wie unser Werk etwa in zehn Jahren aussehen soll und kann. ..."[5]

Der im Anschluß an diese Reise entwickelte Reformplan zielte darauf ab, das Werk Wolfsburg in eine fordistische Fabrik modernsten Typs umzugestalten – und damit endlich den Ansprüchen, die bereits die Gründung des Volkswagenwerks in den dreißiger Jahren inspiriert hatten, gerecht zu werden. Im Mittelpunkt des Projekts stand die *Produktionstechnologie*. Doch gingen die Neuerungen in diesem Bereich mit *Veränderungen der Organisationsstruktur* einher, die notwendig wurden, um die Koordination der einzelnen Arbeitsschritte sowie das reibungslose Ineinandergreifen von Planung, technischer Entwicklung, Produktion und Instandhaltung zu gewährleisten. Bei der Reform des Volkswagenwerks standen die in den USA gefundenen Lösungen für die Probleme der fordistischen Massenproduktion Pate, es sei denn, die Besonderheiten des westdeutschen Umfelds ließen Modifikationen der amerikanischen Strategie angeraten erscheinen. *Dorls* faßte seine Erkenntnisse über den Entwicklungsstand der amerikanischen Automobilunternehmen in einem Bericht an *Nordhoff* vom 14.8.1954 in den folgenden 12 Punkten zusammen:[6]

„1. Die Methoden der spangebenden und spanlosen Verformung sind ähnlich den unsrigen.
2. Der Arbeitsablauf erfolgt fast 100%ig in Straßen. Der Transport der Teile von Maschine zu Maschine wird fast immer durch *angetriebene* Transporteinrichtungen vorgenommen.
3. Die Arbeitsstraßen arbeiten bezüglich Ein-, Ausspannen, Bearbeiten und Transportieren von Maschine zu Maschine teils vollautomatisch, teils halbautomatisch und teils gemischt.
4. Die vollautomatische Arbeitsweise der Straßen wird immer angestrebt bzw. in folgender Reihenfolge verwirklicht:
    a) Automatische Erledigung der Bearbeitung in der Maschine.
    b) Zusätzl. z. a) automatisches Auswerfen der fertigen Teile.
    c) Zusätzl. z. a) b) automatisches Laden der Maschinen.
    d) Zusätzl. z. a) b) c) automatisches Transportieren von Maschine zu Maschine.
5. Die Arbeitstakte der Maschinen betragen:

Art der Arbeit	Min. je Takt	Minimum Einheiten in 2 Schichten	Min. je Takt	Maximum Einheiten in 2 Schichten
Spanlose Verformung	0,2	4800	0,5	1920
Spangeb. Verformung	0,4	2400	1,0	960

6. Je weiter die Automatisierung einer Fertigung vorgetrieben ist, desto größer ist die Beachtung der Instandhaltung der Maschinen und Einrichtungen sowie der Scharfschleiferei, z.B.:
a) Satzbretter mit scharfen Werkzeugen an den Maschinen.
b) An Maschinen Vorschriften über Werkzeugwechsel.
c) Aufstellungen, nach denen Verschleißteile systematisch gewechselt werden.

7. Infolge des taktmäßigen Arbeitsablaufes der Fertigungen ist Akkordarbeit nicht mehr notwendig; denn der Arbeiter muß seine Leistung so einrichten, wie der Takt dies erfordert. Man entlohnt im Stundenlohn.

8. Abtransport von Material erfolgt in Gabelstapler-Spezialbehältern, die über Lager an den Straßenanfang laufen (bei uns in Einführung). Abtransport vom Straßenende geschieht mit Kette zur Montage oder in Gabelstapler-Spezialbehältern zur nächsten Fabrik.

9. In der spanlosen Fertigung wird der Abfall im Werkzeug zerschnitten und in Behältern aufgefangen, die über Band in Paketierpressen entleert werden. In der spangebenden Fertigung verwendet man nach Art der Späne Spänebänder und Spänekästen, die über Spänebrecher, Ölschleuder in Spänebunker entleert werden.

10. Die großen Konzerne sind in einzelne Fabriken aufgeteilt, z.B.:
a) Preßwerk
b) Motorenwerk
c) Getriebewerk
d) Achsenwerk
e) Karosseriemontage, Lackiererei, Endmontage
Die Werke sind aufgeteilt in Planung, Instandhaltung und Produktion. Eine zentrale Planungsstelle in den Konzernen sorgt für die Programmgestaltung und für die Verbindung zwischen den Werken. (Erfahrungsaustausch).

11. Die Planungsunterlagen sind sehr weitreichend, z.B. Bearbeitungszeichnungen je Arbeitsoperation. Eine neue Fertigung wird zunächst geplant, dann aufgestellt, dann erprobt und dann der Produktion übergeben. Von Planung bis Inbetriebnahme brauchte PONTIAC für ein neues Motorenwerk (2400 Motoren/Tg/2 Schichten) 2 1/2 Jahre. (Aufwand ohne Gebäude $ 65 000 000) Preßwerk FORD begann mit der Planung für die Typen 1955 im Dezember 1953.

12. Die Eigenfertigung an Vorrichtungen, Maschinen, Fertigungs- und Tranporteinrichtungen ist sehr klein. Anhand der Firmenschilder an solchen Einrichtungen konnte man feststellen, daß sie fast ausschließlich von fremden Firmen bezogen werden."

Dorls, Schuld und Höhne ließen keinen Zweifel daran, daß das Volkswagenwerk gut daran täte, sich an den amerikanischen Standards zu orientieren:

> „Mit einer Ausnahme von Chrysler wurde überall eine höhere Arbeitsleistung beobachtet, als es bei uns der Fall ist. ... Die Durchführung oben erwähnter Automatisierung dürfte eine Fertigungszeitreduzierung von ca. 10 Std. für den Personenwagen bringen."[7]

> „Laut Punkt 5 des USA-Berichtes kann die spangebende Fertigung bei 960 Einheiten/Tag mit der Automatisierung beginnen. Die spanlose Fertigung benötigt mindestens 1920 Einheiten/Tag. Bei unserer heutigen Kapazität muß demnach umgerüstet werden."[8]

Von vornherein kalkulierte man im Management ein, daß die angestrebte Reorganisation des Werks Wolfsburg die Flexibilität des Volkswagenwerks bei der Anpassung der produzierten Stückzahlen an die Schwankungen der Nachfrage reduzieren würde. Der betriebswirtschaftliche Erfolg der geplanten Maßnahmen war daher an eine *Verstetigung* der Nachfrage gebunden:

> „Die Automatisierung der Fertigung hat den taktmäßigen Ablauf der Arbeiten zur Folge, d.h. aber auch, daß die Fabrikationsstückzahl nicht nach Belieben geändert

werden kann. (Ersatzteilbedarf!) Man stellt in Zusammenarbeit mit dem Verkauf zweckmäßig ein Planungsprogramm auf, in dem alle Teile, die über 10% Ersatz und 4% Ausschuß liegen, besonders vermerkt sein müssen."[9]

Gleichzeitig stand fest, daß die Automatisierung der Produktion nicht innerhalb kurzer Zeit abgeschlossen sein würde:

> „Die Automatisierung kann nicht schlagartig erfolgen. Zunächst muß man die Maschinen in Straßen so aufstellen, daß überhaupt eine Automatisierung möglich ist. Anschließend sollte man nach Punkt 4a-d des USA-Berichtes vorgehen."[10]

Die *technologische* Seite der Automatisierung konzentrierte sich auf zwei Aspekte. Der erste betraf die *Koppelung der einzelnen Bearbeitungsstufen durch Fertigungsstraßen*. Diese sollten vor allem in der *mechanischen Abteilung* und im *Preßwerk* für eine durchschlagende Optimierung des Produktionsflusses sorgen. Dabei konkretisierte Dorls seine Vorstellungen bezüglich des *Preßwerks* wie folgt:

> „Von der z.Zt. kreuz und quer laufenden Fertigung übergehen in ein durchlaufendes Straßensystem, wobei eine Halbautomatisierung an den Pressen, d.h. automatisches Herausnehmen unter Beibehaltung des manuellen Einlegens, mit Automatisierung zwischen den Pressen zu empfehlen ist. Dies bedeutet eine vollkommene Umsetzung der jetzigen Pressen und Umbau der Ziehwerkzeuge auf Auswerfereinrichtung sowie der Schnittwerkzeuge auf Kleinabfall. Durch letzteres wird der Blechabfalltransport an den Grosspressen in den Keller verlegt."[11]

In der *mechanischen Abteilung* sollten die neuen Transferstraßen sechs Arbeitsschritte rationalisieren:

> „a)Transferstraßen für Kurbelgehäuse, Getriebegehäuse, Kopf.
> b) Verbesserung des Fabrikationsflusses durch angetriebene Transportmittel.
> c) Verbesserung der Methoden und des Flusses beim Ölkühler.
> d) Verbesserung Zu- und Abfluß Härterei.
> e) Verbesserung Fluß Stangenlager, Schälerei.
> f) Verbesserung Fluß Schmiedeteile, Normalisierung."[12]

Bezüglich der *Lackiererei,* der *Galvanik* und des *Karosserierohbaus* dagegen, wo das Volkswagenwerk bereits vor 1954 Fortschritte bei der Automatisierung erzielt hatte, schienen keine grundlegenden Änderungen der Herstellungstechnik erforderlich. *Höhne* empfahl in seinem Bericht an *Nordhoff,* in diesen Bereichen lediglich einen Teil des Maschinen durch modernere zu ersetzen und die Verbindung der einzelnen Arbeitsschritte weiter voranzutreiben.

Der zweite Aspekt der Automatisierung bezog sich auf den *verstärkten Einsatz der für die fordistische Massenproduktion charakteristischen Spezialmaschinen* – überall dort, wo die geplanten Stückzahlen ihren Einsatz rentabel erscheinen ließen:

> „Während unseres Besuches in den USA fiel in jeder Fertigung die angestrebte und zum Teil 100 % verwirklichte Automatisierung auf. Eine Voraussetzung der Automatisierung sind die dafür benötigten hohen Stückzahlen, die in den USA in jedem Fall vorhanden sind und bei unserer steigenden Produktion eine teilweise Automati-

sierung rechtfertigen. Die Höhe der angestrebten Fertigungszahl setzt die vorläufige Grenze der Automatisierung fest, ohne dabei die Möglichkeit einer weiteren Automatisierung auszuschließen ... Für eine Vollautomatisierung käme zuerst evtl. der Zylinderkopf in Frage. Voraussetzung hierfür ist jedoch, dass keine konstruktiven Änderungen vorgenommen werden. Die angenommenen Stückzahlen würden noch mehr den Einsatz von *Spezialmaschinen* rechtfertigen, wo wir heute Einzweckmaschinen benutzen. In den Fertigungsstrassen für Getriebegehäuse und Kurbelgehäuse käme eine Automatisierung nur teilweise in Frage. Es gibt noch einige Teile, wo zu untersuchen ist, ob eine Automatisierung teilweise durchgeführt werden kann."[13]

Die Jahresberichte der *Hauptabteilung Produktion* schildern die Fortschritte bei der Umsetzung des neuen technologischen Konzepts. Der Bericht für das Jahr 1956 vermeldete bereits Ergebnisse:

„Maschinen, Einrichtungen, Einsparungen. Hallen 0/1/2 (Preßwerk, Schnittbau) In dem neuen Preßwerk der Halle 0 wurden die Einrichtungen teilweise aufgestellt. Die Fertigung soll in einem klaren, übersichtlichen Fluß ohne Störungen ablaufen. 6 Großbauteile – wie Tür, Dach usw. – werden in mechanisierten Straßen vom Blecheingang bis zur einbaufertigen Zusammenbaugruppe im gleichen Arbeitstakt gefertigt. Die moderne Einrichtung ist so gehalten, daß sich im Rahmen des Werkes ein optimaler Wirtschaftlichkeitsgrad ergeben soll. In Halle 1 wurde die Kleinpresserei neu aufgebaut, nachdem diese Halle durch die Verlegung des Transporterbaus nach Hannover frei geworden ist. Bei dieser Gelegenheit konnte eine beachtliche teilweise Automatisierung erzielt werden, z.B. durch Vorschubapparate innerhalb eines Werkzeuges, Ausrüstung von mehreren Werkzeugen in einer Presse mit Transportereinrichtungen, Zusammenstellung mehrerer Exzenterpressen zu einer automatischen Strasse usw. Auch in der Groß- und Mittelpresserei in der Halle 2 wurden Fortschritte in der Automatisierung erzielt: Vollautomatisch laufen jetzt die Straßen für Unterholm und Rahmenoberteil. An vielen weiteren Pressen wurden Folgewerkzeuge und ähnliche Betriebsmittel eingesetzt, die die Fertigung wirtschaftlicher gestalteten. Von grundsätzlichem Interesse ist auch eine Transportkette, bei der erstmalig ein Blechteil selbsttätig angehängt wird. ... In der mechanischen Fertigung wurden 386 Produktionsmaschinen zusätzlich neu eingesetzt. Die Bearbeitungszeiten konnten hierdurch wesentlich gesenkt werden."[14]

Die technologische Reform blieb während der fünfziger Jahre beschränkt auf die Produktion des »Käfers« – »Typ I« in der unternehmensinternen Terminologie des Volkswagenwerks. Schon beim Lieferwagen – »Typ II« – verboten die aufgelegten Stückzahlen kostspielige Investitionen in die modernste fordistische Technologie. Seine Herstellung erfolgte weiterhin auf traditioneller Grundlage:

»Für Typ 2 ist auf Grund der Stückzahlen keine Automatisierung vorgesehen. Weiter könnten teilweise die alten Fundamente in Halle 2 vom Typ I Verwendung finden.«[15]

Mit der forcierten Automatisierung zielte das Management des Volkswagenwerks auf eine *Stückkostendegression*, die durch ein entsprechendes *Wachstum der Produktivität* erreicht werden sollte. Dieser Vorgabe diente die Ersetzung von Arbeitskräften durch Maschinen – *bei perfektionierter Kontrolle des Managements über die Produktionsabläufe.* Letztere versprach man sich von einer exakteren Durchkalkulation der Zeitnormen und einer fortschreitenden Anpassung der Arbeitsrhythmen in der Fabrik an den Takt der Maschinen und Bänder:

„Nach einer groben Errechnung erzielen wir eine Einsparung von 3,5 Stunden/Wagen. Einsparung bei 580 Wagen täglich = 5530 Stunden. Das sind rd. 550 Mann. Würde man 100 Mann zum Instandhalten der Automatisierung abziehen, so könnten rd. 450 Mann gespart werden."[16]

„Für die Produktion, insbesondere die Abteilung Planung, besteht mit absolutem Vorrang vor allen anderen Aufgaben die Forderung, durch den Einsatz neuartiger Maschinen auch bei der Notwendigkeit, die Produktion zu steigern, weitgehend ohne Neueinstellungen von Arbeitskräften auszukommen. Auf diesem Gebiet muß eine vollständige Neuorientierung der gesamten Auffassung erfolgen."[17]

„In sämtlichen besichtigten Werken wird im Stundenlohn gearbeitet; die Voraussetzung dafür ist eine erstklassige Zeitvorkalkulation und zuverlässige Meister. Bei uns wäre eine Stundenlohn-Verrechnung gegenüber dem Gruppenakkord anzustreben, leider sind die obigen Voraussetzungen jetzt noch nicht dafür gegeben. Die Durchführung oben erwähnter Automatisierung dürfte eine Fertigungszeitreduzierung von ca. 10 Std. für den Personenwagen bringen."[18]

„Die Interesselosigkeit eines großen Teils der WA. (Werksarbeiter – V.W.) nimmt täglich zu und es wird in Zukunft schärfer gegen die eingerissene Nachlässigkeit durchgegriffen. Die Geschäftsleitung wird den Betriebsrat in dieser Hinsicht ansprechen. Herr Steinmeier führte in diesem Zusammenhange aus, dass seitens des Betriebsrates gewünscht wird, Kurzpausen an den Bändern einzuführen. Ein Zeitverlust für das Werk entsteht dadurch nicht, aber die Qualität leidet noch mehr darunter. Aus diesem Grunde werden reichlich Springer für die persönlichen Verlustzeiten eingesetzt und dafür haben die Bänder in einer gleichbleibenden Geschwindigkeit von Schichtbeginn bis 10 Minuten vor Schichtschluß durchzulaufen."[19]

Dem Aufstieg des Taylorismus in der amerikanischen Industrie hatte um die Jahrhundertwende das Bestreben der Unternehmer zugrundegelegen, vor dem Hintergrund eines Mangels an gelernten Arbeitskräften die Kontrolle der Arbeiter über den Produktionsprozeß zu brechen. Ähnliche Motive prägten rund ein halbes Jahrhundert später die Überlegungen der Verantwortlichen bei Volkswagen. Vor der Einführung automatisierter Transportsysteme entzog sich insbesondere die Verbindung der Produktionsschritte innerhalb der Wolfsburger Fabrik einer effektiven Überwachung, woraus *Nordhoff* früh dringenden Handlungsbedarf ableitete. Unter dem 2.6. 1950 schrieb er an *Steinmeier von* der Produktionsleitung:

„Auf der Fahrt von der Wache Wolfsburg bis zum Sektor 0 traf ich heute morgen insgesamt 19 (neunzehn) Leute, die teils auf Elektrokarren spazierenfuhren, teils mit irgendwelchen Handkarren in einem Tempo, das selbst für einen Trauermarsch zu langsam gewesen wäre, die schöne Morgensonne genossen; vier Mann, die einen Schreibtisch spazierenfahren, vier Mann, die 1/2 Dtzd. Profileisen auf einen (sic !) Handwagen haben – die übrigen mit leeren Fahrzeugen! Ich habe unverändert den

Eindruck, daß in diesen Abteilungen die Hälfte des Personals zuviel ist, ganz besonders, wenn dispositionsmäßig anders verfahren wird als bisher."[20]

Knapp zwei Jahre später harrte das Problem noch immer einer Lösung:

„Zu den zweifellos noch ungelösten Problemen in unserem Werk gehört, worauf ich schon oft hingewiesen habe, der interne Transport. Es fällt mir täglich auf, dass weit mehr als die Hälfte der viel zu zahlreichen Fahrzeuge, die man auf dem kurzen Weg zwischen Wache Wolfsburg und Sektor 0 sieht, unbeladen ist, dass aber all diese Fahrzeuge mit mindestens zwei Mann besetzt sind und vieles andere mehr, ganz abgesehen von dem außerordentlich hohen Kostenanteil, den der interne Transport in unserer Kostenermittlung hat. Es kommen auch ständig neue, von den Abteilungen selbstgebaute Fahrzeuge dazu, die teilweise so sind, daß man sich schämen muß, wenn sie von Fremden gesehen werden. Ich weiss, dass vieles von diesem historisch zu erklären ist und dass das Transportproblem in dieser weit auseinandergezogenen Fabrik nicht einfach zu lösen ist, ich bin aber andererseits ebenso fest überzeugt, dass es an der nötigen Systematik fehlt und an der einheitlichen Behandlung dieses in vieler Hinsicht so wichtigen Problems. Wenn man nur allein beobachtet, dass die Zahl der herumfahrenden Fahrzeuge bei gutem Wetter zwei- bis dreimal so hoch ist wie bei schlechtem Wetter, dann weiss man genug."[21]

Unbeschadet aller Rhetorik zur Betriebsgemeinschaft und zu den gemeinsamen Interessen der Tarifpartner, die typisch war für die Festreden und offiziellen Verlautbarungen *Heinrich Nordhoffs,* nahm der VW-Chef offenbar gerade die Kontrolle des Produktionsprozesses als *Terrain eines natürlichen Antagonismus zwischen Management und Arbeiterschaft* wahr. Im März 1953 schrieb er im Zusammenhang mit häufig auftretenden Mängeln an den bei Volkswagen hergestellten Wagen einen gleichlautenden Brief an *Steinmeier* (Produktionsleitung), *Goransch* (Personalleitung) und *Orlich* (Inspektionsleitung):

„Auf der Suche nach den Gründen habe ich den Eindruck, dass nicht mehr planvoll und stetig, sondern überhastet und stossweise gearbeitet wird. Es wird erst gehetzt und dann gebummelt – das eine ist so falsch wie das andere. Es ist bekannt, dass die Arbeiter zu dieser Art des Arbeitens neigen. Sie taten es früher nicht, dass sie es jetzt tun, ist der Beweis, dass nicht die dazu eingesetzten Vorarbeiter, Meister, Betriebsleiter den Gang der Dinge bestimmen, sondern die Arbeiter selbst, *dass also die Vorgesetzten den natürlichen Kampf um die Autorität weitgehend verloren haben."[22]*

Angesichts der intensiven Konkurrenz auf dem Automobilmarkt, die sich sowohl auf dem Felde der Preise wie auf dem der Qualität abspielte, erblickte die Unternehmensleitung in einer perfektionierten Überwachung der Produktion eine wesentliche Voraussetzung für den betriebswirtschaftlichen Erfolg. Die technologische Reorganisation des Volkswagenwerks seit 1954 hatte unter diesem Gesichtspunkt insbesondere den Zweck, die Standardisierung der Produkte durch eine Normalisierung der *Produktionsabläufe* zu ergänzen und mit dem Takt von Maschinen und Bändern einen *exogenen* Sachzwang für die Arbeitsrhythmen zu schaffen. Der Zeitbedarf für einzelne Prozeßabläufe konnte nunmehr exakt kalkuliert und den Arbeitern als *Standard* vorgegeben werden. Je vollständiger die

Automatisierung zur Anwendung gelangte, desto mehr entfiel die Notwendigkeit, die Leistungsbereitschaft der Beschäftigten durch Akkordlöhne zu beflügeln. Damit war die Möglichkeit gegeben, schließlich auch die Entlohnungssysteme zu standardisieren und nach und nach vom Akkord zum Stundenlohn überzugehen. Bis zum Beginn der sechziger Jahre hatte sich im Volkswagenwerk ein gemischtes System aus Akkordlohn und Zeitlohn etabliert, das Zeitlöhne überall dort zur Anwendung brachte, wo die Automatisierung der Prozeßabläufe den Spielraum des Arbeitsrythmus hinreichend eingeengt hatte.[23]

Die Auswirkungen der Massenproduktion auf die Arbeitsorganisation und die Gründung von Zweigwerken

Einmal begonnen, entfaltete die Automatisierung eine Eigendynamik, welche die Grundlinien der weiteren Unternehmensentwicklung bestimmte. Von Anfang an erzwang die technologische Reorganisation des Werks Wolfsburg Anpassungen auch im Bereich der *Arbeitsorganisation.* Entsprechende Vorschläge wurden vor allem von *Dorls* unterbreitet. Auch im Hinblick auf die Arbeitsorganisation orientierte er sich am amerikanischen Modell, so wie er es während seiner USA-Reise kennengelernt hatte.[24]

Soweit die *Hauptabteilung Produktion* betroffen war, stand im Mittelpunkt der organisatorischen Maßnahmen die *Neuordnung der Abteilungsstrukturen,* von der man sich insbesondere eine effektivere Produktionsplanung und Fortschritte bei der Werksinstandhaltung versprach. Einer gut funktionierenden Planung maß *Heinrich Nordhoff* hohe Bedeutung bei:

> „Neben der sachlichen Vorbereitung der Fertigung für eine Automatisierung ... ist m.E. auch eine organisatorische Vorbereitung notwendig. Es wird erforderlich sein, die Schlagkraft der Planungen und der Instandhaltungsabteilungen zu verstärken; denn in Zukunft kann die Produktion nie besser als die Planung sein und die Ausbringung wird um so größer sein, je besser von der Instandhaltung Störungen beseitigt oder vermieden werden."[25]

Der Kern der *Hauptabteilung Produktion* in Wolfsburg sollte künftig aus drei Abteilungen bestehen, dem *Chassisbau,* dem *Karosseriebau* und der *Instandhaltungsabteilung.* Die Koordination dieser drei Abteilungen fiel in die Zuständigkeit der *Produktionsleitung,* der auch neu gegründete Zweigwerke unterstellt werden sollten. Der Produktionsleitung wurde ein *Stab* zugeordnet, bestehend aus allgemeiner Planung, Maschinenstelle und Standardabteilung. Auch die drei Abteilungen erhielten jeweils ein Stab, der sich im *Chassis- und Karosseriebau* mit Planungsangelegenheiten zu beschäftigen hatte und in der *Fabrikinstandhaltung* mit der Arbeitsvorbereitung. Technische Erwägungen ließen es angeraten erscheinen, im *Chassisbau* Werkzeugbau und Maschinenreparatur räumlich und organisatorisch zusammenzufassen und mit der Abteilungsplanung zu koppeln. Analoges galt auch für den *Karosseriebau:*

„2. Da z.B. im Chassisbau in Zukunft Vorrichtung, Maschine und evtl. auch Trans-
porteinrichtung zu einer maschinellen Einheit verschmelzen, wäre es m.E. richtig,
Werkzeugbau und Maschinenreparatur unter einer Leitung zusammenzufassen. Hierdurch entsteht eine bessere Ausnützung der Maschinen und Einrichtungen des
Werkzeugbaues. Diese Stelle müßte dann auch eine systematische Instandhaltung
betreiben, entsprechend Punkt 60 des USA-Berichtes.
3. Trotzdem im Preßwerk keine so starke Verschmelzung zwischen Presse und Werkzeug stattfinden wird, glaube ich, daß es zweckmäßig wäre, Schnittbau und Presse-
reparatur ebenfalls zusammenzufassen, und zwar hauptsächlich wegen der systematischen Instandhaltung.
4. Werkzeugbau/Maschinenreparatur würde für folgenden Produktionsbereich arbeiten:
a) Motorenfertigung
b) Getriebefertigung
c) Achsenfertigung
d) Härterei
e) Gießerei
5. Schnittbau/Maschinenreparatur würde für folgenden Produktionsbereich arbeiten:
a) Preßwerk
b) Rohkarossenbau
c) Rahmenfertigung
d) Felgenfertigung
e) Lackiererei
f) Endmontage"[26]

Das aus diesem organisatorischen Konzept resultierende Organigramm der
Hauptabteilung Produktion ist im Anhang graphisch dargestellt. Dorls erblickte darin drei wesentliche Vorzüge: keine überlasteten Leiter, kurze organisatorische Wege, schnelle Entscheidungen.[27]
Wie die *Instanzenzüge* im Volkswagenwerk verliefen, verdeutlicht ein aus-
führlicher Aktenvermerk vom Januar 1956, der die Kompetenzen der *Planung 2*
(Chassisbau) und die Vorschriften für ihre Arbeit detailliert beschreibt.[28] Das
Planungsbüro war in drei Hauptgruppen aufgeteilt: *Fertigungsplanung, Betriebs-
mittelkonstruktion und Betriebsmittelstelle.* Hinzu kam eine Gruppe für Sonderaufgaben im Zusammenhang mit der weiteren Rationalisierung und Automatisierung. Der Planungsabteilung oblag die „Bereitstellung der Produktionseinrich-
tungen", wobei das von der Produktionsleitung aufgestellte *Produktionsprogramm* zu erfüllen war. Dieses legte die von jedem Wagentyp zu produzierende
Stückzahl fest und regelte auch die Liefertermine. Darüber hinaus enthielten die
Produktionsvorgaben Angaben über die Zahl der für den Kundendienst benötigten Teile und Zuschläge für Ausschuß, die von der Standardabteilung vorgegeben wurden. Auf Grundlage dieser Informationen hatte die *Planungsabteilung*
2 selbständig ein Planungsprogramm zu erstellen, das dann seinerseits allen Bestellungen und auch der Materialverwaltung zugrunde lag. Außerdem sollte die
Planungsabteilung auf *weitere Rationalisierungsmöglichkeiten in der Produktion*
aufmerksam machen, entsprechende Versuche betreiben und die Verbesserungs-

vorschläge der *Allgemeinen Planung* – also dem Stab der Produktionsleitung – mitteilen.[29] Diese hatte dann in Zusammenarbeit mit den ausführenden Stellen der Fabrikinstandhaltung die Verbesserungsvorschläge in ein entsprechendes Kostenkalkül zu übersetzen und als Bewilligungsanträge der Generaldirektion zu unterbreiten.

Innerhalb der *Planung 2* waren die Abläufe ähnlich hochgradig standardisiert wie der Produktionsprozeß selbst. Nahezu jeder Vorgang war auf eigens dafür vorgesehenen Formblättern festzuhalten.[30] Ebenso wie die Prozeßabläufe in der Produktion waren die Planungsmethoden ständigen Rationalisierungsbemühungen ausgesetzt. Diese sparten keinen Bereich aus und reichten von der Präzision der Rentabilitätsrechnungen bis hin zur optischen Präsentation der Verbesserungsvorschläge.[31]

Handlungsbedarf entstand durch die forcierte Automatisierung auch unter *räumlichem* Aspekt. Durch ein umfangreiches Bauprogramm versuchte man, diesem Handlungsbedarf gerecht zu werden. *Schuld* regte in seinem Bericht an Nordhoff den Bau einer neuen Halle für das Preßwerk des »Typs I« an, um die Möglichkeiten der Automatisierung ausschöpfen zu können.[32] *Dorls* wies darauf hin, die neue Raumgestaltung müsse möglichst großzügig ausfallen, um Modifikationen der Produktpalette problemlos bewältigen zu können:

> „Im Generalbebauungsplan muß auch für eine eventuelle Typenumstellung freier Raum vorgesehen werden. Je weiter die Automatisierung einer Fertigung vorgeschritten ist, desto schwieriger die Umstellung. Dies ist m.E. auch einer der Gründe für die Organisation der amerikanischen Fabriken, Punkt 10 USA-Bericht. Es kommt heute nicht mehr vor, daß Ford die Fabrik schließen muß, wie bei Umstellung vom Modell »T«.“[33]

Für die Produktion von *Typ II,* die ja zunächst weiterhin mit traditionellen Methoden betrieben werden sollte, war im Wolfsburger Werk kein Platz mehr. Sie mußte also ausgelagert werden, und damit entstand zwangsläufig die Frage nach dem Standort des neuen Lieferwagenwerks. Der Unternehmensspitze schwebte eine verkehrstechnisch günstige Lage zwischen Wolfsburg und dem Ruhrgebiet vor, um die Entwicklung des neuen Zweigwerks möglichst bequem von der Konzernzentrale in Wolfsburg aus steuern zu können. Als einem Großkunden der Stahlindustrie war dem Volkswagenwerk an einer günstigen Anbindung an das Ruhrgebiet gelegen. Von Wichtigkeit war darüber hinaus die Arbeiterfrage. Der Zugriff auf ein Reservoir an qualifizierten Arbeitskräften mußte gesichert sein, ohne daß gleichzeitig Transport- und Wohnraumprobleme entstanden. Aus allen diesen Erwägungen heraus genoß von Anfang an der Raum Hannover innerhalb des Managements eine hohe Präferenz.[34] Die Offerte, die dem Volkswagenwerk von der Stadtverwaltung Hannover für den Erwerb eines Industriegeländes im Norden der Stadt unterbreitet wurde, wies alle gewünschten Merkmale auf. Das Gelände war mit Strom, Gas, Wasser und Abwasser erschlossen, lag nur 1,5 km von der Autobahn entfernt im Nordhafengebiet und verfügte über einen Gleisanschluß. Auch garantierte das Arbeitsamt Hannover die „Beschaffung und Beförderung von 5000 Arbeitskräften". Nach kurzen Verhandlungen mit der Hannoveraner Stadtverwaltung wurde noch im Winter 1954/55 mit den Bauarbeiten für das neue Lieferwagenwerk begonnen, und im April 1956 nahm das Transporterwerk Hannover die Serienproduktion auf. Ab 1958 wurden dort auch VW-Motoren produziert.

Unter dem *Gesichtspunkt der Zuständigkeiten* lief die Reform der Arbeitsorganisation auf eine Erweiterung der Kompetenz des unteren Managements bei der Umsetzung von Richtlinien hinaus. Über die Herkunft des *Stab-Linien-Konzepts,* an dem sich die Unternehmenleitung dabei orientierte, ließ *Nordhoff* keinen Zweifel:

> „Es waren in der Hauptsache die Amerikaner, die zuerst diese unnatürliche und gefährliche Zweiteilung aufgaben und organisch alle in einem Unternehmen vorhandenen Stellen – Abteilungen – unter Hauptabteilungen zusammenfaßten, die in keiner Weise mehr nach technischen oder kaufmännischen Gesichtspunkten gegliedert sind, sondern alle in einer Front stehen. Die Leiter dieser Hauptabteilungen müssen dabei untereinander gleichberechtigt sein, ohne Rücksicht darauf, eine wie große Bedeutung die einzelne Hauptabteilung für das betreffende Unternehmen besitzt. ... Ich betone, daß wir eine »organische« Aufgabenteilung anstreben. Das Ihnen vorliegende Organisationsdiagramm stellt dafür ein Beispiel dar, das im großen und ganzen der Gliederung des Volkswagenwerkes entspricht ... ."[35]

Die Umsetzung dieses Programms schuf einen erheblichen Bedarf an »Führungskräften«, deren Rekrutierung dem Volkswagenwerk zunächst Probleme bereitete. *Dorls* schlug zur Behebung dieses Mangels ein umfassendes innerbetriebliches Schulungsprogramm vor:

> »Es besteht heute schon Mangel an guten Führungskräften für die Produktion, der sich mit dem Fortschreiten der Automatisierung noch vergrößern wird. Hier kann man Abhilfe schaffen, wenn man den Praktikern (gelernten Handwerkern) die Möglichkeit gibt, ihre schmalen theoretischen Kenntnisse zielsicher zu verbreitern. Den Dipl.-Ing. und Fachschuling. sollte man die Möglichkeit geben, zu ihren theoretischen Kenntnissen die wichtigsten Kenntnisse über Planung und Produktion zu erwerben; denn es ist von großem Nutzen, wenn auch die Techniker, die nicht in der Produktion tätig sind, trotzdem über Kenntnisse aus diesem Gebiet verfügen. Außerdem sollte man mehr Dipl.-Ing. und Fachschul.-Ing. in der Produktion einsetzen; denn dadurch würden auch die Praktiker besser, da diese von den Theoretikern lernen würden und umgekehrt.«[36]

Besonderen Wert legte Heinrich Nordhoff auf die *technische Perfektionierung des »Käfers.* Um dieses Ziel zu erreichen, war die *Inspektionsabteilung* von der Produktion getrennt und mit weitreichenden Rechten und Pflichten ausgestattet worden:

> „Die Hauptabteilung Konstruktion legt für jedes Teil genaue Qualitätsvorschriften fest, die von der Hauptabteilung Produktion einzuhalten und von der Hauptabteilung Inspektion zu überwachen sind. Es ist in Deutschland beinahe noch generell üblich, daß in Fertigungsbetrieben die Inspektion der Produktionsleitung untersteht,

die Produktion sich also selbst kontrollieren soll, was paradox ist, denn sie wird in diesem Fall die Kontrollmaßstäbe natürlich ihren Wünschen und Sorgen anpassen. Eine Trennung der Funktion des Prüfens von der des Produzierens, eindeutige Arbeitsanweisungen und echte Persönlichkeiten an der Spitze dieser Hauptabteilungen, führt zu einer ganz anderen Qualitätsauffassung auf der Produktionsseite, die im allgemeinen dazu neigt und neigen muß, auch die Qualität der Erfüllung des Produktionssolls, des Produktionsprogramms unterzuordnen, was verhängnisvoll wäre. Der Verkauf erhält die Erzeugnisse also nicht aus der Hand der Produktion, sondern von der Inspektion, wodurch die Garantie gegeben ist, daß die Erzeugnisse nach menschlichem Ermessen nicht von den Qualitätsvorschriften abweichen.“[37]

Weiterhin hatte man im Werk Wolfsburg eine Hauptabteilung »*Technische Entwicklung*« eingerichtet, die mit der kontinuierlichen Verbesserung der Fahrzeuge, der Auswertung von Ergebnissen der Grundlagenforschung und der Weiterentwicklung der Produktionsabläufe befaßt war. Die Funktionsweise dieser Hauptabteilung beschrieb *Nordhoff* folgendermaßen:

„Die Hauptabteilung »Entwicklung« ist so aufgebaut und ausgerüstet, daß sie wie ein selbständiges Unternehmen arbeiten kann. Es handelt sich also um eine Automobilfabrik en miniature mit einer eigenen Atmosphäre, einem elastischen Apparat, von dem Aufgaben zu lösen sind, für die eine Produktionsabteilung weder personell noch materiell die Voraussetzungen besitzen kann oder soll. Nicht zuletzt muß bei jeder Entwicklungsarbeit auch gewissen Erfordernissen der Geheimhaltung genügt werden, was ebenfalls nur bei völliger Trennung von den übrigen Abteilungen des Hauses möglich ist.“[38]

Ungeachtet der internationalen Reputation des »Käfers«, dessen sprichwörtliche Verläßlichkeit entscheidend für seine Entwicklung zum Verkaufsschlager war, registrierte Nordhoff sensibel die Klagen über am »Käfer« auftretende Mängel und forderte jeweils postwendend deren Beseitigung. Ein willkürlich herausgegriffenes Beispiel aus dem Jahre 1960 mag dies verdeutlichen:

„Ich hatte in letzter Zeit Gelegenheit, einige ziemlich neue (unter 2.000 km) Volkswagen außerhalb unseres Werkes zu fahren, und ich war entsetzt über die nahezu unerträgliche Windempfindlichkeit, die bei diesen Wagen alles weit übertraf, was ich von meinem Wagen gewohnt bin. Ich fand die oft ausgesprochene Vermutung bestätigt, daß das alles nichts mit Heckmotor und Wagenform zu tun hat, sondern damit, daß die Einstellung unserer Vorderräder nicht stimmt. Es mag noch hinzukommen, daß man in dem Wunsch, unsere Lenkung leichtgängig zu machen, zu weit geht. Jedenfalls sind unsere Wagen jetzt völlig labil, sie haben überhaupt keine Kursstabilität, und jeder kleine Anstoß, ob durch Wind oder von der Straße her, läßt sie widerstandslos aus dem Kurs laufen. In diesem Zustand ist der Wagen in der Stadt leicht zu fahren, aber auf offener Straße direkt gefährlich. Was kann hier getan werden? Wir brauchen eine Vorderradeinstellung, die den Wagen stabilisiert und ihn geradeaus laufen läßt – jetzt haben wir das Gegenteil. Ich halte dieses für ein ganz wichtiges Problem, das schnell befriedigend gelöst werden muß.“[39]

Phasenweise übte *Nordhoff* harsche Kritik an der Abteilung »Technische Entwicklung«:

„Aus unserem letzten Gespräch schien mir mit großer Deutlichkeit hervorzugehen, daß die schwächste Stelle in unserer Organisation die Technische Entwicklung ist. Auf der anderen Seite hängen von der Einhaltung der dort gestellten Termine alle weiteren Arbeiten und damit der ganze Erfolg ab. Ich möchte Sie deshalb bitten, hiermit den besonderen Auftrag zu übernehmen, die Arbeiten der Technischen Entwicklung unmittelbar zu überwachen. Das wird bedeuten, daß Sie einen nennenswerten Teil Ihrer Zeit in der Technischen Entwicklung werden aufwenden müssen, was ich um so mehr für eine glückliche Lösung halte, weil Sie gleichzeitig die Interessen und Wünsche der Produktion voll übersehen."[40]

Während der fünfziger Jahre entlasteten die ordnungspolitischen Leistungen der USA innerhalb der »pax americana« die international operierenden Unternehmen von der Notwendigkeit, in den Rohstoffbereich hinein zu expandieren. Auch die Versorgung mit Zwischenprodukten bereitete den Finalisten in Westdeutschland keine grundlegenden Probleme, denn die Konkurrenzverhältnisse innerhalb der zersplitterten Zulieferindustrie ließen eine Abhängigkeit von einzelnen Zulieferern gar nicht erst entstehen. Das Volkswagenwerk vermied daher bewußt, sich vorgelagerte Produktionsstufen anzugliedern. Hinsichtlich der Produktionstiefe ähnelte das Werk Wolfsburg nie der Ford-Fabrik in River Rouge, die vom Rohstoff bis zum Endprodukt alle Produktionsstufen »unter einem Dach« zusammenfaßte. 1953, also im Vorfeld der Unternehmensreform, schrieb *Nordhoff* an *Steinmeier:*

„Nach sorgfältigen Überlegungen bin ich zu dem Entschluß gekommen, in keinem einzigen Falle Teile unseres Wagens, die wir nicht heute schon herstellen, in das eigene Fabrikationsprogramm aufzunehmen. Diese Anweisung gilt auch in den Fällen, in denen echte oder scheinbare Kosteneinsparungen durch die eigene Fabrikation erreicht werden können."[41]

Die Frage einer Rückwärtsintegration stellte sich 1958 im Zusammenhang mit der Gründung des *Zweigwerks Kassel* erneut. In Kassel sollten Ersatzteile produziert werden, und da auch deren Herstellung mit Hilfe moderner fordistischer Technologie erfolgen sollte, mußte aus Rentabilitätsgründen angestrebt werden, die geschaffenen Kapazitäten möglichst optimal auszulasten. Der kalkulierte Bedarf an Ersatzteilen reichte dafür aber mittelfristig nicht aus, so daß die Überlegung nahelag, die brachliegende Kapazität zu einer Erweiterung der Eigenfertigung von Zwischenprodukten zu nutzen. Doch wurde diese Möglichkeit letztlich verworfen:

„Es war erwogen worden, diese Kapazitäten für die Herstellung von Teilen und Aggregaten zu verwenden, die wir jetzt von Lieferanten beziehen. Die Vorarbeiten zu diesem Thema sollen zu Ende geführt werden, aber in absehbarer Zeit, das heißt, zumindest in den Jahren 1958 und 1959, soll nichts auf diesem Gebiet unternommen werden."[42]

Lediglich zu Beginn der fünfziger Jahre, als die Versorgung mit Roh- und Zwischenprodukten im In- und Ausland noch regelmäßig stockte, standen im Volkswagenwerk Erwägungen, die Rückwärtsintegration voranzutreiben, ernsthaft zur Debatte. So liest man etwa im Jahresbericht der Produktion für das Jahr 1951:

„Ausser den Produktionsteilen, die im Vorwerk hergestellt werden, wurde das Vorwerk in verstärktem Masse mit der Herstellung von Stählen und Werkzeugen sowie Vorrichtungen eingesetzt, die früher von auswärts gekauft wurden. Desgleichen wurde das Vorwerk mit der Herstellung von Transport- und Förderungsanlagen weitgehendst beauftragt. Es wurden 33 Spezialmaschinen gebaut."[43]

Die Eigendynamik der Automatisierung

Das Bauprogramm von 1954 war nur der Auftakt zur technologischen Reorganisation des Volkswagenwerks. Der expandierende Absatz und der Druck der internationalen Konkurrenz zwangen das Management dazu, die Rationalisierung der Produktion kontinuierlich voranzutreiben:

> „Eine große Erneuerung führten wir 1955 ein, indem die erste Pressenverkettung installiert wurde. Diese Verkettung brachte nicht nur eine Reduzierung der Arbeitskräfte mit sich, sondern auch eine Verringerung der körperlichen Anstrengungen. ... Die erhöhte Stückzahlforderung zwang zu immer weiterer Rationalisierung. So konnten wir 1956 in der Fußbodenstraße bereits die ersten Greifermechanisierungen einsetzen."[44]

> „Sehen Sie diese Bearbeitung einer Kurbelgehäusehälfte 1958, schon kombinierte Maschinen, aber doch Einzelmaschinen und davon eine sehr große Zahl. Dann kommen die Transferstraßen, die das Werkstück selbsttätig von Bearbeitungsgang zu Bearbeitungsgang führen, bei denen alle Bewegungen und Schaltvorgänge nach festgelegtem Schema automatisch aneinandergereiht sind. ... Das Thema Transfer-Straßen als Mittel der Automatisierung ist vieler Variationen fähig. Da, wo die Verbindung zwischen den Arbeitsmaschinen anderen Transporteinrichtungen für die Werkstücke zufällt, spricht man oft auch von einer Verkettung, wie Sie hier zwischen Bullard-Automaten zur Bremstrommel-Berabeitung sehen. Diese für Automobilfabriken typischen sechsspindeligen Vertikalautomaten von höchster Leistungsfähigkeit, die pro Stück über eine halbe Million DM kosten, sind in dieser Abteilung zu einer Gruppe von 19 Maschinen mit Förderbändern verkettet – fast alles erfolgt automatisch nach festgelegtem Plan. Das Nahziel ist es, das Wort »fast« aus diesem Satz zu entfernen. Das Fernziel ist, die immer weitere Zurückdrängung jeder spanabhebenden Bearbeitung – wir sind auf dem besten Wege dazu. Das Bearbeiten kann nicht für sich allein bestehen, die Arbeit muß auch ständig nachgemessen und kontrolliert werden. Auch das tun heute neben einer großen Zahl von Inspektoren in zunehmendem Maße automatische Einrichtungen, die selbständig sortieren und Ausschuß ausscheiden – sie tun es fehlerfrei, sie können nicht anders."[45]

Heinrich Nordhoff übersetzte den *permanenten* Modernisierungsdruck von der Konzernspitze aus in Vorgaben für die nachgeordneten Stufen des Managements. So instruierte er im August 1955 die Produktionsleitung:

> „Ich möchte klarstellen, daß meine Ausführungen bei der Pressekonferenz anläßlich des millionsten Volkswagens nicht das geringste daran ändern, daß die Notwendigkeit, durch moderne Maschinen und Einrichtungen und durch weitestgehende Mechanisierung und Automatisierung Kosten und Arbeitskräfte einzusparen, oberstes

Gesetz der Entwicklung bleibt. Wir gehen einer Periode des härtesten Konkurrenzkampfes, insbesondere gegen Firmen mit amerikanischem Hintergrund in Deutschland und in England, entgegen. Wir haben ferner fünf bis zehn Jahre vor uns, in denen Arbeitskräfte knapp und zunehmend teurer sein werden; wir müssen auch mit der 40-Stunden-Woche rechnen, für deren Minderproduktion wir technisch den Ausgleich finden müssen. Das wird alles nicht mit halben Maßnahmen zu erreichen sein, sondern nur mit sehr weitreichenden. Ich bitte, noch einmal zu überprüfen, ob alle, die daraus lernen könnten, zur Werkzeugmaschinen-Ausstellung in Chicago vorgesehen sind – für ihre Zahl setze ich kein Limit. Unmittelbar, also spätestens eine Woche nach Rückkehr, sollen die Bestellungen vergeben werden."[46]

Unter diesen Umständen ging es für die Unternehmensleitung darum, unter den technologisch möglichen Lösungen der zwangsläufig auftretenden organisatorischen Probleme diejenigen zu favorisieren, welche die *Kapazitätsauslastung* optimierten. Bisweilen kam es über diese Frage zu Unstimmigkeiten innerhalb des Managements, so auch anläßlich des Gründung des *Zweigwerks Kassel*. Auch für die Gründung dieses Zweigwerks waren räumliche Engpässe in der Wolfsburger Fabrik ausschlaggebend. *Nordhoff* wandte sich im Januar 1958 gleichzeitig an die *Produktionsleitung* und die *Organisationsabteilung* mit der Aufgabe, Vorschläge zur Umsetzung der allgemeinen Richtlinien für Kassel zu erarbeiten:

„Die derzeitige Produktionshöhe in Wolfsburg wird durch eine Reihe von Engpässen gesteuert, die durch Dreischichten-Arbeit und teilweise auch durch Arbeit an Sonnabenden und Sonntagen überbrückt werden. Es muß unser Ziel sein, diese Engpässe ohne Rücksicht auf Schwierigkeiten und sonstige Folgen so schnell wie möglich aufzuweiten und damit dem Produktionsfluß im ganzen Luft zu verschaffen. Solche Engpässe werden auch in der übersehbaren Zeit noch bestehen, und von einigen wurde bereits gesprochen. Ich würde es als unsere dringendste Aufgabe ansehen, nicht nur die jetzt bestehenden, sondern auch die für 1959 vorhersehbaren Engpässe mit allem nur möglichen Nachdruck zu beseitigen. In einigen Fällen erfordert diese Vorsorge ziemlich weitreichende Vorarbeiten; teilweise muß, wenn auch in geringem Umfang, gebaut werden, es müssen Maschinen und Einrichtungen bestellt werden, die nicht schnell lieferbar sind – alles Notwendigkeiten, die schon jetzt im Hinblick auf die Zukunft ausgeführt werden müssen. ... Wir haben im wesentlichen durch die Überleitung der Vorderachse nach Braunschweig einen erheblichen Überhang an Arbeitskräften in Wolfsburg. Es müssen Mittel und Wege gefunden werden, diese jetzt in Wirklichkeit unbeschäftigten Arbeitskräfte an produktive Arbeiten zu bringen, also ihr Vorhandensein zu benutzen, um mehr Automobile zu bauen. Ich bin der Überzeugung, daß es ohne wirkliche Schwierigkeiten möglich ist, über alle bisher genannten Zahlen hinaus in 1958 10.000 bis 15.000 Personenwagen zusätzlich zu bauen. Dieses Ziel muß erreicht werden, auch wenn dazu vorübergehend noch stärker in den Dreischichten-Betrieb gegangen werden muß; vor allem aber müssen die maschinen- und einrichtungsbedingten Engpässe wirklich mit allem nur möglichen Nachdruck beseitigt werden. Zu diesem Ziel bietet die in Kürze verfügbare Kapazität in Kassel eine weitere Möglichkeit, daß Fertigungen aus Wolfsburg, die ohne Schwierigkeiten verlagert werden können – wir sprachen zum Beispiel von der Auspuff-Fertigung – als Ganzes nach Kassel verlagert werden. Dieses Verfahren ist zweifellos auch für andere Teile oder Aggregate noch anwendbar und wir müssen diesen Weg gehen."[47]

Steinmeier von der Produktionsleitung hielt eine volle Auslastung des neuen Werks in Kassel auf mittlere Sicht für ausgeschlossen und wandte sich insbesondere dagegen, durch das Bemühungen um Produktionssteigerungen in Kassel die Wirtschaftlichkeit der Vorderachsenfabrik in Braunschweig zu gefährden. Im übrigen reklamierte er für seine Hauptabteilung die Federführung bei der Vorbereitung der Planung für Kassel:

> „Ob alle Bundbolzen in Braunschweig oder Kassel hergestellt werden sollen, wurde schon weit vorher geprüft, bevor die Maschine aufgegeben wurde. Wenn wir schon mal eine Vorderachsfabrik haben, müssen auch dort die Bundbolzen gemacht werden und es ist bestimmt das Wirtschaftlichste. Jedoch sollen die Ersatzteile in Kassel gemacht werden. Es ist nicht allein nur diese Maschine – es sind mehrere, die nicht ausgenutzt werden. Wenn wir das erreichen wollen, dann dürfen wir überhaupt nicht nach Kassel gehen. Ich bin aber der Ansicht, daß wir dieses eben nun mal für unsere Ersatzteilefabrik in Kauf nehmen müssen. Täglich werden Überlegungen von den Planungen, der Maschinenbeschaffungsstelle und von mir selbst angestellt, wie wir bei solchen Teilen vorgehen. Es wird hierbei immer der beste und wirtschaftlichste Weg gewählt. Die Organisationsabteilung kann dieses nicht beurteilen und ich lehne solche Spitzelarbeit ab; erst recht, da ich im Hause bin und gefragt werden konnte."[48]

Letztlich fand aber doch der Vorschlag der *Organisationsabteilung* Akzeptanz. Diese hatte empfohlen, die Ersatzteileproduktion in Kassel durch die Fertigung von Aggregaten und Getrieben zu ergänzen, um eine hinreichende Kapazitätsauslastung des neuen Werks sicherzustellen und den Produktionszusammenhang des Volkswagen-Konzerns weiter zu rationalisieren:

> „Zweifellos ist die Gefahr einer noch in Jahren als unrationell nachweisbaren Investierung wesentlich geringer, wenn wir zunächst eine in Wolfsburg laufende Fertigung nach Kassel bringen, statt dort neue hochwertige Maschinen hinzustellen, die nur stundenweise genutzt werden. Würde man zum Beispiel die Aggregat-Aufbereitung zuerst verlagern, könnten die dem Land Hessen und der Stadt Kassel genannten Beschäftigungszahlen kurzfristig erreicht werden. Wir bekämen über 600 Arbeitskräfte = 60 Wagen täglich in Wolfsburg frei, und wir hätten in Herrn Leidig dort einen Betriebsleiter, der neben der Technik eine straffe Menschenführung kennt. Von dieser Abteilung ausgehend, könnte die Ersatzteile-Fertigung ausgebaut werden, wobei das Schwergewicht bei ausgelaufenen Teilen liegen sollte. Serienteile als Ersatzteile gesondert gefertigt, bringen wesentliche Verteuerungen. Statt der Aggregat-Aufbereitung könnte man auch das Standardgetriebe oder irgendeine sonst in Wolfsburg laufende Fertigung zur Verlagerung vorsehen. ... Das Werk Kassel, das eine wertvolle Ergänzung und Abrundung der drei bisherigen Werke darstellt, läßt sich so in das Fertigungsprogramm einbauen, daß als nachweisbare Mehrkosten höchstens Transportkosten anfallen dürfen. Sie sind tragbar, wenn mehr Fahrzeuge gebaut oder die Ersatzteileversorgung bei Engpaßteilen verbessert wird."[49]

Auch nach 1954 orientierte man sich bei Volkswagen weiterhin an der technologischen Entwicklung in den USA. Die *Informationsreisen* und *regelmäßigen Messebesuche* wurden fortgesetzt, und man war bemüht, die eigene Produktionstechnologie stets auf dem neuesten Stand der internationalen Entwicklung zu halten. 1960 beispielsweise lieferte *Höhne* von der Produktionsleitung einen detaillierten Bericht über seinen USA-Besuch an die Generaldirektion:

„Zweck der Reise war der Besuch der Werkzeugmaschinen-Ausstellung in Chicago. Außerdem wollte ich mir Klarheit über die verschiedenen Gießverfahren für Kurbelwellen verschaffen. Ferner war es notwendig, die verschiedenen in USA entwickelten selbsttätigen Füllverfahren für Spritzgußmaschinen auf ihre Anwendungsmöglichkeiten in der Praxis zu überprüfen. In diesem Zusammenhang sollte auch das in den USA teilweise angewandte Vakuum-Druckguß-Verfahren und die dadurch entstehenden Vor- und Nachteile studiert werden. Begleitet wurde ich von unserem Gießerei-Leiter, Herrn Serwe, sowie dem Konstrukteur der Gießereiwerkzeuge, Herrn Jäger, vom Werk Braunschweig. Als erstes besichtigten wir eine Kurbelwellen-Gießerei von General Motors, die die Kurbelwellen liegend, in Grünsand geformt und in perlitischem Temperguß herstellt. Der große Nachteil dieses Herstellungsverfahrens ist der, daß perlitischer Temperguß nach dem Gießen noch einem umständlich langen Glühverfahren unterzogen werden muß. Bei der Ford Motor Company wurde in Detroit die Kurbelwellen-Gießerei besichtigt, wo Kurbelwellen im Croning-Verfahren stehend, ähnlich unserem Zylinder-Guß, in Späro-Guß hergestellt werden. Die Impfung des geschmolzenen Eisens, das ist der Zusatz von Magnesium, geschieht auf sehr einfache Art, und die sehr befürchtete notwendige kurze Vergießzeit kann man, wie wir uns bei Ford überzeugen konnten, auch beherrschen. Von den Besuchen bei verschiedenen Leichtmetall-Druckguß-Herstellern ist die Outboard Marine Corporation in Waukegan hervorzuheben, wo wir die automatische Zuführung von flüssigem Aluminium bei der Herstellung von Aluminium-Kurbelgehäusen mit eingeschossenen Laufbüchsen sehen konnten. Ferner konnten wir die Anwendung des Vakuum-Druckgußverfahrens hier genauestens beobachten. Auffallend in diesem Betrieb war die verhältnismäßig einfache Verriegelungs-Konstruktion der Druckgußformen. Bei der AC Spark Plug Division, die zum General Motors Konzern gehört, wurde die Leichtmetall-Gießerei besichtigt, die uns allerdings nichts Neues zeigen konnte. AC Spark Plug stellt fast für den ganzen General Motors Konzern Leichtmetall-Druckguß-Teile her, wobei allerdings die Herstellung einer Karosserie-Schalttafel als Magnesium-Druckguß interessant ist. Die Herrn Schewe und Jäger führten anschließend einen Besuch bei der Dow-Chemical durch, wo in erster Linie ein Erfahrungsaustausch über Magnesium-Legierung, Wachsen des flüssigen Materials und Überwachen des Schmelzens stattfand. Ein weiterer Besuch der beiden Herrn bei der Doehler-Jarvis Company in ihrer Batavia Plant brachte für uns im wesentlichen nichts Neues."[50]

Die Wege des Technologietransfers aus den USA nach Wolfsburg waren vielfältig. Neben die häufigen Informationsreisen traten umfangreiche *Maschinenkäufe* in den Vereinigten Staaten. Dabei wurde die Einkaufspolitik in ihren Grundlinien von der Konzernspitze selbst vorgegeben:

„Bei Überlegungen über die weitere Entwicklung unseres Werkes kommt man an die Frage der Automatisierung, die wir im Augenblick noch nicht für akut angesehen haben, die aber eines Tages auf uns zukommen wird aus dem Zwang der Einsparung von Arbeitskräften und auch im Zuge der weiteren Rationalisierung. ... Ich bitte Sie also, das Studium dieser Frage, die den Kontakt mit Firmen erforderlich macht, die auf dem Gebiete der Transferstrassen schon Erfahrungen haben, soweit voranzutreiben, dass wir mit der Entwicklung Schritt halten können. Ich denke dabei an die Herstellerfirmen der Maschinen und Apparate und nicht an die Benutzer solcher Maschinen. Gegebenenfalls wird es auch notwendig sein, mit ausländischen Firmen Fühlung aufzunehmen, wobei ich allerdings nur an amerikanische Firmen denke, die dann zweckmäßigerweise die gesamte Einrichtung solcher Strassen liefern, vor allem auch einschließlich des elektrischen Teiles, der besondere Anforderungen stellt. Ich denke dabei vor allem an die Firma CROSS in Detroit, die eine derjenigen ist, die von dieser Aufgabe viel verstehen. Die Notwendigkeit, Menschen im Betrieb einzusparen, wird mit jedem Jahr, das auf uns zukommt, dringlicher werden, so dass ich es als eine ganz unausweichliche Notwendigkeit ansehe, in dem hier angegebenen Sinne zu arbeiten und nicht etwa bei der bisher von uns angewendeten Methode stehenzubleiben."[51]

Aber auch der gelegentliche *Rückgriff auf amerikanische Spezialisten* spielte eine gewisse Rolle. Als etwa 1956 die Preßwerksplanung in ein neues Stadium trat, wurden zwei Experten der Firma Budd nach Wolfsburg geholt, um bei der Umsetzung des geplanten Investitionskonzeptes behilflich zu sein:

„Am 15. April um 12.25 treffen die Herren Ted Schaft und Joseph Davis mit der KLM, von Amerika kommend, in Hamburg ein. ... Es ist vorgesehen, daß beide Herren ihre Tätigkeit bei uns im Werk am 16. April aufnehmen, und ich glaube, daß das am besten in der Form erfolgen sollte, daß diejenigen, die mit Ihnen im Preßwerk und in der Preßwerksplanung zusammenarbeiten, von Ihnen zusammengerufen werden, so daß allen gemeinsam diese beiden Amerikaner vorgestellt werden können und damit eine befriedigende Basis für die spätere Zusammenarbeit geschaffen wird. ... Wie Sie sich erinnern, beruht das Kommen dieser amerikanischen Preßwerkspezialisten auf einem Angebot von Mr. Budd, uns mit weiteren Hinweisen auf bestehende Verbesserungsmöglichkeiten zur Hand zu gehen, das ich mit Freude und Dankbarkeit aufgegriffen habe. Ich bin mir darüber im klaren, daß gegen solche Ratgeber, die natürlich in andern Dingen anderer Meinung sein können, ja sogar sein müssen, leicht ein gewisser Widerstand besteht, dessen Vermeidung aber Voraussetzung für das sinnvolle Gelingen des ganzen Planes ist."[52]

Gegenüber der Öffentlichkeit betrieb Nordhoff eine zurückhaltende Informationspolitik, was den Technologietransfer aus den USA betraf. Indiskretionen von Werksangehörigen wurden in diesem Zusammenhang scharf sanktioniert:

„Ich bitte Sie, alle Herren, die zur Ausstellung nach Chicago fahren, mit größtem Nachdruck darauf hinweisen zu wollen, daß niemand berechtigt ist, irgendwelche Informationen an die Presse, an Reporter oder überhaupt Außenstehende zu geben. Die amerikanischen Reporter sind mit solchen Unternehmungen ausserordentlich geschickt und locken mühelos aus dem Befragten heraus, was sie wissen wollen. Auf diese Gefahr soll vorsorglich hingewiesen werden, weil jeder, der durch solche Indiskretionen Dinge in die Öffentlichkeit kommen läßt, die nicht dahin gehören, ohne Nachsicht zur Verantwortung gezogen wird. ... Im allgemeinen haben unsere Werksangehörigen auf diesem Gebiet bisher wenig Disziplin bewiesen; was wahrscheinlich auf Unkenntnis beruht; diese Unkenntnis soll hiermit beseitigt werden."[53]

Aufgeschlossen stand Nordhoff einem Erfahrungsaustausch und sogar einer Kooperation mit der Konkurrenz im technologischen Bereich gegenüber. Weder Repräsentanten der Firma Opel noch leitende Mitarbeiter von Renault hatten Mitte der fünfziger Jahre größere Schwierigkeiten, im VW-Werk einen „großzügigen Einblick in ... Produktion und Planung" zu erhalten.[54] Auch wurde in den fünfziger Jahren ein begrenzter Austausch von Ingenieuren und Nachwuchskräften mit englischen und französischen Automobilfirmen praktiziert.[55] Der beeindruckende Erfolg des Volkswagenwerks auf den internationalen Märkten seit der zweiten Hälfte der fünfziger Jahre zeigt, daß es dem Unternehmen im Laufe der Zeit gelang, den technologischen Rückstand gegenüber den USA nach und nach aufzuholen. Dieser Prozeß wurde von der Unternehmensleitung mit Befriedigung registriert. Nordhoff sprach 1966 davon, Volkswagen stehe aus technologischer Perspektive „durchaus auf dem Niveau amerikanischer Automobilfabriken".[56]

Produktion, Produktivität und Rentabilität bei Volkswagen während der fünfziger und frühen sechziger Jahre

Erste Hinweise auf den Erfolg der fordistischen Massenproduktion bei Volkswagen liefert die Entwicklung der Produktionszahlen. 1.785 produzierten Automobilen im Jahre 1945 standen 1950 bereits 90.038 Wagen gegenüber. Die Produktionssteigerungen basierten in den ersten Jahren nach Kriegsende darauf, daß es gelang, vorhandene Kapazitäten auszulasten, die infolge der kriegsbedingten Desorganisation brachlagen. Die hohen Steigerungsraten beim Produktionsausstoß hielten aber auch nach 1950 an und schwächten sich erst zu Beginn der sechziger Jahre ab – und dies nur, weil sich inzwischen auch ein beachtliches Wachstum in absoluten Zahlen nur noch in geringeren Steigerungsraten ausdrückte. Während der gesamten fünfziger Jahre lag die jährliche Wachstumsrate der Konzernproduktion nie unter 13% und erreichte 1955 einen Spitzenwert von 36,11%. 1958 wurden erstmals mehr als 500.000 Wagen hergestellt, und 1961 übertraf die Jahresproduktion bei Volkswagen die magische Grenze von einer Million.

Tabelle 5.1: Die Inlandsproduktion des Volkswagenkonzerns 1945-1962[57]

	1945	1950	1952	1954	1956	1958	1960	1962
Konzernproduktion	1785	90038	136013	242373	395690	557088	890673	1184675
Typ 1 (Wolfsburg)[58]	1785	78827	109572	197428	314767	422994	689282	785815
Typ 1 (Anteil an der Konzernproduktion in %)	100	87,6	80,6	81,5	79,6	75,9	77,4	66,3
Typ 2 (Wolfsburg)		8059	21665	40199	13686			
Typ 3 (Wolfsburg)							12	118771
Typ 2 (Hannover)					48814	101873	139919	165774
Typ 14/15 (Osnabrück)		3152	4776	4746	18423	28532	36645	33511
Typ 34 (Osnabrück)								32679

Ein Hauptmerkmal der Unternehmenspolitik, die der Volkswagen-Konzern während der Nachkriegszeit verfolgte, war die *konsequente Beschränkung der Produktpalette*. Der »Käfer« etablierte sich unumstritten als »Flaggschiff« des

Unternehmens. Bis 1961 lag sein Anteil an der gesamten Konzernproduktion bei über 75%. Noch deutlichere Konturen gewinnt die Schlüsselrolle des »Käfers«, wenn man in Rechnung stellt, daß auch der Lieferwagen – also der Typ II – von der Konstruktion her mit ihm verwandt war. Erst mit Beginn der sechziger Jahre setzte mit dem *VW 1500* langsam eine echte Differenzierung der Produktpalette bei Volkswagen ein. Bis dahin waren die außer dem »Käfer« produzierten Modelle, wie etwa das von der Firma *Karmann* in Osnabrück karossierte Cabriolet, kaum mehr als Variationen des Standardmodells, die jeweils auf ein eng umrissenes Marktsegment zugeschnitten waren. Aber selbst in den frühen sechziger Jahren, als das Volkswagenwerk mit dem 1500er und dem 1300er seine Produktpalette aufzulockern begann, verließ sich die Konzernspitze bei der Zukunftsplanung weiterhin hauptsächlich auf den bewährten 1200er-»Käfer«. Noch 1965 stand dies für Nordhoff außer Frage:

> „Wir hatten 1965 zwei bemerkenswerte Premieren, den 10.000.000. Volkswagen im September und den 2.000.000. Volkswagen in USA im Dezember – beides große Zahlen, beide bisher noch von keiner einzigen europäischen Automobilfabrik erreicht, aber, meine Damen und Herren, meinem Herzen steht eine andere Zahl noch näher, von der bisher nie gesprochen wurde – wir haben 1965 mehr als eine Million vom Typ 1, unserem alten, lieben Volkswagen hergestellt und verkauft, und das hat auch in Amerika seit 30 Jahren niemand mit einem einzigen Typ fertiggebracht, und ich meine, darauf könnten wir wohl ein wenig stolz sein, wir, damit meine ich wirklich uns alle; denn das ist eine Weltpremiere, und das mit einem Wagen, für den man schon vor fünfzehn Jahren ein Begräbnis vierter Klasse vorbereitet hatte. ... Wir werden auch in Zukunft nicht ändern um des Änderns willen, und wenn auch in jedem Jahre wieder das Rätselraten um den »neuen« Volkswagen gespielt wird, so kann ich Ihnen verbindlich sagen, daß der nächste Volkswagen noch immer der alte ist und daß er es noch für sehr viele Jahre bleiben wird; nicht, weil uns nichts Neues einfiele, aber er müßte schon ganz grundlegend besser sein, und zwar ohne höheren Preis...“[59]

Der »Käfer« blieb sich äußerlich über die Zeit hinweg gleich – von wenigen Details wie dem Auslaufen des »Brezelfensters« 1953 abgesehen. Doch legte *Heinrich Nordhoff* großen Wert auf die kontinuierliche Verbesserung von technischen Daten, Bedienungskomfort und Betriebssicherheit des »Typs I«. Die 1952 erfolgte Ausrüstung des Standardmodells und des Cabrios mit einem Synchrongetriebe, welches das geräuschlose Wechseln der Gänge ohne Zwischengas ermöglichte, ist nur eines von vielen Beispielen dafür.[60]
Die Parallele zwischen der Rolle des »Käfers« bei Volkswagen und derjenigen des legendären »*Modells T*« bei Ford ca. 40 Jahre zuvor sind unübersehbar. Auch *Henry Ford* setzte vorbehaltlos auf ein Standardmodell. Auch er bemühte sich, durch unablässige Rationalisierung der Produktion, den Preis dieses Modells immer weiter zu senken. Allerdings legte *Henry Ford* – verglichen mit Nordhoffs Engagement bezüglich des »Käfers« – wenig Wert auf die technische Verbesserung seiner »Tin Lizzie«. Gleichwohl lag bei Ford ebenso wie bei Volkswagen der Hauptakzent der Unternehmenspolitik eindeutig auf der *Produktionsseite*.

Die *Absatzpolitik* konzentrierte sich in beiden Fällen auf den Aufbau einer schlagkräftigen Händlerorganisation und die Schaffung eines gut funktionierenden Servicenetzes. Modernem Marketing stand *Heinrich Nordhoff* dagegen ebenso reserviert gegenüber wie Henry Ford. Bis 1963 gab es bei Volkswagen keinerlei Etat für Werbung im heutigen Sinne. Öffentlichkeitsarbeit beschränkte sich bis zu diesem Zeitpunkt auf die Organisation schlagzeilenträchtiger Pressekonferenzen und die Bekanntgabe neuer Rekordziffern der Produktion im Rahmen von öffentlichen Großveranstaltungen, in deren Mittelpunkt zumeist eine ausführliche Rede *Heinrich Nordhoffs* stand.[61]

Die Voraussetzung dafür, daß diese Unternehmenspolitik, die auf konsequente Rationalisierung bei ebenso konsequenter Beschränkung der Produktpalette setzte, lange Zeit von Erfolg gekrönt war, war die Existenz eines *Nachfrageüberhangs.* Ähnlich wie früher Ford agierte der Volkswagen-Konzern während der fünfziger Jahre auf einem *Anbietermarkt,* der den Absatz der Automobilindustrie begierig aufnahm. Für das Volkswagenwerk lag unter diesen Umständen das Problem vor allem darin, den Bestellungen nachzukommen. In kaum einem Geschäftsbericht fehlt eine Passage wie die folgende:

> „Während des ganzen Jahres 1956 war die Verkaufssituation unverändert gut. Die Nachfrage nach den Volkswagen konnte auch in diesem Geschäftsjahr bei weitem nicht befriedigt werden. Lieferfristen von mehr als sechs Monaten im Inland und im Ausland waren die Folge.“[62]

Der entscheidende Unterschied zu Ford bestand darin, daß der Volkswagen-Konzern von Beginn an auf den internationalen Markt angewiesen war. Auch ein noch so sehr expandierender Binnenmarkt hätte im Automobilbereich während der fünfziger Jahre keine hinreichende Kapazitätsauslastung ermöglicht. Erst das Zusammenspiel von Binnenmarkt und Weltmarkt erzeugte den Nachfrageüberhang. Mit Beginn der sechziger Jahre schlug der westdeutsche Automobilmarkt allmählich von einem Anbieter- in einen Nachfragermarkt um. Auf die Veränderungen des ökonomischen Umfelds reagierte das Volkswagenwerk mit dem Einstieg in die Werbung, leichten Variationen der Produktpalette und einigen technischen Neuerungen an den Fahrzeugen. Diese Maßnahmen erwiesen sich indes als nicht ausreichend, um mittelfristig eine Absatzkrise auf dem bundesdeutschen Markt abzuwenden. 1966 – also gegen Ende der Ära Nordhoff – wurde eine solche Krise, vielbeachtet in Politik und Medien, offensichtlich.[63] Diese erste Absatzkrise, die der Volkswagen-Konzern nach dem Zeiten Weltkrieg durchlief, wies auf die Grenzen einer unternehmenspolitischen Strategie hin, die während der fünfziger Jahre unter den Bedingungen der »Automobilmachung« in Westdeutschland den Akzent auf die Rationalisierung im Rahmen der fordistischen Massenproduktion gelegt hatte. Aber der Binnenmarkt war für das Volkswagenwerk nur die eine Seite der fordistischen Medaille. Die Lage auf dem internationalen Markt war die andere. Sie stellte sich bereits während der fünfziger Jahre wesentlich komplexer dar als die Verhältnisse in Westdeutschland.

Im Rahmen der fordistischen Massenproduktion geht es darum, durch eine kontinuierliche Steigerung der *Produktivität* eine durchschlagende *Stückkostendegression* zu erzielen. Dieses Konzept ging bei Volkswagen während der fünfziger Jahre auf. Damit bestätigt sich das Bild der Produktivitätsentwicklung, das Kapitel 3 für die Automobilbranche insgesamt gezeichnet hatte.

Tabelle 5.2: Daten zur Entwicklung der Produktivität im Volkswagenwerk[64]

	1950	1952	1954	1956	1958	1960	1962
Beschäftigtenzahl (Konzern)	14984	17438	25652	36161	47916	75528	91220
Beschäftigtenzahl (GmbH/AG)	14966	17381	25283	35672	44004	64139	78004
Beschäftigtenzahl (Wolfsburg)	14061	16572	24161	28941	32826	36652	43578
Produktion pro Kopf (GmbH/AG)	6,0	7,8	9,6	11,1	12,6	13,5	14,3
Produktion pro Kopf (Wolfsburg)	6,2	7,9	9,8	11,4	12,9	18,8	20,8
Stundenproduktivität	0,0063	0,0069	0,0077	0,0106	0,0109	0,0130	0,0136

Der Produktionsumfang – gemessen in Stückzahlen – stieg im Volkswagenwerk zwischen 1950 und 1962 um mehr als das Zwölffache, während sich die Beschäftigung im gleichen Zeitraum nicht einmal versechsfachte. Dem entsprach, daß die durchschnittliche Produktion pro Person von 6 Fahrzeugen in 1950 auf 14,3 Fahrzeuge in 1962 anstieg. Die Steigerungsraten der Produktion pro Kopf fielen in allen Jahren echt positiv aus und bewegten sich zwischen einem Spitzenwert von 24,2% und einer unteren Grenze von 2,4%. Noch beeindruckender verlief die Entwicklung im Werk Wolfsburg, dem eigentlichen Brennpunkt der Unternehmensreform. Hier stieg die mittlere Produktion pro Kopf gar von 6,2 Fahrzeugen in 1950 auf 20,8 Wagen in 1962. Die Beschäftigtenzahl wuchs um ca. das Dreifache, der Output um deutlich mehr als das Zehnfache.

Diese Zahlen unterstreichen den arbeitssparenden Charakter der fordistischen Technologie. Die *Produktivitätsentwicklung* bei Volkswagen messen sie jedoch nur ungefähr, da die jährliche Arbeitszeit pro Person – bedingt durch tarifvertragliche Regelungen und Überstunden – variierte. Zur *Stundenproduktivität* ist zu bemerken, daß die entsprechende Spalte in Tabelle 5.2 einen Bruch aufweist, da die betriebswirtschaftliche Abteilung bis 1955 die Gesamtfertigungsstunden erhob, sich danach aber auf die Fertigungsstunden der Lohnempfänger konzentrierte. Dessen ungeachtet dürfte die Entwicklung der Stundenproduktivität mit hinreichender Schärfe aus der Tabelle 5.2 hervorgehen. Die Zahlen weisen einen unmittelbaren Produktivitätseffekt der 1954 einsetzenden technologischen Veränderungen aus. Diesem Anfangserfolg folgten während einer zweijährigen Reifezeit der neuen Technologie Produktivitätsverluste bis 1957, die aber durch das Wachstum der Stundenproduktivität seit 1958 problemlos ausgeglichen wurden. 1962 verzeichnete die Stundenproduktivität dann einen abermaligen Rückschlag. Die Produktivitätssteigerungen, die das Volkswagenwerk im Rahmen der fordistischen Massenproduktion erzielte, gab das Management über die Stückpreise an die Kunden weiter.

Tabelle 5.3 präsentiert die Inlandspreise für den Standard-»Käfer« (VW 1200 in Exportausführung).

Tabelle 5.3: Der Inlandspreis des »Käfers« (1953-1962)[65]

	1953	1954	1955	1956	1957	1958	1959	1960	1961	1962
Preis des VW 1200 in DM (Jahresende)	5150	4850	4600	4600	4600	4600	4600	4600	4740	4980
Index (1953=100)	100	94,2	89,3	89,3	89,3	89,3	89,3	89,3	92	96,7

Er kostete 1961 *absolut* weniger als 1953. 1962 erhöhte das Volkswagenwerk erstmals den Preis für den »Käfer« – auf 4980 DM – und lag damit im Branchentrend. Auf die politischen Unstimmigkeiten zwischen der Automobilindustrie und Wirtschaftsminister Erhard, die dieser Schritt provozierte, ist in Kapitel 3 hingewiesen worden. Die Automobilunternehmen begründeten die Preiserhöhungen mit Kostensteigerungen, die nicht mehr durch eine forcierte Rationalisierung aufzufangen seien. Zumindest für das Volkswagenwerk ist diese Argumentation stichhaltig. Bei steigenden Kosten entwickelte sich 1962 die Stundenproduktivität leicht rückläufig. Unbeschadet dieses Umstands fiel die Bilanz der 1954 eingeleiteten Unternehmensreform bei Volkswagen zu Beginn der sechziger Jahre uneingeschränkt positiv aus. Durchschlagende Produktivitätsgewinne waren die Grundlage für stabile – und sogar sinkende – Preise, und diese wiederum ermöglichten die Absatzsteigerungen, die notwendig waren, um die fordistische Massenproduktion rentabel zu machen. Mit Stolz verwiesen die Geschäftsberichte des Unternehmens im Laufe der fünfziger Jahre immer wieder auf die erreichte Preisstabilität und den Zusammenhang zwischen Preisen und Umsatz:

> "Im Jahre 1960 erreichten unsere Gesellschaft und die im Automobilgeschäft tätigen Konzerngesellschaften – nach Aussonderung der internen Umsätze – einen Umsatzzuwachs von 30% auf insgesamt 4,6 Milliarden. *Damit haben wir unter den Industriebetrieben der Bundesrepublik den höchsten Umsatz erzielt.* Unsere Absatzlage war während des ganzen Jahres gut. Der Kapazitätsausbau ermöglichte es, die Lieferfristen weitgehend zu normalisieren. Die Verkaufspreise blieben im Inland unverändert, obgleich im Berichtsjahr Personenwagen und Transporter mit beachtlichen, kostenerhöhenden Verbesserungen versehen wurden."[66]

Letztlich bemißt sich der Erfolg eines Unternehmens weder an Umsatzzahlen noch an der Produktivitätsentwicklung, sondern an der *Rentabilität*. Nach dieser Maxime handelten auch die Verantwortlichen bei Volkswagen:

> „Die Grundsätze »keine Anforderung ohne Begründung und keine Investierungen für Rationalisierung ohne Rentabilitätsberechnung« bilden die Grundlage für eine gesunde Wirtschaftsauffassung."[67]

Unglücklicherweise standen für die Arbeit an diesem Buch lediglich die offiziellen, in den Geschäftsberichten abgedruckten Bilanzen des Konzerns zur Verfügung. Dieses Zahlenmaterial ist weder hinreichend konsistent noch hinreichend informativ, um eine verläßliche Berechnung der *Eigenkapitalrentabilität,* der *Umsatzrentabilität* oder der *Unternehmensrentabilität* für die fünfziger Jahre vorzunehmen. Gleichwohl geben einige Beobachtungen indirekte Hinweise über die Rentabilitätsentwicklung im Volkswagenwerk.

Tabelle 5.4: Bilanzdaten der Volkswagenwerk GmbH/AG (in Mio. DM)[68]

	1950	1951	1952	1953	1954	1955	1956	1957	1958	1959	1960	1961	1962
Bilanzsumme	270,1	278,4	320,7	398,0	457,0	576,2	645,5	766,4	1031,3	1601,6	1854,7	2092,3	2270,6
Umsatz	405	479	678	818	1064,3	1407,9	1715,4	2037,1	2442,6	3055,3	3932,7	4422,7	5517,9
Stammkapital	60,0	60,0	60,0	60,0	60,0	60,0	60,0	60,0	60,0	300,0	600,0	600,0	600,0
Eigenkapital	83,7	87,6	88,2	94,4	109,8	143,6	189,6	274,4	192,2	843,2	921,8	988,6	1090,8
Fremdkapital	149,8	137,7	232,6	303,6	347,2	432,5	455,9	492,0	839,1	758,4	933,0	1103,8	1179,9
Anlagekapital	127,7	164,7	127,3	156,4	185,1	301,2	348,3	416,1	579,9	1047,9	1298,9	1529,2	1532,6
Reingewinn	5,3	3,8	7,0	10,6	7,8	8,6	10,1	11,6	323,7	72,0	72,2	72,2	84,3
Bilanzgewinn	3,8	1,9	3,3	3,6	4,3	6,3	6,9	7,4	319,3	68,3	72,2	71,9	84,1
freie Rücklagen	22,2	25,7	24,4	27,4	46,3	81,3	126,4	210,2	127,8	539,5	261,8	328,3	430,6
gesetzl. Rücklagen	0,0	0,0	0,0	0,0	0,0	0,0	0,0	0,0	0,0	0,0	60,0	60,0	60,0
Eigenkapital in % des Anlagekapitals	65,5	53,2	69,3	60,4	59,3	47,7	54,4	66,0	33,1	80,5	71,0	64,7	71,2
Steuern auf Einkommen, Ertrag u. Vermögen	63,8	38,9	43,3	78,4	108,7	117,2	136,0	180,9	148,0	272,5	285,6	265.9	465,3
Eigenkapital in % des Fremdkapitals	55,8	63,6	37,9	31,1	31,6	33,2	41,6	55,8	22,9	111,2	98,8	89,6	92,5
Fremdkapitalzinsen (Mio. DM)	?	?	?	?	?	?	?	?	2,0	2,3	7,1	12,9	14,1
Fremdkapitalzinsen in % des Reingewinns									0,6	3,3	9,8	17,8	16,7

Im Jahr 1958 wurde die Kontinuität der offiziellen Konzernbilanzen unterbrochen, insofern der ausgewiesene Bilanzgewinn gegenüber dem Vorjahr von 7,4 auf 319,3 Millionen DM geradezu heraufschnellte. Da sich der Geschäftsbericht für das Bilanzjahr 1958 darauf beschränkt, die Höhe des außergewöhnlichen Bilanzgewinns zu konstatieren[69], ist zu vermuten, daß bei Volkswagen über mehrere Jahre Teile des laufenden Gewinns und die Abschreibungen dazu benutzt worden waren, *stille Reserven* in beträchtlicher Höhe zu bilden, die nun vor allem zur *Stärkung des Stammkapitals* eingesetzt wurden. Letzteres wurde 1959 um 240 Millionen DM von 60 auf 300 Millionen DM erhöht. Dieser Schritt lag nahe, da sich durch die Investitionen im Zusammenhang mit der Automatisierung das Verhältnis Eigenkapital/Anlagekapital deutlich verschlechtert hatte. Allem Anschein nach konnte der Volkswagen-Konzern zu Beginn der sechziger Jahre also auch unter dem Gesichtspunkt der erzielten Gewinne auf eine erfolgreiche technologische Reorganisation zurückblicken. Dafür spricht auch, daß es bei Volkswagen gelang, einen *fordistischen Lohnkompromiß* zu etablieren. Tabelle 5.5 dokumentiert, daß sich die Lohnsteigerungen während der fünfziger Jahre im wesentlichen an der Entwicklung der Produktivität orientierten.

Tabelle 5.5: Der fordistische Lohnkompromiß im Volkswagenwerk[70]

	Löhne und Gehälter in der GmbH/AG (Mio. DM)	Lohnerhöhungen in %	Gehaltserhöhungen in %	Wachstum der Stundenproduktivität im Werk Wolfsburg in %
1950	54,9			
1951	67,5	14,0	14,0	0,7
1952	80,9	7,0	9,0	8,5
1953	109,6			3,8
1954	133,9	6,1	6,1	8,3
1955	172,8			
1956	212,5			-6,4
1957	245,4			-3,8
1958	286,1	6,0	6,0	7,4
1959	363,3	2,3+3,0+2,5	2,3+4,0+3,0	9,1
1960	500,3	8,5	8,5	9,3
1961	562,9	5,0	5,0	6,5
1962	729,5	9,7	9,7	-2,2

Anläßlich der Umwandlung des Unternehmens in eine Aktiengesellschaft faßte *Heinrich Nordhoff* die Maximen der Lohnpolitik bei Volkswagen folgendermaßen zusammen:

„Hier in diesem Werk hat die Zunahme der Lohnsumme noch immer im Zuwachs an Produktion und Produktivität ihr natürliches Gegengewicht und ihren Ausgleich gefunden. Aber das ist nicht überall so. Vergessen Sie auch nicht, daß dieser Ausgleich nur mit immer steigendem Einsatz von Maschinen an Stelle von Händen gefunden werden kann und daß dieser Vorgang jährlich Hunderte von Millionen erfordert. ... Es ist nichts damit gewonnen, aus diesen absolut zwangsläufigen Zusammenhängen nur kleine Teilgebiete herauszugreifen und mit ihnen zu argumentieren – man muß das ganze sehen und verstehen, daß die Leitung eines solchen Industrieunternehmens

Tabelle 5.6: Das Wachstum der Kapitalintensität im Volkswagenwerk GmbH/AG[72]

	Zugänge zum Anlagevermögen (Mio. DM)	Abeschreibungen und Wertberichtigungen auf Sachanlagen (Mio. DM)	Quotient aus Anlagevermögen und Zahlungen für Löhne und Gehälter
1950	31,4	19,5	1,9
1951	37,7	21,1	2,0
1952	27,9	23,3	1,2
1953	56,6	34,3	1,2
1954	87,0	66,0	1,1
1955	172,5	99,9	1,4
1956	181,3	125,0	1,4
1957	211,3	120,6	1,5
1958	267,6	133,7	1,6
1959	444,2	166,3	2,1
1960	465,4	239,6	2,3
1961	595,5	304,7	2,1
1952	338,2	320,6	2,1

den ständigen Ausgleich zahlloser widerspruchsvoller Forderungen, Wünsche und Gesichtspunkte herauszustellen hat – das ist eine ihrer wichtigsten Aufgaben."[71]

Schließlich ist noch darauf hinzuweisen, daß die günstigen Abschreibungsmöglichkeiten, mit denen die Bundesregierung den Akkumulationsprozeß der Unternehmen in den fünfziger Jahren förderte[73], im Falle des Volkswagenwerks dazu beitrugen, das *Wachstum der Kapitalintensität* in Grenzen zu halten.

Tabelle 5.6 macht deutlich, daß die Investitionen in das bewegliche und unbewegliche Anlagevermögen seit 1954 stark anstiegen. Die Fixkostenintensität der fordistischen Technologie steht außer Frage. Zugleich jedoch sorgten die Abschreibungen dafür, daß der Quotient aus dem Anlagevermögen und den Zahlungen für Löhne und Gehälter bis in die frühen sechziger Jahre hinein nur eine leichte Aufwärtstendenz offenbarte. Die von *Alain Lipietz* postulierten zwei Eckpfeiler der fordistischen Prosperität – der fordistische Lohnkompromiß und eine relativ konstante Kapitalintensität – scheinen also in der Nachkriegsgeschichte des Volkswagenwerks eine empirische Entsprechung zu finden.

Kapitel 6: Die Arbeitsbeziehungen im Volkswagenwerk – Die Strategie des Managements

Der Aufbau einer Stammbelegschaft und der einsetzende Arbeitskräftemangel

Bei Kriegsende sah sich das Volkswagenwerk vor zwei drängende Probleme gestellt. Erstens mußten die durch die Bombenangriffe verursachten Gebäudeschäden beseitigt werden. Obwohl die Produktion in Wolfsburg schon bald wieder anlief, zog sich die Bewältigung dieser Aufgabe über mehrere Jahre hin. Erst der Produktionsbericht für das Jahr 1949 vermeldete den Abschluß der Reparaturarbeiten in der *Mechanischen Abteilung*.[1] Das zweite Problem betraf die *Arbeiterfrage*. Das Management betrachtete von Anfang an die Rekrutierung einer zuverlässigen *Stammbelegschaft* als vordringliche Aufgabe, sah sich aber in den ersten Nachkriegsjahren mit einer unverhältnismäßig hohen Fluktuation unter den Beschäftigten – insbesondere unter den Facharbeitern – konfrontiert. Diese Fluktuation resultierte aus der unzureichenden Infrastruktur in der Umgebung der Wolfsburger Fabrik. Besonders das ungelöste Wohnungsproblem stand der Bindung qualifizierter Arbeitskräfte an das Volkswagenwerk im Wege. Der Bericht der *Personalabteilung* für das Jahr 1947 wies eindringlich auf diesen Mißstand hin:

>»Auch während des Berichtsjahres 1947 war die Fluktuation an Arbeitskräften ungewöhnlich groß. Obgleich sich die Belegschaft nur um 121 Arbeitskräfte erhöht hat, stehen 4.252 Einstellungen 4.131 Entlassungen gegenüber. Besonders stark war die Abwanderung zu Beginn des Jahres 1947 in der Zeit der Betriebsruhe vom 7.1. bis 10.3. 1947. Im Mai und Juni wurden kurzfristig 300 und im Dezember 168 ausländische Arbeitskräfte auf Anordnung der Militärregierung abgezogen. Als Ersatz wurden dem Werk in den Monaten August und September rd. 400 Jugoslawen zugewiesen. ... Der Abgang ... an Facharbeitern ist in der Hauptsache darauf zurückzuführen, daß diesen und ihren Familien keine Wohnungen zur Verfügung gestellt werden konnten. ... Dies ist ausschließlich der Grund, daß das Werk bisher keine ortsansässige Stammbelegschaft schaffen konnte, wie das bei anderen Industriewerken der Fall ist. ... Wenn es nicht bald gelingt, Familienunterkünfte zu schaffen, daß die Männer ihre Familie nachkommen lassen können, so muß in absehbarer Zeit mit einer weiteren Abwanderung von Arbeitern, darunter auch Fachkräften gerechnet werden.«[2]

Da die Anstrengungen der öffentlichen Hand nicht ausreichten, um dem Wohnungsmangel abzuhelfen, blieb dem Volkswagenwerk nichts anderes übrig, als selbst Wohnraum bereitzustellen.[3] Im Jahre 1948 wurden bereits 1.548 alleinstehende Werksangehörige und 59 Familien in Gemeinschaftsunterkünften untergebracht. Hinzu kamen 571 Familien, die in werkseigenen Wohnungen Un-

terkunft fanden. Das Engagement das Volkswagenwerks im Bereich der Infrastruktur endete indes nicht bei der Wohnungsfrage. Es erstreckte sich darüber
hinaus auf die Eröffnung von Bildungseinrichtungen in den werkseigenen Sied-
lungen, die Ansiedlung von Handwerkern, die Eröffnung von Verkaufsläden oder
die Einrichtung von Kleingartenanlagen.[4]
Die Entwicklung des Werks Wolfsburg wurde durch das Wohnraumproblem
schon bald nicht mehr entscheidend behindert, weil die Erschließung seines
Umfelds deutliche Fortschritte machte. Der Bericht der *Hauptabteilung Personalwesen* für das Jahr 1950 registrierte dies mit Genugtuung.[5] Die »Autostadt«
Wolfsburg wuchs, und durch die Einrichtung von Bus- und Bahnlinien konnte
das Volkswagenwerk zusätzlich auf Pendler aus dem näheren und weiteren
Umland zurückgreifen Zwischen 1954 und 1961 stellten diese über die Hälfte der
Belegschaft, wobei der Einzugsbereich je nach Jahr zwischen rund 350 und rund
600 Ortschaften umfaßte.

Tabelle 6.1: Die Entwicklung der Pendlerzahlen im Volkswagenwerk[6]

	Pendler im Werk Wolfsburg	Pendler in % der Belegschaft	Einzugsbereich nach Ortschaften	Zahl der eingesetzten Buslinien[7]
1951	5872			
1952	8281			
1953	9767			
1954	12740	52,8	356	28
1955	17113	56,0	595	31
1956	14995	51,8	352	31
1957	17525	53,5	370	33
1958	17261	52,6		
1959	18905	52,3	380	
1960		50,9	383	32
1961		50,4	372	29
1962		47,4		28

Diese Entwicklung schuf die Grundlage für die vom Management angestrebte
Rekrutierung einer *Stammbelegschaft*. Alle Anzeichen deuten darauf hin, daß das
Volkswagenwerk den Aufbau eines zuverlässigen Arbeitskräftestamms in den
fünfziger Jahren mit Erfolg betrieb. Einen ersten Hinweis darauf liefert die Entwicklung der *Fluktuation*.
Fluktuation ist hier definiert als der Prozentsatz der im Laufe eines Jahres ausgeschiedenen Mitarbeiter. Zwischen 1947 und 1953 entwickelte sich die Abgangsneigung der Belegschaft stark rückläufig. Noch 1947 hatte die Fluktuation im
Volkswagenwerk ca. 50% betragen. 1953 lag ihr Wert nur noch bei 7%. Danach
stabilisierte sie sich bei rund 10% und stieg 1962 auf 14,4% an.
Die *durchschnittliche Beschäftigungsdauer* wuchs bei den Lohnempfängern von
4,2 Jahren in 1953 auf 5,2 Jahre in 1962. Bei den Gehaltsempfängern stieg sie im
gleichen Zeitraum von 6,8 auf 8,9 Jahre.

Tabelle 6.2: Die Fluktuation der Arbeitskräfte im Volkswagenwerk GmbH/AG und die durchschnittliche Beschäftigungsdauer in Jahren[8]

| | Fluktuation in % | Mittlere Beschäftigungsdauer | | |
		Gesamtbelegschaft	Lohnempfänger	Gehaltsempfänger
1947	50,0			
1948	23,2			
1949	10,2			
1950	6,1			
1951	5,5			
1952	7,1			
1953	7,0	4,5	4,2	6,8
1954	9,4	5	4,6	7
1955	10,8		4	7,4
1956	10,4			
1957	10,1			
1958	9,1			
1959	10,3	5	4,7	8,4
1960	11,5	5,1	4,6	8,2
1961	10,8	5,2	4,8	8,2
1962	14,4	5,5	5,2	8,9

Die Personalpolitik des Managements setzte bewußt auf junge Mitarbeiter.[9] Das *Durchschnittsalter* der Gesamtbelegschaft lag schon 1953 bei nur 34,3. Bis 1962 war es auf 33,5 Jahre gesunken. Bei den Lohnempfängern fiel der Schnitt in diesem Zeitraum von 33,8 auf 33,2 Jahre, bei den Gehaltsempfängern von 38,2 auf 37 Jahre.

Tabelle 6.3: Die Beschäftigungsentwicklung im Volkswagenwerk GmbH/AG und das Durchschnittsalter der Belegschaft in Jahren[10]

| | Beschäftigtenzahl (Jahresende) | Wachstum der Belegschaft | Durchschnittsalter der | | |
			Belegschaft	Gehaltsempfänger	Lohnempfänger
1947	8382				
1948	8719	337			
1949	10227	1508			
1950	14966	4739			
1951	14147	-819			
1952	17381	3234			
1953	20569	3188	34,3	33,8	38,2
1954	25280	4711	33,9	33,5	38,0
1955	31580	6300	33,2	32,8	37,8
1956	35595	4025	33,8	33,2	37,9
1957	41290	5618	33,2	32,6	38,6
1958	44004	2714	33,7		
1959	54120	9716	33,3	32,8	38,1
1960	64139	10019	33,1	32,7	37,6
1961	69446	5307	33,2	32,9	37,1
1962	78004	8558	33,5	33,2	37,0

Auch die Entwicklung der *Qualifikationsstruktur* läßt auf eine hohe durchschnittliche Leistungsfähigkeit der Belegschaft des Volkswagenwerks schließen.

Tabelle 6.4: Die Qualifikationsstruktur der Belegschaft im Volkswagenwerk GmbH/AG[11]

	Gehaltsempfänger in % der Belegschaft	Lohnempfänger in % der Belegschaft	Facharbeiter in % der Lohnempfänger	Angelernte in % der Lohnempfänger	Ungelernte in % der Lohnempfänger
1947	14,2	85,8	38,0	7,9	54,1
1948	14,1	86,0	36,9	7,6	55,5
1949	13,5	86,7	37,9	19,6	42,2
1950	11,0	89,0	44,1	22,0	33,9
1951	12,8	87,2	44,9	22,7	32,5
1952	11,5	88,5	37,0	18,9	44,2
1953	10,9	89,1	32,0	16,7	51,3
1954	10,1	89,9			
1955	9,4	90,6			
1956	9,5	90,5	32,5	50,7	16,8
1957	9,1	90,9			
1958	9,4	90,6			
1959	8,8	91,2			
1960	8,8	91,2			
1961	9,4	90,6	37,3	48,1	14,6
1962	9,2	90,8			

Zwischen 1947 und 1962 wuchs der Anteil der Lohnempfänger von 85,78% auf 90,81%. Entsprechend sank das relative Gewicht der Angestellten in diesem Zeitraum von 14,22% auf 9,19%. Innerhalb der Gruppe der Angestellten stieg – zumindest bis 1953 – die Zahl der kaufmännischen Angestellten mit annähernd der gleichen Geschwindigkeit wie die der technischen Angestellten. Bei den Lohnempfängern wiederum stieg der Anteil der *Facharbeiter* zunächst von 38% (1947) auf 44,9% (1951), sank dann auf 32% (1953), um in der zweiten Hälfte des Jahrzehnts abermals anzuwachsen und sich in 1961 auf 37,3% zu stellen. Der Anteil der *ungelernten Arbeiter* an den Lohnempfängern hatte noch 1951 bei 51,4% gelegen, reduzierte sich aber bis 1961 auf 14,6%. Diese Entwicklung war auf unternehmensinterne Qualifizierungsprogramme zurückzuführen, die den Anteil der *angelernten Arbeitskräfte* an der Belegschaft zwischen 1953 und 1961 von 16,73% auf 48,1% anwachsen ließen.

Die seit 1954 forcierte Automatisierung führte also nicht zu einer Dequalifizierung der Belegschaft. Das Gewicht der Facharbeiter wuchs sogar gegenüber der Vorperiode, und durch »training on the job« erwarben offenbar viele ungelernte Arbeitskräfte arbeitsplatzspezifische Fähigkeiten.

Seit 1955 finden sich in den Berichten der Personalabteilungen Klagen über Schwierigkeiten bei der Beschaffung von Fachpersonal. Während 1955 der Bedarf an kaufmännischen Angestellten noch voll gedeckt werden konnte, galt dies schon nicht mehr für Konstrukteure, Planungsingenieure und technische Spe-

zialisten.[12] Ab 1956 betrafen die Probleme auch die Rekrutierung von Facharbeitern.

»Sollte die Vollbeschäftigung weiter anhalten, wird man bei den Einstellungen den
Schwerpunkt auf das Winterhalbjahr legen müssen, in dem Saisonarbeiter zahlreich
zur Verfügung stehen. Hochqualifizierte Facharbeiter wie Schnitt- und Werkzeug-
macher, Universalfräser u.a. konnten nur teilweise mit Hilfe des Bundesausgleichs
eingestellt werden.«[13]

Diese Schwierigkeiten bei der Beschaffung qualifizierter Arbeitskräfte spitzten
sich gegen Ende der fünfziger Jahre weiter zu – mit entsprechenden Konsequenzen für die Verhandlungsmacht der Stellenbewerber. Der Personalbericht für das
Jahr 1959 etwa kommentierte diese Konstellation so:

» a) Gehaltsempfänger: Konnte der Bedarf an kaufmännischen Angestellten noch voll
erfüllt werden, so machte sich der Mangel an technischen Spezialkräften (Konstrukteure, Ingenieure u.ä.) noch stärker als im Vorjahr bemerkbar, so daß es nicht gelang,
alle Anforderungen für qualifizierte technische Angestellte zu erfüllen. Die Verknappung des Angebots schlug sich in überhöhten Gehaltsforderungen sowie in
Wohnungswünschen, Trennungsentschädigungen und Übernahme von Umzugsko-
sten nieder. ...
b) Lohnempfänger: Die Auswirkungen der Vollbeschäftigung waren 1959 auch hier
stark zu spüren, obwohl die bei uns ausgebildeten Facharbeiter wesentlich zur Milderung des fühlbaren Facharbeitermangels beitrugen. Konnten die Personalanforde-
rungen der Fertigungs- und Hilfsbetriebe noch erfüllt werden, so traten doch Engpässe im Schnitt- und Werkzeugbau auf, wo ein größerer nicht abgedeckter Bedarf
auf 1960 übernommen werden mußte. Unzureichend war auch das Angebot an
Fertigungsmechanikern und Elektromaschinenbauern.«[14]

Die Reaktion des Volkswagenwerks auf den zunehmenden Mangel an Arbeitskräften umfaßte ein Bündel von drei Maßnahmen. *Erstens* bemühte man sich um
die Schaffung eines *unternehmensinternen Arbeitsmarkts*. In diesem Zusammenhang ist vor allem die Lehrlingsausbildung zu nennen.

Tabelle 6.5: Die Lehrlingsausbildung im Volkswagenwerk GmbH/AG[15]

	Facharbeiterprüfungen (kaufm. Bereich)	Facharbeiterprüfungen (gewerbl. Bereich)	Zahl der Lehrlinge (Ende des Jahres)	Anzahl der Lehrberufe	Lehrpersonal[16]
1950		92 (Gesamtzahl)	318		?
1951		92 (Gesamtzahl)	376		18
1952		95 (Gesamtzahl)	432		18
1953		124 (Gesamtzahl)	450	16	17
1954	8	143	?	21	?
1955	5	137	539	21	?
1956	13	132	626	21	?
1957	12	166	659	17	?
1958		210 (Gesamtzahl)	?	17	?
1959	16	186	779	18	?
1960		209 (Gesamtzahl)	893	?	?
1961		235 (Gesamtzahl)	946	17	?
1962		315 (Gesamtzahl)	937	?	?

Von 1951 bis 1962 absolvierten bei Volkswagen insgesamt 2.190 Lehrlinge in bis zu 21 Berufen erfolgreich ihre Facharbeiterprüfung. Der Facharbeiteranteil an den Lohnempfängern betrug 1961 37,7%. Geht man davon aus, daß sich dieser Prozentsatz bis 1962 nicht wesentlich veränderte, so waren 1962 ca. 26.420 Facharbeiter im Volkswagenwerk beschäftigt. Wären sämtliche Lehrlinge nach Abschluß ihrer Ausbildung übernommen worden, so hätte das Unternehmen bis 1962 rund 8,3% seiner Facharbeiter aus dem eigenen Nachwuchs rekrutiert. Wenn die Größenordnung dieser Überschlagsrechnung nicht sehr trügt, trug die Lehrlingsausbildung nicht unerheblich zur Mobilisierung von Fachkräften bei und dürfte die Herausbildung einer Kernbelegschaft wegen der langfristigen Bindung der Lehrlinge an das Unternehmen begünstigt haben. Nachwuchsarbeit beschränkte sich im Volkswagenwerk aber nicht auf die Lehrlingsausbildung. Daneben traten die Ausbildung von Volontären, Schulungsprogramme für Ingenieure und Meister, Arbeitsgemeinschaften zu technischen und wirtschaftlichen Fragen, Vorträge und die Abordnung von Mitarbeitern in die Seminare und Vorlesungen der Technischen Hochschule Braunschweig. Diese Aktivitäten wurden zu Beginn der sechziger Jahre intensiviert.[17]

Zweitens reagierte man bei Volkswagen auf die Verknappung des Arbeitskräfteangebotes mit einer verstärkten *Rekrutierung von Frauen*. Ihr Anteil an der Gesamtbelegschaft stieg zwischen 1955 und 1962 von 8,8% auf 12,3% und erreichte damit erneut die Größenordnung der ersten Nachkriegsjahre. *Drittens* schließlich erfolgte ein verstärkter Rückgriff auf *ausländische Arbeitskräfte*. Noch 1956 wies die Belegschaftsstatistik einen Ausländeranteil von nur 0,5% aus. Dieser Wert verdoppelte sich bis 1961 und stieg dann innerhalb eines Jahres auf 5,8%. Die Mehrzahl der ausländischen Arbeitskräfte kam aus Italien. Von 3.607 Gast-

Tabelle 6.6: Der Anteil von Frauen und ausländischen Arbeitskräften an der Belegschaft[18]

	Weibliche Arbeitskräfte (Ende des Jahres)	Weibliche Arbeitskräfte in % der Belegschaft	Ausländische Arbeitskräfte	Ausl. Arbeitskräfte in % der Belegschaft
1947	1062	12,7		
1948	1048	12,0		
1949	1360	13,3		
1950	1664	11,1	97	0,7
1951	1466	10,4	48	0,3
1952	1732	10,0	39	0,2
1953	1927	9,4	23	0,1
1954	2268	9,0	90	0,4
1955	2763	8,8	122	0,4
1956	3497	9,8	182	0,5
1957	4378	10,6	228	0,6
1958	?	?	249	0,6
1959	6022	11,1	357	0,7
1960	7274	11,3	534	0,8
1961	8539	12,3	730	1,1
1962	9560	12,3	4494	5,8

arbeitern im Werk Wolfsburg waren 3.168 Italiener.[19] Der Umstand, daß ausgerechnet 1962 – also im Jahr nach dem Mauerbau – der Anteil der Gastarbeiter im Volkswagenwerk sprunghaft anstieg, ist ein Hinweis darauf, daß das Unternehmen während der fünfziger Jahre bei der Anstellung neuer Mitarbeiter ausgiebig von der Zuwanderung aus dem Osten Gebrauch gemacht hatte.

Die Hegemonie des Managements und die materiellen Anreize für die Belegschaft

Der technologischen Reform, die das Volkswagenwerk seit 1954 betrieb, lag eine doppelte Motivation zugrunde. Unter *technischem* Aspekt wurde eine durchschlagende Stückkostendegression angestrebt, unter *sozialem* Aspekt sollte die Überwachung des Arbeitsprozesses perfektioniert werden. Es ging also darum, die *Hegemonie des Managements* in der Fabrik zu stärken. *Heinrich Nordhoff* räumte diesem Anliegen eine hohe Priorität ein, denn er begriff seine Umsetzung als Voraussetzung für die Konkurrenzfähigkeit des von ihm geleiteten Unternehmens. Am 6.3.1953 schrieb er an *Steinmeier, Goransch* und *Ohrlich*:

> »1) Das Qualitätsniveau unserer Erzeugnisse lässt nach. Ich habe darauf oft hingewiesen, aber die Sache ist zu ernst, um übergangen zu werden.
> 2) Der Prozentsatz der Nacharbeit ist zu hoch, er geht in manchen Abteilungen bis zu 100% – das ist keine Arbeit mehr, sondern Murks.
> 3) Unsere Wagen haben viel mehr Karosseriegeräusche als früher – das ist für den Käufer einer der wichtigsten Qualitätsmaßstäbe.
> 4) Die Ordnung und Sauberkeit in der Fabrik läßt nach, es liegt viel wild herum, Stellen, die längst neu gestrichen oder geweisst werden müßten, bleiben schlecht und werden schlechter.
> ... Das ist eine ganz gefährliche Feststellung, die unbedingt eine entschiedene Kursänderung erfordert. Unabhängig davon bitte ich, Ordnung und Sauberkeit im Betriebe *sofort* wieder herzustellen, solange es noch Zeit ist. Die dazu notwendigen Ausgaben bewillige ich gern.«[20]

Die Unternehmensreform brachte eine Implementierung der neuesten fordistischen Technologie und verschob die Gewichte im Kampf um die Kontrolle des Arbeitsprozesses zugunsten des Managements. Die Tätigkeit der in der unmittelbaren Produktion beschäftigten Arbeitskräfte reduzierte sich weitgehend auf die mechanische Wiederholung mehr oder weniger einfacher Handgriffe, deren Ausführung leicht zu überwachen war:

> »Hier zeichnet sich das Wesentliche der neuen Entwicklung ab, bei der die menschliche Arbeitskraft sich immer mehr auf die reine Bedienung von Maschinen konzentriert, in der eine Handarbeit im eigentlichen Sinne des Wortes mehr und mehr auf einzelne Montagevorgänge beschränkt wird, obwohl auch da ein ständiges Zurückgehen erkennbar ist, so daß die Handarbeit im Grenzzustand nur noch künstlerischen Betätigungen vorbehalten bleibt und immer weniger dem, was eine ganze Entwicklungsperiode charakterisiert hat.«[21]

Mit dem zentral vorgegebenen Takt der Maschinen und Bänder schwanden die Möglichkeiten der Arbeiter, die »Poren des Arbeitstags« zu erweitern und den Rhythmus der Arbeit zu beeinflussen. Die *innerbetriebliche Arbeitsteilung* wurde weitgehend durch die Technologie bestimmt und damit die Selbstorgansiation der Belegschaft auf ein Minimum beschränkt. Schließlich wurden die intellektuellen Bestandteile der Arbeit immer mehr zu einer exklusiven Funktion des Managements.

Trotz allem aber blieb auch unter fordistischen Bedingungen der Produktionsprozeß anfällig gegen den offenen oder versteckten *Boykott* der Arbeiter, wie insbesondere Lazonick am Beispiel der amerikanischen Industrie demonstriert.[22] Der betriebswirtschaftliche Erfolg der Automatisierung im Volkswagenwerk hing daher nicht nur von der Disziplinierung der Arbeiterschaft ab. Zugleich galt es für das Management, einen betriebsinternen Konsens über die technologische Entwicklung des Unternehmens herzustellen und auf diese Weise die *Effektivitätsreserven der Belegschaft* zu mobilisieren. Dabei war zu berücksichtigen, daß die fordistische Technologie aus der Sicht der Arbeiter zwangsläufig Momente von *Monotonie* und *Degradierung* mit sich brachte. »Work on the shop floor« – so urteilt Lazonick über die Massenproduktion – »was loosing much, if not all, of its intrinsic appeal.«[23]

Im »Kampf um das Bewußtsein der Arbeiter« konnte das Management des Volkswagenwerks an traditionsreiche Vorstellungen über soziale Harmonie im Betrieb anknüpfen.[24] Immer wieder variierte *Nordhoff* dieses Thema bei seinen öffentlichen Auftritten. Häufig appellierte er den »Mannschaftsgeist« der Belegschaft, bemühte das Bild vom »gemeinsamen Boot« und distanzierte sich entschieden von der Idee des Klassenkampfs Das Beispiel der Betriebsversammlung vom 22.8.1960 anläßlich der Umwandlung des Volkswagenwerks in eine Aktiengesellschaft mag *Nordhoffs* Rhetorik illustrieren:

> »Das Volkswagenwerk ist unverändert unser Werk, und es bleibt unser Werk, denn sein Wert und sein Erfolg hängen nahezu allein davon ab, ob wir alle, nicht nur die Arbeiter, nicht nur die Angestellten, nicht nur der Vorstand, sondern wir alle zusammen arbeiten, etwas produzieren, etwas leisten und den ganzen technischen, wirtschaftlichen und sozialen Kreislauf mit Erfolg in Gang halten, den man in der ganzen Welt bewundert und den man nur im eigenen Lande für so selbstverständlich hält.«[25]

Die Beschwörung der »Betriebsgemeinschaft« wäre aber wohl fruchtlos geblieben, hätten nicht zugleich *materielle Anreize* unterstrichen, daß es dem Management mit seinem Bemühen um sozialen Ausgleich ernst war. Für *Heinrich Nordhoff* stand fest, daß die Loyalität der Belegschaft mit Worten allein nicht zu gewinnen war:

> »Wenn wir schon vor Jahren begonnen haben, unsere Arbeiter und Angestellten am Gewinn zu beteiligen, dann nicht, weil so etwas in der Luft liegt, sondern aus der Überzeugung, daß das ein Gebot der Gerechtigkeit ist und daß hierin der vielleicht einzige praktisch gangbare Weg liegt, die Mitarbeit jedes Werksangehörigen heran-

zuziehen und sinnvoll zu machen. Wenn schon die Liebe durch den Magen geht, wie der Volksmund sagt, dann dürfen Sie sicher sein, daß ein gutes, dauerhaftes Verhältnis zwischen Arbeitgeber und Arbeitnehmer nicht auf Schwüren in der Romantik einer Vollmondnacht aufgebaut werden kann.«[26]

Den Ansatzpunkt, um die Motivation der Belegschaft zu wecken und auf dieser Grundlage die Arbeitsleistung zu optimieren, erblickte *Nordhoff* in der *Einkommensentwicklung*. In diesem Zusammenhang spielte naturgemäß die *Lohnfrage* eine zenrale Rolle. Bereits 1948, als sich das Volkswagenwerk noch in einer prekären wirtschaftlichen Lage befand, war *Nordhoff* bereit, auf diesem Gebiet Vorleistungen zu erbringen. Am 5. Dezember 1948 wandte er sich mit folgender Botschaft über Werkfunk an die Betriebsangehörigen:

»Nicht Almosen helfen dem Arbeiter, sondern nur der wohlverdiente und erarbeitete Lohn. Und bei uns im Volkswagenwerk *wird* gearbeitet. Mehr als anderswo! Härter als anderswo! Deswegen soll im Volkswagenwerk auch verdient werden! Nicht weil irgend jemand das gefordert und erzwungen hat, sondern weil die Werksleitung es beschloß: in engster und bester Zusammenarbeit mit dem Betriebsrat und aus dem Bewußtsein der Verantwortung für das Los der Werksangehörigen. Die durchschnittliche Lohnerhöhung beträgt 22%. Sie ist mäßiger bei den höchsten und höher bei den kleinen Einkommen. Ich habe mich verpflichtet gefühlt, etwas Besonderes für die Frauen zu tun, die heute in so vielen tragischen Fällen nicht nur die Mütter, sondern auch die Ernährer ihrer Kinder sind – sie erhalten im Durchschnitt eine Lohnerhöhung von 50%. ... Wir werden den Gruppenakkord auf breitester Basis einführen, ein Verfahren, das die Automobilindustrie der ganzen Welt anwendet und das der Ausdruck der absoluten Gemeinsamkeit unserer Arbeit und unseres Erfolges sein wird. ... Ich appelliere an den Gemeinschaftssinn, an die so oft berufene Solidarität derjenigen, die vielleicht zunächst beim Gruppenakkord nicht mehr so weit aus dem Rahmen fallende Verdienste haben, sich mit einzuordnen, weil nur dann das ganze Werk dem Konkurrenzkampf, der schon das nächste Jahr beginnen wird, mit Zuversicht entgegensehen kann. ... Mit unserer Lohnerhöhung, die mit Abstand die höchste der Automobilindustrie ist und die monatliche Lohn- und Gehaltssumme um 300.000 DM erhöht, *nehmen wir ganz bewußt einen Teil der Mehrleistung vorweg, die wir im nächsten Jahr erreichen müssen.* Lohnerhöhung ohne Leistungserhöhung wäre ein schnell vergängliches Glück; zwischen beiden muß Gleichgewicht herrschen, nur dann ist es wirklich ein Gewinn, der bleibt. Wenn wir etwas leisten und dadurch etwas verdienen, dann sollen – das habe ich einmal versprochen und das halte ich auch – immer unsere Arbeiter die ersten sein, die etwas davon haben. Daher und aus keinem anderen Grunde diese Lohnerhöhung!«[27]

Auch aus makroökonomischen Überlegungen heraus mußte man bei Volkswagen an gehobenen Lohnstandards interessiert sein, waren doch nur von einer nachhaltigen Stärkung der Massenkaufkraft Impulse für die Entwicklung des Automobilmarkts in Westdeutschland zu erwarten. Dabei konnte man hoffen, durch die eigenen Lohnabschlüsse gesamtwirtschaftliche Signale zu setzen. Einiges spricht dafür, daß das Volkswagenwerk während der fünfziger Jahre über die Branchengrenzen der Automobilindustrie hinaus als Schrittmacher an der Lohnfront fungierte und von der Politik auch als solcher wahrgenommen wur-

Tabelle 6.7: Die Durchschnittsstundenlöhne im Volkswagenwerk im Vergleich[28]

	Volkswagenwerk (in DM)	Westdeutsche Industrie (ohne Bergbau) (in DM)
Mitte 1958	1,11	0,98
Ende 1949	1,43	1,22
Mitte 1950	1,50	1,24
Ende 1950	1,66	1,34
Mitte 1951	1,90	1,49
Ende 1951	1,92	1,55

de.[29] Bereits im letzten Kapitel ist erörtert worden, daß bei Volkswagen in den Jahren des »Wirtschaftswunders« ein *fordistischer Lohnkompromiß* die Lohnsteigerungen an das Wachstum der Produktivität koppelte und wesentlich dazu beitrug, die Rentabilität der Massenproduktion zu sicherzustellen. Dabei lagen die gezahlten Löhne – bedingt durch unternehmensinterne Regelungen[30] – in der Regel oberhalb des in der metallverarbeitenden Industrie geltenden Niveaus.

Die Höhe seines Einkommens hing für den einzelnen Arbeiter aber nicht nur vom Ergebnis der Tarifvereinbarungen und ihrer unternehmensspezifischen Umsetzung ab, sondern auch von dem Arbeitsplatz, den er zugewiesen bekam. Denn die Entlohnung war im Volkswagenwerk an die *Arbeitsplatzbeschreibung,* nicht aber direkt an die Qualifikationsmerkmale der Arbeitskraft gebunden. In dieser Hinsicht unterschied sich das Lohnsystem bei Volkswagen nicht von der Praxis, die in der amerikanischen Automobilindustrie nach dem Zweiten Weltkrieg üblich war.[31] Eine gewisse Flexibilität gewann das Lohnsystem des Volkswagenwerks dadurch, daß die Chance für besonders befähigte Facharbeiter, den Durchschnittsverdienst ihrer Lohngruppe beträchtlich zu übertreffen, tarifvertraglich festgeschrieben wurde.[32] 1955 wurde der Modus der Einkommensfindung für die Gruppe der Gehaltsempfänger der bei den Lohnempfängern geltenden Regelung angeglichen. Die sich an der Person orientierende Festsetzung der Bezüge wurde ersetzt durch ein System der Stellenbeschreibung:

»Während für die Einstufung der Angestellten in den vergangenen Jahren im wesentlichen die Berufsbezeichnung als Grundlage diente, wird nunmehr die tatsächlich ausgeübte Tätigkeit der Bewertung zu Grunde gelegt. Diese völlig neue Bewertung erfolgt auf Grund eines umfangreichen Verzeichnisses der Beschreibung der Angestelltentätigkeiten, das im Einvernehmen der Tarifvertragspartner unabhängig von der Geltungsdauer des Gehaltstarifvertrages der jeweiligen Entwicklung der betrieblichen Verhältnisse entsprechend geändert werden kann.«[33]

Eine umsichtige Planung des Arbeitskräfteeinsatzes war also von fundamentaler Bedeutung, um die Einkommenserwartungen der Mitarbeiter nicht systematisch zu enttäuschen. In den Berichten der Personalabteilung finden sich Hinweise darauf, daß insbesondere Facharbeiter bisweilen auf Arbeitsplätzen eingesetzt wurden, die nicht ihrer Ausbildung entsprachen. [34]

Das Problem eines *effektiven Einsatzes der Arbeitskräfte* gewann im Volkswagenwerk während der fünfziger Jahre dadurch an Komplexität, daß ständig neue

Mitarbeiter zu integrieren waren und durch die Gründung von Zweigwerken mehrfach gewachsene Koordinationsstrukturen zerrissen wurden. Im Werk Wolfsburg stieg die Beschäftigtenzahl zwischen 1950 und 1962 von 14.061 auf 43.578. In den meisten Jahren kam statistisch auf drei Personen, die bei Volkswagen am Jahresende beschäftigt waren, ein Werksangehöriger, der entweder im Laufe des Jahres hinzugestoßen oder ausgeschieden war. Wie nicht anders zu erwarten, führte das Unternehmenswachstum der fünfziger Jahre zu einer Flut von jährlichen Umsetzungen der Arbeitskräfte. 1955 und 1960 beispielsweise mußte jeder fünfte Lohnempfänger des Volkswagenwerk seinen Arbeitsplatz wechseln. Aber auch in den übrigen Jahren (bis 1962) waren jeweils zumindest 10% der Lohnempfänger einer Jobrotation unterworfen.

Tabelle 6.8: Die Entwicklung der betrieblichen Umsetzungen bei den Lohnempfängern der Volkswagenwerk GmbH/AG[35]

	Um- setzungen	Ums. in % der Lohnempf.[36]	Ums. (betr. Gründe)	Ums. (gesundheitl. Gründe)	Ums. (eigener Wunsch)	Ums. (disziplin. Gründe)	Ums. vom Akkord- zum Zeitlohn	Ums. vom Zeit- zum Akkordlohn
1952	3346	21,7	?	?	?	?	?	?
1953	2671	14,6	?	?	?	?	?	?
1954	3074	13,5	2135	376	550	13	658	485
1955	5752	20,1	4562	506	687	17	1208	566
1956	5320	16,5	4161	448	703	8	1039	473
1957	3770	10,0	2903	440	414	13	?	?
1958	6142	?	?	?	?	?	?	?
1959	7518	15,2	?	?	?	?	?	?
1960	11580	19,8	?	?	?	?	?	?
1961	10237	16,3	7171	653	2357	56	1073	869
1962	10019	14,1	6950	994	1999	76	1398	657

Die Bewältigung dieses Organisationsproblems oblag seit 1954 der *Hauptabteilung Personal,* die auch – unter Einschaltung des Betriebsrats und der Betriebsärztlichen Abteilung – die Neueinstellungen und die Abgänge aus der Belegschaft zu regulieren hatte. Bis dahin hatte die Zuständigkeit für die Anfertigung von Stellenplänen – die von *Nordhoff* abgesegnet werden mußten – bei der *Organisationsabteilung* gelegen.[37] Um dem Koordinationsbedarf gerecht werden zu können, wurde zum Januar 1954 innerhalb der Hauptabteilung Personal die Stelle eines *Arbeitseinsatzingenieurs* geschaffen.
Eine zentrale Aufgabe dieses Arbeitseinsatzingenieurs bestand in der *Stellenklassifikation* der Arbeitsplätze für die Lohnempfänger.[38] Er war bemüht, die vom Management definierte Arbeitsplatzstruktur mit dem Qualifikationsprofil der Belegschaft so weit wie möglich zur Deckung zu bringen. Dabei hatte er zwar in erster Linie der Ausbildung der Beschäftigten Rechnung zu tragen, daneben mußten aber auch der gesundheitliche Zustand der Arbeitskräfte, vom Gesetzgeber vorgeschriebene Schwerbehindertenquoten und andere Faktoren in seine Überlegungen einfließen. Glaubt man den internen Berichten der *Hauptabtei-*

lung Personal, so konnten bei den Betriebsumsetzungen die Präferenzen der Betroffenen weitgehend berücksichtigt werden. Der Bericht für 1956 kommentiert beispielsweise:

> »Es gelang mit wenigen Ausnahmen, die umgesetzten Werksangehörigen in ihrem erlernten Beruf und den bisherigen Lohngruppen unterzubringen. Schwierigkeiten ergaben sich bei der Wiedereingliederung von Vorarbeitern und Gruppenführern, die zum Anlaufen der Produktion vorübergehend nach Hannover abgestellt waren.«[39]

Die Aktenlage liefert wenig Grund, an diesem positiven Urteil über die Arbeit des Arbeitseinsatzingenieurs zu zweifeln. Für die gesamten fünfziger Jahre gibt es keinen Hinweis darauf, daß größere Teile der Belegschaft mit der Zuweisung ihrer Arbeitsplätze unzufrieden gewesen wären. Die Abstimmung der Arbeitsplatzstruktur mit den Fähigkeiten, Ansprüchen und Wünschen der Belegschaft war eine wesentliche Voraussetzung für die Herausbildung *kooperativer Arbeitsbeziehungen* im Volkswagenwerk.

Die *Kontinuierlichkeit der Einkommensbezüge* war für die Belegschaft während der fünfziger Jahre nur ein Mal ernsthaft gefährdet. Diese Situation ergab sich im Krisenjahr 1951, als sich das Volkswagenwerk wegen Materialmangel zu Produktionskürzungen gezwungen sah und deshalb Kurzarbeit anmelden mußte.[40] Das Management reagierte mit einem Bündel von Sofortmaßnahmen, um soziale Härten abzufangen. Erstens wurden die Neueinstellungen ausgesetzt. Zweitens erhielten die Beschäftigten eine einmalige Beihilfe.[41] Drittens schließlich war man bemüht, durch vorgezogenen Urlaub den Materialengpaß zu überbrücken.[42]

Im folgenden Jahr einigten sich die Gewerkschaften und das Management im Rahmen eines Kurzarbeitszeit-Abkommens auf ein Verfahren zur Beilegung von Interessenkonflikten im Falle künftiger Krisen. Der Kern dieses Abkommens war die Einführung gestaffelter Lohntafeln, die mit abnehmender monatlicher Arbeitszeit steigende Ecklöhne vorsahen, um die Lohneinbußen für die Arbeiter im Falle von Kurzarbeit in Grenzen zu halten. Auch für die Angestellten wurden die Einkommensverluste an das Ausmaß der Kurzarbeit angepaßt.[43] Praktische Bedeutung hatte das Abkommen indes nur bis März 1952. Am 1. April dieses Jahres kehrte das Volkswagenwerk zur regulären 48-Stunden-Woche zurück. Von diesem Zeitpunkt an war die wirtschaftliche Lage des Volkswagenwerks weit davon entfernt, abermals Kurzarbeit erforderlich zu machen.

Das Problem diskontinuierlicher Einkommensbezüge stellte sich daher für die Werksangehörigen hauptsächlich als *individuelles* Risiko. Mögliche Krankheiten und Unfälle bedrohten die Arbeitsfähigkeit, unzureichende Rentenbezüge nach dem Ausscheiden aus dem Berufsleben konnten die Qualität der Lebensführung beeinträchtigen. Zweifellos war es für die Festigung kooperativer Arbeitsbeziehungen wichtig, daß das Volkswagenwerk unter der Regie der Personalabteilung jenseits aller tariflichen Regelungen ein System freiwilliger Versicherungen und eine ambitionierte »Betriebsärztliche Abteilung« aufbaute, um die Auswirkungen solcher Risiken zu mildern.

Tabelle 6.9: Die Anspruchsberechtigten im Rahmen des Versicherungswesens bei der Volkswagenwerk GmbH/AG[44]

	Vertragliche Altersversorgung (Mitgliederstand : 1.10.)	Werksrente (Jahresende)	Freiwillige Altersversorgung (Jahresende)	Sterbegeld (Jahresende)	Betriebskrankenkasse (Jahresende)
1951	5748	18	74	9676	16800
1952	6335	29	90	11729	2020
1953	7595	36	104	13928	24398
1954	12620	45	128	16960	30468
1955	12808	58	150	20525	34482
1856	14544	94	176	23192	34937
1957	16289	162	190	26424	40956
1958	18797	259	225	?	43742
1959	18311	?	?	32922	53755
1960	?	853	?	?	63641
1961	?	?	?	?	68455
1962	?	?	?	?	77222

Die Säulen des Versicherungssystems waren die *betriebliche Altersversorgung,* die *Sterbegeldkasse* und die *Betriebskrankenkasse.* Daneben richtete man einen Beratungsservice zu Fragen der gesetzlichen Sozialversicherung ein, den die Beschäftigten in Anspruch nehmen konnten.
In den Bereich der Tarifvereinbarungen dagegen fiel ein weiteres entscheidendes Instrument zum Schutz gegen individuelle Risiken des Berufslebens: die *Lohn- und Gehaltsfortzahlung im Krankheitsfall.* Wie bei der Lohnhöhe tat sich das Volkswagenwerk auch auf diesem Felde als Schrittmacher bei der Etablierung gesellschaftlicher Standards hervor. Während die IG Metall in Schleswig-Holstein 1956/57 noch sechzehn Wochen für die Abschaffung der Karenztage streikte, sah bei Volkswagen bereits der am 10.2.1955 abgeschlossene Nachtrag zum Manteltarifvertrag für Lohnempfänger die ununterbrochene Lohnfortzahlung im Krankheitsfalle vor. Gemäß dieser Regelung lief die Lohnfortzahlung bei Werksangehörigen mit einer Unternehmenszugehörigkeit von bis zu fünf Jahren bis zum 77. Krankeitstag, verlängerte sich bis zum 133. Tag bei mehr als 5 Jahren Betriebszugehörigkeit und wurde 182 Tage fortgesetzt bei Arbeitern, die mehr als 10 Jahre im Unternehmen beschäftigt waren.[45]
Durch die Betriebsvereinbarung vom 11.8.1960 wurde diese Regelung noch um ein wichtiges Element erweitert. Von diesem Zeitpunkt an wurde Lohnempfängern vertraglich ein – prozentual mit dem Lebensalter variierender – Lohnausgleich garantiert, wenn sie nach 15 Jahren Betriebszugehörigkeit aus Alters- oder Unfallgründen auf einen Arbeitsplatz wechselten, dessen Beschreibung eigentlich den Wechsel in eine niedrigere Lohngruppe mit sich gebracht hätte.[46] In diesen Fällen wurde also das Prinzip der Lohnbindung an den Arbeitsplatz durch die Lohnbindung an die Person ersetzt. Wie erkennbar, folgte die Absicherung individueller Einkommensrisiken *Senioritätsregeln,* die das Ausmaß persönlicher Privilegien an die Dauer der Betriebszugehörigkeit koppelten.

Bis 1962 fanden bei Volkswagen 3 *Arbeitszeitverkürzungen* statt. 1957 wurde die wöchentliche Arbeitszeit von 48 auf 45 Stunden verkürzt. 1959 brachte die erste Stufe eines Plans zur Einführung der 40-Stunden-Woche eine weitere Reduzierung auf 44-Stunden, und 1962 wurde zu einer Wochenarbeitszeit von 42,5 Stunden übergegangen.[47] Da diese Arbeitszeitverkürzungen bei vollem Lohnausgleich stattfanden, belasteten sie aus der Perspektive des Managements die Rentabilität. Die fortschreitende Automatisierung versetzte jedoch das Volkswagenwerk in die Lage, die mehrmalige Reduzierung der Wochenarbeitszeit problemlos zu verkraften.

Die Weltwirtschaftskrise hatte den Traum von der Stabilität und Berechenbarkeit der persönlichen Situation für viele Menschen zerplatzen lassen. Dies wußte *Heinrich Nordhoff* zu genau, um einen Zweifel daran zu hegen, daß *sichere Arbeitsplätze* ein Hauptanliegen der Arbeiterschaft in der Nachkriegszeit waren – vielleicht noch wichtiger als hohe Löhne. Es lag auf der Hand, daß die Mobilisierung von Effektivitätsreserven der Belegschaft nur gelingen konnte, wenn den diesbezüglichen Sorgen der Arbeiter und Angestellten Rechnung getragen würde:

> »Denn über allen Erwägungen, die der Arbeiter anstellt, – auch heute noch, trotz des üblen Schlagwortes vom Wirtschaftswunder und des ebenso demagogischen von der Überhitzung der Konjunktur, – steht die nie ruhende Sorge um die Konstanz des Arbeitsplatzes, nach all den Zusammenbrüchen und Erschütterungen ein sehr natürliches Streben nach einer zumindest teilweisen Sicherheit, die dem wirtschaftlich Schwachen natürlich viel mehr am Herzen liegen muß als allen anderen.«[48]

Dennoch bürgerten sich »japanische Verhältnisse« bei Volkswagen niemals ein. *Formelle Arbeitsplatzgarantien* wurden den Werksangehörigen nicht gegeben. Was die Belegschaft erhielt, waren mehrfach verlängerte Kündigungsfristen, die in den fünfziger Jahren in Abhängigkeit von Alter und Betriebszugehörigkeit gestaffelt waren.[49]

Ein unverwechselbares sozialpolitisches Profil legte sich das Volkswagenwerk durch eine Vielzahl von außertariflichen Leistungen zu, die den Werksangehörigen angeboten wurden: betriebliches Versicherungswesen, Erholungseinrichtungen für Arbeiter und Angestellte, Bereitstellung von Sportstätten, Gewährung von Baudarlehen, Systeme der Notstandsunterstützung, Beihilfen aus familiären Anlässen (Heirat, Geburten, Silberne oder Goldene Hochzeit), Belieferung von Unternehmensangehörigen mit Fahrzeugen zu Sonderbedingungen, Wohlfahrtslotterie, kostenloser Ausschank von Milch und Tee, bevorzugte Ausgabe von Aktien an die Belegschaftsmitglieder anläßlich der Umwandlung des Unternehmens in eine Aktiengesellschaft – und vor allem: *Sonderzahlungen in Form von Erfolgsprämien und Weihnachtsgratifikationen.*[50] Nicht so sehr einzelne Leistungen sorgten dabei für die Identifikation der Belegschaft mit dem Volkswagenwerk, vielmehr wirkte ihr Gesamtvolumen beeindruckend. Das Management investierte zwischen 1950 und 1962 einen Betrag in die freiwilligen Sozialleistun-

gen (630,28 Mio. DM), der annähernd dem für den gleichen Zeitraum bilanzmäßig ausgewiesenen Reingewinn entsprach (689,04 Mio. DM).
Der wichtigste Posten dieses außertariflichen Sozialbudgets waren die seit 1950 jährlich gezahlten Sonderprämien – Gewinnbeteiligungen, die oft publikumswirksam anläßlich neuer Produktionsrekorde ausgezahlt wurden. Zunächst hatten diese Sonderprämien eine verhältnismäßig bescheidene Höhe – die 1950 gezahlte Prämie belief sich auf ein Drittel des jeweiligen Monatseinkommens –, doch im Laufe der Zeit mauserten sie sich zu einer ansehnlichen Aufbesserung des Jahreseinkommens für die Belegschaft. Seit 1954 erhöhten die Erfolgsprämien das Bruttojahreseinkommen der Begünstigten um mindestens 4%, in einigen Jahren sogar um 6%.[51]

Die Partizipationsmöglichkeiten der Belegschaft und aufkeimende Konflikte

Institutionalisierte Möglichkeiten, auf die Unternehmenspolitik einzuwirken, ergeben sich für die Arbeiter und Angestellten im deutschen System der Arbeitsbeziehungen in erster Linie über den Betriebsrat. Im Volkswagenwerk wurden die Betriebsräte der einzelnen Werke in ihrer personellen Zusammensetzung – dies ergaben die periodisch durchgeführten Betriebsratswahlen – vor allem von der IG Metall und – in zweiter Linie – von der DAG bestimmt.[52] In die Zuständigkeit des Betriebsrats fiel insbesondere das Aushandeln der unternehmensspezifischen Ausgestaltung von Tarifvereinbarungen. Darüber hinaus eröffnete das Betriebsverfassungsgesetz dem Betriebsrat abgestufte Beteiligungsrechte auf diversen Gebieten der Unternehmenspolitik: soziale Angelegenheiten, Gestaltung von Arbeitsplatz, Arbeitsablauf und Arbeitsumgebung, personelle Angelegenheiten, wirtschaftliche Angelegenheiten. Die Betriebsräte des Volkswagen-Konzerns waren dementsprechend involviert in die Einstellungs- und Entlassungspraxis, die Verhängung von Sanktionen, die Kalkulation von Zeitnormen und Arbeitsrhythmus, die Praxis der Betriebsumsetzungen, die Administration des unternehmensinternen Versicherungswesens, *die Gestaltung der Betriebsordnung und anderes mehr. Dabei kooperierten sie eng mit der Hauptabteilung Personal.* Da jedoch das Volkswagenwerk nicht in den Geltungsbereich der Montanmitbestimmung fiel, beschränkten sich die Partizipationsrechte im *wirtschaftlichen* Bereich im wesentlichen auf ein Informationsrecht. Diesem Recht wurde 1954 mit der Bildung eines paritätisch besetzten *Wirtschaftsausschusses* Rechnung getragen. Von den acht Mitgliedern dieses Ausschusses stellte die Unternehmensleitung vier, die übrigen entsandte der Betriebsrat. Entscheidungen von größerer Tragweite wurden hier jedoch nicht gefällt. Der Ausschuß tagte nicht mehr als dreimal im Jahr, und im Rahmen seiner Sitzungen wurden die Vertreter des Betriebsrats mit bereits vollendeten Tatsachen konfrontiert. Eher beiläufig erwähnten die Berichte der *Hauptabteilung Personal* diese Sitzungen und kommentierten sie typischerweise wie der Bericht für das Jahr 1956:

>»Der Wirtschaftsausschuß – lt. Betriebsverfassungsgesetz – tagte in paritätischer Zusammensetzung zweimal im Berichtsjahr. Die behandelten Fragen dienten der Unterrichtung des Betriebsrates in wirtschaftlichen Angelegenheiten des Werkes.«[53]

Die Grundlinien der Unternehmenspolitik wurden *ausschließlich* vom Management festgelegt. Wenn *Heinrich Nordhoff* in Vorträgen über Unternehmensführung und Personalpolitik von Teamarbeit sprach und die Delegation von Verantwortung einforderte, hatte er die Zusammenarbeit *innerhalb des oberen Managements* im Auge:

>»Daraus ergibt sich ein ... personalpolitischer Grundsatz, nämlich die Heranziehung der Führungskräfte zur Mitentscheidung und Mitverantwortung. ... Ich bin in der letzten Zeit dazu übergegangen, für bestimmte Themen kleine Kommissionen zu bilden, wobei ich nur an der jeweils ersten Sitzung teilnehme, um das Thema klar zu umreißen. Solche Kommissionen oder Ausschüsse werden oft nach wenigen Sitzungen wieder aufgelöst – wenn sie zu einem Ergebnis, also zu einer Antwort auf die gestellte Frage gekommen sind. Andere bestehen in Permanenz, und ich erwäge, in Zukunft auch Fachleute, die nicht zu unserer Organisation gehören, zur Mitarbeit in solchen Kommissionen heranzuziehen. Es lassen sich auf diesem Wege viele Fachprobleme außerhalb der eigentlichen Unternehmensspitze lösen, so daß in Vorstandssitzungen die großen Fragen der Geschäftspolitik den Raum und die Muße finden können, die sie erfordern.«[54]

Von Mitbestimmung der Belegschaft in wirtschaftlichen Angelegenheiten ist hier nicht die Rede. An dem Anspruch der Unternehmensspitze auf das Recht, allein die Strategie des Volkswagenwerks zu bestimmen, hatte auch die Präsenz von fünf Arbeitnehmervertretern im Aufsichtsrat nichts geändert.

Die Kooperation zwischen der Hauptabteilung Personal und dem Betriebsrat verlief in den fünfziger Jahren scheinbar ohne größere Konflikte. Die Feststellung, die Zusammenarbeit mit dem Betriebsrat sei »gut und vertrauensvoll« gewesen, ist ein Topos in den Personalberichten.[55] Der über den Betriebsrat laufende Dialog zwischen Unternehmensspitze und Belegschaft barg jedoch zwei Gefahren. *Erstens* bestand das Risiko, daß in den Positionen des Betriebsrates die Belegschaftsinteressen nur verzerrt zum Ausdruck kamen – etwa dadurch, daß einzelne Teile der Belegschaft überproportional im Betriebsrat repräsentiert waren. Eine solche Konstellation hätte die Stabilität kooperativer Arbeitsbeziehungen über kurz oder lang gefährden können. *Zweitens* drohten Initiativen von Werksangehörigen, die auf eine effektivere Gestaltung der Arbeitsabläufe zielten, in der Unternehmensbürokratie zu versanden. Beiden Gefahren versuchte das Management entgegenzusteuern.

Um spontane Kontakte zwischen der Unternehmensleitung und der Arbeiterschaft zu fördern, wurde ein betriebliches *Vorschlagswesen* etabliert, im Rahmen dessen hilfreiche Vorschläge aufgegriffen und mit Geldpreisen prämiert wurden.[56]

Im direkten Kontakt mit der Belegschaft entwickelte *Nordhoff* ein starkes persönliches Engagement, um über die »Stimmung an der Basis« im Bilde zu sein. Er bediente sich vor allem der Betriebsversammlungen, um einen informellen Kommunikationskanal zu etablieren, der den Dialog mit den Betriebsrat ergänzte. Seine regelmäßigen Auftritte auf den Betriebsversammlungen nutzte er, um der Arbeiterschaft die wirtschaftliche Lage des Volkswagenwerks und die darauf gründenden unternehmenspolitischen Strategien nahezubringen. Die Kommunikation verlief aber nicht nur »von oben nach unten«. Nordhoff registrierte aufmerksam die Beschwerden der Werksangehörigen über die Arbeitsbedingungen und wenn er diese Beschwerden für berechtigt hielt, wies er das nachgeordnete Management an, für Abhilfe zu sorgen. Am 26.8.54 schrieb er an den Leiter der Hauptabteilung Produktion, *Steinmeier*:

> »Zweifellos haben die Leute es bei uns im Werk gut, und sie fühlen sich auch wohl. Es sind nur Kleinigkeiten, an denen immer wieder die Kritik ansetzt. Diese Kleinigkeiten könnten mühelos beseitigt werden, aber das geschieht nun seit bereits 6 Jahren durchaus nicht. Es wäre nach meiner Meinung – von allen anderen Gesichtspunkten abgesehen – einfach ein Gebot der Vernunft und der Klugheit, diese Reibungspunkte zu beseitigen, wozu nichts weiter notwendig wäre als die Bereitwilligkeit, es zu tun und dahingehende Aufträge zu erledigen.«[57]

So war sich *Nordhoff* nicht zu schade, das Rauchen im Betrieb zur »Chefsache« zu machen:

> »In der heutigen Betriebsversammlung, an der sie leider nicht teilgenommen haben, sind, wie erwartet, wieder die alten Themen an die Reihe gekommen. Als erstes wurde bemängelt, dass in der Härterei ein Rauchverbot besteht, obwohl die ganze Härterei voll von offenem Feuer ist. Ich halte dieses Rauchverbot für unsinnig und wäre für eine Entfernung der Verbotstafeln dankbar. Es wurde ferner darüber geklagt, dass wieder Verklemmungen mit unzureichender Ausstattung von Wasch- und Garderobe-Räumen bestehen, was mir unbegreiflich ist. Wir machen Programme für mehr als ein Jahr im voraus, und wir wissen bis auf einen Mann genau, mit wieviel Leuten wir zu bestimmten Zeiten rechnen müssen. Ich halte es nicht für ein besonderes Kunststück, für diese Leute dann auch das bereitzustellen, was sie haben müssen. In dem Verladebahnhof war eine unerträgliche Temperatur, obwohl die Aussentemperatur nicht einmal hoch war. Ich habe mich darüber nicht gewundert, weil dieses Treibhaus praktisch keine Fenster zum Öffnen besitzt. Ich habe Ihnen zu dieser Frage vor mehr als einem halben Jahr geschrieben und die Forderung gestellt, von solchen Reklamationen endlich einmal befreit zu werden. Es ist mir unbegreiflich, warum solche an sich geringfügigen und selbstverständlichen Forderungen nicht erfüllt werden. Ich bin gewiss, dass sie mir hierzu eine überzeugende Erklärung geben können.«[58]

Insbesondere das Belüftungsproblem erwies sich in der ersten Hälfte der fünfziger Jahre als ein Dauerbrenner unter den Beschwerden der Arbeiter. Infolgedessen wurde *Nordhoff* nicht müde, gegenüber der Produktionsleitung darauf zu drängen, dieses Problem aus der Welt zu schaffen. Seine Interventionen wurden im Tonfall immer nachdrücklicher:

»Seit Jahren beklage ich mich darüber, dass beim Wiederaufbau unserer Fabrik der verhältnismäßig leicht lösbaren Aufgabe der Belüftung und Entlüftung nahezu überhaupt keine Aufmerksamkeit geschenkt worden ist. Die auf der Nordseite der Fabrik in den letzten zwei Jahren neu errichteten Gebäude sind in dieser Hinsicht wieder um 50 Jahre hinter der Entwicklung zurück. Ich möchte jetzt die ewigen Diskussionen über diesen Punkt endlich zu einem Ende bringen, und zwar so, dass spätestens bis zum 1.4.1954 zumindest die auf der Nordseite neu errichteten Gebäude mindestens die doppelten, möglichst aber die vierfachen Querschnitte für die Abfuhr der warmen Luft im Sommer aufweisen. Es stehen also für diese Arbeiten, die nur wenige Wochen in Anspruch nehmen, mehr als vier volle Monate zur Verfügung, und ich möchte den angegebenen Termin unter keinen Umständen überschritten sehen.«[59]

Vergleichbar lagen die Dinge hinsichtlich der Geräuschbekämpfung. *Nordhoff* empfand den herrschenden Lärmpegel als unzumutbar und befürchtete eine Beeinträchtigung der Arbeitsleistung. Um dieser Gefahr entgegenzuwirken, übte er Druck auf die Produktionsleitung aus:

»In vielen unserer Anlagen beeindruckt mich immer wieder das außerordentliche und nach meiner Meinung unnötig hohe Geräuschniveau. Soweit ich es beurteilen kann, ist bisher noch nie und nirgends der Versuch gemacht worden, das Geräuschniveau in den Hallen und Werkstätten niedriger zu bekommen, als es jetzt ist. An vielen Stellen ist es ganz offensichtlich, was geschehen könnte und geschehen müßte, um dieses Geräuschniveau zu drücken; andere Aufgaben werden sehr viel schwieriger zu lösen sein, insbesondere die sehr starke Übertragung aller Geräusche durch die Hallendecke, auf der alle Menschen und Einrichtungen ohne jede Isolierung stehen. Auch die Verwendung eisenbereifter Fahrzeuge und die Tatsache, daß unsere Preßluftleitungen an vielen Stellen undicht sind, trägt dazu bei, das Geräuschniveau unnötig hoch zu bringen, im Falle der Preßluft sogar noch auf unsere Kosten. ... Dieses Thema liegt mir sehr am Herzen, und es lassen sich zweifellos auf diesem Gebiet große Fortschritte erzielen, die von den Arbeitern als wesentliche Entlastung und Besserung ihrer Arbeitsplatzverhältnisse empfunden werden. Unter Umständen muß auch auf die Hersteller von Maschinen und Einrichtungen ein gewisser Druck ausgeübt werden, auf die Lärmbildung zu achten, in der manche Maschinen geradezu Überwältigendes leisten, ohne daß dazu irgendein sachlicher oder technischer Grund besteht. Ich bitte Sie, diese Dinge in die Hand zu nehmen, so daß in einigen Wochen ein Gespräch darüber geführt werden kann. Es *muß* etwas geschehen.[60]

Auch im Hinblick auf die gesundheitliche Prävention und zur Unfallverhütung wurde *Nordhoff* persönlich aktiv, wobei seine Vorgaben erkennen lassen, daß sich in seinen Motiven Fürsorgepflicht und rentabilitätsbezogene Überlegungen mischten:

»Die in der Produktion unvermeidliche direkte Berührung mit Ölen und Kühlmitteln hat, wie Ihnen bekannt, bei einer ziemlich großen Anzahl von Leuten Hautschäden zur Folge, die unangenehm, langwierig und kostspielig verlaufen. Es gibt, wie sie wissen, Schutzmassnahmen, die zum Teil im Betrieb als eine gewisse Störung empfunden, die aber in jedem Falle das bei weiterem kleinere Übel gegenüber der tatsächlichen Erkrankung sind. Ich wäre Ihnen sehr dankbar, wenn Sie alle Ihre Herren anweisen würden, die Massnahmen zur Verhinderung solcher Schäden zu fördern und alles zu tun, um sie erfolgreich zu gestalten. Wir erfüllen damit nicht nur eine Pflicht, sondern wir tun dann auch das Vernünftige und wirtschaftlich Richtigste.«[61]

»Der letzte bedauerliche Unfall läßt den alten Wunsch nach einer systematischen Maschinen-Untersuchung zur zwingenden Notwendigkeit werden. Es decken sich dabei unsere Pflicht zur Unfallverhütung mit der Notwendigkeit zur Werterhaltung vollkommen. Der beste Weg wird es sein, eine Reihe kleiner Gruppen von guten Mechanikern mit der laufenden Überwachung und Kontrolle zu beauftragen, und zwar ausschließlich hiermit. Ich denke an eine Gruppe für das Preßwerk, eine oder zwei für Halle IV und eine für den Rest. Die Reihenfolge und Häufigkeit der Kontrolle ist an jeder Maschine sichtbar anzubringen durch Anschreiben der letzten und der nächsten Kontrolle, wie an den Lokomotiven der Eisenbahn. Für die Vorarbeiten hierzu gebe ich Ihnen zwei Monate Zeit, also bis zum 1. April 1954. Bis zu diesem Zeitpunkt soll jede Werkzeugmaschine im Werk ihr Kontrolldatum tragen und der Turnus der Untersuchungen beginnen. Nach erfolgter Kontrolle ist das planmäßige nächste Untersuchungsdatum anzuschreiben. Die Zahl der hierfür notwendigen Fachleute wird Ihnen über den Stellenplan hinaus bewilligt. Es ist keine Zeit zu verlieren. Die zur Einführung vorgesehenen Maschinenkarten werden alle diese Arbeiten erleichtern. In ähnlicher Weise wird übrigens eine Werks-Instandhaltungskolonne einzusetzen sein, deren Aufgabe es sein wird, den bei der kürzlich angeordneten großen Überholung des Werkes hergestellten Zustand zu erhalten.«[62]

Wie erfolgreich war nun unter dem Gesichtspunkt der *Mobilisierung von Effektivitätsreserven der Belegschaft* diese Mischung aus konzilianter Tarifpolitik, aufwendigen Sozialprogrammen, beschränkter Mitbestimmung und paternalistischem Dialog, mit der das Management des Volkswagenwerks versuchte, die Monotonie der Arbeit unter den Bedingungen der fordistischen Massenproduktion erträglich zu machen? Als die bereits in Kapitel 5 erwähnte »Studiengruppe Härtereitechnik« Ende 1952 aus den USA zurückkehrte und beeindruckt den technologischen Vorsprung der amerikanischen Automobilfabriken schilderte, enthielt ihr Bericht auch einen Passus über die industriellen Beziehungen. In diesem einen Bereich war für die Autoren das deutsche System dem amerikanischen überlegen:

»Die Diskussion über Arbeits- und Lohnprobleme waren sehr interessant aber wenig ergiebig, da viele dieser Probleme, die in der amerikanischen Wirtschaft zwischen den Sozialpartnern bestehen, in Deutschland bereits eine befriedigende Lösung gefunden haben.«[63]

Der Erfolg, den das Volkswagenwerk – auf internationaler Ebene ebenso wie auf dem Binnenmarkt – während der fünfziger Jahre erzielte, spricht dafür, daß die Unternehmensentwicklung nicht durch Arbeitskonflikte blockiert wurde. Es ist jedoch methodisch schwierig, die Mobilisierung von Effektivitätsreserven der Belegschaft zu messen, und noch schwieriger ist es, diesem Faktor Teile des Unternehmenserfolgs zuzurechnen. Derartige Versuche sollen daher hier unterbleiben. Einen indirekten Hinweis darauf, ob dem Bemühen des Managements bei »Kampf um das Bewußtsein der Arbeiter« Erfolg beschieden war, liefern die verfügbaren

Informationen über die *Arbeitskonflikte.* Diese Informationen legen die Annahme nahe, daß *erstens* die Kooperationsbereitschaft der Belegschaft durch die integrative Personalpolitik des Managements positiv beeinflußt wurde und daß *zweitens* – vor dem Hintergrund des zunehmenden Arbeitskräftemangels – in der zweiten Hälfte der fünfziger Jahre die Konfliktbereitschaft der Arbeiter und Angestellten des Volkswagenwerks deutlich anstieg. Letzteres gilt insbesondere für die frisch rekrutierte Randbelegschaft.

Eine Form *individuellen* Widerstands, die im Volkswagenwerk offenbar vorkam, war der als Krankheit getarnte *Absentismus.*

Tabelle 6.10: Die Entwicklung des Krankenstands und der Abgangsneigung im Volkswagenwerk[64]

	Krankenstand in %	Belegschaftsabgänge	Abgänge auf eigenen Wunsch
1947	6,6	4131	?
1948	5,0 [65]	1945	?
1949	3,8	886	?
1950	4,4	623	?
1951	5,0	819	380
1952	4,1	1005	?
1953	3,6[66]	1210	?
1954	4,0	1927	563
1955	4,5-5[67]	2719	897
1956	2,2-6,0	3269	1414
1957	2,4-4,5	3601	1567
1958	4,8[68]	3764	?
1959	5,1	4552	?
1960	5,7	6240	?
1961	6,4	6941	?
1962	5,5	10004	3908

1947 lag der jahresdurchschnittliche *Krankenstand* im Volkswagenwerk bei 6,63%. Dieser verhältnismäßig hohe Wert war offensichtlich durch das Fehlen einer Kontrollinstanz in Person eines Vertrauensarztes bedingt:

> »Als Hauptursache dieses abnormal hohen Krankenstandes war das Fehlen eines Vertrauensarztes für Wolfsburg anzusehen. Es ist gelungen, die Aufsichtsbehörde von der Notwendigkeit eines solchen zu überzeugen, so daß seit Oktober Herr Dr. Ohl nebenamtlicher Vertragsarzt für Wolfsburg ist.«[69]

Danach entwickelte sich das Niveau des Krankenstands zurück und stabilisierte sich bis 1955 zwischen 4% und 5%, um in der zweiten Hälfte des Jahrzehnts abermals annähernd die Größenordnung von 1947 zu erreichen. Der Grund für das neuerliche Ansteigen des Krankenstands stand für die Personalabteilung fest:

> »Jede Vollbeschäftigung fördert bei einzelnen Angehörigen eines Betriebes die Neigung, sich die eigene Verpflichtung und Verantwortung gegenüber Unternehmen und Mitarbeitern bequemer zu machen. Dies schlägt sich nicht nur in der Arbeitsleistung, sondern auch im Krankenstand und in den Fehlzeiten nieder.[70]

Dessen ungeachtet zeigten die Zahlen anderer Unternehmen, daß der Krankenstand im Volkswagenwerk in komparativer Perspektive keinen ungünstigen Verlauf nahm. Im Gegenteil, in manchen Jahren lag er deutlich unterhalb des Durch-
schnitts der metallverarbeitenden Industrie, was in den Personalberichten mit
Befriedigung hervorgehoben wurde.

Eine weitere Form individuellen Widerstands im Betrieb bestand in schlichter
Arbeitsverweigerung. Die Jahresberichte der Personalabteilung erwähnen seit
1954 solche Fällen im Zusammenhang mit verschuldeten Werksangehörigen, die
durch die bewußte Inkaufnahme von Einkommensminderungen eine Pfändung
von Lohn- respektive Gehaltsteilen vermeiden wollten:

> »Etwa 600 Werksangehörige sind den eingegangenen Zahlungsverpflichtungen auf
> Grund von Abzahlungsgeschäften nicht nachgekommen und wurden mit Pfändungs-
> und Überweisungsbeschlüssen des Werkes belastet. Ein Teil dieser Werksangehöri-
> gen versuchte durch Fehlschichten (leichte Krankheiten und unentschuldigtes Feh-
> len) das pfändungsfreie Einkommen nicht zu überschreiten, so daß im Berichtsjahr
> infolge Arbeitsbummelei gegen 72 solche Werksangehörige die fristgemäße und 27
> Werksangehörige die fristlose Entlassung ausgesprochen werden mußte. Darüber
> hinaus wurden über 200 Werksangehörige wegen ihrer Leichtsinnigkeit angesprochen,
> belehrt und auf die Gefährdung ihres Arbeitsverhältnisses hingewiesen. Trotz dieser
> Maßnahmen konnte ein Rückgang der Zahlung der Pfändungsbeschlüsse bisher nicht
> festgestellt werden, da durch Abzahlungsgeschäfte und vielerlei andere Verlockun-
> gen dieses Übel noch gefördert wird.«[71]

Der Umstand, daß in allen diesen Fällen die materiellen Anreize, welche die Ein-
satzbereitschaft der Belegschaft stimulieren sollten, durch Pfändungsbeschlüsse
außer Kraft gesetzt waren, deutet darauf hin, daß in der Regel das Konzept des
Managements im Hinblick auf die Motivation der Mitarbeiter aufging.

Eine ähnliche Entwicklung wie der Absentismus nahm die *Abgangsneigung* der
Mitarbeiter. Bis Mitte der fünfziger Jahre reduzierte sie sich drastisch, danach
wuchs sie – parallel zur Anspannung des Arbeitsmarkts – nicht unerheblich an,
ohne allerdings bedrohliche Ausmaße anzunehmen.[72] Interessant ist, daß der
Anteil der auf eigenen Wunsch ausgeschiedenen Belegschaftsmitglieder an den
Gesamtabgängen 1962 bei 39,06% lag, gegenüber nur 29,22% in 1954. In dieser
Differenz scheint sich die veränderte Arbeitsmarktlage zu spiegeln.

Weit prekärer für die Realisierung steigender Skalenerträge als die diversen Strategien individuellen Protests sind Manifestationen *kollektiver* Unzufriedenheit
der Belegschaft. Deren schärfste Ausdrucksform ist der *wilde Streik.* Die Beobachtung, daß es in den fünfziger Jahren im Volkswagenwerk nur drei derartige
Vorfälle gab, spricht für das kooperative Klima der Arbeitsbeziehungen. Der
Umstand, daß alle drei wilden Streiks in die Zeit nach 1954 fielen, zeigt, daß es
zunehmend schwieriger wurde, dieses kooperative Klima zu bewahren.

1955 forderte die Belegschaft der Halle I durch eine kurzfristige Arbeitsnieder-
legung die Erstattung von Fahrkosten ein, 1959 waren Gerüchte über die Ergebnisse der Tarifverhandlungen mit der IG Metall der Grund für einen wilden Streik

im Werk Wolfsburg, und 1962 kam es zu massiven Unruhen unter den italienischen Gastarbeitern.[73] Hatte die Unternehmensleitung im Jahre 1955 den Streikforderungen nachgegeben, reagierte man in den folgenden Fällen mit zahlreichen Entlassungen. Den mit Abstand schärfsten Charakter besaß die Auseinandersetzung von 1962:

>>Obwohl den meisten unserer Gastarbeiter sowohl die hochtechnisierte Arbeit als auch die Großbetriebe schlechthin gänzlich unbekannt waren, machte es ihnen keine größeren Schwierigkeiten, sich in den Arbeitsablauf einzufinden und einzugliedern. Sie leisten gute Arbeit. Etwas schwieriger dagegen war es für unsere Unterkunftsleitung, den besten Weg herauszufinden, wie mit einem Minimum an verwaltungstechnischem Reglement die notwendige Ordnung in den Unterkünften zu gewährleisten sei, denn im übrigen soll die Gestaltung ihres Zusammenlebens den Gastarbeitern selbstverständlich überlassen bleiben. Unsere zurückhaltende Einstellung machten sich einige bewußt eingeschleuste und politisch wahrscheinlich ferngesteuerte Elemente zunutze, denen an einer Störung der Zusammenarbeit und an Demonstrationen gegen das Werk gelegen war. Es gelang ihnen im November, aus verhältnismäßig nichtigen Anlässen Unruhen zu organisieren und einen wilden Streik zu provozieren, wobei sehr viele ihrer arbeitswilligen Landsleute unter massiven Druck gesetzt wurden. Im Interesse des Ganzen wurde es notwendig, sich schnell und klar von den Rädelsführern dieses wilden Streiks und einem Teil ihrer Mitläufer zu trennen. Die Entlassung bzw. das freiwillige Ausscheiden von ein paar hundert Italienern führten zu einer deutlichen Entspannung der Situation und schufen die Voraussetzungen für eine sachdienliche und loyale Zusammenarbeit zwischen den Interessenvertretern unserer Gastarbeiter und der Unterkunftsleitung.<<[74]

Die Ursachen für die Unzufriedenheit unter den italienischen Gastarbeitern dürften indes – ungeachtet der Schilderung der Personalleitung – keineswegs ausschließlich in der Agitation durch >>Rädelsführer<< zu suchen sein. Denn abgesehen von Integrationsschwierigkeiten und problematischen Wohnverhältnissen besaßen die italienischen Arbeitnehmer im Volkswagenwerk prekäre Arbeitsverträge, die lediglich über ein Jahr liefen. Entsprechend hoch war ihre Fluktuation. 4.957 Zugängen im Laufe des Jahres 1962 standen 1.769 Abgänge gegenüber.[75] Bei den italienischen Gastarbeitern handelte es sich um eine Randbelegschaft, auf die man seitens der Unternehmensleitung zurückgriff, um den Arbeitskräftemangel zu lindern.

Die zunehmenden Arbeitskonflikte waren für das Management ein Grund, die Sanktionen im Unternehmen zu verschärfen.

Verwarnungen, Verweise, Geldbußen sowie fristgemäße und fristlose Entlassungen aus disziplinarischen Gründen stiegen – relativ zur Belegschaftsgröße – an. Die Zahl der Entlassungen aus Disziplingründen etwa erhöhte sich auf 549 in 1962 im Vergleich zu nur 132 in 1954, hatte sich also mehr als vervierfacht. Demgegenüber war die Gesamtbelegschaft des Volkswagenwerks im gleichen Zeitraum >>nur<< von 20.569 auf 69.446 Personen gewachsen. Andererseits betrug auch 1962 das Verhältnis von disziplinarisch bedingten Entlassungen zur Belegschaftszahl lediglich auf 0,8%, kein Anlaß also, die Intensität der Arbeitskonflikte zu

Tabelle 6.11: Die Entwicklung der Sanktionen bei der Volkswagenwerk GmbH/AG[76]

	Verwarnungen	Verweise	Geldbußen und Lohnabzüge	fristgem. Entlassungen (disziplin. Gründe)	fristlose Entlassungen (disziplin. Gründe)
1954	300	105	9	?	132
1955	450	142	23	?	207
1956	650	192	40	?	237
1957	1200	251	102	?	275
1968	463	255	137	?	?
1959	688	172	51	?	?
1960	1402	335	124	?	?
1961	1916	458	459	135	259
1962	1683	546	432	204	345

überschätzen. Dennoch scheint das Management in der zweiten Hälfte der fünfziger Jahre das Aufsichtspersonal verstärkt und die Kontrollen im Betrieb intensiviert zu haben. Die durchschnittliche Zahl der Lohnempfänger pro Vorarbeiterbereich sank zwischen 1956 und 1962 von 47 auf 40.[77] Auch die Überwachung kranker Werksangehöriger scheint zu Beginn der sechziger Jahre verschärft worden zu sein:

»Die verstärkten Krankenbesuche seitens der Betriebskrankenkasse führten nicht nur zu mancher individuellen Intensivierung von Heil- und Fürsorgemaßnahmen, sie halfen auch zu verhindern, daß sich einzelne Werksangehörige auf Kosten ihrer Mitarbeiter zusätzliche freie Zeit für Privatbeschäftigungen erschlichen.«[78]

Kapitel 7: Die Materialversorgung des Volkswagenwerks

Die Hauptabteilung *Einkauf und Materialverwaltung* des Volkswagen-Konzerns hatte sich für das Jahr 1949 ambitionierte Ziele gesteckt:

>»Nach einer Beruhigung der durch die Währungsreform hervorgerufenen verworrenen Wirtschaftslage entstanden für Einkauf und Materialabteilung für das Jahr 1949 Hauptaufgaben, die sich wie folgt zusammenfassen lassen:
>1. Materialsicherstellung für die erhöhte Produktion.
>2. Herabsetzung der Lagerbestände.
>3. Ermäßigung der Preise.
>4. Qualitätsverbesserung des angelieferten Materials.«[1]

Diese Ziele waren jedoch in den ersten sieben Nachkriegsjahren nur bedingt zu erreichen. Bis 1952 traten im Volkswagenwerk immer wieder Engpässe bei der Materialversorgung auf, die mit der Kurzarbeit des Jahres 1951 – ausgelöst durch einen akuten Mangel an Karosserieblechen – ihren Höhepunkt erreichten. Erst danach entspannte sich die Lage auf den Märkten hinreichend, um einen reibungslosen Produktionsfluß zu gewährleisten.

Die Etappe des Materialmangels

Bis einschließlich 1948 blieb das Volkswagenwerk bei der Gestaltung seiner Absatzpolitik an administrative Vorgaben gebunden. Im Vordergrund stand dabei bis 1947 die Belieferung der britischen Besatzungsmacht, die 1000 Wagen pro Monat bezog. Das Volkswagenwerk produzierte aber von Anfang an auch für den Export. Die Planung für das Jahr 1947 sah neben dem für die Alliierten reservierten Kontingent 1910 Fahrzeuge vor, von denen 500 für den Export bestimmt waren.[2] Um dieses Programm erfüllen zu können, erhielt das Volkswagenwerk *Bestell- und Bezugsrechte*, deren Umfang aber viel zu gering ausfiel, um die ehrgeizigen Planungsvorgaben in die Tat umzusetzen – zumal gegen die Bezugsrechte durchaus nicht immer Waren zu erhalten waren.

Der Materialmangel betraf nahezu alle Roh- und Zwischenprodukte. Besonders akut war er bei Karosserieblechen, Rohstoffen und Werkzeugmaschinen. Es überrascht daher nicht, daß sich das Volkswagenwerk immer wieder mit drängenden Appellen an die deutschen und britischen Stellen wandte, um eine Aufstockung seiner Materialbezüge zu erreichen.[3] Unter Hinweis auf den Stellenwert des Volkswagenwerks für die britische Besatzungspolitik bemühte sich die Einkaufsabteilung um Sonderkonditionen bei der Materialversorgung:

»Da uns von der britischen Militärregierung und auch vom Verwaltungsamt für Wirtschaft immer wieder bestätigt wird, dass wir eine Mandatory Production haben, und die hierfür erforderlichen Liefermengen von den deutschen Verwaltungsämtern auftragsgemäß zugewiesen werden, beantragen wir, in die Gruppe der Hauptkontingentträger eingereiht zu werden, um die Möglichkeit zu haben, das entsprechende Material für unsere Lieferanten und uns direkt anfordern zu können. Sollte die Möglichkeit hierfür nicht bestehen, müssen wir die Militärregierung darauf aufmerksam machen, dass die Erfüllung ihres Programms nicht möglich sein wird. Ebenfalls müssen wir darauf aufmerksam machen, dass die Auslieferung vorgesehener Exporte und die Auslieferung vordringlicher Fahrzeuge für die deutsche Wirtschaft, Bergbau, Reichsbahn usw. nicht durchgeführt werden kann.«[4]

Soweit die benötigten Materialien überhaupt auf dem deutschen Markt zu haben waren, war es möglich, durch *Kompensationsgeschäfte* – beispielsweise Bleche gegen Volkswagen – die Auswirkungen der Versorgungslücken, die das System der öffentlichen Bewirtschaftung nicht zu schließen vermochte, zu mildern.[5] Besonders kompliziert lagen die Dinge aber beim Ankauf von Rohstoffen im Ausland, da Devisen erstens generell knapp und zweitens nur über die offiziellen Kanäle zu beschaffen waren. Dieses Problem spitzte sich 1948 zu, als dem Volkswagenwerk von der *Bipartite Economic Control Group* in Abstimmung mit dem Verwaltungsamt für Wirtschaft ein – für die damaligen Umstände – umfangreiches Exportprogramm aufgegeben wurde. Bis Ende 1948 sollten insgesamt 8.850 Volkswagen exportiert werden, entsprechende Rohstoffe standen aber nicht zur Verfügung:

»Das Volkswagenwerk hat aufgrund dieser genehmigten Planung sowohl den deutschen als auch den britischen verantwortlichen Dienststellen am 27.9.1947 eine Rohmaterial-Planung eingereicht, verbunden mit einer Aufstellung über zu importierende Rohstoffe. Bis zum heutigen Tage sind zur Erfüllung dieses Export-Programmes die Voraussetzungen nicht erfüllt worden, da Zuweisungen, gleichgültig ob aus deutschen Rohstoff-Quellen oder aus Exporten, an das Volkswagenwerk nicht erfolgten. Selbst die zur Erfüllung des Programmes erforderlichen Vorlauf-Eisenkontingente sind in vollkommen unzureichendem Maße erteilt worden. ... Für zu exportierende Ersatzteile sind bis heute überhaupt noch keine Kontingente gegeben worden. Ähnlich ist die Lage bei Textilien. Für die verbesserte Export-Ausführung sind Rohstoff-Zuweisungen überhaupt noch nicht erfolgt. Andere für unsere Fertigung dringend erforderlichen Rohstoffe, wie Nichteisen-Metalle, Lackrohstoffe, Chrom- und Nickelsalze usw. sind nicht zugewiesen worden, da diese in Deutschland in unzureichendem Maße verfügbar sind. Unter derartigen Verhältnissen ist es unmöglich, das Export-Programm durchzuführen. Es ist uns bekannt, daß dem Verwaltungsamt für Wirtschaft für den Import wichtigster Rohmaterialien Devisen zu Verfügung stehen. Es ist auch bekannt, daß bis zu einem Drittel des Export-Preises Rohmaterialien über das Verwaltungsamt zur Erfüllung der Export-Programme eingeführt werden dürfen. Um das Export-Programm zu erfüllen, würden also dem Volkswagenwerk Rohstoffe bis zum Werte von 2.000.000.- Dollar aus Importen zur Verfügung gestellt werden. ... Wir möchten Sie bitten, weitere unbedingt erforderliche Vorlauf-Kontingente zu erteilen und dafür zu sorgen, daß die Rohstoffe, die aus deutschen Rohmaterialien nicht zugewiesen werden können, schnellstens zur Erfüllung unseres Programmes importiert werden können.«[6]

Trotz aller Initiativen des Managements blieb die Rohstoffversorgung des Volkswagenwerks während des Jahres 1948 unzureichend, so daß das Exportprogramm nur mit großen Abstrichen erfüllt werden konnte.[7] Mitte Februar etwa schrieb die Einkaufsabteilung an die Verwaltung für Wirtschaft in Frankfurt, das Volkswagenwerk sei wegen des Fehlens von Aluminium-Gußlegierung nicht in der Lage, die Produktion im April aufrechtzuerhalten.[8]

Als sich die Fahrzeuge aus Wolfsburg im westeuropäischen Ausland – ungeachtet aller Schwierigkeiten – einen Markt zu erobern begannen, bestanden die Regierungen der betreffenden Länder darauf, das Volkswagenwerk mit diversen Vor- und Zwischenprodukten zu versorgen, um ihre Zahlungsbilanz zu entlasten. Namentlich die belgische Regierung wurde 1949 nachdrücklich:

»Das Volkswagenwerk exportiert nach Belgien durchschnittlich monatlich für 250-300.000 $ Volkswagen, und hat zur Zeit noch alte Jeia-Verträge, die das Volkswagenwerk verpflichten, noch ca. 1.200.000 $ nach Belgien zu exportieren. Die Belgische Regierung wünscht nun, dass zum Ausgleich ein gewisser Export an das Volkswagenwerk in verschiedenen Industrie-Erzeugnissen Belgiens vorgenommen wird. Der belgische Generalvertreter des Volkswagenwerks trat mit diesem Ersuchen an das Volkswagenwerk heran und teilte dem Volkswagenwerk u.a. mit, dass die Belgische Regierung keine weiteren Dollarbeträge für den Import von Volkswagen geben würde, wenn nicht gleichzeitig vom Volkswagenwerk gewisse Importe durchgeführt werden.«[9]

Auf Betreiben aus Wolfsburg wurden daraufhin in den neuen deutsch-belgischen Handelsvertrag Textilimporte für die deutsche Automobilindustrie im Wert von insgesamt 275.000 Dollar aufgenommen. Sehr zum Ärger der Unternehmensleitung meldeten andere Automobilfirmen nach Abschluß dieses Vertrags ebenfalls Ansprüche auf die belgischen Textilimporte an, so daß der Bedarf des Volkswagenwerks aus diesem Kontingent nicht vollständig gedeckt werden konnte.[10] Ende 1949 zeichnete sich dann im Verhältnis zur Schweiz eine ähnliche Konstellation ab wie gegenüber Belgien. Auch die Schweizer Regierung bestand auf einer Kompensation für die umfangreichen Volkswagenimporte, und abermals wurde das Volkswagenwerk bei der Verwaltung für Wirtschaft vorstellig, um die erforderlichen Devisen freizubekommen:

»Wir haben z.Zt. 2 Anträge auf Einfuhr von Kunstleder der Schweizer Firma Färberei Schlieren AG. für unsere Lieferwagen laufen. Wir arbeiten mit dieser Firma schon seit Jahren und haben bisher die Kunstlederbezüge durch Bonus A gedeckt. Nach Fortfall des Bonus sind wir gezwungen, die Devisen für die Einfuhr aus einer besonderen Zuteilung zu erwirken. Den Anlaß zu diesen verhältnismäßig kleinen Einfuhren aus der Schweiz war der Wunsch der Schweizer Regierung, daß für die belangreichen Volkswagen-Einfuhren wenigstens zum Teil vom Volkswagenwerk Schweizer Fabrikate für den Volkswagen verwendet werden. Wir sind mit der Qualität der Schweizer Erzeugnisse äußerst zufrieden, da sie die Qualität der deutschen Erzeugnisse noch übertrifft. Im übrigen ist das eingeführte Kunstleder ausschließlich für den Re-Export bestimmt und geht also wieder ins Ausland. Bemerken möchten wir noch, daß wir für den Lieferwagen 5,675 qm Kunstleder zum Preise von s´frs. 6,95=ca. $ 1,5 benötigen, der Lieferwagen aber zu einem Preise von $ 880.- exportiert wird, also das Vielfache wieder ins Ausland ausgeführt wird. Uns sind die Devisenschwierigkeiten wohl bekannt. Wir bitten aber immerhin zu bedenken, daß das Volkswagenwerk ein sehr großer Devisenbringer ist, während andererseits die von uns benötigten Devisen für die Einfuhr von ausländischen Erzeugnissen sich in äußerst bescheidenem Rahmen bewegen.«[11]

Der technologische Vorsprung der amerikanischen Automobilindustrie nach 1945 war zu einem nicht unerheblichen Teil auf die Überlegenheit der in der Produktion eingesetzten *Spezialmaschinen* zurückzuführen. Um auf den internationalen Märkten Fuß fassen, benötigte das Volkswagenwerk Zugriff auf die amerikanische Technologie. Insbesondere betraf dies die *Bullard-Spindelautomaten* und die *Gleason-Verzahnungsmaschinen*. Das Management räumte daher dem Import amerikanischer Werkzeugmaschinen eine hohe Priorität ein:

»Die Klingelnberg-Verzahnung ist im Volkswagenwerk erstmalig in der Massenfertigung angewandt worden. Während des Krieges und auch bei geringen Stückzahlen sind wir mit diesen Rädern nur so zurechtgekommen, dass wir auf Geräuscharmut keinen allzugrossen Wert legten. Z. Zt. werden täglich für 200 Getriebe spiralverzahnte Räder gefertigt. Wir sind der Ansicht, dass wir auf die Dauer und bei höherer Produktion mit Klingelnberg-Verzahnung nicht zurecht kommen. ... Es gibt für die Herstellung von spiralverzahnten Kegel- und Tellerrändern nur 2 Systeme: Gleason und Klingelnberg. Über 100 Millionen Wagen sind bereits mit Gleason-Rädern ausgestattet, und es ist ganz klar, dass diese Firma in der Massenherstellung solcher Räder weitaus größere Erfahrungen sammeln konnte als Klingelnberg. Diese Erfahrungen wurden in den Bau der Gleason-Maschinen hereingelegt, und wir sehen dies laufend an der hochwertigen Qualität der bei uns im Werk vorhandenen Gleason-Maschinen. Diese beiden Gleason-Generatoren hatten in den 10 Jahren ihrer Betriebszeit nicht die geringsten Störungen aufzuweisen. Es wäre für uns sehr gefährlich, auf alle Fälle jedoch sehr kostspielig, wenn wir bei einer Produktion von über 200 Wagen am Tage nur auf Klingelnberg angewiesen wären.«[12]

Als geeigneter Rahmen für die Durchführung dieser Importe boten sich zunächst die *Marshall-Plan-Lieferungen* an. Die Fachstelle Eisen- und Metallverarbeitung der Verwaltung für Wirtschaft teilte dem Volkswagenwerk am 24.6.1949 370.000 Dollar für die Einfuhr von Werkzeugmaschinen aus den USA zu.[13] Bereits im April hatte die JEIA dem Unternehmen die Einfuhr von fünf Bullard-Sechsspindelautomaten und mehreren Gleason-Automaten im Werte von insgesamt 354.000 Dollar genehmigt.

Bevor sich allerdings diese Importe auszahlen konnten, verursachten sie nicht einkalkulierte Verluste in beträchtlicher Höhe. Der Grund dafür lag in einer Neuregelung der geltenden *Wechselkurse*. Die Kontrakte mit den Importfirmen hatte das Volkswagenwerk Anfang des Jahres 1949 in US-Dollar abgeschlossen – vorbehaltlich der Zustimmung durch die JEIA. Diese eröffnete daraufhin ein in Dollar lautendes Akkreditiv zugunsten der Importfirmen, zu dessen Deckung wiederum das Volkswagenwerk ein DM-Akkreditiv bei seiner Außenhandelsbank – der Braunschweigischen Staatsbank – zu stellen hatte. Zur Auslieferung kamen die Bullard- und Gleason-Maschinen aber erst im Oktober. In der Zwischenzeit war die Dollar-Parität der DM verändert worden – der Dollar kostete nicht mehr 3,337 DM, sondern 4,20 DM. Bei der Abrechnung der gelieferten Maschinen wurde der neue Dollarkurs zugrunde gelegt, so daß dem Volkswagenwerk Verluste von zusammengerechnet über 300.000 DM entstanden, wogegen die Einkaufsabteilung beim Verwaltungsamt für Wirtschaft scharf protestierte:

»Die Einfuhr der Maschinen war geplant und veranschlagt zum alten damals bestehenden Kurse. Die Berechnung zum neuen Kurs wirft nun nicht nur alle Kalkulationen über den Haufen, sondern macht die Maschinen fast unwirtschaftlich. Aber auch der eigentliche Zweck der Marshallplan-Einfuhr, nämlich amerikanische Werkzeugmaschinen der deutschen Industrie ohne Devisenzahlung und nur gegen DM-Abrechnung zur Verfügung zu stellen, wird dadurch gefährdet, dass die Maschinen zum heutigen Kurs und damit zu teuer bezahlt werden müssen. Wenn wir auch anerkennen, dass diese DM-Beträge für notwendige Zwecke innerhalb der deutschen Wirtschaft zur Verfügung gestellt werden, so geht es nicht an, dass diese Beträge ausschließlich von der deutschen Industrie durch die Einfuhr derart teurer Maschinen gedeckt werden; insbesondere, als es Ziel des Marshallplans ist, der deutschen Wirtschaft eine gewisse Menge Werkzeugmaschinen zu einer bestimmten Zeit zur Verfügung zu stellen, und somit der deutschen Wirtschaft eine baldige Steigerung und Leistung und daher Rationalisierung ihrer Betriebe zu ermöglichen. Wir bitten deshalb um Ihre Unterstützung und um Veranlassung bei der Bank Deutscher Länder, dass bei der Abrechnung der alte Dollarkurs in Anrechnung gebracht wird...«[14]

Die Materialknappheit, welche die Einkaufsabteilung in den ersten Nachkriegsjahren immer wieder zum Improvisieren gezwungen hatte, sollte sich mit Beginn der fünfziger Jahre weiter verschärfen. Dabei lag das Hauptproblem in der Versorgung mit *Feinblechen,* deren Unterbrechung im Frühjahr 1951 die Produktion im Volkswagenwerk komplett zum Erliegen brachte. Der Krisenverlauf machte einmal mehr deutlich, daß die industrielle Massenproduktion von Automobilen in Westeuropa – schon unter dem Gesichtspunkt der Materialversorgung – ohne eine Rekonstruktion des Weltmarkts keine Aussicht auf Erfolg besaß. Darüber hinaus zeichnete sich ab, daß das Volkswagenwerk langfristig auf technische Reformen nicht würde verzichten können, wollte es in der internationalen Konkurrenz bestehen.
Bereits im 4. Quartal des Jahres 1950 hatte sich die Lage auf dem Markt für Walzwerkserzeugnisse spürbar angespannt. Die dem Volkswagenwerk zugesagten Liefermengen an Feinblechen wurden deutlich unterschritten:

»Grundsätzlich ist für uns die Situation so, daß fast kein Feinblechwalzwerk seine uns zugesagten Quoten einhalten kann. Wir rechnen im Oktober mit einem Mindereingang von 700 to, ausreichend für 1800 Volkswagen. Da auch in den vergangenen Monaten die zugesagten Quoten unterschritten wurden, sind unsere geringen Vorräte weitgehendst erschöpft, sodaß tatsächlich die Versorgung unseres Preßwerkes sehr ernsthaft gefährdet ist. Eine genaue Disposition ist im Einkauf nicht mehr möglich, da auch die verminderten zugesagten Mengen verspätet oder in kleinen Mengen eingehen. Zusagen werden prinzipiell nicht mehr eingehalten.«[15]

Ende März 1951 geriet das Bemühen des Managements um ein flexibles Krisenmanagement endgültig an seine Grenzen. Am 30. März telegraphierte die Finanzabteilung des Volkswagenwerks an das Bundeswirtschaftsministerium:

»1. Wegen Mangel an Qualitätsblechen, die für unseren Karosseriebau gebraucht werden, liegt das Werk seit dem 28.3. still. Es ist im Augenblick noch nicht abzusehen, wann wir mit der Aufnahme der Produktion beginnen können. Es wird angestrebt, für den Monat April eine 34stündige Arbeitszeit pro Woche zu sichern.
2. Grund der Stillegung ist das Ausbleiben der Karosseriefeinbleche von den Walzwerken. Unsere Lieferanten Hüttenwerk Rasselstein, Neuwied, Hüttenwerk Siegerland mit den Werken Eichen und Hüsten, Ohler Eisenwerk, Ohle, Mannesmannröhrenwerke, Gelsenkirchen, Capito & Klein, Düsseldorf und Grafenberger Walzwerke Düsseldorf sind auf Grund von Vormaterialmangel nicht in der Lage, die ursprünglich zugesagten Liefermengen einzuhalten, die zur Aufrechterhaltung unserer Produktion notwendig sind, und haben ihre Liefermengen um durchschnittlich 1/3 gekürzt.
3. Nach Ausfall von 4 Tagen im Monat März fehlen uns zur Sicherstellung der Produktion im Monat April ca 12.000 to Karosseriefeinbleche, um die Produktion voll laufen zu lassen.«[16]

Hinter der Materialkrise standen letztlich die turbulenten Verhältnisse auf den internationalen Märkten, wo die *Koreakrise* insbesondere die Nachfrage nach den Produkten der Schwerindustrie angeheizt hatte. Vor dem Hintergrund steigender Weltmarktpreise verstärkte die westdeutsche Stahlindustrie ihren Export, was bei einer kurzfristig limitierten Produktionskapazität automatisch zu Lasten der Liefermengen ging, die für die Belieferung der Automobilindustrie zur Verfügung standen. Diese Absatzpolitik der Stahlproduzenten löste im Volkswagenwerk Unmut aus:

»Herr Sendler ist Leiter der Wirtschaftsvereinigung Eisen- und Stahl, Untergruppe Feinbleche und hat wahrscheinlich einen gewissen Einfluß auf durchzuführende Importe und Investitionen. Dieser Einfluß wird allerdings von den Leitern der Konkurrenzwerke bestritten. Außerdem ist Herr Sendler kaufm. Vorstand der Stahlwerke Bochum, und da weder ein Generaldirektor noch ein Aufsichtsrat vorhanden ist, arbeitet das Werk ausschließlich nach seinen Richtlinien. Stahlwerk Bochum ist eines der größten und modernsten Walzwerke, stellt außer Edelstählen und Walzerzeugnissen eine große Menge Bleche und zwar Handels-, Dynamo-, Transformatoren- und Karosseriebleche usw. her. Herr Sendler treibt eine eigene Wirtschaftspolitik und hat nicht nur uns, sondern die gesamte Autoindustrie zugunsten des Exports, der zwar immer wieder von ihm bestritten wird, vernachlässigt. Wir selbst erhalten von den Stahlwerken Bochum monatlich 275 to Karosseriebleche. Wir haben seinerzeit durch die Militärregierung Stahlwerke Bochum weitgehendst unterstützt und der Firma das Anlaufen überhaupt erst einmal 45/46 ermöglicht. Stahlwerke Bochum erinnert sich nur ungern an diese von uns geleistete Hilfe und hat die Lieferquote in Höhe von 275 to seit dem 1.9.49 nicht mehr heraufgesetzt. Diese Menge ist auch nicht eingehalten worden, sodaß wir tatsächlich monatlich wesentlich weniger erhalten.«[17]

Theoretisch hätte ein kurzfristiger Ausweg aus der Krise darin bestanden, den Stahlproduzenten mehr Kohlen zur Verfügung zu stellen, um ihren Produktionsausstoß zu erhöhen. Bei Volkswagen nahm man in der Tat die Materialkrise als eine Kohlenkrise wahr:

»Ich möchte nochmals erwähnen, daß die Unterversorgung mit Karosserie-Feinblechen ausschließlich eine Kohlenfrage ist. Sind wir in der Lage, den Hütten zusätzliche Kohle zur Verfügung zu stellen, kann hierdurch eine größere Materialsicherstellung gewährleistet werden.«[18]

Entsprechend setzte das Management um *Nordhoff* zunächst darauf, durch erhöhte Kohlenkontingente für die Stahlindustrie die Versorgung der Zulieferer mit Vorprodukten zu verbessern. Da das Angebot auf dem deutschen Kohlenmarkt für diesen Zweck nicht hinreichte, mußte es darum gehen, zusätzliche Devisen für den Import von Auslandskohle freizubekommen. In Frage kam vor allem US-Kohle. Doch gestaltete sich die Durchführung des Vorhabens schwierig und scheiterte schließlich an der fehlenden Bereitschaft der Bank Deutscher Länder, die erforderlichen Devisen bereitzustellen, obwohl das Bundeswirtschaftsministerium die Pläne des Volkswagenwerks unterstützte:

»Auf der anderen Seite laufen die ihnen bekannten Geschäfte amerikanischer Kokskohle gegen Eisen. Ich schilderte in meinem Brief vom 3.3.51, daß die Gruppe der früheren Vereinigten Stahlwerke es abgelehnt hat, das Geschäft mit Otto R. Krause (Schlieker) durchzuführen. Schlieker hat nun, wie ich erfuhr, einen anderen Weg beschritten. Er bekommt von amerikanischen Interessenten die Kokskohle geliehen und muß den Gegenwert von dem aus dieser Kokskohle erzeugten Stahl nach Amerika re-exportieren. Das Land Nordrhein/Westfalen hat für den Gesamtbedarf der eingeführten Kokskohle Bürgschaft gegeben. Er ist also heute auf uns nicht mehr finanziell angewiesen und scheint trotz aller Bemühungen kein Interesse zu haben, mit uns zu arbeiten. ... Die früheren Vereinigten Stahlwerke, die ein ähnliches Geschäft aufziehen wollen, haben zugesagt, uns aus diesem Geschäft mit zu versorgen. Es muß jedoch festgestellt werden, daß bis zum heutigen Tage noch keine Kohlenschiffe bis auf eine Probesendung eingegangen sind, die Umwandlung von Kokskohle in fertige Stahlerzeugnisse mindestens noch 2-3 Monate dauert. Es ist vollkommen klar, daß diese Geschäfte als wirtschaftlicher Irrsinn bezeichnet werden müssen, da ja der Stahl zum großen Teil ins Ausland wandert und nicht dem deutschen Markt zugeführt wird. Die Walzwerke stellen sich aber auf den Standpunkt, daß es ihnen bei dieser verzweifelten Lage vollkommen gleichgültig ist, wer den Stahl erhält, wichtig ist für sie nur eine Weiterbeschäftigung, die eine einigermaßen Rentabilität der Betriebe sichert und es ihnen ermöglicht, die Arbeitskräfte, wenn auch in Kurzarbeit zu halten. Unser Gedanke, dieses Kohlengeschäft selbst abzuwickeln, ist Ihnen bekannt, s. auch Hausmitteilung des Herrn Hiemenz vom 13.3.51. Die am 21. d.M. erfolgte Ablehnung der Bank Deutscher Länder, uns hierfür Devisen zur Verfügung zu stellen, stellt uns vor eine Situation, die uns zwingt, andere Schritte zu ergreifen.«[19]

An derselben Hürde scheiterte auch ein direkter Import von Feinblechen aus dem Ausland.[20] Schließlich sah das Management des Volkswagenwerks noch einen dritten Ansatzpunkt, um die akute Materialkrise zumindest zu mildern. Da das Bundeswirtschaftsministerium angesichts der Situation auf den internationalen Märkten zögernd dazu überging, den Stahlbereich abermals zu bewirtschaften, versuchte man, die für das Volkswagenwerk und seine Zulieferer reservierten Kontingente auf dem Verhandlungswege aufzustocken. *Paulsen, Till* und *Hiemenz* wurden als Repräsentanten des Volkswagenwerks in der ersten März-hälfte 1951 mit diesem Ansinnen im Bundeswirtschaftsministerium vorstellig, wobei sie besonders darauf hinwiesen, daß ihrem Unternehmen aus der Versorgungskrise ein schwerer Konkurrenznachteil gegenüber Opel und Ford erwachse:

»Nach eingehender Darlegung der katastrophalen Verhältnisse auf dem Feinblech-markt und der Auswirkung auf die Automobilindustrie, besonders beim VW, besprach Herr Paulsen ausführlich das Koks, Stahl-, Feinblech-Geschäft. Herr Dr. Solveen (Ministerialrat beim Bundeswirtschaftsministerium – V.W.) gab uns bekannt, daß sich in nächster Zeit die Verhältnisse auf dem Stahlsektor und damit in der Feinblechver-sorgung noch bedeutend verschlechtern werden. Es ist beabsichtigt, durch Planwirt-schaft den Export dadurch zu fördern, dass dem Inland die Bleche entzogen und den-jenigen Firmen zur Verfügung gestellt werden, die Fahrzeuge exportieren. Man hat den Eindruck, daß man beim Wirtschaftsministerium in dieser Hinsicht weder ein noch aus weiss. ... Wir wiesen bei Herrn Dr. Solveen besonders darauf hin, dass die Adam Opel AG. und die Ford-Werke sich in bedeutend besseren Verhältnissen befinden, da gerade im Koks-Kohle-Geschäft die Mutter-Gesellschaften dieser beiden Unter-nehmen einfach Kohle nach Deutschland beordern, die später aus dem Export von Fahrzeugen zur Abdeckung gelangen. Diesem Vorzug müsste gegenüber dem VW unbedingt Rechnung getragen werden.«[21]

Die Ansprüche des Volkswagenwerks auf größere Koks-, Stahl- und Blech-kontingente konkurrierten aber nicht nur mit den Interessen anderer Automo-bilkonzerne, denn die innersektoralen Interessengegensätze wurden überlagert von der Konkurrenz zwischen der Automobilindustrie und anderen Branchen, die ebenfalls um eine hinreichende Materialversorgung kämpften:

»Vertraulich wurde mir von zuverlässiger Seite telefonisch mitgeteilt, daß vorige Woche die Vertreter des Schiffbaues bei Minister Erhard waren und erreichten, daß für den Schiffbau 20.000 to Koks zusätzlich an die Hütten geliefert werden, um da-mit die Stahl- und Eisensorgen des Schiffbaues zu beheben.«[22]

Das Geflecht der beteiligten Interessen war derart verwickelt, daß es dem Volkswagenwerk nicht gelang, noch rechtzeitig eine Intervention zu seinen Gunsten zu erwirken. Am 28.3.1951 standen die Bänder still, und *Erhard* erhielt via Telegramm den Notruf aus Wolfsburg:

»wegen vollstaendigen ausbleiben von blechen muss Volkswagenwerk ab morgen auf unbestimmte zeit stillgelegt werden. export wird bei den fuer april notwendigen star-ken arbeitseinschränkungen um mehr als die haelfte absinken.«[23]

Die Krise des Volkswagenwerks beschwor erhebliche Gefahren für die soziale Stabilität im Raum Wolfsburg herauf und drohte, die westdeutsche Handelsbi-lanz nicht unwesentlich zu belasten. Ein unternehmensinterner Bericht an Nordhoff vom 28.3. setzte sich mit den Auswirkungen der prekären Lage bei Volkswagen auseinander. Er betonte vor allem drei Aspekte: *die wirtschaftliche Abhängigkeit des Wolfsburger Umlands vom Volkswagenwerk*, die *kon-*

junkturelle Bedeutung des Konzerns und die *Rolle der Volkswagenwerks als Devisenbringer.* Da diese Ausführungen interessante Aufschlüsse über die Exportstrategie des Volkswagenwerks zu Beginn der fünfziger Jahre vermitteln, werden die entsprechenden Passagen ausführlich zitiert:

»Infolge unzureichender Belieferung mit Blechen, die voraussichtlich auch in den Monaten April und Mai noch anhalten wird, ist eine Einschränkung unserer Gesamtproduktion um mindestens 25% erforderlich. Die Auswirkungen dieser verringerten Produktion werden sich in erster Linie im Volkswagen-Export geltend machen. ... Export zur Zeit in 21 Länder ... Die Exporterlöse sind insbesondere seit der Abwertung des englischen Pfundes auf allen Auslandsmärkten stark zurückgegangen, sodass die Exportlieferungen zu Preisen erfolgen müssen, *die bestenfalls die reinen Herstellkosten decken,* jedenfalls keinerlei Gewinn ermöglichen. Die Entwicklung des Exportes in dem aus den Ziffern sich ergebenden Ausmass war nur möglich auf der Grundlage der starken Steigerung der Gesamtproduktion. Wir haben bisher den Export stark gefördert im Hinblick auf allgemein-wirtschaftliche Auswirkungen, insbesondere für die deutsche Devisenbilanz. Gesamterlös aus Volkswagenexporten in $:

1948:	3.6 Mill.
1949:	5.6 "
1950:	21.- "

Bei der rückläufigen Gesamtproduktion ist jedoch ein weiterer Export im bisherigen Ausmass nicht tragbar, *weil der Anteil der ohne Nutzen abzusetzenden Produktion zu hoch wird.* Die Ausfuhr von Kraftfahrzeugen ist im Interesse unserer Devisenbilanz gerade deshalb besonders wichtig, weil das Erzeugnis ein Fertigfabrikat mit sehr hohem Lohn- und Materialaufwand darstellt. Die von der Bundesregierung angestrebte Steigerung des Devisenaufkommens würde deshalb durch Einschränkung gerade der Ausfuhr von Kraftwagen empfindlich beeinträchtigt werden. Auch die Rückwirkungen auf unsere Beziehungen zu den Importländern dürfen nicht ausser Acht gelassen werden, wenn die in den betreffenden Handelsabkommen zugesagten Lieferungen unsererseits nicht in der vereinbarten Höhe erfolgen. Die ausländische Konkurrenz würde das Zurückbleiben der deutschen Volkswagenausfuhr sicherlich dazu ausnutzen, ihrerseits auf diesen Märkten Absatz zu suchen und damit auch für später den Verkauf unserer Erzeugnisse erschweren. Ausländische Marken, die unter Ausnutzung einer solchen Situation auf diesen Märkten Fuß fassen, sind dann umso schwerer von uns wieder zu verdrängen. Zur Zeit ist der Volkswagen überall im Ausland sehr begehrt wegen seiner technischen und betrieblichen Vorzüge und Eigenschaften, und weil das Volkswagenwerk überall im Ausland gut funktionierende Generalvertretungen mit einem Netz von Händlern und Werkstätten aufgebaut hat, die den Interessenten für Volkswagen einen ausgezeichneten Kundendienst und prompte Ersatzteilversorgung sichern. Auch die im Aufbau dieser Exportorganisation auf lange Sicht investierten erheblichen Werte und das beachtliche Interesse das Auslandes am Bezuge von Volkswagen würden durch den Rückgang der Neuwagenlieferung stark geschädigt«[24]

Man stößt hier auf viele Momente, die für den Erfolg des »Käfers« auf den internationalen Märkten von ausschlaggebender Bedeutung waren: der Zeitfaktor beim Aufbau einer Position auf dem Weltmarkt, die Qualitätsmerkmale des »Käfers«, eine gut funktionierende Verkaufsorganisation, ein effektives Servicenetz, schließlich die Außenwirtschaftspolitik der Regierung. Bemerkenswert ist aber vor allem die *Intensität der internationalen Konkurrenz* im Automobilsektor, die das Volkswagenwerk dazu zwang, gezielt *Dumpingpraktiken* einzusetzen, um sich auf dem Weltmarkt erst einmal zu etablieren. Der Exportpreis sank offenbar nicht selten unter die Herstellungskosten. Diese Strategie war allerdings nicht auf Dauer durchzuhalten, und da sich Preiserhöhungen von selbst verboten, blieb nur die Möglichkeit, dem Konkurrenzdruck durch *technologischen Wandel* zu begegnen. Erst die forcierte Automatisierung seit 1954 versetzte das Volkswagenwerk in die Lage, auf der Basis steigender Produktivität in der internationalen Konkurrenz zu bestehen, ohne dabei in einen Zielkonflikt mit der betriebswirtschaftlichen Rentabilität zu geraten.

Kurzfristig mußte allerdings zunächst die Materialkrise des Jahres 1951 überwunden werden. Die Nachricht von der vorläufigen Schließung des Volkswagenwerks veranlaßte das Wirtschaftsministerium, nunmehr doch zugunsten des Unternehmens einzugreifen. Entsprechende Signale gingen bereits am 29. März in Wolfsburg ein:

> »Anruf von Herrn Novotny aus Bonn, der mich bat, Herrn Dipl. Ing. Czermak vom BMW Bonn die Unterlieferungen der Walzwerke durch FS bekanntzugeben. Man will die Walzwerke zwingen, die für uns erforderlichen Liefermengen einzuhalten und ist nicht darüber informiert gewesen, daß die Walzwerke über Vormaterialmangel leiden.«[25]

Insbesondere die Stahlwerke Bochum wurden von Bonn aus gedrängt, die Blechlieferungen an das Volkswagenwerk zu intensivieren. Greifbare Resultat dieser Initiative blieben aber aus. Die Stahlwerke Bochum antworteten abschlägig:

> »Sofortige Änderung dieses Zustandes nur denkbar, wenn andere Verbraucher gleichen Materials, wie z.B. Opel, Daimler-Benz, Ford, Borgward in entsprechendem Umfang gekürzt werden, was Werke und wir nicht entscheiden können.«[26]

Auch die Bemühungen des niedersächsischen Ministers für Wirtschaft und Arbeit, *Hans Kubel,* dem Volkswagenwerk aus der Klemme zu helfen, verpufften ohne Wirkung. Er hatte für einen der wichtigsten Zulieferer des Konzerns, *die Eisen- und Hüttenwerke Rasselstein* in Neuwied, zusätzliche Mengen an Braunkohlenbriketts organisiert, an welche dieses Unternehmen verstärkte Feinblechlieferungen an das Volkswagenwerk geknüpft hatte. Nun trat aber zusätzlich Schrottmangel auf, und die Kohlen- und Kokslieferungen allein reichten nicht mehr aus, um den Ausstoß der Eisen- und Hüttenwerke Rasselstein zu erhöhen.[27] Auch die folgenden Monate brachten in Wolfsburg keine spürbare Entspannung der Lage auf dem Blechsektor.

> »Die Versorgung der eisenschaffenden Industrie hat sich aufgrund einer weiteren Kohlekürzung in Höhe von 550.000 to, die vom Bundeswirtschaftsministerium für Hausbrand und Bundesbahn abgezweigt worden sind, im dritten Quartal weiterhin erheblich verschlechtert. Diese neuerliche Kohlekürzung bedeutet, daß die schon im März gekürzten Grundmengen an Karosserieblechen wahrscheinlich im III. Quartal weiter abfallen werden. Wir benötigen, um unsere derzeitige Produktion aufrecht zu

erhalten incl. unseres Kundendienstbedarfs ca. 4600 to Karosseriebleche per Monat, erhalten aber zu den normalen Preisen nur ca. 300 to. Herr Prof. Erhard hat der eisenschaffenden Industrie zugesagt, daß er versuchen will, im III. Quartal 400.000 to Kohle aus Amerika zu importieren. Ob diese Importe, die im übrigen keinen vollen Ausgleich für den Abzug bringen, gelingen werden ist fraglich. Grundsätzlich dürften diese aber, selbst dann, wenn sie eintreffen, frühestens im September zur Auswirkung kommen.«[28]

Die Einkaufsabteilung des Volkswagenwerks verfolgte in dieser Lage eine doppelte Zielsetzung. *Kurzfristig* bemühte sie sich, unter allen Umständen hinreichende Mengen an Karosserieblechen aufzutreiben, um das Produktionsprogramm so komplett wie möglich durchzuhalten. Zwar gelang es, eine Mindestversorgung mit Feinblechen sicherzustellen, doch mußten erhebliche Aufpreise in Kauf genommen werden:

»Unabhängig von den bereits zur Durchführung gekommenen kleineren Geschäften sind folgende Abschlüsse getätigt worden, die ab Juli, spätestens August realisiert werden:

1.) 3000 to   Karosseriebleche Gütegruppe V
              Walzwerk Neciges Hoeck & co.
              (Kohle/Eisengeschäft mit DM 400.- Aufpreis)
2.) 1200 to   Karosseriebleche Gütegruppe V
              Hüttenwerk Oberhausen/Hansa-Stahl Export G.m.b.H.
              (Kohle/Eisengeschäft mit DM 400.- Aufpreis)
3.) 3000 to   Karosseriebleche Gütegruppe VIII Breitband
              Westfalenhütte/Hüttenwerke Siegerland/C.R. Krause
              (Kohle/Eisengeschäft mit DM 500.- Aufpreis)
4.) 3000 to   Kaltband Gruppe VIII
              Westfalenhütte/Hoesch/Otto R. Krause
              (Kohle/Eisengeschäft mit DM 450.- Aufpreis)
5.) 200 to   Karosseriebleche Gruppe VIIa
              Dortmund-Hoerder Hüttenverein/Hüttenwerk Siegerland
              (Schrottgeschäfte mit DM 225.- bis 250.- Aufpreis)

... Vor ca. 3 Monaten wurde in einer Hauptabteilungsleiter-Besprechung von Ihnen als äußerster Preis für hochwertige Karosseriebleche $ 400.- per to limitiert. Wir haben bei allen abgeschlossenen Geschäften diesen Preis bei weitem nicht bezahlt, müssen aber immerhin berücksichtigen, daß wir heute monatlich ca 1/3 unseres Gesamtbedarfes zu überhöhten Preisen und zwar zu fast doppelten Inlandspreisen einkaufen müssen. Wenn man die Gesamtproduktion berücksichtigt, ergibt dies einen Materialzuschlag von rund DM 80.- für den PKW und DM 105.- für den Lieferwagen. Es ist leider zu befürchten, daß sich dieser schon sehr hohe Zuschlag noch weiter erhöhen wird und zwar durch Anordnungen des Bundeswirtschaftsministeriums wie Preisverordnung 41/51, Einfuhr von amerikanischer Kohle und die zu erwartende neue Preiserhöhung für Stahl und Eisen in Höhe von mindestens DM 50.- per to. ... Ich glaube jedoch, daß wir für die nächsten Monate unser vorgeschriebenes Programm halten können, wenn nicht neue wirtschaftliche Schwierigkeiten eintreten.«[29]

Die entscheidende Folgerung jedoch, die das Volkswagenwerk aus der Materialkrise von 1951 zog, bestand in der Ergänzung der »unsichtbaren Hand« des

Marktes durch eine gezielte Planung im Bereich der Lieferbeziehungen. Ohne formell eine Rückwärtsintegration zu betreiben, strebte man danach, künftig möglichst alle Zulieferer langfristig an sich zu binden. Noch 1951 schloß das Volkswagenwerk im Ausland – vor allem in Frankreich und Österreich – Verträge und Vorverträge über Blechlieferungen ab. Ein Beispiel dafür sind die Kontakte zu den Vereinigten Oesterreichischen Stahlwerken (Voest) in Linz.[30] Darüber hinaus erklärte das Management seine Bereitschaft, sich an Investitionen zur Kapazitätsausweitung der deutschen Walzwerke finanziell zu beteiligen – als Gegenleistung für die Garantie einer engen Zusammenarbeit.[31]

Mittelfristig gelang es dem Unternehmen, sich im Bereich der Materialversorgung gegen die Unwägbarkeiten der Marktentwicklung abzusichern, wobei es natürlich auch davon profitierte, daß sich die Devisenlage der Bundesrepublik nach 1951 rasch entspannte und die durch den Koreaboom bedingte Überhitzung der internationalen Konjunktur abflaute. Allmählich wandelte sich die Materialversorgung von einem Engpaßfaktor zu einer besonderen Stärke innerhalb der Absatzkonkurrenz. Bevor auf diese Entwicklung eingegangen wird, ist noch anzumerken, daß die Probleme bei der Versorgung mit Rohstoffen und Zwischengütern bis 1952 nicht nur aus unzureichenden Liefermengen resultierten. Häufig ließ auch die Qualität des gelieferten Materials zu wünschen übrig. Noch bis 1956 finden sich in den Jahresberichten der Produktion Klagen über die mangelhafte Qualität von Blechen, Guß- und Schmiedeteilen vor allem deutscher Herkunft. Zunehmend wich daher das Volkswagenwerk auf den internationalen Markt aus:

> »Mangelhafte Blechqualität führte mehrfach zu störenden Engpässen, die nur durch stark erhöhten Arbeitsaufwand in der Oberflächenbearbeitung überwunden werden konnten. Eine Qualitätssteigerung bei den deutschen Blechen war noch nicht festzustellen. Zeitweilig war nur die gute Qualität der amerikanischen und französischen Bleche der helfende Ausgleich.«[32]

Die Materialversorgung seit 1952

Obwohl auch im weiteren Verlauf der fünfziger Jahre bestimmte Güter bisweilen – etwa im Zusammenhang mit der Suez-Krise – plötzlichen Preisschwankungen unterworfen waren oder vorübergehend nur schwer in ausreichender Menge und Qualität zu beziehen waren, traten bei der Materialversorgung des Volkswagenwerks seit 1952 keine wirklichen Engpässe mehr auf. Während die meisten Rohstoffe und Zwischengüter, die in die Herstellung von Automobilen eingehen, kontinuierlichen Preissteigerungen unterlagen, gelang es dem Volkswagenwerk, durch die langfristige Bindung seiner Zulieferer – die nicht selten in eine weitgehende Abhängigkeit von Wolfsburg gerieten – die Kostensteigerungen zumindest zum Teil aufzufangen und damit Spielraum bei der Gestaltung der Absatzpreise zu gewinnen.

Tabelle 7.1: Die Materialkäufe des Volkswagenwerks[33]

	Wert insgesamt (Mio. DM)	Roh-, Hilfs- u. Betriebsstoffe (Mio. DM.)	Werkzeuge, Betriebs- u. Geschäftsausstattung (Mio. DM)	Maschinen (Mio. DM)	Immobilien (DM)	Anteil der Roh-, Hilfs- u. Betriebsstoffe (%)
1957	1463,2	1256,3	29,9	96,3	80,8	85,9
1958	1696,5	1455,4	33,7	114,6	92,8	85,8
1959	2217,6	1797,0	45,2	222,3	153,2	81,0
1960	2850,0	2408,1	73,6	204,3	164,1	84,5
1961	3227,3	2758,3	79,6	237,5	251,9	82,9
1962	3710,9	3401,6	63,5	174,9	70,8	91,7

Auf die *Roh-, Hilfs- und Betriebsstoffe* entfielen in der zweiten Hälfte der fünfziger Jahre regelmäßig weit mehr als 80% der Aufwendungen des Volkswagenwerks für Produktionsmittel. Bei der Versorgung mit *Zwischenprodukten* band das Management die Zulieferer möglichst durch langfristige Verträge in den eigenen Produktionszusammenhang ein. Dabei nahm das Volkswagenwerk seinen Vertragspartnern in vielen Fällen mehr als die Hälfte ihrer Jahresproduktion ab. Durch diese Absatzgarantie wurden auch für die Zulieferer fixkostenintensive Rationalisierungsinvestitionen, zu denen sie aus Wolfsburg immer wieder ermuntert wurden, rentabel. Andererseits gerieten die Zulieferer mehr und mehr in die Abhängigkeit vom Finalisten. Zwar beruhte diese Abhängigkeit auf Gegenseitigkeit, denn die kurzfristige Beendigung der Zusammenarbeit mit einer Zulieferfirma bereitete dem Volkswagenwerk keine geringen Unannehmlichkeiten:

»Das Gros unserer Zulieferanten hat sich schon seit Jahren auf unsere Lieferwünsche eingestellt und plant ähnlich wie wir Kapazitätserhöhungen schon auf Jahre voraus. Wir dürfen nicht vergessen, daß wir bei unserem sehr hohen, in die Milliarden gehenden Bedarf, vor allem bei produktivem Material, immer wieder auf die gleichen Zulieferanten angewiesen sind und daß wir diese zum Teil auch dann, wenn es sich um große Werke handelt, zu 50% und mehr ihrer Gesamtkapazität beschäftigen. Wir sind also auf eine vertrauensvolle Zusammenarbeit angewiesen, da es in Streitfällen gar nicht möglich wäre, kurzfristig an anderen Stellen Kapazitäten freizumachen oder neu zu erstellen.«[34]

Um Handlungsspielräume zu gewinnen, setzte das Management auf *Diversifizierung:*

»Auf verschiedenen Sektoren, wie z.B. bei Guß- und Schmiedeteilen und einigen Fertigungserzeugnissen waren wir gezwungen, weitere Lieferanten einzuschalten, da die Kapazitäten der alten Zulieferanten nicht mehr ausreichten. Da wir in verschiedenen Fällen auch heute noch nur mit einem Hersteller für gewisse Erzeugnisse arbeiten müssen, wurden die Bemühungen fortgesetzt, einen Zweitlieferanten einzuschalten. Dort, wo ein Zweitlieferant nicht eingeschaltet werden konnte, wurde dafür gesorgt, daß der Alleinlieferant eine Zweitfertigung aufzog. Dieser Weg konnte beschritten werden, da die von uns benötigten hohen Stückzahlen auch die rentable Fertigung in zwei verschieden gelagerten Fertigungsstellen sicherstellten.«[35]

Insgesamt waren die Kräfteverhältnisse zwischen dem Volkswagenwerk und seinen Zulieferern jedoch keineswegs symmetrisch strukturiert. Denn während aus der Sicht der Zulieferer zumeist die Existenz von den Bestellungen aus Wolfsburg abhing, entstanden dem Volkswagenwerk »lediglich« Anpassungsschwierigkeiten im Falle eines Zuliefererwechsels, die – solange ein solcher Wechsel nur vereinzelt auftrat – keine existentielle Bedrohung darstellten. Die asymmetrische Machtverteilung versetzte das Volkswagenwerk in die Lage, sich in *Preisfragen* zumeist durchzusetzen und von seinen Zulieferern zu verlangen, Kostensteigerungen durch Rationalisierung aufzufangen. Preisforderungen seitens der Zulieferer wurden vom Volkswagenwerk häufig schlicht nicht anerkannt, ohne daß für die andere Seite die Möglichkeit bestanden hätte, auf andere Kunden auszuweichen. So kaufte das Volkswagenwerk nicht selten unterhalb des Marktpreisniveaus ein und setzte diesen Kostenvorteil ohne Rentabilitätseinbuße in der Absatzkonkurrenz ein:

> »Die sehr hohen Lohnerhöhungen von durchschnittlich 8 1/2 %, die schlagartig am 1. Juli 1960 wirksam wurden, zogen zum Teil berechtigte, zum Teil aber auch unberechtigte Wünsche der Lieferanten auf Preiserhöhung nach sich. In monatelangen Verhandlungen, die auch jetzt noch nicht ganz abgeschlossen sind, konnten jedoch diese Wünsche zum größten Teil abgewehrt werden, so daß sich der Materialpreis des Personen- und Lieferwagens gegenüber dem Vorjahr als ziemlich stabil erwies und nur knapp 1/2% über dem sehr günstigen Jahr 1959 lag, also um einen Bruchteil des Wertes, den wir für technische Verbesserungen in diesem Jahr aufwenden konnten. Dieses zweifellos günstige Ergebnis ist aber auch darauf zurückzuführen, daß sich unsere Lieferanten aufgrund unseres sehr großen Bedarfes seit Jahren auf unsere Veranlassung hin auf eine rationelle, materialintensive Serienfertigung eingerichtet haben, so daß sich Lohnerhöhungen bei der durchgeführten Automation in vielen Zulieferbetrieben nicht so stark bemerkbar machten. Es ist jedoch nicht unbekannt, daß in der übrigen Automobilindustrie wesentlich höhere Preiserhöhungen bewilligt wurden.«[36]

Im *Rohstoffbereich* profitierte das Volkswagenwerk – wie alle anderen Unternehmen der westlichen Metropolen, die auf Rohstoffimporte angewiesen waren – von der Rolle der USA im Rahmen der »pax americana« und den sich zugunsten der Industrieländer verändernden »terms of trade«. Die »pax americana« sicherte den Industriestaaten den Zugang zu den internationalen Rohstoffquellen, und die Weltmarktpreise für Rohstoffe folgten – von dem einen oder anderen Intermezzo unterbrochen – in der zweiten Hälfte der fünfziger Jahre einem sinkenden Trend. Gerade aus der Perspektive der Massenproduzenten, die einen hohen Materialdurchsatz zu verzeichnen hatten, resultierten daraus sehr günstige Rahmenbedingungen für die Akkumulation:

> »Wie bereits im Jahre 1961 setzte sich die fallende Preiskurve der Rohstoffe durch. Die Gründe hierfür dürften auch im Jahre 1962 wieder darin zu suchen sein, daß die Erzeugung höher war als der Verbrauch und daß die teilweise großen Überschußbestände der strategischen US-Reserve drückend auf die Weltmarktpreise wirkten. Auch konnte die chemische Industrie den traditionellen und herkömmlichen Rohstoffen mit ihren weiter entwickelten und neuen Produkten weiteres Terrain streitig machen. Die Kuba-Krise und der chinesisch-indische Grenzkonflikt konnten den Preisverfall zum

Teil aufhalten. Eine fallende Preistendenz weisen Roheisen, Aluminium, Blei, Zink, Zinn, Chrom, Kautschuk, Baumwolle und Jute auf, während Kupfer, Wolle, Zellwolle und Magnesium unverändert blieben. Diese Rohstoff-Preisermäßigungen haben selbstverständlich auch das Gesamt-Material-Preisgefüge mit beeinflußt.«[37]

Nach dem Zweiten Weltkrieg löste das *Erdöl* die Kohle als wichtigsten Energieträger innerhalb der westlichen Welt ab. Als sich die fordistische Massenproduktion in den fünfziger Jahren in der Bundesrepublik auszubreiten begann, war der Verdrängungswettbewerb zwischen der Kohle und dem Erdöl noch nicht endgültig entschieden. Auch im Volkswagenwerk herrschte offenbar keine völlige Klarheit über den Energieträger der Zukunft der Zukunft, denn bis in die sechziger Jahre hinein setzte das Management auf beide Karten. Ein großer Teil des Brennstoffbedarfs wurde weiterhin durch umfangreiche Kohlenbezüge gedeckt, aber parallel dazu wurden seit Mitte der fünfziger Jahre langfristige Lieferverträge mit den Mineralölgesellschaften abgeschlossen, so daß das Volkswagenwerk zumindest teilweise in den Genuß der stabilen Ölpreise kam. Den Anstoß für die beginnende Umstellung von der Kohle auf das Öl gab das Unvermögen des Ruhrkohlenbergbaus, den wachsenden Brennstoffbedarf des Unternehmens zu decken. Das Volkswagenwerk sah sich gezwungen, umfangreiche Kohlenkäufe in den USA zu tätigen und dabei hohe Frachtkosten und Zölle in Kauf zu nehmen:

»Auch zeigte es sich, daß der deutsche Kohlenbergbau nicht in der Lage war, den erhöhten Anforderungen gerecht zu werden. Wir waren daher gezwungen, erhebliche Mengen US-Kohle zu importieren, deren Preise wesentlich über dem Preis der deutschen Kohle lagen. Durch einen langfristigen Abschluß haben wir die USA-Kohle noch zu einem verhältnismäßig günstigen Preis kaufen können. Der Preis der von uns beschafften amerikanischen Kohle liegt ungefähr um 20% über dem Preis der deutschen Kohle. Der heutige Preis für amerikanische Kohle liegt schon 40% über dem deutschen Preis. Im Herbst des Jahres wurden aufgrund der Kohle-Schwierigkeiten gewisse Umstellungen auf Öl durchgeführt. Mit namhaften Ölgesellschaften sind ebenfalls langfristige Abschlüsse getätigt worden.«[38]

Zu Beginn der sechziger Jahre hatte sich das Preisgefälle zwischen der amerikanischen und der deutschen Kohle umgekehrt. Obwohl es dem Volkswagenwerk bis 1962 nie gelang, sich zollfreie Einfuhrkontingente für US-Kohlen zu sichern, war die Ruhrkohle preislich nicht mehr konkurrenzfähig. Mittelfristig aber war auch die amerikanische Kohle unter Rentabilitätsgesichtspunkten dem Erdöl unterlegen.[39]

Bei der Versorgung mit *Maschinen* waren Preisbewegungen und Lieferfristen für das Volkswagenwerk weitaus schwieriger zu kontrollieren als im Bereich der Zwischengüter, da in diesem Sektor die Marktmacht des Unternehmens deutlich weniger weit reichte. Vor allem bei den Auslandsbezügen – in erster Linie aus den USA – wurde die Preisbildung nahezu vollständig durch das Spiel von Angebot und Nachfrage bestimmt. Bedrohliche Engpässe oder ruinöse Preissteigerungen traten jedoch zu keinem Zeitpunkt auf. Passagen wie die folgenden finden sich in fast allen Berichten der Hauptabteilung Einkauf und Materialverwaltung:

»Bei Maschinen und Anlagen blieben die Preise, von einzelnen Ausnahmen abgesehen, stabil. Angestrebte Preiserhöhungen konnten abgelehnt werden. In vielen Fällen zwangen die Verhältnisse die Lieferanten sogar zu nicht unerheblichen Nachlässen. Die Preisnachlässe wurden nicht nur von Maschinenherstellern in der Bundesrepublik, sondern auch von Lieferanten in den Vereinigten Staaten gewährt. Lieferzeiten der Erzeugnisse des Werkzeug- und Maschinenbaues verkürzten sich auf 4-5 Monate, Sondermaschinen beanspruchten nach wie vor längere Lieferzeiten.«[40]

»Maschinen und Anlagen erforderten Mehraufwendungen zwischen 3 und 5 %. Auslandsmaschinen verteuerten sich sogar in der Schweiz um 6 %, in den USA bis zu 10 % mit Ausnahme von Großpressen.«[41]

Seit Mitte der fünfziger Jahre vermeldeten die Jahresberichte der *Hauptabteilung Einkauf und Materialverwaltung* regelmäßig Fortschritte bei der *Reduzierung der kostenträchtigen Lagerhaltung.* Gelegentliche Rückschläge, die zumeist auf ungewöhnliche Verhältnisse auf dem Weltmarkt zurückgingen, waren dabei allerdings keineswegs ausgeschlossen.

»Aufgrund dieser Verhältnisse konnten wir im letzten Quartal des Jahres 1956 eine weitere Verkürzung der Lagerdispositionen durchführen, die sich allerdings erst im Jahre 1957 für produktives Material auswirken wird. Für einige wenige Rohstoffe mußte, wie auch in den früheren Jahren, in der Lagerdisposition ein Sicherheitsfaktor eingerechnet werden, u.a. für Nickel und Magnesium. Da Nickel auf dem Weltmarkt schwer beschaffbar war, haben wir hier gewisse Vorratsläger angelegt, vor allem auch aufgrund der in Betrieb zu nehmenden neuen Verchromungsanlagen. Für Magnesium haben wir ebenfalls den bereits im Jahre 1955 auf 3 Monate herabgesetzten Vorlauf beibehalten. Mit unserem Hauptlieferanten, der Norsk Elektrisk in Oslo wurde ein mehrjähriger Liefervertrag abgeschlossen, während mit allen anderen Magnesium-Lieferanten einjährige Lieferverträge laufen.«[42]

Die Bedeutung des Weltmarktes für die Materialversorgung des Volkswagenwerks

Welche Bedeutung besaß der Weltmarkt für die Deckung des Materialbedarfs bei Volkswagen? Grundsätzlich gilt, daß das Volkswagenwerk in erster Linie auf dem deutschen Markt einkaufte.
Aus Tabelle 7.2 geht hervor, daß noch in den späten fünfziger und frühen sechziger Jahren der Anteil des Weltmarkts an der Materialversorgung des Konzerns wertmäßig unter 10% lag. Dabei sind allerdings die Kohlenimporte aus den Vereinigten Staaten nicht berücksichtigt, da ihr Wert nicht rekonstruierbar ist.
Unter *qualitativem* Aspekt war die Bedeutung des Weltmarkts für die Materialversorgung des Volkswagenwerks zweifellos erheblich. Dafür sprechen vor allem drei Gründe. *Erstens* war der *Import von Spezialmaschinen* unverzichtbar,

Tabelle 7.2: Die Einfuhren des Volkswagenwerks (in Mio. DM)[43]

	1955	1956	1957	1958	1959	1960	1961	1962
Gesamteinfuhr	77,0	90,5	117,6	130,0	152,0	190,0	180,0	210,0
in % der Materialkäufe			8,0	7,7	6,9	6,7	5,4	5,7
USA	34,0	20,0	40,0	35,0	39,0	57,2	53,8	67,0
Frankreich	24,0	34,7	34,0	38,0	46,0	41,0	38,4	42,0
Holland	9,0	21,2	25,0	27,0	29,0	36,0	32,0	35,0
Norwegen	6,0	9,7	12,0	16,0	16,0	21,0	23,6	25,0
Kanada					6,7	18,0	16,0	16,0
Italien		1,1	0,5	?	2,0	5,0	4,0	5,5
Großbritannien		1,7	5,5	?	6,6	4,5	2,0	4,0
Schweiz	4,0	2,2	0,6	?	3,8	4,0	5,0	5,0
Schweden						1,3	3,5	3,5
Österreich							1,2	2,5
Belgien								1,5

um in der internationalen Konkurrenz bestehen zu können. Diese Maschinen kamen in erster Linie aus den USA und in zweiter Linie aus der Schweiz. Bei anderen Gütern dagegen schieden die USA wegen der hohen amerikanischen Lohnkosten zumeist als Bezugsquelle aus:

> »Wenn diese Aktion [- das Bemühen um eine Intensivierung der Einkaufskontakte im Ausland – V.W.] auch noch nicht abgeschlossen ist, kann jedoch bereits heute gesagt werden, daß wegen der sehr hohen Lohnkosten die Materialbeschaffung aus den Vereinigten Staaten sehr beschränkt bleiben wird. Außer den schon immer gekauften Rohstoffen, wie Aluminium und Magnesium, und einigen produktiven Fertigteilen, wurden umfangreiche Maschinenaufträge – vor allem in Großpressen – in USA untergebracht.«[44]

Zweitens waren bestimmte *Rohstoffe* auf dem bundesdeutschen Markt entweder nur schwer oder gar nicht in ausreichenden Mengen zu haben. Die wichtigsten Beispiele hierfür sind Magnesium, Nickel und Aluminium, die hauptsächlich in den USA, Norwegen, Italien und Kanada erworben wurden. *Drittens* schließlich ergänzten umfangreiche Ankäufe von hochwertigen Qualitätsfeinblechen – vor allem in den USA, Holland und Frankreich – die Bezüge von Blechen am deutschen Markt, die besonders in der ersten Hälfte der fünfziger Jahre qualitativ zu wünschen übrig ließen.

Seit der Mitte der fünfziger Jahre begann der Weltmarkt, im Rahmen der Einkaufsüberlegungen des Volkswagenwerks eine größere Rolle zu spielen. Noch 1955 waren auf dem internationalen Markt nur Güter erworben worden, die am deutschen Markt nicht zu beschaffen waren oder wegen zu langer Lieferzeiten respektive eklatanter Preisnachteile nicht in das betriebswirtschaftliche Konzept des Unternehmens paßten:

> »Wir haben im Ausland nur Rohstoffe, Maschinen oder Anlagen bestellt, die entweder in Deutschland nicht hergestellt werden oder aber für die zu lange Lieferzeiten in Anspruch genommen werden.[45]

In den folgenden Jahren aber intensivierte das Volkswagenwerk seine Einkaufsbeziehungen zum Ausland. Die Beweggründe für die Verstärkung dieser Aktivitäten sind auf der Preisebene zu suchen. Einerseits waren bei einigen Produkten die höheren Inlandspreise ein Anreiz für die Suche nach Alternativen im Ausland, andererseits ließ sich durch konkurrierende Angebote aus dem Ausland zusätzlicher Preisdruck auf die bundesdeutschen Lieferanten ausüben:

>Auch die Stahlpreiserhöhungen konnten im Laufe des Jahres zum großen Teil wieder aufgefangen werden und zwar dadurch, daß wir in verstärktem Maße unsere Bezüge in Karosserieblechen aus den Ländern der Montanunion und USA verstärkten. Bei Kaltband, Stab- und Baustahl sowie Rohren konnten wir eine Erhöhung der Rabatte erreichen.«[46]

Gleichwohl machten auch noch zu Beginn der sechziger Jahre Zölle und Transportkosten den Import von Material aus dem Ausland bei vielen Posten unwirtschaftlich:

>Wir haben in diesem Jahr wie auch in früheren Jahren weitere Lieferanten eingeschaltet. Auch unsere Bemühungen, im befreundeten Ausland Material zu beschaffen, haben zu einem gewissen Erfolg geführt. Infolge der hohen Zölle, der Transport- und Verpackungskosten ist es jedoch in vielen Fällen nicht möglich gewesen, die deutschen Preise zu unterbieten, so daß manche eingeleitete Geschäftsverbindung im Ausland nicht zustande kam. Der Streit zwischen EFTA und EWG erschwert weiterhin die Bemühungen, in den Ländern Material zu bestellen, die zu unseren Hauptabsatzgebieten gehören. Die ersten Zollerhöhungen für Lieferungen aus den Ländern des EFTA-Bereiches werden sich bereits im Jahre 1961 bemerkbar machen.«[47]

Das regionale Muster seiner Importe versuchte das Volkswagenwerk – soweit wie möglich – dem Muster seiner Exporte anzupassen.

>Wenn es sich mit unseren wirtschaftlichen Interessen verbinden läßt, gehört es selbstverständlich zu unseren Aufgaben, in Zusammenarbeit mit der Exportabteilung beim Einkauf die Länder zu bevorzugen, die auch unsere Hauptkunden sind.«[48]

Als *Nordhoff* Mitte der fünfziger Jahre seine Exportoffensive in den USA startete, versuchte er, diese Offensive durch verstärkte Importe aus den USA zu unterstützen. Am 16. März schrieb er an *Paulsen* von der Einkaufsleitung:

>Mir scheinen die für den Bezug aus USA vorgesehenen Mengen immer noch sehr klein, und ich hätte erneut die Frage, ob es nicht möglich ist, diesen Anteil zu vergrößern oder wenigstens eine Erhöhung anzustreben.«[49]

Paulsen teilte dem Konzern-Chef jedoch mit, daß dem Bezug von Karosserieblechen aus den USA aus betriebswirtschaftlichen Gründen enge Grenzen gesetzt seien:

>Bei der Bestellung amerikanischer Karosseriebleche wurde in erster Linie auf die Belange des Betriebes Rücksicht genommen, d.h. es wurden nur die Bleche in U.S.A. bestellt, bei denen bei deutschen Blechen Beanstandungen vorlagen und die uns Preisvorteile brachten. Bei allen Großformaten, also allen Blechen, die über 1300 mm breit

sind, konnten preisliche Vorteile erzielt werden, die zwischen 10 und 20% lagen. Die schmalen Bleche wurden bei ungefähr gleichen Preisen ausschließlich wegen der besseren Qualität beschafft.«[50]

Insgesamt blieben während der fünfziger Jahre die Importe des Volkswagenwerks vom Umfang her weit hinter seinen Exporten zurück. Tabelle 7.3 präsentiert die »hauseigene« Handelsbilanz des Unternehmens und ordnet sie in den Kontext der bundesdeutschen Handels- und Devisenbilanz ein.

Tabelle 7.3: Das Volkswagenwerk und die westdeutsche Weltmarktintegration [51]

	Exportumsatz des Volkswagenwerks (Mio. DM)	Exporte – Import Volkswagenwerk (Mio. DM)	Anteil von Volkswagen am westdeutschen Handelsbilanzüberschuß (%)	
1955	681,4	604,4	18,7	Devisenüberschuß der BRD 1955-1962: 20472 Mio. DM
1956	861,1	770,6	13,7	
1957	1071,5	953,9	13,0	Anteil des Volkswagenwerks: 5858%
1958	1316,6	1186,6	16,1	
1959	1686,5	1534,5	20,1	
1960	2170,9	1980,9	23,5	
1961	2366,1	2186,1	22,7	
1962	2985,2	2775,2	42,6	

1955 übertraf bei Volkswagen der Wert der Exporte den der Importe (ohne die Kohlenimporte aus den USA) um 604,40 Mio. DM. Seitdem wuchsen die Überschüsse Jahr für Jahr und stellten sich 1962 auf 2.775,20 Millionen – also fast 3 Milliarden – DM. Seit 1955 waren jährlich mehr als 10% der westdeutschen Handelsbilanzüberschüsse dem Volkswagenwerk zuzurechnen, und selbst wenn man den Wert der Kohlenimporte aus den USA sehr hoch veranschlagt, vermag dies nichts daran zu ändern, daß ca. 50% der westdeutschen Devisenüberschüsse in der zweiten Hälfte der fünfziger Jahre allein vom Volkswagenwerk verdient wurden. *Heinrich Nordhoff* übertrieb also in seinen Reden nicht: Das Volkswagenwerk war zur Zeit des »Wirtschaftswunders« ein überragender Faktor des westdeutschen Weltmarkterfolgs.

Kapitel 8: Der Export des Volkswagenwerks: Schwerpunkte, Strategien, Erfolgsbedingungen

Das regionale Muster der Exportmärkte

Die Tabellen 8.1 und 8.2 schlüsseln den Export des Volkswagenwerks für die Zeit zwischen 1950 und 1962 unter mehreren Gesichtspunkten auf. Ein Vergleich der Tabelle 8.1 mit der Tabelle 3.6 macht deutlich, daß der Exportanteil an der Inlandsproduktion im Falle des Volkswagenwerks seit 1955 stets deutlich über dem Branchendurchschnitt lag.

Tabelle 8.1: Die Exportquote des Volkswagenwerks und die Zahl der Exportländer[1]

	Exportierte Fahrzeuge	Exportanteil an der Inlandsproduktion in %	Zahl der Exportländer
1950	29387	32,6	18
1951	35742	33,8	30
1952	46881	34,5	46
1953	68754	38,3	88
1954	108839	44,9	110
1955	177657	53,9	123
1956	217683	55,0	130
1957	270987	57,4	131
1958	315717	57,1	136
1959	404185	58,0	144
1960	489272	56,5	149
1961	533420	55,6	152
1962	627613	56,4	155

Die forcierte Automatisierung seit 1954 ließ den entsprechenden Wert von 38% im Jahre 1953 bis auf die Rekordmarke von 58% in 1959 ansteigen. Fordistische Massenproduktion von Automobilen setzte im Westeuropa der Nachkriegszeit eine entschlossene Weltmarktorientierung voraus. Hatte das Volkswagenwerk 1950 29.387 Fahrzeuge exportiert, so waren es 1962 627.613, was einer Steigerung um 2.036% entsprach. Hinter den Wachstumsraten des Exports blieben selbst die imposanten Produktionssteigerungen zurück, auf die man in Wolfsburg verweisen konnte.

Im Hinblick auf das *regionale Muster* der Exporte fällt auf, daß das Volkswagenwerk zeitgleich mit dem Beginn der technologischen Reform von 1954 seinen Vorstoß auf dem nordamerikanischen Markt einleitete. Der US-Markt avancierte schnell zum weitaus wichtigsten Exportmarkt des Konzerns. 1962 nahm er über 37% aller Exporte aus Wolfsburg auf. Noch 1952 hatte sein Anteil bei nur rund 2% gelegen.

Tabelle 8.2: Das regionale Muster der Exporte von 1950 bis 1962 in %[2]

	1950	1952	1954	1956	1958	1960	1962
Europa	93,5	84,7	70,1	48,7	42,0	38,6	45,8
EWG	42,5	39,0	24,3	15,6	10,5	8,1	13,3
Frankreich	0,0	2,2	0,6	0,8	0,6	0,9	1,4
Belgien	22,7	24,2	7,4	1,1	0,9	0,7	1,5
Luxemburg	1,5	0,9	0,4	0,3	0,1	0,1	0,1
Niederlande	18,2	10,9	9,8	6,8	3,9	2,5	2,6
Italien	0,0	0,8	0,4	0,5	0,7	0,9	5,5
EFTA	48,3	40,1	41,5	30,6	27,2	24,5	22,0
Großbritannien	0,0	0,0	3,0	2,5	2,4	3,3	1,5
Österreich	0,7	1,7	6,5	5,0	4,9	4,5	4,2
Schweden	32,3	14,5	12,6	12,4	9,5	7,2	6,7
Dänemark	0,6	4,3	6,4	3,2	3,0	4,0	3,2
Norwegen	0,0	2,8	2,1	1,2	1,5	1,7	1,7
Schweiz	13,2	14,3	9,2	5,2	4,9	3,8	4,7
Portugal	1,6	2,5	1,7	1,1	1,0	0,0	0,0
Amerika	5,8	8,8	16,0	36,0	40,7	44,6	45,7
USA	1,1	2,1	8,2	24,3	27,5	34,1	37,2
Kanada	0,0	0,8	3,4	8,0	9,0	6,7	5,1
Japan	0,0	0,0	0,4	0,2	0,2	0,2	0,1
Australien	0,0	0,0	4,0	5,7	6,0	6,3	0,7
Neuseeland	0,0	0,0	1,0	0,8	0,5	0,3	0,3
Südafrika	0,0	1,1	0,7	1,7	3,9	3,4	2,4
Industrieländer	94,6	88,7	87,8	89,4	89,0	89,6	91,6
Entwicklungsländer	5,4	11,3	12,2	10,7	11,0	10,4	8,4
RGW	0,0	0,0	0,1	0,0	0,2	0,1	0,1
Jugoslawien	0,0	0,0	0,1	0,0	0,2	0,1	0,1

Erfolge auf den internationalen Märkten erzielte das Volkswagenwerk aber schon lange vor 1954. Bereits in den ausgehenden vierziger Jahre erschloß es sich Märkte in West- und Nordeuropa, die bis 1962 »Standbeine« seines Exports blieben. Im Mittelpunkt standen dabei *Belgien*, die *Niederlande*, *Schweden* und die *Schweiz*, aber auch *Österreich* und *Dänemark* nahmen im Laufe der Zeit immer größere Fahrzeugkontingente auf. In *Italien*, *Frankreich* und auch *Großbritannien* dagegen konnte das Volkswagenwerk lange Zeit kaum Fuß fassen. Bis in die frühen fünfziger Jahre hinein lagen alle wichtigen Märkte des Unternehmens in Europa, bevor es sich auch in anderen Teilen der Welt etablieren konnte. Auch später blieb Westeuropa neben Amerika stets der zweite Schwerpunkt für den Auslandsabsatz von Volkswagen, wobei der spätere EFTA-Raum bis zum Abschluß der Römischen Verträge stärker ins Gewicht fiel als der EWG-Bereich. Erst nach ihrem Inkrafttreten änderte sich langsam das Bild. 1958 setzte das Volkswagenwerk rund 10% seiner Exporte im EWG-Bereich ab, 1959 waren es rund 7% und 1962 rund 13%.

In einer zweiten Welle drang das Volkswagenwerk ab 1950 auf den lateinamerikanischen Markt vor, wo es zunächst *Brasilien, Argentinien, Chile* und *Peru* belieferte. Parallel dazu wurden Exportoffensiven in Afrika gestartet, und seit 1953 griff man auch nach Asien aus. Der Anteil der *Entwicklungsländer* an den Exporten des Volkswagenwerks pendelte sich bei ca. 10% ein. Unter den *Industrieländern* traten in der zweiten Hälfte der fünfziger Jahre *Australien* und *Südafrika* stärker als Absatzmärkte des Volkswagenwerks in den Vordergrund, während *Japan* nie eine größere Rolle spielte. Schließlich ist festzuhalten, daß sich der Aktionsradius des Volkswagen-Konzerns nicht auf den RGW-Bereich erstreckte. Am ehesten tätigte noch *Jugoslawien* erwähnenswerte Bestellungen. Weniger als 1% der Exporte aus Wolfsburg ging in den Ostblock. Selbst in den entlegensten Winkeln des Weltmarkts – *West-Samoa, Fidschiinseln, Sansibar* etc. – gab es mehr Volkswagen als in der *UdSSR*.

Das organisatorische Vorgehen des Volkswagenwerks im Ausland

Das Volkswagenwerk stützte sich auf den Auslandsmärkten in der Regel auf einen *Generalimporteur*. Bei diesem Generalimporteur handelte es sich normalerweise um eine Händlerfirma mit Sitz in dem betreffenden Land, die mit dem Aufbau einer Verkaufs- und Kundendienstorganisation vor Ort betraut wurde. Durch den Hauptverteilervertrag übertrug das Volkswagenwerk seinen Generalimporteuren das Recht und die Pflicht, den Volkswagen sowie seine Ersatzteile für eigene Rechnung zu verkaufen, und auch den Kundendienst im eigenen Namen zu betreiben. Das Verkaufsgebiet war exakt definiert, Gebietsverletzungen wurden nach Maßgabe detaillierter Entschädigungsvorschriften sanktioniert. Das Volkswagenwerk behielt sich das Recht vor, die Geschäfts-, Betriebs- und Lagerräume seiner Hauptverteiler jederzeit zu inspizieren. Wurden dabei Mängel festgestellt, war der Generalimporteur verpflichtet, diese unverzüglich abzustellen. Wollte ein Generalimporteur des Volkswagenwerks die Vertretung weiterer Marken übernehmen, so bedurfte dies der ausdrücklichen – und nur schwer erhältlichen – Genehmigung aus Wolfsburg. Die Hauptverteiler waren gehalten, auf die Qualität ihrer Arbeitskräfte zu achten und ihre Mitarbeiter bei Aufforderung an kostenlosen Schulungskursen in Deutschland teilnehmen zu lassen. Die anfallenden Kosten für Reisen, Unterkunft und Verpflegung hatte der Hauptverteiler zu tragen. Die vertragliche Einbeziehung von Händlern und Werkstätten in die Auslandsorganisation durch den Generalimporteur war in jedem Einzelfall an die Genehmigung durch die Konzernzentrale in Wolfsburg gebunden. Hinsichtlich der Preisgestaltung gewährte Volkswagen seinen Generalimporteuren auf fabrikneue Wagen einen Rabatt von 15%, von dem der Generalimporteur an die Endverteiler 9% weiterzugeben hatte. Bei den Ersatz- und Zubehörteilen schwankte der Rabatt für den Generalimporteur zwischen 15% und 35%, wovon zwischen 9% und 20% den Endverteiler erreichten. Für den Verkauf der Fahrzeuge an das Publikum setzte Wolfsburg verbindliche Listenpreise fest, die beim Verkauf an Behörden und Großunternehmen durch die Gewährung von Rabatten unterschritten werden konnten.[3]

Prinzipiell besaßen die Hauptverteilerverträge – sofern sie nicht auf Grund von Verstößen gegen die Vertragsvorschriften vorher fristlos durch das Volkswagenwerk gekündigt wurden – einen überschaubaren Zeithorizont. Wurden sie nicht spätestens drei bzw. sechs Monate vor Ablauf der Vertragsdauer von einem der beiden Vertragspartner gekündigt, so verlängerten sie sich automatisch, in der Regel um einen vorher festgelegten Zeitraum. Entwickelten sich aber die Dinge in einem Land zur Zufriedenheit des Managements, so war *Nordhoff* in Einzelfällen durchaus auch zu längerfristigen Vertragsgarantien bereit. Eine solche Konstellation ergab sich beispielsweise 1952 für die Schweiz, wo der dortige Generalimporteur – die *Automobil- und Motoren AG (AMAG)* – geltend machte, man benötige Sicherheiten für Neuinvestitionen, die im Zusammenhang mit der Vertretung der Volkswagen-Interessen anfielen:

>»Nach eingehendem Studium sind die Pläne für die vorgesehene neue VW-Werkstätte in Zürich soweit gediehen, dass mit den Bauarbeiten nächstens begonnen werden kann. Der Kostenvoranschlag beläuft sich auf rund 2 Millionen Schweizerfranken, ein für Schweizerische Verhältnisse sehr hoher Betrag für eine Automobil-Werkstätte. Wir haben uns jedoch vom Bestreben leiten lassen, einen Musterbetrieb in jeder Hinsicht zu schaffen, der der führenden Stellung des VW in der Schweiz auf lange Jahre hinaus angemessen sein dürfte. Die aussergewöhnliche Ausdehnung des schweizerischen VW-Geschäftes stellt uns ferner vor die Notwendigkeit, in Schinznach bedeutende Erweiterungsbauten vorzunehmen, hauptsächlich für Bestandteillager und Wagenlagerhallen. Die Kosten werden sich ebenfalls auf annähernd 2 Millionen Schweizerfranken belaufen. Es ist Ihnen auch bekannt, dass der äusserst harte Konkurrenzkampf in der Schweiz – dem einzigen absolut freien Automobilmarkt der Welt mit über 80 verschiedenen Personenwagenmarken – uns dazu zwingt, mit niedrigeren Gewinnmargen zu arbeiten als die meisten VW-Importfirmen anderer Länder. Dazu kommt noch, dass die Vertriebsspesen aus dem gleichen Grunde höher sind als andernorts. Wir gestatten uns, in diesem Zusammenhang lediglich auf unsere Reklameanstrengungen hinzuweisen, ebenso auf die aus den ständig mehr überhandnehmenden Eintauschgeschäften resultierenden Verluste. Die Betriebsergebnisse der vergangenen Jahre gestatten uns deshalb nicht, diese notwendigen Bauvorhaben ganz aus eigenen Mitteln durchzuführen. Wir sind vielmehr darauf angewiesen, in einem gewissen Ausmasse fremde Gelder in Anspruch zu nehmen. Diese Mittel sind uns zu sehr günstigen Bedingungen auf eine lange Zeitdauer zugesagt. Doch wird darauf aufmerksam gemacht, dass, nachdem diese Investitionen ausschließlich für das VW-Geschäft vorgenommen werden, es erwünscht wäre, eine vertragliche Bindung mit den VW-Werken auf eine längere Zeitspanne einzugehen. Wir gestatten uns deshalb, zu prüfen, ob der bestehende Vertrag nicht auf eine feste Dauer von mindestens 5 Jahren ausgedehnt werden könnte. Wir sind uns darüber bewusst, dass dies einen aussergewöhnlichen Vertrauensbeweis darstellen würde, hoffen aber, dass die von uns in den vergangenen Jahren geleistete Arbeit und die annähernd 22.000 Volkswagen, die bis jetzt in der Schweiz laufen, Sie dazu bewegen mögen, auf unsern Vorschlag einzutreten. Wir können Sie versichern, dass wir Ihre Unterstützung in Form eines so weitgehenden Entgegenkommens durch noch grössere Anstrengungen für den VW-Verkauf und Service rechtfertigen würden.«[4]

Angesichts des ausgezeichneten Verkaufserfolgs, den das Volkswagenwerk durch die Zusammenarbeit mit der AMAG auf dem Schweizer Markt verzeichnen konnte, fiel es *Nordhoff* offenbar relativ leicht, den Wünschen des Generalimporteurs zu entsprechen. Auch Gründe persönlicher Wertschätzung scheinen dabei eine Rolle gespielt zu haben:

>»Diese Gründe sind einleuchtend, und wir haben ebenso ein Interesse an stabilen Verhältnissen, wie es von Ihnen im Hinblick auf Ihre Investitionen und die Fortführrung des Geschäftes erwartet wird. Ich mache Ihnen infolgedessen in meiner Eigenschaft als Geschäftsführer der Volkswagen GmbH. die Zusage, dass das Volkswagenwerk von dem ihm im § 14 des bestehenden Vertrages zustehenden Kündigungsrecht zumindest bis zum 31. Dezember 1958 keinen Gebrauch machen wird, so dass innerhalb dieses Zeitraumes die im Vertrag vorgesehene Verlängerung der Laufdauer bis zu diesem Zeitpunkt automatisch greift. Es kann kein Zweifel darüber bestehen, dass ein Vertrag der Art und des Umfanges, wie er zwischen der Neuen Amag Ag. und der Volkswagenwerk GmbH. abgeschlossen ist, sehr viel mehr eine Angelegenheit des Vertrauens als ein Rechtsgeschäft ist. Deswegen erscheint es mir sinnvoll, die vorher gegebene Zusage davon abhängig zu machen, dass Ihr Einfluss in der Leitung der Neuen Amag AG. so entscheidend ist wie bisher, weil ich darin die beste und allein wirksame Garantie für eine Beibehaltung der jetzigen Geschäftspolitik in Ihrer Firma sehen würde.«[5]

Ließ dagegen der Geschäftserfolg, den ein Generalimporteur vorweisen konnte, zu wünschen übrig, so zögerte das Volkswagenwerk nicht, von seinem Kündigungsrecht – fristlos oder fristgemäß – Gebrauch zu machen. So wurde bereits 1950 der erste Hauptverteilervertrag für *Ägypten* aufgelöst.[6] Das gleiche Schicksal erlitten 1955 der Generalimporteur für *Saudi-Arabien,* 1953 die spanische *COPASA* und im gleichen Jahr die Firma *W. Roloff & Co., Ltd.,* der Volkswagen-Generalimporteur für *Äthiopien*.[7] *Nordhoff* hatte sich von dritter Seite über die wirtschaftlichen Schwierigkeiten *Roloffs* informieren lassen und beeilte sich, aus seinen Informationen die Konsequenzen zu ziehen:

>»Sehr geehrter Herr Steffen,
>
>Ich danke Ihnen sehr für Ihren Brief vom 17. März mit der Kopie Ihres Briefes an Herrn von Oertzen. Für diese Unterrichtungen bin ich Ihnen besonders dankbar, weil sie die einzigen neutralen und sachlich zuverlässigen sind, die wir zu diesem Thema überhaupt erhalten. Doch ist die Lage von Herrn Roloff offenbar inzwischen völlig hoffnungslos geworden, während wir von ihm unverändert Briefe voller Hoffnungen für die Zukunft erhalten, ohne dass darin allerdings auch nur der Schatten einer Realität erkennbar ist. Wahrscheinlich werden wir einen ähnlichen Weg beschreiten wie es Siemens getan hat, und einen Beauftragten nach Addis Abeba schicken, der die sachliche Lösung von Roloff an Ort und Stelle durchführt und versucht, unsere Angelegenheiten auf eine neue Grundlage zu stellen.«[8]

Alle Beteuerungen *Roloffs,* er sei in Äthiopien »einer Räuberbande zum Opfer gefallen«[9] – womit er vor allem auf die Haltung der königlichen Familie anspielte – halfen ihm nicht. Die Volkswagen-Repräsentation wurde ihm entzogen. Doch auch eine Geschäftsbeziehung, die vom Verlauf und den Ergebnissen her beide Seiten zufriedenstellte, garantierte den Generalimporteuren des Volkswagenwerks keine automatische Fortsetzung der Zusammenarbeit, zumindest nicht in unveränderter Form. Wenn beispielsweise Veränderungen des ökonomischen Umfelds es aus der Sicht Wolfsburgs opportun erscheinen ließen, auf einem bestimmten Markt direkt durch eine Tochtergesellschaft in Erscheinung zu treten, konnte der bisherige Generalimporteur seiner Stellung gegen seinen Willen verlustig gehen. Dies widerfuhr etwa dem französischen Generalimporteur, der *DIFFUSION AUTOMOBILE* in Neuill-sur-Seine (Paris), 1962, als die Liberalisierung der Automobilimporte nach Frankreich die Bedeutung des französischen Markts für das Volkswagenwerk schlagartig erhöhte.[10]

Obwohl die regionale Struktur der Auslandsorganisation des Volkswagenwerkes klar gegliedert war und auch die hierarchischen Verhältnisse in der Theorie eindeutig geregelt waren, kam es bisweilen zwischen den ausländischen Händlern und Generalimporteuren zu Reibereien und Eifersüchteleien. In *Österreich* beispielsweise blieben zu Beginn der sechziger Jahre im Raum Wien die Verkaufsergebnisse deutlich hinter den Resultaten in den übrigen Landesteilen zurück. Angesichts dieses Tatbestands strebten der Generalimporteur für Österreich, die Firma *Porsche* in Salzburg, und die Verkaufsabteilung in Wolfsburg eine Dezentralisierung der Vertriebsorganisation im Bundesland Wien an, die bis dahin aus einem Großhändler, sechs Händlern und neun Werkstätten bestanden hatte. Insbesondere sollte die Firma *Baumkirchner,* ein ehemaliges Mitglied der Borgward-Organisation in Österreich, in das Netz der Wiener Volkswagenhändler integriert werden. Dagegen jedoch sperrte sich der bisherige Wiener Großhändler, die Firma *Liewers*. Es kam über diese Frage zu massiven Meinungsverschiedenheiten, in deren Verlauf sich beide Seiten der Intrige und mangelnder Loyalität beschuldigten, ohne daß die Angelegenheit bis zum Ende 1962 zu einem Abschluß gekommen wäre.[11]

Die Sanktionsmöglichkeiten, die sich das Volkswagenwerk gegenüber seinen Generalimporteuren in den Hauptverteilerverträgen für den Fall sicherte, daß durch Betriebsinspektionen Mängel offenbar wurden, hatten keineswegs den Status einer rein theoretischen Klausel. Die Inspektionen bei den Mitgliedern der Händlerorganisation wurden systematisch durchgeführt. Betroffen waren davon beispielsweise der belgische Generalimporteur des Volkswagenwerks, die Firma *D'Ieteren*[12] und der Hauptverteiler für die Republik Irland, *O'Flaherty,* im Jahre 1955. In bezug auf letzteren fiel der Befund der Inspektion besonders drastisch aus und wurde dadurch noch erschwert, daß *O'Flaherty* die Vertretung von *Mercedes* in Irland übernommen hatte – vorgeblich mit Genehmigung *Nordhoffs.* *Weissel* von der Inspektionsleitung kam zu folgendem Ergebnis seines Besuches in Irland:

> »Das Werk in Naas Road, erst vor einigen Monaten bezogen, lässt durch gewisse Mängel in der Ordnung, der Sauberkeit, durch die Art der Einrichtung und schlechte

Pflege derselben keine gute Qualität erwarten. Die Qualität des Wagens ist entsprechend schlecht, schlechter als die in Brüssel vor einem Jahr bei Beginn der Aktion. Das Personal macht äusserlich den in Irland häufig anzutreffenden unsauberen Eindruck; nach dem persönlichen Kontakt und den Erfahrungen in der 3tägigen Zusammenarbeit scheint aber der Wille zur Qualitätsverbesserung vorhanden zu sein.«[13]

Zur Frage der Mercedes-Vertretung bemerkte *Nordhoff:*

> »Ich bin bestimmt nicht von O'Flaherty auf die Übernahme der Mercedes-Agentur und Montage angesprochen worden und ich habe bestimmt keine Zustimmung dazu erteilt, schon weil ich so einschneidende Zusagen nie nur mündlich und nie ohne gleichzeitige Unterrichtung der Export-Abteilung träfe. Ich kann mich nicht erinnern, daß dieses Thema überhaupt besprochen wurde und sie kennen meinen Standpunkt gerade Mercedes gegenüber gut genug, um die – sehr vorsichtig gesagt – Unwahrscheinlichkeit einer solchen Zustimmung zu beurteilen. Wir wollen also nicht einfach Ja sagen, zumal die Leistungen dieser Vertretung ohnehin nicht die besten sind.«[14]

Dennoch ließ man es in diesem Falle mit scharfen Auflagen für die Zukunft bewenden, denen *O'Flaherty* dann offensichtlich auch zur Zufriedenheit Wolfsburgs nachkam. Seine Firma, *VW Distributors*, firmierte 1962 noch immer als Generalimporteur des Volkswagenwerks in Irland.

Besonders in den späten vierziger Jahren hatte das Volkswagenwerk beim Aufbau seiner Exportorganisation mit zahlreichen bürokratischen Hindernissen zu kämpfen, die mit den Beschränkungen der außenwirtschaftlichen Souveränität der Bundesrepublik zusammenhingen. Teilweise wurden diese Anfangsschwierigkeiten durch unkonventionelle Maßnahmen überwunden. Von *Ben Pon,* dem späteren VW-Generalimporteur für die Niederlande, wird die folgende Anekdote berichtet:

> »Es war im Jahre 1947, da ergab es sich, daß Mynheer Ben Pon aus Holland nach Deutschland fuhr, um Autos zu kaufen. Er durfte natürlich nicht als Zivilperson anreisen, denn Deutschland war militärisch besetztes Gebiet. Also steckte sich Mynheer Ben Pon in Uniform und Rangabzeichen eines Obersten – womit alle Hindernisse beseitigt waren. Ben Pon besuchte auch Wolfsburg. Und zu einer Zeit, als es bei uns nicht einmal Kochtöpfe, Schnürsenkel und Bleistifte gab, glaubte er mit den Wolfsburgern schon an die Zukunft des Volkswagens. Die Firma Pon's Automobilhandel in Amersfoort wurde Generalimporteur für Holland – und damit die erste Auslandsvertretung des Volkswagenwerkes überhaupt.«[15]

Es war von entscheidender Bedeutung, daß die Anlaufprobleme für die Vertriebsorganisation des Volkswagenwerks im Ausland zwar nicht unbeträchtlich waren, weitgehend aber eben im *administrativen* Bereich lagen und nicht das Kaufinteresse des Publikums betrafen. Insbesondere der »Käfer« stieß von Anfang an in den meisten Ländern auf eine rege Nachfrage, so daß es *Nordhoff* auf seinen Reisen durch die halbe Welt nicht schwerfiel, innerhalb kürzester Zeit seriöse Bewerber für den jeweiligen Generalimport aus Wolfsburg zu finden. Da dem Kandidaten, der den Zuschlag erhielt, dann der weitere organisatorische Aufbau der Händlerorganisation vor Ort übertragen wurde, war häufig mit einer einzigen ausgedehnten Auslandsreise der Grundstein für die Erschließung ganzer Märkte gelegt.

> »Im Laufe einer dreiwöchentlichen Reise durch Südamerika wurde die Export-Organisation für den Volkswagen in den Ländern Chile, Argentinien, Uruguay und Brasilien ins Leben gerufen und durch entsprechende Verträge für einen längeren Zeitraum stabilisiert. In all diesen Ländern handelt es sich um erstrangige Firmen, die neben der Vertretung des Volkswagens noch die Vertretung einer grossen amerikanischen Marke haben. Diese Zusammenarbeit mit den Vertretungen amerikanischer Fabrikate erfolgt im Einvernehmen mit der Geschäftsleitung dieser Firmen, ohne dass eine Verpflichtung irgendeiner Art dazu eingegangen ist.«[16]

Derartige Beispiele ließen sich in größerer Zahl anfügen. Auch alte persönliche Kontakte waren nutzbar, um die bürokratischen Probleme des Exports zu umgehen.

> »Die Anfänge der VW-Interamericana beruhen auf persönlicher Bekanntschaft zwischen Prof. Dr. Nordhoff und Herrn Krause, der früher Direktor der Vakuum-Ölgesellschaft war. Herr Krause sah 1951 eine Möglichkeit, den VW-Export nach Columbien im Austausch gegen Bananen zu beginnen. Das Geschäft weitete sich über die mittelamerikanischen Länder aus. Die Organisation wurde in der VW-Interamericana zusammengefaßt. Nachdem in Mexiko der Versuch einer VW-Vertretung durch den Prinzen Hohenlohe gescheitert war, übernahm die Interamericana auch dieses Gebiet, war aber sehr bald wegen Lizenzschwierigkeiten zur Montage gezwungen. Durch Beteiligung an der Carrera Mexicana und die erfolgreichen Anstrengungen von Manuel Hinke jr., der zum Geschäftspartner von Herrn Krause wurde, gelang es bald, in Mexiko gut ins Geschäft zu kommen. Die Montage erfolgte im Lohnverfahren bei Studebaker, die aber wegen schlechten Geschäftsganges nach wenigen Jahren die Fabrik aufgaben. Das Werk wurde dem Volkswagenwerk zum Kauf für vier Millionen Dollar angeboten, entsprach aber weder den produktionstechnischen Anforderungen noch schien seine Lage neben einer Zementfabrik sonderlich geeignet.«[17]

Selbstverständlich war die oben geschilderte Strategie für das Volkswagenwerk nicht mehr als ein Leitfaden zum Aufbau seiner Absatzorganisation im Ausland. Dieser Leitfaden mußte in Abhängigkeit von den Eigenarten des jeweiligen Marktes flexibel gehandhabt werden. Gelegentlich erwies es sich als notwendig, die Märkte einer ganzen Gruppe von Staaten unter dem Dach einer regionalen Organisation zusammenzufassen, oder die übliche Chronologie des Vorgehens zu verändern.[18] Gerade in den Ländern, wo die Industrialisierung noch in ihren Anfängen steckte, schien es darüber hinaus oft vorteilhaft, die Handlungsautonomie des örtlichen Generalimporteurs stärker als anderswo einzuschränken und besonderes Augenmerk auf die Kooperation der politischen Eliten zu legen. Der *karibische Markt* ist ein gutes Beispiel für eine derartige Konstellation. Am 9. März 1953 schilderte *Krause Nordhoff* in einem persönlichen Brief ausführlich die dortige Ausgangslage:

> »Ich glaube, man muß ganz grundsätzlich bei Erschließung von Auslandsmärkten zwischen zivilisatorisch hochstehenden und zurückgebliebenen Ländern unterscheiden. Jede noch so sorgfältige marktanalytische Betrachtung und die Entwicklung ei-

nes theoretischen konstruktiven Aufbaues einer geplanten Organisation wird wie ein Kartenhaus vor den Realitäten, die man bei der Erschließung neuer Märkte vorfindet, zusammenfallen; eine Binsenweisheit für jeden erfahrenen und weitsichtigen Export-Kaufmann mit Niveau, gleichgültig, um welche Art von Exporten es sich handelt. Diese Feststellung hat die Caribbean Motor Holding Company bei ihrer Aufbauarbeit wiederholt machen müssen. Der Erfolg resultiert aus einer großen Elastizität, gekonnten Improvisationen und aus einer umfassenden Kenntnis der verschiedenen Eigenarten der Auslandsmärkte. ... Das setzt voraus, daß man solche Märkte niemals mit der vielfach angetroffenen Einseitigkeit eines Kraftfahrzeugfachmannes, die bis zu einem gewissen Grade im eigenen Lande angebracht erscheint, betrachtet. Dies schließt für mich als Fachmann keinesfalls aus und wird auch für die Zukunft eine Selbstverständlichkeit für mich sein, daß man in jedem Lande eine Vertriebsorganisation nach den hervorragenden Grundsätzen des Volkswagenwerkes sukzessive aufbaut. Ein solcher Aufbau ist aber nur dann möglich, wenn erst einmal die Basis auf Grund obiger Gesichtspunkte geschaffen worden ist. Ebenso falsch ist es, sich stereotyp einer im Lande vorhandenen sogenannten – ich betone ausdrücklich sogenannten – Fachorganisation oder Fachfirma anzuvertrauen. Welch' katastrophale Verhältnisse findet man selbst bei renommiertesten Firmen vor! Ist aber einmal ein solches Unternehmen falsch eingespielt, so wird eine 'Umerziehung' zwangsläufig vom Mißerfolg begleitet sein. Es ist meiner Auffassung nach erfolgssicherer, auf einer gesunden Basis – dominierende Stellung im Wirtschaftsleben, Finanzkraft, kaufmännische Persönlichkeiten – durch eine vertraglich gebundene Zusage und einer damit verbundenen laufenden direkten Einflußnahme einen Vertrieb aufzubauen, der aber wirklich 100%-ig im Sinne des Volkswagen-Gedankens arbeitet. ... Zum Thema Mexiko selber sind diese konkreten Voraussetzungen vorhanden. Es besteht die Verbindung mit Leuten, die politisch und wirtschaftspolitisch einen maßgebenden Einfluß haben, über das nötige Kapital verfügen und bereit sind, eine Organisation nach den Weisungen der Caribbean Motor Holding Company bezw. denen des Volkswagenwerkes aufzubauen, ferner der ungewöhnlichen Forderung zuzustimmen, daß ein deutscher Geschäftsführer für den technischen bezw. organisatorischen Teil seitens der Holding bestimmt wird und dieser disziplinarisch unterstellt ist. Damit hat man den Schlüssel in der Hand, die erforderliche organisatorische Durchführung zur Schaffung geeigneter Werkstätten, showrooms, Einsetzung von deutschen Monteuren, usw., vornehmen zu können. Es handelt sich nicht darum, daß man es vor Vertragsabschluß ablehnt, irgendwelche Risiken zu übernehmen; es dürfte einleuchtend sein, daß offizielle Verhandlungen mit den Regierungsstellen für die Ermäßigung der Zollsätze für Kleinwagen schon aus Gründen der Optik nur dann geführt werden können, wenn man dazu von einer Seite legitimiert ist. Alle interessierten Kreise sind sich klar darüber, daß die Errichtung einer Assambling Plant allein schon auf Grund der in Mexiko gemachten Erfahrungen einen wirtschaftlichen Unfug darstellt. Darüber hinaus wird es aber für das Mexiko-Geschäft von Wichtigkeit sein, selber die Möglichkeiten in der Hand zu haben, durch andere geschäftliche Kombinationen einen Einfluß auf den Auto-Import des Landes auszuüben.«[19]

Vollkommen abweichen vom üblichen Vorgehen bei der Markterschließung mußte das Volkswagenwerk im Falle *Kanadas*. In anderen Staaten konnte das Unternehmen zumeist darauf bauen, daß seine Fahrzeuge bei ihrer Markteinführung auf eine lebhafte Nachfrage des Publikums stießen. Vor diesem Hintergrund rissen sich einheimische Kandidaten oft geradezu darum, den Generalimport von Volkswagen für ihr Land zugesprochen zu bekommen, und es fiel ihnen auch nicht schwer, qualifizierte Interessenten für den Aufbau eines Händlernetzes zu finden. Die Verhältnisse in Kanada dagegen waren anders gelagert. Der kanadische Automobilmarkt wurde von den großen US-Konzernen beherrscht, die ihrerseits die kompetentesten Werkstätten und die besten Händler fest in ihre eigene Organisation eingebunden hatten. Außerdem war der Geschmack des Publikums an die komfortablen amerikanischen Wagen gewöhnt, und die Vorurteile gegen kleinere Autos speisten sich zusätzlich durch Mißerfolge, die französische und englische Marken bei früheren Versuchen, sich auf dem kanadischen Markt zu etablieren, erlitten hatten. Nichtsdestoweniger war *Nordhoff* fest entschlossen, diese Barrieren für den Volkswagen zu überwinden. 1952 hatte er eine Reihe seiner besten Mitarbeiter nach Toronto geschickt, um den organisatorischen Grundstein dafür zu legen und eine erfolgreiche Verkaufskampagne zu starten. Von dort aus zeichnete ihm *Jensen* von der Exportabteilung am 30.8.1952 ein detailliertes Bild der vorgefundenen Schwierigkeiten und entwickelte einen Lösungsvorschlag:

»Das weitaus schwierigste der noch verbleibenden Probleme ist die Aufstellung einer guten Haendler- und Service-Organisation, wie Sie bereits bei Ihrer letzten Anwesenheit in Kanada festgestellt haben, sind die besten Haendler bereits durch die drei großen amerikanischen Firmen verpflichtet. ... Wir sind alle hier der Meinung – und in dieser Meinung werden wir von allen kanadischen Stellen rückhaltlos bestärkt, dass wir bei der Ernennung von Haendlern ohne Ueberstuerzung und mit groesster Vorsicht vorgehen sollten nach dem Motto: lieber keinen Haendler in einem bestimmten Gebiet als einen schlechten. Sehr schwierig wird es sein, den richtigen Haendler für Toronto zu bekommen, da hier die englischen Automobilfabriken, bei einer 90%igen englischen Bevoelkerung, stark mit Haendlern besetzt sind. ... *Nach manchen Ueberlegungen und Besprechungen mit unseren kanadischen Freunden sind wir zu der Ueberzeugung gekommen, dass es nur einen sicheren Weg gibt, unseren Start auf dem kanadischen Markt richtig zu beginnen; naemlich dahingehend, dass unsere Firma auf eigene Kosten und mit eigenen Leuten hier in Toronto in guter Lage eine Muster-Service-Organisation mit Ausstellungsraeumen und Werkstatt aufbaut.* Dies würde zweifellos eine unerhoerte Wirkung auf das hiesige Publikum haben und gleichzeitig uns die Moeglichkeit geben, allen noch kommenden Haendlern an diesem Beispiel vor Augen zu fuehren, wie unser Werk sich eine gute Haendler-Firma vorstellt. ... Fuer die Erstellung einer solchen Haendler- und Service Firma hier in Toronto würden wir schätzungsweise rund $ 200 000 fuer eine gewisse Zeit investieren müssen; aber wir sind restlos davon überzeugt, dass dann der Erfolg unserer Produkte in Kanada gesichert ist. ... Die Frage nach dem Service wird immer wieder zuerst gestellt, wobei die Interessenten uns immer wieder erzaehlen, wie schlechte Erfahrungen sie in dieser Hinsicht mit englischen und franzoesischen Wagen gemacht haetten und daher in dieser Beziehung skeptisch seien. Wir erwidern ihnen, dass unsere Firma in der ganzen Welt wegen ihres hervorragenden Services erfolgreich ist und dass es hier in Kanada nicht anders sein wird. Die Tatsache, dass wir hier in Toronto ein Zentral-Ersatzteillager noch in diesem Jahr einrichten werden, beruhigt sie sehr. ... Besonders unsere Transporter Modelle finden auf der Ausstellung aussergewoehnliches Interesse, da sie sowohl im Preis als auch in der Leistung konkurrenzlos sind. ... In meinem letzten Brief hatte ich bereits erwaehnt, dass nach allgemeiner Ansicht der Standardwagen nicht ohne Synchron-Getriebe hier in Kanada abzusetzen ist. Weitere Beobachtungen auf der Ausstellung und meine gestrigen Besprechungen mit den Herren Mr. Scott und Mr. Beck lassen es dringend ratsam erscheinen, den Standardwagen auch mit hydraulischen Bremsen nach hier zu liefern. Es gaebe in Kanada keine Wagen mehr mit mechanischen Bremsen und man muesste alles vermeiden, der Konkurrenz Argumente in die Hand zu geben, unsere Produkte bei dem kanadischen Publikum herabzusetzen, das durch die bisherigen Erfahrungen mit kleinen Wagen sehr kritisch geworden ist. Ich moechte Sie daher dringend bitten zu ueberlegen, ob wir nicht gleich bei den ersten Verschiffungen die Standardwagen mit Synchron-Getriebe und hydraulischen Bremsen ausruesten sollten. Wir alle hier drueben raten dringend dazu. ... Um von Anfang an ... unangenehmen Beanstandungen aus dem Wege zu gehen, wird dringend empfohlen, bei Lieferungen nach Kanada die Kupplungen mit einem Drucklager auszuruesten, wie es bereits in Daenemark geschieht.«[20]

Nordhoff verschloß sich diesen Überlegungen nicht. Die Besonderheiten des kanadischen Marktes hatten die Weichen für die Gründung der ersten Tochtergesellschaft im Ausland – der *Volkswagen Canada Ltd* – gestellt. Sie wurde im September 1952 ins Leben gerufen und nahm ihren Sitz in Toronto. Offenbar empfahl sich auf dem nordamerikanischen Kontinent, wo sich die Konturen einer entwickelten fordistischen Gesellschaft besonders klar abzeichneten, für das Volkswagenwerk eine andere Strategie als auf den Märkten Afrikas, Lateinamerikas und Asiens, die oftmals »im Handstreich« an das Unternehmen fielen. Bevor aber *Volkswagen Canada* gegründet werden konnte, mußten zunächst zwei prinzipielle Fragen geklärt werden. Erstens bedurften bundesdeutsche Direktinvestitionen im Ausland zu dieser Zeit einer Sondergenehmigung durch das Bundeswirtschaftsministerium und die Bank Deutscher Länder. Diese ging dem Volkswagenwerk für seine kanadisches Tochter am 18.3.1953 zu.[21] Zweitens stand die Frage im Raum, welche Aktivitäten zum Aufgabengebiet der *Volkswagen Canada* gehören sollten. Phasenweise war unternehmensintern und auch in der Öffentlichkeit die Aufnahme der Montage in Kanada diskutiert worden. Dieser Option aber erteilte *Nordhoff* aus Rentabilitätserwägungen heraus eine Absage:

»Das bisher nicht sehr glücklich behandelte Thema 'Montage Kanada' veranlasst mich zu folgender Feststellung:
Es bestehen vorerst überhaupt keine Pläne, zu einer Montage in Kanada zu kommen. Es verspricht unter den derzeitigen Verhältnissen keinerlei Vorteile, eine Zwitterlösung anzustreben, nur um die bekannten 40% kanadischen Anteil am Enderzeugnis zu erreichen, weil jeder Weg, zu diesen 40% zu kommen, kostspieliger sein würde, als der ohne weiteres gangbare Weg der direkten kompletten Einfuhr. Ob in späterer Zukunft andere Wege für den Import nach Kanada und U.S.A. gesucht und gefunden werden müssen, ist eine Frage, die heute noch nicht zur Diskussion steht. Ich bitte also, grundsätzlich davon Kenntnis zu nehmen, dass wir bis auf weiteres ausschliesslich komplette Wagen nach Kanada importieren werden und dass keine Erwägungen für eine Montage bestehen. VW Canada Limited bleibt also für die jetzt übersehbare Zukunft ein reines Handelsunternehmen.«[22]

Von Anfang an aber ließ der VW-Chef keinen Zweifel daran, daß er den Vorstoß des Volkswagenwerks in Kanada als Test für die anstehende Erschließung des US-Marktes betrachtete. In diesem Sinne informierte er *Jansen*, die zentrale Figur im Management der *Volkswagen Canada:*

> »Ich habe wegen U.S.A. noch immer keine hinreichend konstruktive Vorstellung, was dort geschehen sollte. Ich bin der festen Überzeugung, dass wir, wenn auch auf anderem Gebiet und mit anderen Methoden, in den U.S.A. ebensogut 1000 VW pro Monat verkaufen könnten, wie etwa MG seinen lächerlichen und antiquierten Zweisitzer in dieser Zahl regelmäßig verkauft. Auch dieser Markt erfordert allerdings ein aussergewöhnliches Mass von Tatkraft und Phantasie, und ich bin durchaus nicht etwa grundsätzlich abgeneigt, Ihnen diese Aufgabe eines Tages zu übertragen. Dazu müsste jedoch zunächst Kanada eindeutiger als bisher in einer klaren aufsteigenden Erfolgslinie sein.«[23]

Die Faktoren des Weltmarkterfolgs

Wieso hatte das Volkswagenwerk auf so vielen Auslandsmärkten so durchschlagenden Erfolg? Das »Timing« der Erfolge macht diese Frage besonders interessant. Denn die technologische Reform seit 1954 führte zwar zu erheblichen Produktivitätssteigerungen und ermöglichte es so dem Unternehmen, einmal besetzte Bastionen auf dem Weltmarkt erfolgreich zu verteidigen und sein Interessengebiet zu arrondieren. Auch muß zweifellos die Erschließung einiger wichtiger Märkte – vor allem die des US-Marktes – im Zusammenhang mit der Unternehmensreform gesehen werden. Aber das Volkswagenwerk konnte es nur deshalb überhaupt riskieren, entschlossen in die Automatisierung zu investieren, weil der internationale Erfolg des »Käfers« bereits bewiesen hatte, daß man für den Absatz der Produktion eben nicht auf den westdeutschen Markt beschränkt war. Nur weil es den Weltmarkt als feste Größe in seine Planung einbeziehen konnte, verhieß die fordistische Massenproduktion dem Volkswagenwerk eine Rentabilitätssteigerung. Der entscheidende Durchbruch des Volkswagens in Europa, Lateinamerika und – cum grano salis – auch in Afrika hatte sich in der ersten Hälfte der fünfziger Jahre vollzogen, also bevor die Automatisierung in Wolfsburg griff.[24] Es fragt sich, wieso es dem Volkswagenwerk gelingen konnte, trotz seines technologischen Rückstands – insbesondere auf die amerikanische Konkurrenz – auf so vielen Segmenten des Weltmarkts Fuß zu fassen. Den Faktoren, die zusammengenommen die Erklärung für dieses Phänomen liefern, soll nun Aufmerksamkeit gewidmet werden.

1.) *Das Timing der Weltmarktrekonstruktion nach dem Zweiten Weltkrieg:* In den ersten Nachkriegsjahren erzeugten der wirtschaftliche Wiederaufbau Europas und die Industrialisierungsbestrebungen vieler Länder der »Dritten Welt« ein günstiges Klima für den Automobilexport. Die Staaten der westlichen Welt bemühten sich in komplizierten Verhandlungen um eine Liberalisierung des

Welthandels – die aber zunächst nicht mehr als ein Fernziel für die Entwicklung der internationalen Beziehungen war. Die Realität der »pax americana« war weit von der Vision eines Freihandels auf multilateraler Grundlage entfernt. In Europa wurde der internationale Warenaustausch noch immer zu großen Teilen auf der Basis des traditionellen Bilateralismus abgewickelt, und zugleich verhinderten Zahlungsbilanzungleichgewichte den Übergang zur Konvertibilität der Währungen.[25] Diese Situation blieb nicht ohne Einfluß auf die Konkurrenzverhältnisse, denn vielen Staaten fehlten die notwendigen Dollarreserven, um ihre Importe aus den USA liberalisieren zu können. Sie mußten diese Importe auf die unabdinglichen Güter beschränken, und da Automobile zumeist mit Luxus assoziiert wurden, fanden sie im Rahmen der entsprechenden Einfuhrlisten kaum Berücksichtigung. In einer für die Aufteilung des Weltmarkts kritischen Phase wurde daher die europäische Automobilindustrie durch die asymmetrische Verteilung der Dollarreserven vor der technisch überlegenen amerikanischen Konkurrenz geschützt. Für den europäischen Markt verstand sich dies wegen der zählebigen »Dollarlücke« fast von selbst, aber auch in Südamerika lagen die Dinge ähnlich:

>»In Argentinien und Brasilien steht uns je eine nach dem Kriege gebaute, ganz moderne Montagefabrik zur Verfügung, und zwar angesichts der Tatsache, dass der Import amerikanischer Wagen in diese Länder fast vollständig zum Erliegen gekommen ist, praktisch zu vollen 100%. ... Die Importmöglichkeit als solche hängt nahezu vollkommen davon ab, dass entsprechende Handelsverträge die Einfuhr öffnen. Die Möglichkeit zu direkten Kompensationsgeschäften ist gering, da es sich bei allen Ländern um Waren handelt, die wenig Möglichkeit zu solchen Arrangements geben. Wir wären deshalb ganz besonders dankbar dafür, wenn bei Handelsvertragsbesprechungen und gegebenenfalls in Zusatzabkommen die ausserordentlichen Möglichkeiten, die der VW-Export nach Südamerika bietet, berücksichtigt werden könnten, weil es sich hier zweifellos um ein Export-Objekt handelt, das mit geringem Materialaufwand einen hohen Devisenertrag bringt und das auf den infragekommenden Märkten mit grösster Bereitwilligkeit aufgenommen werden wird.«[26]

>»Amerikanische Wagen sind in allen außer-amerikanischen Ländern in rückläufiger Entwicklung, zweifellos eine Folge der allgemeinen Dollarknappheit, aber auch das Ergebnis der zunehmenden Einsicht, dass diese ganz für amerikanische Verhältnisse geschaffenen Wagen insbesondere in Europa nicht das Ideal eines Automobiles darstellen.«[27]

Diese Konstellation barg nur deshalb keinen politischen Zündstoff in sich, weil der große nordamerikanische Markt ausreichte, um die Produktion der amerikanischen Automobilkonzerne im wesentlichen aufzunehmen. Traditionell war die amerikanische Automobilindustrie einer Binnenmarktorientierung verhaftet, die sich im Laufe der fünfziger Jahre eher noch verstärkte.[28] Der Exportanteil an der Produktion amerikanischer Personenkraftwagen lag in dieser Periode kontinuierlich unter 5%. Vor diesem Hintergrund galt es für das Volkswagenwerk also, sich im internationalen Szenario vor allem gegen die Konkurrenz aus Italien, Frankreich und England – sowie gegen Ford und Opel, die amerikanischen Töchter im eigenen Lande – zu behaupten. Soweit dieser Konkurrenzkampf am Objekt selbst ausgetragen wurde, mußte der »Käfer« in zweierlei Hinsicht seine Rivalen aus dem Felde schlagen: *preislich und qualitativ*.

2.) *Die Beschaffenheit des »Käfers« und die Preispolitik des Volkswagenwerks*: Die technischen Merkmale des »Käfers« waren ein entscheidender Trumpf in der Weltmarktkonkurrenz. Sie ermöglichten es dem Volkswagenwerk, die günstige internationale Automobilkonjunktur der fünfziger Jahre zu nutzen. Nicht nur erwarb sich der »Käfer« im Laufe der Zeit den Nimbus einer geradezu sprich-wörtlichen Zuverlässigkeit, der durch eine permanente technische Perfektionie-rung und ein besonderes Engagement beim Aufbau des internationalen Service-netzes sorgfältig gepflegt wurde. Seine Abmessungen, seine technischen Daten, sein relativ geringer Treibstoffverbrauch und seine Robustheit machten ihn be-sonders geeignet für den Kontext weniger entwickelter Automobilkulturen und insbesondere für die Gegebenheiten der Entwicklungsländer. *Nordhoff* betonte dies etwa mit Blick auf Südamerika:

> »Die Atmosphäre für den Import von Volkswagen wurde überall als über alle Erwar-tungen günstig angetroffen. Es besteht in allen südamerikanischen Ländern ein aus-gesprochener Hunger nach guten, kleinen Wagen und eine betonte Vorliebe für deut-sche Kleinwagen, die dort vor dem Kriege einen ausgezeichneten Ruf hinterlassen haben. Der Nimbus des Volkswagens ist auch in die südamerikanischen Länder ge-drungen, und die Erwartungen sind besonders gross. Preislich sind wir in allen Län-dern konkurrenzfähig, so dass alle Voraussetzungen für einen sehr guten Absatz ge-geben sind. Die besondere Eignung des Volkswagens für diese Länder besteht darin, dass er so ungewöhnlich wenig von dem überall kostbaren Benzin verbraucht, *vor allem aber darin, dass er auf schlechten Wegen besonders in seinem Element ist* und in solchem Gelände zweifelsfrei jedem anderen Kleinwagen in der Welt überlegen ist. Wir werden darüberhinaus eine besondere Ausführung für die südamerikanischen und später auch südafrikanischen Länder bauen, mit noch weiter erhöhter Bodenfreiheit und verbesserter Geländefähigkeit. Wir sind der Überzeugung, dass ein solches Fahr-zeug aussergewöhnlich erfolgreich sein müsste.«[29]

Immer wieder trugen seine Eigenschaften als Fahrzeug dem »Käfer« auf den Märkten Afrikas, Lateinamerikas und Asiens den entscheidenden Vorsprung vor der Konkurrenz ein. Wollte man alle diese Fälle dokumentieren, so würde das den Rahmen einer Monographie sprengen. Zwei Beispiele aus *Indonesien* und dem *Kongo* mögen daher ausreichen, um die Sachlage zu illustrieren.

> »Momentan ist es in Indonesien die ʻRegenzeitʼ, die nicht nur begleitet wird von schwe-ren Schlagregen, sondern auch von merkwürdigen Temperaturdifferenzen. Der Weg von Djakarta nach Bandung führt über den Puntjak. Das heisst: man steigt aus Dja-karta (200 Fuss oberhalb des Meeresspiegels) bis zu 3000 Fuß (Puntjak) hinauf, und fährt dann hinunter bis auf 2000 Fuß (Bandung). Der Gebirgsweg ist voller Schlan-genwindungen mit gefährlichen Steigungen (viel Rutschgefahr); auf dieser Strecke ist der Fahrer, der nur mit dem Verkehr in der Stadt vertraut ist, einer hundertprozenti-gen Chance ausgesetzt, das Wechselgetriebe seines Wagens vollständig zu ruinieren durch unsachverständiges Wechseln. Ausserdem verlangt diese Strecke viel vom Mo-tor. ... Wie die indonesische Presse über die Volkswagen denkt, werden sie selber aus

den beigefügten Ausschnitten aus den Zeitungen entnehmen können. Über die Reise nach Bandung wurde sogar etwas in der indonesischen Wochenschau gezeigt. Djakarta und Bandung wissen jetzt, was ein Volkswagen ist. Man hat es sehen können, gelegentlich des von uns veranstalteten Empfangs in Bandung. Im Hotel des Indes legten verschiedene Autoritäten ihr Interesse an den Tag. Zum Beispiel erschienen dort die Vertreter des Verkehrsministers und des Handelsministers, der deutsche Ambassadeur in Indonesien, der Bürgermeister Djakartas und der Vorsitzende der indonesischen Handelskammer.«[30]

»Zum Beginn wäre es zu empfehlen sich vor Augen zu halten, dass der Kongo augenblicklich kein asphaltiertes Strassennetz besitzt, dass er aber von zahlreichen 'Pisten' durchkreuzt wird, die wenn sie auch für Autos an manchen Stellen und während gewisser Jahreszeiten 'tödlich' sind, im allgemeinen doch recht gut in Stand gehalten sind. Die Kundschaft hatte sehr unangenehme Erfahrungen mit leichten Konkurrenzwagen gemacht, und äusserte große Zweifel an der Leistungsfähigkeit des VW ausserhalb des Stadtverkehrs, als wir uns im Kongo niederliessen. Unsere Reise im Jahre 1950, die uns quer durch Afrika führte, sowie die beiden Reisen von Frau D'Ieteren zogen die Aufmerksamkeit der Öffentlichkeit auf den VW und flössten auch dem grössten Pessimisten Vertrauen ein. Die grösste Reklame war jedoch für uns die Tatsache, dass einige Handelsvertreter, günstig beeindruckt von unseren Reisen, einen VW gekauft und den Kongo im Wagen oder im Lieferwagen in allen Richtungen durchfahren haben; einige unter ihnen konnten sogar die 100.000 km.-Zahl überschreiten. Gegenwärtig hat der VW die Anerkennung der Stadtkundschaft in ebensogrossem Masse wie die der in der Wildnis wohnenden Siedler gewonnen, ja, wir haben mit einer gewissen Belustigung feststellen können, dass Kunden, die einen großen Wagen – unentbehrlich geachtet aus Prestigegründen (!) – neben ihrem VW führen, eher diesen letzteren wählen, wenn sie längere Strecken durch das Land unternehmen müssen.«[31]

Doch nicht nur für die Peripherie des Weltmarkts waren der »Käfer« und seine Abkömmlinge geeignete Produkte. Auch in den USA, wo sie sich in einer voll entwickelten »fordistischen Gesellschaft« behaupten mußten, halfen ihnen ihre Eigenschaften – Sparsamkeit, Robustheit, Beweglichkeit -, um zumindest ein spezifisches Marktsegment zu erobern und zu behaupten. Erstens konnte der »Käfer« hier einen latenten Bedarf an handlichen und billigen Zweitwagen befriedigen, und zweitens erreichte er am amerikanischen Markt solche Bevölkerungsschichten, die sich konventionelle Statussymbole nicht zu eigen machen konnten oder wollten. Auf den US-Markt wird im nächsten Kapitel ausführlich eingegangen.

Schließlich profitierte der Käfer auch in Europa von den Zeitumständen. In den frühen fünfziger Jahren setzte in den west- und nordeuropäischen Metropolen ein Prozeß der »Automobilmachung« ein, in dessen Verlauf sich vor allem zahlreiche Privatpersonen ein Fahrzeug anschafften. Solange bereits der bloße Besitz eines Wagens in den westeuropäischen Ländern als Statussymbol galt und nicht erst die Anschaffung eines teuren und luxuriösen Automobils wirklich prestigeträchtig war, besaß das Volkswagenwerk am europäischen Markt ausgezeichnete Chancen, mit seinen Argumenten für den »Käfer«, die ganz auf Nützlichkeit abstellten, durchzudringen. Andererseits war absehbar, daß sich der

Markt für den »Käfer« in Europa verengen mußte, sobald die Erstausstattung der Bevölkerung mit Pkws abgeschlossen war, da sich nun zwangsläufig das Gewicht solcher Faktoren wie Komfort, Design und Motorleistung für den Verkaufserfolg erhöhte. Lange bevor diese Probleme Mitte der sechziger Jahre am deutschen Markt offenkundig wurden, gab es Anzeichen dafür, daß die den »Käfer« begünstigenden Marktbedingungen nicht unbegrenzt andauern würden. Schon 1953 traten in der Schweiz vorübergehend Probleme durch Positionsverluste gegenüber *Opel* und *Fiat* auf, die *Haefner,* den VW-Generalimporteur, zu einer systematischen Marktanalyse bewogen, aus deren Ergebnissen er interessante Schlußfolgerungen zog:

> »Wir sind weit entfernt davon, diese Zahlen schon als Alarmzeichen zu deuten. Immerhin – zum ersten Mal seit 1948 – scheinen uns Konkurrenten für den Moment wenigstens zu überflügeln. Über die tatsächlichen Konkurrenzverhältnisse geben diese Zahlen natürlich insofern kein genaues Bild, als wir nicht wissen, wieviele Fiat und Opel deswegen abgesetzt werden, weil wir nicht liefern können. Momentan beträgt unser Rückstand erheblich über 1000 Stück. Beunruhigender hingegen ist die Tatsache, dass verhältnismäßig viele Opel und Fiat im Eintausch gegen VW gekauft worden sind. Es gibt bei jedem Fabrikat einen gewissen Prozentsatz markentreuer Fahrer; wenn also eine grössere Anzahl Opel und Fiat gegen die gleiche Marke eingetauscht worden wäre, so bestünde kein Grund zu besonderer Besorgnis. Die Tatsache jedoch, dass verhältnismäßig viele Fahrer vom VW Abschied nehmen, stimmt mich nachdenklich. Ich habe somit eine zuverlässige schweizerische Marktforschungsorganisation damit beauftragt, in jedem einzelnen Fall zu ergründen, weshalb der betreffende Fahrer vom VW abgekommen ist. ... Als entscheidende Argumente werden einhellig Kofferraum und die inneren Raumverhältnisse bezeichnet. Ich komme aber je länger je mehr zum Schluss, dass diese Argumente wohl wichtig, aber nicht entscheidend sind, ... Ich glaube, der Grund, weshalb Opel in dem Ausmasse gekauft wird, liegt ganz woanders, und zwar ist es ein Grund, den die Befragten nie zugeben würden: *Die Befriedigung des eigenen Geltungsbedürfnisses!* Der Opel sieht groß und teuer aus, er kommt der Eitelkeit einer großen Käuferschicht sehr entgegen: Seht, ihr Leute, da komme ich angefahren! Leute, die Fahreigenschaften verstehen und zu schätzen wissen, die rechnen können und müssen, kaufen nach wie vor den VW. Aber sehr vielen treten leider diese sachlichen Beweggründe in den Hintergrund.«[32]

Offenbar wurden die sich abzeichnenden Schwierigkeiten im Volkswagenwerk zu dieser Zeit aufmerksam registriert. Über mögliche Gegenmaßnahmen entbrannte eine kontroverse Debatte. Eine »Mondernisierer-Fraktion« innerhalb des Managements machte sich im Laufe des Jahres 1953 stark für eine *Auffächerung der Produktpalette* und versuchte, *Nordhoff* zu dieser Entscheidung zu drängen. Eine Zeit lang sah es so aus, als sollten diese Bemühungen von Erfolg gekrönt sein, und in der Öffentlichkeit kursierten bereits Gerüchte über die bevorstehende Markteinführung neuer Volkswagenmodelle. *Nordhoff* äußerte sich zu dem Ausgang der Angelegenheit gegenüber einem schwedischen Journalisten:

> »Ich kann Ihnen heute erzählen, dass wir noch im April beabsichtigten ein neues Modell herzustellen, gezeichnet von dem berühmten italienischen 'Karosserie-Schnei-

der' Farina. Es wurde ins Unendliche diskutiert und zum Schluss beugte ich mich den vielen positiven Gründen der Modernisten der Leitung. Ich nahm damals einige Wochen Urlaub und fuhr nach Kenia zur Großwildjagd. Und als ich da an einem Tag mit meinen zwei schwarzen Trägern herumstreifte, kam es mir plötzlich, dass das Ganze vollständig wahnsinnig sei. Der eine der Schwarzen musste sich darauf sofort auf den Weg machen nach der zwei Tagesmärsche entfernten Telegraphenstation, mit folgendem Telegramm nach Wolfsburg: Alles sofort einstellen! Und alle Pläne für das neue Modell wurden aufgegeben.«[33]

Der Grund dafür, daß sich die Auffächerung der Produktpalette trotz aller Faktoren, die dafür sprachen, aus *Nordhoffs* Sicht letztlich als »wahnsinnig« darstellte, liegt auf der Hand. Das Volkswagenwerk war 1953 gerade dabei, eine technologische Reform einzuleiten, und damit stellte sich naturgemäß die Frage nach dem Umfang der Produktpalette neu. Sicher war, daß die Rentabilität des fordistischen Projekts und die zukünftige Konkurrenzfähigkeit des Unternehmens auf den internationalen Märkten mit der konsequenten Ausschöpfung der »economies of scale, scope and speed« standen und fielen. Die Unternehmensreform setzte auf die Massenproduktion. Die entscheidende Frage lautete also, wie viele in großen Serien hergestellte Modelle dem Markt zuzumuten waren. Alle Marktanalysen deuteten darauf hin, daß nur *ein einziger* Fahrzeugtyp problemlos Absatz finden würde, so daß *Nordhoff* kaum anders konnte, als die von Teilen seiner Mitarbeiter geforderte Diversifizierung der Produkte am Ende zu verwerfen:

> »Vor einiger Zeit wurde dem Volkswagenwerk von seinen etwa 500 Händlern in Deutschland überraschend oft die Herstellung eines zweisitzigen Kabrioletts nahegelegt. Die Wünsche schienen uns so eindeutig, dass wir uns die Sache überlegten, wenn auch nicht mit besonders großer Freude. Wir machten dann eine Gallup-Untersuchung. Alle Händler erhielten einen Fragebogen, den sie einige Wochen behalten durften, um die verschiedenen Fragen zu beantworten. Als wir die Bogen zurückerhielten zeigte es sich, dass sie glaubten, zusammen 238 zweisitzige Kabrioletts pro Jahr verkaufen zu können. Dass unter diesen Umständen eine Umstellung nicht zu empfehlen ist, versteht sich wohl von selbst.«[34]

So sehr die Globalisierung des Fordismus und die damit verbundene Expansion der Automobilmärkte in der westlichen Welt dem Volkswagenwerk einen günstigen Rahmen für seine Entwicklung boten, eine Welt der unbegrenzten Möglichkeiten schuf auch die internationale Automobilkonjunktur dem Unternehmen nicht. Unter den Bedingungen der fünfziger Jahre gab es zu *Nordhoffs* Entscheidung, keine neuen Modelle in die Produktspalette aufzunehmen, kaum eine Alternative. Nur die Konzentration auf den »Käfer« und seine Varianten ermöglichte es dem Volkswagenwerk, die Kostenvorteile der Massenproduktion auszuspielen, und ehe diese Rechnung nicht mehr aufging, sollte – trotz mancher Vorboten – noch ein weiteres Jahrzehnt vergehen.

Waren die technischen Eigenschaften des »Käfers« der erste Trumpf, den das Volkswagenwerk im Rahmen der Weltmarktkonkurrenz während der frühen fünfziger Jahre ausspielen konnte, so war die *Bereitschaft zu einem langfristigen*

Preiskalkül der zweite. Das Volkswagenwerk war bereit, zunächst auf kurzfristige Gewinne aus dem Auslandsgeschäft zu verzichten, um im Ausland zunächst einmal Fuß zu fassen und später dann durch Produktivitätssteigerungen die einmal erreichte Position zu konsolidieren und rentabel zu gestalten. Bis 1950 war es für große Teile der deutschen Industrie gelegentlich nahezu unmöglich, die Ausfuhr von Waren mit Gewinn zu betreiben. Dies lag an dem Verfahren, nach dem der Außenhandel abgewickelt wurde. Die betreffenden Exportlieferungen wurden nicht unmittelbar zwischen den ausländischen Kunden und den deutschen Exporteuren, sondern unter Einschaltung der *JEIA* und der Bank Deutscher Länder abgerechnet. In dieser Situation waren die Exportfirmen darauf angewiesen, daß die BdL die Exportzahlungen auch tatsächlich leistete. Die Bank aber besaß nicht genügend Mittel, um alle getätigten und vertraglich abgeschlossenen Exporte zu bedienen.

»Am Freitag, den 3. Februar 1950, fand nachmittags 15,00 in der Mc. Neal-Kaserne in Frankfurt a.M.-Höchst eine von der „Verwaltung für Wirtschaft des Vereinigten Wirtschaftsgebietes mit der Wahrnehmung der Geschäfte des Bundesministers für Wirtschaft beauftragt" einberaumte Sitzung über die Abwicklung der Restausfuhrzahlungen von Exportkontrakten statt. Eingeladen hierzu waren alle Verbände, deren Mitglieder bisher Restausfuhrzahlungen geltend gemacht haben. Von der Industrie war ausser dem Volkswagenwerk nur ein Beobachter der NORMAG anwesend. Die Sitzung wurde geleitet von Herrn Dr. Stettfeld, Verwaltung f. Wirtschaft.
Als Beauftragter der Verwaltung für Finanzen   Herr Ministerialrat Grossky
Als Beauftragter des Exportausschusses der Industriellen Verbände war federführend Herr Andouard, welcher gleichzeitig auch den Verband der Maschinenindustrie vertrat.
Von Seiten des VDA   Herr Sporkhorst.
Die Sitzung war einberufen worden zur Ergänzung und Ausarbeitung eines Entwurfes über die Richtlinie für Restausfuhrzahlungen. Herr Andouard hat über die industriellen Verbände mit der Verwaltung für Wirtschaft festgestellt, dass aus den vor dem 25.7.1948 von der deutschen Wirtschaft abgeschlossenen Verträgen noch eine Restausfuhrzahlung von etwa 82,5 Mio notwendig ist. Die Verwaltung der Finanzen ist nur in der Lage, im Augenblick DM 60 Mio aus JEIA-Mitteln bereitzustellen, wovon für Berlin DM 10 Mio. abgezweigt werden sollen und weiterhin für die langfristigen Maschinenbauverträge weitere Mittel in Reserve gehalten werden müssen. Herr Dr. Stettfeld gab einführend bekannt, dass sowohl der Verwaltungsrat für Wirtschaft, als auch die Verwaltung der Finanzen grundsätzlich den Rechtsanspruch aus den Exportkontrakten bezahlt. Es soll im Rahmen dieser Sitzung untersucht werden, inwieweit man durch einen Abschlag den einzelnen Verbänden bei der Zuteilung der Quoten aus den oben genannten Mitteln gerecht wird. Es soll versucht werden, Firmen, die grosse finanzielle Schädigungen durch das Stoppen der Restausfuhrzahlung erlitten haben, vor dem finanziellen Ruin zu bewahren. Es sei damit zu rechnen, dass bis Ende dieser Woche ein Kassenkredit von 25 Mio Mark bereitgestellt wird, der spätestens bis zum 31.3.1950 wieder zurückbezahlt sein muss und der notfalls aus Mitteln der amerikanischen Regierung zur Abdeckung kommt. Allerdings sei hierzu noch die Genehmigung von Mc. Cloy erforderlich. Bei der anschließend stattgefundenen Aussprache wurde festgestellt, dass der Restanspruch mit 82,5 Mio zu niedrig angesetzt

wurde; es sind fast von sämtlichen Verbänden Nachmeldungen aufgegeben worden. Da die bereits erfolgten Lieferungen, für die die Spitze durch die Bank deutscher Länder bisher aufgrund der Anordnung vom 5.12.1949 gestoppt wurde, zuerst ihre Berücksichtigung finden müssen, wurde der Restanspruch entsprechend aufgeteilt. Es ergab sich, dass von der gesamten deutschen Wirtschaft für rd. 29 Millionen Mark Exporte getätigt wurden, für die die Bank Deutscher Länder die Restzahlung nicht geleistet hat und rd. 70 Mio Mark noch aus den vor dem 25.7. 1948 abgeschlossenen Verträgen für Restausfuhrzahlungen fällig werden. Davon entfallen auf den Fahrzeugbau: -
a) für bereits gelieferte Fahrzeuge   DM   3,2 Mio.
b) für noch zu erfolgende Auslieferungen   "   12,0   "
Für das Volkswagenwerk sind unter a) 3,2 Mio und unter b) 4,950 Mio eingeschlossen. Der Rest verteilt sich mit 2,9 Mio auf VITAL und 4,6 Mio auf NORMAG. Aus den Unterlagen, die der VDA besitzt, war nicht zu entnehmen, ob auch bei Vital und bei Normag Beträge unter a) fallen. Die Vertretung des VDA in dieser Sitzung durch Herrn Sporkhorst war sehr schwach.
In längeren Debatten versuchten die Vertreter der einzelnen Wirtschaftsverbände, insbesondere der Maschinenindustrie und der Webereien, ihre Notlage darzulegen. Viele Firmen haben nach dem 5.12.1949 aufgrund mündlicher und schriftlicher Zusagen von Prof. Erhardt weitere Exportlieferungen ausgeführt, die – falls deren Spitze in der vorgesehenen Abrechnung nicht ihre Berücksichtigung findet – einschneidende wirtschaftliche Folgerungen nach sich ziehen. Durch Herrn Dr. Stettfeld wurde darauf hingewiesen, dass nur JEIA-Verträge für die Abrechnung infrage kommen, die durch die JEIA-Zentrale genehmigt wurden. Es stellte sich heraus, dass bei vielen Firmen JEIA-Verträge nur durch die JEIA-BRANCH genehmigt wurden. Für diese Fälle entschied Herr Dr. Stettfeld, dass diese Firmen nur einen Rechtsanspruch gegenüber der JEIA-BRANCH hätten und es bleibe deshalb den einzelnen Firmen überlassen, sich mit den JEIA-Dienststellen auseinanderzusetzen. Wenn der Bundesminister für die Wirtschaft heute versucht, diese Vertragserfüllung der JEIA in etwa zu liquidieren, so könne daraus nicht hergeleitet werden, dass von jetzt ab die Bundesregierung für die Restabwicklung verpflichtet sei. ... Die Höhe der Restausfuhrzahlungen soll aus der Differenz zwischen entstandenen Selbstkosten und bisheriger Zahlung der Bank Deutscher Länder ermittelt werden, d.h. also, dass für den Gesamt-Kontrakt, ganz gleich ob bereits von der Bank Deutscher Länder der volle Preis bezahlt wurde oder noch offen steht, *keine Gewinne dem Unternehmer aus dem Vertrag zufliessen dürfen.* Hierzu führte Herr Ministerialrat Grossky aus, dass Finanzminister Schäffer es grundsätzlich verboten hat, bei der Restausfuhrzahlung Gewinnzuschläge zu berücksichtigen. Auch habe der parlamentarische Ausschuss dieser Bedingung von Herrn Minister Schäffer zugestimmt.«[35]

Offenbar konnte es vor dem Hintergrund dieser Budget-Restriktion für die betroffenen Verbände und Unternehmen nur darum gehen, durch geschicktes »Bargaining« ihre Verluste zu minimieren. Von Exportgewinnen konnte bis auf weiteres keine Rede sein. Für das Volkswagenwerk besaßen aber die Ausfuhrgeschäfte in dieser Phase sowieso nicht die Funktion, *kurzfristige* Gewinne einzutragen. Gleichwohl kam den internationalen Märkten für das Unternehmen eine außerordentliche Bedeutung zu. Um die Massenerzeugung von Automobilen rentabel betreiben zu können, war man ultimativ auf den Weltmarkt angewiesen. Deshalb mußte das Volkswagenwerk unter allen Umständen eine starke internationale Position anstreben, auch unter Inkaufnahme kurzfristiger Verluste aus dem Auslandsgeschäft. Trotz der Qualität des »Käfers« und des Kundendienstes waren hierfür Preiszugeständnisse unumgänglich. In den frühen fünfziger Jahren setzte das Volkswagenwerk gezielt *Dumpingmethoden* als Mittel der internationalen Konkurrenz ein.[36] Als sich die Materialkrise und mit ihr die Kostenkrise des Unternehmens 1951 zuspitzten, erwartete das Management von den auswärtigen Händlern, daß auch sie im Interesse langfristiger Erwägungen vorübergehend Abstriche bei hren Gewinnen akzeptierten:

> »Sie wissen, dass die Kalkulation unserer Export-Preise nie darauf ausging, einen Gewinn zu erzielen, sondern nur die tatsächlichen Kosten möglichst zu decken. Diese Voraussetzung wird schon seit geraumer Zeit nicht mehr erfüllt – wir haben aber nicht sofort auf diese Entwicklung reagieren wollen, weil wir uns eine möglichst grosse Konstanz in unserer Preispolitik zum Ziel gesetzt hatten. Die Kostenerhöhung von der Rohmaterialseite her, zusammen mit der Kostenerhöhung durch Lohnsteigerung, Steuererhöhungen und dergleichen mehr, hat nunmehr aber ein Mass erreicht, das es uns leider unmöglich gemacht hat, die Belastungen weiterhin vollkommen allein zu tragen. Seit dem 1.9.50 beträgt die Materialkostensteigerung pro Volkswagen $ 113.71. Sie werden verstehen, dass wir nicht in der Lage sind, den daraus für uns erwachsenden Verlust ständig auf uns zu nehmen. Wir haben uns deshalb schweren Herzens entschliessen müssen, neue Preise für den Volkswagen einzusetzen, an denen Sie erkennen werden, dass wir unverändert bereit sind, einen Teil der Last selbst zu tragen, um so sicher wie möglich zu gehen, unseren Marktanteil in den so hoch bewerteten Exportländern nicht zu gefährden. ... Wir wissen, dass diese Preise Ihnen Sorgen und Schwierigkeiten machen werden, aber wir bitten Sie sehr herzlich, die Preissteigerung nicht oder doch zumindest nicht ganz auf das Publikum abzuwälzen, sondern genau wie wir soviel wie möglich davon selbst zu tragen, da wir glauben, dass es entscheidend wichtig sein wird, das Volumen aufrechtzuerhalten, um eines Tages wieder auf ausreichend breiter Basis zu stehen, zur Wahrnehmung der unverändert sehr grossen Verkaufsmöglichkeiten des VW. ... Wir haben die jetzt mitgeteilten Preise so abgestimmt, dass eine möglichst weitgehende Nivellierung erreicht ist – der weitaus größte Teil der Last bleibt unverändert auf unseren Schultern.«[37]

Phasenweise drohten allerdings 1951 die Verluste, die dem Volkswagenwerk aus dem Exportgeschäft entstanden, ein derartiges Ausmaß anzunehmen, daß das Management darüber nachdachte, die Exportorientierung zu drosseln:

> »In Belgien und in der Schweiz wie auch in Luxemburg wird durch eine Erhöhung [- der Preise -] zweifelsohne mit einer gewissen Einbuße für uns gerechnet werden müssen. Da jedoch Herr. Dr. Nordhoff uns gebeten hat, unseren Exportanteil sukzessive zu reduzieren, läge eine solche Einbuße innerhalb der Gesamtlinie.«[38]

In dem Maße jedoch, wie seit dem zweiten Drittel der fünfziger Jahre die forcierte Automatisierung, die Mobilisierung von Effektivitätsreserven der Belegschaft und die Überwindung der Probleme bei der Materialversorgung zum Tragen kamen, erhöhte sich die Manövrierfähigkeit des Volkswagenwerks auf dem Weltmarkt entscheidend. Die Produktivitätsgewinne und die kostensenkende

Einkaufspolitik ermöglichten zunehmend Offensiven an der Preisfront besonders umkämpfter Märkte, die nicht mehr mit Rentabilitätserwägungen in Konflikt gerieten. Bereits 1954 benutzte *Nordhoff* die *Genfer Automobilausstellung*, um in einem publikumswirksamen Auftritt für sein Unternehmen Preissenkungen in einer Reihe von Ländern zu verkünden. Diese Preissenkungen lösten bei der europäischen Konkurrenz – insbesondere in Frankreich – Verblüffung bis hin zur Bestürzung aus und führten beim internationalen Fachpublikum zu heftigen Diskussionen darüber, ob es sich bei den neuen Preisen um Dumpingpreise handele.

»Wenn es dem Volkswagenwerk gelingt, sein Unternehmen mit den beabsichtigten Preisen auf die Dauer wirtschaftlich arbeiten zu lassen, dann bedeutet dies, daß dieses Fabrikat durch seine Produktionsmethoden unbestreitbar die Vorherrschaft in der Welt erringen wird und daß alle Industriellen, seien es nun Amerikaner, Engländer, Franzosen, Italiener ... oder andere deutsche Automobilfirmen, noch viel hinzuzulernen haben. Wir glauben kaum, daß es so kommt und nehmen vielmehr an, daß es sich hierbei um ein 'Dumping' handelt, in der Absicht, den Markt zu beherrschen. Wir müssen in diesem Zusammenhang an die gleichen Vorgänge denken, die sich vor zwanzig oder dreißig Jahren ereigneten, und wir sind der Meinung, daß man besonders in einer Zeit, da so viel über den wirtschaftlichen Zusammenschluß Europas gesprochen wird, zu der Überzeugung gelangen muß, daß ein derartiges Projekt nicht verwirklicht werden kann, wenn einer der Partner von Anfang an das Spiel verdirbt. ... Welche Faktoren auch immer die bewilligten Opfer ermöglicht haben, um die Volkswagen zu dem angekündigten Preis verkaufen zu können, sei es nun ein regierungsseitiges Opfer (Subvention), ein Opfer der Betriebsangehörigen (niedriger Lebensstandard) oder ein Opfer deutscher Käufer (höhere Preise im Inland), wir sind der Ansicht, daß diese Opfer als solche jede Politik der Liberalisierung des internationalen Zahlungsverkehrs zum Scheitern verurteilen.«[39]

Die Gewinne des Volkswagenwerks und seine aufwendige betriebliche Sozialpolitik zeigen, daß diese Argumentation ins Leere ging. Sobald die technologische Unternehmensreform seit 1954 konsequent in die Tat umgesetzt wurde, war man in Wolfsburg von der Kostenflanke her für die Weltmarktkonkurrenz bestens gerüstet. Der Notwendigkeit, durch Exportpreise, die gegen das Prinzip der Kostendeckung verstießen, Zeit für die technologische und organisatorische Anpassung an die Standards der internationalen Konkurrenz zu gewinnen, bestand nur zu Beginn der fünfziger Jahre.

3.) *Die institutionellen Bedingungen auf den internationalen Märkten*: Fast ebenso wichtig im Kampf um Weltmarktpositionen im Automobilsektor wie die im engeren Sinne ökonomischen Faktoren war in den fünfziger Jahren das Geschick der Konzerne im Umgang mit den *politischen* Rahmenbedingungen in den einzelnen Ländern. Nur in den allerwenigsten Staaten wurde der Konkurrenzkampf ausschließlich – oder auch nur vorrangig – durch Preise und Qualität entschieden. Das wichtigste Instrument der politischen Regulation im Bereiche des Außenhandels waren die mengenmäßigen Beschränkungen (Kontingente), doch auch Zölle sowie steuerliche und sonstige Diskriminierungen spielten eine Rolle. Angesichts dieser Konstellation war es für ein exportorientiertes Unternehmen von fundamentaler Bedeutung, *erstens* gute Kontakte zu den auswärtigen Regierungen und Ministerialbürokratien zu unterhalten und *zweitens* die diplomatische Maschinerie des »eigenen« Staates in der Weltmarktkonkurrenz einsetzen zu können. Der letzte Punkt wird in Kapitel 11 zur Sprache kommen.

Es ist in Kapitel 3 darauf hingewiesen worden, daß der VDA Ende der fünfziger Jahre die »ökonomische Umwelt« in sechs Ländergruppen unterteilte, deren Mitglieder sich jeweils durch einen vergleichbaren Grad an Liberalisierung ihrer Automobileinfuhren auszeichneten. Dieser Landkarte entsprachen aus der Sicht des Volkswagenwerks *fünf* Kategorien von Märkten, die in der Exportstrategie des Konzerns unterschiedliches Gewicht besaßen und auf denen jeweils spezifische Faktoren ausschlaggebend für den Ausgang der Konkurrenz waren.

a) In den Ländern, die ihre Automobilimporte weitgehend oder vollständig von mengenmäßigen Beschränkungen befreit hatten, entschieden ökonomische Momente darüber, ob aus der Motorisierungskonjunkur der Nachkriegszeit für die eigene Firma Kapital zu schlagen war. Der Konkurrenzkampf konzentrierte sich auf *Preise, Qualität, Kundendienst, Regelmäßigkeit und Frist der Lieferungen und in einigen Fällen auch auf geschickte Werbestrategien.* Gerade auch die Regelmäßigkeit der Lieferungen war unter den Bedingungen des Motorisierungsschubs, den insbesondere Westeuropa in dieser Periode erlebte, von nicht zu unterschätzender Relevanz. Da die Nachfrage kontinuierlich das Angebot überstieg, bestand die Gefahr, Teile der potentiellen Käuferschaft an die Konkurrenz zu verlieren, wenn diese schneller liefern konnte. So waren die Probleme, die sich 1953 in der Schweiz für den »Käfer« abzuzeichnen begannen, durch zu lange Lieferzeiten ausgelöst worden:

> »Leider ist der Schweizer Käufer auf lange Lieferfristen nicht erpicht, und es ist nun schon so weit, dass in verschiedenen Kantonen unsere Konkurrenten den VW zahlenmässig eingeholt und teilweise sogar geschlagen haben. Dass dies nicht nur von einer einzelnen Marke erfolgt ist, sondern gleich von zwei bis drei, ist ein Beweis dafür, welche Ausmasse die Motorisierung in unserem Lande angenommen hat, wobei zu bedenken ist, dass wir jetzt mitten in der Hochsaison sind und die Leute die Wagen natürlich speziell auf Ostern und Pfingsten zu erhalten wünschen. ... Selbstverständlich verdoppeln wir unsere Anstrengungen in Bezug auf Werbung, Kundendienst, Verkäufertätigkeit und -schulung, um von unserer Seite aus nichts zu unterlassen, was einen tieferen Einbruch der neuen Konkurrenzprodukte verhindern könnte. Glücklicherweise haben wir unsere Organisation auch früher nie auf halben Touren laufen lassen, es lohnt sich jetzt, in Form zu sein. Die wichtigste Waffe gegen einen allzu grossen Anfangserfolg der beiden Marken (- Opel und Fiat -) wäre ein Aufholen unserer Lieferrückstände im Juni. Ich kenne jedoch ihre Sorgen in dieser Hinsicht, weiss auch, dass die Verteilung gerecht erfolgt und dass man eben nicht mehr liefern kann, als gebaut wird.«[40]

Der Weltmarkt ermöglichte den europäischen Automobilherstellern also nicht nur die fordistische Massenproduktion, er erforderte diese Art von Produktion auch, wollte man in der Konkurrenz mithalten. Eine vergleichbare Situation wie in der Schweiz 1953 entstand auf dem italienischen Markt 1962. Hier beendete die Liberalisierung im Zuge der Römischen Verträge aus Sicht des Volkswagenwerks ein Jahrzehnt beständiger Frustrationen, auf deren Grund noch näher einzugehen ist. Die nunmehr anlaufende Nachfrage nach Volkswagen stellte Wolfsburg vor nicht unerhebliche Lieferprobleme, die *Gerhard R. Gumpert,* der Generalimporteur für Italien, mit einigem Unmut quittierte:

>»In Italien wartet man mit grossem Interesse darauf, welche auslaendische Marke in den ersten Monaten die hoechsten Zulassungszahlen haben wird. Moechte es Volkswagen sein! Nichts hat so viel Erfolg, wie der Erfolg selbst. Wir wollen und werden ihn haben, wenn wir in den ersten Monaten genuegend Wagen erhalten koennen. Meine Haendler brauchen jetzt die 'soddisfazione', die Genugtuung, einmal nach so vielen Jahren jeden Kunden befriedigen zu koennen. ... Sie schreiben mir, man habe Italien unter Zurueckstellung anderer einigermassen folgen koennen. Dies bezieht sich wohl nur auf die ersten drei Monate des Jahres; denn schon im April wurden die 2.000 zugesagten Wagen des Typs 1 um 226 gekuerzt und fuer Mai erhalte ich gar nur die Haelfte der abgerufenen. Ich bin der Meinung, meine Haendler haben aus mehreren Gründen ein gewisses Recht erdient, nach elf Jahren Wartezeit nicht mehr zurueckgestellt zu werden.«[41]

Italien und auch *Frankreich* waren Länder, die im Automobilsektor erst durch die Gründung der EWG nolens volens auf den Liberalisierungskurs gedrängt wurden. Vorher gehörten sie in eine andere Kategorie von Staaten. Zu den Märkten, auf denen die Konkurrenz im Automobilbereich primär durch ökonomische Faktoren entschieden wurde, zählten dagegen neben der Schweiz in den fünfziger Jahren *Schweden* (seit 1954), *Österreich, Portugal* und – von überragender Bedeutung – die *USA.*

b) Bezüglich einer zweiten Gruppe von Auslandsmärkten konnte das Volkswagenwerk mit einem grundsätzlichen Interesse an Automobilimporten aus der Bundesrepublik rechnen. Doch wurden die betreffenden Staaten immer wieder durch Devisenprobleme dazu gezwungen, zu quantitativen Einfuhrbeschränkungen für Fahrzeuge zu greifen, um Ungleichgewichte der Zahlungsbilanz zu korrigieren. Außerdem ließen sich die bundesdeutschen Automobilexporte von diesen Staaten dafür instrumentalisieren, bei der westdeutschen Regierung im Rahmen von bilateralen Handelsverträgen Zugeständnisse auf anderen Feldern einzufordern. Für das Volkswagenwerk drohte vor diesem Hintergrund nicht selten der temporäre Ausschluß von einzelnen Exportmärkten. In einigen Fällen wurde diese Möglichkeit auch Realität, was unter Umständen den Verlust von Marktanteilen an die Konkurrenz nach sich ziehen konnte. In solchen Situationen blieb dem Management nur der Versuch, bei den staatlichen Instanzen der Bundesrepublik – je nach Lage der Dinge – entweder Konzessionen oder aber eine harte Haltung gegenüber dem Handelspartner zu erwirken, und zugleich auch auf der Gegenseite diplomatisch aktiv zu werden. In Abhängigkeit von der wirtschaftlichen Entwicklung in den beteiligten Staaten und von der Effizienz der Verhandlungsführung konnte dieser Strategie des Volkswagenwerks Erfolg oder auch Mißerfolg beschieden sein.

In diese zweite Kategorie von Staaten fielen in Europa vor allem *Schweden* (bis 1954) und die *Niederlande*. Aber auch in *Lateinamerika* spitzten sich die Zahlungsbilanzschwierigkeiten im Laufe der fünfziger Jahre in immer mehr Ländern zu. Gleiches galt für *Spanien*. 1952 und 1953 trieb die Sorge um den schwedischen Markt *Nordhoff* und seine Mitarbeiter – im Verein mit anderen deutschen Firmen – zu einer nachdrücklichen diplomatischen Aktivität im Vorfeld neuer Handelsvertragsverhandlungen:

»In Anbetracht der Wichtigkeit unseres Exportes nach Schweden haben Herr Schäffer von Opel und ich gestern im Auswärtigen Amt mit einer Anzahl maßgeblicher Herren eine Unterredung gehabt, um vor Beginn der deutsch-schwedischen Handelsverhandlungen noch einmal allen Beteiligten mit aller Deutlichkeit vor Augen zu führen, in welche Situation wir durch den Importstopp der Schweden gekommen sind. ... Dr. v. Scherppenberg (– vom Auswärtigen Amt –) betonte wiederholt, daß eine deutsche Schuld gegenüber dem schwedischen Handelsvertragspartner nicht bestehe, sondern daß die schwedische Handelsdelegation unter Leitung von Staatsrat Vinell hinsichtlich der Zusage der Lieferung von Schweinen und Getreide Verpflichtungen übernommen habe, die in der Praxis von vornherein mangelhaft zu erfüllen waren. Er behauptet, daß gerade im Hinblick auf das Getreideabkommen Herr Vinell die maßgeblichen Stellen in Stockholm auch heute noch nicht richtig informiert habe, um persönlichen Unannehmlichkeiten zu entgehen. Im übrigen kennen wir seine kompakte Verhandlungsmethode, mit der er für sein Land immer schon etwas besonderes durchsetzen konnte, und man sagt ihm nach, daß er fair verhandelt, sobald die schwedischen Belange zur Diskussion stehen, aber er es sonst mit der Fairneß nicht genau nimmt. Bekanntlich hat Schweden seine Einfuhr zu 99% liberalisiert und die einzige Position, die Einfuhrkontingenten unterworfen ist, sind Kraftfahrzeuge. Man kann es daher den Schweden nicht verdenken, wenn sie auf dieser Position herumreiten und mit ihr versuchen, herauszuholen, was bei uns herauszuholen ist. Ich machte in diesem Zusammenhang auf die günstige Entwicklung namentlich der englischen Automobileinfuhr aufmerksam und bat, bei den bevorstehenden Verhandlungen alles daranzusetzen, damit uns der schwedische Automobilmarkt, zumindest in dem jetzigen Umfang, erhalten bleibt und wir in die Lage versetzt werden, ein weiteres Vordringen der englischen Konkurrenz zu stoppen. Minister Erhard war kürzlich in Stockholm, um dort einen Vortrag zu halten, und er wollte wohl bei dieser Gelegenheit eine kurze Vorbesprechung mit den Schweden für die zukünftigen Handelsvertragsverhandlungen haben. Diese Unterredung ist leider unterblieben, da Prof. Erhard sich hierfür nicht genügend Zeit genommen hat, worüber die Schweden ungehalten sind.«[42]

Auch der schwedische Generalimporteur wurde zu Vorstößen bei seiner Regierung gedrängt:

»Auf unsere Intervention beim Bundeswirtschaftsministerium und besonderes Drängen beim Bundesministerium für Ernährung, Landwirtschaft und Forsten, beide in Bonn wird der schwedischen Regierung eine Note übergeben, in der sich die deutsche Bundesregierung bereit erklärt, innerhalb der nächsten Zeit 30.000 to Weizen abzunehmen. Ich empfehle, daß Sie sich vielleicht der Mühe unterziehen, bei Ihrer Regierung entsprechende Verhandlungen zu führen, damit das Geschäft auch tatsächlich zur Durchführung kommt und es uns diesmal nicht so geht wie im vorigen Jahr mit den Schweinen, die, als wir sie abnehmen wollten, durch verzögerte Verhandlungen von Schweden nach anderer Seite hin verkauft wurden. Bemerken möchte ich noch, daß der Weizen lediglich auf die Einfuhr von deutschen Automobilen verrechnet wird. Hoffentlich sind Sie in der Lage, sich einen hohen Anteil zu sichern.«[43]

Im Falle *Schwedens* waren die Bemühungen der bundesdeutschen Automobilindustrie schließlich von Erfolg gekrönt. 1954 zeichnete sich die Liberalisierung der Automobilexporte in dieses Land ab:

»Am Himmelfahrtstage fand aus Anlaß des Besuches der argentinischen Minister auf Einladung von Minister Erhard eine Rheindampferfahrt statt. Bei dieser Gelegenheit sprach ich Prof. Erhard und Herrn v. Maltzan u.a. über Schweden und setzte ihn noch einmal über die Aktion, die die Automobilindustrie beim schwedischen Wirtschaftsminister unternommen hatte, ins Bild. Herr Erhard sagte mir, dass die Verhandlungen in der Zwischenzeit weitergeführt worden seien und er vor einigen Tagen den Besuch von Staatsrat Vinell gehabt habe und man mit den Schweden wahrscheinlich in der ersten Hälfte des Monats Juni zu einer Einigung in einem für uns positiven Sinne gelangen werde. Er ließ durchblicken, daß mit einer Volliberalisierung des deutschen Automobilimports nach Schweden mit Sicherheit zu rechnen sei.«[44]

Die Schwierigkeiten, welche die Automobilindustrie zur gleichen Zeit (1953/54) auf dem *holländischen* Markt hatte, mündeten zwar nicht in eine vorbehaltlose Liberalisierung der westdeutschen Automobilimporte, wohl aber in eine Quasiliberalisierung, sprich in eine Einfuhrquote, die den Vorstellungen der deutschen Autokonzerne entsprach. Der Zuschnitt der Kontingente, auf den sich die holländische Regierung zunächst festzulegen schien, nahm sich aus westdeutscher Sicht wie eine Diskriminierung gegenüber den englischen Automobilfirmen aus:

»Bei dieser Gelegenheit (– einer Besprechung in der deutschen Botschaft in Den Haag –) habe ich auch über das m.E. bestehende Mißverhältnis des deutschen zum englischen Einfuhrkontingent gesprochen, das in einem Verhältnis von hfl. 40 Mio : hfl. 58 Mio steht. Hierbei ist zu bemerken daß das englische Einfuhrkontingent im vorigen Jahr noch nicht einmal ausgenutzt wurde.«[45]

Nordhoff drängte die Bundesregierung dazu, diplomatischem Druck auf die holländische Seite auszuüben:

»Wie schon im Hinblick auf Schweden, möchte ich nun auch im Hinblick auf Holland zu wiederholtem Male darauf hinweisen, dass es nicht damit getan ist, wenn das Bundeswirtschaftsministerium uns die Notwendigkeit des Exportes vor Augen führt, sondern es muß uns auch die Möglichkeit schaffen, zumindest das, was leicht erreicht werden könnte, auch zu realisieren. Gegebenenfalls müßte ich über diese Frage mit Herrn Prof. Erhard oder mit Herrn von Maltzan sprechen, was ich ungern tue, weil sich alle anderen Referenten übergangen fühlen und verärgert werden. Ich möchte aber niemandem im Ministerium zu nahe treten, sondern nur auf eine Möglichkeit hinweisen, die bei einigem Nachdruck ganz leicht erreichbar wäre und dann zu einer fühlbaren Steigerung unseres Exportes führte.«[46]

Der Vorstoß des VW-Chefs war allerdings nicht mit den Interessen der westdeutschen Landwirtschaft zu vereinbaren:

»Demgegenüber erklärte Herr Dr. Seiler (– Bundeswirtschaftsministerium –) zunächst, daß es vollkommen ausgeschlossen sei, den holländischen Forderungen nach entsprechenden Gegenleistungen nachzukommen. Die holländischen Wünsche konzentrieren sich im wesentlichen auf einige bestimmte Agrarerzeugnisse, und gerade bei diesen sei die Haltung der deutschen Landwirtschaft, die sich auf eine weiter verbesserte Position im Bundestag stützen könne, absolut unnachgiebig. Auf dem gewerblichen Sektor erreichten die vorliegenden holländischen Wünsche aber nicht das Ausmass, das der geforderten Kontingentsaufstockung Pkw. entspräche.«[47]

Dennoch konnte die Automobilindustrie im Endeffekt mit der holländischen Importquote zufrieden sein. Ende Mai 1954 wurde dies dem Volkswagenwerk von seiten der Ministerialbürokratie bedeutet:

»Bei der Rheindampferfahrt zu Ehren der argentinischen Minister sprach ich u.a. Min. Dir. Reinhart und Herrn von Scherpenberg, der im interministeriellen Ausschuß, der vor einigen Tagen wegen Holland tagte, den Vorsitz führt. Im Anschluß daran sprach ich gestern den Referenten Dr. Seiler und legte ihm nochmals unsere besonderen Wünsche wegen Holland dar. Er meint, daß die Verhandlungen, wenn sie auch Mittwoch dieser Woche abgebrochen worden seien, einen für uns nicht ungünstigen Stand hätten. ... In der Zwischenzeit hat ... Dr. Reinhart die Sache von sich aus in die Hand genommen, und er versprach mir, alles in seinen Kräften stehende zu tun, um unsere berechtigten Wünsche durchzusetzen. Eine wichtige Persönlichkeit ist noch Min. Dirigent Dr. Stahlmann vom Landwirtschaftsministerium, der sich z. Zt. in Belgrad aufhält, den ich aber noch vor Wiederaufnahme der deutsch-holländischen Wirtschaftsbesprechungen sehen werde.«[48]

Wenn sich auf den wichtigsten westeuropäischen Märkten die Exportschwierigkeiten des Volkswagenwerks – soweit sie durch administrative Blockaden verursacht waren – zumeist im Sinne des Unternehmens lösen ließen, so lag das daran, daß sich im Verlaufe der fünfziger Jahre langsam aber sicher komplementäre Handelsströme zwischen Westeuropa und den USA herausbildeten. Die Handelsbeziehungen zwischen den europäischen Staaten wurden zunehmend weniger von Zahlungsbilanzproblemen überschattet, so daß sich häufig auf dem Verhandlungswege günstige Rahmenbedingungen für den Export herstellen ließen. Außerhalb Europas dagegen waren die Handlungsspielräume deutlich enger gesteckt. In vielen Staaten *Lateinamerikas* beispielsweise wuchsen die Zahlungsbilanzdefizite, so daß sich die Voraussetzungen für den Automobilimport hier immer weiter verschlechterten. Auch das Volkswagenwerk bekam dies zu spüren. Geschäfte, die hoffnungsvoll anliefen, gerieten nicht selten wegen der in den Abnehmerländern herrschenden Devisenknappheit in Gefahr. Die Beispiele des *spanischen* und des *argentinischen* Marktes mögen das Problem illustrieren:

»Von einem Mitglied der deutschen Wirtschaftsdelegation, die zur Zeit zu Handelsvertragsverhandlungen in Buenos Aires weilt, erhielten wir einen kurzen Stimmungsbericht, denen wir Ihnen nachfolgend im Auszug wiedergeben möchten: „Die Verhandlungen sind hier ausserordentlich schwierig und es ist bisher nicht gelungen, eine befriedigende Lösung für die grundsätzlichen Probleme zu finden. Mit Einzelheiten haben wir uns noch nicht befasst, worunter die Automobilausfuhr nach hier, die ja unter besonderen Gesetzen steht, auch nicht fallen würde. Mit den leitenden Herren der Vertretung Ihres Werkes haben wir sofort Fühlung aufgenommen und ich muß Ihnen sagen, daß sie wirklich einen ausgezeichneten Eindruck auf Herrn Dr. Seliger und mich gemacht haben. Wenn im Augenblick keine VW-Einfuhren zustande kommen, so dürfte das auf besondere, Ihnen zweifellos bekannte Umstände zurückzuführen sein, keinesfalls jedoch auf ein Versagen Ihrer Vertreterfirma. Im Gegenteil, wir waren überrascht und erfreut zugleich, welch große Anzahl von VW hier im Gegensatz zu der Zeit unseres Aufenthaltes im Jahre 1951 durch die Strassen fährt.«[49]

»Die mehrwöchentlichen spanisch-deutschen Wirtschaftsverhandlungen sind bekanntlich ohne Ergebnis abgebrochen worden und sollen im März 1955 wieder aufgenommen werden. Die spanischen Schulden von 150 Millionen DM sollen durch Apfelsinen-Importe bis dahin abgedeckt sein. Mit der Erteilung von Importlizenzen kann bis dahin kaum gerechnet werden. Eine für Volkswagen zur letzten Unterschrift beim Minister vorliegende Lizenz über 500 PKW geht unter Umständen noch durch.«[50]

c) *Italien, Frankreich* und *England* – aus diesen Ländern kamen die Hauptkonkurrenten des Volkswagenwerks auf den internationalen Märkten – waren für Exporte aus Wolfsburg während der fünfziger Jahre mehr oder weniger eine Tabuzone, die durch Mengenbeschränkungen, Zollmauern und diskriminierende Regelungen anderer Art geschützt war. Dies änderte sich im Falle *Frankreichs* und *Italiens* erst durch die Zwangsliberalisierung, die durch die EWG-Gründung auf den Weg gebracht wurde. Im *französischen* Fall hatte es zwar bereits Mitte der fünfziger Jahre einmal so ausgesehen, als ob das Land seine Automobilimporte gänzlich liberalisieren wollte, doch hatte sich diese Hoffnung, die man auch bei Volkswagen hegte, bald wieder zerschlagen.[51]

Der aus Sicht des Volkswagenwerks ärgerlichste Fall war aber *Italien.* Der italienische Markt war durch den Einfluß *Fiats* so gut wie vollständig abgeriegelt. Damit hätte sich das Volkswagenwerk abfinden können, wäre nicht Italien in den fünfziger Jahren massenweise von Touristen aus Westdeutschland und der Schweiz besucht worden. Da viele dieser Touristen ihre Italienreise in ihrem eigenen Volkswagen unternahmen, fühlte sich man sich in Wolfsburg genötigt, ein Servicenetz in Italien zu unterhalten. Dieses Servicenetz aber war ein Verlustfaktor, solange es nicht hinreichend ausgelastet werden konnte. Da dem Management des Volkswagenwerks bewußt war, daß man bei den italienischen Stellen im Personenwagenbereich keine Konzessionen erreichen konnte, versuchte man, beim Export von Transportern oder Spezialmodellen (etwa Ambulanzwagen) einen Ausgleich zu erzielen. Aber auch in diesem Bereich stieß man bei den Italienern auf taube Ohren:

»Sehr geehrter Herr Morante (Handelsrat b.d. Italienischen Botschaft),

... Da der Export von Automobilen nach Italien als Verkaufsgeschäft nicht interessant ist und auch bei den Besonderheiten des italienischen Marktes wohl auch nie beachtlich werden wird, haben wir uns bisher nicht besonders am Kampf um das deutsche Automobilkontingent für Italien beteiligt. Dies, obgleich eine aktivere Haltung auf unserer Seite mehr als verständlich gewesen wäre, denn die in Frage kommende italienische Industrie ist gerade unser Konkurrent. Getragen von der Überzeugung, dass unsere legitimen Absichten allen Beteiligten bekannt seien, vertrauten wir darauf, dass sie da, wo es darauf ankommt, auch in loyaler Weise berücsichtigt werden. Dies umso mehr, als wir glaubten, annehmen zu können, ein gut funktionierendes VW-Service-System läge auch im weiteren italienischen Interesse, weil es den Touristenverkehr begünstigt. In diesen Tagen indessen erhielt ich eine Übersicht über die seit Bestehen des Kontingentes verteilten italienischen Lizenzen. Daraus muß ich leider entnehmen, dass unser Vertrauen, die Tatsachen würden angemessen berücsichtigt werden, nicht ganz gerechtfertigt ist. ... Wir brauchen ausreichende Lizenzen für VW in Italien, um das Service-System am Leben erhalten zu können. Das und nur das ist unser Interesse am italienischen Markt. Bei vorsichtiger Berechnung wären 600 importierte VW-Einheiten das äusserste Minimum pro Jahr, um den VW-Service insbesondere im Herbst und Winter am Leben zu erhalten. Das könnten auch zum grösseren Teile unsere Transporter-Typen sein, die zusätzlich importiert werden könnten und vielleicht von der italienischen Autoindustrie als weniger störend empfunden werden.«[52]

Die einzige Möglichkeit, in der Italien-Angelegenheit voranzukommen, schien in massivem diplomatischen Druck auf die italienischen Behörden zu bestehen. Genau dazu versuchte das Volkswagenwerk die Bundesregierung auch zu bestimmen, doch weigerte sich diese unter Hinweis auf die involvierten Interessen, dem Ansinnen des Unternehmens zu entsprechen.

»Die Handelsbesprechungen in Rom, die deutscherseits in der ersten Phase von Herrn Dr. v. Maltzan und hernach von Herrn Dr. Reinhart geleitet wurden, standen unter einem starken politischen Druck und im Schatten der EZU-Sorgen, die Italien seit einigen Monaten hat. Der amerikanische Hohe Kommissar griff zweimal durch ein persönliches, an den deutschen Delegationsleiter gerichtetes Schreiben ein, um nachdrücklich zu fordern, daß den Italienern beim Aushandeln der Kontingente nicht zu große Schwierigkeiten bereitet würden. Man käme, ist die Meinung der Herren in der Außenhandelsabteilung, voraussichtlich im September d.J. noch einmal zu Besprechungen mit den Italienern zusammen und hoffe, dann vielleicht etwas Positives für die deutsche Automobil-Industrie herausholen zu können. Ich gab unverholen zum Ausdruck, daß wir mit dieser platonischen Erklärung nicht viel anfangen könnten und daß ich auch nicht daran glaube, daß an dem augenblicklichen Status auch nur das Geringste geändert werden könnte. Meine Forderung, den Italienern die Daumenschrauben im Hinblick auf die Fiat-Montage in Heilbronn anzusetzen, wurde rundweg abgelehnt. Dies passe nicht in die Konzeption des deutsch-italienischen Handelsvertrages.«[53]

Nordhoff zeigte sich über die aus seiner Sicht mangelnde Protektion durch die Bundesregierung erbost. Am 16.3.1953 schrieb er an *Vorwig* vom VDA:

»Es ist mir nach wie vor gänzlich unverständlich, wer welchen Narren an Italien als Partner auf einem mir unbekannten Gebiet gefressen hat.«[54] .

Gegenüber dem Wirtschaftsministerium brachte er zum Ausdruck, daß die Unterstützung durch die staatlichen Instanzen ein entscheidender Faktor im internationalen Konkurrenzkampf sei, und daß sich die westdeutschen Unternehmen in dieser Hinsicht insbesondere gegenüber ihren englischen Rivalen im Nachteil befänden:

»Nachdem vielerlei Vorbesprechungen auf der industriellen Ebene einige Hoffnungen auf das Ergebnis des deutsch-italienischen Handelsvertrages gerechtfertigt hatten, liegt nun das endgültige Resultat vor, das so überaus enttäuschend ist, dass ich mich verpflichtet fühle, darauf hinzuweisen; denn wir können nicht gut Exporterfolge erzielen, wo die innerstaatlichen Verhandlungen keinen Raum dafür lassen. Es wird Ihnen, sehr verehrter Herr Dr. Reinhart, bekannt sein, dass die Konkurrenz auf den Automobilmärkten des Auslandes sich immer mehr verschärft, und wir erleben es dabei ständig, mit welcher Konsequenz und Zielstrebigkeit vor allem die englische Regierung den englischen Automobilfabriken die Basis schafft, auf der sie erfolgreich sein können. Es ist sehr zu bedauern, dass die deutsche Automobilindustrie sich einer entsprechenden Förderung nicht erfreuen kann.«[55]

d) Einem vierten Markttypus waren jene Staaten zuzurechnen, die zwar nicht über eine nationale Automobilindustrie verfügten, nichtsdestoweniger aber gelegentlich Maßnahmen ergriffen, welche die deutschen Importeure benachteiligten. Diese Maßnahmen nahmen vor allem die Gestalt von diskriminierenden Zolltarifen und Steuerregelungen an. Auch in diesen Fällen kam für eine Problemlösung lediglich die staatliche Verhandlungsmacht in Frage. Ein Beispiel für diskriminierende Zolltarife liefert *Kuba*:

»Die mit der Kündigung des (Handels-)Vertrages verbundene Zollerhöhung schließt eine Realisierung dieser (Export-)Geschäfte (– in Höhe von rund 500.000 $ –) ... vorläufig aus, da unsere Vertretung bei Personenkraftwagen statt 10% jetzt 22% Zoll und bei Lieferwagen statt 14% jetzt 20% Zoll bezahlen muß. Dadurch lässt sich die bisherige Preiskalkulation nicht mehr aufrechterhalten und es ergibt sich eine Verschiebung der Konkurrenzlage zu Gunsten der amerikanischen und englischen Exporteure, deren Wagen auch weiterhin nur mit einem Zoll von 10% bzw. 14% belastet sind. Diese Entwicklung ist besonders schmerzlich, da sie die gerade im Aufbau befindliche Absatzorganisation in Cuba empfindlich trifft. Die Vertretung in Havanna hatte die Absicht, weitere Untervertretungen an allen größeren Plätzen des Landes zu ernennen und stiess hierbei aufgrund der günstigen Absatzaussichten auf lebhaftes Interesse. Durch die jüngste Entwicklung lassen sich diese Pläne jedoch vorläufig nicht realisieren, da unsere Wagen aufgrund der erhöhten Zollbelastung nicht mehr konkurrenzfähig sind und den interessierten Firmen deshalb die mit der Übernahme der Volkswagenvertretung verbundenen Investitionen kaum rentabel erscheinen.«[56]

In *Griechenland* war es vor allem eine neue Steuerformel, welche die Ausgangsposition des Volkswagenwerks beeinträchtigte. In Wolfsburg vermutete man dahinter den langen Arm der englischen Automobilindustrie, und die Intervention der deutschen Botschaft erzielte zumindest einen aufschiebenden Erfolg:

»Auf Grund von Vorstellungen des Leiters der Wirtschaftsabteilung der hiesigen Botschaft im griechischen Finanzministerium soll nunmehr die Frage der Steuerformel nochmal vom Finanzminister und vom Verkehrsminister in gemeinsamer Verhandlung überprüft werden. Die Botschaft wird in Zusammenarbeit mit der hiesigen Volkswagenvertretung eine Denkschrift zur Vorlage auf der Verhandlung ausarbeiten. Auf Grund des bisherigen Teilerfolgs darf vielleicht doch der Hoffnung Ausdruck gegeben werden, daß sich eine Abänderung der Besteuerungsrichtlinien wird erreichen lassen und daß das neue Kraftfahrzeugsteuergesetz eine gerechtere Besteuerungsgrundlage schaffen wird.«[57]

Auf Grund bürokratischer Verwicklungen ließ sich die Angelegenheit jedoch bis zum Herbst 1954 nicht endgültig aus der Welt schaffen, bevor sich der griechische Koordinationsminister *Kapsalis* zum Volkswagen-Fürsprecher innerhalb der griechischen Regierung machte.[58] Aus den Akten ist nicht ersichtlich, wie diese neue Initiative endete.

e) Schließlich gab es eine Kategorie von Märkten, die für Wolfsburg von vornherein uninteressant waren. Neben den *Ostblockstaaten* fiel in diese Kategorie auch *Israel.* Hinsichtlich der Ostblockstaaten waren es in erster Linie bürokratische Hindernisse, die den Export unattraktiv machten – obwohl der Volkswagen nicht auf der COCOM-Liste stand –, in zweiter Linie beschränkte aber in den Ländern des real existierenden Sozialismus auch die Vernachlässigung des Konsumgütersektors die Ausfuhrperspektiven. Gleichwohl gab es einige Ansätze zu Geschäften mit Ostblockstaaten, die allerdings wieder versandeten. *Bulgarien* ist ein solcher Fall.

»Wir haben dieserhalb sowohl mit dem Auswärtigen Amt und dem BWM als auch mit dem zuständigen Referenten beim BDI gesprochen und konnten überall ein sehr lebhaftes Interesse für die Entwicklung des Osthandels feststellen. Diese Haltung steht vielleicht etwas im Widerspruch zu verschiedenen politischen Erklärungen der letzten Zeit. Es wurde uns jedoch von allen Seiten versichert, dass diese an eine bestimmte Adresse gerichteten Verlautbarungen die Bemühungen um einen Ausbau des Osthandels, mit Ausnahme einer gewissen Zurückhaltung gegenüber der UdSSR, nicht berührten. Die Tatsache allein, daß die Bundesrepublik Handelsvertragliche Beziehungen zu den Ostländern unterhält, in deren Rahmen auch Kontingente für den Fahrzeugbau enthalten sind (Bulgarien $ 500.000 -), gäbe uns ausreichende Sicherheit, daß wir bei einer eventuellen Aufnahme von Lieferungen nach Ostblockländern uns keineswegs in irgendeiner Weise exponieren würden. Gleichfalls spricht dafür, daß unsere Fahrzeuge nicht auf der Embargoliste stehen. Die ständigen Bemühungen aller europäischen Exportländer, den Amerikanern Zugeständnisse für eine weitere Lockerung der Beschränkungen im Osthandel abzuringen, beweisen im übrigen das allseitig starke Interesse am Ausbau dieser Wirtschaftsbeziehungen. Wenn die Bundesrepublik sich hierbei etwas im Hintergrund hält, so ist das taktisch sicher richtig. Es ändert aber nichts daran, daß nach wie vor stärkstes Interesse an einer Wiederbelebung des Güteraustausches mit diesem Wirtschaftsraum besteht, der die idealen Ergänzungsmöglichkeiten bietet. Wir konnten feststellen, daß hierbei Bulgarien eine besonders bevorzugte Stellung einnimmt, denn Deutschland hat zeitweise bis zu 80% des bulgarischen Außenhandels auf der Ein- und Ausfuhrseite bestritten. Von Kennern des Landes, die auch nach dem Kriege zu Wirtschaftsverhandlungen wieder in Sofia gewesen sind, wurde uns versichert, daß Bulgarien dasjenige Ostland ist, in dem sich auch heute noch deutsche Erzeugnisse des besten Rufes und größten Interesses erfreuen. Andererseits hat die bisherige Praxis im Güteraustausch mit den Ostländern gezeigt, daß dieser Block unter Führung der Sowjetunion eine Autarkie auf dem Konsumgütersektor anstrebt und nur ungern westliche Erzeugnisse dieser Art hereinnimmt. Gerade hierauf aber richtet sich unser besonderes Interesse. Allerdings darf auch nicht die begrenzte Lieferfähigkeit der Ostländer bzw. die mangelnde Aufnahmebereitschaft der Bundesrepublik, größtenteils infolge preisgünstigerer Angebote aus Ländern der westliche Hemisphäre, übersehen werden, die dazu führte, daß sich der Schuldensaldo der Ostländer im Zahlungsverkehr ständig in der Nähe der Swinggrenze bewegt. Zur Einrichtung eines „Wartezimmers" ist es jedoch im Falle Bulgariens bisher noch nie gekommen. Weiterhin sollte man auch die Aufnahmefähigkeit der Ostländer, speziell für Kraftfahrzeuge, nicht überschätzen, denn es fehlt weitgehend an einer gesunden Mittelstandsschicht, die als Käuferschicht für unsere Wagen in erster Linie infragekäme. Dennoch wäre es vielleicht möglich, im Laufe der Zeit in Bulgarien einen Markt für 2-300 Wagen pro Jahr zu finden. Wie weit die Firma Tuntscheff uns dabei von Nutzen sein kann, muß zunächst dahingestellt bleiben. Eine Ausfuhr ist jedenfalls nur über die staatlichen Aussenhandels-Gesellschaften möglich.«[59]

Ähnliche Dokumente ließen sich auch mit Blick auf *China* zitieren.[60] Bezüglich *Israels* lagen die Dinge etwa anders. Dieser Markt war mit Rücksicht auf das arabische Lager ein »heißes Eisen«. Das Volkswagenwerk befürchtete, im Zuge der Wiedergutmachungsvereinbarungen in das Israelgeschäft hineingezogen zu werden und auf diese Weise Einbußen auf dem arabischen Markt zu erleiden. Um so erfreuter zeigte man sich, als sich diese Vermutungen zerstreuten:

>»Der zuständige Referent im Bundeswirtschaftsministerium zeigte vollstes Verständnis für unsere Bedenken gegenüber dem Israel-Geschäft und brachte auch seinerseits zum Ausdruck, daß er es für geraten halte, die Israeli freundlich mit geeigneten Argumenten von ihrem Vorhaben abzubringen. Der potentielle Markt in Israel entspräche in keiner Weise dem, was die arabischen Staaten zu bieten vermöchten. Gerade unsere Erzeugnisse träten aber im Wirtschaftsleben so auffällig in Erscheinung, daß man in den arabischen Nachbarländern über etwaige Lieferungen sofort informiert wäre. Bei den jetzt hauptsächlich kontrahierten Massengütern sei dagegen die Herkunft der Ware meistens nicht erkenntlich, und außerdem hätten sich viele deutsche Unternehmen dadurch gegen Sanktionen der arabischen Liga geschützt, daß sie nicht direkt mit dem Israeli in Verhandlung träten sondern eigene oder fremde Handelsgesellschaften zwischenschalteten.«[61]

Die Probleme des Volkswagenwerks an den Rändern des Weltmarkts

Unabhängig von allen juristischen Beschränkungen, denen die deutschen Direktinvestitionen im Ausland während der fünfziger Jahre unterlagen, zog *Nordhoff* aus zwei triftigen Gründen jederzeit den Export kompletter Wagen einer Montage oder gar einer Fabrikation im Ausland vor. Der erste Grund war *ökonomischer* Art: Je höher die Stückzahl der in den deutschen Werken des Konzerns gefertigten Fahrzeuge lag, desto stärker kam die hinter der Massenproduktion stehende Logik steigender Skalenerträge zum Tragen:

>»Die Methode des Zusammenbauens in fremden Ländern bietet in keinem Falle wirtschaftliche Vorteile, da die mögliche Kosteneinsparung durch den zusätzlichen Aufwand im günstigen Falle ausgeglichen wird.«[62]

Der zweite Grund war dagegen politischer Natur. *Nordhoff* war davon überzeugt, daß das politische Risiko von Auslandsinvestitionen auf lange Sicht extrem hoch war, und erklärte es deshalb zu seiner Maxime, ausländische Tochtergesellschaften niemals aus der technologischen Abhängigkeit vom Volkswagenwerk zu entlassen.

> »Ich bin persönlich der Auffassung, daß alle diese Auslandsinvestitionen eines Tages verloren gehen werden, entweder im Zusammenhang mit kriegerischen Ereignissen oder als natürlicher Akt des nationalen Selbstbewusstseins, das kaum auf die Dauer so starke fremde wirtschaftliche Machtpositionen dulden wird. Deshalb wird man aber nach meiner Auffassung unbedenklich bis an den Punkt gehen können, dass bis auf die Lieferung eines unersetzbaren Aggregates, wobei es sich in erster Linie immer um den Motor handeln wird, viel im Lande hergestellt wird, *aber immer nur soviel, dass eine definitive Abhängigkeit von der Mutterfabrik erhalten bleibt.*«[63]

Wenn in den frühen fünfziger Jahren im Management – insbesondere mit Blick auf Südamerika – die Errichtung von Zweigwerken erwogen wurde, entschied sich *Nordhoff* in letzter Instanz immer dagegen. So geschehen mit Bezug auf *Brasilien* im Jahre 1954:

> »Manchmal habe ich so etwas wie ein instinktives Gefühl für die Entwicklung – jedenfalls hatte ich es im Falle Brasilien, wo ich noch vor meinem Abflug nach Südamerika den ursprünglichen Plan des Baues einer Fabrik endgültig abgeblasen hatte. Das war zunächst nur intern; aber alle Verpflichtungen sind bereits so weit gelöst worden, dass sie uns die volle Handlungsfreiheit liessen, als nun in Brasilien die kleine Revolution der Luftwaffe erfolgte, die ja offenbar unvermeidlich zur Staffage einer südamerikanischen Republik gehört.«[64]

Andererseits stand für *Nordhoff* aber auch fest, daß das Volkswagenwerk mittelfristig nicht würde auf Direktinvestitionen im Ausland verzichten können:

> »Ich bin mir sehr darüber im klaren, dass auf lange Sicht gesehen eine mindestens Teil-Fabrikation bei unseren Antipoden kommen muss. Zweifellos wäre der richtige Raum hierfür <u>Australien</u>. Ich teile aber vollkommen Deine Bedenken wegen der australischen Mentalität. Die zweitbeste Lösung wäre <u>Südafrika,</u> wo die Schwierigkeiten in der Begrenzung des Marktes liegen.«[65]

Hinter dieser Einsicht stand der Umstand, daß die fordistische Industrialisierung an den Rändern des Weltmarkts langsam in ein reiferes Stadium eintrat. Die »Entwicklungsländer« sahen eine Chance für den Aufstieg in den Kreis der Weltmarktmetropolen nur unter der Voraussetzung, daß sie den Fordismus *komplett* – und das hieß unter Einschluß des Aufbaus einer nationalen Automobilindustrie – übernahmen. *Importsubstituierung* schien die geeignete Strategie zu sein, um rasches Wachstum und nationale Unabhängigkeit zu gewährleisten. Für die ausländischen Automobilkonzerne, die in die betreffenden Länder exportierten, ergaben sich daraus weitreichende Konsequenzen. In der Regel wurden ihre Aktivitäten zunächst auf die ckd-Einfuhr (completely knocked down) beschränkt, bei der die importierten Wagen im Lande selbst zusammenzusetzen waren – sei es durch eine Auslandstochter der Importfirma oder durch ein einheimische Kontraktunternehmen.

Tabelle 8.3: Der Anteil der ckd-Exporte an den Gesamtexporten des Volkswagenwerks in %[66]

	1950	1952	1954	1956	1958	1960	1962
Europa	0,2	1,7	11,6	16,4	16,9	15,6	21,2
Amerika	18,9	2,6	8,4	1,7	1,3	1,1	3,3
Asien	0,0	0,0	0,0	0,0	5,6	4,6	20,5
Afrika	0,0	19,9	11,4	30,8	47,8	53,5	62,0
Australien u. Ozeanien	0,0	0,0	79,6	97,3	99,0	96,7	76,7

Um den nationalen Anteil an der Wertschöpfung weiter zu steigern, folgten in einem zweiten Schritt Vorschriften über einen Mindestprozentsatz an Zubehörteilen, die bei einheimischen Zulieferern zu erstehen waren. Diese Vorschriften über die Verarbeitung von Materialien aus der landeseigenen Fertigung – *der Nationalisierungsgrad der Produktion* – wurden immer weiter verschärft und mündeten schließlich in einen Zwang zur kompletten Fabrikation. Seit dem zweiten Drittel der fünfziger Jahre sah sich das Volkswagenwerk außerhalb der Industriestaaten fast überall mit erheblichem Druck in dieser Richtung konfrontiert. *Brasilien, Mexiko, Ceylon, Japan, Südafrika, Australien* und *Neuseeland* sind dafür nur einige wichtige Beispiele. Die Industrialisierungspolitik dieser Staaten stellte das Unternehmen vor eine unangenehme Alternative: Sollte man den Verlust von Exportmärkten in Kauf nehmen oder Abstriche bei der Rentabilität durch die Internationalisierung der Produktion riskieren? Hinzu kam ein weiterer Faktor. Da sich das Scheitern der fordistischen Industrialisierung in einigen Staaten der »Dritten Welt« bereits andeutete, war die Rentabilität der dort getätigten Investitionen fraglich.

Mitte des Jahrzehnts stellte sich das *Standortproblem* immer dringender, da sich das Volkswagenwerk ebensowenig dem politischen Druck aus den »Entwicklungsländern« generell verweigern konnte wie es möglich war, ihm auf allen Märkten durch die Gründung von Tochtergesellschaften nachzugeben. Letzteres verbot schon die technische Logik der Massenproduktion. Wohin also mit den ausländischen Direktinvestitionen? Das allein ausschlaggebende Kriterium für die Beantwortung dieser Frage waren die *erwarteten Profitchancen*.

> »Wenn ich zunächst die negativen Gesichtspunkte aufzähle, so möchte ich sagen, dass die Erwägung, eine Fabrikation ausserhalb Deutschlands zu haben, weil die deutsche Position gefährdet ist, niemals eine Rolle spielen kann. Es könnte für solche Pläne ausschliesslich Gründe der Wirtschaftlichkeit und der Rentabilität geben. Hierbei scheint mir folgende Erwägung ausschlaggebend zu sein: eine solche Fabrik hat nur dann Sinn, wenn sie ohne lange Übergangszeit mit Gewinn arbeitet und wenn dieser Gewinnt transferiert werden kann.«[67]

Die Faktoren, die über die Höhe und Transferierbarkeit der Profite potentieller »Auslandstöchter« entscheiden würden, lagen auf der Hand: das Wechselkursrisiko, die Größe der Absatzmärkte, die Arbeiterfrage, die Leistungsfähigkeit der nationalen Zulieferer, das Entgegenkommen der betreffenden Regierungen bei

Schutzzöllen, Steuervergünstigungen und Fragen des Gewinntransfers, sowie die politische Stabilität des »Gastgeberlandes«.[68] *Nordhoff* meinte, der rechtliche Status des Volkswagenwerks müsse neu geregelt werden, um hinreichende Flexibilität beim »Jonglieren« mit diesen Faktoren zu gewinnen:

>»Vielleicht ist bis zur endgültigen Bearbeitung dieser Frage sogar eine Klärung der Besitzverhältnisse des Volkswagenwerkes erforderlich, da von unserem Aufsichtsrat in seiner heutigen Zusammensetzung eine Zustimmung zu solchen Projekten aus der Enge der bestehenden Gesichtspunkte heraus kaum erwartet werden kann.«[69]

Innerhalb des Managements wurde das Problem ausländischer Produktionsstandorte kontrovers diskutiert – auch *Mexiko* und die *USA* wurden als Kandidaten gehandelt. Den letzten Ausschlag bei der Bewertung der diversen Optionen gab das Urteil *Nordhoffs*. Rückblickend ist nicht zu übersehen, daß der VW-Chef in diesem Zusammenhang einige Entscheidungen traf, die sich langfristig aus der Perspektive des Unternehmens als kostenträchtige Fehlschläge herausstellen sollten. Diese Feststellung betrifft in erster Linie *Japan*. Am japanischen Markt war das Volkswagenwerk seit 1952 präsent und besaß in der mit *Mitsubishi* verbundenen Firma *Fuji Shoji* einen Handelspartner mit ausgezeichneten Kontakten zur japanischen Regierung und zum *MITI*. Als sich seit 1954 der Druck der japanischen Regierung auf das Volkswagenwerk erhöhte, im Lande verstärkt zu montieren und später eine komplette Automobilfabrik zu errichten – und sich dafür auch konkrete Möglichkeiten abzeichneten –, reagierte *Nordhoff* rundweg ablehnend:

>»Das ändert unsere Auffassung über Japan nicht. Wenn dort die Grenzen geschlossen werden, fällt Japan als Absatzland eben weg – sonst nichts.«[70]

Das von *Nordhoff* zur Begründung seiner Entscheidung angeführte Urteil über die japanische Ökonomie erscheint im nachhinein als krasse Fehlprognose, die dem Volkswagenwerk einen auf längere Sicht stark expandierenden Markt verschloß – auch wenn *Nordhoffs* Entscheidung aus dem historischen Kontext heraus verständlich sein mag:

>»Zur Frage Japan bin ich der Meinung, dass dieses Land solange uninteressant und wirtschaftlich krank bleibt, bis es nicht die Möglichkeit hat, mit dem chinesischen Festlande wieder in Beziehung zu treten. Solange Japan zwangsmässig zum amerikanischen Wirtschaftsbereich gerechnet wird, bleibt nur der einzige Weg, dass die Amerikaner unentwegt Dollarzuschüsse geben, um diese an sich unhaltbare Lage eben am Rande der Katastrophe vorbeizusteuern. Ich habe allerdings den Eindruck, dass Japan in immer tiefere Schwierigkeiten gerät, und es scheint, als ob man auch in USA das Unhaltbare dieser Situation einzusehen beginnt. Daraus ergäbe sich folgende Konsequenz: Japan kann eine nützliche Ausgangsposition für die weitere Zukunft sein. Deshalb sollte man Japan nicht ganz aufgeben. Bis zu diesem Zeitpunkt wird Japan ein ganz krankes Kind bleiben, so dass es falsch wäre, dort mehr zu tun, als die gegebene Situation verträgt.«[71]

Auch gegenüber *Australien* hatte Nordhoff lange Zeit starke Vorbehalte:

»Im ganzen sehe ich an diesem Vorgang, wie richtig die amerikanische Definition Australiens ist: ein Säugling mit allen Symptomen einer fortgeschrittenen Arterienverkalkung.«[72]

»Gegen Australien habe ich ein tiefes Misstrauen wegen der dortigen Gewerkschaftsregierung und wegen des auch dort fehlenden industriellen Hintergrundes. ... Zum Thema Australien muß ich mit aller Deutlichkeit sagen, daß wir die mehr oder weniger romantischen Ideen, die in diesem Land bestehen, uns nicht unkritisch zu eigen machen können. Daß Australien sich in den großen Kreis der Länder einfügt, die industrielle Autarkie-Gelüste haben, bedeutet nicht, daß solchen Wünschen bedingungslos entsprochen werden kann.«[73]

Besonders verlockende Perspektiven eröffneten sich dagegen zunehmend in *Südafrika*:

»Ich wurde gestern zu einer Besprechung ins Transportministerium nach Pretoria gebeten und hatte dort eine Unterredung mit dem Unterstaatssekretär Joubert, dem Direktor of Government Transport H. P. Smit und dessen Stellvertreter Du Plessis. ... Ich wies darauf hin, dass es keinesfalls sicher sei, ob das in Sued Afrika hergestellte Produkt billiger sein wuerde als die jetzt importierten Wagen und merkte dann sehr schnell, dass die Herren das Problem schon vorher eingehend im engeren Kreise und wahrscheinlich sogar mit hoeheren Stellen der Regierung besprochen haben mussten, denn man stellte nicht nur billigere Kohle und Stahlprodukte in Aussicht, sondern man sprach ganz offen davon, dass wir im Falle einer Zusage auch mit Schutzzoellen in einem vernuenftigen Rahmen rechnen koennten. ... Man entliess mich mit den Worten: „Vergessen Sie nicht, dass Sie hier die ersten sein wuerden und vergessen Sie nicht, dass es gut ist, das Risiko im Falle eines Krieges verteilt zu haben.«.[74]

1956 nahm das Volkswagenwerk die Montage in Südafrika im Rahmen einer eigenen Tochtergesellschaft – der *SAMAD,* die zu diesem Zweck gemeinsam mit *Studebaker* erworben wurde – auf. Bevor der Motivation, den Gründungsumständen und dem Geschäftsgang der ausländischen Töchter, die das Volkswagenwerk zu einem multinationalen Konzern machten, am Beispiel des *VW do Brasil* exemplarisch nachgegangen wird, widmet das Kapitel 9 dem wichtigsten Exportmarkt des Unternehmens während der späten fünfziger Jahre – dem US-Markt – eingehende Aufmerksamkeit.

Kapitel 9: Der US-Markt

Die Entwicklung der Exportzahlen

Die Erschließung des US-Markts durch das Volkswagenwerk während der fünfziger Jahre liest sich wie eine Geschichte aus dem Land der unbegrenzten Möglichkeiten – auf deren Bedeutung für die Weltmarktintegration der Bundesrepublik schon mehrfach hingewiesen wurde. Von bescheidenen 330 Fahrzeugen im Jahre 1950 stieg die Ausfuhr des Konzerns in die USA an auf 233.371 Wagen in 1962. Insgesamt wurden zwischen 1950 und 1962 fast eine Million Volkswagen am US-Markt abgesetzt. Die *Initialzündung* erfolgte in den Jahren 1954 und 1955, als der Export von 1.214 Fahrzeugen (1953) auf 35.851 (1955) geradezu heraufschnellte. Die weitaus meisten vom Volkswagenwerk in die USA exportierten Wagen waren »Käfer«. 801.459 Personenwagen standen zwischen 1950 und 1962 178.863 Lieferwagen gegenüber. Die Transporterausfuhr entwickelte sich in der zweiten Hälfte des Jahrzehnts besonders dynamisch. 1958 entfielen fast 30% des Wolfsburger Exports in die Vereinigten Staaten auf die Lieferwagen, bevor sich mit den beginnenden sechziger Jahren dieser Anteil fast halbierte. Dahinter stand eine Krise beim Transporterabsatz, auf die weiter unten eingegangen wird.

1950 setzte das Volkswagenwerk nur rund 1% seiner Exporte in den USA ab, und auch 1954 waren es noch nicht mehr als gut 8%. 1962 dagegen hatte sich der US-Markt mit einem Anteil von über 31% am Auslandsabsatz als mit Abstand wichtigster Wolfsburger Exportmarkt etabliert. Er nahm in diesem Jahr knapp 21% der Inlandsproduktion des Konzerns auf. Im PKW-Bereich lag der entsprechende Wert sogar noch etwas höher. In den frühen sechziger Jahren ging also nahezu jeder vierte »Käfer«, der in Wolfsburg vom Band lief, in die Vereinigten Staaten. 10 Jahre zuvor hatte nicht einmal jeder achtzigste diesen Weg genommen. Paradoxerweise muß man die in den Zahlen zum Ausdruck kommende Erfolgsgeschichte relativieren, um ihrer Erklärung auf die Spur zu kommen. Der Marktanteil des Volkswagenwerks im Mutterland des Fordismus ließ sich nicht mit seiner überragenden Stellung in der Bundesrepublik vergleichen. 1961, auf dem Höhepunkt seines Erfolgs, erreichte das Volkswagenwerk in den USA einen Anteil von 3% an den Pkw-Zulassungen – während *General Motors* als Branchenführer rund 47% auf sich vereinigte, gefolgt von *Ford* mit rund 31%. Zu dieser Zeit besaß *Volkswagen of America* auf dem US-Markt ein ähnliches Gewicht wie der kränkelnde *Studebaker-Konzern,* der phasenweise die Mercedes-Vertretung in den Vereinigten Staaten übernommen hatte, und es ist keineswegs Zufall, daß die Gegensätze zwischen Volkswagen und Studebaker besonders erbittert waren.[2] Für die »Großen Drei« – *General Motors, Ford* und *Chrysler* –

Tabelle 9.1: Die Exporte des Volkswagenwerks in die USA[1]

	Pkws	Lieferwagen	Anteil der Pkws in %	Wachstum des Exports in die USA in %
1950	328	2	99	
1951	367	50	88	26
1952	887	93	91	135
1953	1139	75	94	24
1954	8068	827	91	633
1955	32662	3189	91	303
1956	45614	7375	86	48
1957	55802	19118	74	41
1958	61623	25036	71	16
1959	99862	32133	76	52
1960	131194	35697	79	26
1961	163056	22754	88	11
1962	200857	32514	86	26

dagegen war das von Volkswagen erschlossene Marktsegment zunächst nicht mehr als eine Nische, der größere Aufmerksamkeit zu schenken kaum lohnenswert schien. Es dauerte bis 1959, bevor sie mit ihren ersten »compact cars« auf den Markt kamen. So blieb dem Volkswagenwerk längere Zeit hindurch eine *direkte* Konkurrenz mit den übermächtigen amerikanischen Branchenriesen erspart, als es Mitte der fünfziger Jahre auf den US-Markt vordrang. Diese Zeit ließ sich nutzen, um eine konsolidierte Marktposition aufzubauen, die dann später auch gegen die »compact cars« zu halten war.

Die am US-Markt vom Volkswagenwerk verfolgte Politik ordnete sich stets ein in die globale Strategie des Konzerns. Dies erwies sich einerseits als eine besondere Stärke, weil auf diese Weise die technologischen Fortschritte in Wolfsburg und die Flexibilität *Heinrich Nordhoffs* beim Krisenmanagement im Konkurrenzkampf auf dem US-Markt voll zum Tragen kamen. Andererseits ergaben sich aus der engen Einbindung von *Volkswagen of America* in den übergeordneten Konzernzusammenhang Reibungsflächen, die zu einigen Dissonanzen zwischen der deutschen Muttergesellschaft und ihrer amerikanischen Tochter führten. *Carl Horst Hahn*, der seit 1959 als »Executive Vice President and General Manager« die Geschicke der *Volkswagen of America* leitete, brachte am 19. Oktober 1960 in einem Brief an *Manuel Hinke* von der Exportleitung in Wolfsburg den Stellenwert des US-Markts für das Volkswagenwerk auf den Punkt:

> »Selbstverständlich wissen wir, dass der US-amerikanische Markt für das Volkswagenwerk in erster Linie ein Mittel zum Zweck ist und unsere Zukunft immer auf dem deutschen und hoffentlich bald, zu einem hoeheren Prozentsatz, auf dem europaeischen Markt liegen wird. Unsere europaeische Konkurrenz ist aber wegen des USA-Marktes in Schwierigkeiten geraten, und wir koennen diesen Markt unmoeglich wie irgendeinen anderen Exportmarkt behandeln, sondern wohl mit der gleichen Vorsicht wie den deutschen, denn der US-Markt ist der Schluessel unseres Erfolges und gibt uns so grossen Vorsprung auf allen Gebieten.«[3]

Der Glanz der »Volkswagenstory« auf dem US-Markt basierte auf einer ebenso brillianten wie gewagten Idee – dem Verkauf von *Zweitwagen* im Mutterland der Automobilkultur –, die dem Volkswagenwerk in diesem Marktsegment zu einem Pionierbonus in der Gunst des Publikums verhalf. Hinzu kam die in der Folgezeit immer wieder unter Beweis gestellte Fähigkeit des Managements, auf erhebliche Schwierigkeiten angemessen zu reagieren. Um die Chronologie des amerikanischen Kapitels der Konzerngeschichte verständlich zu machen, müssen zunächst die Faktoren herausgearbeitet werden, die diese Anpassungsfähigkeit begünstigten.

Die Erfolgsfaktoren

1. Die Grundvoraussetzung für den Erfolg am US-Markt war der technologische Erfolg der Unternehmensreform seit 1954. Die Reorganisation des Werks Wolfsburg verlief nicht zufällig parallel zur Exportoffensive in den Vereinigten Staaten. Sie hob die Produktivität des Volkswagenwerks auf ein Niveau, das den »Käfer« und seine Varianten qualitativ und preislich in den USA marktfähig machte. Als später der Importwagenmarkt in den USA phasenweise hart umkämpft war, ermöglichten es die kontinuierlichen Produktivitätssteigerungen in den deutschen Produktionsstätten dem Konzern, an der Preisfront offensiv zu werden, ohne daß deshalb die Rentabilität des USA-Geschäfts gefährdet worden wäre.

Im Unterschied zu Westdeutschland stieg in den USA während der fünfziger Jahre der Preis für den »Käfer« – ausgedrückt in Dollar. Der de facto verbindliche »suggested retail price« betrug am 1. August 1955 1.495 $ und wurde bis 1961 in drei Etappen auf 1.595 $ angehoben. Traten rentabilitätsmindernde Umstände ein, die in eine Etappe konsolidierter Marktverhältnisse fielen, konnte es sich das Volkswagenwerk durchaus erlauben, die Preise anzuheben oder die Gewinnmargen von Händlern und Großhändlern zu kürzen. So hing etwa die Preiserhöhung vom März 1961 mit den veränderten Wechselkursverhältnissen zusammen. Die Aufwertung der DM um 5% zwang *Volkswagen of America* zu einer deutlichen Reduzierung der Profiterwartungen:

> »Die Erhoehung des Wertes der D-Mark bedeutet fuer die Volkswagen of America Mehrkosten in der Groessenordnung von $10,000,000. Wir bereiten Unterlagen fuer folgende Massnahmen vor, die wir sobald wie moeglich, nach Wolfsburg senden werden:
> 1. <u>Personenwagen</u>
> Waehrend der Westkuestenpreis auf dem bisherigen Niveau gehalten werden muss, erwaegen wir, den Ostkuestenpreis von $1,565.00 auf $1,595.00 zu erhoehen und den Mehrerloes der Volkswagen of America zugute kommen zu lassen. Der Grosshaendler wird darueber hinaus $5.00 verlieren. Wir werden versuchen, die Profitmarge des Westkuestengrosshaendlers an die Ostkueste anzugleichen. Eine solche Massnahme

duerfte uns ebenfalls einen Mehrerloes bringen, der fast dem der Preiserhoehung an der Ostkueste entspricht.

2. Transporter und Karmann-Ghia

Wir sind weder in der Lage eine Preiserhoehung durchzufuehren noch die von uns vorgeschlagenen Margen unserer Grosshaendler und Haendler zu reduzieren.

3. Transporter

Wir hoffen, die Aufwertung zu Lasten der Grosshaendlerverdienstspanne absorbieren lassen zu koennen...

Abgesehen von der Weitergabe der Anfang dieses Jahres erfolgten Verminderung der Seetransportversicherung an die Volkswagen of America und verschiedener kleinerer Korrekturen der uns in Rechnung gestellten Verschiffungskosten, glauben wir, mit der Durchführung obiger Massnahmen ohne weitere Hilfe des Werkes auch in diesem Jahr fuer die Volkswagen of America einen Gewinn zu erwirtschaften...«[4]

Dieser Vorgang wirft ein bezeichnendes Licht auf die Konkurrenzverhältnisse in den USA. Zwar ließ der US-Markt einen gewissen Spielraum für moderate Preiserhöhungen, doch mußte dieser Spielraum differenziert und behutsam genutzt werden. In DM ausgedrückt, ergab der kombinierte Effekt von Währungsaufwertung und regionaler Preiserhöhung für den »Käfer« eine Preissenkung von 6.573 DM auf 6.380 DM, ließ also die Gewinnspannen schrumpfen. Der Volkswagen-Konzern, seine amerikanischen Großhändler und die Händler hatten den Verdienstausfall gemeinsam zu verkraften. Der US-Markt erlaubte keine Preiserhöhung, die den Effekt der Wechselkursänderung voll ausgeglichen hätte. Außerdem war selbst die moderate Preisänderung keineswegs flächendeckend durchzusetzen. Diese Konstellation war nicht ungewöhnlich. Insbesondere zwischen 1957 und 1959, als das Volkswagenwerk am amerikanischen Markt durch *Renault* massiv bedrängt wurde, mußte die Preispolitik immer wieder flexibel gehandhabt werden.

> »Es wurde die Frage der zukuenftigen Preispolitik fuer Typ 1 diskutiert; die Betriebswirtschaftsabteilung wird eine Studie anfertigen, um die Grenzen aufzuzeigen, die durch den deutschen Inlandspreis dem "suggested list price" in USA gesetzt sind. Eine endgültige Entscheidung (Annaeherung unseres Preises an den Preis der Renault Dauphine) wird zum Jahresende erfolgen.«[5]

Die Konkurrenzverhältnisse am US-Markt zogen eine Obergrenze für die Preise und damit für die Profite, doch verlief diese Grenze weit oberhalb der Verlustzone. Das Volkswagenwerk hatte ein Produktivitätsniveau erreicht, das es ihm gestattete, durch Preissenkungen auf eine Änderung der Marktverhältnisse zu reagieren, ohne rote Zahlen zu schreiben. Zumeist allerdings lag *Volkswagen of America* mit seinen Preisen bereits so günstig, daß sich eher die Frage nach dem Spielraum für Preiserhöhungen stellte.

> »Es waere natürlich sinnlos, in Anbetracht der gegenwaertigen Marktlage unseren Endverkaufpreis herabzusetzen. ... Bis dahin [Januar 1960 – V.W.] bleibt ... genügend Zeit, die Auswirkungen des "compact car" auf dem amerikanischen Automobilmarkt zu studieren, und es kann in aller Ruhe überlegt werden, ob ueberhaupt und bejahendenfalls in welchem Umfang die Preise fuer Typ 1 angehoben werden koennen.

(Renault liegt nach wie vor $80.00 ueber unserem Preis, jedoch geben Renault-Haendler in der Regel betraechtliche Rabatte).«[6]

Das Volkswagenwerk war weit davon entfernt, seinen Markterfolg in den USA mit Hilfe von *Dumping-Preisen* zu erzielen. Die *Volkswagen of America* überwies im Gegenteil – wie *Hahns* Sorge um die Auswirkungen der DM zu entnehmen ist – Jahr für Jahr beträchtliche Gewinne nach Wolfsburg. Bei den europäischen Konkurrenten des Volkswagenwerks dagegen stellte sich die Lage – zumindest phasenweise – offenbar anders dar. Insbesondere *Renault* bemühte sich augenscheinlich nach 1959, als seine Position durch die »compact cars« schwer unter Druck geriet, durch Dumping zu retten, was zu retten war. Bei der *Volkswagen of America* sah man dieses Bemühen zwar einerseits mit Genugtuung, bedeutete es doch, daß der lange Zeit härteste Widersacher bis auf weiteres abgeschlagen war. Andererseits aber war man besorgt, daß diese Dumping-Politik der übrigen Importmarken juristische Sanktionen provozieren würde, die sich gegen *alle* Importeure richteten:

> »Sie werden sicherlich aus unseren Presseauszuegen entnommen haben, dass Renault Maßnahmen getroffen hat, die man in diesem Lande schlicht "Ausverkauf" nennt. Neben Preisreduktionen in der Groessenordnung von $200.00 bei Erhoehung der Haendlermarge auf unser Niveau wurde eine Werbekampagne eingeleitet, deren Startschuss ungefaehr eine halbe Million Dollar kostet. Das gleichzeitig von Renault angekuendigte "neue" Modell Gordini befindet sich unterwegs. Selbstverstaendlich werden sich fuer kurze Zeit die Verkaufe von Renault erhoehen. Es ist aber zu spaet, die bereits halb zerfallene Organisation in kurzer Zeit wiederaufzubauen, und es ist fraglich, ob es Renault überhaupt gelingen wird, wieder irgendeine massgebende Rolle auf dem amerikanischen Automobilmarkt zu spielen. Fest steht jedenfalls, dass Renault im Augenblick mehr als $250.00 pro Fahrzeug verliert. Die neuesten Massnahmen von Renault sind jedoch in einer moeglichen Konsequenz besonders gefaehrlich, weil sie naemlich gegen die amerikanische "anti-dumping" Gesetzgebung verstossen, was sich in einem Zeitpunkt bedeutender Arbeitslosigkeit ganz besonders verhaengnisvoll auswirken koennte.«[7]

2. Die Konkurrenzfähigkeit des Volkswagenwerks auf dem US-Markt wurde gestärkt durch den *fixierten Wechselkurs* zwischen der DM und dem Dollar. Da Volkswagen seinen Produktivitätsrückstand auf die US-Konzerne kontinuierlich verringerte und zusätzlich noch den Vorteil relativ niedriger Lohnkosten in die Waagschale werden konnte, wirkte sich der Wechselkurs von 4,20 DM pro Dollar zunehmend als Unterbewertung der DM aus und beflügelte den Verkauf der Fahrzeuge aus Wolfsburg zusätzlich. Darüber hinaus bewirkte der stabile Umrechnungskurs, daß die Gewinne des Exports in die Vereinigten Staaten von der Währungsflanke her verläßlich kalkuliert werden konnten. In den USA profitierte das Volkswagenwerk daher erheblich von den Besonderheiten der »pax americana«.

3. Der dritte Faktor, der für die Erklärung der »Volkswagen Story« in den Vereinigten Staaten wichtig ist, ist bereits zu Beginn dieses Kapitels angedeutet wor-

den. Es handelt sich um die *spezifische Struktur* des amerikanischen Automobilmarkts. Das Marktsegment, welches das Volkswagenwerk in den USA
besetzte, hatte seinen Schwerpunkt bei den Zweitwagen. Vor allem dort lagen
aus Gründen der Manövrierfähigkeit und Wirtschaftlichkeit die Chancen eines
Kleinwagens. Der »Annual Report« der *Volkswagen of America* für das Jahr 1962
beschreibt den Kreis der amerikanischen Kunden:

> »Surveys show that two out of three Volkswagens are sold to families owing more
> than one car. Multi-car ownership is rapidly expanding and with it the market poten-
> tial for the Volkswagen.«[8]

Nachdem sich das Volkswagenwerk in diesem Marktsegment etabliert hatte und
andere Importmarken sich bemühten, seinen Erfolg zu kopieren, erreichte der
Importwagenanteil an den Zulassungen in den USA seinen Höhepunkt. Er lag
in den Jahren 1959 und 1960 bei jeweils 10,2%. Rechnet man für 1960 noch die
23,8% hinzu, die in diesem Jahr auf die »compact cars« entfielen, wird deutlich,
daß die kleineren Wagenklassen Anfang der sechziger Jahre am amerikanischen
Automobilmarkt einen Marktanteil von rund 35% auf sich vereinigten.

Tabellen 9.2: Die Marktanteile am US-Automobilmarkt in %[9]

	1957	1958	1959	1960	1961	1962
Compact-Cars	3	5,1	13,9	23,8	32,3	31,4
Volkswagen		1,7	2,0	2,4	3,0	2,8
General Motors		51,1	45,7	47,7	49,6	54,0
Ford		28,7	31,2	28,2	30,6	27,9
Chrysler		13,7	13,2	15,2	11,8	10,3
American Motors		5,1	7,2	7,3	6,8	6,6
Studebaker		1,4	2,7	1,6	1,4	1,3
Importmarken insges.	3,5	8,1	10,2	10,2	6,5	4,9

1954 dagegen wurden noch keine »compact cars« produziert, und der Marktanteil der Importwagen belief sich auf nicht mehr als 0,6%. Die US-Konzerne waren
auf die Produktion ihrer traditionsreichen und prestigeträchtigen »Straßenkreu-
zer« festgelegt, die – bei jährlichem Modellwechsel – dem Geschmack und den
Bedürfnissen des US-Publikums zu entsprechen schienen. Die Marktchancen
kleinerer Automobile beurteilten sie dagegen derart skeptisch, daß sie vor den
Investitionen, welche die *fordistische Massenerzeugung* solcher Fahrzeuge vorausgesetzt hätte, zurückschreckten. Noch 1958 brachte *James O. Wright,* seines
Zeichens Vizepräsident der *Ford Motor Company,* diese Denkweise in einer Rede
vor dem »Sales Executives Club« in New York zum Ausdruck:

> »Traditionally in the automobile business, about 10-percent of total sales are made
> up of a wide assortment of cars, none of which had high volume appeal. Pre-war, this
> included such cars as the famous Cord, the Austin, the Willys and even Ford's Za-
> phyr. The same situation exists today, with approximately 10-percent of the market
> made up of cars of a somewhat different type. We have the imports, some of which
> are manufactured abroad by subsidiaries of American Companies. We have others

which are manufactured here in America. The point is that the automobile market has the same complexion it has always had with the standard makes selling the same percentage they have always sold. The real significance is this: Because there has been a change in the kind of cars that make up that 10-percent segment of the market – because imports happen to be replacing American-made low volume cars – our critics say this is a far-reaching, incontrovertible trend, proving beyond all doubt that the standard American manufacturer is not providing the public with what it wants. In reality, all that's happened is that one low volume car has replaced another in the 10-percent segment of the market. This brings up the *question of the small car. I think, you'll agree that no American producer should undertake the heavy expenditures for styling, engineering and special tools and machines to produce a new car line until he is convinced that sales volume justifies the investment and will return a reasonable profit.* We have been carrying on extensive market studies in the small car field since 1950. ... Although projecting the future size of the small car market is a very tricky business, we now have reason to believe that, assuming no new small cars are introduced by domestic manufacturers, sales of imported small cars will reach and sustain a level of from 300,000 to 400,000 units a year. *Even if the total market for small cars, both foreign and domestic, were forecast at a substantially higher level – say 600,000 units annually – there is still serious question as to whether our normal share of such a market would yield the profits that might normally be expected from the additional investment in styling, engineering, tooling and facilities that would be required.*« [10]

Die Auffassung, ein Engagement am Kleinwagenmarkt werfe keine zufriedenstellenden Gewinne ab, war lange Zeit hindurch charakteristisch für die »Großen Drei« und verschaffte Volkswagen in den USA für einige Jahre Luft im Konkurrenzkampf, denn es betätigte sich ja – sowohl bei den Personenwagen als auch bei den Transportern – unterhalb der Standardklasse. Erst als der Kleinwagenmarkt expandierte und *Studebaker* und *American Motors* seit 1957 mit den ersten »compact cars« – dem »Lark« und dem »Rambler« – beachtliche Erfolge erzielten, änderten *General Motors, Ford* und *Chrysler* ihre Politik und brachten 1959 eigene »compact cars« heraus. Obwohl die »compact cars« keine Kleinwagen im eigentlichen Sinne waren, sondern eher das Mittelfeld zwischen der Standardklasse und den »small cars« besetzten, machte ihre Markteinführung allen Importmarken – mit Ausnahme von Volkswagen – schwer zu schaffen. Während der Marktanteil der Kompaktwagen im Personenwagenbereich zwischen 1958 und 1962 von 5,1% auf 31,37% anwuchs, verzeichneten die Importwagen parallel dazu einen Rückgang von 8,1% auf 4,9% – und daß nach dem schon erwähnten Zwischenhoch von 10,2% in 1959 und 1960. Hinter dieser Entwicklung verbargen sich auch absolut sinkende Verkaufsziffern. Volkswagen dagegen steigerte im gleichen Zeitraum bei stark wachsenden absoluten Verkaufszahlen seinen Marktanteil von 1,7% auf 2,8%. Gleichwohl wurden auch hier mit den beginnenden sechziger Jahren die kleineren »compact cars« als neue Widersacher wahrgenommen:

»Immer mehr koennen wir sehen, besonders nachdem die Kompaktwagen mit grossen Nachlaessen angeboten werden, dass unsere eigentliche Konkurrenz das amerikanische Automobil, und zwar beinahe in jeder Preisklasse, geworden ist.«[11]

Demgegenüber konnte spätestens 1961 der Angriff der europäischen Konkurrenz auf die Position des Volkswagenwerks im Zweitwagenmarkt der USA als abgeschlagen gelten. War der Anteil des Volkswagenwerks an den importierten Personenwagen zwischen 1956 und 1959 von 51% auf 20% geschrumpft, so betrug er 1961 bereits wieder 47% und hatte sich ein Jahr später noch weiter – nämlich auf 57% – erhöht.

4. Die »Volkswagenstory« am US-Markt wäre undenkbar gewesen ohne den *behutsamen Aufbau einer schlagkräftigen Absatzorganisation.* Dabei verfolgte das Volkswagenwerk eine Mischung aus planvoller Strategie und »trial and error«-Verfahren. Das Leitmotiv bestand darin, die Ausweitung des Servicenetzes sorgfältig auf die Entwicklung der Verkaufszahlen abzustimmen. Im Wolfsburger Management war man sich ebenso wie bei der *Volkswagen of America* nur zu genau der Tatsache bewußt, daß der ausgezeichnete Ruf des Kundendienstes ein Trumpf im internationalen Konkurrenzkampf war und forderte den Großhändlern und Händlern auch in den USA hohe Investitionen in ab, um eine kompetente Betreuung der Kunden sicherzustellen:

> »Das Ziel bleibt unverändert der Aufbau einer sehr gesunden und soliden Organisation, die auch bei einer immer möglichen Belastung ihre Standfestigkeit behält. Ich bin der Auffassung, daß wir auf dem besten Wege zu diesem Ziel sind ... .«[12]

> »Die meisten Graumarktwagenhändler bieten weder Kundendienst noch Ersatzteileversorgung an und koennen daher ihr Geschaeft mit geringfuegigen fixen Kosten und Risiken betreiben. Da jedoch der Erfolg unseres Produktes auf dem guten Ruf unseres Kundendienstes basiert, heisst dies, daß unsere eigenen Vertretungen in vielen Staedten weit hoehere Investitionen fuer Kundendienstanlagen und Ersatzteilelager auf sich nehmen muessen, als ihren Verkaeufen von Neufahrzeugen entspricht. Unsere Haendler sind daher mit dem geschaeftlichen Risiko grosser Investitionen belastet, waehrend die mit geringen Kosten arbeitenden Grauwagenhaendler ihnen gerade dadurch in der Zukunft schaerfste Konkurrenz machen koennen.«[13]

Die Aufrechterhaltung einer schlagkräftigen Organisation hing aber nicht nur von der Qualität der einzelnen Händler und Großhändler ab, sondern auch von ihrer Zahl. Sollte die stürmische Entwicklung der Absatzzahlen am amerikanischen Markt organisatorisch bewältigt werden, so mußte auch das Händlernetz rasch expandieren. Vor diesem Hintergrund wundert es nicht, daß die Zahl der VW-Händler in den USA zwischen 1957 und 1962 von 347 auf 687 anstieg.

> »Sie entsinnen sich, dass wir am 1. Januar 1959 lediglich 372 Haendler hatten, eine Zahl, die, auch wenn der Kundendienst des einzelnen Haendlers noch so gut sein mag, nicht ausgereicht haette, die fuer 1959 vorgesehenen Fahrzeuge unter normalen Bedingungen zu verkaufen und zu betreuen. Deshalb erhoehten wir bis zum Ende des Jahres 1959 die Zahl unserer Haendler auf 470 und erreichten in den ersten Monaten des Jahres 1960 500. Dieser sorgfaeltig vorbereiteten und durchgefuehrten Arbeit verdanken wir, dass der Verkauf von Volkswagen auch in den saisonschwachen Monaten der Jahreswende 59/60 reibungslos weiterlief und unser Produkt inzwischen in Amerika eine Stellung einnimmt, die in jeder Hinsicht als einzigartig bezeichnet wer-

den kann: Unsere europäischen Konkurrenten sind auf der Strecke geblieben, und wir haben in den USA einen relativen Vorsprung vor ihnen, der in den groesseren Maerkten des Werkes lediglich von Deutschland uebertroffen wird.«[15]

Tabelle 9.3: Das amerikanische Händlernetz und die Mitarbeiterzahl der Volkswagen of America[14]

	Großhändler	Händler	Werkstatt-Arbeitsplätze pro 100 zugelassene Volkswagen	Mitarbeiter der Volkswagen of America
1956	14			
1957	15	347		
1958		366	1,7	
1959		470	1,0	131
1960		623	0,9	168
1961	16	625	0,8	210
1962	15	687	0,8	244

Die Ausdehnung des Händlernetzes verursachte ein logistisches Problem, dessen Bewältigung dem Volkswagenwerk nicht leicht fiel und gelegentlich zu Spannungen zwischen *Volkswagen of America* und der Konzernzentrale in Wolfsburg Anlaß gab. Denn die Händler, die man vertraglich zu erheblichen Investitionen verpflichtete, bedurften entsprechender Umsatzzahlen, sollten sich diese Investitionen amortisieren. Obwohl Wolfsburg Jahr für Jahr neue Produktionsrekorde vermeldete, blieb der Ausstoß hinter der weltweiten Nachfrage nach Volkswagen zurück, so daß die Exportmärkte nicht im gewünschten Umfang beliefert wurden. Dies betraf auch den US-Markt. Zwar erhöhte sich die durchschnittliche Zahl der Fahrzeuge, die statistisch auf den einzelnen amerikanischen Händler entfiel, von 161 in 1957 auf 292 in 1962, doch befriedigte diese Steigerung die Wünsche der amerikanischen Händler nur unzureichend und erforderte zähe Verhandlungen mit der Exportabteilung in Wolfsburg.

»In dem Augenblick des Einsetzens eines beispiellosen Konkurrenzkampfes auf dem Automobilsektor in den Vereinigten Staaten wurde in unserer Organisation eine Entwicklung eingeleitet, die sich in einem ausgezeichneten Geist, grossen Investitionen fuer den Kundendienst, dem Einstellen zusaetzlichen Personals, besonders bei den Grosshaendlern, dem Bau allein von zehn Grosshandels-Ersatzteillagern im Jahre 1959 und 1960 und, um ein anderes Beispiel zu erwaehnen, dreizehn IBM-Anlagen ausdrueckt. Wenn wir in diesem Augenblick unser Haendlerentwicklungsprogramm abblasen, weil wir nicht soviel Fahrzeuge erhalten, wie urspruenglich einmal vorgesehen war, so wuerden <u>wir</u> unserer Organisation im entscheidenden Augenblick einen gefaehrlichen Schlag versetzen und den Schwung fuer jede positive Aktivitaet nehmen. Eine solche Massnahme wuerde als Rueckzugssignal betrachtet – ein Rueckzug, ehe der eigentliche Kampf auf dem Gebiet der Kompakt-, Last- und Personenwagen begonnen hat.«[16]

Es war das Bestreben des Volkswagenwerks, seine Händlerorganisation in den USA nach den gleichen Prinzipien aufzubauen, an denen man sich auch auf anderen Exportmärkten orientierte: eine klare räumliche Abgrenzung zwischen den einzelnen Händlergebieten, möglichst exklusive Beziehungen zu den Händlern, die im Idealfall lediglich Volkswagen vertreten sollten, Richtlinienkompetenz in bezug auf die Verkaufspreise von Fahrzeugen und Ersatzteilen, auf allen Ebenen Mitspracherecht bei der Personalpolitik.[17] Doch standen dieser Praxis in den Vereinigten Staaten die Bestimmungen der »Antitrust«-Gesetzgebung entgegen, woraus dem Volkswagen-Konzern juristische Schwierigkeiten erwuchsen, die Anfang der sechziger Jahre den Erfolg und sogar die Existenz von *Volkswagen of America* ernsthaft bedrohten. Das Problem für das Unternehmen bestand darin, eine Balance zu finden zwischen dem Bemühen, *faktisch* an den eigenen organisatorischen Grundsätzen festzuhalten, und der Notwendigkeit, den legalen Vorgaben in den Vereinigten Staaten *formal* zu entsprechen. Neben die juristische Dimension dieses Problems traten die Reibereien zwischen Teilen der Händlerschaft und *Volkswagen of America,* welche die Lage weiter komplizierten. Die Einzelheiten werden weiter unten zur Sprache kommen. Ungeachtet dieser Schwierigkeiten lag in dem Aufbau einer effizienten Händlerorganisation ein wesentlicher Teil des Wolfsburger Erfolgsgeheimnisses bei der Erschließung des amerikanischen Markts.

5. Schließlich begünstigte die *politische Konjunktur* das Volkswagenwerk in den Vereinigten Staaten. Als die erwähnten juristischen Probleme im Zusammenhang mit der »Antitrust«-Gesetzgebung und ein um sich greifendes »Buy American«-Klima die Position von Volkswagen zu unterminieren drohten, setzte die *Kennedy-Administration* auf Freihandel und Kooperation mit den Handelspartnern und schuf damit ein politisches Umfeld, das die gütliche Regelung der schwelenden Konflikte mit den US-Behörden vorbereitete. Damit löste sich ein »Menetekel« in Wohlgefallen auf, das die Zukunft von Volkswagen am amerikanischen Markt vorübergehend prinzipiell in Frage gestellt hatte. Innerhalb der Verkaufsorganisation wurde der Umschwung des wirtschaftspolitischen Zeitgeistes, den der Übergang von *Eisenhower* zu *Kennedy* mit sich brachte, sensibel registriert:

> »The problem of "Buy American" is a minor one, at the moment, since the entire Kennedy administration is working hard to convince America that imports and exports are essential. Because of this, we feel that we don't have to tell our story in such a loud voice as we did about a year ago. We are continuing to inform our organization of our role in international trade, but are allowing the Kennedy administration people to tell the public.«[18]

Die in diesem Abschnitt diskutierten Erfolgsfaktoren wurden im Laufe der Zeit in unterschiedlicher Kombination wirksam. Der folgende Abschnitt wird sich den chronologischen Grundzügen der »Volkswagenstory« am US-Markt widmen.

Die Chronologie von Erfolgen und Herausforderungen durch die Konkurrenz

Wie einleitend erwähnt, begann die Erfolgsgeschichte des Volkswagenwerks in den Vereinigten Staaten 1954, als sich mit einem Schlag die Exporte gegenüber 1953 vervielfachten. Für das Jahr 1955 erklärte *Heinrich Nordhoff* die weitere Erschließung des US-Marktes zur Chefsache mit höchster Priorität. Er hielt die makroökonomischen und politischen Zeitumstände für besonders günstig, wies aber gleichzeitig auf die Notwendigkeit hin, durch einen entsprechenden organisatorischen Unterbau gesunde Proportionen zwischen Verkaufszahlen und Servicenetz herzustellen:

»Ich bin der Auffassung, daß wir die Spanne dieses Jahres mit größtem Nachdruck und aller Intensität benutzen müssen, um unsere Position auf dem nordamerikanischen Markt zu stärken. Die Voraussetzungen, die dafür von Wolfsburg aus geschaffen werden müssen, sollen, soweit das überhaupt in unseren Kräften steht, mit Vorrang vor allen übrigen Aufgaben bearbeitet werden. Soweit es sich dabei um die Menge der dabei zu liefernden Wagen handelt, sind uns, wie sie wissen, Grenzen gezogen, die wir nicht überspringen können. Innerhalb dieser Grenzen jedoch soll alles geschehen, was überhaupt nur möglich ist. Soweit es sich um die technischen Voraussetzungen handelt, so sollen die Bedingungen, die die nordamerikanischen Behörden stellen, mit Vorrang vor allen anderen Arbeiten erfüllt werden, so daß wir von dieser Seite her keine Schwierigkeiten haben sollten. Der Ausbau der Händlerorganisation, ein sicher funktionierender Kundendienst und eine für alle Fälle vollkommen ausreichende Ersatzteile-Versorgung sind die weiteren Voraussetzungen, für deren Erfüllung wir mehr oder weniger ausschließlich auf ihre Mitarbeit angewiesen sind. Ich setze große Erwartungen in den Erfolg Ihrer Tätigkeit, und ich bitte darum, mich einzuschalten, wenn nur dieser Weg weiterzuführen scheinen sollte. Wenn ein entsprechender echter Bedarf entsteht oder geschaffen werden kann, so sind wir schon jetzt in der Lage, die gegebenen Lieferzusagen zu überschreiten, und wir werden in dieser Hinsicht mit jedem Monat stärker werden. Ich bitte Sie also ganz besonders darum, alles zu tun, was in Ihren Kräften steht, um die einmalige Gelegenheit, die wir jetzt in den Vereinigten Staaten haben, so weit auszunutzen, wie es überhaupt nur möglich ist. Ich bin der Meinung, daß das Jahr 1955 hierfür uneingeschränkt zur Verfügung steht. Wenn wir Glück haben, trifft diese Voraussetzung auch noch 1956 zu, aber ich glaube nicht, daß darüber hinaus noch mit einer so völlig freien Situation gerechnet werden kann. Es ist uns also eine gewisse Zeitspanne zur Verfügung gestellt, und unsere Pflicht ist es, sie zu nutzen.«[19]

Dieser Brief war gerichtet an *van de Kamp* (New York) und *Lange* (San Francisco), die Leiter der beiden regionalen Verkaufsbüros, über die der USA-Export des Volkswagenwerks abgewickelt wurde. Den Dimensionen des US-Markts war zunächst dadurch Rechnung getragen worden, daß man seine Betreuung aufteilte in eine *Organisation West* mit Sitz in San Francisco und eine *Organisation Ost* mit Sitz in New York, die relativ unabhängig voneinander arbeiteten. Das New Yorker Büro war 1954 als erstes offizielles VW-Büro in den Vereinigten Staaten gegründet worden und befand sich im St. Moritz-Hotel. Ende 1954 bestand die amerikanische Händlerorganisation des Unternehmens aus 15 Groß-händlern und 136 Händlern. Schon bald ließ der Verkaufserfolg in den USA die Struktur der Organisation überholt erscheinen. Einerseits sah sich *Heinrich Nordhoff* genötigt, immer wieder die Abstimmung der Verkaufsziffern mit der Expansion des Servicenetzes einzufordern:

>Es wird ... nötig sein, den Absatz von Volkswagen in den USA nicht über Gebühr zu forcieren, sondern allergrößtes Gewicht auf den Ausbau der noch sehr unzuläng-lichen Service-Organisation zu legen, weil jeder Rückschlag und jegliche Unzufrie-denheit auf diesem Gebiet absolut vermieden werden müssen.«[20]

Vor allem aber veranlaßten die Kosten des transatlantischen Transports das Management in Wolfsburg zu Spekulationen darüber, ob es nicht rentabler sei, in den USA selbst zu montieren oder gar zu produzieren:

>Der Volkswagenmarkt in U.S.A. und in gewissem Maße auch in Kanada entwickelt eine Dynamik, die einzigartig ist. ... Die Entwicklung in U.S.A. läßt nach vielfältigem Urteil für 1956 mit 60.000 bis 70.000 importierten Volkswagen rechnen, eine Menge, die in der bisherigen Weise nicht mehr bewältigt werden kann. Die erste und domi-nierende Schwierigkeit ist der Versand. Es steht eindeutig fest, daß der schon jetzt gefährlich knappe Schiffsraum maximal die Verschiffung von 40.000 Volkswagen zulassen wird..., also bestimmt zu wenig für den bestehenden Bedarf. *Der sinnvolle Ausweg in dieser höchst erfreulichen Situation ist die Einrichtung einer Montage in U.S.A. und zwar so, daß wir die Karosserie von einer amerikanischen Spezialfirma beziehen, den Rest importieren, wobei schrittweise amerikanische Lieferanten für mehr und mehr Aggregate gefunden werden sollen.* Die Karosserie ist deshalb bei diesen Erwägungen so sehr im Vordergrund, weil sie das voluminöseste Teil des Wagens ist, also den höchsten Frachtanteil an der nach Volumen, nicht nach Gewicht, berechne-ten Fracht hat. Die Schiffsfracht, die im Laufe dieses Jahres allein um 25% gestiegen ist, bedeutet neben Zoll und Versicherung einen immer stärker ins Gewicht fallenden Kostenfaktor. Es kommt dazu, daß wir mehr und mehr Karosseriebleche aus U.S.A. beziehen müssen, so daß sich für einen großen Teil unserer nach U.S.A. exportierten Wagen die Groteske ergibt, daß zuerst das Blech den kostspieligen Weg über den Ozean von West nach Ost geht und dann die aus diesem Blech hergestellten Karosse-rien noch einmal den noch aufwandreicheren Weg von Ost nach West.«[21]

In der Tat ging das Volkswagenwerk zunächst zügig an die Verwirklichung die-ser Pläne und kaufte zu diesem Zweck von der in eine Krise geratenen Firma *Studebaker* zu günstigen Bedingungen eine moderne Montagefabrik in *New Brunswick* (New Yersey). Die *American Motors Corporation,* der viertgrößte amerikanische Automobilkonzern, bot sich an, die neue Volkswagenfabrik mit Motoren zu beliefern, doch lehnte *Nordhoff* dieses Angebot rundheraus ab:

>Es ist nicht anzunehmen, daß in absehbarer Zeit unser Motor in den USA gebaut werden wird, und es ist gänzlich ausgeschlossen, daß es jemals zum Einbau eines frem-den Aggregates in den Volkswagen in den Vereinigten Staaten kommen wird, schon allein deshalb nicht, da wir wegen der Montage im Osten und des auch für später vorgesehenen Importes von Wolfsburg aus im Westen immer auf Austauschbarkeit bedacht sein müssen. Darüber hinaus sprechen aber auch alle technischen und kommer-ziellen Erwägungen gegen die Verwendung eines fremden Motors.«[22]

Ebenfalls abgelehnt wurde ein dem Volkswagenwerk über die »Trans-Oceanic« unterbreitetes Angebot zum Erwerb einer weiteren Fabrik in Südkalifornien, die bis dahin von American Motors betrieben worden war.

»Das Angebot, das Sie machen, ist ein sehr reizvolles, und ihre Überlegung, daß wir eines Tages in Kalifornien eine Fabrik brauchen, trifft zweifellos zu. Sie werden aber verstehen, daß wir nicht alles auf einmal machen können, und ich rechne damit, daß wir mindestens ein volles Jahr, wenn nicht mehr, brauchen werden, um im Osten der Vereinigten Staaten richtig in Gang zu kommen. Erst wenn diese Aufgabe erledigt ist, werden wir in der Lage sein, über eine Erweiterung unserer Möglichkeiten nachzudenken, wobei Los Angeles als Standort sehr erwünscht wäre.«[23]

Im September 1955 wurde in Wolfsburg ein »Büro USA« unter der Leitung von *Carl Horst Hahn* eingerichtet, dem die Vorbereitung und Koordinierung der ab 1956 vorgesehenen Montage in New Brunswick oblag:

»Um die Einheitlichkeit der Handhabung aller Vorbereitungen für unser neues Werk in Brunswick, New Jersey/USA, sicherzustellen, wird ein Büro USA gebildet, dessen Aufgabe die Koordinierung sämtlicher Vorgänge im Zusammenhang mit dieser Fabrik und ihrer Tätigkeit ist. Das bedeutet, daß das Exportgeschäft mit USA durch die Schaffung dieses Büros nicht berührt wird. Die Leitung dieses Büros hat Herr Dr. C. H. Hahn.«[24]

Nur wenige Monate später – im Januar 1956 – kam dann das definitive und für Außenstehende überraschende Aus für die Montagepläne in den Vereinigten Staaten. Ausschlaggebend hierfür waren Rentabilitätsüberlegungen:

»Unser Entschluss, das Risiko in New Brunswick nicht einzugehen, basiert auf der Tatsache, dass wir entschlossen sind, unter allen Umständen unseren Platz auf dem amerikanischen Markt nicht nur zu behaupten, sondern ihn zu erweitern. Wir wollen ihn allerdings nicht mit der Gefahr einer eigenen Fabrik belasten, deren Unrentabilität tatsächlich zum Verlust des amerikanischen Marktes führen könnte.«[25]

Die amerikanische Geschäftswelt und die Behörden reagierten mit Bedauern auf die Revision der Pläne des Volkswagenwerks. Die »*Chase Manhattan Bank*« etwa schrieb unter dem 25.1.1956 an *Nordhoff:*

»Ever since we heard about your organization's plans for establishing itself in the United States, it has been our ardent wish to cooperate with you to the fullest extent possible in connection with your activities over here. I realize that it must have been very weighty reasons indeed which motivated your decision to change your original plans but I would like to express my sincere hope that nevertheless I shall have the much anticipated pleasure of meeting you personally and I want to assure you also that we are at your disposal for any activities you may decide to undertake in this country in the future.«[26]

Welches waren nun die »weighty reasons«, die das Management in Wolfsburg dazu bestimmten, im letzten Augenblick doch noch von den Montageplänen Abstand zu nehmen? Letztlich lagen sie in der *Logik der fordistischen Massenproduktion.* Diese Logik zielte auf eine Steigerung der Rentabilität durch die

Herstellung großer Serien und legte eine Beschränkung auf möglichst wenige Produktionsstandorte nahe. Die Verlagerung eines Teils der Produktion in die USA hätte einerseits die Kostendegression in Wolfsburg negativ beeinflußt, andererseits aber kaum ausgereicht, um in den USA eine fordistische Massenerzeugung großen Stils aufzuziehen. Mit diesem Argument begründete *Nordhoff* seine Entscheidung gegenüber *van de Kamp*:

>»Zugleich mit dem Entschluß, in USA nicht in die Fabrikation zu gehen, *die wir bei den Stückzahlen, die wir zunächst nur in Betracht ziehen können, nicht rentabel gestalten könnten,* haben wir eine wesentliche Verstärkung und Intensivierung unserer Ersatzteileversorgung und des weiteren Ausbaues unserer Serviceorganisation in die Wege geleitet. Eine Gruppe von Spezialingenieuren wird seit Monaten in unserem Werk für die ausschließliche Verwendung in USA trainiert, wie wir insgesamt bis Ende dieses Jahres unser Personal in und für USA gegenüber heute etwa verdreifacht haben werden. Wir wollen unseren Wagen auch in Zukunft in der gleichen überragenden Qualität und Sorgfalt der Ausführung liefern wie bisher und auch zu dem gleichen Preis – das ist der Hauptgrund für unseren Entschluss, das Experiment in New Brunswick nicht zu machen.«[27]

Man hatte sich also entschlossen, die Produktion so konsequent wie eben möglich auf die bundesdeutschen Standorte zu konzentrieren und von Wolfsburg aus die Offensive auf dem US-Markt voranzutreiben. Im Rahmen dieser Strategie siedelte die *»Volkswagen of America«* – am 27.10.1955 formal in New York gegründet – im Laufe des Jahres nach *Englewood Cliffs* im Staate New Jersey um, während die Fabrik in New Brunswick ebenfalls im Jahre 1956 mit einem Nettogewinn von rund 382.000 $ an die Firma *Okonite* weiterverkauft wurde.[28] *Volkswagen of America* wurde als reine Handelsgesellschaft gegründet und fungierte als amerikanische Zentrale des Volkswagen-Konzerns, ohne daß dadurch zunächst die Bewegungsfreiheit des Büros in San Francisco wesentlich beschnitten worden wäre. Die *Volkswagen of America* ihrerseits, die *van de Kamp* unterstand, besaß nur eine stark eingeschränkte Handlungsautonomie gegenüber Wolfsburg, was sich bis 1962 auch in der personellen Besetzung ihrer Führungsgremien ausdrückte.[29] *Nordhoff* definierte gegenüber *Dr. Knott* von der Rechtsabteilung die Position von *van de Kamp* wie folgt:

>»Anknüpfend an Ihre Mitteilung vom 19. Oktober und die am 24. Oktober stattgefundene Besprechung, möchte ich noch einmal feststellen, daß die ursprünglich vorgesehene Organisation unseres Absatzes in U.S.A. insofern eine Änderung erfährt, als die hauptsächlichen Sachgebiete, also Verkauf, Kundendienst, Ersatzteile, in dem Büro in Englewood Cliffs durch einen maßgebenden Fachmann vertreten sein sollen, der disziplinär Herrn van de Kamp untersteht, seine sachlichen und geschäftlichen Weisungen jedoch direkt von den Leitern der entsprechenden Abteilungen in Wolfsburg erhält. Die Funktion von Herrn van de Kamp soll die eines Bürochefs sein, dagegen soll er keine Weisungsbefugnis für die Fachgebiete haben.«[30]

Insbesondere in Fragen der Personalpolitik blieb die letzte Entscheidung stets *Nordhoff* respektive den zuständigen Hauptabteilungen in Wolfsburg vorbehalten. Wollte *van de Kamp* neue Mitarbeiter einstellen, so mußte er sich das entsprechende Budget von *Nordhoff* jedes Mal bewilligen lassen.[31]

Während des Jahres 1955 hatte das Volkswagenwerk in den Vereinigten Staaten eine klare Linie vermissen lassen. Dennoch wurden die von *Nordhoff* ausgegebenen Ziele erreicht. Am Ende des Jahres hatte sich das Unternehmen am US-Markt etabliert. Sein Export in die Vereinigten Staaten stieg in diesem Jahr – nach 633% im Vorjahr – nochmals um 303%, und auch in den beiden folgenden Jahren expandierte das US-Geschäft.

Die entscheidenden Erfolgsfaktoren sind bereits herausgearbeitet worden: preisliche und qualitative Konkurrenzfähigkeit, ein günstiger Wechselkurs, ein funktionierendes System der Kundenbetreuung sowie eine Schonfrist im Konkurrenzkampf. Um diese Faktoren allerdings ausspielen zu können, mußte das Volkswagenwerk die logistischen Schwierigkeiten beim Nachschub mit Ersatzteilen meistern und sich an die Besonderheiten des US-Markts anpassen. Gerade der Nachschub an Ersatzteilen blieb über lange Zeit eine Achillesferse, die von Zeit zu Zeit immer wieder akute Probleme bereitete. Noch 1958 monierte *Nordhoff* dies bei *Köhler* von der Ersatzteileabteilung:

»Ich erhalte immer wieder Nachrichten, aus denen hervorgeht, daß die Ersatzteileversorgung in U.S.A. nicht einwandfrei funktioniert, und ich wiederhole die schon ausgesprochene Forderung, daß es eine absolute Notwendigkeit ist, auf diesem Gebiet in allerkürzester Zeit eine durchgreifende Besserung herbeizuführen. Es handelt sich dabei einmal darum, daß immer noch in viel zu grossem Umfang auf Luftfrachtsendungen zurückgegriffen wird, die bei richtiger Disposition unnötig sein würden. Es wird ferner darüber geklagt, daß manche Großhändler bis zu zwei Monaten überhaupt keine Lieferungen bekommen, dann aber auf einmal einen Zweimonatsbedarf kompakt, was sicher keine richtige Methode ist. Es besteht akuter Mangel an Ölkühlern, Benzinhähnen, Auspufftöpfen, Stoßstangen, Unterbrechungskontakten und Kurbelwellen. Ganz schlecht sieht es mit den Teilen für den Karmann-Ghia aus. Bei allen Großhändlern in U.S.A. bestehen in mehr oder weniger großem Umfang Lieferrückstände. Ich weise noch einmal darauf hin, daß eine absolut einwandfreie Versorgung gerade dieses Marktes mit Ersatzteilen die Voraussetzung ist, mit der unser Erfolg in den U.S.A. steht und fällt. Das Argument, daß Ersatzteile für den Volkswagen immer in jeder Menge vorhanden wären, ist unser stärkstes Verkaufsargument. Diese Behauptung können wir jetzt nicht mehr aufstellen.«[32]

Was die Usancen auf dem US-Markt anbelangt, so hatte die *»World-Wide Automobiles Corporation«*, wichtigster »Distributor« (Großhändler) des Volkswagenwerks in den Staaten, *Nordhoff* früh und nachdrücklich darauf hingewiesen, daß am US-Markt ohne eine *aufwendige Werbung* keine starke Position zu erlangen sei:

»It is our belief that the market for foreign cars in America is still in its early growth stages. We believe that there is a constantly expanding number of American families who can be induced to purchase imported cars – but we emphasize, they must be induced. As you know, national advertising occupies much greater importance and public attention in the United States than it does in other parts of the world. The great successes in American business were mainly built with national advertising. ... Most Americans buy with greater confidence when they have seen the product advertised.«[33]

Trotz seiner tiefen Abneigung gegen großangelegte und aggressive Werbekampagnen konnte sich *Nordhoff* diesen Überlegungen nicht verschließen und bemühte sich, in den USA eine flächendeckende Werbung zu organisieren. Sie sollte zwischen *Volkswagen of America,* den Großhändlern und den Händlern abgestimmt werden und sich aller Massenmedien bedienen[34] Eine geeignete Werbeagentur glaubte man im Frühjahr 1958 mit der Firma *J. M. Mathes* gefunden zu haben, die unter anderem auf Referenzen aus einer erfolgreichen Zusammenarbeit mit der I.T.T. verweisen konnte.[35] Jedoch entledigte sich diese Firma ihrer Aufgabe nicht gerade mit Bravour.

In bezug auf die *Garantiebedingungen* war das Volkswagenwerk über die in den Vereinigten Staaten herrschenden Gepflogenheiten hinausgegangen. Die auf seine Fahrzeuge gewährte Garantie erstreckte sich auf 6 Monate oder 6.000 Meilen, während die amerikanischen Konzerne ihren Kunden lediglich 90 Tage oder 4.000 Meilen einräumten. Erst Anfang der sechziger Jahre geriet das Volkswagenwerk auf diesem Gebiet durch immer weiter gehende Konzessionen der großen US-Konzerne unter Druck, den *Carl H. Hahn*, der inzwischen *van de Kamp* an der Spitze von Volkswagen of America abgelöst hatte, zum Anlaß nahm, um in Wolfsburg die Anpassung an die veränderte Konkurrenzsituation anzumahnen. Seine Vorstöße trafen jedoch in Deutschland auf taube Ohren und führten – wie unten noch weiter zu kommentieren sein wird – zu Spannungen innerhalb des Managements.

Den »fetten« Jahren des USA-Exports von 1954 bis 1957 folgte 1958 ein alarmierende Positionsverlust des Volkswagenwerks auf dem amerikanischen Markt. Nachdem sein Marktanteil bei den Importwagen bereits im Jahr zuvor von 51% auf 31% geschrumpft war, verzeichnete er 1958 einen weiteren Einbruch auf nunmehr 21%.

Hinter diesem Trend verbargen sich erkennbar veränderte Konkurrenzverhältnisse gerade im Bereich importierter Kleinwagen, wo das Volkswagenwerk einige Jahre lang von einem Pionierbonus profitiert hatte. Sein spektakulärer Erfolg hatte inzwischen die Konkurrenz auf den Plan gerufen. *Renault* erwies sich da-

Tabelle 9.4: Die Konkurrenzverhältnisse am amerikanischen Importwagenmarkt (Marktanteile in %)[36]

	1954	1955	1956	1957	1958	1959	1960	1961	1962
Volkswagen	20	49	51	31	21	20	32	47	57
Renault	0,5	1	2	11	13	15	13		
Opel	0,2	0,5	0,3	0,6	4	7	5		
Ford (GB)	5	4	4	8	7	7	5		
Fiat				3	6	6	4		
Triumph	3	2	2	3	4	4	4		
Simca	0,2	0,5	2	3	4	6	3		
Austin-Healy						2	3		
Mercedes						2	3		
Volvo			2	3	4	4	3	3	
Sonstige						35	29	26	

bei als besonders aggressiv und trat ausdrücklich unter der Parole an, Volkswagen den Spitzenrang unter den Importeuren in den Vereinigten Staaten abzulaufen:

>»Die Renault-Organisation hier im Land macht kein Hehl daraus, daß der "esprit du corps" der Händlerorganisation durch ein Motto angefeuert wird: "Beat Volkswagen." Mr. Kent, Verkaufsleiter von Renault-USA, gab vor kurzem ein entsprechendes Referat an die Händler der Presse bekannt, in dem er im Nachsatz zu diesem Motto hinzufügte: "und ihr bekommt die Wagenzahl, das zu erreichen." «[37]

Der Aufstieg *Renaults* am amerikanischen Markt begann 1957, als sein Anteil an den neu zugelassenen Importwagen innerhalb eines Jahres von 2 % (1956) auf 11 % anwuchs. Er erreichte seinen Zenit 1959 mit einem Marktanteil von 15 %. *Nordhoff* blieb gegenüber dem französischen Widersacher zunächst gelassen. Er hielt die Position seines Unternehmens offenbar für nahezu unangreifbar:

>»Alle Berichte über den Ablauf der Entwicklung in U.S.A. haben aus meiner Sicht betrachtet den Nachteil, daß sie entweder zu sehr Tagesentwicklung mit der großen Linie der Entwicklung gleichsetzen oder daß sie überhaupt nur aus Ankündigungen bestehen, bei denen später nie nachgeprüft wird, was wirklich daraus geworden ist. Ich denke dabei an die großspurigen Ankündigungen, die Renault und Fiat immer wieder gemacht haben, von denen bisher doch nur relativ wenig zur Wirklichkeit geworden ist. ... Wenn ich das Beispiel von Renault herausgreife, so deshalb, weil durch viele Monate hindurch geradezu angstvoll das Anwachsen des prozentualen Anteiles von Renault in den Vordergrund gestellt wurde, was übrigens auch in der amerikanischen Presse so behandelt war. Tatsächlich hat Renault in 1957 noch nicht einmal ein Drittel unserer Zahlen erreicht, und in dieser tatsächlichen Proportion sollte man die Dinge doch vielmehr ansehen.«[38]

Nachdrücklich insistierte er darauf, man dürfe sich weder von *Renault* noch von anderen Wettbewerbern das Gesetz des Handelns aus der Hand nehmen lassen und müsse seinen eigenen Stil beibehalten:

>»Unter gar keinen Umständen darf es dazu kommen, daß wir uns den Umfang und die Art unserer public relation activity etwa durch Firmen wie Renault oder Fiat vorschreiben lassen oder daß wir uns mit dem Hinweis auf diese Firmen beeinflussen lassen. Wir wollen unser Geschäft so wie bisher in U.S.A. betreiben und nach unseren eigenen Ideen weiter vorgehen, ohne uns viel drum zu kümmern, was die Konkurrenz tut. Die Verhältnisse liegen bei all diesen Firmen so grundverschieden von den unsrigen, daß es nur ein Fehler wäre, sich beeinflussen zu lassen.«[39]

Allem Selbstvertrauen zum Trotz jedoch spitzte sich die Situation am amerikanischen Markt gegen Ende des Jahres 1958 aus der Sicht des Volkswagenwerks bedrohlich zu. In manchen Bundesstaaten war man bereits phasenweise von *Renault* überflügelt worden, und die Führungsposition unter den Importeuren konnte Volkswagen vorübergehend nur dank der *Grauwagen-Importe* halten, die man in Wolfsburg aber eher als lästige Konkurrenz ansah denn als Bundesgenossen im Kampf um den US-Markt. *Van de Kamp* schilderte diese Lage der Dinge in seinem schon zitierten Brief vom 5. Dezember 1958:

»Die Einfuhrzahl für 1959 von 100.000 Renault-Wagen, die vor einigen Monaten erstmals genannt und etwas unglaubwürdig empfunden wurde, scheint nun eine feste Zusage an die hiesige Händlerorganisation zu sein, im Oktober wurden 5619 Renaults zugelassen im Vergleich zu 6654 Volkswagen. Im September betrug der Unterschied nur etwa 400 Fahrzeuge. Aus dem anliegenden statistischen Teil geht einwandfrei hervor, daß ohne den Grauwagen-Markt Renault schon vor 2 bis 3 Monaten an die erste Stelle unter den Importwagen gerückt wäre.«

Vor diesem Hintergrund verlor auch *Nordhoff* seine Gelassenheit. Vom Krankenbett aus versuchte er, die Gründe für die Positionsverluste gegenüber *Renault* zu analysieren und machte dabei schwere Mängel in der amerikanischen Volkswagen-Organisation aus:

»Die Entwicklung mit Renault erfüllt mich mit großer Sorge. Hier sieht man das Bild noch viel klarer als in Deutschland: Während wir in Wahrheit nicht wissen, was wir in U.S.A. tun sollen, und wegen der Zersplitterung auf zu viele Märkte trotz viel größerer Produktion nirgends genug Wagen haben, geht man bei Renault mit einer konsequenten und sehr wirksamen Reklame, die sich ganz vom althergebrachten Schema gelöst hat, und mit einer ganz zielbewußten Leitung siegessicher an die Aufgabe, den Volkswagen zu überholen. Dabei haben wir den Markt erschlossen, und wir müssen die Spitze halten. Der Weg dazu muß gefunden werden – diese Aufgabe steht an, und sie wartet auf eine schnelle Lösung. Statt dessen haben wir gerade in dieser kritischen Zeit und auf diesem äußerst kritischen und immer gefährdeten Markt keine Führung. Durch das Kneifen von Herrn Jansen sind wir in eine ganz und gar schiefe Lage geraten. Am 31. Dezember 1958 geht Herr van de Kamp, und in Wahrheit weiß niemand, wie es dann weiter gehen soll. Herr KALMBACH mag seine Qualitäten haben, aber ich bin sehr im Zweifel, ob er der Mann ist, den wir an der Spitze brauchen. Hierher gehört eine starke Persönlichkeit, der absolut nichts Subalternes anhaftet. Es scheint auch mehr als zweifelhaft, ob wir gerade jetzt das Experiment mit Herrn Dr. Hahn machen sollen, dem es an Erfahrung fehlt – es wäre genug Zeit gewesen, sie ihm zu geben. Immer wieder stoßen wir auf allen Gebieten auf die gleiche Schwierigkeit, daß wir zwar einen ganz guten Nachwuchs im mittleren Bereich haben, daß aber kaum der Mut da war, Leute von großer Befähigung und hohem Wissens- und Bildungsniveau einzustellen und anzulernen, weil die meisten Hauptabteilungsleiter und noch mehr die Abteilungsleiter die Konkurrenz fürchteten oder glaubten, sich womöglich eine Blöße zu geben. Was unserer Organisation fehlt, ist das Niveau. Ich habe in den letzten Tagen mehrfach erwogen, Herrn van de Kamp wieder einzustellen, damit wenigstens die Kontinuität gewahrt bleibt. Dabei ist mir vollkommen klar, was für eine Niederlage für die Geschäftsleitung das sein würde. Ich höre auch nicht, daß etwas unternommen ist, die Zukunft zu sichern. Vielleicht ist das auf meine Krankheit zurückzuführen, aber die Sorge bedrückt mich täglich und stündlich. Wir haben auch, wie ich höre, gerade jetzt, wo es kaum angefangen hat, die Reklame-Agentur ausgebootet. Wer soll es in Zukunft machen? Welche Direktiven sind gegeben? Von wem? Welcher Etat ist angesetzt? Mr. Stewart ist nicht der richtige Mann – mein Fehler –, aber das kann und muß korrigiert werden. Hier müssen alle zuständigen Männer in Wolfsburg sehr bald zu einem Entschluß kommen. Die Exportabteilung muß die außerordentliche Aufgabe sehen, die hier und sicher nicht nur hier allein, ansteht. In Kanada ist kein Nachfolger in Sicht; in Englewood Cliffs versucht man, ich weiß nicht, mit welchem Erfolg –, einen der wenigen sehr guten Leute nach Wolfsburg zu holen.

Wir müssen diese Außenpositionen stark machen, nicht sie durch Abzüge schwächen. Wenn wir in Wolfsburg gute, aber wirklich gute jüngere Leute haben, dann müssen wir ihnen eine Chance im Ausland geben. Bitte verstehen Sie, wie es mich schmerzt, hier ans Bett gefesselt zu sein, wo so vieles geschehen muß; aber es ist ganz ausgeschlossen, daß ich in den nächsten Wochen wieder voll arbeitsfähig bin. Wir müssen gegebenenfalls etwa ab Mitte Januar eine Zusammenkunft hier oder in New York ansetzen oder später nach meiner Rückkehr in der zweiten Januar-Hälfte ein Gespräch in Wolfsburg, noch bevor ich in ein Sanatorium gehe, was ich dringend brauchen werde.«[40]

Schließlich bekam *Carl Hahn* ungeachtet aller Bedenken wegen seiner Unerfahrenheit das Vertrauen und avancierte zur neuen Führungsfigur in Englewood Cliffs. Er leitete – in Abstimmung mit *Nordhoff* – eine ebenso rasche wie durchgreifende Reorganisation der *Volkswagen of America* ein. Diese Reorganisation konzentrierte sich in erster Linie auf eine organisatorische Zentralisierung, Korrekturen an der Ausgestaltung des Händlernetzes, die Neuordnung der Werbung und die Senkung der Zollkosten. Bezüglich der organisatorischen *Zentralisierung* gab *Nordhoff* in einem persönlichen Schreiben vom 2.4.1959 an *Alfred Kalmbach* in San Francisco die notwendigen Direktiven:

>»Der Board of Directors der Volkswagen of America, Inc. hat sich in Anbetracht der Bedeutung des amerikanischen Marktes entschlossen, die Leitung der Volkswagen of America in Englewood Cliffs zu zentralisieren. Aus dieser auf sachliche Überlegung gestützten Entscheidung ergeben sich einige Konsequenzen insofern, als die bisher bestehende Zweigleisigkeit zwischen Englewood Cliffs und San Francisco beseitigt wird. Über die Durchführung dieser Maßnahme haben wir hier eingehend mit Herrn Dr. Hahn gesprochen, der das alles im einzelnen mit Ihnen abstimmen wird – das Büro San Francisco als solches bleibt natürlich bestehen.[41] Es besteht die Absicht, wenn irgend möglich weder in Englewood Cliffs noch in San Francisco die Zahl der Bürokräfte zu erhöhen, während die im Verkaufsgebiet tätigen Beauftragten der Kundendienst-, Teile- und Verkaufsabteilung dem steigenden Umfang des Geschäftes angepaßt werden können, soweit das nötig ist.«[42]

Die Zusammenfassung der Richtlinienkompetenz innerhalb der Vereinigten Staaten in Englewood Cliffs versetzte *Hahn* in die Lage, strukturelle Schwächen auch in der Westküsten-Organisation aufzuspüren und *direkt* auf ihre Abstellung hinzuwirken. Diese Schwächen lagen einerseits darin, daß die VW-Händler an der Westküste mit ihren *Investitionen* stark zurückhingen und andererseits darin, daß ihre relativ hohen *Gewinnmargen* zu Lasten einer offensiven Preispolitik gingen. Beide Aspekte spielten *Renault* in die Hände, und beide Aspekte versuchte *Hahn* engagiert zu korrigieren.

>»Die Haendler mit den hoechsten Zuteilungen und groessten Gewinnspannen pro Fahrzeug liegen in ihren Investitionen gegenüber der Ostkueste zurueck. Sie haben so gut wie keine Verkaufsorganisation, und alle Erklärungen ueber Wartelisten halten einer naeheren Prüfung nicht Stand. Ausgerechnet in dem Staat, in dem Renault am klarsten fuehrt, haben wir so gut wie keine Warteliste. Sicherlich koennen wir hier in unverhaeltnismaessig kurzer Zeit gute Fortschritte machen. ... Im Vordergrund steht fuer uns die Einfuehrung unserer neuen (suggested) Preise, die ganz besonders eine

gewisse Anhebung der Transporterpreise fuer einige Modelle im Osten bedeuten, was auf unseren Verkauf keine negativen Auswirkungen haben wird. Wie jedoch nicht anders zu erwarten, hat die Angleichung der (suggested) Gewinne zwischen der West- und der Ostkueste auf dem niedrigeren Niveau der Ostkueste wenig Begeisterung bei unseren Partnern ausgeloest, die liebend gern sich der Westkueste angeschlossen haetten; mein "popularity score" duerfte entsprechend gesunken sein. ... Da im Westen sowohl Grosshaendler als auch Haendler pro Fahrzeug Rabattkuerzungen von uns vorgeschlagen erhielten und akzeptiert haben, war ich einige Tage an der Westkueste, um die Reaktion aus erster Hand zu erfahren. Dabei haben unsere Partner an der West- kueste, wie auch in St. Louis (hier verringert sich der Grosshaendler-Gewinn um $9.00 pro Fahrzeug), unsere Argumente verstaendnisvoll aufgenommen. Im Gebiete von San Antonio war eine Korrektur der Preise fuer Modell 113 und 117 notwendig, weil hier die von der Volkswagen of America im April 1958 herausgegebene Preisliste of- fensichtlich aufgrund einer stillschweigenden Uebereinkunft nicht beachtet wurde und unser "suggested retail price" nicht $1,582.00, sondern $1,607.00 betrug.«[43]

»Wir hatten vom 24. bis 27. Oktober ein Treffen unserer Grosshaendler in Mexiko veranstaltet. Dabei versuchten wir insbesondere unsere Partner an der Westkueste davon zu ueberzeugen, *dass die Zuruecknahme der Rabattsaetze auf die Hoehe der Ostkueste eine marktgerechte Maßnahme ist.* ... Wir rechnen damit, dass man unsere neue Preisempfehlung befolgen wird, die, neben unserem Beitrag, mit $17.80 von den Grosshaendlern und $36.65 von den Haendlern getragen wird. Wir haben ausserdem die Aenderungen in unserem Grosshaendler – und Haendlervertrag des Jahres 1961 mit unseren Geschaeftspartnern besprochen, die teilweise auf deren Anregungen zurueckgehen. In Zukunft werden wir im Haendlervertrag bestimmen, wie hoch das Mindestkapital zu sein hat, das wir fuer eine geordnete Finanzierung der Taetigkeit des Haendlers voraussetzen.«[44]

Aber auch an der Ostkueste entdeckte Hahn Handlungsbedarf. Hier fürchtete er, durch eine zu große Konzentration des Absatzes im Gebiet der »*World-Wide Automobiles Corporation*« in die Abhängigkeit von einem »Distributor« zu gera- ten. Die Lösung erblickte er in einer Abtrennung zumindest West Virginias vom Verkaufsgebiet des erfolgreichen New Yorker Großhändlers:

»Wenn man bedenkt, daß im jetzigen Gebiete World-Wide ueber 35,000,000 Men- schen wohnen, so waere es unvermeidlich, dass wir im Laufe der Jahre in eine immer groessere Abhaengigkeit zu einem einzigen Grosshaendler geraten wuerden. Noch ist es nicht zu spät, im Gebiete World-Wide und spaeter auch in zwei oder drei ande- ren Gebieten gewisse Veraenderungen vorzunehmen, damit nicht wenige Grosshaend- ler uns eines Tages ihre Bedingungen diktieren koennen.«[45]

Es gelang *Hahn,* in Wolfsburg für seinen Plan Unterstützung zu erhalten, und zu seiner Überraschung verschloß sich auch »*World-Wide*« selbst seiner Argu- mentation nicht, wobei man allerdings die Schlüsselfigur dieser Firma, *Arthur Stanton,* mit der Aussicht auf eine Kapitalbeteiligung an einer neu zu gründen- den Großhandelsfirma entschädigen mußte. Diese Aussicht schien *Hahn* indes nicht sehr realistisch zu sein:

»Anlaesslich eines Essens habe ich Mr. Stanton am 1. September unsere Absicht mit- geteilt, die Staaten Pennsylvanien und Delaware aus dem von World-Wide zu betreuenden Gebiet herauszunehmen. Obwohl wir urspruenglich nur an die Abtrennung von Pennsylvanien dachten, habe ich Delaware hinzugenommen, um uns die Möglichkeit einer Konzession zu geben. Ausserdem passt, wirtschaftlich und geographisch gesehen, Delaware gut in das neu zu schaffende Gebiet hinein. Begruendet habe ich unseren Schritt mit der Tatsache, dass wir ein weiteres Wachstum unseres Absatzes in den Vereinigten Staaten voraussehen und es nicht verantworten koennten, wenn ein Grosshaendler in eine Groessenordnung hineiwaechst, die als ungesund betrachtet werden muss und unser Absatzsystem Grosshaendler:Händler in Frage stellt. (World-Wide wird zum Jahresende 90 Haendler in seinem gegenwaertigen Gebiet haben.) Die erste Reaktion von Mr. Stanton war aeusserst interessant, denn er erklaerte mir, dass er einen solchen Schritt nach Lage der Dinge erwartet habe, wenn er ihn auch aus verstaendlichen Gruenden auf keinen Fall begruesst. ... Mr. Stanton hat sich taktisch geschickt sofort auf die Linie einer Beteiligung – von ihm persoenlich – an der neuen Grosshandelsfirma zurueckgezogen. Gegenwaertig ist er an World-Wide mit 20%, sein Bruder mit 15% beteiligt. Die groesste Gruppe wird von der Familie Dretzin vertreten, die über 43% des Kapitals verfügt. ... Gegen eine Beteiligung von Mr. Stanton an der neuen Firma bestehen aktienrechtliche Bedenken, die ich absichtlich noch nicht zur Sprache gebracht habe, und ueber die uns Herr Herzfeld gerade ein Exposé fuer unsere Wolfsburger Verhandlungen vorbereitet. Nach amerikanischem Recht ist es naemlich Mr. Stanton verboten, ohne die Zustimmung aller seiner Aktionaere eine Beteiligung zu uebernehmen, die ihm persoenlich gegenueber seinen Aktionaeren Vorteile bringt. Ich glaube kaum, dass er eine solche Zustimmung erhalten wird. Es sei denn, er verkauft Anteile aus seinem gegenwaertigen World-Wide-Besitz an seine Mitaktionaere. Hier liegt es aber in unserem Interesse, den Anteil der Familie Dretzin nicht ueber das bisherige Ausmass hinauswachsen zu lassen. Meinem Gefuehl nach sollten wir deshalb auf eine Minoritaetsbeteiligung von World-Wide an der neuen Firma zusteuern, was im Interesse eines reibungslosen Ueberganges befuerwortet werden kann, solange wir darauf achten, dass die neuen Partner die Fuehrung der zu gruendenden Grosshandelsfirma eindeutig in der Hand behalten.«[46]

Die *Umstrukturierung der Händlerorganisation* ging Hand in Hand mit ihrer Ausweitung, um angesichts der erreichten Absatzzahlen eine angemessene Kundenbetreuung zu gewährleisten. Unter *Hahns* Ägide sollte sich die Zahl der amerikanischen VW-Händler innerhalb von vier Jahren fast verdoppeln. 366 Händlern Ende 1958 standen 687 Händler Ende 1962 gegenüber. Demgegenüber blieb die Zahl der »Distributors« mit 15 – und vorübergehend 16 – konstant. *Hahn* war davon überzeugt, daß die von ihm betriebene Expansion der Händlerorganisation auch ihre Qualität verbessert habe:

»Die Qualität der in den letzten beiden Jahren ernannten Haendler ist aussergewoehnlich. Die Verkaufszahlen fuer Personenwagen, Karmann Ghia und Transporter haben im uebrigen gezeigt, dass unsere Organisation echtem Wettbewerb zu begegnen in der Lage ist.«[47]

»Eine Hypothek sind nach wie vor die "Pioniere" des Volkswagens in diesem Lande, die Haendler aus der Anfangszeit, die meist ohne Automobilerfahrung zu uns stiessen und nur mit Muehe auf den richtigen Weg gebracht werden koennen. Im Gegensatz hierzu sind die in den letzten beiden Jahren ernannten Haendler erfahren, folgen unseren Vorschlaegen und liegen schon heute qualitativ an der Spitze.«[48]

Auch auf dem Felde der *Werbung* wurden die Dinge neu geordnet. Die Agentur »*Doyle, Dane und Bernbach*« ersetzte die Firma »*Mathes*« in der Zusammenarbeit mit *Volkswagen of America,* und diese Zusammenarbeit verlief so erfolgreich, daß man in Wolfsburg phasenweise darüber nachdachte, die Dienste der amerikanischen Agentur auch für den deutschen Markt in Anspruch zu nehmen.[49] Auch wurde die Werbung für den US-Markt organisatorisch von der Pflege der »Public Relations« abgekoppelt[50], und schließlich wurde in der Neufassung der Goßhändlerverträge von 1960 die Verteilung der im Zusammenhang mit der Werbung anfallenden Kosten auf die einzelnen Glieder der Absatzorganisation detailliert geregelt.

Die Reorganisation von *Volkswagen of America* unter der Regie von *Carl Hahn* begann 1959. Sie fiel zusammen mit der Markteinführung von »compact cars« durch die drei großen US-Konzerne, welche die Konkurrenz am amerikanischen Automobilmarkt im Segment unterhalb der Standard-Klasse abermals massiv verschärfte. Um diese Herausforderung parieren zu können, mußte das Volkswagenwerk die organisatorischen Maßnahmen durch eine maßvolle Preispolitik in den USA flankieren.

> »Ich teile völlig Ihre Auffassung, daß von weiteren Preiserhöhungen nun Abstand genommen werden muß, da nach meiner Beurteilung die gesamte Situation solche Maßnahmen nicht mehr zuläßt. Rückblickend erweist es sich als richtig, daß wir die kleine Anhebung des Preises vorgenommen haben, um so mehr, als jetzt diese Möglichkeit nicht mehr bestehen würde.«[51]

Wie die Zahlen zeigen, bewährte sich die Doppelstrategie, die eine moderate Preispolitik mit der Herstellung ausgewogener organisatorischer Verhältnisse verband, nachgerade hervorragend. Während alle anderen Importmarken – und insbesondere *Renault* – nach ihrem Höhenflug bis 1959 von der Offensive der »compact cars« geradezu vernichtend aus dem Felde geschlagen wurden, konnte Volkswagen im *Personenwagenbereich* nicht nur seine einstige Dominanz unter den Importeuren wiederherstellen, sondern seine Position auch gegen die »compact cars« halten und sogar leicht ausbauen. Bereits Ende 1960 stand fest, daß *Renault* am US-Markt kein ernsthafter Konkurrent mehr für Volkswagen war, und daß sich andererseits der »Käfer« als Hauptkonkurrent der »compact cars« herauskristallisiert hatte:

> »Es ist wohl kein Zufall, daß wir in einem Markt, in dem wir unter vergleichbaren Bedingungen mit Renault konkurrieren, nunmehr einen einmaligen Vorsprung errungen haben. Waehrend man noch im Februar saebelrasselnd verkuendete, Volkswagen in diesem Jahr in den Vereinigten Staaten zu ueberholen, wurde inzwischen die Lage von Renault zu einem Politikum fuer General De Gaulle. Ein Vergleich unserer Zulassungszahlen mit denen der europaeischen Konkurrenz in USA wird mehr und mehr bedeutungslos, denn es kann kein Zweifel sein, dass sowohl auf dem Transporter- als auch auf dem Personenwagen-Gebiet die amerikanischen »compacts« unsere echten Konkurrenten geworden sind. Der Anteil der »compacts« an der amerikanischen Automobilproduktion betraegt gegenwaertig ein Drittel.«[52]

Im Frühsommer 1961 konnte *Carl H. Hahn* stolz seinem Mentor *Nordhoff* vermelden:

>»Mit 15.881 VW-Personenwagen erreichten wir im Maerz unser bisher bestes Ergebnis, – wiederum fast 50% der Verkäufe importierter Automobile. Weit interessanter und wichtiger ist die Tatsache, dass wir unter den zehn Kompaktwagen an vierter Stelle liegen (Falcon, Corvair und Rambler) und in den Gesamtzulassungen an neunter.«[53]

Eine *notwendige* Voraussetzung für das erfolgreiche Abschneiden des Volkswagenwerks am US-Markt unter den verschärften Konkurrenzbedingungen der späten fünfziger Jahre war die preisliche und qualitative Wettbewerbsfähigkeit seiner Fahrzeuge. *Hinreichend* für den Erfolg aber war erst, daß man in Wolfsburg und Englewood Cliffs aus den Schwierigkeiten des Jahres 1958 die richtigen Schlußfolgerungen im organisatorischen Bereich gezogen hatte. Denn die Stärken des Volkswagenwerks im preislichen und qualitativen Bereich kamen erst voll zur Geltung, seit der Absatz in den USA nicht mehr durch lange Lieferzeiten und einen mangelhaften Service behindert wurde. Eine schlagkräftige Organisation war hierfür unerläßlich. Für das Management der *Volkswagen of America* lag es auf der Hand, daß das Scheitern *Renaults* seine Ursache darin hatte, daß die französische Firma ihren USA-Export ohne Rücksicht auf das Leistungsvermögen ihrer Absatzorganisation forciert hatte.

>»Da nicht nur Renault-Haendler, sondern auch Renault-Grosshaendler erhebliche Verluste hinnehmen mußten (zweifellos Renault selbst die hoechsten), war Renault gezwungen, zwei weitere Grosshaendler in eigene Regie zu uebernehmen, nachdem die Grosshaendlerfirmen in Denver und Boston bereits im vorigen Jahr uebernommen worden waren. ... Muehsam versucht der neue Praesident von Renault, der uns bestens bekannte Monsieur Bosquet, die Renault Inc. und die Renault of America – die Holding-Gesellschaft fuer die von Renault betriebenen Grosshandelsfirmen – zu reorganisieren. Obwohl man im letzten Jahr einer Werbeagentur ueber $5,000,000 im buchstaeblichen Sinne in den Rachen warf, besitzt man erst seit wenigen Wochen einen Werbeleiter (Jeder VW-Grosshaendler verfuegt ueber einen Werbeleiter.) Aehnlich liegen die Verhaeltnisse auf dem Gebiete der Public Relations. Die Public-Relations-Firma von Renault, Carl Byoir, hat bekanntlich die Dauphine in das hoffnungslose "Rennen" gegen den Volkswagen geschickt. Nunmehr versucht Renault, sich unserem Stil anzupassen – selbst in der Werbung – ein ebenfalls hoffnungsloses Unterfangen. Es ist sicherlich interessant zu sehen, dass Renault die gleichen Fehler in England wie auch auf anderen Maerkten mit Fleiss offensichtlich zu wiederholen versucht.«[54]

>»John Greene, der groesste Grosshaendler von Renault, welcher die Staaten Kalifornien, Arizona, Nevada und Utah betreut und 1959 mehr Fahrzeuge verkaufte als Stantons World-Wide Automobile Corporation, ist nunmehr ebenfalls von Renault Incorporated uebernommen worden. Damit gehoeren von den verbleibenden elf Grosshaendlerfirmen vier dem Importeur, nachdem zwei liquidiert und aufgeteilt worden waren.«[55]

Ende 1961 hatte Volkswagen seine Position am US-Markt bei den Personenwagen so weit gefestigt, daß man es sich erlauben konnte, ohne Rücksicht auf die

Konkurrenz *rentabilitätssteigernde* Maßnahmen zu beschließen. Der Ansturm der anderen europäischen Importeure war endgültig abgewehrt worden und auch gegenüber den »compact cars« hatte man sich erfolgreich behauptet. Vor diesem Hintergrund wurde der Werbeetat »radikal« gekürzt, und zusätzlich wurde eine Preiserhöhung beschlossen:

> »Erhoehung des Preises fuer unseren Personenwagen um $30.00 an der Ost- und $20.00 an der Westkueste (von $1,595.00 auf $1,625.00/$1,675.00 auf $1,695.00). Von dieser Massnahme versprechen wir uns natuerlich auch eine betraechtliche zusaetzliche Einnahme. Wenn man Umsatzsteuer und eine gewisse Beteiligung des Haendlers abzieht, handelt es sich um $3,000,000 fuer 1962.«[56]

Weniger problemlos verdaute das Volkswagenwerk die Konkurrenz der »compact cars« im *Transporterbereich,* worauf schon der sinkende Anteil der Transporter an den USA-Exporten ab 1960 hinweist. Wesentlich stärker als bei den Pkws offenbarte sich hier, daß die von *Hahn* eingeleitete Reform nicht innerhalb kurzer Zeit flächendeckend alle Strukturschwächen beseitigen konnte. Anfang 1961 schilderte *Hahn* mit Blick auf den Transporterabsatz eine »ernste« Situation nach Wolfsburg, die – je nach der Leistungsfähigkeit der örtlichen Händlerorganisation und den wirtschaftlichen Rahmenbedingungen – in den verschiedenen Landesteilen in ihrer Bedrohlichkeit variierte. Der Ursprung des Problems lag für *Hahn* auf dem Gebiet der Logistik. Die Lieferfristen des Volkswagenwerks waren aus seiner Sicht zu lang:

> »Der Rueckgang unserer Transporterverkaeufe ist unterschiedlich von Gebiet zu Gebiet und spiegelt sowohl die Staerke der jeweiligen Haendler und Grosshaendler wider als auch die regionale Konjunkturlage. (Zentren der Arbeitslosigkeit, insbesondere im Mittleren Westen). ... Die Schwierigkeiten unserer Haendler auf dem Transportersektor haengen im erheblichen Masse mit der grossen, wenn auch leider natuerlichen Verzoegerung zusammen, die zwischen der Abgabe der Bestellung durch den Haendler und dem Eintreffen des Fahrzeuges verbunden ist. Sie betraegt an der Westkueste mehr als drei Monate. ... Waehrend die Haendler der einheimischen Industrie von den Montagewerken Fahrzeuge in den verschiedenen Sonderausstattungen innerhalb von zehn Tagen erhalten, sind unsere Haendler kaum in der Lage, ein vernuenftig assortiertes Lager zu unterhalten. Die einzig vernuenftige und von unseren Grosshaendlern auch akzeptierte Hilfe ist deshalb ein Grosshaendlerlager, welches zur Hauptsache aus Modellen besteht, deren Anteil an unseren Verkäufen verhaeltnismaessig gering ist, die im Bedarfsfall aber sehr schnell dem Haendler zur Verfuegung gestellt werden kann.«[57]

> »Auch Herr Hinke wurde über die gegenwärtige Lage informiert, die, nüchtern beurteilt, zweifellos ernst ist.
> 1. Wie aus der Anlage ... ersichtlich, wurden im November 2.285 VW-Transporter zugelassen. Wir erreichten immer noch einen Marktanteil von 6% (Oktober 6,2%) Die Lastwagenverkäufe aller Marken in die USA sind aber im Oktober und November so weit zurückgegangen, daß der Marktanteil lediglich eine relativ gute, für uns aber im Ergebnis unbefriedigende Situation widerspiegelt.
> 2. Aufgrund der verschärften Wettbewerbssituation (Ford unterbietet uns erheblich durch Preisnachlässe) und der weiter nachlassenden Konjunktur (über fünf Millio-

nen Arbeitslose) konnten unsere Händler im Dezember nur noch zirka 1.700 Fahrzeuge verkaufen.[58]

Offenbar lag der Schlüssel für die Lösung des Problems in der Verbesserung des Transporternachschubs aus Deutschland. Andererseits jedoch mußten mehr Fahrzeuge unweigerlich zu hohen und kostenträchtigen Lagerbeständen in den USA führen, solange es nicht gelang, den stark angeschlagenen Transporterabsatz neu zu beleben. Dieser aber war durch häufig auftretende Fahrzeugschäden und die flaue Konjunkturlage in den Vereinigten Staaten zusätzlich unter Druck geraten. Daher mußte die *Volkswagen of America* bei anhaltender Talfahrt zunächst die Zahl der aus der Bundesrepublik abgerufenen Transporter mehrfach reduzieren und alle Anstrengungen auf die Marktpflege richten:

»Wir werden im Februar die Transporterverkaufszahlen des Monats Januar nicht erreichen, nachdem unsere relativ starken Grosshaendler an der Ostkueste aufgrund der weiterhin stagnierenden wirtschaftlichen Situation besonders zurueckfielen. Damit wird nun selbst der Abruf der uns fuer Mai und Juni vorgesehenen, herabgesetzten Transporterstueckzahlen in Frage gestellt, weil sich diese Produktionsmonate bei uns erst zum Modelljahrende in Schiffsankuenften auswirken werden und der Monat Februar, wie aus beiliegender Statistik ersichtlich, unsere Lagerbestaende weiter ansteigen liess. ... Natuerlich unternehmen wir weiterhin alle nur denkbaren Anstrengungen: Neben unseren Massnahmen auf dem Gebiet der Werbung und des Verkaufs fuehren wir die Konzentration unseres Aussendienstes und der Aussendienste unserer Grosshaendler, und zwar auch der Kundendienst-Ingenieure, auf die Foerderung des Transporterverkaufs weiter fort. Nachdem es im Anschluss an den langen Winter zu einer aussergewoehnlichen Haeufung von Winterschaeden (Kupplung) kam, war eine Betreuung von Grossabnehmern notwendig geworden, um ein Abstossen unserer Fahrzeuge zu Gunsten der Econoline (Ford) und des Corvan von General Motors zu verhindern.«[59]

Gegen Mitte des Jahres begann sich die Lage im Transporterbereich deutlich zu entspannen. Nicht nur zog mit dem einsetzenden Konjunkturaufschwung der Absatz in absoluten Zahlen an, auch der Marktanteil des Volkswagenwerks ließ Anzeichen einer Konsolidierung erkennen. Im April berichtete *Hahn* von einer »ermutigenden« Zahl der Transporterverkäufe[60], im Juni erreichte der VW-Transporter in der Lastwagenklasse mit 6,1% bereits wieder den Marktanteil des Vorjahres[61], und im Juli sah sich *Hahn* schon veranlaßt, vor einer verfrühten Euphorie zu warnen, die angesichts einer Zahl von 2.500 verkauften Transportern in Wolfsburg aufkommen mochte.[62] Die Krise des Transporterabsatzes in den Vereinigten Staaten, die konjunkturelle und organisatorische Gründe hatte, war durchschritten. In der Rückschau identifizierte *Carl Hahn* die Konzentration der Verkaufsanstrengungen auf die *Achtsitzermodelle,* die erstmals Lieferwagen aus Wolfsburg für einen Teil des amerikanischen Privatpublikums attraktiv machte, als entscheidend für die Überwindung der Krise:

»Die von uns im Januar eingeleitete Schwerpunktverlagerung auf die Achtsitzer-Modell hat sich bewaehrt und ist auch finanziell vernuenftig. Unsere Werbung hat einen wesentlichen Beitrag beim Verkauf von Achtsitzer-Fahrzeugen an Privatpersonen geleistet – ein Abnehmerkreis, der im uebrigen das Fahrzeug weniger strapaziert und uns damit auch auf dem Gebiet der Gewaehrleistung und Kulanz weniger belastet als gewerbliche Abnehmer.«[63]

Überblickt man die Entwicklung des USA-Exports bis 1962 aus der Sicht des Volkswagenwerks, so ist festzuhalten, daß die Serie der Erfolge auf dem amerikanischen Markt durch zwei Krisen unterbrochen wurde. 1958 brachte das Aufkommen europäischer Wettbewerber die dominierende Position des Volkswagenwerks bei den importierten Personenwagen ins Wanken, und im Winter 1960/61 geriet das Transportergeschäft vor dem Hintergrund einer problematischen Konjunkturlage infolge logistischer Schwierigkeiten und der Konkurrenz durch die »compact cars« unter Druck. In beiden Fällen reagierte das Unternehmen auf die Schwierigkeiten durch die *Mobilisierung interner organisatorischer Effektivitätsreserven.* Die Voraussetzung dafür, daß das Krisenmanagement greifen konnte, war natürlich, daß die Konkurrenzfähigkeit der Fahrzeuge prinzipiell gesichert war und nur *vorübergehend* durch konjunkturelle Faktoren und innere Reibungsverluste blockiert wurde. Unter diesen Umständen war es nicht notwendig, für die Überwindung der Krise auf Marktabsprachen mit der Konkurrenz oder politischen Lobbyismus zu setzen.

Daß man auf derartige Aktivitäten auch tatsächlich verzichtete, war maßgeblich der Richtlinienkompetenz *Heinrich Nordhoffs* zuzuschreiben. Als *General Motors, Ford* und *Chrysler* 1959 ihre »compact cars« auf den Markt brachten und diese Offensive zusammenfiel mit immer lauteren »Buy-American«-Kampagnen in der amerikanischen Öffentlichkeit, befürchteten die Automobilimporteure – allen voran *Renault* –, die US-Regierung könne über kurz oder lang durch Zollerhöhungen oder Mengenbeschränkungen die Position der ausländischen Marken systematisch unterminieren.[64] Diese Aussicht ließ die Importfirmen über politische Initiativen nachdenken, um in Washington die Abwehr des befürchteten Protektionismus zu organisieren. In diesem Zusammenhang schien die »NADA« – der amerikanische Automobilhändlerverband – ein geeignetes Forum zu sein. Man hoffte, die Verbandspolitik in der Zollfrage auf eine den Importeuren »wohlwollende Neutralität« festlegen zu können und unter dem Dach der »NADA« eine effektive »Imported Car Division« ins Leben rufen zu können. Darüber hinaus ventilierten *Renault, Fiat, Volvo* und andere Importeure die Gründung einer »Automobil Importers Association«, die in der amerikanischen Politik als Sprachrohr der Automobilimporteure fungieren sollte und in die auch Volkswagen einbezogen werden sollte. *Hahn* stand der Idee einer Kooperation zwischen den Importmarken mit Sympathie gegenüber:

»Wenn wir nicht ueber eine serioese Interessenvertretung in Washington verfuegen, koennte es auf dem Gebiete der Zollpolitik oder der Unfallverhuetungsgesetzgebung zu Massnahmen des Gesetzgebers kommen, die den Verkauf des importierten europaeischen Kleinwagens erschweren, vielleicht sogar unmöglich machen, ganz einfach aufgrund der Tatsache, dass dem Gesetzgeber keine Informationen von unserer Seite vorliegen. ... Nach dem jetzigen Stand unserer Ueberlegungen waere der naechst-folgende Schritt eine Fuehlungnahme mit Renault und Fiat.«[65]

Nordhoff jedoch erblickte in der sich abzeichnenden Annäherung zwischen den Importeuren keinen Vorteil, der Abstriche bei der Handlungsautonomie des Volkswagenwerks hätte ausgleichen können, und seine Vorbehalte verhinderten, daß *Hahns* Überlegungen in die Tat umgesetzt wurden:

»Die Möglichkeit eines Zusammengehens in dieser Angelegenheit mit anderen Importeuren halte ich für gar nicht wünschenswert, so daß ich darum bitten möchte, Schritte in dieser Richtung nicht zu unternehmen. ... Ich bin davon überzeugt, daß ein solcher Zusammenschluß uns keine Vorteile bringen würde, wohl aber Bindungen enthalten könnte, die recht unbequem werden können. Ich bitte Sie also, in dieser Frage äußerst zurückhaltend zu sein. Hinzu kommt, daß bei der vorhersehbaren Entwicklung des Automobil-Imports nach Amerika aller Wahrscheinlichkeit nach nichts wünschenswerter sein kann, als seine Interessen allein zu vertreten, ohne anderen verpflichtet zu sein. ... Mir scheint unvermeidlich, daß die importierten Wagen, die im Preisbereich der compact cars liegen, leiden werden, ebenso wie ich hoffe, daß die allzu vielen Kleinen mit der Zeit nicht mehr dabei bleiben können. Wir dürfen uns nicht durch solche Verallgemeinerungen beeinflussen lassen, denn uns interessiert allein und ausschließlich die Entwicklung unseres eigenen Imports nach U.S.A, und nur ganz am Rande beobachten wir das, was andere Firmen erreichen oder nicht erreichen.«[66]

Bis 1962 ärgerte man sich bei *Volkswagen of America* über die Konkurrenz durch die »Grauwagen«, die gewissermaßen aus dem eigenen Lager kam und viel schwieriger zu bekämpfen war als die »compact cars« oder andere Importfirmen. Bei den »Grauwagen« handelte es sich um in den USA verkaufte Volkswagen, die nicht unter der Regie des Volkswagenwerks exportiert worden waren. Zu Spitzenzeiten belief sich ihr Anteil an den Volkswagenverkäufen in manchen Landesteilen auf über 40%.[67] Der »Graue Markt« zeitigte aus Wolfsburger Sicht ambivalente Resultate. Auf der einen Seite stand der Prestigeeffekt, der sich daraus ergab, daß das Volkswagenwerk *dank des »Grauen Markts«* statistisch auch dann nicht seine Spitzenstellung unter den Importeuren einbüßte, als ihm Renault 1958 bedrohlich nahe kam. Andererseits aber absorbierte der »Graue Markt« einen beträchtlichen Teil des profitablen USA-Geschäfts und schädigte auf diese Weise unmittelbar die ökonomischen Interessen des Unternehmens. Zudem sorgte er für Spannungen innerhalb der amerikanischen Absatzorganisation, denn die offiziellen Vertragshändler der *Volkswagen of America* mußten die Betreuung der »Grauwagen«, sobald diese einmal liefen, mit übernehmen, um nicht den mühsam erworbenen Ruf des exzellenten Service aufs Spiel zu setzen. Diese Verpflichtung aber implizierte aus Sicht der Händler erhöhte Investitionen, denen keine entsprechenden Verkäufe – und damit Gewinne – gegenüberstanden. Die Investitionen wiederum trieben die Kosten in die Höhe, so daß die Lizenzhändler des Volkswagenwerks gegenüber den »Grauwagen-Händlern« an der Preisfront in die Defensive gerieten.

Der Ansatzpunkt für die Entstehung des »Grauen Markts« war die Preisdifferenz zwischen der Bundesrepublik und den USA. Da der Verkaufspreis für die Fahrzeuge des Volkswagenwerks in der Bundesrepublik wesentlich niedriger lag als in den Vereinigten Staaten, winkten für die »Grauwagen«-Exporteure respektable Gewinne, wenn es ihnen gelang, die Summe aus Fracht-, Zoll- und Verkaufskosten unterhalb der Höhe dieses Preisunterschiedes zu halten. Weil aber für solche Exporteure weder Kosten zur Unterhaltung eines flächendeckenden Händlernetzes noch Werbungskosten anfielen, war diese Voraussetzung nicht allzu schwer einzulösen.[68] Die Rentabilität des »Grauwagenimportes« basierte also auf einer klassischen »free-rider-«Strategie. Legale Möglichkeiten, um gegen den »Grauen Markt« vorzugehen, standen dem Volkswagenwerk kaum zur Verfügung, und so bestand die einzige Möglichkeit, diesen Markt auszutrocknen, in der gezielten Anpassung des »regulären« Angebots an Fahrzeugen an die meist überschießende Nachfrage nach Volkswagen, kombiniert mit einer offensiven Preispolitik, welche die Spielräume der »Grauwagen«-Händler strangulierte.

> »Das am schwierigsten zu loesende und die Moral unserer Haendler gefaehrdenste Problem ist der Grauwagenmarkt, womit ich Ihnen nichts Neues sage. Ich moechte aber darauf zu sprechen kommen, nicht etwa nur wegen der Eindruecke, die wir in Jacksonville hatten, als wir bei der Ausladung von 350 "grauen", neuen Volkswagen zugegen waren, sondern weil ich glaube, dass wir den grauen Markt nicht mit einer kontinuierlichen Steigerung unseres Exportes nach den USA beseitigen werden. Die Aufnahmefaehigkeit dieses Marktes fuer Volkswagen geht ganz einfach ueber unsere Kraefte hinaus. Die Gefahr des "Grauimportes" wird deshalb solange bestehen, wie das gegenwaertige Preisgefaelle zwischen Deutschland und USA. Theoretisch waere die am schnellsten und am radikalsten wirksame Massnahme eine Preiserhoehung in Deutschland, was mir aber schon allein aus politischen Gruenden undurchfuehrbar erscheint. Somit bleibt nur ein zweiter Weg offen: nach klassischer "Boersenmanier" durch ein momentan erhebliches Angebot von Volkswagen den Grauwagenpreis zum Zusammenbruch zu bringen. Man geht sicher nicht fehl in der Annahme, dass der Einstandspreis des Grauwagenhandels ungefaehr in der Groessenordnung unseres »suggested list price« liegt und jeder dieser Wagen voll finanziert ist. Sobald der Gebrauchtwagenhandel den Eindruck erhaelt, dass wir den Markt "ueberschwemmen", wird eine Panik entstehen. Da unsere Gegner wissen, dass wir so etwas wiederholen koennen, werden sich weder Banken noch Finanzierungsinstitute so wie bisher bereit finden, den bisher als sicher geltenden Grauimport zu finanzieren. Nach meinem Gefuehl braucht man fuer eine solche Aktion der Schwerpunktbildung mindestens 10 000 Personenwagen, die innerhalb von acht Wochen eintreffen muessten.«[69]

Zwar startete *Hahn* anläßlich eines Besuches von *Erhard* in den Vereinigten Staaten eine Initiative, um dem »Grauen Markt« auch auf politischer Ebene die profitablen Rahmenbedingungen zu entziehen:

> »Professor Erhard, der auf dem Rueckwege von Washington nach Deutschland vierundzwanzig Stunden in New York weilte, hielt vor der Deutsch-Amerikanischen Handelskammer eine Rede und informierte sich im Anschluss daran bei mir sehr eingehend ueber die Lage auf dem amerikanischen Automobilmarkt. ... Dabei kamen wir

auch auf den Import von deutschen Fahrzeugen, insbesondere Volkswagen, Merce-
des-Benz und Porsche, durch sogenannte Grauhaendler zu sprechen, deren Geschaefte,
obwohl sie "gebrauchte" Fahrzeuge exportieren, durch die Ausfuhrverguetung und
Haendlerausfuhrverguetung von mehr als 6,5% zu Lasten der deutschen Steuerzahler unterstuetzt werden. Diese Ausgleichszahlungen zu Gunsten der sogenannten
Grauexporteure werden im Jahre 1960 mit aller Wahrscheinlichkeit die DM
10.000.000-Grenze ueberschreiten. Ich habe den Eindruck, dass Professor Erhard nicht
nur wegen der steuerlichen Belastung fuer eine Abschaffung der Ausfuhrverguetun-
gen beim Export von gebrauchten Fahrzeugen zu gewinnen waere. Bringen doch diese
Exporte mehr Fahrzeuge nach Amerika, als von uns beabsichtigt ist, und sie erhoehen damit unsere Abhaengigkeit von USA und schwaechen indirekt unsere Position
in Deutschland und den europaeischen Nachbarlaendern.«[70]

Diese Initiative ergab aber keine greifbaren Resultate. Allerdings wurde sie auch
bald gegenstandslos, brach doch der »Graue Markt« für Volkswagen 1961 zusammen, als sich durch die DM-Aufwertung und die Preiserhöhungen in
Deutschland die Rentabilität des Exports von »Grauwagen« in die USA reduzierte, und das Volkswagenwerk den amerikanischen Markt endlich mit genügend Wagen beschicken konnte, um Angebot und Nachfrage einander anzu-
nähern:

> »Als wir im vorigen Jahr zu Jahresbeginn aus Sonderschichten 5.100 Fahrzeuge er-
> hielten, verschwand der Graue Markt innerhalb von Halbjahresfrist von der Bildfla-
> eche, bedeutende Stueckzahlen waren also gar nicht erforderlich.«[71]

Der Einfluß der legalen Rahmenbedingungen auf den USA-Export des Volkswagenwerks

Des Ansturms der übrigen Importmarken konnte sich das Volkswagenwerk
ebenso aus eigener Kraft erwehren wie der Offensive der »compact cars« und
der »fee-rider«-Strategie der »Grauwagen«-Importeure. Zwar verursachte der
Konkurrenzdruck dem Unternehmen phasenweise erhebliche Probleme, doch
stellte er die Zukunft des Volkswagenwerks am US-Markt nie *prinzipiell* in Frage. Zu einer prinzipiellen Bedrohung spitzten sich dagegen Anfang der sechziger Jahre die Implikationen der amerikanischen Wettbewerbs- und Außenhandelspolitik zu.[72] Erst der Wandel der außenhandelspolitischen Orientierung, den
die *Kennedy-Regierung* betrieb, und der auch auf die Rechtsprechungspraxis
durchschlug, half demVolkswagen-Konzern aus dieser Klemme heraus. Der Ursprung der in Rede stehenden Probleme ging auf den Dezember des Jahres 1957
zurück, als die Regierung der Vereinigten Staaten beim Bundesgericht in Newark/
New Jersey gegen *Volkswagen of America, Inc.* und 14 seiner Großhändler einen zivilen *Antitrustprozess* anstrengte. Die »Antitrust Division«, die als zuständige Behörde den Prozeß für die Regierung führte, beantragte ein Unterlassungs-
urteil, das den Beklagten vier Geschäftspraktiken verbieten sollte:

(1) Vereinbarungen über Wiederverkaufspreise der Großhändler und Händler zu treffen (price fixing);

(2) die Verkäufe der Grosshändler und Händler auf bestimmte Gebiete zu beschränken (territorial restrictions);

(3) die Großhändler auf die Verkäufe an Vertragshändler und die Vertragshändler auf die Verkäufe an Endabnehmer zu beschränken (anti-bootlegging);

(4) die Großhändler und Händler bei der Aufnahme von Konkurrenzprodukten – also Automobilen und Ersatzteilen anderer Marken – in ihre Angebotspalette zu behindern.[73]

Vergleicht man die geforderte Einschränkung der Handlungsautonomie mit dem organisatorischen Muster, dem das Volkswagenwerk beim Aufbau eines Verkaufsnetzes im Ausland zu folgen pflegte[74], so wird deutlich, daß die Rechtslage in den Vereinigten Staaten das Unternehmen zu – *zumindest formalen* – Abweichungen von seiner üblichen Praxis zwang. Nun hatte aber das Volkswagenwerk – in Kenntnis eben dieser Rechtslage – bereits 1956 unter der fachlichen Regie von *Dr. Knott* eine mit den amerikanischen Großhändlern abgestimmte Anpassung der Händlerverträge an die gesetzlichen Vorschriften in den USA vorgenommen.

> »In Anlage die von sämtlichen Distributors bereits unterzeichneten Verträge. Wir haben sie während meines letzten Aufenthaltes drüben fertiggemacht, und die Herren van de Kamp und Lange sind, wie besprochen, anschliessend gleich mit den Vertragsformularen zu ihren einzelnen Grosshändlern gefahren und haben deren Unterschrift eingeholt. Das ist alles im Endergebnis auch glatt gegangen. ... Um im Hinblick auf das schwebende Antitrust-Verfahren auch in der untersten Stufe – Distributor/Dealer – eine Vertragsgestaltung zu schaffen, die möglichst einheitlich ist und Kollisionen mit der Antitrust-Gesetzgebung vermeidet, haben wir ... auf der Grundlage des Distributor Agreements die Händlerverträge entwickelt. ... Es kann wohl angenommen werden, dass die Großhändler im wesentlichen unsere Fassung übernehmen werden, soweit sich nicht aus den Rechtssystemen der einzelnen Staaten Änderungen als notwendig erweisen. Das Anschreiben, mit dem diese Musterverträge den Grosshändlern übersandt werden, ist auch bereits abgefaßt; Fotokopie davon liegt bei. Die Grosshändler werden darin darauf aufmerksam gemacht, dass sie in die Verträge mit ihren Händlern eine ganze Anzahl von Bestimmungen aufnehmen <u>müssen,</u> weil sie dazu durch ihre Verträge mit der VW of America verpflichtet sind; sie werden in diesem Schreiben weiter darauf hingewiesen, dass im Hinblick auf die Antitrust-Gesetzgebung gewisse Bestimmungen in den Händlerverträgen (ebenso wie in den Grosshändlerverträgen) <u>nicht</u> erscheinen dürfen. Den Grosshändlern wird nahegelegt, soweit irgendmöglich auch mit Wirkung ab 1. Januar diese neuen Händlerverträge abzuschliessen und in Kraft zu setzen.«[75]

Namentlich vermieden die neuen Händler- und Großhändlerverträge akribisch alle Passagen, die mit den Punkten (1) bis (4) der späteren Unterlassungsklage der »Antitrust Division« hätten in Widerspruch geraten können.[76] Diese Klage stützte sich vor allem auf Zeugenaussagen unzufriedener – zumeist ehemaliger – Volkswagenhändler und schien zunächst wenig Aussicht auf Erfolg zu besitzen.

Das Verfahren verblieb einige Jahre in der Schwebe, die Position der »Antitrust Division« wurde zusehends schwächer, und *Volkswagen of America* konnte es sich sogar leisten, von der Behörde angeregte Vergleiche auszuschlagen, weil ihre Interessen nicht in zufriedenstellender Weise berücksichtigt worden waren. Im Oktober 1958 berichtete *Walter Herzfeld,* der das Volkswagenwerk in den USA in allen wichtigen Rechtsangelegenheiten vertrat, an *Dr. Knott* nach Wolfsburg:

> »Wie Herr Bicks (von der »Antitrust Division« -V.W.) uns sehr offen mitteilte, beruhte das Interesse der Antitrust Division darauf, dass eine der Regierung ungünstige Entscheidung von Judge Forman erwartet wird. Diese Entscheidung würde als ein Zwischenurteil herauskommen und erst nach dem Endurteil, also in mehreren Jahren, berufungsfähig werden. In der Zwischenzeit würde das Department die grössten Schwierigkeiten darin haben, die bisherige Aktivität auf dem Gebiet von "territorial restrictions" und "antibootlegging" fortzusetzen. Herr Bicks machte uns daher den überraschenden Vorschlag eines teilweisen Vergleichs, der sich auf Preisbindungen und »exclusive dealing" beschränken soll und der dann die Wirkung haben würde, dass Judge Forman's Entscheidung über "territorial restrictions" und "antibootlegging" ein berufungsfähiges Endurteil darstellen würde. Obwohl Herr Bicks bereit war, für diese Zwischenlösung einen Preis zu zahlen, bezweifle ich leider, ob wir zu einer Einigung kommen können. Wie Herr Bicks uns sehr offen mitgeteilt hat, entsteht nunmehr das Problem der "seperate facilities"[77] dadurch, dass eine Reihe der Händler von General Motors, Ford und Chrysler zusätzlich die Vertretung des »rambler« von General Motors übernommen haben und sich schon vorher und nunmehr noch mehr durch die »compact cars« bedroht fühlen. Es erscheint mir überzeugend, dass dieses Problem für die Antitrust Division sehr viel wichtiger ist als unseres und dass demgemäss ein Vergleich mit einer Anerkennung von "seperate facilities" unmöglich ist.«[78]

Im Sommer 1961 aber nahmen die juristischen Schwierigkeiten des Volkswagenwerks in den USA eine dramatische Wendung, die ganz offensichtlich in einem engen Zusammenhang mit der Antitrustklage standen. Das Unternehmen sah sich plötzlich mit einem Zollverfahren konfrontiert, in dessen Rahmen der zu entrichtende Zollsatz von der geschäftlichen Praxis des Importeurs abhängig gemacht werden sollte – mit dem offensichtlichen Ziel, den Zollsatz auf ein *prohibitives* Niveau anzuheben:

> »Nach Rücksprache mit Herrn Professor Nordhoff übersende ich Ihnen beifolgend zwei Schriftsätze (115 und 76 Seiten), die von unseren Anwälten in diesem Zollverfahren ausgearbeitet und der Behörde eingereicht sind. Die Beschuldigung beruht auf einer Zollverordnung aus dem Jahre 1907, die angeblich bisher gar nicht angewendet worden sei. Gegen uns ist von einem Anwalt, der auch in anderen Verfahren Kläger gegen die VWoA vertritt, Anzeige erstattet worden. Die erwaehnte Bestimmung besagt, dass, wenn bei der Einfuhr von Waren dem Empfänger Beschränkungen dahin auferlegt werden, dass er neben diesen Importwaren nicht mit Waren anderer Hersteller handeln darf, dann diese Importwaren *mit einem Zollsatz von 200%* belegt werden.«[79]

Daß der Ausgang dieser Angelegenheit eine Lebensfrage für die *Volkswagen of America* war, lag auf der Hand, zumal der Zollsatz von 200% auch rückwirkend fällig geworden wäre:

»Die Tragweite dieses Falles liegt darin, dass es sich ... um astronomische Beträge und gleichzeitig die Zukunft des hiesigen Geschäftes handelt.«[80]

In Wolfsburg und Englewood Cliffs stand man nunmehr vor einem doppelten Problem. Erstens mußte der Fall um jeden Preis geheimgehalten werden, um keine Belastungszeugen auf den Plan zu rufen und eine Beeinträchtigung der Geschäfte zu vermeiden. Zweitens mußten effektive juristische Gegenmaßnahmen eingeleitet werden. Während die Geheimhaltung gelang, führten die juristischen Bemühungen von *Donohue*, dem Zollanwalt der Volkswagen of America, zu schweren Spannungen zwischen Wolfsburg und Englewood Cliffs, die auch das persönliche Verhältnis zwischen *Hahn* und *Nordhoff* zu belasten drohten. Im Mittelpunkt stand bei diesen Auseinandersetzungen eine beeidete schriftliche Erklärung (Affidavit), die *Donohue* bei der Zollbehörde eingereicht hatte. Nach Auffassung der amerikanischen Spezialisten war diese Erklärung den Interessen des Volkswagenwerks in der Frage des Zollsatzes förderlich, doch enthielt sie Passagen über das Verhältnis des Volkswagenwerks zu seiner amerikanischen Tochter, die nicht den tatsächlichen Gegebenheiten entsprachen. Beraten von Dr. Knott[81], weigerte sich *Nordhoff* rundheraus, die besagte Erklärung zu unterzeichnen:

»Ich werde die vorgeschlagene eidesstattliche Erklärung weder jetzt noch jemals unterschreiben. Diese Angelegenheit hätte auf die Tagesordnung der Board-Sitzung gehört, und ich bitte um eine Erklärung, warum das nicht geschah. Der sachlich falsche und durch die Klage nicht begründete Schriftsatz muß sofort und unter allen Umständen zurückgezogen werden – das ist das einzig wirklich Eilige an diesem Vorgang. Bevor eine auf die Klage abgestellte Eingabe überreicht wird, möchte ich sie hier sehen. Dieses sind Stellungnahmen von grundsätzlicher Bedeutung, die weder unter Termindruck noch im lokalen Bereich erledigt werden können. Der Schriftsatz soll sich auf das Thema der Klage beziehen, nicht auf Darstellungen außerhalb dieses Komplexes, die außerdem nicht zutreffen. Ich erwarte umgehend Ihre Bestätigung, daß dieser Schriftsatz zurückgenommen ist und daß er nie wieder ans Tageslicht kommt. Ob es nötig sein wird, daß Sie zur Klärung dieser Angelegenheit nach hier kommen, werde ich in aller Kürze entscheiden.«[82]

Gegen Ende des Jahres 1961 nahmen sich also die Perspektiven des Volkswagenwerks auf seinem wichtigsten Exportmarkt ausgesprochen prekär aus. Doch obwohl zu allem Überfluß eine Klage von *Studebaker/Mercedes Benz* wegen angeblicher Verletzungen des Wettbewerbsrechtes die *Volkswagen of America* juristisch noch weiter in die Enge trieb, zeichnete sich Anfang 1962 die Wende in Richtung einer gütlichen Lösung aller schwebenden Verfahren ab. Am 8. Februar 1962 wurden *Nordhoff, Siebert* und *Frank* durch *Dr. Knott* über einen diesbezüglichen Brief von Herzfeld unterrichtet:

»In Anlage übersende ich Ihnen einen sehr interessanten Brief von Herrn Rechtsanwalt Dr. Herzfeld vom 3. Februar. Er enthält eine Darstellung des gegenwärtigen Standes unseres Antitrust-Verfahrens und lässt erkennen, wie stark dabei die aus verschiedenen Richtungen kommenden drei Vorgänge miteinander verflochten sind: das Antitrust-Verfahren,

das Zollverfahren,
die Anzeige Studebaker-Packard (Mercedes Benz).
Die Antitrust Division wäre vor Monaten schon bereit gewesen, das Verfahren gegen uns durch ein Consent Decree – wenn damals nicht das Zollverfahren eingeleitet worden wäre – abzuschliessen. Selbst aber unter Berücksichtigung des Zollverfahrens wäre in einem späteren Zeitpunkt erneut die Möglichkeit gegeben gewesen, beide Verfahren zum Abschluss zu bringen (das Antitrust-Verfahren durch Consent Decree, das Zollverfahren durch Einstellung), wenn nicht da wieder im kritischen Augenblick die Anzeige von Mercedes Benz dazwischengeplatzt wäre.
Nunmehr scheint ein Weg gefunden, auf dem man trotz Zollverfahren und Anklage Mercedes Benz das Antitrust-Verfahren beenden kann: *Bedingung dafür ist die von der Antitrust Division geforderte Herausgabe eines Schreibens an unsere Verkaufsorganisation, in dem darauf hingewiesen wird, dass unsererseits keinerlei Bedenken bestehen, wenn einer unserer Händler neben dem Volkswagen auch andere Marken führt.*
… Im Ergebnis ist meines Erachtens nach der Entscheidung nur zuzustimmen, dass wir einen Brief der gewünschten Art herausgeben, um damit mit einem Schlage alle drei Verfahren zu beenden.«[83]

Nordhoff mochte sich der von *Herzfeld* vorgeschlagenen Strategie, die und von *Hahn* und *Knott* unterstützt wurde, zunächst allerdings nicht recht anschließen. *Herzfeld* hatte in seinem Brief auf die – aus seiner Sicht allerdings nur theoretische – Gefahr aufmerksam gemacht, die einzelnen Verfahren könnten später trotz des Einlenkens von seiten des Volkswagenwerks erneut aufgenommen werden.[84] Vor allem aber befürchtete der Volkswagen-Chef, mit dem vorgeschlagenen Brief verliere man in einem gefährlichen Ausmaß die Kontrolle über die eigene Verkaufsorganisation, was um so schwerer wiege, als unter den amerikanischen VW-Händlern wegen unzureichender Belieferung aus Wolfsburg Unruhe herrsche:

»Ich habe bei diesem Thema ein ungutes Gefühl, und der angebotene Kuhhandel gefällt mir gar nicht. Immerhin kommt hier ein Gesichtspunkt zutage, den Herr Dr. Hahn mir wohlweislich verschwiegen hat, daß nämlich die zu vielen Händler nicht ausreichend mit Wagen versorgt werden können und deshalb unruhig sind, eine Konsequenz, auf die ich bei den ständigen Händler-Ernennungen immer warnend hingewiesen hatte. Der vorgeschlagene Brief ist ein gefährliches Instrument; seine Formulierung wäre von entscheidender Wichtigkeit, aber in jedem Falle gäben wir etwas Entscheidendes preis, das man keinem anderen Fabrikat strittig macht, ohne die geringste Sicherheit zu haben, damit das erstrebte Ziel zu sichern. Ich bin also der Auffassung, den vorgeschlagenen Brief zunächst nicht herauszugeben und noch nach anderen Möglichkeiten zu suchen.«[85]

Aber angesichts der Argumente von *Herzfeld, Knott* und *Hahn,* des Fehlens erkennbarer Alternativen und der besonderen Bedeutung des US-Markts gab *Nordhoff* schließlich doch seine Zustimmung zu dem ausgehandelten Kompromiß:

»Ich stimme der Erledigung des Antitrust-Verfahrens (Regierungsprozess) wie von Ihnen vorgeschlagen zu. Ich bin ferner trotz meiner Bedenken damit einverstanden, dass nach Inkrafttreten des Consent Decree wir unsere distributors auffordern, an ihre dealers das von Ihnen empfohlene und mit der Antitrust Division abgestimmte Schreiben richten und dass der Regierung von unserer Seite bei Abschluss des Consent Decrees eine entsprechende Zusage gegeben wird. Ich setze bei diesen Entscheidungen voraus, dass durch das Consent Decree und unsere Zusage der Regierungs-Antitrust-Prozess, die Beschwerde Studebaker-Packard und das Zollverfahren ihre Erledigung finden, wie in Ihrem Fernschreiben 653 ausgeführt, und dass ferner damit im wesentlichen auch die anderen schwebenden Antitrustverfahren zum Abschluss gebracht werden können.«[86]

Damit war der Weg für die Beilegung der Rechtsstreitikeiten frei. Die Vergleichsunterlagen wurden wenig später dem Bundesgericht in Newark eingereicht, und am 7. Mai 1962 erging das »Consent Decree«, das mit einem Schlage einen Schlußstrich unter die Gefahr ziehen sollte, die dem Export des Volkswagenwerks in die USA vom juristischen Umfeld her gedroht hatte.[87] Das »Consent Decree« (Anerkennntnisurteil) beinhaltete einen Passus, der feststellte, daß *Volkswagen of America* und seine Großhändler keinerlei Verletzung der Antitrust-Gesetze eingestanden. Die Regierung zog die Klage von 1957 in den Punkten (2) – (4) zurück, wohingegen die Beklagten einem »Consent Decree« auf Unterlassung der unter (1) beschriebenen Preisbindungen zustimmten. Ferner verpflichtete sich das Volkswagenwerk zu dem besagten Schreiben an Großhändler und Händler, das diesen versicherte, von seiten des Volkswagenwerks und seiner amerikanischen Tochtergesellschaft bestünden keine Einwände gegen die Vertretung weiterer Fabrikate. Für die Praxis besaß das «Consent Decree« aber kaum Relevanz, da es dem Volkswagenwerk weder das Recht auf Preisempfehlungen an Großhändler und Händler noch das auf die Festlegung von Qualitätsstandards in den Händlerverträgen bestritt. Insbesondere konnte das Volkswagenwerk den Händlern gegenüber weiterhin auf den »seperate facilities« bestehen, also auf der sichtbaren räumlichen Trennung der Volkswagenvertretung von allen sonstigen Aktivitäten. Auf Basis dieses Urteils wurden letztlich sämtliche gegen *Volkswagen of America* laufende Verfahren eingestellt. Es war dem Unternehmen damit gelungen, gegen *formale* Konzessionen die *faktische* Richtlinienkompetenz innerhalb seiner amerikanischen Verkaufsorganisation zu erhalten. Einen solchen Ausgang der diversen Prozesse hätte man noch im Herbst 1961 als schwer zu erreichendes Maximalziel definieren müssen.

Bevor allerdings das »Consent Decree« mit dem »Final Judgement« in Kraft trat, galt es für das Volkswagenwerk noch, einen letzten Schrecken zu überstehen. Denn innerhalb der gesetzlich vorgeschriebenen Einspruchsfrist von 30 Tagen erhob *Studebaker* Widerpruch gegen das Urteil. Abermals schien die Tragfähigkeit der gefundenen Lösung ins Wanken zu geraten.[88] In Wolfsburg wurde das Verhalten von *Studebaker* mit äußerster Verärgerung aufgenommen, kooperierten doch beide Firmen auf anderen Märkten, so in Belgien und in Südafrika. *Nordhoff* erwog eine drastische Reaktion, obwohl ihm klar war, daß die Reichweite der ihm zur Verfügung stehenden Sanktionsmittel begrenzt war:

»Zu ihrem Brief vom 9. April ... möchte ich Ihnen sagen, daß wir sowohl die Firmen D'Ieteren, Brüssel, als auch die SAMAD in Südafrika, die beide mit Studebaker zusammenarbeiten, darauf hingewiesen haben, daß der jetzt eingeschlagene Kurs von Studebaker leicht dazu führen kann, dass wir eine weitere Zusammenarbeit ablehnen müssen, womit diese beiden Firmen vor die Notwendigkeit gestellt würden, sich zu entscheiden. Ich bin mir darüber im klaren, daß diese Methode praktisch fast undurchführbar ist, aber es kann doch sein, dass auf diese Weise ein gewisser Druck ausgeübt wird, der nützlich sein könnte.«[89]

Zwar verlieh *Studebaker* seinem Widerspruch durch die Intervention einiger Senatoren und Kongreßabgeordneter Nachdruck[90], konnte aber letzten letzten Endes keine überzeugenden Beweise beibringen. Darüber hinaus brachte *Studebaker* die »Antitrust Division« durch die politischen Manöver eher gegen sich auf, so daß der Widerspruch gegen das »consent decree« schließlich verworfen wurde. Damit war die Antitrustklage der Regierung endgültig vom Tisch. Ungeachtet dessen mahnte *Walter Herzfeld* mit Blick auf die Zollfrage weiterhin Geheimhaltung an, um sich nicht dem Risiko einer Wiederaufnahme des Verfahrens durch die Zollbehörde auszusetzen:

> »Wie sich aus der Anlage ergibt und wie Ihnen ohnehin bekannt ist, bedeutet die Einstellung der Ermittlungen keine rechtskraeftige Entscheidung und kann die Sache jederzeit wieder aufgenommen werden. Ich bin daher besonders froh darueber, dass es uns erstaunlicherweise gelungen ist, diese gesamte Angelegenheit geheimzuhalten. An der Geheimhaltung besteht auch weiterhin ein grosses Interesse. Insbesondere koennte die Sache erneut aufflackern oder sogar aufflammen, falls irgendeine mit dem Innenverhaeltnis vertraute Persoenlichkeit – wie z.B. etwa ein boeswilliger Angestellter, Grosshaendler oder ein entlassener Mitarbeiter – der Zollverwaltung unwahre Angaben darueber machen wuerde, dass die Entscheidungen mit Bezug auf die bestehenden Beschraenkungen – also das "seperate facilities" Programm und die Vertragsvorschrift ueber Fremdteile – auf einer Vereinbarung zwischen dem VW und VWoA beruhen. Damit auch die Nichtjuristen nicht etwa irrig annehmen, dass auch diese Gefahr nunmehr verschwunden ist, waere es vielleicht zweckmaessig, die wenigen ueber das Problem in Wolfsburg unterrichteten Herren erneut auf die permanente Notwendigkeit der Geheimhaltung hinzuweisen. In dem engen Kreis der Mitwisser habe ich das Entsprechende veranlasst.«[91]

Das politische Klima, das 1962 in den Vereinigten Staaten herrschte, sprach allerdings dafür, daß der von den staatlichen Stellen ausgeübte Druck auf die Importeure mittelfristig eher abnehmen als steigen würde. Bei Volkswagen war man sich darüber klar, daß die konziliante Haltung der »Antitrust-Division« und der Zollbehörde, die den für *Volkswagen of America* günstigen Kompromiß ermöglicht hatte, keineswegs in erster Linie durch die Rechtslage begründet war, sondern vielmehr aus der veränderten politischen Situation resultierte:

> »Ausschlaggebend war nach unserer Ansicht, dass die Antitrust Division aus wirtschaftspolitischen Gruenden an einer Weiterfuehrung des Prozesses nicht interessiert war. Nach dem Regierungswechsel im Jahr 1961 ist die Antitrust Division offenbar zu der Ansicht gekommen, dass Volkswagen einen entscheidenden positiven Beitrag zur Entwicklung des freien Wettbewerbs im amerikanischen Automobilmarkt erbracht hat. Da es der Zweck der Antitrustgesetze ist, den freien Wettbewerb zu foerdern,

hat sich daraus offenbar die Ueberzeugung ergeben, dass eine Fortsetzung des Prozesses nicht zu rechtfertigen ist, selbst wenn technische Verstoesse gegen die Antitrustgesetze bewiesen werden koennten. Nach hiesigem Recht ist die Behoerde befugt, Prozesse dieser Art nach freiem Ermessen aufzugeben, falls sie ueberzeugt ist, dass durch die Weiterfuehrung eines solchen Rechtsstreits dem oeffentlichen Interesse nicht gedient ist.«[92]

Reibungsverluste innerhalb der amerikanischen Verkaufsorganisation

Der Volkswagen-Konzern meisterte die Herausforderungen, mit denen er sich in den USA konfrontiert sah, vor allem dadurch, daß er interne Effektivitätsreserven mobilisierte. Im Falle der Konkurrenz durch andere Marken und den »Grauen Markt« führten organisatorische Maßnahmen zum Erfolg, im Zusammenhang mit den diversen Verfahren gegen *Volkswagen of America* und seine »Distributors« spielte eine geschickte – wenn auch nicht immer unumstrittene – Verhandlungsführung eine wichtige Rolle. Gleichwohl sollte aus dieser These heraus nicht der Eindruck entstehen, innerhalb der Exportorganisation des Volkswagenwerks in den Vereinigten Staaten habe es keine Reibungsverluste gegeben. Nicht *weil* diese Organisation optimal funktionierte, sondern *obwohl* sie es *nicht* tat, fand sie auf bedrohliche Herausforderungen geeignete Antworten. Die Exportorganisation des Volkswagenwerks in den USA bestand aus vier Gliedern: den Händlern, den Großhändlern, *Volkswagen of America* und der Konzernzentrale in Wolfsburg als letzter Entscheidungsinstanz. Selbstverständlich formierten sich auf diesen vier Ebenen – bei aller grundsätzlicher Übereinstimmung in dem Interesse an hohen Verkaufszahlen und rentablen Preisen – auch partikulare Interessen, die in ein von Wolfsburg vorgegebenes Gesamtkonzept eingepaßt werden mußten, sollte das Konzept am US-Markt aufgehen. Daß dabei latente oder offene Konflikte entstanden, war nur natürlich.

Die Händler hatten ein Interesse an möglichst hohen Lieferzahlen, wollten naturgemäß einen hohen Anteil bei der Teilung des Verkaufsgewinns, versuchten, ihren Beitrag zur Deckung der Werbungskosten und zur Aufrechterhaltung des Service zu minimieren und waren bestrebt, sich ihre Handlungsfreiheit so weit wie möglich zu erhalten. Das Volkswagenwerk seinerseits mußte bei der Versorgung der einzelnen Exportmärkte auf Ausgewogenheit bedacht sein, hatte ebenfalls Interesse an hohen Gewinnen und geringen Kosten und wollte sich eine uneingeschränkte Richtlinienkompetenz innerhalb der Exportorganisation sichern. Auch wenn die vor diesem Hintergrund entstehenden Gegensätze in der Regel auf dem Kompromißweg beigelegt werden konnten, gab es auch Ausnahmen von dieser Regel. So war bereits sehr früh im Raume Washington ein Vereinigung von Volkswagenhändlern entstanden, die sich als »Pressure Group« verstand und Bestrebungen entwickelte, sich landesweit auszudehnen. *Volkswagen of America* betrachtete diese Vereinigung mit wachsendem Mißvergnügen, zeigte wenig Neigung, sie als Verhandlungspartner zu akzeptieren und versuchte, sie durch eine hinhaltende Taktik ins Leere laufen zu lassen:

»Vor drei Wochen hatte ich die Vertreter der Dealer Association empfangen, als Zuhoerer, ohne Kommentare zu geben, und wir vermeiden, den Eindruck zu erwecken, dass Revolutionaere mit einer Praemie bedacht werden. Natuerlich kann in diesem Lande jeder so vielen Vereinigungen beitreten, wie ihm gutduenkt, und die amerikanischen Automobilfabrikanten haben sich schon seit Jahren an Haendlervereinigungen gewoehnen muessen. ... Da auch Haendler anderer Grosshaendlergebiete der Washingtoner Dealer Association beigetreten sind, koennen wir leider dieses Kapitel noch nicht schliessen. Wir verfolgen die Dinge vorsichtig und haben ueber Herrn Herzfeld eine Querverbindung zum Anwalt der Dealer Association, Mr. Bradford, der Gott sei Dank halbwegs vernuenftig zu sein scheint. Aber wir werden mit der Association noch einige Zeit zu rechnen haben, besonders wenn man bedenkt, dass in dem vereinsreichen Amerika dahinter ein glaenzendes Geschaeft fuer Anwaelte steckt.«[93]

»Es gelang uns, diese Entwicklung [der Washingtoner Händlervereinigung – V.W.] zu lokalisieren; wir haben uns aber in der Zwischenzeit immer wieder in verschiedenen Grosshaendlergebieten – World-Wide, Jacksonville, St. Louis – mit lokalen Haendlervereinigungen auseinandersetzen muessen, die in ihrer Zielsetzung aeusserst primitiv und destruktiv waren. Unsere erste Neutralisierungsmassnahme war eine Aufforderung an unsere Haendler, der nationalen Automobilhaendler-Vereinigung (NADA) beizutreten, was von der grossen Mehrheit unserer Haendler befolgt wurde und schliesslich innerhalb der NADA zur Gruendung eines sogenannten Volkswagen Make Advisory Committee fuehrte. Damit wurden unsere Haendler mit ihren Kollegen der Detroiter Marken auf die gleiche Stufe gestellt. Wir nahmen den verschiedenen Haendlervereinigungen den Wind aus den Segeln und schliesslich sehen unsere Haendler innerhalb der NADA, wie gut es ihnen im Vergleich zu Haendlern anderer amerikanischer Automobilproduzenten geht. Um das Entstehen und Weiterbestehen von schwerkontrollierbaren Haendlervereinigungen nach Moeglichkeit auszuschalten, haben wir ausserdem unseren Grosshaendlern vorgeschlagen, innerhalb ihrer Gebiete Haendlervereinigungen zu gruenden, deren Vorsitzende automatisch Mitglieder des Volkswagen National Dealer Advisory Councils werden sollen. ... Selbstverständlich stellen Haendlervereinigungen fuer uns wie unsere Grosshaendler in erster Linie eine unproduktive Zeitverschwendung dar; sie sind jedoch fuer gute Haendlerbeziehungen im Hinblick auf die Mentalitaet des amerikanischen Automobilhaendlers- und Geschaeftsmannes ganz allgemein – offensichtlich unerlaesslich, wie die Erfahrungen der Detroiter Industrie uns unsere eigenen beweisen. Das Ergebnis unserer Zusammenarbeit mit dem Volkswagen Make Advisory Committee der NADA laesst uns im uebrigen hoffen, dass es sogar in einem gewissen Rahmen zu einem konstruktiven Gedankenaustausch mit den Volkswagenhaendlervereinigungen kommen wird.«[94]

Auch zeigte sich das Volkswagenwerk unnachgiebig gegenüber allen Aktivitäten von Großhändlern und Händlern, die darauf hinausliefen, seine Einflußmöglichkeiten auf die Geschäftspolitik seiner Partner zu reduzieren. Dies galt auch dann, wenn dieser Effekt nur als Begleiterscheinung bestimmter Entwicklungen erwartet wurde. Als etwa 1962 die *World-Wide Corporation* ihr Unternehmen in eine Aktiengesellschaft umwandeln wollte und dazu die Genehmigung aus Wolfsburg benötigte, legte *Hahn* eine harte Haltung an den Tag, der man sich auch in der Wolfsburger Zentrale anschloß:

> »Wir sind in jeder Beziehung gegen den Plan von World-Wide, weil er dem Volkswagenwerk keinerlei Vorteile braechte, sondern im Gegenteil weitreichende und ernste, kaum zu korrigierende Nachteile. Insbesondere kaeme es zu einer "Zementierung" der augenblicklichen, ueberhoehten Grosshaendlerprofite – was nur zu unseren Lasten gehen koennte – und zu einer Erstarrung der Form unseres Vertriebssystems. Nach und nach wuerden wir die Kontrolle ueber die Eigentumsverhaeltnisse bei unseren Grosshaendlern verlieren.«[95]

Aber auch zwischen der *Volkswagen of America* und der *Volkswagen GmbH/AG* in Wolfsburg kam es gelegentlich zu Unstimmigkeiten. Diese verstummten keineswegs, als *Carl Hahn* ab 1959 die Geschicke der amerikanischen Tochtergesellschaft lenkte und erfolgreich seine Reformpläne vorantrieb. Er entwickelte dabei ein hohes Maß an Initiative, wobei er vor allem die Entwicklung des amerikanischen Markts im Auge hatte. Nicht immer paßten die von ihm angeregten Maßnahmen in das Konzept der Wolfsburger Zentrale. Häufig überstiegen beispielsweise die von *Hahn* für den US-Markt geforderten Liefermengen die Zahl der von der Exportabteilung für diesen Zweck vorgesehenen Fahrzeuge. Nicht selten bediente sich *Hahn* in diesem Zusammenhang der Intervention *Nordhoffs*, um die Widerstände im nachgeordneten Management zu überwinden.[96] Die wohl wichtigste Meinungsverschiedenheit aber entspann sich über die Frage der *Garantieleistungen*. 1960 hatten die amerikanischen Automobilfirmen ihre Garantieleistungen gegenüber den Kunden wesentlich ausgeweitet. *Hahn* vertrat die Auffassung, Volkswagen müsse in dieser Hinsicht nachziehen, um nicht Marktanteile zu verlieren. Er hielt es für möglich, diesen Schritt weitgehend kostenneutral durchzuführen:

> »... bisher war der Volkswagen in Garantie- und Kulanzleistungen auf dem amerikanischen Markt fuehrend, waehrend amerikanische Firmen Automobile lediglich fuer 90 Tage oder 4.000 Meilen gewaehrleisteten. Nun loeste Ford eine Bewegung aus, der sich die gesamte US-Automobilindustrie innerhalb von 24 Stunden anschloss, und die dem Kunden von im Modelljahr 1961 hergestellten Personenwagen 12 Monate oder 12.000 Meilen garantiert. General Motors und Ford haben die gleiche Grenze ebenfalls fuer alle Nutzfahrzeuge eingefuehrt. Wir haben uns de facto – wie auch die einheimische Industrie – bei Schaeden, die auf Konstruktions- oder Herstellungsmaengeln beruhen, auch nach Ablauf unserer Garantiezeit grosszuegig verhalten. Wuerden wir deshalb offiziell die gleiche Garantie wie die amerikanischen Automobilhersteller einfuehren, so haetten wir mit einer Kostenerhoehung von etwa 40 bis 50% zu rechnen. ... Wie Sie aus dieser [voranstehenden – V.W.] Aufstellung [– deren Details hier unerheblich sind – V.W.] entnehmen, sind unsere augenblicklichen Kosten, wegen der bisherigen aussergewoehnlich haeufigen Schadensfaelle des Transporters, deren Ursachen inzwischen abgestellt sind, besonders hoch. Um keine Kunden, insbesondere Großabnehmer, zu verlieren, waren wir beim Transporter gezwungen, betraechtliche Konzessionen zu machen. Wir glauben deshalb, das sich im Falle einer Ausdehnung unserer Garantie auf ebenfalls 12 Monate oder 12 000 Meilen die Kosten nach anfaeng-

licher Steigerung im Laufe des Jahres 1961 ausgleichen werden. Die Qualitaet des Volkswagens ist in den Vereinigten Staaten bekannt. Wir wuerden Misstrauen erwekken, wenn wir nicht ebenfalls offiziell auf ein Jahr uebergingen. ... Wir schlagen vor, fuer alle ab 1. August 1960 produzierten Fahrzeuge die erweiterte Garantie einzufuehren und diese Massnahme am 1. Januar 1961 ... offiziell bekanntzumachen.«[97]

Nordhoff hatte jedoch die Konsequenzen im Auge, die eine Ausweitung der Garantie in den USA für die übrigen Exportmärkte des Volkswagenwerks nach sich ziehen würde, und entschied sich dafür, eine großzügige Handhabung der Kulanz sei einer offiziellen Korrektur der Garantiebedingungen vorzuziehen. Gleichzeitig erklärte er sich bereit, die den Lizenzhändlern in den USA gewährten Zuschüsse zur Vergütung von Arbeitsstunden im Zusammenhang mit Garantie und Kulanz zu erhöhen. Mit dieser Maßnahme trug er einem permanenten Monitum der Händlerschaft Rechnung:

> »Meine Auffassung zu der Frage einer erweiterten Gewährleistung in USA ist, daß wir besser bei unserer bisherigen Garantiepolitik bleiben sollten. Ich halte es für besser, daß wir über eine feste Garantiezeit hinaus in der Lage sind, im Wege der Kulanz noch Zugeständnisse zu machen, anstatt Kunden für einen sehr langen Zeitraum – nämlich für zwölf Monate – feste Zusagen zu geben, die nach Ablauf dieser Periode schlagartig ein Ende finden. Es besteht nach meiner Meinung ein unteilbarer Zusammenhang zwischen der Handhabung der Garantie und der Kulanz. Da nicht die Absicht bestehen kann, die Gesamtkosten für beides zu erhöhen, würde die Erhöhung der Garantie-Leistungen immer zu einer knapperen Handhabung der Kulanz-Leistungen führen, wie das bei den amerikanischen Fabriken bekanntlich in krasser Weise der Fall ist. Wir wollen natürlich nicht einem Händler Garantie- oder Kulanzarbeiten zumuten, bei denen er einen Verlust hat. Daher bin ich mit einer Erhöhung des Vergütungssatzes auf $ 5.50 pro Stunde [– vorher $ 4,50 – V.W.] für alle ab 1.1. 1961 ausgeführten Garantie- und Kulanzarbeiten einverstanden.«[98]

Hahn aber gab sich mit dieser Entscheidung seines Mentors nicht zufrieden. Immer wieder wies er auf deren nachteilige Auswirkungen in den USA hin:

> »Wenn wir die offizielle Kulanzpolitik des Volkswagenwerkes fuer Motor und Getriebe betrachten, so haben wir bereits seit langer Zeit eine quasi Garantie bis mindestens 24,000 Meilen fuer alles was kostenmaessig besonders ins Gewicht faellt. Wir entwerten aber unsere Großzügigkeit durch den Umstand, dass fuer das breite Kaeuferpublikum (und im gewissen Grade auch fuer die Haendler) eine grosse Unsicherheit besteht. Bei Schaeden an verhaeltnismaessig billigen Teilen – beispielsweise an der elektrischen Anlage – veraergern wir die Kundschaft, weil wir weniger grosszuegig sind.«[99]

Durch hartnäckiges Insistieren war es *Hahn* gelungen, auf einer Vorstandssitzung in Wolfsburg vom 3.12.1961 *Nordhoff* ein *inoffizielles* Plazet zu einer Erweiterung der Garantieleistungen auf dem Transportersektor abzuringen, die dem US-Markt einen Sonderstatus unter den Exportmärkten des Volkswagenwerks verlieh.

> »Es trifft zu, daß auf dieser Sitzung eine solche Genehmigung erteilt wurde. Herr Prof. Nordhoff war zwar aus grundsätzlichen Erwägungen gegen eine solche Erteilung der

Garantieleistungen, stimmte jedoch schließlich auf dieser Sitzung dem Vorschlag von Herrn Dr. Hahn zu, wonach inoffiziell die Heraufsetzung der Grenze auf 12.000 Meile sanktioniert wird. Es sollte jedoch jede Veröffentlichung hierüber unterbleiben, so daß es sich lediglich um eine stille Konzession handelt, ohne daß die Generallinie verlassen wird.«[100]

Diese Vereinbarung rief jedoch *Dr. Knott* auf den Plan, der zunächst nicht ins Bild gesetzt worden war, dann aber massiv dagegen votierte. Seine ablehnende Haltung basierte einerseits auf Verfahrensgründen. Andererseits aber verwies er auf die Relevanz einer fairen Garantiepolitik für den Weltmarkterfolg des Volkswagens, deren Aufrechterhaltung von einer *einheitlichen* und *zentralen* Steuerung von Wolfsburg aus abhänge, und nicht durch Alleingänge von Händlern oder einzelnen Tochtergesellschaften gefährdet werden dürfe.

> »Das Volkswagenwerk ist in allen Ländern der Welt für seine faire Auslegung der Gewährleistungsbedingungen bekannt. Diesen Ruf können wir uns nur erhalten, wenn die Zentrale in Wolfsburg für die gesamte Steuerung der Gewährleistungs- und Kulanzpolitik des Hauses verantwortlich bleibt und nicht eine Verwässerung unserer Absichten durch unterste Absatzstufen möglich ist. ... Sehr zu unserem Erstaunen passierte in diesem Jahr folgendes: Der amerikanische Käufer eines VW-Transporters legt für einen Garantiefall in England eine von einem <u>amerikanischen Händler</u> ausgestellte Garantieerklärung vor, die über 12 Monate und 12.000 Meilen lautet, und verlangt eine entsprechende Regulierung eines Garantiefalles. ... Wir hatten in der Angelegenheit bei Herrn Dr. Hahn rückgefragt, weil es uns unvorstellbar erschien, dass, nachdem wir jede Änderung der Garantieregelung per 1. Januar 1962 vertagt hatten, doch eine solche weitergehende Garantie, und noch dazu übernommen von einem Händler, bestehen könnte. ... Wenn wir so mit unseren Abmachungen umgehen, hat es eigentlich wenig Zweck, überhaupt noch Abmachungen zu treffen. Davon, dass diese Sonderregelung für Transporter, die angeblich "in einer Vorstandssitzung am 3.2.1961 in Wolfsburg" besprochen sein soll, bestände, ist in unseren Unterhaltungen mit keinem Wort die Rede gewesen.«[101]

Nordhoff folgte schließlich der Argumentation *Knotts*, der sich auch die übrigen Spitzen des Wolfsburger Managements anschlossen, und am 16. Mai 1962 wurde *Hahn* über die definitive Entscheidung in der Garantieangelegenheit von *Nordhoff* und *Frank* in Kenntnis gesetzt:

> »Wir haben die Angelegenheit in unserem Kreis eingehend erörtert und aufgrund der allseitig geltend gemachten Bedenken gegen die von Ihnen beabsichtigten Änderungen uns dahin entschieden, daß es bei der derzeitigen Regelung in unseren weltweit einheitlichen Gewährleistungsbedingungen auch für USA verbleiben muß. Wir wollen weder die Übertragung der Garantieverpflichtung von der Fabrik auf den Händler noch irgendeine Erweiterung unserer Garantiezusagen über den derzeitigen Rahmen hinaus; das heißt, es muß – soweit USA in Betracht kommt – bei der Begrenzung auf 6 Monate bzw. 6.000 Meilen bleiben. ... Wir glauben, daß damit die Angelegenheit abschließend geklärt und geregelt ist.«[102]

Ein letztes Beispiel für die Divergenzen zwischen Wolfsburg und Englewood Cliffs soll dieses Kapitel beenden. Es macht abermals deutlich, daß *Hahn* gelegentlich dazu tendierte, die Interessen der amerikanischen Filiale zu verabsolutieren, wohingegen *Nordhoff* den US-Markt als – wenn auch wesentlichen – Teil des weltweiten Konzernzusammenhangs sah, dessen Zentrum in Wolfsburg – und damit in der Bundesrepublik – lag. Er deutete in diesem Zusammenhang an, daß er das weltweite Exportgeschäft des Volkswagenwerks als eine nationale Angelegenheit betrachtete. *Hahn* hatte im April 1962 Schritte angeregt, die der amerikanischen Öffentlichkeit suggerieren sollten, der Volkswagen sei auf dem Wege, ein amerikanisches Automobil zu werden. Zu diesem Zwecke sei es angezeigt, so meinte *Hahn,* die umfangreichen Bestellungen des Volkswagenwerks in den Vereinigten Staaten über *Volkswagen of America* laufen zu lassen, um der amerikanischen Filiale den Anstrich einer amerikanischen Exportfirma zu verleihen:

> »Nachdem nunmehr der Ford Cardinal nicht kommt, muessen wir den Amerikanern tagtaeglich klarmachen, dass der Volkswagen auf dem Weg ist, zumindest ein so amerikanisches Produkt zu werden, wie es mit dem Cardinal beabsichtigt war. Aus diesem Grunde waere ich Ihnen auch dankbar, nicht zuletzt aber wegen der Gefahr, der wir uns mit "doing business" aussetzen, wenn Sie Bestellungen ueber uns leiteten, damit wir unser Ziel erreichen, aus unserer amerikanischen Tochtergesellschaft eine amerikanische Exportfirma zu machen.«[103]

Diese Ambitionen aber waren aus der Perspektive *Heinrich Nordhoffs* vollkommen inakzeptabel. Er verwarf die von Hahn vorgeschlagenen Maßnahmen, denn die dahinterstehenden Zielsetzungen ließen sich mit seinen Maximen für die Leitung des Volkswagenwerks nicht vereinbaren:

> »Ich teile die Auffassung von Herrn Dr. HAHN nicht. Der Weg, auf dem wir in U.S.A. bestellen, ist an sich belanglos, und wir sollten nicht vom Bisherigen abweichen. *Ich bin absolut nicht dafür, aus der Volkswagen of America eine Exportfirma zu machen* – es bleibt eine Importfirma! Der Volkswagen soll und wird nie den Weg des Ford-Cardinal gehen, *und er soll sehr bewußt immer ein deutsches Automobil bleiben.* Der Wert der Käufe des Volkswagenwerkes Wolfsburg in U.S.A. kann und soll gelegentlich – nicht zu sehr – als good-will-Beweis erwähnt werden, aber weiter wollen wir nicht gehen. Diese Grenze ist in allerletzter Zeit schon überschritten worden.«[104]

Kapitel 10: Volkswagen do Brasil

»Die von der brasilianischen Regierung angewendete Methode, die hundertprozentige Herstellung im Lande zu erzwingen, kann niemals zu einem vernünftigen Ziel führen, weil man auf diesem Wege die Tatsache, daß Brasilien in Wahrheit für eine eigene Automobilindustrie nicht ausreichend industrialisiert ist, nicht aus der Welt schaffen kann.« (Heinrich Nordhoff an Olavo Egydio de Souza Aranha, Vizepräsident der VW do Brasil, am 29.6.1961.)

Der Befund des Brasilienengagements

Mit blumenreichen Worten weihte *Heinrich Nordhoff* am 18.11.1959 in Gegenwart von Staatspräsident *Kubitschek* in São Paulo die Fabrik der *Volkswagen do Brasil* ein. *Nordhoff* betonte den Erfolg des Volkswagenwerks in diesem größten südamerikanischen Land, den er nicht zuletzt auf ein gutes politisches Einvernehmen zwischen Deutschland und Brasilien zurückführte. Auch seien, so meinte er, der »Käfer« und der Transporter für die brasilianischen Straßenverhältnisse besonders geeignet. Er verwies auf die stimulierende Wirkung einer Automobilfabrik für die Industrialisierung des Landes, deren Perspektiven er in optimistischen Farben malte.[1] *Nordhoffs* Rede trug jedoch eher der Feierlichkeit des Augenblicks Rechnung, als daß sie die Situation Brasiliens oder der *VW do Brasil* realistisch beschrieben hätte. Denn *Nordhoff* sprach zwar beiläufig auch von Schwierigkeiten, erwähnte aber nicht, daß diese Schwierigkeiten bis 1959 mehr als einmal fast zum Rückzug des Volkswagenwerks aus Brasilien geführt hätten. Mit den beginnenden sechziger Jahren sollten sie sich noch verschärfen. Mit dieser These soll keineswegs bestritten werden soll, daß der Volkswagen-Konzern auch in Brasilien eine beachtliche mikroökonomische Erfolgsbilanz aufzuweisen hatte. Im Gegenteil, blickt man auf Marktanteile, Produktionsziffern und Gewinne, so nimmt sich diese Erfolgsbilanz sogar beeindruckend aus. 1962 entfiel auf Volkswagen am brasilianischen Markt ein Anteil an den Zulassungen von gut 42% – was einen Vorsprung von über 10% auf den schärfsten Verfolger, die *Willy's Overland*, bedeutete.[2] 1961 war Brasilien zum zweitwichtigsten Auslandsmarkt des den Volkswagenwerks aufgestiegen. Doch können alle Verkaufs- und Produktionsrekorde nicht darüber hinwegtäuschen, daß die politische Instabilität und die ökonomische Rückständigkeit Brasiliens, die hohen Inflationsraten, die Schwäche des Cruzeiro und die gelegentlich komplizierten deutsch-brasilianischen Wirtschaftsbeziehungen die *Volkswagen do Brasil* nahezu permanent vor schwer überwindbare Probleme stellten. Diese Rahmenbedingungen zögerten die Errichtung der Fabrik in São Bernardo do Campo jahrelang hinaus, und schon zwei Jahre, nachdem die Produktion des »Käfers« angelaufen war, geriet *Volkswagen do Brasil* – bedingt vor allem durch *äußere* Umstände – unter starken Rentabilitätsdruck, der zu schmerzhaften Anpassungsmaßnahmen zwang. Die Rentabilität aber war letztlich die *einzige* Kennziffer, an der das Management des Volkswagenwerks den Erfolg oder Mißerfolg seines Engagements in Brasilien bemaß.

In Westeuropa hatte der ökonomische Rückstand auf die USA günstige makroökonomische Bedingungen für die Verbreitung der fordistischen Massenproduktion entstehen lassen.[3] Demgegenüber erwies sich das brasilianische Umfeld für die Massenerzeugung von Automobilen als wenig geeignet. Immer wieder wurde die Entwicklung der *Volkswagen do Brasil* durch bürokratische Probleme, die unzureichende Infrastruktur des Landes und die Sachwänge des Weltmarkts gehemmt. Jenseits eines bestimmten Grades schlugen die »Vorteile wirtschaftlicher Rückständigkeit« (Gerschenkron) in augenfällige Nachteile um.

Volkswagen do Brasil begann mit der Fahrzeugproduktion im Jahre 1957. In diesem Jahr wurden bescheidene 370 Kombis hergestellt. Bis 1962 waren die Produktionszahlen dann in die Dimension großer Serien hineingewachsen. 1962 rollten bei der *Volkswagen do Brasil* 53.752 Fahrzeuge vom Band, 39.189 Pkws und 14.563 Kombis. Den Einstieg in die Erzeugung von Personenkraftwagen hatte das Unternehmen erst 1959 vollzogen. Enthielten die von *VW do Brasil* produzierten Fahrzeuge 1957 nur zu 50% Zubehörteile aus brasilianischer Fertigung, so war der »Nationalisierungsgrad« der Produktion bis 1962 bei beiden Typen – Transportern und Pkws – auf 98% angewachsen. Diese Entwicklung war auf Betreiben der brasilianischen Regierung zustande gekommen.

Das schwungvolle Wachstum der Produktionsziffern wurde begleitet von einer kontinuierlichen Erhöhung des Gesellschaftskapitals. Es betrug 1962 über 10 Milliarden Cruzeiros – nach 370 Millionen Cruzeiros in 1957. Jedoch sagt der Vergleich beider Zahlen wegen der galoppierenden brasilianischen Inflation wenig über die Expansion der *Volkswagen do Brasil* aus. Diese läßt sich eher an der Zahl der Arbeitskräfte ablesen, die zwischen 1957 und 1962 von 796 auf 9.347 anwuchs. Der in den Bilanzen ausgewiesene Rohgewinn stieg nominal von Jahr zu Jahr an. 1962 erreichte er 8.546 Millionen Cruzeiros. Fünf Jahre zuvor waren es lediglich 555 Millionen Cruzeiros gewesen.

Doch auch hinsichtlich des Rohgewinns erschweren die hohen Inflationsraten eine Interpretation der Zahlen. Die Berechnung der *Rentabilität*, die *Volkswagen do Brasil* ab 1958 erzielte, stößt noch auf weitere Probleme. Sie resultieren vor allem aus der unrealistischen Bewertung des Anlagekapitals in den Bilanzen, die vorgenommen wurde, um der brasilianischen *Mehrgewinnsteuer* zu entgehen. Diese Steuer belastete nach einem Staffelungsprinzip alle Gewinne, die über 30% des Gesellschaftskapitals hinausgingen. Aus diesem Grunde brachte das Volkswagenwerk Maschinen zu Phantasiewerten in seine brasilianische Tochter ein.[4] Eine Berechnung von Kennzahlen für die Rentabilität der *Volkswagen do Brasil* erscheint unter diesen Umständen nicht sinnvoll.

Tabelle 10.1: Die wichtigsten Daten der Volkswagen do Brasil[5]

	1957	1958	1959	1960	1961	1962
Produzierte Pkws			8845	17059	31025	39189
Produzierte Kombis	370	4818	8383	11299	16315	14563
Gesamtproduktion	370	4818	16828	28358	47340	53752
Durchschnittl. Tagesproduktion	5	21	71	125	200	227
Nationalisierungsgrad in % (Kombis)	50	65	84	93	95	98
Nationalisierungsgrad in % (Pkws)			54	90	95	98
Zahl der Arbeitskräfte	796	2311	3718	7924	7798	9347
Gesellschaftskapital (Mio. Cruzeiros)	230	2070	3080	4810	7850	10003
Steuern (Mio. Cruzeiros)	38	210	1135	2048	4680	8546
Rohgewinn des Bilanzjahres (Mio. Cruzeiros)		555	2390	4205	8626	14358
Nettoumsatz (Mio. Cruzeiros)		1586	6147	12215	25220	

Gleichwohl ist nicht zu bezweifeln, daß das Unternehmen ab 1957/58 durchaus komfortable Gewinnmargen erzielte, denn sie überwies an das Mutterhaus nicht nur regelmäßig Dividenden auf ihre Bilanzgewinne sondern auch Kreditzinsen und Royalties.[6] Im Jahre 1960 etwa beliefen sich die Royalties auf 8 Millionen DM und die Zinstransfers auf weitere 4,03 Millionen DM.[7] Für das Folgejahr wurden die an das Volkswagenwerk gezahlten Royalties mit 1.384 Millionen Cruzeiros beziffert.[8] Nach dem freien Dollarkurs des Cruzeiros (347,32) vom Dezember 1961 entspräche dies rund 16 Millionen DM. Andererseits deuten die heftigen internen Diskussionen darauf hin, daß die Gewinne der *Volkswagen do Brasil* mit den beginnenden 60er Jahren nicht mehr den Vorstellungen des Managements entsprachen.

Die kausalen Faktoren des Erfolgs in Brasilien

1.) Um zu erklären, warum es dem Volkswagen-Konzern gelang, auch auf dem brasilianischen Automobilmarkt eine führende Position einzunehmen und zu behaupten, ist abermals auf die schon vertrauten Faktoren zu verweisen: die hohe Produktivität des Unternehmens, die Qualität der Fahrzeuge, ein leistungsstarkes Verkaufsnetz und – nicht zuletzt – die Außenwirtschaftspolitik der Bundesregierung. Es wäre müßig, diese Faktoren ein weiteres Mal näher zu kommentieren. Aber wie schon am US-Markt kamen auch in Brasilien weitere Erfolgsfaktoren hinzu, die mit der sozioökonomischen und politischen Struktur des Landes sowie seiner Einbindung in die Weltwirtschaft zu tun hatten.
2.) Von unschätzbarer Bedeutung waren in Brasilien *gute Kontakte zu den politischen Eliten.* Derartige Kontakte erwuchsen dem Volkswagenwerk vor allem aus der – alles andere als reibungslosen – Kooperation mit der brasilianischen Firma *Aranha & Monteira,* die von Beginn an mit 20% an der *VW do Brasil* beteiligt war. Die brasilianischen Teilhaber der Volkswagen-Tochter waren eng mit der politischen Klasse des südamerikanischen Landes vernetzt, woraus das Volks-

wagenwerk entscheidendes Kapital schlagen konnte. Häufig besaß *Volkswagen do Brasil* einen Informationsvorsprung gegenüber der Konkurrenz und konnte darüber hinaus mit Zollkonzessionen und dem Entgegenkommen der Behörden bei der Vergabe unentbehrlicher Importlizenzen rechnen.

3.) Bei der Rekrutierung von Arbeitskräften mußten die *Besonderheiten des brasilianischen Arbeitsmarkts* berücksichtigt werden. In Westdeutschland setzte das Volkswagenwerk während der fünfziger Jahre auf den Aufbau einer Stammbelegschaft, die auf allen Ebenen ein möglichst hohes Qualifikationsniveau aufweisen sollte.[9] Das Management in Wolfsburg begriff eine gut ausgebildete Kernbelegschaft als Trumpf im Wettbewerb auf den internationalen Märkten. *Volkswagen do Brasil* dagegen produzierte nicht für den Weltmarkt, sondern für einen protektionistisch abgeschirmten und interventionistisch regulierten Binnenmarkt, auf dem der Stand der Produktivität weniger ausschlaggebend für den Erfolg war.[10] Unter diesen Voraussetzungen kamen in der Produktion vor allem *ungelernte* Arbeitskräfte zum Einsatz, da man von ihnen im Management der brasilianischen Volkswagen-Tochter ein höheres Maß an Leistungsbereitschaft und Disziplin erwartete.

> »Die Belegschaftsstaerke belaeuft sich zur Zeit auf rund 2000. Hierin sind schon 400 Arbeiter inbegriffen, die wir zur Produktionserhoehung und fuer das PKW-Projekt neu eingestellt haben. Es sind ungelernte Arbeiter, die wir am Band anlernen. Wir haben die Erfahrung gemacht, dass wir mit der Einstellung von ungelernten Arbeitern am besten und lohnguenstigsten wegkommen. Die Leute verfuegen ueber eine sehr gute Auffassungsgabe und sind vor allem willig und in ihrem Arbeitseifer dem europaeischen Arbeiter ueberlegen.«[11]

Zu Beginn der sechziger Jahre zeichnete sich für die *Volkswagen do Brasil* ein *arbeitsrechtliches* Problem beim Aufbau einer Kernbelegschaft ab. *Olavo Aranha,* der Vizepräsident der Gesellschaft, machte darauf aufmerksam, daß nach brasilianischem Recht Arbeitskräfte, die 10 Jahre ohne Unterbrechung bei einem Unternehmen angestellt waren, faktisch unkündbar wurden.[12] Im Management des Volkswagenwerks befürchtete man, sich durch Arbeitsplatzgarantien in Brasilien eines disziplinarischen Hebels zu begeben und schloß sich dem Urteil *Aranhas* an, der meinte, in dieser Frage werde ein mittelfristiger Handlungsbedarf entstehen:

> »Wir stimmen mit Herrn Aranha dahin ueberein, dass es aufgrund der gesetzlichen Bestimmungen unmoeglich ist, die Masse der Werksangehoerigen ueber 9 Jahre hinaus zu beschaeftigen. Er wird sich jedoch wahrscheinlich als notwendig erweisen, in einzelnen Sonderfaellen Angestellte in die Stabilitaet zu uebernehmen. Diese Regelung wird auch von anderen Firmen unserer Branche in São Paulo getroffen. So haben z.B. bei Ford 5,5% und bei General Motors sogar 11,3% der Gesamtbelegschaft eine mehr als 10-jaehrige Firmenzugehoerigkeit aufzuweisen.«[13]

4.) Ein Erfolgsfaktor von ambivalenter Wirkung war schließlich *Brasiliens periphere Position* innerhalb der internationalen Arbeitsteilung. Das Land betrieb während der fünfziger Jahre eine Industrialisierungspolitik, die ganz auf Importsubstitution setzte. Ausländische Konzerne, die auf dem brasilianischen Markt Fuß fassen oder Marktanteile verteidigen wollten, sahen sich unter diesen Vorzeichen zu *Direktinvestitionen* in Brasilien gezwungen, da mengenmäßige Beschränkungen und hohe Zollmauern den Warenexport nach Brasilien abschnürten. Dies galt auch für das Volkswagenwerk. Um nicht vom brasilianischen Markt verdrängt zu werden, mußte das Unternehmen seine Weltmarktstrategie modifizieren und das Risiko einer Auslandsproduktion in Kauf nehmen. Dieses Risiko wurde dadurch gesteigert, daß die brasilianische Währung – der Cruzeiro – nicht in das Fixkurssystem von Bretton Woods einbezogen war, was wegen der hohen brasilianischen Inflationsraten auch kaum möglich gewesen wäre. Der Wechselkurs zwischen dem Cruzeiro und dem Weltgeld Dollar wurde aber auch nicht durch den Markt bestimmt. Denn neben den freien Dollarkurs trat ein System multipler Wechselkurse, die vom *Banco do Brasil* nach Maßgabe politischer Prioritäten festgelegt wurden und sich häufig änderten. Diese Konstellation schuf nicht nur eine breite Palette von technischen Bewertungsproblemen – etwa dann, wenn das Volkswagenwerk Maschinen in seine brasilianische Tochtergesellschaft einbrachte. Der permanente Abwertungsdruck, der auf dem Cruzeiro lastete, drohte, die von der *Volkswagen do Brasil* erzielten Profite für die Konzernbilanz zu entwerten. Unter dem Gesichtspunkt der Rentabilität resultierten also aus der peripheren Lage Brasiliens innerhalb des Weltmarkts schwer kalkulierbare Risiken für das Volkswagenwerk. Andererseits schloß die in Brasilien herrschende Dollarknappheit die US-Konzerne faktisch vom Automobilmarkt des Landes aus. Hinzu kamen noch die Ressentiments gegenüber den USA, die in der brasilianischen Öffentlichkeit tief verwurzelt waren. Beides zusammen räumte dem Volkswagenwerk privilegierte Marktchancen ein, frei vom Druck der Konkurrenz durch die großen amerikanischen Firmen.

Die Herstellung des »Käfers« in Brasilien: ein Projekt mit – fast – unendlichem Vorlauf

Parallel zur Initiative in den USA plante man in Wolfsburg, die Präsenz des Volkswagenwerks auch am lateinamerikanischen Markt zu verstärken. Seit 1953 wurde im Management ernsthaft die Eröffnung eines Fabrikationsstandorts in Brasilien ins Auge gefaßt. Mehrere Gründe legten solche Erwägungen nahe. Einerseits war Brasilien ein ressourcenreiches Land, dessen politische Eliten eine nachholende Industrialisierung nach westlichem Muster anstrebten. Dieses Ziel sollte mit Hilfe einer makroökonomischen Rahmenplanung verwirklicht werden, im Rahmen derer die unter dem Dach der Zentralbank arbeitende SUMOC (Superintendência da Moneda e do Crédito) 1953 ein Programm zum Aufbau mehrerer Schlüsselindustrien auflegte. Darunter befand sich auch die Automobilindustrie.[14] In Brasilien schien sich also ein verheißungsvoller Markt zu öffnen, dessen Erschließung das Volkswagenwerk keinesfalls versäumen wollte. Zugleich war absehbar, daß eine herkömmliche Exportstrategie für eine Offensive in Brasilien nicht taugte, denn der Aufbau einer brasilianischen Automobilindustrie erforderte eine – zumindest mittelfristige – Abschottung vom Weltmarkt, um den Produktivitätsrückstand gegenüber den großen internationalen Konzernen wettmachen zu können. Bereits vor 1954 durfte das Volkswagenwerk nur zerlegte Fahrzeuge nach Brasilien exportieren (ckd-Export), die beim brasilianischen Generalimporteur des Unternehmens, der Firma Brasmotor, montiert wurden. Darüber hinaus sprach für eine großangelegte Investition in Brasilien auch der Umstand, daß es den Repräsentanten des Volkswagenwerks dort während der frühen fünfziger Jahre gelungen war, enge Kontakte zu vielen politischen Entscheidungsträgern zu knüpfen. So schienen die Vorzeichen günstig, als Volkswagen Anfang 1954 der in Brasilien tagenden deutsch-brasilianischen Wirtschaftskommission ein Projekt für den Bau einer Automobilfabrik mit einem Gesamtvolumen von rund 35 Millionen US-Dollar unterbreitete, dessen endgültige Genehmigung den beiden Regierungen vorbehalten sein würde. *Olavo Egydio de Souza Aranha,* seines Zeichens in Rio ansässiger Vizepräsident der im März 1953 gegründeten VW do Brasil[15], informierte *Nordhoff* im Dezember 1953 recht euphorisch über die Perspektiven des Vorhabens:

> »Man hoert an jeder Ecke: die Amerikaner haben uns 30 Jahre lang oder mehr mit dem Verkauf von Autos ausgebeutet und nie daran gedacht, eine Fabrik hier zu errichten. Es mußte dann ein Deutscher herkommen und sagen: wir werden eine Fabrik hier aufmachen, damit nun ploetzlich alle aus einem traegen Schlafe aufgeweckt wurden; und als ob sie nun Brasilien zum ersten Male entdeckten, wollen alle Fabriken hier aufmachen. Kein Mensch glaubt an dieses ploetzliche Wohlwollen; es wird allgemein geglaubt, dass die Amerikaner jetzt ueber die Fabrikation nur sprechen, um Importerlaubnis fuer amerikanische Wagen zu erlangen. Aber die Bedingungen, die hier etabliert werden, werden dies nicht zulassen. Wer Importerlaubnis hier haben will, muss auch hier fabrizieren, und dies hat Volkswagen fuer Brasilien getan. Herr Jensen konnte bei allen Behoerden feststellen, dass der beste Wille vorhanden ist, uns alle Erleichterungen unter den gegebenen Moeglichkeiten zu gewaehren. Ich kann Sie nur versichern, dass meinerseits alles gemacht wird, um aus dem geplanten Projekt einen grossen Erfolg zu machen.«[16]

Doch im Unterschied zu den USA, wo sich die hochgesteckten Ziele, die *Nordhoff* für die Jahre 1954 und 1955 vorgegeben hatte, umsetzen ließen, gerieten die ambitionierten Brasilienpläne ins Stocken. Jensen zog Ende Juni 1954 eine enttäuschende Zwischenbilanz:

> »Wenn ich den Aufwand an Reisen, Briefen und Diskussionen bedenke, die schon an das Thema Geländekauf gewendet sind, dann bin ich eigentlich beschämt, festzustellen, daß wir genau da stehen, wo wir vor einem Jahr waren. Dieses Jahr ist unwiederbringlich verloren, ein in der bisherigen Geschichte unseres Werkes einmaliger Fall, der es sehr zweifelhaft erscheinen läßt, ob wir überhaupt auf dem richtigen Wege sind. Es ist bedauerlich genug, daß uns vor allem von deutscher Regierungsseite so viel

Schwierigkeiten gemacht werden, aber wir kommen ja auch in unserem eigensten privatwirtschaftlichen Bereich nicht von der Stelle.«[17]

Letztlich waren die Ursachen für die Diskrepanz zwischen der Zielsetzung und den tatsächlichen Fortschritten in den in Brasilien herrschenden komplizierten Rahmenbedingungen zu suchen. Blockaden entstanden vor allem durch politische Verwicklungen in Brasilien selbst und durch die instabile Einbindung des Landes in den Weltmarkt. Unter den Bedingungen einer nachholenden Industrialisierung intervenierte die Politik massiv in die Allokation ökonomischer Ressourcen. Unter anderem hieß dies, daß ausländische Direktinvestitionen der Zustimmung einer ganzen Reihe von Instanzen bedurften, was wiederum implizierte, daß politischer Einfluß für die Realisierbarkeit der Volkswagenpläne weit wichtiger war als in den USA. Die Art und Weise, wie *Aranha* den – unfreiwilligen – Regierungswechsel vom Sommer 1954 gegenüber Wolfsburg kommentierte, illustriert das Problem mit aller Klarheit:

»Durch die letzten politischen Ereignisse sind hier große Umaenderungen in den Regierungsaemtern vorgenommen worden, und die Situation, was die Aemter anbetrifft, ist uns eher guenstiger geworden. Finanzminister Dr. Gudin ist ein alter Freund von uns. Er ist ein Oekonomieprofessor und hat frueher sehr aktiv englische Interessen vertreten, zu derselben Zeit als ich persoenlich fuer Schroeder-London sehr aktiv war. In der letzten Zeit hat er sich weniger mit englischen Interessen befasst, ist jedoch Berater der amerikanischen Kompanie "Bond and Share", welche hier die Companhias Eléctricas Brasileiras kontrolliert, die besonders im Innern von São Paulo die Elektrizitaetswerke verschiedener kleinerer Staedte betreiben. – Sein Kabinettschef ist Dr. Araujo, ein intimer Freund von mir. Sein Privatsekretaer, Dr. Goes, war bis vor einem Jahre hier in unserem Buero tätig, und wir haben mit ihm die besten Relationen behalten. In der SUMOC ist auch ein alter Bekannter von mir, Dr. Bulhões. – Mein Freund Maciel ist nicht mehr in der SUMOC, jedoch ist er Diretor-Superintendente (General Manager) der Banco do Desenvolvimiento Econômico, die unser Unternehmen zu finanzieren haette. In dieser Bank ist auch der Praesident unser Freund Sarmanho (Schwager des verstorbenen Praesidenten Getúlio Vargas) geblieben. – Auch Guilherme Arinos hat seinen Posten im Conselho der Bank beibehalten, sowie einige Conseilheiros, die mit uns befreundet sind. Sie sehen also, dass unsere Situation besser geworden ist. Der fruehere Finanzminister, Oswaldo Aranha, obwohl mein Vetter, war dem Volkswagenprojekt nicht freundlich gesinnt; im Gegenteil, er hat uns Schwierigkeiten in den Weg gestellt, denn die Firma seiner Soehne vertritt die Jeeps, und sie waren und sind ueberzeugt, dass Volkswagen den Jeeps sehr grosse Konkurrenz machen wuerde.«[18]

Es bedarf keiner besonderen Phantasie, um sich auszumalen, wie unberechenbar vor diesem Hintergrund die brasilianische Wirtschaftspolitik blieb. Durch einen unvorhergesehenen Kurswechsel konnten sich Projekte ausländischer Unternehmen jederzeit im Netz widerstreitender ökonomischer und politischer Interessen verfangen.

Hinzu kamen Schwierigkeiten, die aus der außenwirtschaftlichen Situation Brasiliens resultierten. Die Zahlungsbilanz des Landes war abhängig von der Entwicklung der »terms of trade«, insbesondere von der Bewegung der Kaffeepreise. Da sich die »terms of trade« in den fünfziger Jahren für die nicht industrialisierten Länder der Weltmarktperipherie deutlich verschlechterten, geriet die brasilianische Zahlungsbilanz fast permanent unter Druck. Aus dem Kursverfall der Währung folgte der Zwang, Devisen einzusparen, und die Notwendigkeit, die interne Inflation durch Kreditrestriktionen zu bekämpfen.

Das Volkswagenwerk hatte 1954 damit gerechnet, nach der Gründung einer Fabrik während einer Übergangszeit großzügige Importlizenzen zu erhalten, um einen Teil der veranschlagten Investitionssumme im Lande selbst zu verdienen und sich Marktanteile zu sichern. Außerdem rechnete man auf Kredite des *Banco do Desenvolvimiento* Econômico. Aus brasilianischer Sicht geriet das Bemühen um außenwirtschaftliches Gleichgewicht und Geldwertstabilität in Konflikt mit dem Versuch, ausländische Investoren ins Land zu holen. Die Modalitäten konkreter Investitionsprojekte mußten jeweils den Sachzwängen sowie allen beteiligten Interessen Rechnung tragen und konnten nur auf dem Wege zäher Verhandlungen festgelegt werden. Natürlich galt dies auch für die Pläne des Volkswagenwerks. Dieses konnte seine Interessen aber *nur bedingt* selbst vertreten, hing man doch ab von den Ergebnissen, welche die erwähnte brasilianisch-deutsche Kommission für langfristige Investitionen in Brasilien erzielte. Alle deutschen Direktinvestitionen im Ausland bedurften zu dieser Zeit einer Genehmigung durch die zuständigen staatlichen Stellen.[19] Die deutsche Delegation jedoch verhandelte keineswegs exklusiv oder auch nur getrennt über das Volkswagen-Projekt, sondern behandelte seinen Antrag als Teil eines Paketes, das auch Investitionsvorhaben von *Krupp, Mercedes* und zahlreichen anderen Firmen umfaßte.[20] Dieses Paket von Investitionsprojekten wiederum war eingebunden in die zwischenstaatlichen Verhandlungen über allgemeine Fragen des bilateralen Handels- und Zahlungsverkehrs.

Das Volkswagenwerks erhoffte sich von den brasilianisch-deutschen Verhandlungen die Festlegung eines Dollarbetrags für bundesdeutsche Investitionen in Brasilien, der dem eigenen Projekt einen hinreichenden Mindestumfang sichern würde. Da aber auf dem Weg dahin widerstreitende brasilianische Interessen, die Interessen der deutschen Bundesregierung und konkurrierende Ambitionen deutscher Unternehmen koordiniert werden mußten, vermag es kaum zu überraschen, daß eine befriedigende Lösung auf sich warten ließ. Dabei war die Lage nicht selten derart verfahren, daß sich von Wolfsburg aus nur schwer beurteilen ließ, welche Faktoren für das Stocken der Verhandlungen verantwortlich waren. Zu allem Überfluß wurden die Brasilien-Pläne des Volkswagenwerks durch interne Reibungsverluste belastet, die nichts mit den Rahmenbedingungen zu tun hatten, sondern aus der Binnenstruktur der *Volkswagen do Brasil* erwuchsen. Dort nämlich lag die Kooperation zwischen *Schultz-Wenk,* dem Geschäftsführer in São Paulo, und *Aranha,* dem in Rio residierenden Vizepräsidenten, der einen 20%igen Kapitalanteil vertrat, im argen. Beide nutzten bis in den Herbst 1954 hinein nahezu jede Gelegenheit, um bei *Nordhoff* gegeneinander zu intrigieren, bevor eine klärende Aussprache ihr Verhältnis – vorübergehend – entspannte. Da beide fast grundsätzlich divergierende Situationsanalysen und Strategievorschläge nach Wolfsburg übermittelten, behinderte diese Situation nachhaltig einen klaren Entscheidungsprozeß und dessen Umsetzung in konkrete Maßnahmen.

Schon bald nachdem das Volkswagenwerk Anfang 1954 der besagten deutsch-brasilianischen Kommission seine Investitionspläne für Brasilien vorgelegt hatte, wurde dem Management von dem Leiter der deutschen Delegation und vom BDI bedeutet, daß es das Volumen des Projekts zu reduzieren habe:

>»Wie ich in einer Unterredung, die ich vor einigen Tagen beim Bundesverband der deutschen Industrie hatte, erfahre, wird die Arbeit dieser Delegation sich ganz besonders schwierig gestalten, da im Rahmen des gegenwärtigen Handelsvertrages mit Brasilien nur $ 42 Mio für Investitionszwecke zur Verfügung stehen. Hierbei ist Voraussetzung, daß die deutschen Abnahmezusagen auch in vollem Umfange erfüllt werden. Bis jetzt sind etwa 85 Projekte mit einem Volumen von $ 40 Mio zur Genehmigung vorgelegt worden, und es wird Aufgabe der Kommission sein, eine Vorrangliste für die zunächst zu realisierenden Projekte aufzustellen und gegebenenfalls auch Reduzierungen der beantragten Beträge vorzunehmen.«[21]

>»Besondere Unterstützung sagten mir die Herren Dr. v. Maltzan, Dr. Reinhardt und Dr. Krautwig zu, und ich hatte, als ich gestern spät abends noch die Möglichkeit hatte, Dr. Prentzel [Leiter der deutschen Delegation – V.W.] zu sprechen, der gestern erstmalig wieder im Dienst war, durchaus den Eindruck, daß er zu unserer Sache jetzt positiver steht. Er meinte allerdings, daß alle deutschen Projekte, soweit sie überhaupt zur engeren Wahl gestellt wurden, eine Reduktion erfahren müßten, und hiervon wären auch Daimler-Benz und Hanomag nicht ausgeschlossen, die in Brasilien durch ihre Vertreter – der brasilianische Konsul Hiller, Verkaufsleiter der Hanomag, ist seit einiger Zeit drüben – besondere Anstrengungen gemacht hätten.«[22]

Daraufhin korrigierte das Volkswagenwerk den Umfang seines Investitionsvorhabens von 35 auf 30 Millionen Dollar, bestand aber darauf, Maschinen und Einrichtungen wie ursprünglich vorgesehen bewilligt zu bekommen, da das Produktionskonzept in dieser Hinsicht keine Spielräume lasse. Auch beharrte man darauf, daß der ckd-Export nach Brasilien im Wert von jährlich 3,6 Millionen Dollar – für eine Übergangszeit von mindestens fünf Jahren – unabdingbare Voraussetzung für die finanzielle Tragfähigkeit des Projekts sei.[23] *Inoffiziell* erhielt Wolfsburg daraufhin sowohl von der brasilianischen als auch von der deutschen Seite innerhalb der gemischten Kommission die Zustimmung zu seinen aktualisierten Plänen[24], doch zögerte sich die *offizielle* Empfehlung der Kommission an die beiden Regierungen über Monate hinaus. Insbesondere in der Frage der ckd-Exporte nach Brasilien ließ sich keine Klarheit schaffen.[25] Über die Gründe dieses Stockens übermittelten *Schultz-Wenk* und *Aranha* unterschiedliche Versionen an *Nordhoff*. Während letzterer behauptete, er habe die wichtigen brasilianischen Stellen in mühseliger Kleinarbeit für die Volkswagen-Sache gewinnen können, so daß die Schuld für die Blockierung der Angelegenheit auf deutscher

Seite liege, äußerte *Schultz-Wenk* Zweifel an der Eignung *Aranhas* als Fürsprecher des Investitionsprojekts bei der brasilianischen Regierung.

»Ich [Aranha – V.W.] habe diese Situation soweit halten koennen, obwohl ich durch die Mitteilungen von Wolfsburg gefuehlt habe, dass von deutscher Seite auch keine grosse Unterstuetzung zu unseren Plaenen erreicht worden ist. Man hat hier den klaren Eindruck, dass man die Fortschritte, die wir fuer Volkswagen erreicht haben, zu Gunsten von anderen deutschen Projekten ausnutzen will, und das Schicksal unserer Projekte an die anderen zu knuepfen versucht. Es waere eine bessere Politik, eine schnelle Loesung unseres Projektes zu bewirken, welche die anderen deutschen Projekte eher foerdern als benachteiligen wuerde.«[26]

»Mich [Schultz-Wenk – V.W.] selber hat dieses Gespraech mit Prentzel sehr erschuettert, da ich den Angaben von Aranha vollsten Glauben schenkte. Ich komme allmaehlich zu der Ansicht, dass die positive Einstellung Aranhas wohl mehr auf Gespraeche mit einigen seiner Freunde (Sarmanho) beruhte, dass jedoch die Mehrzahl der Herren der SUMOC nicht von ihm fuer unser Projekt bisher gewonnen werden konnte. Prenzel bat mich nochmal um eine Besprechung vor seiner Abreise. Ganz besonders Wert legt er darauf, dass ich Dir mitteile, dass das weitere Hinauszoegern nur an der Unentschlossenheit der brasilianischen Regierung laege, dass er alles versucht haette, was in seinen Kraeften staende, um zu einem Erfolg zu kommen. Ich selber bin hiervon überzeugt.[27]

»Obwohl ich [Aranha – V.W.] heute nicht mehr 100% ueber das Endresultat sicher bin, muss ich Sie darauf aufmerksam machen, wie wichtig es fuer uns ist, dass endlich diese Approbation von Deutschland kommt. Kein Mensch versteht hier, dass das Volkswagenwerk ein vollkommenes Projekt ausgearbeitet hat, eine Offerte an die Regierung gemacht hat, denn schliesslich ist Volkswagen do Brasil 80% Volkswagenwerk, und ohne Approbation von Bonn, und trotz aller Bemuehungen diese Approbation von Bonn nicht erhaelt. Ich begreife nicht, wie Bonn nicht einsieht, dass dies einen schlechten Eindruck hier in Brasilien macht. Die Kommission soll Projekte empfehlen, welche fuer beide Laender von Interesse sind. Also Volkswagenwerk hat Brasilien schon erklaert, dass es von Interesse fuer Brasilien ist, und wenn Deutschland Ihre Approbation fuer dieses Projekt zurueckhaelt und von der Approbation von anderen Projekten abhaengig macht, gibt es den Anschein, dass die anderen Projekte nicht vorteilhaft fuer Brasilien sind, und dass Deutschland durch diese Zurueckhaltung einen gewissen Druck auf die Approbation der anderen Projekte ausuebt, und dies ist absolut gegen den Sinn des deutsch-brasilianischen Abkommens. Jedes Projekt sollte unabhaengig von den anderen examiniert werden, falls es von beiden Seiten als empfehlenswert betrachtet wird. Es ist nicht zu verstehen, dass von Seiten Deutschlands das Volkswagenprojekt nicht empfohlen wird, also nicht fuer empfehlenswert gehalten wird; aber morgen, wenn Krupp und Mercedesprojekte approbiert sind, dann ist ploetzlich das Volkswagenprojekt auch empfehlenswert. Das versteht hier kein Mensch. Entweder ist es empfehlenswert oder nicht, und kann nicht von anderen Projekten abhaengig sein. – Wenn Sie also in Bonn Ihren Einfluss ausueben koennen, damit diese Situation genuegend erlaeutert wird, ist sicherlich viel geholfen. Hier in Brasilien kann selbstverstaendlich nichts gegen den Wunsch der deutschen Regierung gemacht werden.«[28]

Als sich dann die Unübersichtlichkeit der Lage durch den Putsch gegen die brasilianische Regierung im Sommer weiter zuspitzte, zog *Nordhoff* die Konsequenzen. Er legte den Plan, in Brasilien die Produktion von Fahrzeugen aufzunehmen, auf Eis und entschied sich dafür, die Aktivitäten des Volkswagenwerks in diesem Land bis auf weiteres auf die Montage der eingeführten ckd-Wagen zu beschränken.

>»Nach längerer Diskussion kam der Aufsichtsrat in Übereinstimmung mit der Geschäftsführung zu dem Entschluss, das große Projekt, nämlich den Bau einer kompletten Automobilfabrik, vorläufig zurückzustellen und erst die weitere politische und wirtschaftliche Entwicklung in Brasilien abzuwarten. Inzwischen sollte das kleinere Projekt, nämlich Kauf des Fabrikgeländes und Errichtung einer Montagehalle, schnell vorwärtsgetrieben werden, um die gegebenen Einfuhrmöglichkeiten von zerlegten Volkswagen so weit wie möglich auszunutzen.«[29]

Aranha war mit dieser Entscheidung einverstanden, regte aber an, den ambitionierteren Fabrikationsplan gegenüber den staatlichen Instanzen in der Schwebe zu halten, um ihn im geeigneten Moment wiederbeleben zu können.[30] Dieser Vorschlag fand in Wolfsburg – und auch bei *Schultz-Wenk* – Zustimmung.[31] Gleichwohl stellte sich ein drängendes Problem. Die Firma *Brasmotor* hatte den Vertrag mit dem Volkswagenwerk gekündigt, so daß für die Montage der importierten Fahrzeuge ein neuer organisatorischer Rahmen gefunden werden mußte.[32] Zunächst wurde eine provisorische Montagelinie in São Paulo eingerichtet, und gleichzeitig bemühte man sich um den Ankauf eines Geländes, das über die Probleme des Tages hinaus die Möglichkeit zur Errichtung einer kompletten Fabrik eröffnete. *Schultz-Wenk* empfahl ein Areal an der Straße zwischen Santos und São Paulo, das administrativ zum Munizip São Bernardo do Campo gehörte.[33] *Aranha* jedoch opponierte gegen diesen Standort. Er verwies auf das Fehlen einer Eisenbahnlinie und machte darüber hinaus Preisgründe geltend. *Nordhoff* schien sich diesen Einwänden anzuschließen, und erst, als *Schultz-Wenk Hermann Richter* – seines Zeichens Aufsichtsratsmitglied des Volkswagenwerks – für seine Pläne gewinnen konnte, schwenkte *Nordhoff* auf den Erwerb des Geländes in São Bernardo do Campo ein. Allerdings machte er seine Einwilligung von einer Einigung zwischen *Schultz-Wenk* und *Aranha* abhängig:

>»Ich hatte Gelegenheit, in den letzten Tagen sehr eingehend mit unserem Aufsichtsratsmitglied Herrn Dr. Richter über seine Südamerika-Reise zu sprechen. Im Rahmen dieser Unterhaltung legte er mir dringend nahe, das Gelände zu kaufen, das als letztes für die Errichtung einer Montagefabrik in Aussicht genommen ist und für das wir uns bisher trotz des Ablaufens der Option nicht hatten entscheiden können. Auf Grund all dessen, was mir Herr Dr. Richter sagte, und im Hinblick auf die doch stark bestimmende Funktion, die er in unserem Unternehmen als Aufsichtsratsmitglied hat, bin ich sehr geneigt, den in dieser Frage bisher eingenommenen Standpunkt zu revidieren und einem Kauf dieses Geländes zuzustimmen. Dieser Entschluß würde mir wesentlich erleichtert oder eigentlich überhaupt erst möglich gemacht werden, wenn in dieser Frage eine Übereinstimmung aller Herren unserer Firma in Brasilien erfolgen könnte. ... Im Hinblick auf das sehr bald ablaufende Jahr 1954 wäre mir ein schneller Entschluß von Herrn Aranha, Ihnen und Herrn Jensen sehr erwünscht, weil uns aus naheliegenden Gründen viel daran läge, diese Transaktion noch in diesem Jahr durchzuführen, wenn sie überhaupt durchgeführt werden soll.«[34]

Beide legten im Herbst 1954 vorläufig ihre Unstimmigkeiten bei.[35] *Aranha* signalisierte seine Bereitschaft, seine Bedenken gegen den Standort São Bernardo do Campo zurückzustellen[36], so daß die Immobilien-Transaktion bis zum Frühjahr des Jahres 1955 abgeschlossen werden konnte. Innerhalb von Jahresfrist war also das geplante Engagement des Volkswagenwerks in Brasilien auf ein wesentlich bescheideneres Niveau zurückgefahren worden – und zwar aus Gründen, die mit dem Stand der deutsch-brasilianischen Beziehungen und der politischen Instabilität des südamerikanischen Landes zu tun hatten. Statt die Produktion aufzunehmen, verlegte man sich auf das Montieren von Fahrzeugen, die im zerlegten Zustand aus Wolfsburg eingeführt wurden, und auch dies nur, weil die brasilianischen Einfuhrregelungen keinen Import kompletter Wagen zuließen. Ein weiteres Jahr später hatten die Umstände das Volkswagenwerk abermals gezwungen, seine Brasilien-Strategie zu revidieren, denn die verschärften Vorschriften über den »Nationalisierungsgrad« der auf dem brasilianischen Markt zugelassenen Fahrzeuge[37] ließen *Volkswagen do Brasil* keine andere Wahl als zumindest zur Teilefertigung überzugehen. Die dabei unternommenen Anstrengungen entsprachen zunächst keineswegs den Vorstellungen *Nordhoffs* von einer modernen Automobilfabrikation, schienen aber den in Brasilien absetzbaren Stückzahlen angemessen zu sein:

> »Dieses Jahr war fuer die Volkswagen do Brasil ein sehr schoenes und erfolgreiches Jahr. Wir muessen nun sehen, was wir aus 1956 machen. Du weisst ja, dass wir augenblicklich ausserordentliche Schwierigkeiten mit dem Import haben und aus diesem Grunde versuchen wollen, einen grossen Teil der Karosse des Kombis hier zu bauen. Die Banco do Brasil versprach, uns sehr behilflich und vor allen Dingen in den Agios entgegenkommend zu sein, fuer die Teile, die wir noch aus Deutschland importieren muessen. Ich hoffe, dass O. W. Jensen, dem wir hier unser ganzes Paket Sorgen vortrugen, in der Zwischenzeit dieses Problem mit Dir besprochen hat und dass Du Deine Einwilligung gegeben hast. Ich bin mir vollkommen im Klaren darueber, dass es nicht das ist, was Du Dir unter Produktion vorstellst, aber wir koennen tatsaechlich mit dieser Methode, mehr Handarbeit als Maschinenarbeit, auch das 1956 erfolgreich gestalten und vor allen Dingen, jeder Wagen mehr, der hier laeuft, bringt uns im Ersatzteilgeschaeft vorwaerts.«[38]

Die Erfolgsbilanz, die *Schultz-Wenk* für das Jahr 1955 zog, konnte nicht darüber hinwegtäuschen, daß die Gräben zwischen ihm und *Aranha* abermals aufgebrochen waren. Letzterer hatte nach dem bereits erfolgten Ankauf des Geländes in São Bernardo do Campo neuerlich einen anderen Standort für die Montagefabrik der *Volkswagen do Brasil* in die Diskussion gebracht. Auch wenn er sich schließlich der definitiven Entscheidung aus Wolfsburg beugte, hatte dieses Verhalten *Schultz-Wenk* in höchstem Maße erzürnt:

> »Ich weiss, dass was ich jetzt sage etwas ungeheuerlich klingt, aber nach reiflicher Ueberlegung festigt sich immer mehr die Ueberzeugung, dass dies alles von Aranha absichtlich getan wird, um uns daran zu hindern, unsere Plaene in Brasilien zu schnell zu verwirklichen.«[39]

Erst die ultimative Entscheidung *Nordhoffs* führte eine endgültige Klärung der Standortfrage herbei und definierte gleichzeitig intern den Stellenwert des brasilianischen Marktes für das Volkswagenwerk, der sich – ungeachtet aller offiziellen Rhetorik – ausschließlich an Elle der Rentabilität bemaß:

»Durch meinen letzten Brief an Herrn Aranha, der Ihnen gleichlautend zugegangen ist, sollte das Thema Geländekauf bis auf weiteres erledigt sein. Aus unbegreiflichen Gründen scheint es mir unmöglich zu sein, in dieser an sich einfachen Frage zu einer echten Verständigung zu kommen. Es bleibt definitiv bei dem, was ich bei letzter Gelegenheit schon gesagt hatte, nämlich, daß wir vorerst nichts anderes vorhaben als den Aufbau und Ausbau von dem jetzt gekauften Gelände. Wir können auf diesem Gelände eine Kapazität unterbringen, die auf Jahre hinaus genügen wird. Gerade bei einer solchen jahrelangen Ausnützung werden die kleinen Einwände, die vielleicht berechtigterweise gegen das jetzt gekaufte Gelände erhoben werden, immer bedeutungsloser – im übrigen haben wir dieses Gelände und werden es nun benutzen. Uns liegt nichts daran, einen möglichst bombastischen Zuschnitt zu finden, der vielleicht der dortigen Mentalität mehr entgegenkäme. *Für uns ist der ganze Export nach Brasilien eine rein kaufmännische Proposition, und ein Interesse besteht nur so lange, wie daran und damit – ganz primitiv gesagt – Geld verdient werden kann.*«[40]

Die beiden folgenden Jahre – 1956 und 1957 – brachten in Brasilien keinerlei Stabilisierung der Rahmenbedingungen, die geeignet gewesen wäre, um die betriebswirtschaftlichen Bedenken gegen die Aufnahme der Pkw-Produktion auszuräumen. Für das Management in Wolfsburg stellte sich die Situation weiterhin ambivalent dar. Einerseits schien Brasilien nach wie vor ein zukunftsträchtiger Markt zu sein. Seine Regierung – und mit ihr *Aranha & Monteira* – drängten das Volkswagenwerk immer massiver zum Einstieg in die Fabrikation von Personenwagen, wobei deutlich wurde, daß die nach und nach verschärften Importrestriktionen andernfalls unweigerlich zum totalen Verlust des brasilianischen Marktes führen würden. Andererseits wurden die makroökonomischen und politischen Rahmenbedingungen in dem südamerikanischen Land – zumindest in der Wahrnehmung Wolfsburgs – zunehmend prekär. *Nordhoff* versuchte vor diesem Hintergrund Zeit zu gewinnen, indem er das Tempo des Fabrikausbaus in São Bernardo do Campo verschleppte, um sich jederzeit die Möglichkeit eines wenig verlustreichen Rückzugs aus Brasilien offenzuhalten. Konzessionen gegenüber der brasilianischen Regierung konnte aber auch er nicht verhindern. Im April 1956 hatte *Aranha* an O. W. Jensen nach Wolfsburg geschrieben und seiner Freude darüber Ausdruck verliehen, daß sich das Volkswagenwerk nunmehr zu weitreichenden Investitionen in Brasilien durchgerungen habe:

»Mit sehr großer Freude hoerte ich von Herrn Schultz-Wenk die Erklaerung, daß Herr Nordhoff und Sie sich nun entschlossen haben, so schnell wie möglich die komplette Fabrik, einschliesslich Motoren, hier in Brasilien aufzubauen. Ich denke, dass dieser Entschluß noch rechtzeitig kommt. Jetzt muessen wir jede Verzoegerung vermeiden. ... Herr Schultz-Wenk sagte weiter, dass die ganze Anlage, inklusive Motor-Fabrikation, usw. in 2 bis hoechstens 2 1/2 Jahren realisiert werden koennte.«[41]

Aber während *Aranha* bereits konkrete Verfahrenspläne entwickelte[42], eröffnete ihm *Nordhoff*, daß der Zeithorizont des Fabrikausbaus wesentlich weiter gespannt sei. Gleichzeitig sah er sich veranlaßt, gegenüber *Schultz-Wenk* auf seine Richtlinienkompetenz zu verweisen, schloß sich aber nichtsdestoweniger der Auffassung an, es sei wichtig, von der brasilianischen Regierung als Fabrikant anerkannt zu werden, um in den Genuß von Importvergünstigungen zu kommen.

»Ohne auf weitere Einzelheiten einzugehen, weise ich darauf hin, daß wir uns entschlossen haben, der Fabrikation unseres Automobils in Brasilien näherzutreten, daß aber keine Rede davon sein kann, daß dieses nun so schnell wie möglich erfolgen soll. Sicherlich werden wir Verzögerungen vermeiden, aber wir werden uns im Tempo dieser Entwicklung von nichts und von niemandem treiben lassen. Es trifft nicht zu, daß der Aufsichtsrat seine Zustimmung zu den für Brasilien notwendigen Beträgen gegeben hat. Diese Angelegenheit wird frühestens im Juni dieses Jahres diskutiert werden, wie man insgesamt mit viel längeren Zeiträumen rechnen muß, als von Ihnen angenommen wird. Das bedeutet, daß die gesamte Anlage unter keinen Umständen in 2 bis höchstens 2 1/2 Jahren fertig werden wird – das läßt schon die Langsamkeit solcher Entwicklungen in Brasilien selbst nicht zu.«[43]

»Es wäre der einzig wirklich große Fehler, der gemacht werden kann, wenn wir jetzt Zusagen machen und Feststellungen in die Welt setzen, die in keiner Weise mit der Wirklichkeit übereinstimmen und auch nie übereinstimmen werden. Alle diese Pläne müssen ruhig und vernünftig durchgeführt werden, nicht mit märchenhaften Terminangaben und der Berauschung an großen Beträgen. Für uns ist dieses alles keine Angelegenheit des nationalen Stolzes, sondern ein Geschäft, das wie ein Geschäft behandelt werden wird. Alles in allem bedeutet dies, daß wir unsere bisherige Politik nur wenig in der Richtung geändert haben, daß wir also nicht "umgefallen" sind, und daß wir entschlossen sind, die Entwicklung weiterhin fest in der Hand zu behalten. ... Ich möchte mit diesem Brief in aller Form den Fuss auf die Bremse setzen und sehr herzlich und nachdrücklich darum bitten, dass diese Dinge aus der überhitzten und leicht unrealistischen Atmosphäre von Rio herausgehalten werden – *die Führung liegt in Wolfsburg und bleibt in meiner Hand.*«[44]

»Ich teile völlig die Auffassung, dass es wichtig ist, als Fabrikant anerkannt zu werden, dass es sich dabei allerdings wohl mehr um die Anerkennung des jetzt realisierten Zustandes handelt als um Wechsel auf die Zukunft. ... Bei dieser Gelegenheit wiederhole ich meinen schon in einem anderen Brief ausgesprochenen Rat, mit beiden Füssen auf der Erde zu bleiben und sich nicht von einer Psychose anstecken zu lassen, die offenbar in Brasilien grassiert.«[45]

Die Zollpolitik der brasilianischen Regierung zwang dann jedoch in der zweiten Jahreshälfte 1956 das Volkswagenwerk dazu, reale Investitionsentscheidungen zu treffen. In seinem Brief vom 1. Juni entwarf *Aranha* ein Bild der aktuellen politischen Situation und der Zwangslage, die daraus für *Volkswagen do Brasil* entstand.

»Auf Vorschlag der Regierung wird augenblicklich das allgemeine Zollgesetz in der Kammer diskutiert. Was die Automobilindustrie anbetrifft, wurde ... vor drei Tagen in der Finanzkommission der neue Zolltarif approbiert. Dadurch wird der Import von Autos so belastet, dass er absolut unmoeglich gemacht wird. Auch die Autoteile fuer diejenigen, welche eine Montagelinie besitzen, haben kein besseres Schicksal. Nur diejenigen, welche als Fabrikant anerkannt werden, koennen mit den Rabatten, welche das Gesetz fuer den Import von Teilen bestimmt, beguenstigt werden. Dadurch werden nur diejenigen, welche als Fabrikant anerkannt werden, importieren koennen. Um als Fabrikant anerkannt zu werden:

1.) Muessen wir unser definitives Projekt approbiert haben, ...;

2.) Ist es imperativ, dass die Motorenfabrikation ebenfalls eingeschlossen wird.

Daraus ergibt sich Folgendes:

Falls wir uns nicht sofort entschliessen, dass grosse Projekt, einschliesslich Fabrikation von Motoren, in Exekution zu setzen, sollten wir mit der Exekution des Kombiprojektes so lange warten, bis wir tatsaechlich das grosse Projekt realisieren koennen, da sonst die Situation folgende sein wuerde:

Fuer das Kombiprojekt haben wir die Fabrikation von Motoren nicht vorgesehen, da es einleuchtend ist, dass die Fabrikation von Motoren fuer eine so kleine Produktion nicht rentabel sein wuerde. Dadurch wuerde sich aber ergeben, dass wir nicht als Fabrikant anerkannt werden koennten, und folglich fuer den Import von allen Teilen den vollen Zolltarif zu zahlen haetten, d.h. 60% auf den Wert; aber dieser Wert wird einschliesslich Agios berechnet werden. Also wuerde der Preis sehr hoch. Ausserdem, falls die Wagen (Kombi oder Personenwagen) fertig importiert wuerden, wuerden auch dieselben Tarife von 60% zu zahlen sein. Dadurch wuerde sich ergeben, dass es vorteilhafter waere, einen fertigen Wagen zu importieren, als halbfertig, denn die Fabrikation in Deutschland ist bedeutend billiger.«[46]

Die Alternative zwischen einem Rückzug vom brasilianischen Markt und dem Risiko einer kompletten Fabrikation unter schwer kalkulierbaren Rahmenbedingungen schien also *dringend* zur Entscheidung anzustehen. Widerwillig ließ *Nordhoff* in dieser Lage die wirtschaftlichen und logistischen Voraussetzungen für einen Einstieg in die Pkw-Produktion in Brasilien prüfen.[47] Dabei stellte sich heraus, daß das Volkswagenwerk kurzfristig nicht über die personellen und finanziellen Mittel verfügte, um ein großangelegtes Projekt in Angriff zu nehmen. Gleichwohl kam man der brasilianischen Forderung nach einem steigenden Nationalisierungsgrad der Fahrzeugproduktion entgegen, indem die Aufnahme der Motorenproduktion für den Transporter in São Bernardo do Campo in Aussicht gestellt wurde. Auf diese Weise, so hoffte man in Wolfsburg, würden sich die relativ günstigen Zollkonditionen für den Export nach Brasilien erhalten lassen. Auch sollte das kleinere »Kombiprojekt«, Aufschluß über die betriebswirtschaftliche Tragfähigkeit der Automobilproduktion in Brasilien liefern. In diesem Sinne wurde *Aranha* informiert.

»Die Geschäftsleitung des Werkes hat nach langen Verhandlungen mit den Technikern des Werkes heute die Entscheidung gefällt, das große Brasilienprojekt (Personenwagenbau) vorläufig zurückzustellen. Ich selber habe mich überzeugen lassen müssen, dass dieses Projekt im Augenblick, von der Werksseite gesehen, nicht realisierbar ist. ... Das Werk ist nicht in der Lage, uns rund 300 Spezialisten zur Verfügung zu stellen, die die Produktionsleitung berechnet hatte, die wir zur Durchführung des Projektes benötigen. Durch die ständige Erweiterung des Volkswagenwerkes und damit der Erhöhung seiner Produktion macht sich hier bereits ein Mangel von Facharbeitern und Spezialisten bemerkbar. Herr Steinmeier, der Chef der Produktion, erklärte Herrn Prof. Dr. Nordhoff, daß er ihm diese Leute in den nächsten Jahren auf keinen Fall überlassen könne. Damit war unser großes Projekt praktisch nicht mehr durchführbar. Hinzu kommt, daß unsere Nachkalkulationen ergeben haben, daß wir mit der geschätzten Summe von 42 Mio. in keinster Weise auskommen würden, sondern daß mit der Summe von DM 65 bis 70 Millionen zu rechnen sei. Die Geschäftsleitung betrachtet den Standpunkt, daß durch Eigeninvestierungen, die durch Produktionserhöhungen bedingt sind, das Werk nicht in der Lage ist, in den nächsten Jahren eine derartige Summe zur Verfügung zu stellen, als zwingend. ... Da die Instruktion 127/128 "Sumoc" uns keinerlei Chancen mehr gibt, Fahrzeuge zu importieren, ist die Geschäftsleitung zu dem Schluß gekommen, zu untersuchen, ob es möglich ist, unseren Transporter nach den Instruktionen der SUMOC 80% des Gewichtes incl. des Motors in Brasilien herzustellen. Die Planungsabteilungen haben errechnet, daß wir ungefähr zum Bau des Motors in den Stückzahlen von 10 pro Schicht (8 Stunden) resp. 20 Motore täglich, die Summe von rund 9 Millionen DM benötigen. ... Ich hoffe, daß es möglich sein wird, da es möglich ist, daß die Produktion incl. des Motors in der jetzt vorhandenen Halle vorgenommen wird; es wäre nur notwendig, 32 Meter des Preßwerkes dazuzubauen. ... Ich werde den Werksurlaub dafür ausnutzen, um im Bundeswirtschaftsministerium, Bank Deutscher Länder und Außenhandelskontor diesen Antrag genehmigen zu lassen.«[48]

Die Rentabilität des »Kombiprojekts« ließ aufgrund vielfältiger logistischer und wirtschaftlicher Probleme zunächst zu wünschen übrig.[49] Auch die politischen Rahmenbedingungen stabilisierten sich nicht. Dessen ungeachtet hielt der Druck, den die brasilianischen Regierungsinstanzen – allen voran *Präsident Kubitschek* – auf das Management in Wolfsburg ausübten, um es zur Produktion kompletter Pkws in Brasilien zu bewegen, unvermindert an. Als der Aufsichtsratsvorsitzende des Volkswagenwerks, *Oeftering*, im Herbst 1956 in Rio weilte, machte ihm der Präsident der Republik seinen Standpunkt unmißverständlich deutlich, worüber *Schultz-Wenk* nach Wolfsburg berichtete:

»Am Freitag, den 5. hat Herr Prof. Oeftering mit Gattin Brasilien wieder verlassen. Gleich am Ankunftstage hatte Herr Aranha eine Audienz beim Praesidenten der Republik, Herrn Kubitschek, arrangiert, an der Herr Prof. Oeftering, Herr Aranha, Herr Monteiro und ich teilnahmen. Ich haette es niemals fuer moeglich gehalten, dass ein Brasilianer und dazu der Praesident eines Landes, derartig hart und ruecksichtslos auf ein Thema zustreben koennte, wie es Kubitschek Herrn Oeftering gegenueber tat. Seine Begruessung war ungefaehr folgende: "Lassen Sie uns keine Worte machen, die hoere ich taeglich genug, sondern sagen Sie mir, ob Sie den Volkswagen Personenwagen in Brasilien bauen oder nicht. Ich erklaere Ihnen, dass der Volkswagen fuer Brasilien und fuer seine Strassen das ideale Fahrzeug ist. Was wollen oder koennen Sie mir dazu antworten." Ich muß gestehen, dass ich ueber den Angriff mehr als verbluefft war. Ich haette in dem Moment nicht in der Haut von Herrn Oeftering stekken moegen, dem nebenbei gesagt die blanken Schweissperlen auf der Stirne standen. Ich muss sagen, er zog sich sehr geschickt aus der Affaere, indem er erklaerte, dass wir ihn bauen wuerden, aber erst mit dem Kombi anfingen. Hierzu meinte Kubitschek: "Das ist zwar sehr schoen. Der Kombi hat fuer mich aber nicht das Interesse wie Ihr Personenwagen. Warum koennen Sie mir nicht erklaeren, in welcher Zeit Sie mit der Produktion des Wagens beginnen koennen." (Diese Frage hatte ich vorher mit Herrn Oeftering besprochen und ihn gebeten, er solle sich auf die lange Lieferzeit der hierfuer benoetigten Maschinen berufen.) Dieses tat er. Hierzu erklaerte Kubitschek: „Ich kenne die Lieferzeiten grosser Maschinen genau und weiss, dass dazu 2 – 2 1/2 Jahre benoetigt werden. Aber was geschieht nach dem Verstreichen dieser Zeit?" Sie koennen sich vorstellen, welches betretene Schweigen auf unserer Seite herrschte. Kubitschek fasste sofort nach und stellte die Frage: "Liegt es an finanziellen Dingen? Das soll kein Hinderungsgrund sein. Ich brauche Ihren Wagen." Herr Oeftering glitt darueber hinweg und erklaerte nochmals, dass die Lieferzeiten der Maschinen und die benoetigten Fachkraefte aus Wolfsburg es nicht erlaubten, heute ein Datum zu nennen, wann mit dem Personenwagen gestartet werden koenne. Hierzu Kubitschek nochmals: "Ich habe bereits eine Reihe Angebote von Personenwagen, die mich allerdings nicht interessieren, da sie mir fuer unser Land nicht das richtige erscheinen. Ich bitte Sie daher, mir in kuerzester Zeit mitzuteilen, wann Sie die Produktion Ihrer Wagen aufnehmen wollen." Haende schuetteln – aus war die Besprechung. Selbst der alte Fuchs Aranha schien mir etwas niedergeschmettert zu sein.«[50]

Zwar versprach *Oeftering Kubitschek* nach Abstimmung mit *Nordhoff* unverbindlich, er werde sich für das Personenwagenprojekt in Wolfsburg einsetzen[51], *Nordhoff* jedoch ließ sich zunächst nicht beirren. Noch im April 1957 stellte er deutlich, erst ein kontinuierlicher wirtschaftlicher Erfolg der Kombiproduktion in São Bernardo do Campo und akzeptable finanzielle Realisierungsbedingungen könnten das Volkswagenwerk zu weitergehenden Investitionen in Brasilien veranlassen. Ein solcher Erfolg aber sei nach Lage der Dinge kaum absehbar, und mit Blick auf die finanziellen Rahmenbedingungen hänge alles von der Haltung der brasilianischen Regierungsstellen ab:

>»Die Entwicklung in Brasilien ist nicht sehr erfreulich. Immer mehr wird offenbar, daß die Regierung aus politischen Prestigegründen eine vollständige Personenwagenfabrikation im Lande haben will und daß ihr dafür der VW am liebsten ist, zumindest angesichts der Tatsache, daß alle anderen sich sehr zurückhaltend dazu stellen, vielleicht mit der einzigen Ausnahme von Daimler-Benz, die ihre unglückliche Hand in solchen Fragen mehrfach bewiesen haben. Über die Redensarten von Fiat braucht man nicht zu sprechen. Meine Zurückhaltung gegenüber der brasilianischen Regierung ist gewachsen, weil sie ganz offensichtlich einer klaren Stellungnahme ausweicht, also nur Verpflichtungen haben möchte, ohne selbst welche einzugehen, und durch die nach wie vor völlig fehlenden Maßnahmen gegen die fortschreitende Inflation im Lande. ... Man kann das Volkswagenwerk nicht unter Druck setzen. So wie die Dinge jetzt liegen, bin ich absolut nicht in der Lage, dem Aufsichtsrat irgendeine Erweiterung unseres Engagements in Brasilien vorzuschlagen, und ich werde es bestimmt nicht tun. *Für uns ist der Transporterbau ein Prüfstein, und solange diese kleine und unschwierige Vorstufe nicht ganz glatt läuft, Produktion, Verkauf und Import der nötigen Aggregate, und solange nicht ein ausreichender Gewinn erzielt und transferiert wird, ist es müßig, über Personenwagenbau zu sprechen.* ... Wir müssen und wir wollen das Thema Brasilien in unserem Gesamtrahmen sehen und bewerten. Es liegt allein an der brasilianischen Regierung und der Staatsbank, unsere Bedenken zu beseitigen.«[52]

Anfang 1958 zeichnete sich dann endlich ein Finanzierungsmodus für das Personenwagenprojekt ab, der den Bedingungen des Volkswagenwerks soweit

Rechnung trug, daß »grünes Licht« aus Wolfsburg kam. Ein entscheidendes Hindernis für den Einstieg in die Produktion des »Käfers« in Brasilien lag in der kategorischen Weigerung des Stabs um *Nordhoff*, über die Volkswagenwerk G.m.b.H. die in São Bernardo do Campo notwendigen Investitionen für einen Zeitraum von drei Jahren vorzufinanzieren.[53] Die Rolle des Kreditgebers hatte man in diesem Zusammenhang letztlich dem brasilianischen *Banco do Desenvolvimiento Econômico (B.D.N.E.)* zugedacht, der wiederum wegen seiner chronischen Devisenschwierigkeiten zögerte, Verpflichtungen in entsprechender Höhe zu übernehmen. Der Ausweg aus diesem Dilemma führte über eine Zwischenfinanzierung, die erst nach Ablauf von drei Jahren zu einen Devisenabfluß aus Brasilien führte und damit die Wünsche des B.D.N.E. berücksichtigte. Für diese Zwischenfinanzierung hatte *Schultz-Wenk* in Verhandlungen mit *Rudolf Oetker* in New York die Hamburger Firma *Michahelles & Co* gewinnen können, an der *Oetker* maßgeblich beteiligt war. Michahelles & Co erklärten sich bereit, dem Volkswagenwerk von 1958 bis 1960 insgesamt 28.200 Personenwagen abzukaufen und nach Brasilien zu liefern. Der dortige Verkaufserlös sollte *Volkswagen do Brasil* als Investitionsfond zufließen, der für die Aufnahme der Pkw-Produktion gebunden war. Im Zuge dieses Geschäftes kreditierten *Michahelles & Co* der brasilianischen Volkswagen-Tochter zwei Jahre lang die Zahlung der Fahrzeuge, während das Volkswagenwerk selbst das dritte Jahr übernahm. Nach Ablauf von drei Jahren würde der *B.D.N.E.* sowohl *Michahelles & Co* als auch das Volkswagenwerk mit Zinsen in Devisen auszahlen. *Volkswagen do Brasil* wiederum oblag nach einer angemessenen Anlauffrist die Tilgung des Kredits beim B.D.N.E. aus dem laufenden Geschäft. Insgesamt rechnete *Schultz-Wenk* für das Geschäft mit einer Zinsbelastung für Volkswagen do Brasil von 21,5% auf die gestundeten Cruzeiro-Beträge, die er voll auf die Verkaufspreise abwälzen zu können hoffte. Die gesamte geschäftliche Konstruktion sollte über eine Hermes-Bürgschaft gesichert werden.[54]

Der Aufsichtsrat des Volkswagenwerks erteilte diesem Plan seine Zustimmung[55], doch sollte sich seine Verwirklichung abermals über Monate hinziehen. Die Gründe dafür lagen in den akuten Devisenschwierigkeiten des *B.D.N.E.* und in bürokratischen Problemen, welche die Ausstellung der erforderlichen Importlizenzen für die »Käfer« aus Wolfsburg verzögerten. Zwar war die Erteilung der Importlizenzen nie *prinzipiell* in Frage gestellt[56], aber die Zeitverzögerung zwang die Exportabteilung in Wolfsburg zum Umdisponieren und belastete darüber hinaus die Rentabilität der *Volkswagen do Brasil*.

> »Inzwischen ist auch der Dienstag, der 19. August vorübergegangen, ohne dass wir die uns in Aussicht gestellte positive Entscheidung hinsichtlich der Lizenzen für Personenwagen erhalten haben. In der Zwischenzeit wird Ihnen das Schreiben unserer Exportabteilung zugegangen sein, wonach wir nunmehr über die Wagen anderweitig verfügen müssen. Sie werden verstehen, dass wir ausserordentlich enttäuscht sind über die Haltung der brasilianischen Stellen, nachdem wir nunmehr alle Forderungen hinsichtlich des Pkw-Projektes erfüllt haben. Was in aller Welt hindert nun die brasi-

lianische Regierung, uns die Lizenzen zu geben, nachdem wir einen Kredit von drei Jahren zugestanden haben. Wir werden nun die weiteren Bestellungen von Maschinen für das Pkw-Projekt sofort stoppen und keine Verpflichtungen in dieser Richtung mehr eingehen, solange die brasilianische Regierung mit der Erfüllung ihrer Verpflichtungen aus dem Vertrage im Rückstand ist. Wir müssen aus diesem Grunde auch die Verantwortung dafür ablehnen, wenn wir die im Vertrage zugesagten Termine für bestimmte Anteile an der nationalen Produktion nicht einhalten können.«[57]

Noch schwerer als die bürokratischen Schwierigkeiten wogen Probleme bei der *Materialversorgung,* die aus den sektoralen Disproportionen der brasilianischen Wirtschaft resultierten. Mitte des Jahres 1958 sah sich *Volkswagen do Brasil* mit dem Umstand konfrontiert, daß die brasilianischen Zulieferer seinen Materialbedarf nur sehr unzureichend zu decken in der Lage waren. Insbesondere in der Blechversorgung traten Engpässe auf. Die Alternative bestand darin, sich die benötigten Zwischenprodukte über den internationalen Markt zu beschaffen, doch brachte dieses Unterfangen hohe Transportkosten mit sich und hing darüber hinaus von der Verfügbarkeit entsprechender Devisen ab. Devisen aber waren in Brasilien knapp und konnten nur gegen ein hohes Agio im Rahmen der regelmäßig von der Zentralbank abgehaltenen Versteigerungen beschafft werden. In Wolfsburg löste die Zwangslage, der sich die brasilianische Tochtergesellschaft ausgesetzt sah, offenbar Erinnerungen an die Materialkrise aus, die Anfang der fünfziger Jahre auf dem deutschen Markt geherrscht hatte, und wurde als ein ernstes Hindernis auf dem Wege zu einem reibungslosen Akkumulationsprozeß wahrgenommen:

»Nach der Lektüre Ihres an Herrn JENSEN gerichteten Schreibens vom 10. Juli muß ich Ihnen sagen, daß meine Bedenken wegen der Tiefziehbleche von Volta Redonda damit nicht zerstreut worden sind. Es muß zweifellos zu den größten Bedenken Anlaß geben, wenn schon in diesem frühen Stadium des industriellen Aufbaues die Versorgung mit solchen Grundmaterialien nicht mehr sichergestellt werden kann. Ein Import aus Chile kommt nicht in Frage, weil es dort keine Qualitätsbleche gibt. Inwieweit Japan hierfür als Lieferant in Betracht gezogen werden kann, bleibt abzuwarten – in jedem Fall wird es sehr schwer sein, sich über die Qualitäten und die Liefermengen zu einigen. Mir zeigt dieser ganze Vorgang nur, auf wie schwachen Füßen das gesamte brasilianische Industrieprogramm steht und wie künstlich und verhältnismäßig unsolide alles ist. Man kann es natürlich als einen kleinen Trost auffassen, daß die Kürzungen alle Hersteller in gleicher Weise betreffen – ich würde viel eher dazu neigen, zu sagen, daß damit die Situation noch schlimmer wird. Sie müssen verstehen, daß angesichts der vielen Bedenken und Unklarheiten jede neu hinzukommende Schwierigkeit doppelt schwer ins Gewicht fällt und daß es unsere und Ihre Pflicht ist, alle diese Vorgänge nicht allein mit der Zuversicht, daß sie bewältigt werden können, zu betrachten, sondern mit nüchterner Abschätzung des tatsächlich möglichen.[58]

Bis zum Ende des Jahres 1958 jedoch entspannte sich der Engpaß bei der Blechversorgung. Die brasilianische Regierung senkte den Zollsatz für den Import von Blechen von 50% auf 20%[59], so daß sich die Käufe auf dem internationalen Markt für *Volkswagen do Brasil* deutlich verbilligten. Gleichzeitig weckten einige ausländische Investitionsvorhaben in der Stahlindustrie Hoffnungen auf ein wachsendes Angebot hochwertiger Walzwerksprodukte im Lande selbst. Insbesondere vom Projekt der Firma *Krupp* erwartete man bei *Volkswagen do Brasil* wichtige Impulse.[60] Als dann im November *Schultz-Wenk* noch nach Wolfsburg vermelden konnte, daß die Lizenzfrage definitiv geregelt sei, stand der Herstellung des »Käfers« in Brasilien nichts mehr im Wege. Sie lief im Januar 1959 an.[61]

Mit einer Verzögerung von mehr als fünf Jahren trat also das – ursprünglich für 1954 geplante – Brasilienprojekt des Volkswagenwerks in sein Reifestadium ein. Bis 1958 war *Volkswagen do Brasil* weit davon entfernt, im technologischen Bereich dem Weltmarktstandard zu entsprechen. Deutlich wird dies beispielsweise an der Arbeitsintensität der Produktion. Gestützt auf eine technische Expertise von *Höhne,* der im Werk Hannover für die Transporterproduktion zuständig war, hatte *Nordhoff* im Oktober 1958 gegenüber Schultz-Wenk moniert, die Zahl der Arbeitskräfte in São Bernardo do Campo sei wesentlich zu hoch.[62]

> »In Ihrem Brief vom 1. September nannten Sie unter dem Kapitel "Produktion" Zahlen über die derzeitige Belegschaft. Diese Zahlen liegen in ihrer Höhe außerhalb jeder Proportion. Es bedarf keines besonderen Hinweises, daß eine große Gefahr darin liegt, wenn eine Fabrik auch nur vorübergehend mit zuviel Leuten belegt ist. Die Folgen, die sich daraus ergeben, sind erfahrungsgemäß später nie wieder zu beseitigen. Selbst unter Berücksichtigung brasilianischer Verhältnisse dürften für die derzeitige Produktion nicht mehr als etwa 1100 produktive Arbeitskräfte beschäftigt sein, wozu im alleräußersten Fall noch 200 unproduktive kommen könnten. Das bedeutet, daß selbst für eine Steigerung der Produktion auf 40 Wagen pro Tag insgesamt nicht mehr als 1300 Arbeitskräfte beschäftigt werden dürften. Alles, was darüber hinausgeht, ist von Übel und muß von vornherein auf ein normales Maß zurückgeführt werden. Auch die Zahl von 400 Arbeitskräften, die für die PKW-Fertigung angelernt werden sollen, ist um vieles zu hoch. Für das Anlernen dürften im derzeitigen Stadium 100 Mann vollkommen genügen – alles, was darüber hinausgeht, ist wertlos und schädlich. Man kann also sagen, daß in unserer Fabrik in São Paulo zur Zeit mindestens 500 Mann müßig sind, keine wirkliche Arbeit haben und deswegen nur den Ablauf stören, ganz abgesehen von den hohen Kosten, die sie verursachen. Ich bitte Sie sehr dringlich, Herrn Fischer die Aufgabe zu stellen, sich bis zum Ende dieses Jahres von diesen überzähligen 500 Mann zu trennen.«[63]

Doch *Schultz-Wenk* ließ in seiner Antwort keinen Zweifel daran, daß Vorstellungen, die dem westdeutschen Kontext entlehnt waren, mit den brasilianischen Verhältnissen recht wenig zu tun hatten:

> »Ich moechte Ihnen einige Erklärungen geben, wieso es zu dieser Höhe der Belegschaft gekommen ist. Wir produzieren 35 Kombis taeglich und hatten im Oktober 1087 produktive Arbeitskraefte. Eine Ausruestung haben wir fuer 5 Wagen komplett erhalten, fuer 20 Wagen fehlen noch erhebliche Werkzeuge, Einrichtungen sowie Maschinen, fuer die Planung von 40 Kombi-Wagen ist noch nicht ein einziges Teil vorhanden. Dadurch sind wir gezwungen durch sehr viel Handarbeit die fehlenden Einrichtungen« auszugleichen. Bei einer durchschnittlichen Arbeitszeit von 9 Stunden brauchten wir im Februar 423 Stunden pro Fahrzeug und im Oktober 279. Ende des Jahres wollen wir auf 200 sein, und im naechsten Jahr werden wir die Zeit weiter herunterdruecken.

Unproduktive Arbeitskraefte hatten wir im Oktober 654. Diese Zahl ist ausserordentlich hoch, ... Von unseren Bauten haben wir nur den reinen Rohbau vergeben. Alle Malerarbeiten, elektrische Einrichtungen (sogar Lampen), Gas-, Luft- und Wasserleitungen, Pressluft und Azetylenanlage, sowie sämtliche Regale und sonstige Einrichtungen fuehren wir mit eigenen Arbeitskraeften aus. Ich weiss, dass dieses in Deutschland nicht üblich ist. Ich bin jedoch gezwungen, diese Arbeiten in dieser Form ausfuehren zu lassen, erstens der prompten und zuverlaessigen Arbeit wegen und zweitens, da wir hierdurch, minimal gerechnet, Ersparnisse von 60 bis 100% haben. Unsere Transportabteilung ist auch verhaeltnismaessig stark, was dadurch bedingt ist, dass unser jetziger Betrieb viel zu klein ist. Die aus Deutschland kommenden Kisten muessen in einem Ausweichlager ausgepackt und das Material sortiert und gelagert werden, um dann erst auf Anforderung in die Produktion befoerdert zu werden. Ferner sind wir bemueht, einen Vorrichtungs- und Schnittbau aufzuziehen, der es uns ermoeglicht, einfache Werkzeuge und Vorrichtungen hier anzufertigen, sowie verschiedene Werkzeuge nachzuarbeiten. ... Angestellte hatten wir im Oktober 397. Auch diese Zahl ist ausserordentlich hoch, aber hier laesst sich wahrscheinlich nichts tun, da der brasilianische Behoerdenweg ein unvorstellbar komplizierter ist und wir mit bedeutend mehr Bueroangestellten als in Deutschland rechnen muessen. Selbstverstaendlich werden wir alles tun, um die Belegschaft zur Hoehe unserer Produktion so rationell wie moeglich zu halten. Das Jahr 1959 duerfte hier auch schon eine merkliche Erleichterung bringen. Schon ab Januar wird sich das Bild aendern, da wir in dem Monat mit der Montage des Personenwagens beginnen wollen und hierzu vorlaeufig keine neuen Leute anzustellen gedenken.«[64]

Bevor *Volkswagen do Brasil* Anfang 1959 die Pkw-Produktion aufnehmen konnte, die schnell die Dimensionen einer fordistischen Massenfertigung erreichen sollte, blieb noch ein letztes Problem zu klären. Die brasilianische Regierung verstand unter einer kompletten Automobilfabrikation auch die Herstellung *aller Teile* des Motors. Darunter fiel auch das Motorgehäuse. Als offenkundig wurde, daß man in Wolfsburg diesen Vorstellungen keinesfalls folgen wollte, intervenierte *Aranha* bei *Nordhoff*, in der Befürchtung, eine Weigerung des Volkswagenwerks könnte schwerwiegende Konsequenzen – insbesondere bei der Vergabe von Importlizenzen – für *Volkswagen do Brasil* nach sich ziehen.

»Hier ist aber die allgemeine Meinung, nicht nur der GEIA[65], sondern auch der oeffentlichen Meinung, dass in diesen 60% die gegossenen Teile eingeschlossen werden, sei es Giesserei der Bloecke, wie in den anderen, oder der Gehaeuse, wie in unserem Falle. ... Um Ihnen die Situation hier noch klarer zu machen, informiere ich Sie darüber, was mit der Ford Motor Co. passiert ist. – Ford hatte sich verpflichtet, dass sie die Motorenfabrikation vor ca. 6 oder 8 Monaten anfangen wuerden. Sie haben es nicht getan; und da wurden ihre Importquoten fuer zusaetzliche Teile aufgehoben, bis sie mit der Motorenfabrikation angefangen haetten. Dieses war ein sehr harter Schlag fuer Ford, und gab Gelegenheit, dass unangenehme Kommentare ueber Ford gemacht wurden. ... Ich habe ernste Gruende, zu befuerchten, dass wir grosse Unannehmlichkeiten erleiden werden, falls es uns nicht moeglich sein sollte, auch mit der Giesserei Ende Juni anzufangen. Ich hoere von São Paulo, dass wir 60% des Motors gewichtsmaessig gegen Ende Juni fabrizieren koennen. Das ist viel, aber scheinbar nicht genug, falls dabei die gegossenen Teile nicht gemacht werden.«[66]

An der Position *Nordhoffs* änderte diese Intervention aber nicht das Geringste. Der VW-Chef erklärte, eine Herstellung des Motorgehäuses in Brasilien komme aus wirtschaftlichen Gründen nicht in Betracht. Ganz abgesehen von den zu erwartenden Problemen bei der Versorgung mit Magnesium seien die für die Herstellung des Motorgehäuses erforderlichen *Spezialmaschinen* nicht hinreichend auszulasten.

> »Das Gehaeuse unseres Motors besteht aus Magnesium, und es kann nur aus diesem Material hergestellt werden. Magnesium wird in den U.S.A., Kanada und in geringfügigen Mengen in Italien und Norwegen hergestellt. Magnesium ist ein sehr heikles Metall, das schwer zu behandeln ist und dessen Schmelzen hochspezialisierte Anlagen und hohen Strombedarf benötigt. Solche Anlagen sind erst von einer Größenordnung an, die in Brasilien nie erreicht wird, wirtschaftlich, wie überhaupt die Verwendung von Magnesium, das an sich sehr teuer ist (DM 3,00 bis DM 4,00 pro Kilo), an große Umsatzmengen gebunden ist. Dazu kommen die ganz speziellen Gießmaschinen für dieses Metall und die sehr schwierigen Metallformen. Diese ganze Anlage, die auch bei geringstem Umfang Millionen kosten würde, kann niemals wirtschaftlich ausgenutzt werden unter den Voraussetzungen, die in Brasilien nun einmal gegeben sind. Zudem müßte das Metall selbst und alle Maschinen gegen Dollars oder Schweizer Franken importiert werden. Neben diesen sachlichen Voraussetzungen tritt der Zeitfaktor ganz in den Hintergrund und hat mehr theoretischen als praktischen Wert. Ganz abgesehen davon, daß natürlich im Laufe dieses Jahres nicht das geringste von dieser Anlage zu erstellen wäre, besteht bei uns nicht die Absicht, einen so kapitalen wirtschaftlichen Fehler zu machen. ... Ich stehe gerade jetzt vor der Frage, ob ich anderen Produzenten zu- oder abraten soll, in Brasilien Fabriken einzurichten. Ich glaube, verpflichtet zu sein, den Ausgang dieser Gehäuse- oder Blockangelegenheit (das wechselt ja ständig) abzuwarten«.[67]

Auch einen späteren Vorschlag *Aranhas,* an Stelle von Magnesium Aluminium für das Motorgehäuse zu verwenden, lehnte *Nordhoff* rundheraus ab.[68] Bei dieser Haltung des Volkswagenwerks blieb es. Zwar erfüllte *Volkswagen do Brasil* bis Dezember 1959 formal die Auflage der *GEIA,* die forderte, daß bis zu diesem Zeitpunkt 60% der Motorteile aus der »nationalen Produktion« zu stammen hätten[69], doch blieb dabei das Motorgehäuse ausgeklammert. Damit folgte das Volkswagenwerk auch in Brasilien der von Nordhoff ausgegebenen Linie, die »Auslandstöchter« möglichst in *technologischer Abhängigkeit* vom deutschen Stammwerk zu halten, was in der Regel über den Motor zu bewerkstelligen sei.

Die Dynamik von Akkumulation und Marktentwicklung ab 1959

Die Formen, in denen der Konkurrenzkampf ausgetragen wurde, differierten zwischen Brasilien und den USA beträchtlich. Die politischen Eingriffe in die Allokation ökonomischer Ressourcen gingen in Brasilien wesentlich weiter, so daß die Preiskonkurrenz im Ringen um Marktanteile stärker als in den Vereinigten Staaten durch die Konkurrenz um politischen Einfluß überlagert wurde. Eine Anekdote aus dem Jahre 1956 mag dies illustrieren. Man hatte sich in Wolfsburg im August dieses Jahres leicht alarmiert über einen Artikel im »DIARIO DE SÃO PAULO« gezeigt, der die Aussichten der brasilianischen Automobilindustrie in ziemlich düsteren Farben zeichnete, und befürchtete, die *Kubitschek-Administration* werde ob solcher Perspektiven ihr Engagement im Automobilsektor zurückfahren.[70] Die Antwort von *Aranha* auf den entsprechenden Brief von *O. W. Jensen* jedoch entlarvte den in Rede stehenden Artikel als ein von *Aranha* selbst inszeniertes politisches Manöver, das den Zweck verfolgte, sich gegen eine potentielle Konkurrenz von Seiten *Renaults* zu versichern:

> »Ueber den Artikel von Herrn Chateaubriand muss ich Ihnen etwas berichten. Herr Chateaubriand ist der Gruppe, welche Renault-Interessen hier in Brasilien (Estado do Rio Grande do Sul) vertreten, feindlich gesinnt. Er bat uns, einige Elemente zu geben, um einige Artikel gegen das Renault-Geschaeft zu schreiben. Der von Ihnen erwaehnte Artikel wurde zum Teil in meinem Buero geschrieben. Um Elemente anhand zu haben, kam Herr Chateaubriand persoenlich in mein Buero, und Arinos und ich selbst haben ihm Elemente fuer einige Artikel gegeben. Dieses taten wir aus zwei Gruenden:
> 1.) weil der Plan der Renault sehr unguenstig fuer Brasilien war; naemlich, die Staatsabgeordneten in der Federalkammer, welche den Staat Rio Grande vertreten, machten Pressionen auf Juscelino, um sehr grosse finanzielle Hilfe an Renault zu geben, viel weitgehender als wir je fuer Volkswagen gedacht haben.
> 2.) mit solcher Hilfe wuerde Renault fuer uns eine serioese Konkurrenz bedeuten und Prioritaet gegen uns haben, falls ihre Plaene vor den unserigen approbiert wuerden. Daher unsere Opposition zu diesem Projekt. Wenn Sie diesen und die anderen Artikel von Chateaubriand genau lesen, werden Sie sehen, dass er sagt, zu einem derartigen Unternehmen muss industrielle Reife gehoeren, und er sagt ausdruecklich, dass diese nicht in Rio Grande besteht, wohl aber in São Paulo und Rio de Janeiro. Dieser Artikel hat wohl den Effekt gehabt, die Pression, eine Autoindustrie im Staat Rio Grande zu errichten, zu vermindern, so dass heute diese Gefahr wenig zu befuerchten ist.«[71]

Bevor überhaupt Preise, Produktqualität und Service auf dem brasilianischen Markt als Konkurrenzfaktoren zum Tragen kamen, mußten sich die potentiellen Wettbewerber zunächst einmal über *politischen Lobbyismus* Marktzugang verschaffen. Die Lizenzvergabe durch die staatlichen Instanzen entschied über den Handlungsspielraum – und damit über den Vorsprung oder Rückstand – der diversen Anbieter von Automobilen. Ende 1958 konnte *Volkswagen do Brasil* für sich in dieser Hinsicht eine privilegierte Position verbuchen:

> »Wie ich Ihnen schon mitteilte, ist es besonders interessant, dass nur die Projekte von uns und der Simca genehmigt worden sind und alle anderen zurückgestellt wurden. Das duerfte in erster Linie auf die Devisenknappheit des Banco do Brasil zurueckzufuehren sein, und zweitens will man sich anscheinend in den Typen nicht zu sehr verzetteln. Ganz besondere Anstrengungen hat Renault gemacht, die auch weiterhin in Rio alles versuchen, um noch in das Programm hineinzukommen.«[72]

Es überrascht nicht, daß die Konkurrenz – insbesondere die amerikanische – bestrebt war, mit politischen Mitteln diese Position zu untergraben:

>Die Gesetzgebung betreffs der Autoindustrie war nicht sehr klar, und diesen [Umstand] nutzten die amerikanischen Firmen General Motors und Ford sehr geschickt aus, um zu versuchen, die legalen Rechte der Autofabriken, deren Pläne schon von der GEIA approbiert waren, anzufechten, und unsere Rechte zu annullieren, um unter neuer Gesetzgebung die Moeglichkeit zu haben, die Approbation ihrer Plaene zu erreichen, denn, wie Sie wissen, haben Ford und General Motors die Approbation fuer die Fabrikation von PKW nicht erreichen koennen. Sie haben ziemlich große Summen ausgegeben, um in der Presse und in politischen Kreisen die angemessene Unterstuetzung zu bekommen. Volkswagen do Brasil und die Simca waren das natuerliche Ziel dieser Angriffe, denn dadurch, dass wir die urspruenglichen Nationalisierungsetappen, welche von der GEIA vorgeschrieben waren, nicht erreichen, glaubten Ford und General Motors, dieses zu deren Gunsten auszunutzen. Simca hatte nicht viel zu verlieren, weil sie bis jetzt nur wenig Kapital angelegt haben, aber fuer uns war es eine auesserst große Gefahr. Ich persoenlich habe verschiedene Unterredungen mit dem Praesidenten der Republik gehabt, mit dem Verkehrsminister Lúcio Meira und mit den anderen massgebenden Autoritaeten. G.s.D. liessen sich nicht durch den Druck der Politiker einschuechtern und haben uns jede Unterstuetzung gegeben, obwohl die Regierung im Kongress – sowohl im Senat wie in der Kammer – deswegen angegriffen wurde.«[73]

Es gelang also *Volkswagen do Brasil,* durch die von *Aranha* koordinierte Interessenvertretung auf der politischen Bühne die Konkurrenz zunächst auf Distanz zu halten und sich auf dem Markt zu etablieren. Die Basis hierfür war auch in Brasilien der *Ausbau des Händlernetzes,* den sich die Geschäftsleitung der *Volkswagen do Brasil* in Sao Paulo besonders angelegen sein ließ.

>Mit einem grossen Aufwand gab vor einigen Tagen Willy's Overland bekannt, dass sie sich mit Renault zusammengetan haben, um den Dauphine hier in Brasilien zu bauen und zwar 50.000 im Jahr. Zu diesem Zweck werden Renault und Willy's Motors Inc. zusammen ca. 12 Millionen Dollar investieren. Als Produktionsbeginn wurde Ende 1959/Anfang 1960 genannt, was ich persoenlich bezweifle, da ich die Anlagen der Willy's Overland kenne. Allerdings wird auch dort sehr stark an Erweiterungsbauten gearbeitet. ... Ich neige nicht dazu, den Dauphine zu ueberschaetzen, dennoch moechte ich die Angelegenheit nicht auf die leichte Schulter nehmen. *Es heisst nun, den Vorsprung, den wir haben, auszunutzen und auszubauen.* Ich werde das Jahr 1959 in erster Linie dazu verwenden, die Verkaufs- und Kundendienstorganisation zu erweitern und zu festigen.«[74]

Dieser von *Schultz-Wenk* formulierte Vorsatz zeitigte Ergebnisse. Die Anzahl der brasilianischen VW-Händler war bereits 1958 von 80 auf 104 angestiegen, um sich dann bis Ende 1959 auf 133 zu stellen. Bis 1962 waren 290 Händler in das Verkaufsnetz der *Volkswagen do Brasil* integriert worden.[75]
Schützenhilfe erhielt die *Volkswagen do Brasil* weiterhin von den staatlichen Stellen. So stellte etwa die Polizei in São Paulo 1959 ihren gesamten Fuhrpark auf Volkswagen um und verschaffte damit dem Unternehmen nicht nur ein recht lukratives Geschäft, sondern auch eine kostenlose und publikumswirksame Werbung:

»Ein sehr beachtlicher Erfolg fuer uns ist, dass der neue Staatsgouverneur von São Paulo, Prof. Carvalho Pinto, angeordnet hat, dass saemtliche Polizei-Fahrzeuge, die keine Volkswagen sind, verkauft werden und hierfuer Kombis und Personenwagen angeschafft werden muessen. In den letzten Wochen haben wir schon wieder einige 40 Kombis fuer die Radio Patrulha geliefert.«[76]

Gestützt auf die kooperative Haltung der brasilianischen Behörden konnte *Volkswagen do Brasil* im Konkurrenzkampf des Jahres 1959 bedeutende Erfolge verbuchen. Ende des Jahres setzte ein ausgesprochener »Run« auf die Personenwagen und Transporter des Unternehmens ein, der die Lieferzeiten schlagartig in die Höhe trieb. Nicht einmal 40% der Bestellungen konnten kurzfristig ausgeliefert werden. Im Management der *Volkswagen do Brasil* führte man diesen Boom auf die allmähliche Etablierung der Transporter im Landesinneren, vor allem aber auf die Preissteigerungen der Konkurrenz zurück, denen unveränderte Preise für die eigenen Fahrzeuge gegenüberstanden. Auch für die erste Jahreshälfte 1960 sollte die Konstanz der Preise gewahrt bleiben.[77] Wie war diese Preispolitik, die *Volkswagen do Brasil* deutlich von anderen Automobilfirmen abhob, möglich? *Erstens* war der zeitliche Vorsprung bei der Genehmigung des Pkw-Projekts genutzt und in einen *technologischen* Vorsprung umgesetzt worden.

»Mit der Inbetriebnahme der neuen Lackieranlage sind wir unserer Konkurrenz ein weites Stueck voraus, denn keine andere Firma verfügt hier ueber eine derartig moderne Phosphatierungs- und Lackieranlage.«[78]

Der Einstieg in die moderne Massenproduktion von Automobilen wurde bei *Volkswagen do Brasil* 1959 eingeleitet. Für Januar 1960 wurde die Fertigung von 110 Einheiten pro Arbeitstag – 50 Kombis und 60 Pkws – angekündigt, und bis Mitte 1960 sollte die tägliche Produktion bereits 200 Fahrzeuge umfassen. Mit den im Oktober 1959 erreichten Zahlen hatte sich *Volkswagen do Brasil* erstmals an die Spitze der brasilianischen Automobilindustrie gesetzt. In diesem Monat entfielen auf die Volkswagen-Tochter 21,7% der nationalen Erzeugung.[79] Noch im Oktober 1958 lag der Produktionsausstoß pro Arbeitstag in São Bernardo do Campo bei lediglich 35 Kombis[80], aber schon im Mai des folgenden Jahres hatte sich diese Zahl auf 75 Wagen – 30 Kombis und 45 Personenwagen erhöht.[81] *Zweitens* hatte sich *Volkswagen do Brasil* rechtzeitig mit zollgünstigen Importlizenzen für Zubehörteile und mit Blechen aus der brasilianischen Produktion eingedeckt, so daß die Materialpreise 1959 im wesentlichen stabil gehalten werden konnten. Die Konkurrenz dagegen schnitt bei der Kostenentwicklung weniger günstig ab.

»Ausserdem ist dieselbe Firma [Willy's Overland – V.W.] mit dem Dauphine herausgekommen zum Preise von Cr$ 499.000,00 gegenueber unserem Preis von Cr$ 496.000,00. Ich glaube nicht, dass die Willy's in der Lage sein wird, den Preis des Dauphine zu halten, da sie viel zu geringe Lizenzen erhalten haben.«[82]

Für das Jahr 1960 allerdings signalisierten die Behörden der *Volkswagen do Brasil* einen rigorosen Abbau der Importquoten, die dem Unternehmen bisher zugestanden worden waren. Doch hoffte man im Management zuversichtlich, die Kosteneffekte dieser Maßnahme durch einen weiter steigenden Nationalisierungsgrad der Produktion auffangen zu können.[83]

Drittens schließlich war es *Schultz-Wenk* im Laufe des Jahres 1959 gelungen, durch Druck auf die brasilianischen Zulieferer die Materialpreise zum Teil sogar zu drücken:

> »Seit drei Wochen beschäftige ich mich persoenlich mit unserem Einkauf, d.h. ich besuche mit unserem Einkaufschef eine Zulieferungsfirma nach der anderen, um zu erreichen, daß diese Firmen schaerfer kalkulieren. Bei fast 90% der aufgesuchten Firmen ist uns das gelungen, und wir haben recht erhebliche Preisnachlaesse erzielt. Ich hoffe, hierdurch auf jeden Fall vermeiden zu koennen, im Laufe dieses Jahres die Preise fuer den Kombi wie fuer den Pkw zu erhoehen.«[84]

Einen *Rückstand gegenüber der Konkurrenz* erblickte die Geschäftsleitung der *Volkswagen do Brasil* 1959 im Bereiche der *Absatzfinanzierung*, woraus *Schultz-Wenk* und *Fritz Jensen* Handlungsbedarf ableiteten. Die Kreditfinanzierung des Fahrzeugabsatzes lief in Brasilien über die »*Cia. V.V.D. de Crédito*«, an der *Volkswagen do Brasil* zu dieser Zeit mit 50% beteiligt war.[85] Der Zeithorizont der Kredite, den diese Firma den Kunden anbot, belief sich auf 12 Monate. Da erstens die Konkurrenz Finanzierungsgeschäfte mit einer Laufzeit von bis zu 36 Monaten tätigte und zweitens diese Art von Käufen immer stärker nachgefragt wurde, regten *Schultz-Wenk* und *Jensen* an, *Volkswagen do Brasil* solle die Kapitalbasis der *Cia. V.V.D. de Crédito* durch Zuschüsse stärken, um das Finanzierungsunternehmen in die Lage zu versetzen, das wachsende Geschäftsvolumen zu bewältigen und gleichzeitig die Laufzeit der Ratenzahlungen auf 15 Monate auszudehnen. Verständlicher Widerstand gegen dieses Vorhaben kam einerseits von *Aranha,* denn Zuschüsse seitens der *Volkswagen do Brasil* an die Cia. V.V.D. de Crédito mußten die Gewinnausschüttung der brasilianischen Volkswagen-Tochter beeinträchtigen und damit die Rentabilität der von *Aranha & Monteiro* gehaltenen Kapitalbeteiligung schmälern. Über eine Beteiligung an der *Cia. V.V.D. de Crédito* verfügten *Aranha & Monteiro* nicht.[86] Aber auch *Heinrich Nordhoff* äußerte Bedenken gegenüber dem in São Paulo erwogenen Plan, die in der Befürchtung wurzelten, die galoppierende brasilianische Inflation könne die kreditfinanzierten Verkäufe der *Volkswagen do Brasil* im Extremfall zu einem Verlustgeschäft machen.

> »Müssen wir nicht bei der Finanzierung, die selbstverständlich nur Automobilfinanzierung sein kann, der Tatsache der Inflation noch vielmehr Rechnung tragen? Vor allem scheint es mir notwendig, die Laufdauer von Finanzierungen auf zwölf Monate zu beschränken, sonst verliert die Gesellschaft dabei Kopf und Kragen. In Geld wird natürlich immer verdient, aber wie steht es mit dem Dollar-Maßstab?«[87]

Fritz Jensen jedoch hielt dem entgegen, zwar teile er die Befürchtungen *Nordhoffs* hinsichtlich der Inflationseffekte, doch seien für die ins Auge gefaßten Finanzhilfen an die *Cia. V.V.D. de Crédito* im wesentlichen freie Gelder vorgesehen, die ohnehin nicht vor einer Entwertung zu schützen seien. Im übrigen werde die Finanzierungsgesellschaft vor allem mit Bankkrediten arbeiten:

>Wir beabsichtigen auch nicht grundsaetzlich 15 Monate zu geben, sondern unser Hauptfinanzierungsvolumen soll bei 12 Monate bleiben. Nur in aeussersten Faellen und in Gebieten, wo uns die Konkurrenz mehr zu schaffen macht, hatten wir die Absicht, bis 15 Monate zu gehen. Die Frage der Geldentwertung hat meines Erachtens nicht den Einfluss auf die Finanzierung, wie es zunaechst den Anschein hat. In erster Linie wird der VVD-Crédito mit Bankkrediten arbeiten, die fuer uns keinerlei Geldentwertung bedeuten. Erst in zweiter Linie wird der VVD-Crédito Kredite von der Volkswagen do Brasil in Anspruch nehmen und hoechstwahrscheinlich lange nicht in dem Masse, wie im Protokoll Nr. 1 vorgesehen, d.h. bis zu Crs. 300 Millionen im Jahre 1960. Diese Mittel, die die Volkswagen do Brasil nur falls notwendig zur Verfuegung stellen wuerde, fliessen dem VVD-Crédito aus den Bankguthaben der VW do Brasil zu, die dort nur 3%, bei Festlegen auf 6 Monate hoechstens 6% ergeben, waehrend eine Kreditgewaehrung an den VVD-Crédito 12% fuer die VW do Brasil zusaetzlich eines 50%igen Gewinnanteils ergeben. Eine Kreditgewaehrung an den VVD-Crédito zur Finanzierung unserer Wagen erfolgt also mit Mitteln, die sowieso nicht der Geldentwertung entzogen werden koennen.«[88]

Nordhoff mochte sich aber mit dieser Argumentation Ende 1959 noch nicht abfinden:

>Ich bin gern bereit, diese Angelegenheit mit Herrn SCHULTZ-WENK ... noch einmal zu besprechen, bedaure aber, im Augenblick nichts anderes tun zu können, als meine Bedenken erneut anzumelden.«[89]

Letztlich wurde das Problem Anfang 1960 dadurch geregelt, daß innerhalb der *V.V.D. de Crédito* die unterschiedlichen Geschäftsbereiche klar voneinander getrennt wurden. *Volkswagen do Brasil* betrieb im Rahmen dieser Konstruktion die Kreditfinanzierung von Automobilen ausschließlich auf eigenes Risiko und reservierte sich damit auch sämtliche aus dieser Sparte stammenden Gewinne – wodurch den Interessen von *Aranha* Rechnung getragen wurde, der ja an den Gewinnen der *Volkswagen do Brasil* proportional zu seiner Kapitalbeteiligung partizipierte. Die ursprünglich vorgesehenen Kapitalzuschüsse der *Volkswagen do Brasil* an die *V.V.D. de Crédito* wurden ersetzt durch eine Kreditgewährung, die sich bis Ende 1959 auf 34 Millionen Cr$ belief und an die Bedingung geknüpft war, daß die *V.V.D. de Crédito* die Kredite seitens der *Volkswagen do Brasil* im Verhältnis 2:3 durch Bankkredite zu ergänzen habe.[90]

Auch 1960 blieb der *Volkswagen do Brasil* der Erfolg im Konkurrenzkampf um Marktanteile treu.

>Wir sind jetzt in die angenehm-unangenehme Lage gekommen, dass die Nachfrage nach unseren Fahrzeugen ausserordentlich stark gestiegen ist und wir die Produktion nicht in dem Masse erhoehen koennen, um der Nachfrage gerecht zu werden.«[91]

Auch die Erfolgsfaktoren blieben dieselben. Preislich lagen die Volkswagen weiterhin sehr günstig, auch wenn sich wegen der veränderten gesamtwirtschaftlichen Lage der Vorsatz absoluter Preisstabilität nicht ganz durchhalten ließ.[92] Hinzu kam, daß die Qualitäten des »Käfers« und der anderen Volkswagenmodelle angesichts der brasilianischen Straßenverhältnisse zunehmend in die Waagschale fielen.

> »Ausserordentlich interessant ist es, dass Renault mit dem Dauphine, der durch Willys Overland gebaut wird, in diesem Monat auf 205 Wagen zurueckgegangen ist. Ich halte dies nur fuer eine voruebergehende Schwierigkeit, trotzdem kann man den Dauphine bei allen Haendlern sofort erhalten. Dagegen sind unsere Haendler auf Monate hinaus ausverkauft. Es hat sich, trotzdem der Dauphine erst seit kurzer Zeit in Brasilien gebaut wird, bereits herumgesprochen, dass der Wagen fuer das Interior, oder auch nur fuer Fahrten in das Innere des Landes, nicht geeignet ist. Wenn wir also aufpassen und den Markt zufriedenstellend beliefern koennen, duerfte es fast jedem anderen Produkt unmoeglich sein, noch gross Fuß zu fassen.«[93]

Vor allen aber blieben kurze Drähte zu den politischen Entscheidungsträgern nach wie vor ein Schlüssel zum Erfolg.

> »Die Wagen an die Senatoren und Abgeordneten haben wir ausgeliefert. Prompt ist auch der Erfolg eingetreten: das Gesetz fuer zollfreie Einfuhr wurde bis 30.6.1961 verlaengert. Das alte Sprichwort: "Mit der Wurst nach dem Schinken" hat sich wieder einmal bewaehrt.«[94]

Es war gerade der außerordentliche Verkaufserfolg, der die *Volkswagen do Brasil* vorübergehend vor logistische Probleme stellte. Abermals stieß man an die Kapazitätsgrenzen der brasilianischen Zulieferer und sah sich daher gezwungen, einen zunehmenden Teil des benötigten Materials in Eigenproduktion herzustellen.[95] Auch blieb *Volkswagen do Brasil* unverändert abhängig von Importen aus Wolfsburg, die sich nicht beliebig erhöhen ließen, weil die Exportabteilung des Stammwerks nicht nur die Belange des brasilianischen Marktes im Auge haben mußte.[96] Kurzfristig sank die Kapazitätsauslastung in São Bernardo do Campo auf ein stark suboptimales Niveau, was unter den Bedingungen der Massenproduktion sofort auf die Rentabilität der Produktion durchschlagen mußte.[97] Mit steigendem Umfang der Lieferungen aus Wolfsburg ab Herbst 1960 kamen jedoch diese Probleme unter Kontrolle.[98] Insgesamt hatte das Wachstum der vorangegangenen Jahre die finanzielle Grundlage der *Volkswagen do Brasil* gestärkt, so daß die notwendigen Investitionsmittel inzwischen weitgehend aus eigener Kraft aufgebracht werden konnten.

> »Die von uns bisher vorgesehenen Investitionen liegen im Rahmen des Budgets, das wir uns fuer 1960 mit insgesamt rund 800 Mio Projektausgaben gesetzt hatten. Wir hatten fuer 1960 uespruenglich ein Budget aufgebaut, das bei einer verhaeltnismaessig niedrigen Produktionsstueckzahl erlaubte, einen Projektaufwand von Cr$ 800 Mio aus eigenen Mitteln zu bestreiten. Inzwischen haben wir eine Ueberarbeitung der Planzahlen fuer 1960, insbesondere im Hinblick auf die vorgesehenen Stueckzahlen, vorgenommen. Damit ist es uns moeglich, aus eigenen Mitteln einen weitaus hoeheren Investitionsaufwand zu bestreiten.«[99]

Gemessen an den Produktionsziffern und Marktanteilen setzte sich 1961 der Aufwärtstrend der brasilianischen Volkswagen-Tochter fort, ja er verstärkte sich sogar. *Volkswagen do Brasil* ließ im Laufe des Jahres den wichtigsten Widersacher – *Willy's Overland,* der die Renaults für den brasilianischen Markt baute, deutlich hinter sich, was das Management in São Bernardo do Campo mit Befriedigung zur Kenntnis nahm:

>»Sie koennen ... ersehen, dass wir auch im September unseren errungenen Vorsprung gehalten haben und ganz besonders Willys Overland gegenüber. Im September produzierte W. O. 18 Dauphine. Auf dem Hof der Firma stehen ungefähr 1.200 dieser Fahrzeuge; wie viele sich noch bei Händlern befinden, konnten wir leider nicht feststellen. Ich glaube sagen zu duerfen, dass damit unser groesster Konkurrent so gut wie ausgeschaltet ist.«[100]

Von den Produktionsergebnissen her brach *Volkswagen do Brasil* 1961 alle brasilianischen Rekorde[101], und der Marktanteil des Unternehmens wuchs weiter. Bereits im ersten Quartal 1961 stellte er sich bei den Pkws auf 36% gegenüber 31% im Vergleichszeitraum des Vorjahres. Bei den Transportern lauteten die respektiven Zahlen 33,6% und 48,9%.[102] Bezogen auf das gesamte Jahr 1961 erzielte *Volkswagen do Brasil* einen Marktanteil von 42,6% und übernahm damit erstmals in der Jahresstatistik von *Willy's Overland* (40,2% im Pkw-Bereich und 32,2% bei den Kombis) die Marktführerschaft.[103]

Doch trotz dieser glänzenden Ergebnisse im Bereich der Produktion und des Absatzes verschlechterte sich 1961 die wirtschaftliche Lage der *Volkswagen do Brasil* erheblich. Dieser – auf den ersten Blick überraschende – Befund resultierte zum Teil aus einer eklatanten Destabilisierung der politischen und makroökonomischen Rahmenbedingungen für den privatwirtschaftlichen Akkumulationsprozeß. Hinzu kam, daß *Volkswagen do Brasil* den brasilianischen Behörden früher unrealistische Zusagen im Hinblick auf die »Nationalisierung« der Produktion gegeben hatte, nun hinter dem aufgestellten Zeitplan zurückhing und daher Sanktionen zu gewärtigen hatte.

Auf der politischen Ebene verstärkte der im August erfolgte Rücktritt von Staatspräsident *Quadros,* der erst am Jahresbeginn *Kubitschek* abgelöst hatte und nun seinerseits durch *Jango Goulart* ersetzt wurde, die Unsicherheit über den zukünftigen Kurs der brasilianischen Wirtschaftspolitik. Unterdessen führte die Inflation zu einer prekären Devisenknappheit im Lande, die den Spielraum der Behörden in der Importpolitik stark einschränkte.[104] Insbesondere die Vergabe von Importlizenzen, die auch für *Volkswagen do Brasil* von essentieller Bedeutung waren, wurde zwangsläufig restriktiver gehandhabt. Dies betraf nicht nur den Umfang der Lizenzen, sondern auch ihre *Konditionen.* Im November 1961 berichtete *Schultz-Wenk* in diesem Zusammenhang an *Nordhoff.*

>»Eine Massnahme, die verständlich ist, die uns aber ganz besonders stark betroffen hat, ist, dass wir unser Depot fuer alle Importwaren bei der Banco do Brasil von 100 auf 150% erhoehen mussten. Das heisst also dass, wenn wir einen Dollar kaufen, wir nicht nur den Kaufpreis des Dollar bezahlen sondern darueberhinaus 150% hinterlegen muessen. Diese Massnahme erschoepft unseren Bargeldbestand erheblich. Wei-

terhin wurde die Instruktion 219 erlassen, die vorsieht, dass fuer alle Finanzueber-weisungen ins Ausland, wie Kreditrueckzahlungen, Zinsen, Royalties etc., 50% des Gegenwertes in Cruzeiros der zu ueberweisenden Summe bei der Banco do Brasil zu deponieren sind, und zwar ohne "letra de cambio". Das heisst, dass man diese 50% nicht mit einem Disagio verkaufen kann. Auch dies bedeutet fuer uns eine ausseror-dentlich starke finanzielle Belastung.«[105]

Verärgert zeigte sich die *GEIA*, als offenkundig wurde, daß *Volkswagen do Brasil* ältere Zusagen für das Jahr 1961 über das Erreichen eines »Nationalisierungs-grades« von 100% nicht würde einlösen können und eine Streckung des Pro-gramms bis 1962 wünschte. Phasenweise drohte sich dieses Problem zu einer öko-nomischen Katastrophe für die *Volkswagen do Brasil* auszuwachsen:

> »Aus Ihrem Vorstands-Protokoll vom 29. März und aus Berichten von Herrn Heuss geht die überaus kritische Lage hinsichtlich der fehlenden Lizenzen hervor. In Ham-burg und Bremen liegen siebentausend Teilesätze zum Versand bereit, die blockiert sind. Ich halte das sofortige Durchführen jedes nur möglichen Schrittes bei lokalen und staatlichen Behörden für dringend notwendig. In Sao Paulo muss auf die Gefahr eines Stillegens der ganzen Fabrik hingewiesen werden, die durch nichts vermeidbar ist, wenn die Lizenzen nicht gegeben werden. ... Ich bitte Sie [Schultz-Wenk – V.W.] und Herrn Aranha alles nur irgend mögliche, auch das scheinbar Aussichtslose zu tun, um eine Katastrophe abzuwenden – das ist Ihre und auch Herrn Aranhas Pflicht.«[106]

In letzter Sekunde jedoch gelang es den Repräsentanten von *Aranha/Monteira* – unterstützt durch einen aus Wolfsburg entsandten Unterhändler des Volkswagen-werks -, die notwendigen Importlizenzen zu sichern und auch die Genehmigung für die Streckung des Nationalisierungsprogramms bis 1962 zu erreichen. Jedoch hatte diese Lösung ihren Preis. Zum einen stand jetzt fest, daß das Volkswagen-werk seine brasilianische Tochter aus der über den Motor operationalisierten tech-nologischen Abhängigkeit entlassen mußte. Im Januar 1962 lief in Brasilien die Produktion der gegossenen Teile für den Motor an.[107] Vor allem aber beinhaltete der erzielte Kompromiß einen Abbau der *Volkswagen do Brasil* bisher zuge-standenen Zollprivilegien, so daß sich die Materialpreise drastisch erhöhten.

> »Beim PKW hat uns die Geia, da wir den vorgeschriebenen Satz von 95% nicht errei-chen konnten, 2/3 unserer Quote gestrichen. Was uns jedoch bedeutend haerter trifft, ist, dass man uns den Vorzugszoll fuer die zu importierenden Teile nicht mehr ge-waehrt, so dass wir jetzt den vollen Zoll zahlen muessen, der 90% des Wertes betraegt. Bisher haben wir 5% bezahlt, d.h., dass wir jetzt 85% Zoll mehr zahlen muessen, was auf den Endpreis unseres Fahrzeuges C$ 18.000,00 ausmacht.«[108]

Da auch noch Lohnsteigerungen hinzukamen, wuchs der Rentabilitätsdruck auf die *Volkswagen do Brasil* im Laufe des Jahres 1961 – trotz ihrer brillanten Ver-kaufsergebnisse – erheblich. Aus der Sicht Wolfsburgs war dies aber nur eine Seite des Problems. Ein weiterer Aspekt ergab sich aus der chronischen Schwäche des Cruzeiro. Das Volkswagenwerk betrieb seine brasilianische Tochtergesellschaft weder aus entwicklungspolitischen Motiven, noch um des Verkaufserfolgs am brasilianischen Markt selbst willen. Dieser Erfolg war nur ein Mittel, um Gewinne *in DM* zu erzielen. Da aber der Cruzeiro inflationsbedingt immer mehr an Wert verlor[109], drohte der Wechselkursmechanismus die verbleibenden Profite der *Volkswagen do Brasil* zu annullieren:

>»Nach Erhalt ihres Briefes vom 17. April bin ich mit dem von Ihnen vorgeschlagenen Verfahren einverstanden und gebe meine Zustimmung zu der erneuten Kapitalerhöhung. Die sich hierin abzeichnende Entwicklung macht die Bilanzierung in einer konstanten Währung neben der Landeswährung noch dringlicher als sie früher schon angesehen wurde, damit ein Urteil darüber erhalten bleibt, was sich hinter der steigenden Zahlenflut in Wahrheit verbirgt.«[110]

Zu allem Überfluß zeichnete sich 1961 in Brasilien eine erhöhte Besteuerung der *Gewinntransfers* ab, von der allerdings *Schultz-Wenk* meinte, *Volkswagen do Brasil* werde kaum davon betroffen sein, da die Transferzahlungen des Unternehmens an Wolfsburg unterhalb der im Rahmen des Gesetzentwurfs kritischen Grenze lägen.[111]
Welchen Handlungsspielraum besaß der Volkswagen-Konzern, um der krisenhaften Entwicklung in Brasilien entgegenzuwirken? Da es keine Möglichkeiten gab, die Wechselkursentwicklung, die Inflationsraten oder die politischen Rahmenbedingungen zu beeinflussen, mußte eine auf Rentabilitätssteigerung zielende Strategie auf der mikroökonomischen Ebene greifen. Einen ersten Ansatzpunkt hierfür boten *Preissteigerungen*, die geeignet waren, die steigenden Kosten zu kompensieren, und auf dieses Mittel griff das Management in São Paulo in der Tat im Laufe des Jahres 1961 mehrfach zurück. Der Bruttolistenpreis des Personenwagens wurde zwischen Januar und Dezember stufenweise von 580.000 auf 725.000 Cruzeiros angehoben und derjenige des Kombis wurde von 596.000 auf 735.000 Cruzeiros erhöht.[112] Andererseits aber waren solchen Preiserhöhungen relativ enge Grenzen gesetzt, wie die Erfahrungen von *Willy's Overland* zeigten, wo drastischen Preiserhöhungen ein Einbruch bei den Verkaufszahlen gefolgt war. *Schultz-Wenk* ließ sich diese Beobachtung als Warnung dienen und setzte auf Preiserhöhungen in einem moderaten Rahmen, welche die Konkurrenzverhältnisse auf dem brasilianischen Automobilmarkt berücksichtigten.[113] Durch Preiserhöhungen allein war der Rentabilitätsklemme also nicht zu entrinnen. In diesem Zusammenhang geriet nun das Produktivitätsgefälle zwischen Wolfsburg und São Bernardo do Campo in den Blickpunkt. Zwar betrieb die *Volkswagen do Brasil* seit 1959 eine fordistische Massenerzeugung in Brasilien, doch lag die Produktivität in Brasilien auch 1961 weiterhin weit unter dem Weltmarktstandard:

>»Es wird Sie übrigens interessieren, daß in den jetzt im Zusammenhang mit unserer Bilanzveröffentlichung stattfindenden Pressekonferenzen bisher immer wieder gefragt worden ist, worin die Erklärung läge, daß die Volkswagen do Brasil so außerordentlich viel mehr Arbeiter für eine gegebene Produktionshöhe braucht als die deutschen Fabriken. Sie sehen also, daß diese tatsächlich wenig befriedigende Situation auch von Außenstehenden gesehen und kritisiert wird. Ich denke, daß dieses neben allen anderen Gesichtspunkten für Sie ein weiterer Anstoß sein wird, die efficiency der VW do Brasil aus dem derzeit sehr niedrigen Bereich auf eine normale Höhe zu bringen.«[114]

Als sich 1961 die Rentabilitätslage verschlechterte, reagierte *Volkswagen do Brasil* – nicht zuletzt auf das Betreiben Wolfsburgs[115] – ab Ende des Jahres mit *Massenentlassungen,* von denen 20% der Beschäftigten betroffen waren. Auch setzte man sich zum Ziel, die Einkaufsbeziehungen zu den Zulieferfirmen zu rationalisieren, um die Materialpreise zu senken und die Zahlungsziele zu strecken.[116] Alle diese Maßnahmen reichten aber nicht aus, um die kurz- und mittelfristigen *Liquiditätsengpässe* der *Volkswagen do Brasil* zu überwinden, die in erster Linie durch die geänderten Importmodalitäten bedingt waren. Da sich der brasilianische Geldmarkt 1961 in einer äußerst angespannten Verfassung präsentierte und es demzufolge ausgeschlossen war, den akuten Finanzbedarf der *Volkswagen do Brasil* über Bankkredite zu decken, wurde im November eine abermalige Erhöhung des Gesellschaftskapitals um 15 Millionen DM beschlossen, die zu 75% vom Volkswagenwerk und zu 25% von *Aranha/Monteiro* aufzubringen war. Darüber hinaus wurden über *Aranha* Verhandlungen mit dem *Banco do Brasil* wegen eines »Revolving-Kredits« zur Finanzierung unabdingbarer Rohstoffimporte eingeleitet und der Investitionsplan des Unternehmens für 1962 einer Revision unterzogen.[117] Mit diesem »Austerity-Programm« ging *Volkswagen do Brasil* in das neue Bilanzjahr.[118]

Im Frühjahr 1962 entspann sich eine trilaterale Diskussion über die Rentabilität der *Volkswagen do Brasil* zwischen *Aranha,* der Geschäftsleitung des Unternehmens in São Paulo und den Spitzen des Volkswagen-Konzerns in Wolfsburg. *Aranha* ordnete das Ergebnis der *Volkswagen do Brasil* für 1961 in den längerfristigen Trend der *Umsatzrentabilität* ein und kam dabei zu dem Schluß, daß diese von 8,15% in 1958 über 6,5% (1959) und 5,3% (1960) auf 3,6% in 1961 gesunken sei. An seiner Bewertung dieser Entwicklung, die eine deutliche Spitze in Richtung *Schultz-Wenk* und *Fritz Jensen* enthielt, ließ *Aranha* gegenüber Wolfsburg keinen Zweifel: »Man kann dieses Resultat sicherlich nicht als brilliant ansehen.«[119]

In ihrer Antwort an *Aranha* stellten sich *Siebert* und *Nebelung* von der betriebswirtschaftlichen Abteilung in Wolfsburg aber hinter die in São Bernardo do Campo verantwortlichen Funktionsträger, indem sie auf Sonderfaktoren hinwiesen, die das Geschäftsergebnis für 1960 günstig, für 1961 dagegen ungünstig beeinflußt hatten. Hohe Steuernachzahlungen hatten den in 1961 erwirtschafteten Nettogewinn stark gedrückt, während im Jahr zuvor die Auflösung von Rückstellungen und Rücklagen das Jahresergebnis aufgebessert hatten. Betrachte man den Gewinn *vor* Steuern, so falle das Jahr 1961 nicht gegenüber 1960 ab.[120] Genau dieselben Argumente hatte *Schultz-Wenk* in der internen Diskussion mit *Nordhoff* geltend gemacht.[121] Denn auch der VW-Chef zeigte sich im internen Kreis alles andere als zufrieden mit den Gewinnen der brasilianischen Tochtergesellschaft:

> »Die ersten Untersuchungen ergeben das erwartete und schon oft vermutete Nachhinken unserer Preise hinter der allgemeinen Erhöhung der Lebenskosten und der laufenden Entwertung der Landeswährung. Gegenüber einer Steigerung der Löhne

um 48% seit dem 1. März 1961 sind die Preise für unseren Pkw nur um 13 und für den Transporter um 23% gestiegen, alles in runden Zahlen gerechnet. Daraus geht hervor, daß vor allem der Preis unseres Pkw so ist, daß wir in Wahrheit trotz aller buchhalterischen Übereinstimmung Geld verlieren.«[122]

Demgegenüber verwies *Schultz-Wenk* auf die Grenzen von Preiserhöhungen, die aus der Intensität des Wettbewerbs resultierten:

> »Es darf jedoch nicht ausser Acht gelassen werden, dass bei der Preisbildung unserer Produkte nicht nur die allgemeine Marktlage, sondern auch die Preisbildung bei unserer Konkurrenz berücksichtigt werden muss.«[123]

Dessen ungeachtet kam *Volkswagen do Brasil* nicht umhin, angesichts weiterhin exorbitanter Inflationsraten im Laufe des Jahres 1962 insgesamt neun Preiserhöhungen vorzunehmen. Zwischen Januar und Dezember stieg der Bruttolistenpreis für den Pkw um 69% und der des Kombis um 76%.[124] Ab Oktober war man dazu übergegangen, die Fahrzeugpreise monatlich an den Index der Lebenshaltungskosten anzupassen. Den Marktanteilen des Unternehmens schadeten diese Preiserhöhungen nicht, denn sie ließen die Preisrelationen am brasilianischen Automobilmarkt unverändert, da auch die Konkurrenz auf die Geldentwertung reagieren mußte. Der Anteil der *Volkswagen do Brasil* an den Zulassungen erreichte im Jahre 1962 eine neue Rekordhöhe, und die Lieferfristen für die Fahrzeuge wurden ständig länger.[125] Die Aufnahmefähigkeit des Marktes und das erkennbare Wachstum der Industrieproduktion in Brasilien ließen die Geschäftsleitung in São Paulo bereits in der ersten Hälfte des Jahres 1962 darauf dringen, das »Austerity-Programm« zu lockern und die Investitionen zu erhöhen.[126] *Nordhoff* jedoch sah keinen Grund zur Eile und blieb skeptisch:

> »Es muß gesagt werden, daß wir hier keine Tatsachen erkennen können, die unseren bisherigen Standpunkt ändern könnten, vor allem aber nichts, was zu äusserster Eile zwingt – das wird alles wohlerwogen werden, und wir werden keine Chance versäumen. Auf der anderen Seite müssen aber auch die vielen unverändert ganz ungeklärten Probleme gesehen werden, auf die noch keinerlei Antwort vorliegt, wie wir insgesamt keinerlei Überblick über die Gesamtkosten der beabsichtigten Produktionserhöhung haben. ... Was die Konkurrenz tut, ist von untergeordneter Bedeutung.«[127]

Diese Skepsis hatte einen realen Hintergrund. Auch 1962 brachten Lizenzschwierigkeiten die *Volkswagen do Brasil* vorübergehend an den Rand eines Produktionsstillstands. Vor allem aber setzten die brasilianischen Verhältnisse nach wie vor der möglichen *Stückkostendegression* relativ enge Grenzen. Sehr zum Unmut von *Nordhoff* blieb insbesondere die *Lagerhaltung* weiterhin hoch. Im Juli monierte der VW-Chef die hohen Kosten gegenüber *Fritz Jensen*:

> »Ich danke Ihnen für das Protokoll Nr. 62, das ich allerdings mit großem Unbehagen gelesen habe. Nicht allein habe ich bis heute keine irgendwie befriedigende Erklärung dafür bekommen, daß die Volkswagen do Brasil sich mit Blechvorräten so übernommen hat. ... Es würde mich sehr interessieren, welchen Zeitplan der Vorstand aufgestellt hat, von den Überbeständen herunterzukommen, und mit welchem endgülti-

gen Verlust zu rechnen ist. Daneben erwarte ich immer noch eine Antwort auf die mehr als berechtigte Frage nach dem Grund dieser Fehlbeschaffung.«[128]

Jensen führte daraufhin die Unkalkulierbarkeit der Lieferungen – die der Logik der Massenproduktion eklatant widersprach – als Grund dafür ins Feld, daß ein die deutschen Verhältnisse weit übersteigendes Niveau der Vorratshaltung die einzige Möglichkeit sei, um die Aufrechterhaltung des Produktionsflusses zu garantieren.

»Wir sind sicherlich in unserer Blechbevorratung in der Vergangenheit uebervorsichtig gewesen, in der stetigen Sorge, dass ein Fehlen von Blechen uns groesseren Schaden zufuegen koennte als ein gewisser Ueberstand. Wir mussten stets damit rechnen, dass verspaetete Schiffssendungen, Streiks in den Haefen, die dauernde Ueberbelastung des Hafens Santos (zur Zeit liegen 30 Schiffe bis zu 3 Wochen auf Reede), Schwierigkeiten beim Erwerb des Import-Dollars usw. uns in eine Lage bringen koennten, wie das bei anderen Automobilfabriken mehrfach tatsaechlich der Fall gewesen ist.«[129]

Vor diesem Hintergrund ist es nicht verwunderlich, daß *Heinrich Nordhoff* bis Ende 1962 immer wieder Zweifel an einer befriedigenden Rentabilitätsentwicklung der *Volkswagen do Brasil* anmeldete. Unverändert galt seine Hauptsorge dabei den Wechselkursen:

»In ihrem Brief vom 17. Oktober ... schreiben Sie, daß das Dollar-Cruzeiro-Verhältnis nicht allein für die Entschlüsse der Volkswagen do Brasil maßgebend sein kann. Ich verstehe diesen Standpunkt sehr wohl, muß aber auch darauf hinweisen, daß auch die amtlichen Angaben über Lebenshaltungskosten kein zuverlässigen Bild geben und daß auf der anderen Seite der Umrechnungskurs zwischen Dollar und Cruzeiro für uns hier von entscheidender Bedeutung ist. Man wird also all diese sich nicht immer voll deckenden Gesichtspunkte in Betracht ziehen müssen, um zu verhindern, daß bei dem ständigen Fortschreiten der inneren Schwäche des Cruzeiros solche Beziehungen auf Kosten der Volkswagen do Brasil oder ihrer Ertragskraft gehen.«[130]

Wenn *Nordhoff* dennoch einer aufwendigen Kapazitätsausweitung der *Volkswagen do Brasil* für die folgenden Jahre letzten Endes grünes Licht erteilte, so wohl deshalb, weil im letzten Drittel des Jahres 1962 Bewegung in die Diskussion mit der *GEIA* und den Steuerbehörden über zwei anhängige Strafverfahren gegen das Unternehmen kam. Wegen Verstoßes gegen die Einfuhrbestimmungen der *GEIA* und wegen der Anwendung gewinnverschleiernder Bilanzierungsmethoden betrieben diese Stellen die Verhängung von Strafzahlungen gegen die *Volkswagen do Brasil* in astronomischer Höhe. *Nordhoff* hatte die Zukunft des Volkswagen-Konzerns in Brasilien vom Ausgang dieses Problems abhängig gemacht.

»Für die Volkswagenwerk AG in Wolfsburg wird die Behandlung der Steuerstraf-Angelegenheit und die noch fehlende Erklärung zu dem erwähnten Gesetz der Maßstab sein, was in Zukunft in Brasilien noch unternommen werden kann. Im derzeitigen Zustand ist die Volkswagen do Brasil ein Torso, der nicht lange lebensfähig sein wird. Wir brauchen, um die bisherige Linie fortzusetzen, einen Beweis der brasilianischen Regierung, daß sie ausländische Mitarbeit an ihren Industrialisierungsplänen wünscht und ob sie die dafür notwendigen Voraussetzungen schaffen will.«[131]

Als es *Schultz-Wenk* gelang, in den Verhandlungen mit der GEIA einen Durchbruch zu erzielen[132], stimmte Wolfsburg einem umfassenden Expansionsprogramm der brasilianischen Tochter zu. Offensichtlich hatte die einmal installierte Fabrik Investitionsmittel in einer solchen Höhe gebunden, daß alle Fragezeichen mit Blick auf die zukünftige Entwicklung zusammengenommen in der Wahrnehmung des Konzern-Managements ein geringeres Verlustrisiko darstellten als ein Rückzug aus Brasilien. Der Einstieg in die fordistische Massenproduktion in Brasilien hatte eine unumkehrbare Eigendynamik entfaltet. Am 10. Oktober 1962 teilte *Fritz Schultz-Wenk* der Presse mit, die *Volkswagen do Brasil* werde im Verlaufe der nächsten zwei Jahre 20 Milliarden Cruzeiros in den Ausbau von São Bernardo do Campo investieren, um bis 1965 die arbeitstägliche Produktion von aktuell 245 auf dann 400 Einheiten zu erhöhen.[133]

Reibungsverluste in Brasilien

Die Zusammenarbeit mit *Aranha & Monteiro* verhalf dem Volkswagenwerk in Brasilien zu entscheidenden Kontakten mit der politische Elite des Landes. Die Pflege dieser Kontakte im Namen der *Volkswagen do Brasil* war bis Ende 1962, soweit sie sich auf *offizielle* Verhandlungen mit den staatlichen Stellen bezog, durch vertragliche Regelung exklusives Recht von *Nordhoff* und *Aranha*. Faktisch übte letzterer diese Funktion wegen der räumlichen Distanz und anderweitigen Einbindung *Nordhoffs* allein aus.[134] Diese politischen Kontakte waren zweifellos ein Schlüssel zum Erfolg am brasilianischen Markt. Andererseits hatte die Kooperation mit *Aranha/Monteiro* auch Kosten. Erstens kam es immer wieder zu Konflikten zwischen der Geschäftsleitung der *Volkswagen do Brasil* in São Paulo und dem Vizepräsidenten der Gesellschaft, *Olavo Aranha*. Beginnend mit einem Streit im Jahre 1954 über das Vorgehen von *Schultz-Wenk* bei der Beschaffung von Importlizenzen bis hin zu den Auseinandersetzungen der frühen sechziger Jahre, wer die Gesellschaft in welchen Angelegenheiten und mit welchen Vollmachten vertreten dürfe, zog sich die Rivalität zwischen *Schultz-Wenk* und *Aranha* wie ein roter Faden durch die Geschichte der *Volkswagen do Brasil* – immer wieder einmal unterbrochen durch eine Etappe harmonischeren Einvernehmens. Die Konsequenz daraus war eine häufig gestörte Kommunikation zwischen dem Vizepräsidenten und dem Diretor Superintendente der *Volkswagen do Brasil,* die sich ihrerseits in einem unzureichenden Informationsfluß zwischen São Paulo und Rio niederschlug. Dies aber ging zu Lasten einer optimalen Abstimmung der Unternehmenspolitik gegenüber den staatlichen Stellen und auch gegenüber der Konzernzentrale in Wolfsburg.[135]

Jenseits dieses Kompetenzgerangels und der persönlichen Animositäten zwischen den beiden Funktionsträgern, die schon 1954 fast zur Trennung geführt hätten[136], divergierten nicht selten die Interessen des Volkswagenwerks von denen der Firma *Aranha & Monteiro,* wenn es darum ging, Kosten, Risiken und Profite finanzieller Transaktionen zu teilen. Typischerweise entstanden solche Interessendivergenzen im Zusammenhang mit den häufigen Kapitalerhöhungen der *Volkswagen do Brasil*. Da sie entweder über Maschineneinbringungen von seiten des Volkswagenwerks oder die Zufuhr von DM-Beträgen aus Wolfsburg zustandekamen, befanden sich *Aranha & Monteiro* jedesmal in der Situation, in erheblichem Umfang Devisen mobilisieren zu müssen, um ihren Anteil von 20% am Gesellschaftskapital aufrechtzuerhalten. Da aber Devisen in Brasilien nicht in der erforderlichen Menge zu ersteigern waren und zudem die in Rede stehenden Beträge zumeist die Kapitalkraft von *Aranha & Monteiro* überstiegen, waren die brasilianischen Aktionäre der *Volkswagen do Brasil* auf Kredite bei einer ausländischen Bank – in der Regel dem *Bankhaus Schröder* – verwiesen. Für diese Kredite pflegte *Aranha* Teile seines Besitzes an Volkswagen-Aktien als Sicherheit zu hinterlegen. Wollte das Volkswagenwerk verhindern, daß bei Zahlungsunfähigkeit von *Aranha & Monteiro* respektive – je nach Konstruktion des Geschäfts – *Aranha* als Privatperson die verpfändeten Aktien in unliebsame Hände gerieten, mußte das Management sie auslösen und damit selbst gegenüber *Aranha* als Gläubiger auftreten. Als während der Krise von 1961 *Aranha* abermals eine solche Geschäftskonstruktion vorschlug und dabei in der Höhe des Kredits über den auf ihn entfallenden Kapitalbedarf der *Volkswagen do Brasil* hinausgehen wollte, war das Entgegenkommen des Volkswagenwerks erschöpft. *Aranha* wurde die Genehmigung verweigert, seinen Kreditbedarf, soweit er nicht aus seiner Teilhaberschaft an der *Volkswagen do Brasil* resultierte, durch die Hinterlegung von Aktien der brasilianischen Volkswagen-Tochter zu fundieren:

»Ich bedanke mich noch für Ihren Brief vom 9. November, den ich mit großem Interesse gelesen habe, auf den ich aber nicht antworten wollte, bevor nicht Herr Höhne und Herr Dr. Siebert aus Brasilien zurück waren. Das ist inzwischen der Fall, aber das Problem Aranha ist seitdem nicht einfacher geworden, und es vergeht kaum ein Tag ohne lange Fernschreiben, eines immer verworrener als das andere. Es ist aber die durch einen Vorstandsbeschluß festgelegte Haltung unseres Hauses, daß Herr Aranha nun und in Zukunft die Verpflichtungen, die aus seiner Partnerschaft bestehen, tatsächlich erfüllen muß und daß die Zeit der kunstvollen Kreditkonstruktionen, die dazu geführt hat, daß Herr Aranha in viel höherem Maße unser Schuldner als unser Partner ist, endgültig aufhört.«[137]

Aranha wurde die entsprechende Entscheidung, die im Vorstand des Volkswagenwerks gefallen war, am 29. November 1961 mitgeteilt.

»Wir können uns, wie wir Ihnen bereits wiederholt mitteilten, nicht in die Zwangslage bringen lassen, für Kreditbeträge, die Sie für Ihre sonstigen Interessen aufnehmen, unsererseits einstehen zu müssen, nur um zu verhindern, dass Aktien der Volkswagen do Brasil, wenn sie als Sicherheit für solche Kredite hinterlegt werden, etwa in fremde Hände kommen. Bei der Unübersehbarkeit der Entwicklung der Verhältnisse in Brasilien muss für den Zeitpunkt der Fälligkeit dieser Kredite ernsthaft mit der Möglichkeit gerechnet werden, dass Sie nicht in der Lage sind, diese Verpflichtung bei Fälligkeit zu erfüllen. Dementsprechend müssen wir ebenso ernsthaft damit rechnen, bei Fälligkeit Ihrer Schulden unsererseits Zahlung zu leisten. Dieses Risiko, das sich für uns bereits aus Ihrem ersten Schröder-Kredit ergibt, und das wir auch für den zweiten Schröder-Kredit in Höhe der für die Volkswagen do Brasil bestimmten US$ 750.000.- zu übernehmen bereit wären, können wir aber unter keinen Umständen ausdehnen auf Kreditbeträge, die Sie für ganz andere Zwecke benötigen und aufnehmen. In unseren Verhandlungen in Sao Paulo wurde immer nur über einen Kredit von US$ 750.000 gesprochen. Der Mehrbetrag von US$ 250.000,- erscheint erstmalig in Ihrem Schreiben vom 9. November. Es können und dürfen nicht Aktien der Volkswagen do Brasil dafür verpfändet werden.«[138]

Reibungsverluste entstanden aber nicht nur aus der Teilhaberschaft von *Aranha & Monteiro* an der *Volkswagen do Brasil*. 1960 offenbarten sich verschiedene Schwachstellen innerhalb des Managements der Gesellschaft und auf der Ebene der Händlerorganisation. Mit Blick auf das Management nahm *Nordhoff* die Entlassung eines leitenden Angestellten der *Volkswagen do Brasil,* der im Verdacht der Bestechlichkeit stand, zum Anlaß, um *Aranha* gegenüber eine grundsätzliche Neuordnung der Kompetenzen unter stärkerer Einbeziehung brasilianischer Staatsbürger und die Einführung klarer bürokratischer Verfahrensregeln in Aussicht zu stellen.

»Ich sehe die zwingende Notwendigkeit, die Organisation der Volkswagen do Brasil zu ändern, und zwar auch in der Richtung, die Sie vorschlagen, die Verantwortung viel weiter zu verteilen, die Befugnisse viel präziser zu definieren und eine Geschäftsordnung auszuarbeiten, die das Vorgehen sehr viel genauer festlegt als das jetzt der Fall ist. Der Fall Fischer ist weit über den Einzelvorgang hinaus ein Signal, daß bei der Volkswagen do Brasil vieles geändert und verbessert werden muß. ... Auch die Auffassung, daß in größerem Umfange und mit wesentlich verbesserten Erfolgsaussichten Brasilianer hineingebracht werden sollten, teile ich. Wir werden ein großes Ausbildungsschema ausarbeiten, was um so leichter ist als es in mindestens zwei Provinzen in Brasilien sehr viele zweisprachige Brasilianer gibt, die sicher einen hervorragenden Ausgangspunkt in dieser Richtung darstellen«[139]

Die neuen Richtlinien, die 1961 die Version von 1955 ersetzten, schränkten vor allem das Recht der einzelnen Vorstandsmitglieder zur aktiven und passiven Vertretung der *Volkswagen do Brasil* ein und banden Maßnahmen, die nicht unter den »regelmäßigen« Geschäftsbetrieb der Gesellschaft fielen, an kollektive Entscheidungsprozesse. Insgesamt stärkten die neuen Richtlinien die Kontroll- und Einflußmöglichkeiten des Präsidiums mit *Nordhoff* an der Spitze.

Den brasilianischen Volkswagenhändlern gegenüber monierte die *Volkswagen do Brasil* in einem Rundschreiben 1960 eine verfehlte Personalpolitik und bestand – unter Androhung von Sanktionen im Bereich der Liefermengen – auf einer verbesserten Schulung und Bezahlung des Verkaufspersonals.

»Gestern begann der erste Verkäuferlehrgang, der uns die Gelegenheit gab, die menschlichen und beruflichen Eigenschaften der Lehrgangsteilnehmer sowie die von den einzelnen Wiederverkäuferfirmen verfolgte Gehaltspolitik kennenzulernen. Diese Bewertung der Verkäufer und der Zustand, der dadurch erreicht wurde, zeigt leider, dass scheinbar nicht alle Wiederverkäufer sich über die Bedeutung, die dem Sektor Verkäufer im Autogeschäft zukommt, im klaren sind. ... Ein Gehalt, welches nur Cr$ 400,00 über dem Mindestgehalt liegt, kann nur Elemente anlocken, deren Qualitäten nicht über denjenigen eines Hilfsarbeiters liegen. Es ist ganz klar, daß ein Verkäufer dieser Art nicht für die wichtige Verkaufstätigkeit unserer Produktion eingesetzt werden kann. Da wir nun feststellen mussten, dass unsere seit so langer Zeit gegebenen Empfehlungen nicht die gewünschten Ergebnisse brachten, sehen wir uns gezwungen, im Interesse aller Freunde und darüber hinaus auch im Interesse des Werkes, drastische Maßnahmen einzuführen:

1. Quote bis 15 Fahrzeuge pro Monat: 1 Verkäufer
2. Quote von 16-30 Fahrzeugen pro Monat: 2 Verkäufer
3. Quote von 31 bis 90 Fahrzeugen pro Monat: 1 Verkäufer für je 15 Fahrzeugeinheiten
4. Quote über 90 Fahrzeuge pro Monat: 1 Verkäufer für je 20 Fahrzeugeinheiten

Die Verkäufer müssen, wie bereits empfohlen, nach Massgabe der von ihnen für ihre Arbeit verlangten menschlichen und persönlichen Qualitäten bezahlt werden. Es versteht sich, dass diese Bezahlung je nach den Landesgegenden variiert. ... Als Frist für die Organisation dieses Verkäuferteams wird der 31. Januar 1961 festgesetzt. Nach diesem Datum wird das Werk die Quoten zurücksetzen bis das notwendige Mindestverhältnis Fahrzeug/Verkäufer, wie oben festgelegt, erreicht ist. Die so freiwerdenden Fahrzeugeinheiten werden dann an diejenigen Wiederverkäufer verteilt werden, die die heute gegebenen Empfehlungen erfüllen.«[140]

Schließlich sah sich *Nordhoff* im Dezember 1960 veranlaßt, die Leitung der *Volkswagen do Brasil* darauf hinzuweisen, daß in allen Fragen, welche die technische Ausstattung der Fahrzeuge betrafen, die Richtlinienkompetenz in Wolfsburg liege, um die Qualität der Produkte effizient ausspielen zu können. In dieser Hinsicht setzte das Volkswagenwerk auf eine kompromißlose Zentralisierung, die weltweite Homogenität zum Ziele hatte und Eigeninitiativen der diversen Tochtergesellschaften in jedem Einzelfall an das Plazet aus Wolfsburg band.

>»Nach mir vorliegenden Nachrichten hat die Volkswagen do Brasil bei der Firma Gemmer do Brasil eine nicht freigegebene Lenkung bestellt und auch schon weitgehend eingebaut. Die hier vorgenommene Erprobung dieser Lenkung hatte ein negatives Ergebnis. Soweit ich weiß, ist dieser Vorgang inzwischen abgebrochen; aber ich möchte bei dieser Gelegenheit darauf hinweisen, daß es nicht Sache der Volkswagen do Brasil ist, irgendwelche eigenen Entwicklungen zu erproben. In Brasilien soll der Volkswagen so gebaut werden, wie er in der ganzen Welt gebaut wird, und wenn Änderungswünsche bestehen, so können und sollen diese hier vorgelegt werden, so daß die Volkswagen do Brasil in vollem Umfange an die Freigaben gebunden ist, die aus Wolfsburg kommen. Diese Anweisung, die noch einmal ohne jede Einschränkung wiederholt wird, obwohl sie immer bestanden hat, gilt sowohl für Personenwagen als auch für Lieferwagen, und jegliche Ausnahme bedarf einer schriftlichen Genehmigung. Die Aufrechterhaltung der Qualität, die das bei weitem stärkste Argument für den Volkswagen darstellt, ist ein Gesetz, dem alle anderen Gesichtspunkte untergeordnet werden müssen. Ich wäre Ihnen dankbar, wenn diese Auffassung innerhalb Ihrer Organisation nochmals mit großem Nachdruck bekanntgegeben würde.«[141]

Kapitel 11: Der Volkswagen-Konzern und der Staat

»Bei den Besprechungen, die ich anlässlich der Kopenhagener Automobil-Ausstellung mit unseren skandinavischen Vertretern hatte, wurde mit sehr deutlich, um wieviel wir gegenüber der englischen und französischen Automobilindustrie benachteiligt sind.« (Heinrich Nordhoff an v. Maltzan/Bundeswirtschaftsministerium am 3.6.1950.)

Bis zur Umwandlung in eine Aktiengesellschaft im Jahre 1960 war das Volkswagenwerk ein *Staatsunternehmen.* Danach hielten der Bund und das Land Niedersachsen jeweils 20% des Gesellschaftskapitals. *Faktisch* hatte dieser Umstand jedoch keinerlei Einfluß auf die Ziele, an denen sich Volkswagenwerk orientierte. Auch die Handlungsfreiheit seines Managements wurde durch die Besitzverhältnisse kaum beeinträchtigt.

Man könnte vermuten, daß im Falle des Volkswagenwerks – gerade wegen seiner besonderen Bedeutung für die westdeutsche Wirtschaft – die *Rentabilität* als Maßstab unternehmerischen Handelns durch *makroökonomische* Kriterien relativiert worden sei. Insbesondere ließe sich mutmaßen, daß seine Exportergebnisse von den zuständigen staatlichen Stellen eher am Devisenzufluß als an den erzielten Gewinnspannen gemessen wurden. In der Tat wurde der Vorwurf des »Dumpings« auf den internationalen Märkten in der zeitgenössischen Presse immer wieder einmal gegen das Volkswagenwerk erhoben. Derartige Vermutungen halten jedoch einer Auswertung der unternehmensinternen Quellen nicht stand. In Kapitel 8 ist gezeigt worden, daß beim Export des Volkswagenwerks lediglich zu Beginn der fünfziger Jahre der Gesichtspunkt des Erlöses für kurze Zeit hinter den Aufbau einer starken Marktposition im Ausland zurücktrat. Während dieser Phase intervenierte das Unternehmen beim *Statistischen Bundesamt* in Wiesbaden gegen ein getrenntes Ausweisen der Volkswagen-Exporte in der Außenhandelsstatistik.[1] Aber auch zu dieser Zeit waren es nicht außenwirtschaftliche Staatsziele, die das Management des Volkswagenwerks mit *Nordhoff* an der Spitze zum »Export um jeden Preis« veranlaßten, sondern die betriebswirtschaftlichen Konsequenzen der Massenerzeugung von Automobilen. Die fordistische Technologie war nur rentabel einzusetzen, wenn der Absatz des »Käfers« und seiner Varianten über die Staatsgrenzen der Bundesrepublik hinaus gewährleistet werden konnte. Insofern war die Inkaufnahme von Verlusten im Exportgeschäft ein Wechsel auf die Zukunft. Nachdem diese Zukunft einmal angebrochen war, diktierten Rentabilitätsgesichtspunkte *uneingeschränkt* die Preis- und Investitionspolitik des Volkswagenwerks auf den Auslandsmärkten. Maßnahmen zur Profitmaximierung unterblieben höchstens wegen *politischer Zwänge* – wie etwa in Brasilien – oder wegen der *Konkurrenzverhältnisse,* die den Spielraum für die Preispolitik beschränkten oder kostenintensive Service- und Garantieleistungen erzwangen.

Die Besonderheiten der fordistischen Massenproduktion führten dazu, daß das Management des Volkswagenwerks in bezug auf die Gewinne langfristig dachte. Die unvermeidliche Bindung umfangreicher Investitionsmittel konnte sich nur rentieren, wenn die Absatzentwicklung ohne größere Einbrüche verlief und mit dem Wachstum der Produktion Schritt hielt. *Nordhoff* erteilte daher einer *kurzfristigen* Profitmaximierung bewußt eine Absage und betonte die Bedeutung von Kontinuität und Berechenbarkeit.[2]

Die Regie der Unternehmenspolitik lag eindeutig in den Händen des Managements, dessen Arbeit durch *Heinrich Nordhoff* koordiniert wurde. Die staatliche Präsenz im Unternehmen war über den Aufsichtsrat verankert worden, doch blieb der daraus resultierende Einfluß weitestgehend *formaler* Natur. Es gibt in den Quellen keinerlei Hinweise darauf, daß die Repräsentanten des Bundes oder des Landes Niedersachsen während der fünfziger und frühen sechziger Jahre erfolgreich versucht hätten, die Beschlüsse der Konzernleitung *gegen den Willen Nordhoffs* zu beeinflussen oder zu vereiteln. Die Initiative bei der Festlegung der Unternehmensstrategie ging in allen wichtigen Fragen vom Management aus. Lediglich in einem Fall – anläßlich der Diskussion um ein mögliches Engagement des Volkswagenwerks in Südafrika – deutete *Nordhoff* an, daß die im Aufsichtsrat gegebene Konstellation die Handlungsfreiheit der Generaldirektion einschränken könnte.[3] Beim Ankauf des Geländes in São Bernardo do Campo scheint das Votum des Aufsichtsratsmitglieds *Richter* die Entscheidung *Nordhoffs* beeinflußt zu haben.[4] Doch blieben diese beiden Episoden Ausnahmen, die nichts an *Nordhoffs* Urteil über das Verhältnis des Volkswagenwerks zum westdeutschen Staat änderten:

>»In der Privatisierungsfrage trifft beides zu, nämlich sowohl dass sie mir zum Halse heraushängt, wie auch, dass sie voller Schwierigkeiten ist. Ich glaube, wenn man diese Angelegenheit logisch und vernünftig ansieht, kommt man etwa zu folgendem Ergebnis:
>
>Es kann kein Zweifel darüber bestehen, dass die Frage des Besitzverhältnisses des Volkswagenwerkes irgendwann einmal geklärt werden muss. Der jetzige Schwebezustand kann nicht für immer so bleiben. Ob dann später dieses Werk Staatsbesitz bleibt oder privatisiert wird, ist eine Frage, die das Parlament entscheiden muss, das als einzige Stelle dazu eine Berechtigung hat.
>
>Zu der viel diskutierten Frage, was wünschenswerter wäre, kann man natürlich viele Auffassungen vertreten und begründen. Ich selbst neige sehr zu der, dass es sicher nicht Aufgabe einer Regierung sein kann, Automobile zu bauen, meine aber andererseits, dass die Frage des Besitzes gar nicht so wesentlich ist, solange der Geschäftsleitung freie Hand gelassen wird, ihre Entscheidung nach wirtschaftlichen und industriellen Gesichtspunkten zu fassen. Es kann also genauso schädlich sein, wenn bei einem Betrieb in Staatsbesitz politische Parteien eine Rolle spielen, wie wenn bei einem Privatbetrieb Machtkämpfe grosser Finanzgruppen auf dem Rücken des Unternehmens ausgefochten werden. Wenn man bedenkt, dass sich der bisherige Zustand wirklich nicht schlecht bewährt hat, könnte man dazu neigen, am besten alles so zu lassen, wie es ist, was aber auf die Dauer nicht möglich sein wird. Die Frage der Privatisierung mit dem rein parteipolitischen Argument der sogenannten Volksaktie zu verknüpfen, ist höchst unglücklich und hat der ganzen Angelegenheit viel Schaden

zugefügt. Wenn man privatisieren will, was das Parlament zu entscheiden hätte, so sollte man das so normal wie möglich machen. Dazu gehörte eine grosse Banken-Gruppe, die die Emission vornimmt und die eine bessere Gewähr für die Placierung der Aktien übernehmen könnte als alle Volksbeglückungs-Ideen das jemals können.«[5]

In den seltenen Fällen, in denen die Politik des Volkswagenwerks in einen Gegensatz zu den Interessen staatlicher Stellen geriet, scheute *Nordhoff* den Konflikt nicht und verwahrte sich dagegen, daß das von ihm geführte Unternehmen für Ziele in die Pflicht genommen werden sollte, die mit den Prinzipien seiner Amtsführung nicht in Einklang zu bringen waren. Er stand die Auseinandersetzung jeweils durch und ließ sich in keinem Fall von seiner Linie abbringen. Der bekannteste Fall ist der Streit über die Preiserhöhungen der Automobilindustrie, den *Nordhoff* zu Beginn der sechziger Jahre mit *Erhard* ausfocht. Trotz massiven Drucks gelang es dem Bundeswirtschaftsminister nicht, *Nordhoff* für das Volkswagenwerk zur Rücknahme der einmal beschlossenen Preisanhebungen zu bewegen.[6] Dieser Streit um die Preise ist aber keineswegs das einzige Beispiel, das zeigt, daß staatlichen Interventionen in Wolfsburg wenig Erfolg beschieden war, wenn ihre Stoßrichtung nicht in das Konzept des Managements paßte.

Als sich 1958/59 die Berliner Firma *Buhne* beim Volkswagenwerk um die Lieferung von 1.000 Fahrgestellen bemühte, um auf eigene Rechnung ein USA-Geschäft abzuwickeln, stieß sie in Wolfsburg auf taube Ohren. *Buhne* wandte sich daraufhin an das Bundeswirtschaftsministerium und den Berliner Senator für Wirtschaft und Kredit, um unter Hinweis auf die besondere Lage Berlins diese Stellen zu einer Fürsprache beim Volkswagenwerk zu gewinnen. In der Tat nahmen sich beide Instanzen des Ansinnens der Firma *Buhne* an. *Nordhoff* jedoch blieb hart:

> »Das von Ihnen aufgeworfene Problem ist hier im Hause sorgfältig mit allen beteiligten Stellen besprochen worden. Als Ergebnis dieser Prüfungen müssen wir Ihnen leider mitteilen, daß es bei dem Ihnen durch Herrn Till gegebenen Bescheid bleiben muß, da wir uns nicht in der Lage sehen, Fahrgestelle für den von Ihnen erwähnten Zweck abzuzweigen. Wie sicherlich auch Ihnen bekannt sein wird, ist die Nachfrage nach den normalen Ausführungen des Volkswagens derart groß, daß es uns kaum möglich ist, alle Bedarfswünsche zu erfüllen.«[7]

Nach monatelanger Diskussion konnte Ministerialrat *Otto Baier* vom Bundeswirtschaftsministerium nicht umhin, *Buhne* vom definitiven Scheitern seiner Pläne in Kenntnis zu setzen und dies auf die uneingeschränkte Handlungsautonomie der Leitung des Volkswagenwerks zurückzuführen:

> »Das Volkswagenwerk befindet sich wohl im Besitz der öffentlichen Hand, wird aber nach rein privatwirtschaftlichen Gesichtspunkten geführt. Ich habe über das bereits von mir Veranlasste hinaus keine andere Möglichkeit, um die getroffene Entscheidung des Volkswagenwerkes zu beeinflussen. Ich bedaure es sehr, Ihnen daher keine andere Mitteilung machen zu können.«[8]

Auch in weitreichenderen Fragen verhallten Anregungen des Bundeswirtschaftsministeriums in Wolfsburg ohne Wirkung, wenn sie nach dem Urteil des Management keine Perspektiven für rentablen Investitionen eröffneten. So erging es etwa im Jahre 1961 einer Initiative des Ministerialdirektors *Dr. Reinhardt*, der anregte, das Volkswagenwerk möge in Erwägung ziehen, eine Produktionslinie in Indien zu eröffnen.[9]

Die *faktische* Autonomie des Volkswagenwerks gegenüber der staatlichen Politik hatte aber auch eine Kehrseite. Das Volkswagenwerk konnte staatliche Machtmittel niemals ohne weitere Umstände zur Durchsetzung eigener Interessen einsetzen. Weder war das Volkswagenwerk ein Instrument staatlicher Politik, noch ließ sich umgekehrt die staatliche Politik durch das Unternehmen nach Bedarf in Anspruch nehmen. Diese Feststellung gilt insbesondere für die *Außenwirtschaftspolitik* der Regierung. Während ihre grundsätzliche Ausrichtung den Weltmarkterfolg des »Käfers« entscheidend begünstigte, verstieß sie *in einer Reihe wichtiger Einzelfragen* diametral gegen die Interessen des größten westdeutschen Automobilkonzerns. Insgesamt lassen sich fünf Ebenen ausmachen, auf denen die staatliche Außenwirtschaftspolitik den Export des Volkswagenwerks begünstigte.

1.) Die in Kapitel 1 und 2 diskutierte Einbindung der Bundesrepublik in das System der »pax americana« bot dem Unternehmen eine Reihe von Vorteilen. Sie erleichterte den Technologietransfer aus den USA ebenso wie die Versorgung mit Rohstoffen, hochwertigen Blechen und Spezialmaschinen – förderte also seine internationale Konkurrenzfähigkeit. Gleichzeitig eröffnete der GATT-Prozeß dem Volkswagenwerk den Zugang zu wichtigen Auslandsmärkten, und das Fixkurssystem von Bretton Woods schuf stabile Rahmenbedingungen für den Export:

> »Zur richtigen Würdigung der Meistbegünstigung muß man sich vor Augen halten, daß auch der westdeutsche Export bei den übrigen 34 Mitgliedsländern ohne Gegenleistung in den Genuß von Tausenden von Zollbindungen und Zollsenkungen gelangt ist, die die betreffenden Einfuhrländer gegenüber anderen Staaten ausgehandelt haben.«[10]

2.) Der GATT-Prozeß wurde flankiert durch den Abschluß bilateraler und multilateraler Handelsabkommen.

3.) Nicht unwichtig für die Erfolge des Volkswagenwerks auf den internationalen Märkten war die *problembezogene* Unterstützung, welche die diplomatischen Vertretungen der Bundesrepublik dem Unternehmen im Ausland angedeihen ließen. Diese Unterstützung beschränkte sich nicht auf die Vermittlung von Kontakten und die Versorgung mit Informationen. Wenn etwa auf Grund von Devisenschwierigkeiten Kürzungen der bundesdeutschen Einfuhrkontingente im Automobilbereich zur Diskussion standen, gelang es der Branche nicht selten, die zuständigen staatlichen Stellen zur Intervention zu bewegen. Die Verhandlungen mit *Holland* und *Schweden* in der ersten Hälfte der fünfziger Jahre illustrieren dies. Auch gegen diskriminierende Maßnahmen – beispielsweise steuerlicher Art – ließ sich häufig staatlicher Beistand mobilisieren. In Kapitel 8 ist der Fall der *griechischen Steuerformel* geschildert worden, die das Volkswagen benachteiligte und augenscheinlich auf Druck der englischen Konkurrenz zustandegekommen war. Schließlich unterstützten die diplomatischen Vertretungen der

Bundesrepublik gelegentlich die Importeure des Volkswagenwerks beim Einwerben der notwendigen Einfuhrlizenzen. Als Mitte 1952 die verheißungsvollen Geschäftsbeziehungen zwischen Wolfsburg und der Firma »Julio César Lestido S.A.« den außenwirtschaftlichen Schwierigkeiten *Uruguays* zum Opfer zu fallen drohten, bemühte sich die deutsche Gesandtschaft in Montevideo gemeinsam mit der genannten Firma, die Lieferungen aus Wolfsburg auf der Basis von Gegenseitigkeitsgeschäften zu ermöglichen. *Ernst von Freeden*, der die Wirtschaftsabteilung der deutschen Gesandtschaft leitete, teilte dem Volkswagenwerk am 29.7.1952 den Stand der Dinge mit:

> »Die deutsche Gesandtschaft konnte sich unter diesen Umständen vorbehaltlos hinter die Bestrebungen der Firma Lestido stellen und hat aktiv an den Verhandlungen teilgenommen. Wenn trotzdem bisher ein Erfolg versagt geblieben ist, so deswegen, weil, wie bereits gesagt, die Preisspanne zu gross war, aber auch weil die hiesigen Behörden sich zu keinem Entschluss durchringen können. Zusammenfassend kann gesagt werden, dass infolge der wirtschaftlichen Notlage des Landes eine Einfuhr von Personenkraftwagen nach den bisherigen Bestimmungen ausgeschlossen ist und die Einfuhr auf dem Wege der Kompensation gewisse Aussichten hat, jedoch infolge der behördlichen Schwierigkeiten sich bisher nicht verwirklichen liess. Ihre hiesige Vertretung, die Firma Julio César Lestido S.A., tat ihr möglichstes, um die bestehenden Schwierigkeiten zu überwinden. Die deutsche Gesandtschaft wird die Bestrebungen der Firma Lestido wie bisher unterstützen.«[11]

4.) Wie die gesamte Exportwirtschaft profitierte das Volkswagenwerk bis Ende 1955 von der steuerlichen Begünstigung der Ausfuhren, welche die Kapitalbildung der weltmarktorientierten Industrie förderte. Als absehbar war, daß die betreffenden steuerlichen Maßnahmen kaum eine Chance auf Verlängerung besaßen, wurde auch in Wolfsburg über Alternativen diskutiert, die eine finanzielle Kompensation für die Industrie hätten garantieren können.[12] Die Quellen enthalten aber keinen Hinweis darauf, daß das Volkswagenwerk in diesem Zusammenhang Aktivitäten entfaltet hätte, die über die Unterstützung eines BDI-Memorandums zu diesem Thema hinausgegangen wären.[13]

5.) In einigen Fällen tolerierte das Bundeswirtschaftsministerium wohlwollend Elemente einer »Nebenaußenwirtschaftspolitik« durch den VDA, dem auf diese Art und Weise die Möglichkeit eröffnet wurde, mit staatlicher Protektion bei fremden Regierungen die Auflockerung festgefahrener diplomatischer Konstellationen betreiben. Anfang 1961 beispielsweise reiste eine Delegation des VDA, an der sich auch das Volkswagenwerk in Person von Direktor *Till* beteiligte, zu einer »Good-will-Mission« nach Finnland, um bei der finnischen Regierung ein größeres Entgegenkommen in der Lizenzfrage zu erreichen sowie die Perspektiven intensivierter Warenexporte in die Bundesrepublik zu diskutieren. Das Bundeswirtschaftsministerium war mit der Initiative einverstanden und unterstützte sie durch eine konstruktive Zurückhaltung. *Dr. Gehrels,* der zuständige Sachbearbeiter, informierte Oberregierungsrat *Pollack* am 1. März des Jahres über den Stand der Angelegenheit und riet zu einer abwartenden Haltung:

»In der vorbezeichneten Angelegenheit habe ich mich an die Handelsvertretung der Republik Finnland in Köln gewandt. ... Ich glaube, man sollte im Augenblick nicht mehr unternehmen, sondern das Ergebnis des Besuches der Vertreter der deutschen Automobilindustrie in Finnland abwarten.«[14]

Alles in allem läßt sich also nicht bestreiten, daß die staatliche Außenwirtschaftspolitik die mikroökonomische Strategie des Volkswagenwerks beim Aufbau seiner Weltmarktposition flankierte, und damit einen wesentlichen Beitrag zum internationalen Erfolg des Unternehmens in den fünfziger Jahren leistete.

Der Dialog zwischen dem Volkswagenwerk und dem Staat lief über das Frankfurter, später das Düsseldorfer Büro unter Leitung von *Direktor Till,* der in ständigem Kontakt mit den zuständigen Fachreferaten des Bundeswirtschaftsministeriums und des Auswärtigen Amtes stand und – wenn nötig – auch bei den Spitzen der Bundesregierung vorstellig wurde. Dennoch gelang es dem Volkswagenwerk keineswegs, in allen wichtigen Fragen, die den Export betrafen, seine Interessen bei den Behörden durchzusetzen. Die diesbezüglichen Vorstöße gerieten immer wieder in einen Gegensatz zu konkurrierenden Bestrebungen anderer Firmen und Branchen oder zu den Prioritäten der staatlichen Politik. So erwies sich die Festsetzung komfortabler Einfuhrkontingente für *Holland* und *Schweden* deshalb als so kompliziert, weil die Regierungen dieser Länder ihre Zustimmung an Gegenforderungen banden, welche insbesondere die Interessen der deutschen Landwirtschaft tangierten. Die staatliche Genehmigung des Wolfsburger Brasilienprojekt ließ 1954 über Monate auf sich warten, weil man in Bonn nicht bereit war, den Volkswagenantrag getrennt von den Projekten anderer Unternehmen zu verhandeln. Die Vorstellungen des Volkswagenwerks in Bezug auf *Italien* blieben – sehr zum Ärger von *Nordhoff* – ein ganzes Jahrzehnt lang unberücksichtigt, weil sich die Bundesregierung aus Rücksicht auf übergeordnete Gesichtspunkte nicht dazu verstehen konnte, diplomatischen Druck auszuüben. Vor allem aber die *Zollpolitik* und die *Europapolitik* der Bundesregierung provozierten in den fünfziger Jahren nicht selten Opposition in den Reihen der Automobilindustrie. Zwar begrüßte die Branche im Prinzip den Bonner Freihandelskurs, mußte aber immer wieder die »bittere Pille« einseitiger bundesdeutscher Vorleistungen beim Abbau der Automobilzölle schlucken. Insbesondere *Heinrich Nordhoff* verteidigte demgegenüber das Prinzip strenger Gegenseitigkeit in der Frage von Zollsenkungen.

»In der Frage der Zollfestsetzung für Automobile wollen wir immer besonders den Standpunkt vertreten, daß wir bei jedem Land die gleichen Bedingungen einräumen wollen, die es uns selbst bewilligt. Ich bin deshalb nicht so sehr für generelle Proteste gegen Zollherabsetzungen für den Import nach Deutschland, sondern ich halte eine individuelle Behandlung für richtiger und wirksamer. Nach meiner Meinung ist das stärkste Argument, das man vorbringen kann, wenn man jedem sagen kann, daß wir ihm die gleichen Bedingungen einräumen, die er uns gibt. Damit sind auch alle weiteren Differenzierungen hinsichtlich Gewichtsklasse und dergleichen ein für allemal erledigt. Ich würde es auch dann für richtig halten, den Gesichtspunkt der Reziprokität zu vertreten, wenn wir damit alleinstehen.«[15]

Auch die *EWG-Gründung* verfolgte die deutsche Automobilindustrie – und Volkswagen machte hier keine Ausnahme – mit gemischten Gefühlen, standen doch negative Auswirkungen dieser Entwicklung auf wichtigen Exportmärkten der Branche zu befürchten, ohne daß ein Ausgleich innerhalb des Gemeinsamen Marktes *ex ante* sichergestellt gewesen wäre.

Schließlich war *Nordhoff* auch mit den von der Bundesregierung geschlossenen Handelsverträgen keineswegs immer einverstanden, sah er doch die deutschen Firmen gegenüber ihren ausländischen Konkurrenten im Nachteil:

>»Ich habe seit langem den Eindruck, dass die Interessen der deutschen Automobilindustrie beim Abschluß von Handelsverträgen entweder überhaupt nicht oder bei weitem nicht in der erforderlichen Weise vertreten werden. Ich habe schon früher, im Hinblick auf Schweden und Holland, mit den beteiligten Stellen im Bundeswirtschaftsministerium verhandelt und meiner Enttäuschung darüber Ausdruck gegeben, dass nach der Darstellung der ausländischen Partner von deutscher Seite unerwartet wenig geschah, um die Exportmöglichkeiten der deutschen Automobilindustrie auszunutzen und vertraglich festzulegen. Der Abschluß des Handelsvertrages mit Argentinien ist jetzt ein neues, trauriges Beispiel in dieser Reihe, insofern als Automobile überhaupt nicht vorgesehen sind, sondern nur in geringem Masse Fahrgestelle von Diesel-Lastwagen, dagegen unbegreiflicherweise 90.000 t Stahl und Eisen. ... Ich halte es ... für vollkommen sinnlos, wenn immer wieder auf die Notwendigkeit der Steigerung des Exportes verwiesen wird, wobei man ja sicher nicht nur die Quantitäten, sondern den wertmässigen Ertrag im Auge hat, während auf der anderen Seite bei der besten dafür gegebenen Gelegenheit, nämlich beim Abschluss von Handelsverträgen, dieser Gesichtspunkt nicht beachtet wird. Ich bin der Meinung, dass seitens des VDA beim Bundeswirtschaftsministerium in aller Form Beschwerde darüber geführt wird, dass die Interessen und Notwendigkeiten des deutschen Automobilexportes bei Handelsverträgen nicht ausreichend berücksichtigt werden und dass eine Änderung dieser Methode eine absolute Notwendigkeit ist. Ein Hinweis auf die überaus wirksame Unterstützung etwa der englischen und französischen Automobilindustrie bei solchen Gelegenheiten bestätigt nur die Notwendigkeit, dass bei uns die Methode grundlegend geändert werden muss.«[16]

Es überrascht vor diesem Hintergrund nicht, daß sich die Divergenzen zwischen *Nordhoff* und der Bundesregierung bisweilen zu einem handfesten Streit ausweiteten. Bereits 1950 mußte das *Außenhandelskontor Niedersachsen* in Person von Oberregierungsrat *Stünkel* vermittelnd eingreifen, um die Auseinandersetzung zwischen der Verwaltung für Wirtschaft und dem noch nicht lange amtierenden VW-Chef über Handelsvertragsfragen und die Behandlung alter Exportverträge der Automobilindustrie zu schlichten:

>»Die Verwaltung für Wirtschaft hat sich auf Grund von Pressenotizen veranlaßt gesehen, bei dem Außenhandelskontor anzufragen, ob die nachstehend wiedergegebene Pressemeldung in dieser Form richtig sei:
>
>„Das Volkswagenwerk bedauert besonders, daß außer einem gelegentlichen 'Schulterklopfen' nichts zu Förderung des Exports geschehe, sondern im Gegenteil Zusagen nicht gehalten, Verträge nicht respektiert und Verpflichtungen auch dann nicht eingelöst würden, wenn der Exporteur dadurch mit Millionenverlusten für seine Aus-

fuhrwilligkeit bestraft werde. Das sei in anderen Ländern wesentlich anders und müsse auch in der deutschen Bundesrepublik grundlegend geändert werden."

Obwohl ich persönlich über die Beweggründe im Bilde zu sein glaube, die Sie zu einer solchen Äußerung veranlaßt haben können – ich denke da an besonders an die seinerzeit so unbefriedigenden Handelsvertragsverhandlungen mit Schweden und an die plötzliche Einstellung der Bezahlung des Inlands-Stoppreises auf Grund alter Verträge – wäre ich Ihnen außerordentlich verbunden, wenn Sie diese Pressemeldung noch etwas kommentieren würden. Ich könnte mir sehr wohl denken, daß es im beiderseitigen Interesse wäre, wenn Sie bei dieser Gelegenheit an Hand der Tatsachen, die ja nicht zu verleugnen sind, Ihre Einstellung zu den angeschnittenen Fragen bekanntgeben würden.«[17]

Nordhoff akzeptierte diese Vermittlung, blieb aber in der Sache – und das heißt in seiner Kritik an der staatlichen Außenwirtschaftspolitik – hart. Ebenso wie in der Leitung des Unternehmens, dem er seit 1948 vorstand, hatte *Nordhoff* auch gegenüber den staatlichen Instanzen klar definierte Vorstellungen, und er scheute sich nicht, sie mit »harten Bandagen« zu vertreten. Dabei stieß er jedoch – wie nicht anders zu erwarten – in der Regel auf energischeren Widerstand als unternehmensintern. Folglich hatte er in den Verhandlungen mit den staatlichen Stellen nicht selten Abstriche an den von ihm für das Volkswagenwerk artikulierten Interessen hinzunehmen:

»Ich danke Ihnen sehr für Ihren Brief vom 16. d.Ms., und ich bedaure es ausserordentlich, wenn meine Bemerkungen über die wenig freundliche Behandlung des Exportes seitens der Bundesregierung dort böses Blut gemacht haben. Es liegt mir fern, irgend jemand dort zu attackieren, aber ich halte es auf der anderen Seite für eine der gar nicht angenehmen Verpflichtungen der leitenden Leute in der Wirtschaft, auf Schwierigkeiten hinzuweisen, die im Interesse der deutschen Gesamtwirtschaft aufgezeigt werden müssen. Ich bin der Meinung, dass solche Hinweise nicht mit Empfindlichkeit aufgenommen werden sollten, sondern als das, was sie allein sein sollen, nämlich Warnungssignale für die amtlichen Stellen. Ich halte die Behandlung der alten Exportverträge tatsächlich für ein Unrecht, und ich weiss, dass viele, die von der Behandlung dieses Vorganges viel weniger betroffen wurden als das Volkswagenwerk, ihre Konsequenzen daraus ziehen, was nicht zum Vorteil der deutschen Gesamtwirtschaft sein wird. Ich halte die Behandlung dieses ganzen Komplexes auch in der Form für sehr unzweckmäßig, und ich fürchte, dass der angerichtete psychologische Schaden unendlich viel grösser ist als der Betrag, um den der ganze Zank veranstaltet wird. Ich glaube, zu einer kritischen Bemerkung um so mehr berechtigt zu sein, als wohl wenig Industrieunternehmen völlig aus eigener Kraft und Initiative so energisch um ihre Exporterfolge kämpfen wie das Volkswagenwerk. ... Ich wäre Ihnen sehr zu Dank verpflichtet, wenn Sie das in Ihren Kräften Stehende tun könnten, die Atmosphäre zu beruhigen, um so mehr als bei den für den deutschen Aussenhandel massgeblichen Stellen von jeher eine merkwürdige Feindseligkeit mir gegenüber bestanden hat. Neben der Frage der alten Exportverträge habe ich auch solche Situationen im Auge gehabt wie etwa in Schweden, wo seit Monaten die Einfuhr englischer und französischer Automobile ungehindert erfolgt, während wir immer noch an Einfuhrlizenzen gebunden sind. Ich werde von schwedischer Seite immer wieder darauf hingewiesen, dass deutscherseits nicht immer mit dem nötigen Nachdruck auf paritätische Behandlung gedrungen wird, und ich wäre Ihnen sehr dankbar, wenn Sie diesen Fragenkomplex noch einmal anschneiden würden.«[18]

Zusammenfassung

Die Ergebnisse dieser Studie lassen sich zu vier Hauptthesen zusammenfassen:
1. *These:* Die fünfziger Jahre bildeten den Auftakt zur *fordistischen* Entwicklungs-etappe des westdeutschen Kapitalismus. Der fordistische Zyklus begann mit ei-nem spektakulären Aufschwung – dem »Wirtschaftswunder« – und erreichte in den frühen sechziger Jahren seinen oberen Wendepunkt. Das »Wirtschaftswun-der« fand seinen Ausdruck in ungewöhnlich hohen Wachstumsraten des Sozial-produkts, die auf allen Ebenen der sozialen Pyramide den materiellen Wohlstand steigerten und die soziale Sicherheit erhöhten.
2. *These:* Die Suche nach den Ursachen der Nachkriegsprosperität kann sich nicht auf die Ebene des Nationalstaats beschränken, sondern muß auch internationale Faktoren berücksichtigen. »Wirtschaftswunder« ereigneten sich nach dem Zwei-ten Weltkrieg in mehreren westeuropäischen Staaten, wobei das Wachstum des Sozialprodukts zumeist von dem der Exporte in den Schatten gestellt wurde. Dies galt auch für Westdeutschland. Die Länder, deren internationale Verflechtung sich am stärksten intensivierte, erzielten auch die höchsten Wachstumsraten der Produktion. Der Aufschwung des Welthandels nach 1945 resultierte vor allem aus der vertieften Integration der Industriestaaten untereinander und wurde in erster Linie von einigen Schlüsselindustrien getragen, unter denen dem Maschi-nenbau und der *Automobilindustrie* eine herausragende Bedeutung zukam. Im westdeutschen Fall wuchs der Anteil der Kraft- und Luftfahrzeuge an den Ex-porten bis 1965 auf 14,4% – nachdem er 1936 lediglich 2,6% betragen hatte.
Die nach dem Zweiten Weltkrieg erfolgte Rekonstruktion des Weltmarkts in der Form *der »pax americana«* trug aus vier Gründen maßgeblich dazu bei, die Wachstumskräfte der westdeutschen Wirtschaft zu entfesseln.
a) Der Weltmarkt ergänzte die Aufnahmefähigkeit des Binnenmarkts für die Waren aus bundesdeutscher Produktion. Von besonderer Bedeutung war dieser Aspekt für die Leitsektoren des Wachstums. 1959 betrugen die westdeutschen Exporte wertmäßig 16% des Bruttosozialprodukts. Im gleichen Jahr exportierte die Automobilindustrie 50,4% ihres Outputs, und der entsprechende Wert für das Volkswagenwerk lag gar bei 58%.
b) Die westdeutschen Unternehmen versorgten sich auf dem Weltmarkt mit Rohstoffen, Zwischengütern, Spezialmaschinen, Know How und billiger Ener-gie.
c) Die Modalitäten der Weltmarktrekonstruktion vermittelten dem Welthandel einen Liberalisierungsschub, der die Konkurrenz auf den internationalen Märk-ten intensivierte. Diese Konstellation setzte die Unternehmen unter einen star-ken Modernisierungsdruck, dem sie durch umfangreiche Investitionen entspre-chen mußten.

d) Die Institutionen, Medien und Regeln der »pax americana« stabilisierten die Rahmenbedingungen für die international operierenden Konzerne. Besonders wichtig war dabei die Funktionsweise des Weltwährungssystems von Bretton Woods.

Trotz allem ist das westdeutsche »Wirtschaftswunder« keineswegs umstandslos aus der Weltmarktentwicklung ableitbar. Seine Entstehung muß vielmehr aus der Überlagerung dreier Logiken erklärt werden: der Weltmarktlogik, der Logik politischer Regulation im Rahmen des Nationalstaats und der Logik mikroökonomischer Strategien.

3. *These:* Herkömmliche ökonomische Modelle, die dem Marginalismus verhaftet bleiben, eignen sich wenig, um diese analytische Aufgabe zu bewältigen. Exemplarisch ist dies in Kapitel 1 anhand der Ansätze *Kindlebergers* und *Vernons* demonstriert worden. Zwar gelingt es diesen Autoren, die *Eigendynamik* des beschleunigten Wachstums plausibel zu machen. Zum *Ursprung* der westeuropäischen »Wirtschaftswunder« dringen sie aber nicht vor, da ihre theoretischen Kategorien letztlich im reversiblen Zeit- und Raumverständis der vorrelativistischen Physik wurzeln und daher keinen Zugriff auf das *historisch Besondere* erlauben.

Diese Studie greift für die Verknüpfung der gesamtwirtschaftlichen Entwicklung mit der mikroökonomischen Ebene *regulationstheoretische* Anregungen auf. Die hohen westeuropäischen Wachstumsraten der fünfziger und frühen sechziger Jahre werden mit der *technologischen Entwicklung* und den Formen ihrer *gesellschaftlichen Einbettung* in Verbindung gebracht. Die *Verbreitung der fordistischen Massenproduktion* über die Grenzen der USA hinaus erscheint als der Prozeß, der die Nachkriegsprosperität hervorbrachte. Die Technologiewahl der Unternehmen ihrerseits läßt sich nicht erschöpfend auf den Stand der relativen »Faktorpreise« zurückführen. Logische und empirische Gründe legen die Vermutung nahe, daß zur Erklärung der technologischen Dynamik auch die Entwicklung der *betrieblichen Arbeitsbeziehungen* herangezogen werden muß. Die fordistische Massenproduktion hob die *Subsumtion der Arbeit unter das Kapital* auf eine qualitativ neue Stufe, indem sie die Kontrolle des Managements über die Arbeitsabläufe perfektionierte und die Tätigkeit der in der Produktion eingesetzten Arbeiter in der Tendenz auf die monotone Wiederholung einfacher Verrichtungen reduzierte.

4. *These*: Die industrielle Massenproduktion fand in Westdeutschland nach dem Zweiten Weltkrieg keine flächendeckende Anwendung. Ihre Verbreitung blieb vielmehr zunächst auf einzelne Branchen beschränkt. Aber gerade der fordistische Sektor der Industrie beeinflußte in der Bundesrepublik entscheidend den Rhythmus und die Richtung der ökonomischen Entwicklung. Die fordistische Branche par excellence war während der fünfziger Jahre die *Automobilindustrie*, deren Wachstumsraten weit über dem gesamtwirtschaftlichen Durchschnitt lagen. *Erstens* erzeugte ihr Akkumulationsprozeß Akzelerator- und Multiplikator-

effekte, in deren Wirkungsketten weite Teile der bundesdeutschen Industrie einbezogen wurden. Auf dieser Grundlage konnte sie als »Konjunkturlokomotive« in Erscheinung treten. *Zweitens* setzte die Automobilindustrie ihre Zulieferer unter einen starken Rationalisierungsdruck, der die sektorale Verbreitung der fordistischen Technologie beschleunigte. *Drittens* fungierte die Automobilbranche als Schrittmacher bei der Verallgemeinerung des *fordistischen Lohnkompromisses,* der die Reallohnsteigerungen an die Produktivitätszuwächse band und damit eine harmonische Entwicklung von Angebot und Nachfrage ermöglichte. *Viertens* bestimmte die »Automobilmachung« der Bundesrepublik maßgeblich die Entwicklung ihrer Infrastruktur. *Fünftens* spielte die Automobilindustrie eine zentrale Rolle bei der Weltmarktintegration des Landes. Ihr Anteil an den westdeutschen Exporten stieg kontinuierlich. Vor allem aber leistete sie einen entscheidenden Beitrag zu den beeindruckenden Überschüssen der westdeutschen Zahlungsbilanz, wobei sich das Volkswagenwerk besonders hervortat.

Auf der *Mikroebene* nimmt die Überlagerung zwischen den unternehmerischen Strategien, der staatlichen Wirtschaftspolitik und der Weltmarktdynamik konkrete Züge an. Sie wurde im zweiten Teil dieses Buchs im Rahmen einer Fallstudie exemplarisch nachvollzogen. Wegen der gesamtwirtschaftlichen Schlüsselrolle der Automobilindustrie und der Struktur dieser Branche lag es nahe, sich dabei auf das *Volkswagenwerk* zu konzentrieren.

Der größte westdeutsche Automobilkonzern lag zu Beginn der fünfziger Jahre im Bereich der Produktivität deutlich hinter der internationalen Konkurrenz – namentlich aus den USA – zurück. Zum Teil resultierte dieser Rückstand aus einem technisch veralteten Maschinenpark. Hinzu kam jedoch der *Gegensatz von Kapital und Arbeit* auf Betriebsebene. Das Management kontrollierte die Produktionsabläufe nicht hinreichend, um alle Effektivitätsreserven der Belegschaft zu mobilisieren. *Heinrich Nordhoff* monierte dies immer wieder und konstatierte 1953, die Vorgesetzten hätten »den natürlichen Kampf um die Autorität weitgehend verloren«. Er drängte zum Handeln, bevor es zu spät sei. Die technologische Unternehmensreform des Volkswagenwerks setzte seit 1954 konsequent auf die fordistische Massenproduktion. Die forcierte Automatisierung lief auf den verstärkten Einsatz moderner Spezialmaschinen und die Koppelung der einzelnen Produktionsschritte durch Fertigungsstraßen hinaus. Sie verschob die Gewichte im Kampf um die Kontrolle des Arbeitsprozesses zugunsten des Managements und sorgte für einen kräftigen Anstieg der Produktivität, der die internationale Konkurrenzfähigkeit des Volkswagenwerks sicherstellte.

Die technologische Reform war der bestimmende Faktor für die weitere Entwicklung des Volkswagenwerks während der fünfziger und frühen sechziger Jahre. Bei ihrer Durchführung stützte sich das Management entscheidend auf den Import von »Know How« und Maschinen aus den USA. Zugleich wurden jedoch die amerikanischen Konzepte an das westdeutsche Umfeld angepaßt. Ein spezifisches Profil gewann das Volkswagenwerk dabei vor allem durch die *Beschränkung seiner Produktpalette* und die *Gestaltung der betrieblichen Sozialpolitik.* Die Beschränkung der Produktpalette auf den »Käfer« und seine Varianten ermöglichte die Ausschöpfung der in der Automatisierung angelegten »economies of scale, scope and speed«. Insbesondere *Heinrich Nordhoff* hatte erkannt, daß der europäische Kontext der fünfziger Jahre dem Volkswagenwerk keinen Spielraum für eine größere Typenvielfalt ließ. Um nicht die Fehler *Henry Fords* mit dem »Modell T« zu wiederholen, betrieb er unablässig die technische Perfektionierung des »Käfers«, an dem über die Jahre nicht viel mehr als seine äußere Erscheinung unverändert blieb. Damit gelang es dem Volkswagenwerk, sein »Flaggschiff« auch unter dem Aspekt der Qualität jederzeit konkurrenzfähig zu halten. Erst Mitte der sechziger Jahre stieß diese Strategie unter völlig veränderten Marktbedingungen an ihre Grenzen.

Die aufwendige betriebliche Sozialpolitik war allem Anschein nach – der Monotonie der Fließfertigung zum Trotz – die Grundlage für die Herausbildung harmonischer Arbeitsbeziehungen. Die Lohnpolitik im Volkswagenwerk war ausdrücklich dem *fordistischen Lohnkompromiß* verpflichtet, und der Umfang seiner freiwilligen Sozialleistungen erreichte zwischen 1950 und 1962 nahezu die gleiche finanzielle Höhe wie der bilanzmäßig ausgewiesene Reingewinn. Der Weltmarkterfolg des Konzerns und die betriebliche Sozialpolitik erscheinen als interdependente Faktoren. Der Weltmarkterfolg brachte die finanziellen Mittel für eine hochentwickelte betriebliche Sozialpolitik, welche umgekehrt die internationale Konkurrenzfähigkeit des Unternehmens durch eine hohe Motivation der Belegschaft stärkte. Erst als gegen Ende der fünfziger Jahre der Arbeitsmarkt in der Bundesrepublik immer mehr unter Spannung geriet, wurden die Arbeitskonflikte im Volkswagenwerk – vor allem unter der neu rekrutierten Randbelegschaft – häufiger und schärfer.

Schon zu Beginn der fünfziger Jahre wurde deutlich, daß eine erfolgreich betriebene Massenfertigung von Automobilen entsprechender Rahmenbedingungen bedurfte. Bis 1952 blieb die *Materialversorgung* eine ausgesprochene »Achillesferse« des Volkswagenwerks. 1951 zwang der Mangel an Blechen sogar zu einem vorübergehenden Stillstand der Produktion. In der Folgezeit jedoch ließen sich die Schwierigkeiten bei der Materialversorgung überwinden. Spezialmaschinen, Magnesium, Aluminium, Qualitätsbleche, Kohle und Öl waren von nun an problemlos auf dem Weltmarkt zu beziehen. Darüber hinaus gelang es dem Volkswagenwerk, durch die Systematisierung der Beziehungen zu seinen Lieferanten, seine Einkaufspreise nicht selten unter das Marktpreisniveau zu drücken.

Vor allem aber hing der Erfolg der fordistischen Massenfertigung unter den europäischen Bedingungen der Nachkriegszeit vom Zugang zu einem *globalen Absatzmarkt* ab. Zwischen 1950 und 1962 stieg der Exportanteil an der Inlandsproduktion des Volkswagenwerks von 32,6% auf 56,4%. Belieferte das Unternehmen 1950 erst 18 Auslandsmärkte, so war ihre Zahl bis 1962 auf 155 gestiegen. Als wichtigster auswärtiger Markt des Unternehmens hatte sich im Laufe der Zeit der US-Markt etabliert. Er allein nahm 1962 rund 37% der Exporte aus Wolfsburg auf – gegenüber nur rund 1% in 1950.

Fragt man sich nach den Gründen des Erfolgs, den der »Käfer« auf den internationalen Märkten erzielte und der ihn im Ausland zum Symbol des westdeutschen »Wirtschaftswunders« werden ließ, so stößt man auf *vier* Faktoren, die auf der *Unternehmensebene* angesiedelt sind. *Erstens* garantierte die forcierte Automatisierung seit 1954 die preisliche Konkurrenzfähigkeit des Volkswagenwerks. *Zweitens* verbürgte die sprichwörtliche Zuverlässigkeit des »Käfers« seine Konkurrenzfähigkeit auch von der Qualität her. *Drittens* flankierte das Volkswagenwerk seine Exporte durch den Aufbau eines gut funktionierenden Verkaufs- und Servicenetzes mit weltweitem Zuschnitt. *Viertens* verstand es das Management des Unternehmens, sich geschickt – wenn auch beileibe nicht immer problemlos – auf die wechselnden Bedingungen einzustellen, die auf den diversen Auslandsmärkten herrschten. Politisches »Bargaining« spielte dabei häufig eine entscheidende Rolle. Zwar unterliefen *Heinrich Nordhoff,* der letztlich über die Weltmarktstrategie des Volkswagenwerks entschied, bei der Beurteilung einzelner Märkte schwerwiegende Fehler. Der Rückzug aus Japan ist ein Beispiel dafür. In anderen Fällen verfing sich die »Unternehmensdiplomatie« immer wieder im Netz konkurrierender Interessen. So dauerte es beispielsweise länger als 10 Jahre, bevor das Volkswagenwerk endlich den erhofften Zugang zum italienischen Markt erhielt. Auf den wichtigsten Märkten aber gelang es über kurz oder lang, die politischen und juristischen Hindernisse für einen rentablen Absatz aus dem Wege zu räumen. In diesem Zusammenhang läßt sich ebenso auf die Liberalisierung der Exporte nach Schweden und in die Niederlande verweisen wie auf die bedrohliche Situation, die Anfang der sechziger Jahre durch die gegen *Volkswagen of America* anhängigen Prozesse in den USA heraufbeschworen worden war. Die »Unternehmensdiplomatie« des Volkswagenwerks wurde unterstützt durch die Außenwirtschaftspolitik der Bundesregierung. Mit der Integration Westdeutschlands in die »pax americana« schuf sie einen Rahmen für das internationale Engagement der deutschen Unternehmen, der sich gerade für die *fordistische Form der Akkumulation* eignete. Nur bei gesichertem Zugang zum Weltmarkt *unter berechenbaren Umständen* ließ sich eine optimale Kapazitätsauslastung sicherstellen, ohne welche die Massenproduktion angesichts ihrer Fixkostenintensität nicht rentabel betrieben werden konnte.

Auch bei konkreten Problemen auf einzelnen Märkten konnte das Volkswagenwerk häufig auf staatliche Hilfe rechnen – aber nur, sofern nicht bestimmte politische Ziele oder konkurrierende privatwirtschaftliche Interessen Vorrang besaßen. Die Autonomie der staatlichen Instanzen gegenüber der Automobilindustrie – und insbesondere gegenüber dem Volkswagenwerk – blieb jederzeit erhalten. Wie etwa im Falle der Bonner Europapolitik fanden die Interessen dieser Branche nur dann Eingang in die staatliche Politik, wenn sie nicht mit übergeordneten Prioritäten kollidierten. Umgekehrt war die Unternehmenspolitik des Volkswagenwerks *faktisch* einem rein privatwirtschaftlichen Kalkül verhaftet. Die Festlegung ihrer Grundlinien blieb ausschließlich dem Management um *Nordhoff* vorbehalten.

Schließlich wurde der internationale Erfolg des Volkswagen-Konzerns auch vom »Timing« der Weltmarktrekonstruktion begünstigt. Akute oder chronische Devisenknappheit zwang während der Nachkriegszeit viele Länder dazu, ihre »nicht essentiellen« Dollarimporte einzuschränken. Häufig war von solchen Maßnahmen auch der Automobilimport aus den USA betroffen. So mußte sich das Volkswagenwerk auf vielen Märkten kaum mit der amerikanischen Konkurrenz auseinandersetzen, die von ihrem technologischen Niveau her ein hartnäckiger – wenn nicht überlegener – Widersacher hätte sein können. Verstärkt wurde dieser Effekt durch die Binnenmarktorientierung der amerikanischen Automobilindustrie und ihre Fixierung auf Fahrzeugtypen, die lange Zeit keine direkte Konkurrenz für den »Käfer« darstellten. Erst spät starteten die US-Firmen auf dem »eigenen« Markt mit den »compact cars« eine Offensive, durch welche die europäischen Importmarken in die Defensive gerieten. *Volkswagen of America* indes bestand diese Herausforderung erstaunlich unbeeindruckt.

Die globale Absatzstrategie des Volkswagenwerks basierte grundsätzlich auf einem Netz von selbständigen Generalimporteuren und Händlern, das von Wolfsburg aus beliefert wurde. Den einzelnen Gliedern dieser Kette wurden relativ eng definierte Verfahrensregeln vorgegeben. Modifikationen dieser Strategie wurden erstens in einigen Staaten des Weltmarktrandes notwendig. In *Brasilien, Südafrika* und *Australien* sah sich das Volkswagenwerk wegen des Bemühens der Regierungen um eine importsubstituierende Industrialisierung dazu gezwungen, im Lande selbst die Fertigung von Automobilen aufzunehmen. Tochtergesellschaften gründete das Volkswagenwerk aber auch auf einigen besonders komplizierten Märkten, um in Eigenregie die schwierige Aufgabe ihrer Erschließung in Angriff zu nehmen. Bis 1962 wurden unter diesem Aspekt die »Töchter« in *Kanada,* den *USA* und *Frankreich* ins Leben gerufen. In diesen Fällen handelte es sich um reine Handelsunternehmen.

Anmerkungen

Einleitung: Methodisches zu einer Geschichte des westdeutschen »Wirtschaftswunders«

1 Vgl. W. Glastetter/R. Paulert/U. Spörel, *Die wirtschaftliche Entwicklung in der Bundes-republik Deutschland 1950-1980. Befunde, Aspekte, Hintergründe,* Frankfurt 1983 2, S.109.

2 Vgl. Tabelle 1.1.

3 Zu demselben Urteil gelangt Steven Tolliday in seinem Aufsatz über das Volkswagen-werk. (St. Tolliday, *Rethinking the German Miracle: Volkswagen in Posperity and Crisis, 1939-1992,* Harvard 1991 (unveröffentlichtes Manuskript), S. 1.) Insbesondere fehlen bislang Studien, die das »Wirtschaftswunder« systematisch mit der Nachkriegsgeschichte der Automobilindustrie verknüpfen. Dessen ungeachtet existieren zur historischen Ent-wicklung der Automobilbranche in Deutschland detailreiche Monographien und Aufsätze, die unterschiedliche Fragestellungen verfolgen. Der interessierte Leser findet im Literaturverzeichnis dieses Buches eine Auswahl der wichtigsten Titel.

4 Ch. Buchheim, *Die Wiedereingliederung Deutschlands in die Weltwirtschaft 1945-1958,* München 1990, Kapitel 2; ders., Die *Währungsreform 1948 in Westdeutschland,* in: Vierteljahreshefte für Zeitgeschichte 36/1988, S. 189-231; ders., *Der Ausgangspunkt des westdeutschen Wirtschaftswunders,* in: Ifo-Studien 34, München 1988, S. 69-77; ders., *Zur Kontroverse über den Stellenwert der Währungsreform für die Wachstumsdynamik in der Bundesrepublik Deutschland,* in: P. Hampe (Hg.), Währungsreform und Soziale Marktwirtschaft, München 1989, S. 86-100.

5 K. Borchardt/Ch. Buchheim, *Die Wirkung der Marshallplan-Hilfe in Schlüsselbranchen der deutschen Wirtschaft,* in: H.-J. Schröder, Marshallplan und westdeutscher Wieder-aufstieg, Stuttgart 1990, S. 119-347.

6 Buchheim, *Die Wiedereingliederung Deutschlands in die Weltwirtschaft.*

7 M. Olson, *Aufstieg und Niedergang von Nationen. Ökonomisches Wachstum, Stagflation und soziale Starrheit,* Tübingen 1991 2, vor allem S. 99ff.

8 Vgl. W. Abelshauser, *Wirtschaft in Westdeutschland 1945-1948. Rekonstruktion und Wachstumsbedingungen in der amerikanischen und britischen Zone,* Stuttgart 1975. Abelshausers Position wurde mehrfach heftig kritisiert. Vgl. beispielsweise A. Ritschl, *Die Währungsreform von 1948 und der Wiederaufstieg der westdeutschen Industrie,* in: Vierteljahreshefte für Zeitgeschichte 33/1985, S. 136-165 und B. Klemm/G. J. Trittel, *Vor dem »Wirtschaftswunder«. Durchbruch zum Wachstum oder Lähmungskrise?,* in: VfZ 35/1987, S. 571-624.

9 Vgl. Abelshauser, *Wirtschaft in Westdeutschland,* S. 23ff; ders. *Wirtschaftsgeschichte der Bundesrepublik Deutschland (1945-1980),* Frankfurt 1983, S. 94ff.

10 F. Jánossy/ M. Hollo, *Das Ende der Wirtschaftswunder. Erscheinung und Wesen der wirtschaftlichen Entwicklung,* Frankfurt 1969, S. 104.

11 Die »Allgemeine Gleichgewichtstheorie« geht auf Léon Walras zurück. Walras konnte jedoch die Existenz eines Gleichgewichts nur für das Modell einer reinen Tauschwirtschaft demonstrieren. (Vgl. F. Petri, *The Difference between Long-Period and Short-Period General Equilibrium and the Capital Theory Controversy,* Autralian Economic Papers, Bd. 17, S. 246-260.) Erst in den fünfziger Jahren gelang Gérard Debreu der Nachweis, daß unter *speziellen Voraussetzungen* die simultane Räumung eines Systems inter-dependenter Märkte denkbar ist, wenn im Modell nicht nur Tauschakte, sondern auch Produktionsprozesse berücksichtigt werden. (Vgl. K. J. Arrow /G. Debreu, *Existence of an Equilibrium for a Competitive Economy,* in: Econometrica 22, S. 265-290 (1954.); G. Debreu, Werttheorie. *Eine axiomatische Analyse des allgemeinen Gleichgewichtes,* Heidelberg 1976.

12 Vgl. beispielsweise E. Feess-Dörr, *Mikroökonomie,* Marburg 1992, S. 176ff u. S. 315ff. Abelshauser selbst weist auf die Nähe Jánossys zur Neoklassik hin. (*Wirtschaft in Westdeutschland,* S. 28, Anm. 48). Obwohl er eine kritische Distanz zur Neoklassik hält, liefert er keine alternative Begründung dafür, daß seine Interpretation der Nachkriegsprosperität auf der Idee eines langfristigen Wachstumsgleichgewichts aufbaut.

13 Vgl. R. M. Solow, *Wachstumstheorie. Darstellung und Anwendung,* Göttingen 1971; F. H. Hahn u. R. C. O. Matthews, *The Theory of Economic Growth. A Survey,* in: Economical Journal, Bd. 74/1964, S. 779-902. Vgl. auch H. Majer, *Wirtschaftswachstum. Paradigmenwechsel vom quantitativen zum qualitativen Wachstum,* München 1992, S. 23ff. Die neoklassische Wachstumstheorie kennt ausschließlich einen produktionstechnischen Fortschritt, der dadurch definiert ist, daß eine gegebene Menge Output mit einem verringerten Faktoreinsatz hergestellt werden kann. (Siehe Majer, a.a.O., S. 57.) Die Existenz eines »natürlichen« Gleichgewichtspfades ist von den im Modell verwendeten Produktionsfunktionen und von der Art des unterstellten technischen Fortschritts abhängig. Nur der arbeitsparende Harrod-neutrale Fortschritt erlaubt geichgewichtiges Wachstum. (Ebd., S. 63ff.) Werden die substitionalen Produktionsfunktionen der neoklassischen Modelle im Einklang mit der postkeynesianischen Theorie durch limitationale Produktionsfunktionen ersetzt, lassen sich zwar immer noch logische Bedingungen für ein gleichgewichtiges Wachstum formulieren. Dem resultierenden Wachstumspfad fehlt aber die Stabilität. Er kann daher nicht herangezogen werden, um einen »Normalzustand« des Systems zu charakterisieren. (Vgl. etwa G. Bombach, *Wirtschaftswachstum,* in: HdSW, Göttingen 1965, S. 763ff; J. Kromphardt, *Wachstumstheorie III: postkeynesianische,* in: Handwörterbuch der Wirtschaftswissenschaften, Bd. 8, Stuttgart, New York 1980.)

14 Als theoretische Folie für diese Studie eignet sich die »Allgemeine Gleichgewichtstheorie« schon deshalb nicht, weil sie sich auf die Diskussion »konvexer Strukturen« beschränkt. Dies bedeutet, daß den im Modell berücksichtigten Firmen nicht die Möglichkeit eingeräumt wird, durch geeignete Investitionsentscheidungen steigende Skalenerträge zu erzielen. (Vgl. Arrow/Debreu, *Existence of an Equilibrium,* S. 62.) Damit wird industrielle Massenproduktion faktisch in den Voraussetzungen ausgeschlossen, denn die Entscheidung eines Unternehmens für die Massenerzeugung basiert gerade auf der Erwartung steigender Skalenerträge.

15 Kapitel 2 wird den Begriff der »fordistischen Massenproduktion« weiter schärfen.

16 Buchheim, *Die Wiedereingliederung Deutschlands in die Weltwirtschaft 1945-1958.*

17 Olson, *Aufstieg und Niedergang von Nationen.*

18 Diese Produktionsfunktionen sind homogen vom Grade 1, so daß jede der zugehörigen Isoquanten die radiale Projektion aller anderen ist.

19 Vgl. beispielsweise E. Schneider, *Theorie der Produktion,* Wien 1934. Wesentlich zögerlicher mit der Formulierung eines so eindeutigen Zusammenhangs zwischen Lohnsatz und Kapitalintensität blieb Knut Wicksell. (Vgl. K. Wicksell, *A Mathematical Analysis of Dr. Äckerman's Problem,* in: ders. Lectures on Political Economy, Bd. 1, London 1934, S. 274-299.)

20 Unter Wirtschaftshistorikern galt die Idee, daß eine steigende Kapitalintensität auf die Entwicklung der relativen Faktorpreise zurückzuführen sei, seit Habakkuks bekannter Arbeit für lange Zeit als gesichertes Wissen. (Vgl. H. J. Habakkuk, *American and British Technology in the Nineteenth Century,* Cambridge 1962.)

21 P. Sraffa, *Production of Comodities by Means of Comodities. Prelude to a Critique of Economic Theory,* Cambridge 1960. Vgl. zur sogenannten »Cambridge-Controverse« über die Kapitaltheorie, die in den sechziger Jahren entbrannte, L. Pasinetti, *Vorlesungen zur Theorie der Produktion,* Marburg 1988, besonders Kapitel 6; siehe auch P. Garegnani, *Switching of Techniques,* in: The Quarterly Jounal of Economics 1966,

S. 554-567; ders., *Heterogeneous Capital, the Production Function and the Theory of Distribution,* in: The Review of Economic Studies, Bd. 38/1970, S. 156-191; ders., *Kapital, Einkommensverteilung und effektive Nachfrage. Beiträge zur Renaissance des klassischen Ansatzes in der Politischen Ökonomie,* Marburg 1989, S. 75ff; D. Levhari, *A Nonsubstitution Theorem and Switching of Techniques,* in: The Quarterly Journal of Economics, Bd. 79/1965, S.98-105; ders./P. Samuelson, *The Nonswitching Theorem is false,* in: The Quarterly Journal of Economics, Bd. 80/1966, S. 518-519; R. M. Solow, *Capital Theory and the Rate of Return,* Amsterdam 1963; L. Spaventa, Rate of Profit, *Rate of Growth and Capital Intensity in a Simple Production Model,* in: Oxford Economic Papers, Neue Serie, Bd. 22/1970, S. 129-147; H. Hagemann, *Rate of Return und Profitrate. Eine kapitaltheoretische Kontroverse zwischen Neoklassikern und Postkeynesianern im Rahmen der Cambridge-Debatte,* Meisenheim1977. Diesen Arbeiten sind problemlos vertiefende Literaturhinweise entnehmen.

22 Vgl. H. Braverman, *Die Arbeit im modernen Produktionsprozeß,* Frankfurt 1977; P. Thompson, *The Nature of Work. An Introduction to Debates on the Labour Process,* Houndmills 1989; S. Wood (Hg.), *The Degradation of Work? Skill, Deskilling and the Labour Process,* London 1983; A. Friedman, *Industry and Labour. Class Struggle at Work and Monopoly Capitalism,* London 1977; M. Burawoy, *The Politics of Production,* London 1990.

23 Vgl. W. Lazonick, *Competitive Advantage on the Shop Floor,* Cambridge (Mass.) 1990.

24 Das »Gleichgewicht« bleibt auch dann die fundamentale logische Kategorie der neoklassischen Analyse, wenn seine Stabilität nicht unterstellt wird. Das ökonomische System befindet sich entweder im Gleichgewicht oder im Ungleichgewicht. Tertium non datur! (Vgl. C. J. Bliss, *Capital Theory and the Distribution of Income,* Amsterdam 1975, S. 15ff.)

25 Vgl. hierzu vor allem Ph. Mirowski, *More Heat than Light. Economics as Social Physics, Physics as Nature's Economics,* Cambridge 1989.

26 Vgl. Ebd.; J. Robinson, *The Production Function and the Theory of Capital,* in: The Review of Economic Studies, Bd. XXI/1953; H. P. Minsky, *The Financial-Instability Hypothesis: Capitalist Processes and the Behaviour of the Economy,* in: Ch. P. Kindleberger/J.-P. Laffarge (Hg.), Financial Crises – Theory, History and Policy, Cambridge 1982, S. 13-39; ders., *Stabilizing an Unstable Economy,* New Haven 1986; ders., John Maynard Keynes. *Finanzierungsprozesse, Investition und Instabilität des Kapitalismus,* Marburg 1990; N. Georgescu-Roegen, *The Entropy Law and the Economic Process,* Cambridge (Mass.) 1971; E. Altvater, *Die Zukunft des Marktes. Ein Essay über die Regulation von Geld und Natur nach dem Scheitern des »real existierenden Sozialismus«,* Münster 1992², vor allem S. 102ff u. S. 237ff. Diese Arbeiten diskutieren unterschiedliche Aspekte des Zeit-Raumproblems in der ökonomischen Theorie.

27 Vgl. L. Robbins, *The Nature of Economic Generalizations. An Essay on the Nature and Significance of Economic Science,* London 1935.

28 Literaturverweise zur Regulationstheorie finden sich in Kapitel 2.

29 Vgl. J. Chan-Lee/H. Sutch, *Profits and Rate of Return in OECD-Countries. OECD Working Papers,* Paris 1985.

30 M. J. Piore/Charles F. Sabel, *Das Ende der Massenproduktion. Studie über die Requalifizierung der Arbeit und die Rückkehr der Ökonomie in die Gesellschaft,* Frankfurt 1989.

31 Für die DDR entwickeln Voßkamp und Wittke die These, daß eine exzessive fordistische Industrialisierung die Flexibilität der Volkswirtschaft eingeschränkt habe. (U. Voßkamp/V. Wittke, *Fordismus in einem Land – Das Produktionsmodell der DDR,* in: Sozialwissenschaftliche Informationen 3/1990, S. 170-180.)

32 Die Wurzeln einer amerikanisch inspirierten Massenproduktion in Deutschland lassen sich noch weiter zurückverfolgen. (Vgl. H. Homburg, *Anfänge des Taylorsystems in Deutschland vor dem 1. Weltkrieg. Eine Problemskizze unter besonderer Berücksichtigung der Arbeitskämpfe bei Bosch 1913*, in: Geschichte und Gesellschaft, 4/1978, S. 170-194.) Eine zeitgenössische Analyse der Rationalisierungsbewegung in den zwanziger und dreißiger Jahren liefert R. A. Brady, *The Rationalization Movement in German Industry. A Study in the Evolution of Economic Planning*, New York 1974 (1933).

33 Vgl. beispielsweise H. Homburg, *Rationalisierung und Industriearbeit. Arbeitsmarkt-Management-Arbeiterschaft im Siemens-Konzern Berlin 1900-1939*, Berlin 1991.

34 Auf diesen Umstand wies bereits Alfred Sohn-Rethel hin. (*Industrie und Nationalsozialismus. Aufzeichnungen aus dem »Mitteleuropäischen Wirtschaftstag«*, Berlin 1992.) Vgl. auch Th. von Freyberg, *Industrielle Rationalisierung in der Weimarer Republik. Untersucht an Beispielen aus dem Maschinenbau und der Elektroindustrie*, Frankfurt 1989; ders. u. T. Siegel, *Industrielle Rationalisierung unter dem Nationalsozialismus*, Frankfurt 1991.

35 Vgl. H. Edelmann, *Vom Luxusgut zum Gebrauchsgegenstand. Die Geschichte der Verbreitung von Personenkraftwagen in Deutschland*, Frankfurt 1989; vgl. auch F. Blaich, *Die »Fehlrationalisierung« in der deutschen Automobilindustrie 1924 bis 1929*, in: Tradition 18/1973, S. 18-34.

36 Vgl. zu den Spezifika der »pax americana« R. Keohane/J. Nye, *Power and Interdependence. World Politics in Transition*, Boston 1977; R. Keohane, *After Hegemony. Cooperation and Discord in the World Political Economy*, Princeton 1984; R. Gilpin, *The Political Economy of International Relations*, Princeton 1987; Ch. P. Kindleberger, *The International Economic Order. Essays on Financial Crises and International Public Goods*, New York 1988; S. Strange, *Casino Capitalism*, Oxford 1986; dies,. *States and Markets – An Introduction to International Political Economy*, London 1988; D. Calleo, *The Imperious Economy*, Cambridge (Mass.) 1982; D. Krasner, *Oil is the Exception*, in: Foreign Policy 14/1974, S. 68-84.

37 Vgl. V. Schröter, *Die deutsche Industrie auf dem Weltmarkt 1929 bis 1933. Außenwirtschaftliche Strategien unter dem Druck der Weltwirtschaftskrise*, Frankfurt 1984.

38 Heinrich Nordhoff leitete das Volkswagenwerk von 1948 bis 1968.

Kapitel 1: Die westeuropäischen »Wirtschaftswunder« im Kontext der Weltmarktrekonstruktion der fünfziger Jahre

1 Das Volkswagenwerk beispielsweise konnte durch die Eingliederung der DM in das Fixkurs-System von Bretton Woods seine zu erwartenden Exporterlöse verläßlich kalkulieren. Gleichzeitig veranlaßte die Dollarknappheit, die während der fünfziger Jahre eine verbreitete internationale Erscheinung war, viele Staaten zu einer konsequenten Devisenbewirtschaftung. Dadurch blieb insbesondere die amerikanische Automobilindustrie faktisch vom Fahrzeugmarkt der betreffenden Länder ausgesperrt. Dem Volkswagen-Konzern bot diese Konstellation Schutz vor ernstzunehmender Konkurrenz, insbesondere, als das Unternehmen zu Beginn der fünfziger Jahre noch weit hinter dem Produktivitätsniveau der großen amerikanischen Konzerne zurücklag.

2 Quelle: A. Maddison, *Phases of Capitalist Development*, Oxford 1982, S. 44f. Die Zahlen basieren auf konstanten Preisen von 1913. Die Werte in Klammern geben die durchschnittlichen Wachstumsraten des Outputs *pro Kopf der Bevölkerung* an.

3 Quelle: ders., *The World Economy in the 20th Century*, Paris 1989, S. 67; zur Basis von 1900.

4 St. Marglin/J. Schor (Hg.), *The Golden Age of Capitalism*, Oxford 1990.

5 Vgl. L. Moore, *The Growth and Structure of International Trade Since the Second World War,* Sussex 1985, S. 151.

6 „This rate [die Wachstumsrate des Outputs – V. W.] places the United States among the countries with the lowest growth rates. ... expressed as a percentage of the growth rate, the contribution of labour was larger and the contribution of output per unit of input smaller than in any other country studied." (E. F. Denison, *Why Growth Rates Differ. Postwar Experience in Nine Western Countries,* Washington 1967, S. 298.)

7 Quelle: Maddison, *The World Economy in the 20th Century,* S. 88; Bruttosozialprodukt pro Arbeitsstunde; Basisjahr: 1913.

8 Quelle für die relativen Produktivitätsniveaus: Ebd., S. 89; die Zahlen zum relativen Niveau der Pro-Kopf-Einkommen wurden errechnet nach Ebd., S. 19

9 Bezüglich des Pro-Kopf-Einkommens und des Produktivitätsniveaus wurden Werte für USA aus der Berechnung des Durchschnittswerts herausgenommen.

10 Alle folgenden Zahlen zur Entwicklung des Welthandels sind entnommen aus bzw. errechnet nach Moore, *The Growth and Structure of International Trade Since the Second World War,* S. 147ff.

11 Vgl. Ebd.., Tabelle 8.2 (S. 149).

12 Vgl. Ebd., Tabelle 8.3 (S. 154.).

13 Vgl. Ebd., Tabelle 8.4 (S. 155).

14 H. van der Wee, *Der gebremste Wohlstand. Wiederaufbau, Wachstum und Strukturwandel der Weltwirtschaft seit 1945,* München 1984, S. 295.

15 Vgl. etwa K. W. Deutsch/ A. Eckstein, *National Industrialization and the Declining Share of the International Economic Sector, 1890-1959,* in: World Politics 13/1961, S. 267-299.

16 „We may conclude that while the existence of a law of declining foreign trade has been established for developed countries only very weakly, it nevertheless exists. War, boom and depression, commercial policy, or particular patterns of trade at particular international conjunctures may interrupt, overwhelm, or distort the operation of the law; but it plays a role nonetheless." (Ch. P. Kindleberger, *Foreign Trade and the National Economy,* Yale 1962, S. 183.)

17 Vgl. R. N. Cooper, *The Economics of Interdependence: Economic Policy in the Atlantic Community,* New York 1968, S. 41.

18 Vgl. A. S. Milward, *The Reconstruction of Western Europe 1945-51,* London 1984, S. 19ff; siehe auch Buchheim, *Die Wiedereingliederung Westdeutschlands in die Weltwirtschaft.*

19 F. Jerchow, *Deutschland in der Weltwirtschaft 1944-1947. Alliierte Deutschland- und Reparationspolitik und die Anfänge der westdeutschen Außenwirtschaft,* Düsseldorf 1978, S. 80ff.

20 Vgl. van der Wee, *Der gebremste Wohlstand,* S. 389ff.

21 Vgl. zu den Details und institutionellen Mechanismen des Systems von Bretton Woods etwa Cooper, *The Economics of Interdependence,* S. 24ff; sowie J. Foreman-Peck, *Historia de la econom'a mundial, Las relaciones economicas internacionales desde 1859,* Barcelona 1985, S. 321ff.

22 Vgl. van der Wee, *Der gebremste Wohlstand,* S. 489ff.

23 Vgl. Milward, *The Reconstruction of Western Europe,* S. 56ff; sowie W. Bührer, *Erzwungene oder freiwillige Liberalisierung? Die USA, die OEEC und die westdeutsche Außenhandelspolitik 1949-1953,* in: L. Herbst u.a. [Hg.], Vom Marshallplan zur EWG, München 1990, S. 139-162.

24 Vgl. Milward, *The Reconstruction of Western Europe,* S. 256ff.

25 Vgl. zur Gründung von EWG und EFTA beispielsweise van der Wee, *Der gebremste Wohlstand,* S. 403ff oder Milward, *The Reconstruction of Western Europe,* S. 421ff.

26 Vgl. Cooper, *The Economics of Interdependence*, S. 27f.

27 Vgl. A. Schubert, *Die internationale Verschuldung. Die Dritte Welt und das transnationale Bankensystem*, Frankfurt 1985, S. 31f.

28 Vgl. H. G. Schröter, *Außenwirtschaft im Boom; Direktinvestitionen bundesdeutscher Unternehmen im Ausland 1950-1975*, in: H. Kaelble (Hg.), Der Boom 1948-1973, Opladen 1992, S. 82-106.

29 Vgl. etwa L. Erhard (Hg.), *Deutschlands Rückkehr zum Weltmarkt*, Düsseldorf 1954[2].

30 Für eine detaillierte Beschreibung vgl. Buchheim, *Die Wiedereingliederung Westdeutschlands in die Weltwirtschaft*; Jerchow, *Deutschland in der Weltwirtschaft 1944-1947*.

31 Vgl. zur Eingliederung der DM in das Weltwährungssystem Buchheim, *Die Wiedereingliederung Westdeutschlands in die Weltwirtschaft*, S. 61ff, S. 166ff und S. 188f; vgl. auch Glastetter/Paulert/Spörel, *Die wirtschaftliche Entwicklung der Bundesrepublik Deutschland 1950-1980*, S. 487; sowie *Statistisches Jahrbuch für die Bundesrepublik Deutschland 1952*, S. 555.

32 Vgl. Schröter, *Außenwirtschaft im Boom*, S. 101.

33 Quelle: Schröter, *Außenwirtschaft im Boom*, S. 99.

34 EWG der Neun.

35 Ohne Dänemark, Großbritannien und Irland.

36 Europa, Nordamerika, Japan, Australien, Neuseeland, Südafrika.

37 Einschließlich OPEC.

38 Schröter, *Außenwirtschaft im Boom*, S. 96.

39 BA Nr. 15/52 (Bundesanzeiger Nr. 20 vom 30.1.1952).

40 Vgl. Schröter, *Außenwirtschaft im Boom*, S. 89.

41 Zu den technischen Details und Beweggründen dieser Regelungen vgl. Buchheim, *Die Wiedereingliederung Westdeutschlands in die Weltwirtschaft*, S. 158ff.

42 Ebd., S. 65f.

43 W. Link, *Deutsche und amerikanische Gewerkschaften und Geschäftsleute 1945-1975. Eine Studie über transnationale Beziehungen*, Düsseldorf 1978, S. 123f.

44 Vgl. H. Kiesewetter, *Amerikanische Unternehmen in der Bundesrepublik Deutschland 1950-1974*, in: H. Kaelble (Hg.), Der Boom 1948-1973, S. 72.

45 Vgl. Link, *Deutsche und amerikanische Gewerkschaften und Geschäftsleute 1945-1975*, S. 39.

46 Vgl. Kiesewetter, *Amerikanische Unternehmen in der Bundesrepublik Deutschland 1950-1974*, S. 69.

47 Berechnet nach *Schröter, Außenwirtschaft im Boom*, S. 101, Tabelle 8.

48 Das Bruttosozialprodukt, die Exporte, und die Importe sind in Milliarden DM zu laufenden Preisen angegeben. Die Werte für 1950 und für 1956 beziehen sich auf das Bundesgebiet ohne das Saarland und Berlin.

49 Quelle: *Statistisches Jahrbuch für die Bundesrepublik Deutschland 1976*, S. 516.

50 Quelle: Ebd.

51 Quelle: *Statistisches Jahrbuch für die Bundesrepublik Deutschland 1966*, S. 318. Die Daten beziehen sich auf den Spezialhandel, umfassen also »nur diejenigen Einfuhren auf Lager, die nicht zur Wiederausfuhr gelangen, im Zeitpunkt ihrer Einfuhr aus Lager«.

52 Die Summe aus Exporten und Importen in % des Bruttosozialprodukts.

53 Vgl. Ebd., S. 104.

54 Quelle: Deutsche Bundesbank (Hg.), *Deutsches Geldwesen in Zahlen 1876-1975*, Frankfurt 1976, S. 339; Salden der wichtigsten Teilbilanzen in Mio. DM.

55 fob: »free on bord«; die fob-Kalkulation der amtlichen Außenhandelsstatistik berechnet die Exportpreise »frei Grenze«. Die cif-Kalkulation dagegen basiert in der Regel auf dem Aufschlag von Seefracht und Seeversicherung auf die fob-Preise.

56 Quelle: Deutsche Bundesbank (Hg.), *Deutsches Geldwesen in Zahlen 1876-1975*, S. 348; Stand am Jahresende.

57 Quellen: *Statistisches Jahrbuch für die Bundesrepublik Deutschland 1966*, S. 320 und *Statistisches Jahrbuch für die Bundesrepublik Deutschland 1952*, S. 236.

58 Quelle: Laufende Jahrgänge der *Statistischen Jahrbücher der Bundesrepublik Deutschland von 1952-1966*.

59 *Reichsgebiet.*

60 Außer elektrischen Maschinen.

61 Außer Wasserfahrzeugen.

62 Einschließlich elektrischer Maschinen.

63 Quelle für die Tabellen 1.13 und 1.14: Laufende Jahrgänge der *Statistischen Jahrbücher der Bundesrepublik Deutschland von 1952-1966*.

64 *Reichsgebiet.*

65 Europa, Nordamerika, Japan, Australien, Neuseeland, Südafrika.

66 Einschließlich OPEC.

67 Sowjetunion, Bulgarien, Ungarn, Polen, Rumänien, Tschechoslowakei, Albanien, Jugoslawien, Mongolei, Volksrepublik China, Nordkorea (ab 1960), Nordvietnam (ab 1960). Für 1936 und 1950 ist Formosa mit der Volksrepublik China zusammengefaßt. Der innerdeutsche Handel wurde in den Jahrbüchern nicht unter die Kategorie Außenhandel subsumiert.

68 Lieferungen des Bundesgebietes an die DDR in Prozent der Exporte der Bundesrepublik.

69 *Reichsgebiet.*

70 Lieferungen der DDR an das Bundesgebiet in Prozent der Importe der Bundesrepublik.

71 Abelshauser, *Wirtschaftsgeschichte der Bundesrepublik Deutschland*, S. 153.

72 Buchheim, *Die Wiedereingliederung Westdeutschlands in die Weltwirtschaft*, S. 24ff.

73 Vgl. etwa Bührer, *Erzwungene oder freiwillige Liberalisierung?*

74 Abelshauser, *Wirtschaftsgeschichte der Bundesrepublik Deutschland*, S. 154f.

75 Für eine detaillierte Schilderung dieses Prozesses vgl. Buchheim, *Die Wiedereingliederung Westdeutschlands in die Weltwirtschaft*.

76 Ebd., S. 148ff.

77 Abelshauser, *Wirtschaftsgeschichte der Bundesrepublik Deutschland 1945-1980*, S. 155f.

78 Einer Intensivierung der wirtschaftlichen Beziehungen zum »Ostblock« stand die Zuspitzung des Kalten Krieges entgegen. Der Bipolarität der politischen Weltordnung entsprach eine Teilung des Weltmarktes in ein östliches und ein westliches Segment, deren Abgrenzung gegeneinander durch die COCOM-Listen erzwungen wurde. (Vgl. G. Mai, *Osthandel und Westintegration 1847-1957. Europa, die USA und die Entstehung einer hegemonialen Partnerschaft*, in: Herbst u.a. [Hg.], Vom Marshallplan zur EWG, S. 203-225.)

79 Vgl. beispielsweise Denison, *Why Growth Rates Diffe;* A. Maizels, *Growth and Trade*, Cambridge 1970; Maddison, *Phases of Capitalist Development*, S. 126ff.

80 Vgl. van der Wee, *Das gebremste Wachstum*, S. 150ff.

81 Ch. P. Kindleberger, *Europe's Postwar Growth. The Role of Labour Supply*, Cambridge (Mass). 1967.

82 Ch. P. *Kindleberger, Economic Laws and Economic History*, Cambridge 1989, S. 21ff.

83 W. A. Lewis, *Economic Development with Unlimited Supplies of Labour*, in: Manchester School of Economic and Social Studies, Bd. 22, 2/1954, S. 139-191.

84 „In a previous book, I concluded that economic history suffered from the availability of too many models of economic relationships, all of a certain plausibility but none demonstrably more useful as an explanation of the past than others. After finishing

that work, however, I came to think that one model of economic analysis – W. Arthur Lewis' model of growth with unlimited supplies of labour, with its strong affinities to the Marxian system – had much more explanatory power in history than I had allowed. It is helpful in accounting both for the growth of Britain during the Industrial Revolution and for the rise of real income of labour after the slowing down of the rate of growth in the second half of the nineteenth century; it is relevant to the growth of the United States from 1880 to 1913; and in particular, as I seek to demonstrate here, it is useful to explain the very high rates of growth of some countries of Europe in the period since World War II – rates which are higher than can normally be sustained over long periods and are therefore entitled to be called supergrowth." (Kindleberger, *Europe's Postwar Growth,* S. 1.)

85 Ebd., S. 3.

86 Vgl. Ebd., S. 6ff.

87 „Suppose that some *disturbance* [meine Hervorhebung] occurs in the industrial sector … . This disturbance increases the demand for labour. Under ordinary conditions, wages would rise, as a shift of the demand curve to the right met an upward sloping supply curve for labour, a curve which might be completely inelastic or even backward-bending. But with redundant labour available and ready to move in from agriculture, the increased demand for labour results in higher profits and no change in the wage rate." (Ebd., S. 7.)

88 Ebd., S. 12.

89 Ebd., S. 28ff.

90 Vgl. beispielsweise R. Krengel, *Some Reasons for the Rapid Growth of the German Federal Republic,* in: Banca Nazionale del Lavoro Quarterly Review 64/1963, S. 121-144.

91 Abelshauser, *Wirtschaft in Westdeutschland,* S. 19ff.

92 „Excess labour in the Lewis model … is permissive rather than initiating. Once growth is started, the extra labour at constant wages sustains growth at a high level. … The process of growth needs to be started. Thereafter the model generates demand for goods and cranks out supply by itself." (Kindleberger, *Europe's Postwar Growth,* S.14.)

93 Ebd., S. 125ff.

94 Vgl. M. V. Posner, *International Trade and Technical Change,* in: Oxford Economic Papers 13 (1961), S. 321-341; S. Hirsch, *Location of Industry and International Competitiveness,* Clarendon 1967; R. Vernon, *International Investment and International Trade in the Product Cycle,* in: Quarterly Journal of Economics 80/1966, S. 190-207.

95 Vgl. E. F. Heckscher u. B. Ohlin, *Heckscher-Ohlin Trade Theory,* Cambridge (Mass.) 1991. Für eine stärker formalisierte Fassung der Heckscher-Ohlin Theorie siehe beispielsweise Moore, *The Growth and Structure of International Trade Since the Second World War,* Sussex 1985, S. 127ff; W. W. Leontieff, *Factor Proportions and the Structure of American Trade: Further Theoretical and Empirical Analysis,* Review of Economics and Statistics 37/1956, S. 386-407.

96 Vgl. Vernon, *International Investment and International Trade,* S. 190.

97 „Accordingly, we abandon the powerful simplifying notion that knowledge is a universal free good, and introduce it as an independent variable in the decision to trade or to invest." (Ebd., S. 192.)

98 Vgl. Ebd., S. 195.

99 Vgl. Ebd., S. 196ff.

100 „Verschiedene Fallstudien bestätigen diesen ökonomischen Ablauf im Aufkommen und Übernehmen eines neuen Erzeugnisses nach der Theorie des 'Lebenszyklus' eines Produktes. So entsprach die amerikanische Ausfuhr elektronischer Kapitalgüter und synthetischer Materialien in den fünfziger und sechziger Jahren dem Muster, das von

Posner, Hirsch und Vernon vorgezeichnet war. Der amerikanische Vorsprung auf dem Weltmarkt war für diese Güter in den fünfziger Jahren am größten und bröckelte im Laufe der sechziger Jahre allmählich ab, während damals die EG-Länder und später auch Japan erstarkten. Die amerikanischen Unternehmen, welche die ursprünglichen Innovationen durchgeführt hatten, gründeten in den sechziger Jahren immer mehr Tochterbetriebe im Ausland, zuerst und vorrangig in den industrialisierten EG-Ländern, wo eine große Nachfrage nach hochtechnologischen Produkten bestand und wo die Lohnkosten noch weit niedriger lagen als in den Vereinigten Staaten. Im Jahre 1964 verkauften die amerikanischen Unternehmen bereits viermal mehr in Europa durch ihre europäischen Tochterbetriebe, als sie direkt aus den Vereinigten Staaten exportierten." (van der Wee, *Der gebremste Wohlstand,* S. 239f.)

101 Moore, *The Growth and Structure of International Trade Since the Second World War,* S.346ff.

102 Ebd., S. 348.

103 Vgl. van der Wee, *Der gebremste Wohlstand,* S. 310ff.

104 »Die vorrelativistische Physik setzt voraus, daß die Lagerungsgesetze idealer fester Körper der euklidischen Geometrie gemäß seien. ... In dieser Annahme liegen einige weniger spezielle enthalten, auf die wir ihrer grundlegenden Bedeutung wegen aufmerksam machen wollen. Erstens nämlich wird vorausgesetzt, daß man einen idealen festen Körper beliebig bewegen könne. Zweitens wird vorausgesetzt, daß das Lagerungsverhalten idealer fester Körper in dem Sinne unabhängig vom Material des Körpers und von seinen Ortsänderungen ist, daß zwei Strecken, welche *einmal* zur Deckung gebracht worden sind, *stets und überall* zur Deckung gebracht werden können.« (A. Einstein, Grundzüge der Relativitätstheorie, Braunschweig 1990⁶ (1922).)

105 Externalitäten individuellen oder kollektiven ökonomischen Handelns werden in der Regel *a priori* ausgeschlossen. (Vgl. F. Hahn, *Die allgemeine Gleichgewichtstheorie,* in: D. Bell/ I. Kristol (Hg.), Die Krise der Wirtschaftstheorie, Berlin 1984, S. 154-174.)

106 Kindleberger, *Economic Laws and Economic History,* S. IX.

107 Vgl. Piore/Sabel, *Das Ende der Massenproduktion,* S. 55ff.

Kapitel 2: Über Taylorismus, Fordismus und Amerikanisierung

1   Nach dem Verständnis ihrer Repräsentanten handelt es sich bei der Regulationstheorie eher um ein offenes Forschungsprogramm als um ein geschlossenes theoretisches Gebäude. Dieses Kapitel skizziert einen Minimalkonsens zwischen den unterschiedlichen Strömungen. Dabei mag der Eindruck entstehen, die Regulationstheorie sei ein homogenes Konzept, weil bei ihrer Darstellung vor allem auf die »werttheoretische Linie« von *Aglietta, Lipietz* und *Coriat* zurückgegriffen wird. Im Interesse der Bereitstellung wohldefinierter Kategorien und präziser Hypothesen für die empirische Untersuchung scheint mir diese Verkürzung der regulationstheoretischen Debatte gerechtfertigt. (Für eine ausführliche Darstellung und Kritik dieser Debatte konsultiere der Leser K. Hübner, *»Theorie der Regulation«. Eine kritische Rekonstruktion eines neuen Ansatzes der Kritik der Politischen Ökonomie,* Berlin 1989.) Es sei ausdrücklich darauf hingewiesen, daß die werttheoretische Verankerung der Regulationstheorie alles andere als unumstritten ist. Mit dem werttheoretischen Ansatz konkurrieren vor allem *Robert Boyer,* der methodische Prinzipien der deutschen Historischen Schule mit der Keynes-Kalecki-Tradition kombiniert (R. Boyer, *La theorie de la régulation,* Paris 1986), und *Pascal Petits* Verknüpfung einer Smith-Young-Kaldor-Sequenz mit theoretischen Elementen, die auf Durkheim zurückgehen (P. Petit, *Slow Growth and the Service Economy,* London 1986). Die Frage, ob und

wie die Hauptströmungen der Regulationstheorie in *einem* Konzept integrierbar sind, läuft auf eine Auseinandersetzung mit der Tragfähigkeit der Werttheorie hinaus. In deren Mittelpunkt steht seit Sraffas *Production of commodities by means of commodities* das sogenannte »*Transformationsproblem*«. Der Ausgangspunkt dieses Problems ist ein mathematischer Fehler im dritten Band des »*Kapitals*«, auf den schon v. Bortkiewicz 1906/7 aufmerksam gemacht hat. Die von Marx vorgeschlagene Vermittlung von Wert- und Preisebene ist logisch inkonsistent. Nur unter sehr speziellen Bedingungen sind die beiden zentralen Identitäten eines einfachen kapitalistischen Reproduktionsschemas (a) Gesamt-Wert = Gesamt-Produktionspreis und b) Gesamt-Mehrwert = Gesamt-Profit) *gleichzeitig* gültig. Dies ist deshalb ein starkes Argument gegen die Werttheorie, weil aus ihren Prämissen zu folgen scheint, daß nicht alle Profitteile aus der Kapitalverwertung im Rahmen des Produktionsprozesses entstehen und folglich Profit in der Zirkulation erzeugt werden muß oder aber umgekehrt in der Zirkulation Profitpartikel verschwinden. Soll die Werttheorie gegen dieses Argument verteidigt werden, bieten sich zwei Argumentationslinien an. Erstens kann man versuchen, die Werttheorie mathematisch zu salvieren. Zweitens gibt es gute Argumente dafür, den Problemkontext zu redefinieren und die Wertkategorie begrifflich weiterzuentwickeln. Eine Vertiefung dieser Probleme würde jedoch den Rahmen dieses Buches sprengen. Eine Zusammenfassung des Diskussionsstandes liefert M. Heinrich, *Was ist die Werttheorie noch wert? Zur neueren Debatte um das Transformationsproblem und die Marx'-sche Werttheorie,* in: Prokla 72/1988, S. 15-38. Vgl. auch F. Helmedag, *Warenproduktion mittels Arbeit. Zur Rehabilitation des Wertgesetzes,* Marburg 1992; und M. Heinrich, *Die Wissenschaft vom Wert. Die Marxsche Kritik der politischen Ökonomie zwischen wissenschaftlicher Revolution und klassischer Tradition,* Hamburg 1991.

2   K. Polanyi, *The Great Transformation. Politische und ökonomische Ursprünge von Gesellschaften und Wirtschaftssystemen,* Wien 1977, S. 17ff.

3   A. Gramsci, *Passato e Presente,* Turin 1954, S. 38.

4   A. Gramsci, *Philosophie der Praxis,* Frankfurt 1967, S. 400.

5   Ebd., S. 392.

6   M. Aglietta, *Regulación y crisis del capitalismo. La experiencia de los Estados Unidos,* Madrid 1979. (Das französische Original wurde 1976 in Paris veröffentlicht.)

7   „Ohne das Zentrum und ohne die Führungsgröße: Produktion von Profit und Akkumulation von Kapital wäre entweder die Schlußfolgerung von der Beliebigkeit und von der historischen Unstrukturiertheit des Transformationsprozesses angebracht oder die gegenteilige These begründbar, daß die Form kapitalistischer Reproduktion überhaupt keinen Formwandel durchmachen muß, da es ja keinerlei die »Stadien« übergreifende Zielfunktion gibt, deren funktionale Erfordernisse im Prozeß der Krisenüberwindung gerade die flexiblen Formanpassungen notwendig machen." (E. Altvater, *Sachzwang Weltmarkt – Verschuldungskrise, blockierte Industrialisierung, ökologische Gefährdung – der Fall Brasilien,* Hamburg 1987, S. 28.)

8   „Daß die Menschen *innerhalb* von Verhältnissen leben, ist offensichtlich. Aber von einem sozialen Verhältnis zu reden, bedeutet eine gewisse Beständigkeit der Art und Weise, in der Menschen miteinander in Beziehung treten. Wenn wir bei der unzähligen Menge täglicher sozialer Handlungen von »sozialen Verhältnissen« reden, dann um die *Regelmäßigkeit* bestimmter sozialer Praktiken zu bezeichnen. Diese Regelmäßigkeit kommt nicht von selbst, weder objektiv noch subjektiv." (A. Lipietz, *Akkumulation, Krisen und Auswege aus der Krise: Einige methodische Überlegungen zum Begriff »Regulation«,* in: Prokla 58/1985, S. 109.)

9   Zu den Spezifika des Waren- und des Lohnverhältnisses im Verständnis der Regulationstheorie vgl. Ebd., S. 115ff.

10 Ebd., S. 120.

11 Ebd., S. 121.
12 Ebd., S. 119ff.
13 Vgl. hierzu E. Altvater, *Bruch und Formwandel eines Entwicklungsmodells – Analysen und Kontroversen zur Krisentheorie,* in: J. Hoffmann (Hg.), Überproduktion, Unterkonsumption, Depression, Hamburg 1983, S. 217-252; ders., *Die Zukunft des Marktes,* S. 56ff; R. Boyer, *La crise actuelle: une mise en perspective historique,* in: Critique de l'économie politique, Neue Serie Nr. 7/8. S. 5-112; ders. (Hg.), *Capitalimes fin de siècle,* Paris 1986.
14 Vgl. Lipietz, *Akkumulation, Krisen und Auswege aus der Krise,* S. 121f.
15 Ebd., S. 123.
16 Ebd.
17 Ebd.
18 Vgl. Aglietta, *Regulación y crisis del capitalismo.* Speziell zur amerikanischen Automobilindustrie siehe A. D. Chandler, *Giant Enterprise. Ford, General Motors and the Automobile Industry. Sources and Readings,* New York 1964, S. 3ff u. S. 233ff.
19 Vgl. A. Lipietz, *Towards Global Fordism ?,* in: New Left Review, Nr. 3/4, 1982, S. 33-47.
20 B. Coriat, *El taller y el cronómetro. Ensayo sobre el taylorismo, el fordismo y la producción en masa,* Madrid 1982, S. 103f.
21 Vgl. H. Braverman, *Die Arbeit im modernen Produktionsprozeß,* Frankfurt 1977; E. Laclau/Ch. Mouffe, *Hegemonie und radikale Demokratie. Zur Dekonstruktion des Marxismus,* Wien 1991; R. Edwards, *Contested Terrain:The Transformation of the Workplace in the Twentieth Century,* New York 1979; J. P. Gaudemar, *L'ordre de la production. Naissance et formes de la discipline d'usine,* Paris 1982.
22 Vgl. Lazonick, *Competitive Advantage on the Shop Floor;* Habbakuk, *American and British Technology in the Nineteenth Century;* P. Temin (Hg.), *New Economic History,* Harmondsworth 1968; S. B. Saul (Hg.), *Technological Change: The United States and Britain in the Nineteenth Century,* London 1970.
23 Vgl. Coriat, *El taller y el cronómetro.*
24 Vgl. F. W. Taylor, *Die Grundsätze wissenschaftlicher Betriebsführung,* München 1913.
25 Ebd., S. 40 u. S. 154.
26 Ebd., S. 132ff.
27 Vgl. Coriat, *El taller y el cronómetro,* S. 131ff.
28 Ebd., S. 45ff.
29 Vgl. Chandler, *Giant Enterprise.*
30 Dieser Aspekt veranlaßte einen so glühenden Verehrer Henry Fords wie den deutschen Ökonomen Friedrich v. Gottl-Ottlilienfeld, den Fortschritt des Fordismus gegenüber dem Taylorismus vor allem in der Aufwertung der Persönlichkeit des Arbeiters zu verorten: „Den Taylorbetrieb hat man das »Paradies der Ungelernten« genannt; dahinter spielt sich aber die Tragödie des Facharbeiters ab. ... Dem Facharbeiter fehlt wohl meistens die Mentalität, der neuen Lohnaristokratie anzugehören. In der Rolle des Menschenrades findet sich willig nur, wer sehr weit geht in der Selbstentäußerung seiner Persönlichkeit als Arbeiter." Demgegenüber konstatiert er für die Ford-Betriebe: „Aber noch viel ausgesprochener strahlt da von der Spitze aus, und im grellsten Gegensatz zu jenem »Geist der Organisation« bei Taylor, ein lebendiger Geist der Persönlichkeit! Er durchweht den ganzen Riesenbetrieb und umspült noch den letzten Arbeiter. ... In höchst durchdachter Weise sind so die Zehntausende von Arbeitern dem Gesamtprozeß eingegliedert. Aber keinerlei Drill, geschweige denn ein dauernder! Für die Minderzahl der Facharbeiter ist die mehrjährige Erziehung in der Fabrikschule dar, als »großes Lehrbuch dient das Fordwerk«. Die übergroße Mehrzahl wird kurz, meist nur wenige Tage angelernt ... Zwar ist die Aufgabe, oft ein einziger Handgriff, unsäglich klein. Darin hat aber Münsterberg

321

wohl recht, auch im Kleinsten ist die Mannigfaltigkeit für den dauernden Beobachter immer noch unendlich groß, der Varianten, wenn auch kleinster Spannung, gibt es zahllose, die Möglichkeit also einer Verbesserung, in der Güte, in der Erleichterung, oder wie immer, bleibt unerschöpflich. Und dieser Spielraum rettet dem Arbeiter die Persönlichkeit als Arbeiter." (F. v. Gottl-Ottlilienfeld, *Fordismus. Über Industrie und Technische Vernunft,* Jena 1926, S. 12ff.)

31 Ebd., S. 63.

32 Vgl. Chandler, *Giant Enterprise,* S. 9ff.

33 A. Lipietz, *Behind the Crisis: The Exhaustion of a Regime of Accumulation. A »regulation school« perspective on some French empirical works,* in: Review of Radical Political Economics, 18/1986, S.13-32. Das Problem der Nachfragesteuerung unter den Bedingungen eines hohen Konzentrationsgrades der Produktion ist eine Schnittstelle zwischen der Regulationstheorie und dem *postkeynesianischen* Forschungsprogramm. Für die *Postkeynesianer* stellt sich dieses Problem als Frage nach der »Stabilität der Oligopolwirtschaft«. Sie widmen dabei vor allem zwei Aspekten eingehende Aufmerksamkeit. Einige Autoren konzentrieren sich in ihrer Analyse systemischer Instabilität auf die Effekte der »unvollkommenen Konkurrenz«. (Vgl. K. G. Zinn, *Preissystem und Staatsinterventionismus – Geschichte und Theorie der privaten Preisadministration und der Preiskontrolle in Großbritannien und den USA,* Köln 1978.) Andere Postkeynesianer stellen vor allem ab auf die Versuche der Oligopolunternehmen, durch eine Preispolitik, der eine überzyklische Produktions- und Investitionsplanung zugrunde liegt, eine »Nachfrageendogenisierung« zu erreichen. (Vgl. A. Danyliuk, *Die Stabilität der Oligopolwirtschaft. Nachfragekontrolle als marktwirtschaftliche Selbstregulierung,* Frankfurt 1984.) Ebenso wie die Regulationstheorie versteht auch der *Postkeynesianismus* die Ökonomie als *Subsytem* der Gesellschaft, dessen Dynamik es zu erforschen gilt. (Vgl. A. S. Eichner (Hg.), *A Guide to Post-Keynesian Economics,* London 1979.) Beide Paradigmen betonen in diesem Zusammenhang die Schlüsselrolle, die der *autonome* Investitionsprozeß spielt (Vgl. J. M. Keynes, *Allgemeine Theorie der Beschäftigung, des Zinses und des Geldes,* Berlin 1983[6]; M. Kalecki, *Krise und Prosperität im Kapitalismus, Ausgewählte Essays 1933-1971;* Marburg 1987.) Die wichtigsten Unterschiede zwischen der Regulationstheorie und dem *Postkeynesianismus* liegen einerseits auf der Ebene der mikroökonomischen Fundierung. Andererseits betreffen sie den Stellenwert des *Gleichgewichtskonzepts.* Während im Rahmen der postkeynesianischen Analysen ein makroökonomisches Gleichgewicht zumeist der theoretische Referenzbegriff bleibt, fragen die Regulationstheoretiker eher nach den Bedingungen der Stabilität sozialer Verhältnisse.

34 Es ist innerhalb der Regulationstheorie umstritten, ob die Krise des fordistischen Akkumulationsregimes, die sich seit der zweiten Hälfte der sechziger Jahre abzuzeichnen begann, in erster Linie auf die Steigerung der Kapitalintensität zurückzuführen ist oder auf einen »Profit Squeeze-Effekt«, der durch die Erosion des fordistischen Lohnkompromisses ausgelöst wurde. (Ebd., S. 16ff.)

35 B. Lutz, *Der kurze Traum immerwährender Prosperität,* Frankfurt 1989[2]. Siehe auch: *Th. Hurtienne, Entwicklungen und Verwicklungen – Methodische Probleme des Regulationsansatzes,* in: B. Mahnkopf (Hg.), Der gewendete Kapitalismus – Kritische Beiträge zur Theorie der Regulation, Münster 1988, S. 182-226.

36 Coriat, *El taller y el cronómetro,* S. 87ff.

37 Ebd.

38 Vgl. beispielsweise J. Hirsch/ R. Roth, *Das neue Gesicht des Kapitalismus,* Hamburg 1986, S. 48ff.

39 Vgl. Chandler, *Giant Enterprise,* S. 14ff.

40 V. Berghahn, *Unternehmer und Politik in der Bundesrepublik,* Frankfurt 1985; ders., *Zur Amerikanisierung der westdeutschen Wirtschaft,* in: Herbst u. a. (Hg.), Vom Marshallplan zur EWG, S. 227-253.

41 Vgl. Berghahn, *Zur Amerikanisierung der westdeutschen Wirtschaft,* S. 230ff.

42 *Vgl. R. Neebe, Technologietransfer und Außenhandel in den Anfangsjahren der Bundesrepublik,* in: VSWG 76/1989, S. 49-75.

43 Auf die staats- und handlungstheoretischen Schwächen der Regulationstheorie kann hier nicht eingegangen werden. Vgl. zu diesen Problemen etwa B. Jessop, *State Theory. Putting Capitalist States in their Place,* Cambridge 1990; B. Mahnkopf, *Soziale Grenzen »fordistischer Regulation«,* in: dies. (Hg.), Der gewendete Kapitalismus, S. 99-143.

44 Vgl. Aglietta, *Regulaci—n y crisis del capitalismo, S.14.*

45 A. Lipietz, *Mirages and Miracles. The Crises of Global Fordism,* London 1987.

46 „We must then, study each national social formation in its own right, using the weapons of history, statistics and even econometrics to identify its successive regimes of accumulation and modes of regulation. We must make a concrete analysis of their rise and fall, and see to what extent external factors did or did not have a role to play. ... But in reality, struggles and institutionalized compromises tend to arise within the framework of individual nations; hence the methodological priority given to the study of each social formation in its own right (and in terms of its relations with the outside world) or, o take up the terms of an old debate, to the primacy of internal causes." (Ebd., S. 20ff.)

47 Ebd., S. 46.

48 Vgl. Ebd., S. 1ff.

49 Ebd., S. 12f.

50 Das berühmte »Glaubensbekenntnis« des Determinismus stammt von dem französischen Mathematiker und Physiker Pierre Simon Marquis de Laplace: „ Eine Intelligenz, die in einem gegebenen Augenblick alle Kräfte kennte, durch welche die Natur belebt wird, und die entsprechende Lage aller Teile, aus denen sie zusammengesetzt ist, und die darüber hinaus breit genug wäre, um alle diese Daten einer Analyse zu unterziehen, würde in derselben Formel die Bewegung der größten Körper des Universums und die des kleinsten Atoms umfassen. Für sie wäre nichts ungewiß, und die Zukunft ebenso wie die Vergangenheit wäre ihren Augen gegenwärtig." (P. S. Laplace, *Essai philosophique sur les probabilités,* Paris 1814.); vgl. H. Poincaré, *Science and Hypothesis,* New York 1952; D. Ruelle, *Zufall und Chaos,* Heidelberg 1993², S. 24ff.

51 Vgl.zur Kritik an der Behandlung der Weltmarktproblematik durch die Regulationstheorie E. Altvater, *Die Enttäuschung der Nachzügler oder: Der Bankrott »fordistischer« Industrialisierung,* in: Mahnkopf (Hg.), Der gewendete Kapitalismus, S. 144-181.

52 Vgl. G. Ziebura, Weltwirtschaft und Weltpolitik 1922/24-1931, Frankfurt 1984.

53 Vgl. F. Jerchow, *Deutschland in der Weltwirtschaft 1944-1947. Alliierte Deutschland- und Reparationspolitik und die Anfänge der westdeutschen Außenwirtschaft,* Düsseldorf 1978, S. 80ff; van der Wee, *Der gebremste Wohlstand,* S. 389ff.

54 Vgl. A. S. Milward, *The Reconstruction of Western Europe 1945-51,* London 1984, S. 113ff, 168f, 421ff u. 491ff.

55 Vgl. G. Mai, *Osthandel und Westintegration 1947-1957,* S. 203-225.

56 Vgl. Milward, *The Reconstruction of Western Europe.*

57 Vgl. Altvater, *Die Zukunft des Marktes,* S. 138; Ch. P. Kindleberger, *A Financial History of Western Europe,* London 1984, S. 30; R. N. Cooper, *The International Monetary System. Essay in World Economics,* Cambridge 1987, S. 8. Der »Seignorage«-Vorteil entsteht zum einen dadurch, daß wegen der Funktion des Dollars als internationales Kaufmittel Akteure aus den USA mit unverzinslichem, nationalem Zentralbankgeld zins- und profittragende Investitionen im Ausland finanzieren können. Zum anderen müssen – zumindest solange der Dollar international akzeptiert wird – die USA nicht befürchten, im Falle von Zahlungsbilanzungleichgewichten einem drängenden binnenwirtschaftlichen Anpassungsdruck ausgesetzt zu sein.

58 1949 standen den Dollarreserven der USA in Höhe von ca. 25 Milliarden US-Dollar Dollarverbindlichkeiten der USA gegenüber dem Ausland von nur 7 Milliarden gegenüber. (Altvater, *Sachzwang Weltmarkt*, S. 214.)

59 Vgl. Altvater, *Die Zukunft des Marktes*, S. 131ff.

60 Vgl. Ch. Buchheim, *Die Bundesrepublik und die Überwindung der Dollar-Lücke*, in: Herbst u. a. (Hg.), Vom Marshallplan zur EWG, S. 81-98.

61 van der Wee, *Der gebremste Wohlstand*, S. 45.

62 Moore, *The Growth and Structure of International Trade since the Second World War*, S. 358.

63 Die Parallelwerte für Lateinamerika: 4,6 Milliarden (1950), 9,3 Milliarden (1960) und 13,0 Milliarden (1968). (Nach Altvater, *Sachzwang Weltmarkt*, S. 214.)

64 Vgl. E. Altvater/ J. Hoffmann/ W. Semmler, *Vom Wirtschaftswunder zur Wirtschaftskrise. Ökonomie und Politik in der Bundesrepublik*, 2 Bände, Berlin 1982², S. 31ff; P. Mattick, *Krisen und Krisentheorie«*, in: ders. u. a., Krisen und Krisentheorien, Frankfurt 1974.

65 Vgl. J. Chan Lee/H. Sutch, *Profits and Rates of Return*, in: OECD, Economic Studies 5/1985, S. 127-167. Die unterschiedlichen Wachstumsraten der Produktivität ebneten den Produktivitätsvorsprung der USA ein. Nach Berechnungen von Maddsion etwa erreichte die gesamtwirtschaftliche Stundenproduktivität in der Bundesrepublik 1950 lediglich 33% des US-Niveaus, um bis 1973 auf 71% anzusteigen. (Maddison, *Phases of Capitalist Development*, S. 98.)

66 Die amerikanischen Goldreserven schrumpften zwischen 1951 und 1968 von 22,9 Milliarden Dollar auf 10,9 Milliarden Dollar. Die Dollarguthaben ausländischer Geschäfts- und Zentralbanken stiegen im gleichen Zeitraum von 8,95 auf 38,5 Milliarden Dollar. (van der Wee, *Der gebremste Wohlstand*, S. 518.)

67 Vgl. hierzu van der Wee, Der gebremste Wohlstand, S. 517ff.

68 Vgl. etwa Chan Lee/ Sutch, *Profits and Rates of Return;* Ph. Armstrong/ A. Glyn/ F. Harrison, *Capitalism since World War II*, London 1984.

Kapitel 3: Die Automobilindustrie als Schrittmacher bei der Herausbildung des bundesdeutschen Fordismus

1 Vgl. Milward, *The Reconstruction of Western Europe*, S.491; W. W. Rostow, *The World Economy. History & Prospect*, London 1978, S. 247ff; M. M. Postan, *An Economic History of Western Europe, 1945-1964*, London 1967, S. 190.

2 Vgl. zum folgenden Abschnitt G. Hartwich, *Moderne Fertigungsmethoden in der Automobilindustrie*, in: VDA, Autombil-Technischer Fortschritt und wirtschaftliches Wachstum, Frankfurt 1970, S. 29-43. Der Autor bemerkt zu seinem Artikel: »Als Mitarbeiter des Volkswagenwerkes orientiere ich meine Ausführungen an den Methoden und Erfahrungen dieses Unternehmens. Aus meiner eigenen Kenntnis der Fertigungsbetriebe anderer Automobilunternehmen kann ich aber versichern, daß der Stand der Fertigungstechnik von Unternehmen zu Unternehmen sehr ähnlich ist. Deshalb dürften die aus meiner Sicht gegebenen Darstellungen wohl für die gesamte Automobilindustrie gelten.« (S. 29.)

3 Quelle: VDA (Hg.), *Tatsachen und Zahlen aus der Kraftverkehrswirtschaft 1962/63*, S. 34.

4 Ebd.

5 Vgl. Deutsche Bundesbank, *Geld- und Bankwesen in Zahlen*, S. 7.

6 VDA, *Geschäftsbericht für das Jahr 1961/62*, S. 3.

7 Vgl. A. Dieckmann, *Die Rolle der Automobilindustrie im wirtschaftlichen Wachstumsprozeß*, in: VDA, Autombil-Technischer Fortschritt und wirtschaftliches Wachstum, S. 101.

8   Vgl A. E. Ott, *Wirtschaftliches Wachstum und technischer Fortschritt,* in: Schriftenreihe des Verbandes der Automobilindustrie, Bd. 8, o.J. S. 25f.

9   Quelle: Ebd.

10 Vgl. VDA (Hg.), *Tatsachen und Zahlen aus der Kraftverkehrswirtschaft 1962/63,* S. 268. Über den VDA (Verband der deutschen Automobilindustrie) findet sich am Ende dieses Kapitels Näheres.

11 Vgl. A. Dieckmann, *Automobilindustrie,* in: Management-Enzyklopedie, Bd. 1, München 1969, S. 791f.

12 Quelle: Laufende Jahrgänge von: VDA (Hg.), *Tatsachen und Zahlen aus der Kraftverkehrswirtschaft.*

13 Absolute Zahlen.

14 Anteil an der Weltproduktion in %.

15 H. Nordhoff, *Der Mensch im automatisierten Großbetrieb. Wirkungen und Verpflichtungen,* Vortrag vor der Konferenz des 149. Distrikts von Rotary International am 14. Mai 1966 in Wolfsburg, S. 10ff (VW-Archiv).

16 Ebd., S. 8.

17 Quelle: K. W. Busch, *Strukturwandlungen der westdeutschen Automobilindustrie. Ein Beitrag zur Erfassung und Deutung einer industriellen Entwicklungsphase vom produktionsorientierten zum marktorientierten Wachstum,* Freiburg 1965, S. 88.

18 Vgl. Moore, *The Growth and Structure of International Trade Since the Second World War,* S. 348.

19 Vgl. die laufenden Jahrgänge von: VDA (Hg.), *Tatsachen und Zahlen aus der Kraftverkehrswirtschaft.*

20 Vgl. Dieckmann, *Automobilindustrie,* S. 800.

21 Vgl. Busch, *Strukturwandlungen der westdeutschen Automobilindustrie,* S. 47.

22 Quelle: Ebda, S. 188; (Anteile der Firmen in %.)

23 Vgl. VDA, *Geschäftsbericht für das Jahr 1960/61,* S. 11.

24 Vgl. Dieckmann, *Automobilindustrie,* S. 792.

25 Vgl. VDA, *Die europäische Automobilindustrie. Lage und Entwicklung 1962,* Frankfurt 1962, S. 16ff.

26 Vgl. Busch, *Strukturwandlungen der westdeutschen Automobilindustrie,* S. 18.

27 Vgl. Edelmann, *Vom Luxusgut zum Gebrauchsgegenstand,* S. 129ff.

28 Vgl. Dieckmann, *Die Rolle der Automobilindustrie im wirtschaftlichen Wachstumsprozeß,* S. 107.

29 VDA, Geschäftsbericht für das Jahr 1960/61, S. 9.

30 Quelle: Laufende Jahrgänge von: VDA (Hg.), *Tatsachen und Zahlen aus der Kraftverkehrswirtschaft.*

31 Vgl. ebd.

32 VDA, *Tätigkeitsbericht 1962/63,* S. 3f.

33 Quelle: Laufende Jahrgänge von: VDA (Hg.), *Tatsachen und Zahlen aus der Kraftverkehrswirtschaft.*

34 Der Wert für 1950 betrug 34,4%.

35 VDA, *Tätigkeitsbericht 1956/57,* S. 60.

36 Vgl. VDA, *Tätigkeitsbericht 1957/58,* S. 69f.

37 Vgl. VDA, *Geschäftsbericht für das Jahr 1959/60,* S. 13.

38 VDA, *Tätigkeitsbericht 1959/60,* S. 73.

39 Vgl. VDA, *Tätigkeitsbericht 1962/63,* S. 4.

Anmerkungen zu Seite 82-96

40 Vgl. VDA, *Tätigkeitsbericht 1961/62*, S. 15.

41 Vgl. VDA, Tätigkeitsbericht *1959/60*, S. 79.

42 VDA, *Geschäftsbericht für die Jahre 1962/63 und 1963/64*, S. 5.

43 H. Nordhoff, *Reden und Aufsätze. Zeugnisse einer Ära*, Düsseldorf 1992, S. 317.

44 Vgl. VDA, *Geschäftsbericht für das Jahr 1960/61*, S. 4f.

45 Vgl. VDA, *Tätigkeitsbericht 1959/60*, S. 76.

46 Vgl. VDA, *Geschäftsbericht 1958/59*, S. 13.

47 Vgl. VDA, *Tätigkeitsbericht 1955/56*, S. 60f u. *Tätigkeitsbericht 1956/57*, S.54f.

48 Quelle: Laufende Jahrgänge von: VDA (Hg.), *Tatsachen und Zahlen aus der Kraftver-kehrswirtschaft*. Die Zahlen aggregieren Personen- und Kombinationskraftwagen.

49 Absolute Zahlen.

50 Vgl. *Statistisches Jahrbuch für die Bundesrepublik Deutschland 1961*, S. 327.

51 Deutsche Bundesbank (Hg.), *Deutsches Geld- und Bankwesen in Zahlen, Frankfurt 1976*, S.339; Laufende Jahrgänge von: VDA (Hg.), *Tatsachen und Zahlen aus der Kraftver-kehrswirtschaft; Statistisches Jahrbuch für die Bundesrepublik Deutschland* (lfd. Jahrgänge).

52 Vgl. VDA, *Geschäftsbericht für 1963/64*, S. 2.

53 Vgl. zu den Details VDA, *Tätigkeitsbericht 1956/57*, S. 64; siehe auch Schaubild 1.

54 Vgl. VDA, *Tätigkeitsbericht 1957/58*, S. 62ff.

55 VDA, *Tätigkeitsbericht 1957/58*, S. 63f.

56 Ebd., S. 81.

57 Ebd., S. 79.

58 VDA, *Geschäftsbericht für die Jahre 1962/63 und 1963/64*, S. 3.

59 Vgl. Edelmann, *Vom Luxusgut zum Gebrauchsgegenstand*, S. 41.

60 VDA, *Zollsenkung für Kraftfahrzeuge und Teile u. Zubehör nicht vertretbar, da Bundesrepublik in Vorleistung!*, Frankfurt 1954, S. 7.

61 VDA, *Tätigkeitsbericht 1955/56*, S. 61f.

62 VDA, *Geschäftsbericht 1961/62*, S. 4.

63 Vgl. VDA, *Die europäische Automobilindustrie. Lage und Entwicklung* 1962, Frankfurt 1962, S. 10; H. Bahr/H. Throst, *Die ausländischen Zölle für Kraftfahrzeuge, Kraftfahrzeugteile und Zubehör*, Frankfurt 1950.

64 Vgl. die Liste für die »Dillon-Runde« 1961. (VDA, *Tätigkeitsbericht 1960/61*, S. 72.)

65 Vgl. VDA, *Geschäftsbericht 1961/62*; VDA, *Die Umsatzsteuervorbelastung von expor-tierten Kraftwagen*, Köln 1956; VDA, *Der Einfluß von Steuern und Zöllen auf den Preis von Automobilen im inländischen und grenzüberschreitenden Verkehr*, Frankfurt 1964.

66 Vgl. die *Tätigkeitsberichte* des VDA für die Jahre 1955/56 (S. 63ff) und 1957/58 (S. 67f).

67 Vgl. Ebd.

68 Vgl. VDA, *Vom Produktionsausschuß der Automobilindustrie zum Verband der Automobilindustrie e.V. 10 Jahre Verbandsentwicklung*, Frankfurt 1955.

69 VDA, *Geschäftsbericht 1958/59*, S. 7.

70 VDA, *Tätigkeitsbericht 1955/56*, S. 66.

71 Vgl. Edelmann, *Vom Luxusgut zum Gebrauchsgegenstand*, S. 224ff.

72 Die Themen »Verkehrspolitik« und »Konflikt Schiene-Straße« nehmen in fast sämtlichen Geschäfts- und Tätigkeitsberichten des VDA in den 50er und 60er Jahren breiten Raum ein. Vgl. D. Klenke, *Bundesdeutsche Verkehrspolitik und Motorisierung. Konfliktträchtige Weichenstellungen in den Jahren des Wiederaufstiegs*, Stuttgart 1993.

73 Vgl. die *Geschäftsberichte* des VDA für die Jahre 1957/58 (S. 13f), 1958/59 (S. 3ff) und 1959/60 (S. 7ff).

74 Vgl. VDA, *Geschäftsbericht 1957/58*, S. 14ff.
75 Vgl. VDA, *Geschäftsbericht 1959/60*, S. 23.
76 Vgl. VDA, *Tätigkeitsbericht 1958/59*, S. 78f.

Kapitel 4: Das Volkswagenwerk am Vorabend des »Wirtschaftswunders« und die Grundzüge seiner Entwicklung während der fünfziger Jahre

1   Vgl. Volkswagen AG (Hg.), *Eine Idee macht Geschichte. Die Volkswagen Chronik*, Wolfsburg (o. J.), S. 12.
2   Tolliday, *Rethinking the German Miracle*, S.10ff.
3   Ebd., S. 13ff.
4   Ebd., S. 12ff.
5   Ebd.
6   Vgl. Volkswagen AG (Hg.), *Eine Idee macht Geschichte*, S. 18.
7   Vgl. I. Turner, *British Occupation Policy and Its Effects on the Town of Wolfsburg and the Volkswagenwerk, 1945-49*, Ph. D. Thesis, University of Manchester Institute of Science and Technology, 1984.
8   Vgl. Tolliday, *Rethinking the German Miracle*, S.15f; A. Sloan, *My Years with General Motors* o.O. 1986, S. 331ff; K. Ludvigsen, *Wheels to the World*, Princeton 1975, S. 58ff; D. Due/J. Hentrich., *Krise der Automobilindustrie. Das Beispiel des Multis General Motors*, Frankfurt 1981, S. 29ff.
9   Vgl. Tolliday, *Rethinking the German Miracle*, S.16ff; M. Wilkins/ F. E. Hill, *American Business Abroad. Ford on Six Continents*, Detroit 1964, S. 338ff; H. P. Rosellen, *Ford-Schritte in Deutschland, 1945-1970*, Frankfurt 1988, S. 21ff.
10 Ebd.
11 Vgl. Tolliday, *Rethinking the German Miracle*, S. 7; S. Reich, *The Fruits of Facism: Postwar Prosperity in Historical Perspective*, Cornell 1990.
12 Der Begriff »Käfer« tauchte zum ersten Mal in der New York Times vom 3. Juli 1938 auf und hatte einen ironischen Beiklang.
13 Vgl. P. Kluke, *Hitler und das Volkswagenprojekt*, in: VfZ 8/1960, S. 341-383.
14 Vgl. etwa R. J. Overy, *Cars, Roads and Economic Recovery in Germany 1932-8*, in: Economic History Review 28/1975; ders. *The Nazi Economic Recovery, 1932-9*, London 1982.
15 Vgl. Edelmann, *Vom Luxusgut zum Gebrauchsgegenstand*, S. 157ff.
16 Viertens ließe sich noch auf die Förderung des Automobil-Rennsportes durch die Nationalsozialisten verweisen.
17 Edelmann, *Vom Luxusgut zum Gebrauchsgegenstand*, S. 180ff.
18 Vgl. Nordhoff, *Reden und Aufsätze*, S.19ff.
19 Vgl. Tolliday, Rethinking the German Miracle, S. 7f.
20 Vgl. Volkswagen AG (Hg.), *Eine Idee macht Geschichte*, S. 11.

Kapitel 5: Die fordistische Massenproduktion bei Volkswagen

1   VW-Archiv, *Interne Korrespondenz und Niederschriften der Produktionsleitung (bis 31.12.1954)*, Brief von Nordhoff an Steinmeier vom 1.10.1952.
2   Ebd., Brief von Nordhoff an Steinmeier vom 19.6.1953.
3   VW-Archiv, *Das Volkswagenwerk vom Mutterhaus zum Weltkonzern. Hier: Die Jahre 1938 bis 1957*, S. 8.

4 VW-Archiv, *Interne Korrespondenz und Niederschriften der Produktionsleitung (bis 31.12.1954)*, Kurz-Bericht über die Amerika-Reise der Studiengruppe Härterei-Technik TA 09-138 vom 26.9. – 18.11.1952.

5 Ebd., Brief von Nordhoff an Höhne, Dorls und Schuld vom 13.7.1954.

6 Ebd., Bericht von Dorls an Nordhoff vom 14.8.1954.

7 Ebd., Bericht von Höhne an Nordhoff vom 11.8.1954.

8 Ebd., Vorschläge von Dorls für die Gestaltung der Produktion im Volkswagenwerk vom 14.8.1954.

9 Ebd.

10 Ebd.

11 VW-Archiv, *Interne Korrespondenz und Niederschriften der Produktionsleitung (bis 31.12.1954)*, Bericht von Höhne an Nordhoff vom 11.8.1954.

12 Ebd.

13 Ebd.

14 VW-Archiv, *Jahresbericht der Produktion 1956*, S. 1f.

15 VW-Archiv, *Interne Korrespondenz und Niederschriften der Produktionsleitung (bis 31.12.1954)*, Bericht von Schuld an Nordhoff vom 11.8.1954.

16 Ebd.

17 VW-Archiv, *Interne Korrespondenz und Niederschriften der Produktionsleitung (bis 31.12.1954)*, Brief von Nordhoff an Steinmeier (Produktionsleitung) vom 26.5.1954.

18 Ebd., Bericht von Höhne an Nordhoff vom 11.8.1954.

19 Ebd., Aktennotiz von Höhne über eine Besprechung mit Nordhoff, Jensen, Steinmeier, Schuld, Dorls und Lenz vom 1.10.1954.

20 Ebd., Brief von Nordhoff an Steinmeier vom 2.6.1950.

21 Ebd., Brief von Nordhoff an Steinmeier vom 24.4.1952.

22 VW-Archiv, Interne Korrespondenz und Niederschriften der Produktionsleitung (bis 31.12.1954), Brief von Nordhoff an Steinmeier, Goransch und Orlich vom 6.3.1953.

23 Vgl. die Aufgabenverteilung innerhalb der Standardabteilung des Werks Wolfsburg, die aus der Graphik 4.3 hervorgeht.

24 Vgl. Punkt 10 seines Berichts.

25 VW-Archiv, *Interne Korrespondenz und Niederschriften der Produktionsleitung (bis 31.12.1954)*, Vorschläge von Dorls für die Gestaltung der Produktion im Volkswagenwerk vom 14.8.1954. Der Jahresbericht der Produktion bemerkte zu diesem Thema: „Die Anlaufschwierigkeiten jeder automatischen Fertigung, die dadurch gekennzeichnet sind, daß eine örtliche Störung die ganzen gekoppelten Maschinen und Transportvorrichtungen zum Stillstand bringt, waren auch in Halle 0 erheblich. Durch systematische Arbeit von Hallenleitung und Planung Karosseriebau konnten Teilerfolge erzielt werden. Im kommenden Jahr muß das gesteckte Ziel erreicht werden einschl. der Aufnahme von vorderen Kotflügeln und rechten Türen in den automatischen Arbeitsablauf." (S. 1f.)

26 Ebd.

27 Ebd.

28 VW-Archiv, *Interne Korrespondenz und Niederschriften der Produktionsleitung (1.1.58 – 31.12.1959)*, Aktenvermerk von Dorls vom 16.1.1956 bezüglich der Planung-Chassisbau, Maschinenverwaltung, Allgemeine Planung.

29 Über die mit dieser Aufgabe betraute »Sondergruppe« innerhalb der Planungsabteilung 2 schrieb Dorls: „Es wurde versucht, die fertigungstechnischen Sonderaufgaben in der allgemeinen Fertigungsplaner-Gruppe mit erledigen zu lassen, welche hierzu personell

verstärkt wurde. Leider zeigte es sich aber, daß die Sonderaufgaben durch die laufenden normalen Arbeiten immer gestört wurden, was insgesamt zu einer Verminderung des Leistungsgrades führte und außerdem kam nicht viel Neues dabei heraus, weil die Planer zu sehr bei den alten Methoden beharrten. Die geschilderten Nachteile wurden durch die Einrichtungen der Gruppe Sonderaufgaben behoben. In USA konnte ich feststellen, daß man in der US-Industrie auch oft solche Sondergruppen bildet." (Ebd., S. 3)

30 *„Maschinenbeschaffungsantrag.* Die Maschinenbeschaffungsanträge werden von der Planung erstellt. Sie enthalten, ausgehend von der Anzahl und Leistung der vorhandenen Maschinen, Angaben über Art und Leistung der zu beschaffenden Maschinen. Die Maschinenverwaltung vermerkt alle eingeholten Angebote auf dem Antrag und unter »bestellt« das Angebot, welches ausgewählt wurde. Der Betrieb zeichnet die Bestellung unter »einverstanden« ab. Nach Abnahme einer Maschine zeichnet Betrieb und Planung die Anträge als »i.O.« ab, so daß der erledigte Antrag als Unterlage zur Rechnungsprüfung dienen kann. Der erledigte Antrag wird in der Maschinenakte abgelegt, wodurch man rückwärts immer feststellen kann, warum eine Maschine beschafft wurde. Durchschriften der Anträge informieren die Raumplanung und die Betriebsmittelstelle. Die Begründungen auf den Maschinenbeschaffungs-Anträgen erfolgen ebenso, wie das schon ganz allgemein für Anforderungen gesagt wurde, wobei ebenfalls die Nr. einer angestellten Rentabilitätsrechnung vermerkt wird." (Ebd.)

31 Ebd.

32 VW-Archiv, *Interne Korrespondenz und Niederschriften der Produktionsleitung (bis 31.12.1954),* Bericht von Schuld an Nordhoff vom 11.8.1954.

33 Ebd., Vorschläge von Dorls für die Gestaltung der Produktion im Volkswagenwerk vom 14.8.1954.

34 Ebd., Aktennotiz über die Besprechung bei Nordhoff am 25.8.1954. (Anwesend waren Nordhoff, Jensen, Steinmeier, Schuld, Dorls, Lenz und Höhne.)

35 VW-Archiv, *Nordhoff-Vorlesung über »Industrielle Wirtschaftsführung« an der Technischen Hochschule Braunschweig vom 21.11.1957.*

36 VW-Archiv, *Interne Korrespondenz und Niederschriften der Produktionsleitung (bis 31.12.1954),* Vorschläge von Dorls für die Gestaltung der Produktion im Volkswagenwerk vom 14.8.1954.

37 VW-Archiv, *Nordhoff-Vorlesung über »Industrielle Wirtschaftsführung« an der Technischen Hochschule Braunschweig vom 21.11.1957,* S. 21f.

38 Ebd., S. 8.

39 VW-Archiv, 7/1 TE-Leitung, ab 1.1.1960, Brief von Nordhoff an Kales (Technische Leitung) vom 5.1.1960.

40 *VW-Archiv, Interne Korrespondenz und Niederschriften der Produktionsleitung (1.1.58 – 31.12.1959),* Brief von Nordhoff an Steinmeier (Produktionsleitung) vom 27.8.1959.

41 VW-Archiv, *Interne Korrespondenz und Niederschriften der Produktionsleitung (bis 31.12.1954),* Brief von Nordhoff an Steinmeier (Produktionsleitung) vom 26.5.1954.

42 VW-Archiv, *Interne Korrespondenz und Niederschriften der Produktionsleitung (1.1.58 – 31.12.1959),* Brief von Nordhoff an Steinmeier (Produktionsleitung) vom 15.1.1958.

43 *VW-Archiv, Jahresbericht der Produktion 1951,* S. 3.

44 VW-Archiv, *Das Volkswagenwerk vom Mutterhaus zum Weltkonzern,* S. 9.

45 Nordhoff, *Der Mensch im automatisierten Großbetrieb,* S. 4ff.

46 VW-Archiv, *Interne Korrespondenz und Niederschriften der Produktionsleitung (1.1.55 – 31.12.1956),* Brief von Nordhoff an Steinmeier (Produktionsleitung) vom 4.8.1955.

47 VW-Archiv, *Interne Korrespondenz und Niederschriften der Produktionsleitung (1.1.58 – 31.12.1959),* Brief von Nordhoff an Steinmeier (Produktionsleitung) vom 15.1.1958.

48 Ebd., Brief von Steinmeier an Nordhoff vom 14.2.1958.

49 Ebd., Brief von Lenz an Steinmeier vom 17.2.1958.

50 VW-Archiv, *Interne Korrespondenz und Niederschriften der Produktionsleitung (ab 1.1.1960),* Reisebericht von Höhne für die Generaldirektion, eingegangen am 3.10.1960.

51 VW-Archiv, *Interne Korrespondenz und Niederschriften der Produktionsleitung (1.1.1955 – 31.12.1956),* Brief von Nordhoff an Steinmeier vom 20.1.1955.

52 VW-Archiv, *Interne Korrespondenz und Niederschriften der Produktionsleitung (1.1.1955 – 31.12.1956),* Brief von Nordhoff an Steinmeier vom 7.4.1956.

53 Ebd., Brief von Nordhoff an Steinmeier vom 7.4.1956.

54 Ebd., Brief von Nordhoff an Steinmeier vom 25.11.1955; Bericht von Klemm (Produktionsleitung) über den Besuch der „Herren der Firma Opel" vom 19.10.1956.

55 VW-Archiv, *Jahresberichte der Hauptabteilung Personal,* laufende Jahrgänge.

56 Nordhoff, *Der Mensch im automatisierten Großbetrieb,* S. 3.

57 Quelle: VW- Archiv, *Der Volkswagenkonzern. Die wichtigsten Zahlen und Daten.*

58 Typ 1 ist der »Käfer«, Typ 2 der Transporter und Typ 3 der VW 1600.

59 VW-Archiv, *Nordhoff-Rede zum Händlerempfang am 7.1.1966,* S. 4ff.

60 Allein 1960 etwa wurden am Typ I 113 qualitätssteigernde Veränderungen vorgenommen: „Insbesondere ist der Einsatz von EA 106 zu erwähnen, der wesentliche Fertigungsänderungen ergab: Es setzte der Motor EA 67 mit 34 PS ein. Gleichzeitig erfolgte der Einbau des vollsynchronisierten Getriebes und die Änderung des Vorderwagens zur Erzielung eines vergrößerten Kofferraumes. Hinzu kam der Einsatz der nadelgelagerten Vorderachse, das asymetrische Licht und der Lenkungsdämpfer. Entsprechend den Wünschen der Verkaufsleitung wurden 12 weitere M-Ausstattungen eingeführt, so daß jetzt 73 M-Ausstattungen existieren. Außerdem sind 77 Farbkombinationen freigegeben." (*VW-Archiv, Jahresbericht der Produktion 1960,* S. 3.) Ähnliche Passagen finden sich in nahezu allen Jahresberichten des Vorstandsbereichs Produktion.

61 H. Edelmann, Vorwort zu »*Heinrich Nordhoff, Zeugnisse einer Ära«,* S. 34ff.

62 Volkswagen GmbH Wolfsburg, *Geschäftsbericht für das Jahr 1956,* S. 10.

63 Edelmann, Vorwort zu »*Heinrich Nordhoff, Zeugnisse einer Ära«,* S. 40ff.

64 Quellen: VW- Archiv, *Der Volkswagenkonzern. Die wichtigsten Zahlen und Daten; Interne Unterlagen der Betriebswirtschaftlichen Abteilung.*

65 Quelle: VW- Archiv, *Der Volkswagenkonzern. Die wichtigsten Zahlen und Daten.*

66 Volkswagen AG Wolfsburg, *Geschäftsbericht für das Jahr 1960.*

67 *VW-Archiv, Interne Korrespondenz und Niederschriften der Produktionsleitung (1.1.58 – 31.12.1959),* Aktenvermerk von Dorls vom 16.1.1956 bezüglich der Planung-Chassisbau, Maschinenverwaltung, Allgemeine Planung, S. 2.

68 Quellen: VW- Archiv, *Der Volkswagenkonzern. Die wichtigsten Zahlen und Daten; Geschäftsberichte der Volkswagenwerk GmbH/AG* (laufende Jahrgänge).

69 Volkswagen GmbH, Wolfsburg, *Geschäftsbericht für das Jahr 1958,* S. 30.

70 Quelle: VW-Archiv, *Interne Daten der Betriebswirtschaftlichen Abteilung.*

71 VW-Archiv, *Interne Korrespondenz und Niederschriften der Produktionsleitung* (ab 1.1.1960), Ausführungen von Nordhoff auf der Betriebsversammlung am 22.8.1960.

72 Quelle: Volkswagenwerk GmbH/AG Wolfsburg, *Geschäftsberichte* (laufende Jahrgänge).

73 Vgl. Altvater u.a., *Vom Wirtschaftswunder zur Wirtschaftskrise,* S. 291ff.

Kapitel 6: Die Arbeitsbeziehungen im Volkswagenwerk – Die Strategie des Managements

1 »Die Kriegsschäden am Gebäude wurden sämtlich behoben, so daß die Mechanische Halle wieder über 49 000 qm Fläche verfügt.« (VW-Archiv, *Jahresbericht der Produktion für das Jahr 1949*, S. 2.)

2 VW-Archiv, *Sozialbericht zum Bericht des Haupttreuhänders per 31.12.1947*, S. 1ff.

3 Vgl. Schaubild 3.

4 Ebd., S. 2.

5 »Insbesondere stand die Belegschaftsentwicklung ganz im Zeichen der erhöhten Produktion, für die zusätzliche Arbeitskräfte neu aufgenommen werden mußten. Die Personalleitung war in der Lage, freie Arbeitskräfte aus dem Raume Braunschweig im Werk einzusetzen, nachdem sich die Bundesbahn zur Einführung von Schichtzügen auf der Strecke Braunschweig-Wolfsburg entschlossen hatte. In sämtlichen Betriebsabteilungen konnten die Arbeitskräfteanforderungen reibungslos abgedeckt werden, so daß die Produktionsleitung die geplante Produktion ohne Störung abwickeln konnte.« (VW-Archiv, *Jahresbericht der Hauptabteilung Personalwesen für das Jahr 1950*, S. 1.)

6 Quelle: VW-Archiv, *Jahresberichte der Hauptabteilung Personal* (laufende Jahrgänge).

7 Bis Mitte 1956 wurden zusätzlich Werkssonderzüge eingesetzt.

8 Quelle: VW-Archiv, *Jahresberichte der Hauptabteilung Personal* (laufende Jahrgänge).

9 »Einer zielbewußten Personalpolitik ist es gelungen, das bisherige junge Lebensdurchschnittsalter der Belegschaft auch im Berichtsjahr zu halten.“ (VW-Archiv, *Jahresbericht der Hauptabteilung Personalwesen für das Jahr 1954*, S. 3.)

10 Quelle: VW-Archiv, *Jahresberichte der Hauptabteilung Personal* (laufende Jahrgänge).

11 Quelle: Ebd.

12 Vgl. VW-Archiv, *Jahresbericht der Hauptabteilung Personalwesen für das Jahr 1955*, S. 4.

13 VW-Archiv, *Jahresbericht der Hauptabteilung Personalwesen für das Jahr 1956*, S. 3.

14 VW-Archiv, *Jahresbericht der Hauptabteilung Personalwesen für das Jahr 1959*, S. 2.

15 Quelle: VW-Archiv, *Jahresberichte der Hauptabteilungen Personal und Produktion* (laufende Jahrgänge).

16 *Lehrpersonal: Ausbildungsleiter + Meister+ Ausbilder*

17 Vgl. z.B. VW-Archiv, *Jahresbericht der Hauptabteilung Personalwesen für das Jahr 1961*, S. 12.

18 Quelle: VW-Archiv, *Jahresberichte der Hauptabteilung Personal* (laufende Jahrgänge). 1962 waren im Werk Wolfsburg 3607 ausländische Arbeitskräfte beschäftigt. Davon waren 3188 (88,4%) Italiener.

19 VW-Archiv, *Personalstatistik (Belegschaftsentwicklung ausländischer Arbeitnehmer nach Werken 1946-1981).*

20 VW-Archiv, *Interne Korrespondenz und Niederschriften der Produktionsleitung (bis 31.12.1954)*, Brief von Nordhoff an Steinmeier, Goransch und Orlich vom 6.3.1953.

21 VW-Archiv, *Nordhoff-Vortrag: Industrielle Wirtschaftsführung. Festvortrag zur Feier der Immatrikulation an der Technischen Hochschule Carolo-Wilhelmina am 29.11. 1955 in Braunschweig*, S. 3.

22 Lazonick, *Competitive Advantage on the Shop Floor*, S. 233ff

23 Ebd.

24 Vg. Piore/Sabel, Das Ende der Massenproduktion, S. 160ff; H. H. Hartwich, *Arbeitsmarkt, Verbände und Staat, Berlin 1969;* R. Hachtmann, *Industriearbeit im »Dritten Reich«. Untersuchungen zu den Lohn- und Arbeitsbedingungen in Deutschland 1933-1945*, Göttingen 1989.

25 VW-Archiv, *Nordhoff-Rede auf der Betriebsversammlung in Wolfsburg am 22.8. 1960,* S. 3.

26 VW-Archiv, *Nordhoff-Vortrag »Der Mensch im Betrieb« auf der öffentlichen Vortragsveranstaltung des VDA in Baden-Baden am 3.10.1956,* S. 29.

27 Nordhoff, *Reden und Aufsätze,* S. 63ff.

28 Quelle: VW-Archiv, *Jahresberichte der Hauptabteilung Personal* (laufende Jahrgänge); vgl. auch Schaubild 4.

29 So schrieb beispielsweise Adenauer unter dem Datum des 24.2.1960 an den Bundesminister für wirtschaftlichen Besitz des Bundes, Lindrath: »... bei meinen Gesprächen mit den Sozialpartnern und Vertretern anderer Spitzenorganisationen über die Entwicklung der Löhne und Preise habe ich den Eindruck gewonnen, daß die Bemühungen der Bundesregierung um die Erhaltung der Stabilität der Kaufkraft und der Währung bei allen Beteiligten auf großes Verständnis gestoßen sind. ... Der Bund als Unternehmer kann hier eine wichtige Aufgabe erfüllen. Er sollte die Rolle des Schrittmachers übernehmen und so weit als irgend möglich auf die Lohnverhandlungen wirken. Ich glaube, daß die Konsolidierung einiger Bundesunternehmen so weit fortgeschritten ist, daß eine fühlbare Einschränkung der Selbstfinanzierung angestrebt werden sollte mit dem Ziele, den Produktivitätsfortschritt nicht nur durch Qualitätsverbesserungen sondern auch im Wege von Preissenkungen an die Allgemeinheit weiterzugeben. *Ich denke dabei insbesondere an die Preisgestaltung für den Volkswagen.* Eine solche Preissenkung wäre hervorragend geeignet, die Lohnverhandlungen in der gesamten Kraftfahrzeug- und in der Metallindustrie mäßigend zu beeinflussen und würde im Ergebnis auch den Unternehmern zugute kommen.« (Bundesarchiv/ Zwischenarchiv Hangelar, *Bestand B 102/99.*)

30 Vgl. Anhang 6.1.

31 Vgl. Piore/ Sabel, *Das Ende der Massenproduktion,* S. 139ff.

32 Vgl. den am 16.7.1954 abgeschlossenen Nachtrag zum Lohntarifvertrag vom 29.8.1952 und die Forderungen der IG Metall vom 13.10.1955 (Schaubild 4)).

33 VW-Archiv, *Jahresbericht der Hauptabteilung Personalwesen für das Jahr 1955,* S. 18f.

34 »Eine große Anzahl von Facharbeitern, die bisher an den Bändern arbeiteten, sind entsprechend ihrer Ausbildung eingesetzt worden.« (VW-Archiv, *Jahresbericht der Hauptabteilung Personalwesen für das Jahr 1954,* S. 4.)

35 Quelle: VW-Archiv, *Jahresberichte der Hauptabteilung Personal* (laufende Jahrgänge).

36 *Die Zahlen beziehen sich auf die Zahl der Lohnempfänger am Jahresende.*

37 1954 teilte der Jahresbericht der Hauptabteilung Personal mit: »Ab 1. Januar ging die weitere Bearbeitung der Stellenpläne von der Organisationsabteilung auf die Personalabteilung über.« (VW-Archiv, *Jahresbericht der Hauptabteilung Personalwesen für das Jahr 1954,* S. 11.)

38 »Der Arbeitseinsatzingenieur ... beteiligte sich ... an der Bewertung neuer und geänderter Arbeitsplätze sowie bei der Erstellung weiterer Arbeitsbeispiele und der Festlegung von Lohngruppen.« (VW-Archiv, *Jahresbericht der Hauptabteilung Personalwesen für das Jahr 1956,* S. 5.)

39 VW-Archiv, *Jahresbericht der Hauptabteilung Personalwesen für das Jahr 1956,* S. 4.

40 »Die Belegschaft hat sich mit der 5-Tagewoche abgefunden, hat jedoch den Wunsch, wieder zur normalen Arbeitszeit zu kommen.« (VW-Archiv, *Jahresbericht der Hauptabteilung Personalwesen für das Jahr 1951,* S. 3.)

41 Sie betrug 25 DM für ledige Mitarbeiter und 30 DM für verheiratete Werksangehörige.

42 Ebd., S. 1ff.

43 Vgl. Anhang 6.1.

44 Quelle: VW-Archiv, *Jahresberichte der Hauptabteilungen Personal und Produktion* (laufende Jahrgänge).

45 Ebd.
46 Ebd.
47 Ebd.
48 VW-Archiv, *Nordhoff-Vortrag »Der Mensch im Betrieb«*, S. 31.
49 Vgl. den Manteltarifvertrag vom 20.11.1953 und die Tarifvereinbarung vom 11.4.1960 (Anhang 6.1.)
50 *Schaubild 5 präsentiert die Details der außerbetrieblichen Sozialleistungen im Volkswagenwerk.*
51 Vgl. Anhang 6.2.
52 Vgl. Schaubild 6.
53 Ebd.
54 Nordhoff, *Reden und Aufsätze*, S. 360ff.
55 Vgl. Anhang 6.3.
56 Tabelle 6.9 präsentiert die quantitativen Details der Entwicklung dieses Vorschlagswesens bis 1953. Für die folgenden Jahre liegen mir keine Einzelheiten zu diesem Thema vor.
57 VW-Archiv, *Interne Korrespondenz und Niederschriften der Produktionsleitung (bis 31.12.1954)*, Brief von Nordhoff an Steinmeier vom 26.8.1954.
58 Ebd.
59 Ebd., Brief von Nordhoff an Steinmeier vom 26.10.1953. Einen ähnlich lautenden Brief an Steinmeier hatte Nordhoff bereits geraume Zeit vorher geschrieben, am 8.5.52.
60 VW-Archiv, *Interne Korrespondenz und Niederschriften der Produktionsleitung (1.1.1955 bis 31.12.1956)*, Brief von Nordhoff an Steinmeier vom 9.17.1956.
61 VW-Archiv, *Interne Korrespondenz und Niederschriften der Produktionsleitung (bis 31.12.1954)*, Brief von Nordhoff an Steinmeier vom 22.1.1953.
62 Ebd., Brief von Nordhoff an Steinmeier vom 26.1.1954.
63 Ebd., Kurz-Bericht über die Amerika-Reise der Studiengruppe Härterei-Technik TA 09-138 vom 26.9. – 18.11.1952, S.3.
64 Quelle: VW-Archiv, *Jahresberichte der Hauptabteilung Personal* (laufende Jahrgänge).
65 Vor der Währungsreform betrug der durchschnittliche Krankenstand 10-12%, danach 2-4%.
66 1953 betrug der durchschnittliche Krankenstand bei Borward 3,7%, bei Ford 3,3% und bei Opel 4,6%.
67 Die Zahlen markieren die Schwankungsbreite des Krankenstands über das Jahr.
68 Ab 1958 beziehen sich die Daten nicht mehr auf die gesamte Belegschaft, sondern nur noch auf die Lohnempfänger.
69 VW-Archiv, *Jahresbericht der Produktion für das Jahr 1947*, S. 5.
70 VW-Archiv, *Jahresbericht der Produktion für das Jahr 1962*, S. 2.
71 VW-Archiv, *Jahresbericht der Produktion für das Jahr 1954*, S. 19.
72 Vgl. die Daten zur Fluktuation in Tabelle 6.2.
73 VW-Archiv, *Jahresberichte der Produktion für die Jahre 1955 (S. 21), 1959 (S. 19) und 1962 (S. 1ff).*
74 VW-Archiv, *Jahresbericht der Produktion für das Jahr 1962*, S. 1f.
75 Ebd., S. 7.
76 Quelle: VW-Archiv, *Jahresberichte der Hauptabteilung Personal* (laufende Jahrgänge).
77 Ebd.
78 VW-Archiv, *Jahresbericht der Produktion für das Jahr 1962*, S. 2.

Kapitel 7: Die Materialversorgung des Volkswagenwerks

1 VW-Archiv, *Jahresbericht der Hauptabteilung Einkauf und Materialabteilung für das Jahr 1949*, S. 1.

2 VW-Archiv, *Einkauf – Diverse Abteilungen 1946-1949*, Brief der Einkaufsleitung an das Verwaltungsamt für Wirtschaft in Minden/Abt. Fahrzeugindustrie vom 30.6.1947; Betr.: Programmgestaltung.

3 »Wegen der prekären Situation in Karosserieblechen fuhr unser Herr Paulsen, auf Veranlassung ihres Herrn Wenk am 7.7.47 nach Düsseldorf, um mit Herrn O. C. Müller, vom Amt Stahl und Eisen, eine Hilfe, in Form von Auflagen zur bevorzugten Lieferung von Stahlblechen zu erreichen. Herr O. C. Müller mußte nach Rücksprache mit Herrn Dr. Mohnden diese Hilfe ablehnen, da nach seiner Ansicht durch Stromkürzungen und Kohlenmangel die Situation bei den Walzwerken derartig katastrophal sei, daß selbst für die Mandatory-Aufträge für das Volkswagenwerk eine zusätzliche Auflage nicht verantwortet werden könne. Auflagen würden nur erteilt auf Wunsch der britischen Militärregierung für bevorzugte Lieferungen an die russische und französische Zone und für direkte Militäraufträge. ... Wir haben nun durch dauernde persönliche Verhandlungen bei den Walzwerken versucht, eine klärende Situation herbeizuführen. Theoretisch ist man in der Lage, wenn auch unter ungeheuren Schwierigkeiten, unseren Mindestbedarf an Karosserieblechen zu decken, in der Praxis wird man diese Zusagen nach neuesten Informationen wohl nicht halten können, da weitere erhebliche Stromabschaltungen gemeldet werden. Auch die Einschaltung der Versorgungszentrale des deutschen Bergbaus bei den Ohler Eisenwerken war bis zum heutigen Tage ohne Erfolg. Es ist selbstverständlich, daß von unserer Seite aus alles geschieht, um die schwierige Situation zu meistern, aber es muß bereits jetzt darauf aufmerksam gemacht werden, daß bei der undurchsichtigen Lage bei den Walzwerken, durch willkürliche Stromabschaltungen und nicht zur Verfügungstellen erforderlicher Kohlenmengen eine Erhöhung unseres Programms nicht durchführbar sein wird. Es wird schwierig sein, das derzeitige Programm, bei der augenblicklichen Lage, in der bisherigen Höhe zu halten. ... Um den drohenden Produktionseinbruch zu vermeiden, muß unbedingt von einer höheren Dienststelle aus versucht werden, für diese Mengen eine Lieferauflage zu erwirken.« (Ebd., Brief der Einkaufsleitung (Oehlenschläger) an das Verwaltungsamt für Wirtschaft in Minden/Abt. Fahrzeugindustrie vom 30.7.1947.)

4 Ebd., Brief der Einkaufsleitung (Oehlenschläger) an das Zentralamt für Wirtschaft des amerikanischen und britischen Besatzungsgebietes/Abt. Metalle vom 6.8.1947.

5 »Es treten immer wieder Walzwerke und Stahlgroßhändler mit dem Ersuchen an uns heran, gegen Lieferung von 10-20 to Feinblechen oder andere von uns benötigte Walzwerkserzeugnisse einen Volkswagen zu erhalten. Wir haben diese Angebote gesammelt, waren aber nicht in den Lage, eine Entscheidung zu fällen. Da in absehbarer Zeit wohl kaum mit einer befriedigenden Kontingentierung zu rechnen ist, andererseits aber Anfang nächsten Jahres die Verteilung der Volkswagenproduktion deutschen Dienststellen obliegt, wäre es ohne Zweifel von Interesse, diesen Angeboten näher zu treten, vor allen Dingen, da auf dem Stahlsektor eine gewisse Erleichterung eintritt, und für einen abgegebenen Wagen 10 bzw. 20 Wagen gebaut werden können, für die Kontingente nicht erforderlich sind. Bei diesen ohne besondere Kontingente zu bauenden Fahrzeugen denken wir hauptsächlich an Fahrzeuge, die für Lieferanten der Autoindustrie, befreundete Verbände und Behörden bestimmt sind. Wir glauben auch nicht, daß es sich hierbei um eine sogenannte verbotene Kompensation handelt, da die angebotenen Walzwerkserzeugnisse aus der freien Spitze, über die jedes Walzwerk verfügt, geliefert werden.« (Ebd., Brief der Einkaufsleitung an das Verwaltungsamt für Wirtschaft/Abt. Fahrzeugindustrie (Herrn Wenk) vom 29.9.1947.)

6 Ebd., Brief der Einkaufsleitung an das Verwaltungsamt für Wirtschaft des amerikanischen und britischen Besatzungsgebietes vom 15.1.1948.

7 Tatsächlich exportiert wurden 1948 4.385 Fahrzeuge.

8 VW-Archiv, *Einkauf – Diverse Abteilungen 1946-1949*, Brief der Einkaufsleitung an die Verwaltungsamt für Wirtschaft in Frankfurt/Hauptabt. V (Außen- und Interzonenhandel) vom 18.2.1948.

9 Ebd., Brief der Einkaufsleitung an die Verwaltung für Wirtschaft in Frankfurt vom 20.5.1949.

10 Ebd., Brief der Einkaufsleitung an die Verwaltung für Wirtschaft in Frankfurt/Abt. Außenhandel vom 12.12.1949.

11 Ebd., Brief der Einkaufsleitung an die Verwaltung für Wirtschaft in Frankfurt/Fachgruppe Chemie (z.Hd. v. Herrn v. Römer) vom 4.11.1949.

12 Ebd., Brief der Einkaufsleitung an das Verwaltungsamt für Wirtschaft in Frankfurt/Abteilung Maschinen vom 10.6.1949.

13 Ebd., Brief der Fachstelle Eisen- und Metallverarbeitung der Verwaltung für Wirtschaft des Vereinigten Wirtschaftsgebietes/Abt. Maschinenbau an das Volkswagenwerk vom 24.6.1949.

14 Ebd., Brief des Volkswagenwerks an den Verwaltungsrat für Wirtschaft in Frankfurt vom 17.11.1949.

15 VW-Archiv, *Einkauf – Diverse Abteilungen 1950-1956*, Brief von Paulsen an Nordhoff vom 26.10.1950.

16 Ebd., Telegramm des Volkswagenwerks an das Bundeswirtschaftsministerium vom 30.3.1951.

17 Ebd., Brief von Paulsen an Nordhoff vom 26.10.1950.

18 Ebd., Brief von Paulsen an Nordhoff vom 28.3.1951.

19 Ebd., Brief von Paulsen an Nordhoff vom 22.3.1951.

20 Ebd.

21 VW-Archiv, *Einkauf – Diverse Abteilungen 1950-1956*, Aktennotiz vom 16.3.1951 von Hiemenz (Finanzleitung) für Nordhoff, Jensen, Paulsen und Till über die Verhandlung beim Bundeswirtschaftsministerium und bei der Bank Deutscher Länder in Sachen Koks – Stahl – Bleche.

22 Ebd., Aktennotiz von Paulsen für Nordhoff vom 29.3.1951.

23 Ebd., Telegramm von Nordhoff an Erhard vom 28.3.1951.

24 Ebd., Bericht für Nordhoff vom 28.3.1951.

25 Ebd., Aktennotiz von Paulsen für Nordhoff vom 29.3.1951.

26 Ebd., Abschrift des Fernschreibens der Stahlwerke Bochum an das Bundeswirtschaftsministerium vom 31.3.1951.

27 Ebd., Vermerk von Knöfler für Nordhoff vom 2.4.1951 über die Brennstofflieferung an die Eisen- und Hüttenwerke A.G. – Werk Rasselstein – Neuwied/Rhein, zugunsten der Feinblechversorgung des Volkswagenwerkes.

28 Ebd., Bericht von Paulsen für Nordhoff vom 27.7.1951 über die Versorgungslage in Karosserieblechen und Bändern.

29 Ebd.

30 Ebd., Bericht von Paulsen für Nordhoff und Jensen über den Besuch bei der Voest in Linz vom 10.7.1951.

31 Ebd., Brief von Paulsen an Nordhoff vom 22.3.1951.

32 VW-Archiv, *Jahresbericht der Produktion für das Jahr 1954*, S. 4.

33 Quellen: VW-Archiv: *Jahresberichte der Hauptabteilung Einkauf und Materialverwaltung/Finanzen*.

34 VW-Archiv, *Jahresbericht der Hauptabteilung Einkauf und Materialverwaltung für das Jahr 1960*, S. 4.
35 VW-Archiv, *Jahresbericht der Hauptabteilung Einkauf und Materialverwaltung für das Jahr 1957*, S. 2f.
36 VW-Archiv, *Jahresbericht der Hauptabteilung Einkauf und Materialverwaltung für das Jahr 1960*, S. 1f.
37 VW-Archiv, *Jahresbericht der Hauptabteilung Einkauf und Materialverwaltung für das Jahr 1962*, S. 5.
38 VW-Archiv, *Jahresbericht der Hauptabteilung Einkauf und Materialverwaltung für das Jahr 1955*, S. 2.
39 VW-Archiv, *Jahresbericht der Hauptabteilung Einkauf und Materialverwaltung für das Jahr 1962*, S. 4.
40 VW-Archiv, *Jahresbericht der Hauptabteilung Einkauf und Materialverwaltung für das Jahr 1958*, S. 2f.
41 VW-Archiv, *Jahresbericht der Hauptabteilung Einkauf und Materialverwaltung für das Jahr 1961*, S. 3.
42 VW-Archiv, *Jahresbericht der Hauptabteilung Einkauf und Materialverwaltung für das Jahr 1956*, S. 1.
43 Quellen: VW-Archiv: *Jahresberichte der Hauptabteilung Einkauf und Materialverwaltung/Finanzen.*
44 VW-Archiv, *Jahresbericht der Hauptabteilung Einkauf und Materialverwaltung für das Jahr 1962*, S. 6.
45 VW-Archiv, *Jahresbericht der Hauptabteilung Einkauf und Materialverwaltung für das Jahr 1955*, S. 3.
46 VW-Archiv, *Jahresbericht der Hauptabteilung Einkauf und Materialverwaltung für das Jahr 1958*, S. 1.
47 VW-Archiv, *Jahresbericht der Hauptabteilung Einkauf und Materialverwaltung für das Jahr 1960*, S. 2.
48 VW-Archiv, *Jahresbericht der Hauptabteilung Einkauf und Materialverwaltung für das Jahr 1961*, S. 4.
49 VW-Archiv, *Einkauf – Diverse Abteilungen 1950-1956*, Interne Mitteilung von Nordhoff an Paulsen vom 16.3.1955.
50 Ebd., Interne Mitteilung von Paulsen an Nordhoff vom 19.3.1955.
51 Die Werte wurden berechnet nach den Tabellen 1.6 und 7.2 sowie den Daten aus: VW-Archiv: *Der Volkswagenkonzern. Die wichtigsten Daten und Zahlen.*

Kapitel 8: Der Export des Volkswagenwerks: Schwerpunkte, Strategien, Erfolgsbedingungen

1 Quelle: VW Archiv, *Interne Übersichten über die Unternehmensentwicklung.*
2 Quelle: Ebd. Die Zahlen in Klammern beziehen sich auf den Export von Pkws.
3 VW-Archiv, *Anfänge der Exportorganisation*, Mustervertrag mit dem niederländischen Generalimporteur Ben Pon.
4 VW-Archiv, *Händler-Organisation Ausland bis 31.12.1953*, Brief von W. Haefner (AMAG) an Nordhoff vom 24.12.1952.
5 Ebd., Brief von Nordhoff an Haefner vom 5.1.1953.
6 Ebd., Interne Mittelung von Nordhoff an Kock (Exportabteilung).
7 *Ebd., Mitteilung der Exportabteilung an Nordhoff und die übrigen Spitzen des VW-Managements.*

8 Ebd, Brief von Nordhoff an Major H. C. Steffen, vom 25.3.1953.

9 Ebd., Brief von Wilhelm Roloff an Nordhoff vom 7.5.1953.

10 VW-Archiv, *Händler-Organisation Ausland 1962,* Schriftwechsel zwischen der DIFFUSION AUTOMOBILE und dem Volkswagenwerk.

11 Ebd., Schriftwechsel zwischen Porsche/Salzburg, der Firma Liewers und dem Volkswagenwerk.

12 VW-Archiv, *Händler-Organisation Ausland 1955,* Brief von Orlich und Weissel an P. D'Ieteren vom 24.2.1955.

13 Ebd., Bericht von Weissel (Inspektionsleitung) über seine Reise nach Dublin vom 21.-23.6.1955 an Nordhoff, Orlich, Steinmeier, Hinke und Thiele.

14 Ebd., Randbemerkung von Nordhoff zu einem Brief, den er von Hinke (Export-abteilung) unter dem 25.5.1955 erhielt.

15 VW-Archiv, *Anfänge der Exportorganisation* – Die Steigerung des VW-Exportes von 1948 bis 1950.

16 VW-Archiv, *Exportleitung (9 b/1),* Nordhoffs »Situationsbericht Südamerika« vom 24.6.1950.

17 VW-Archiv, *Anfänge der Exportorganisation – Die Entwicklung der VW-Inter-americana.*

18 Das Liefergebiet der VW-Interamericana umfaßte 1962 beispielsweise folgende Länder und Ländergruppen: Antillen (franz.+niederl.), Costa Rica, Dominikanische Republik, Ecuador, Britisch- u. Französisch-Guayana, Guatemala, Haiti, Britisch-Honduras, Republik Honduras, Jamaika, Columbien, Kuba, Mexiko, Nicaragua, Panama, Puerto Rico, Salvador, Surinam, Trinidad, Venezuela, Westindische Inseln.

19 VW-Archiv, *Händler-Organisation Ausland bis 31.12.1953,* Brief von Ernst Krause an Nordhoff vom 9.3.1953.

20 Ebda, Brief von O. W. Jensen an Nordhoff vom 30.8.1952.

21 Ebd., Mitteilung des Handelskontors Niedersachsen an das Volkswagenwerk vom 18.3.1953.

22 VW-Archiv, Händler-Organisation Ausland bis 31.12.1953, Brief von Nordhoff an Feuereisen (Verkauf und Kundendienst) vom 14.2.1953.

23 Ebd., Brief von Nordhoff an Jansen vom 8.5.1953.

24 1962 exportierte das Volkswagenwerk in 155 Länder. Von diesen Märkten wurden 1954 bereits 110 beliefert.

25 Vgl. die Kapitel 1 und 2.

26 VW-Archiv, *Exportleitung (9 b/1),* Nordhoffs »Situationsbericht Südamerika« vom 24.6.1950.

27 VW-Archiv, *Exportleitung (9 b/2),* Schriftwechsel mit auswärtigen Stellen, Brief von Nordhoff an v. Keiser, den Leiter der Aussenhandelsstelle Rotterdam der Verwaltung für Ernährung, Landwirtschaft und Forsten vom 23.8.1950.

28 Vgl. Kapitel 3.

29 VW-Archiv, *Exportleitung (9 b/1),* Nordhoffs »Situationsbericht Südamerika« vom 24.6.1950.

30 VW-Archiv, *Händler-Organisation Ausland bis 31.12.1953,* Bericht der N. V. Handel-maatschappij 'Piola' an das Volkswagenwerk über den anlaufenden Export nach Indonesien vom 23.12.1952.

31 VW-Archiv, *Händler-Organisation Ausland bis 31.12.1954,* Bericht über die Reise von Pierre D'Dieteren – VW-Generalimporteur für Belgien und Belgisch-Kongo – in den Kongo vom 4.11 bis 6.12.1954.

32 VW-Archiv, *Händler-Organisation Ausland bis 31.12.1953,* Briefe von Walter Haefner an Nordhoff vom 23.5. und 31.10.1953.

33 Ebd., Brief der »Aktiebolaget SCANIA VABIS« in Södertälje an Nordhoff vom 5.11. 1953, der eine deutsche Übersetzung des entsprechenden Zeitungsartikels enthält.

34 Ebd.

35 VW-Archiv, *Exportleitung (9 b/1)*, Aktenvermerk von Hiemenz (Finanzleitung) vom 6.2.1950.

36 Darunter wird hier der Absatz von Waren mit Verlust – oder zumindest ohne Gewinn – verstanden.

37 Ebd., Schreiben von Nordhoff an die VW-Vertretungen in Holland, Belgien, Luxemburg, dem Saargebiet, der Schweiz, Dänemark, Schweden, Norwegen, Ägypten und Portugal vom 1.2.1951.

38 Ebd., Interne Mitteilung von Kock (Hauptabteilung Export) an Jensen (Geschäftsleitung) 25.7.1951.

39 *VW-Archiv, Händler-Organisation Ausland bis 31.12.1954*, Übersetzung aus 'L'ECHO DE LA BOURSE' vom 17.3.1954, als Anhang eines Briefes von Pierre D'Ieteren an Nordhoff vom 26.3.1954.

40 *VW-Archiv, Händler-Organisation Ausland bis 31.12.1953*, Briefe von Walter Haefner an Nordhoff vom 21. und 23.5.1953.

41 VW-Archiv, *Händler-Organisation Ausland*, Briefe von Gumpert an Nordhoff vom 22.1.1962 respektive an Hinke vom 24.4.1962.

42 VW-Archiv, *Händler-Organisation Ausland, bis 31.12.1953*, Interne Mitteilung von Till (Büro Düsseldorf) an Nordhoff vom 17.11.1953.

43 VW-Archiv, *Händler-Organisation Ausland, bis 31.12.1954*, Brief von Till an Ake Welander von der Scania Vabis Södertälje/ Schweden.

44 Ebd., Interne Mitteilung von Till (Exportabteilung – Büro Düsseldorf) an Nordhoff vom 17.11.1954.

45 VW-Archiv, *Händler-Organisation Ausland, bis 31.12.1953*, Interne Mitteilung von Till (Exportabteilung – Büro Düsseldorf) an Nordhoff vom 12.2.1953.

46 Ebd., Brief von Nordhoff an Till vom 30.9.53.

47 Ebd., Interne Mitteilung von Till (Exportabteilung – Büro Düsseldorf) an Nordhoff vom 17.12.1953.

48 *VW-Archiv, Händler-Organisation Ausland, bis 31.12.1954*, Interne Mitteilung von Till (Exportabteilung – Büro Düsseldorf) an Hinke (Exportleitung) vom 29.5.1954.

49 VW-Archiv, *Händler-Organisation Ausland, bis 31.12.1953*, Interne Mitteilung von Till (Exportabteilung – Büro Düsseldorf) an Hinke (Exportleitung) vom 21.5.1953.

50 VW-Archiv, *Händler-Organisation Ausland, bis 31.12.1954*, Interne Mitteilung von Hinke (Exportleitung) an Nordhoff vom 26.11.1954.

51 VW-Archiv, *Händler-Organisation Ausland, bis 31.12.1955*, auf Frankreich bezogener Schriftwechsel zwischen dem Büro Düsseldorf (Till) und der Exportabteilung in Wolfsburg (Hinke und Feuereisen).

52 VW-Archiv, *Händler-Organisation Ausland, bis 31.12.1953*, Brief von Nordhoff an Morante. (Das Datum liegt im Februar dieses Jahres, ist aber nicht genau ersichtlich, da nur der Brief-Entwurf enthalten ist.)

53 Ebd., Interne Mitteilung von Till an Nordhoff vom 4.5.1953.

54 Ebd., Brief von Nordhoff an Vorwig vom 16.3.1953

55 Ebd., Brief von Nordhoff an Reinhardt (Ministerialdirigent im Bundeswirtschaftsministerium) vom 27.5.1953.

56 Ebd., Brief von Till an Oberregierungsrat Dr. Panhorst (Bundeswirtschaftsministerium) vom 5.3.1953.

57 Ebd., Schreiben der deutschen Botschaft an das Volkswagenwerk vom 29.12.1953.

58 VW-Archiv, *Händler-Organisation Ausland, bis 31.12.1954,* Brief von Till an Feuereisen vom 6.8.1954.

59 Ebd., Brief von Till an Nordhoff vom 14.7.1954.

60 VW-Archiv, *Händler-Organisation Ausland, bis 31.12.1953,* Brief von Till an Nordhoff vom 23.11.1953.

61 VW-Archiv, *Händler-Organisation Ausland, bis 31.12.1954,* Brief von Till an Nordhoff vom 30.6.1954.

62 VW-Archiv, *Exportleitung (9 b/1),* Nordhoffs »Situationsbericht Südamerika« vom 24.6.1950.

63 VW-Archiv, *Händler-Organisation Ausland, bis 31.12.1953,* Vertraulicher Brief von Nordhoff an Till vom 27.5.1953 zum Thema Japan.

64 VW-Archiv, *Exportleitung (9 b/4): von Oertzen 1954,* Brief von Nordhoff an von Oertzen vom 2.9.1954.

65 Ebd.

66 Quelle: VW Archiv, *Interne Übersichten über die Unternehmensentwicklung.* Die Zahlen in Klammern beziehen sich auf den Export von Pkws.

67 VW-Archiv, *Exportleitung (9 b/4): von Oertzen 1954,* Brief von Nordhoff an von Oertzen vom 6.10.1954.

68 Ebd.

69 Ebd.

70 VW-Archiv, *Händler-Organisation Ausland, bis 31.12.1955,* Nordhoff-Fußnote zu einem Brief von Till an ihn selbst vom 29.3.1955.

71 VW-Archiv, *Exportleitung (9 b/4): von Oertzen 1954* Brief von Nordhoff an von Oertzen vom 2.9.1954.

72 Ebd., Brief von Nordhoff an von Oertzen vom 22.9.1954.

73 Ebd., Brief von Nordhoff an von Oertzen vom 6.10.1954.

74 Ebd., Mitteilung des Büro Johannesburg an Nordhoff vom 1.10.1954.

Kapitel 9: Der US-Markt

1 Quelle: VW-Archiv, *Jahresberichte der Volkswagen of America* (laufende Jahrgänge).

2 Vgl. Tabelle 9.2.

3 VW-Archiv, *Volkswagen of America 1.7.- 31.12.1961,* Brief von Carl. H. Hahn an Manuel Hinke vom 19.10.1960, S. 3.

4 VW-Archiv, *Volkswagen of America 1.1.- 30.6.1961,* Brief von Carl. H. Hahn an Nordhoff vom 6.3. 1961.

5 VW-Archiv, *Volkswagen of America 1.1.- 31.12.1959,* Aktennotiz über die »Besprechung USA am 12. September 1959 (Herr Professor Nordhoff) und 14. und 15. September 1959 (Herr Jensen)«.

6 Ebd., Brief von Carl. H. Hahn an Nordhoff vom 10.8.1959.

7 VW-Archiv, *Volkswagen of America 1.1.- 30.6.1961,* Brief von Carl. H. Hahn an Nordhoff vom 24.1.1961.

8 VW-Archiv, *Annual Report der Volkswagen of America 1962,* S. 14.

9 Quelle: VW-Archiv, *Jahresberichte der Volkswagen of America* (laufende Jahrgänge). Die Zahlen beziehen sich auf die Neuzulassungen.

10 VW-Archiv, *Volkswagen of America 1.7.- 31.12.1958,* Anlage zum Brief von Scott Stewart (Public Relations-Abteilung von Volkswagen of America) an Nordhoff vom 25.7.1958, S. 4f.

11 VW-Archiv, *Volkswagen of America 1.1.- 30.6.1961*, Brief von Carl. H. Hahn an Nordhoff vom 13.6.1961.

12 VW-Archiv, *Volkswagen of America 1.1.- 30.6.1960*, Brief von Nordhoff an Carl. H. Hahn vom 20.4.1960.

13 Ebd., Brief von Carl. H. Hahn an Nordhoff vom 30.1.1960.

14 Quelle: VW-Archiv, *Jahresberichte der Volkswagen of America* (laufende Jahrgänge).

15 VW-Archiv, *Volkswagen of America 1.7.- 31.12.1961*, Brief von Carl. H. Hahn an Manuel Hinke vom 19.10.1960, S. 2.

16 Ebd. S. 5.

17 Vgl. Kapitel 8.

18 VW-Archiv, *Volkswagen of America 1.1.- 30.9.1962*, Brief von Arthur R. Railton (Public Relations Manager) an Nordhoff vom 30.1.1962.

19 VW-Archiv, *USA-Office 1.5.1954-31.12.1955*, Brief von Nordhoff an Lange (San Francisco) und van de Kamp (New York) vom 14.1.1955.

20 Ebd., Brief von Nordhoff an van de Kamp vom 24.6.1955.

21 Ebd., Nordhoff-Memorandum vom Frühjahr 1955 ohne Datum.

22 Ebd., Brief von Nordhoff an van de Kamp vom 28.11.1955.

23 VW-Archiv, *Volkswagen of America 1955/56*, Brief von Nordhoff an Tobeler von der Trans-Oceanic vom 19.10.1955.

24 Ebd., Brief von Nordhoff an alle Hauptabteilungsleiter vom 3.9.1955.

25 Ebd., Brief von Nordhoff an van de Kamp vom 26.1.1956.

26 Ebd., Brief von Alfred W. Barth (Vice President der Chase Manhattan Bank/New York) an Nordhoff vom 25.1.1956. Sehr ähnliche Briefe gingen in Wolfsburg ein vom Bankhaus Oppenheimer (New York), von der National State Bank (Newark/New York), von der National Bank of New Jersey, von der Pennsylvania Railroad Company, und von der Peoples National Bank (New Brunswick).

27 Ebd., Brief von Nordhoff an van de Kamp vom 26.1.1956.

28 Ebd., Interne Mitteilung der Betriebswirtschafts-Abteilung (Nebelung) in Wolfsburg vom 9.6.1956 an Nordhoff, Jensen und Hiemenz.

29 Vgl. Schaubild 8.

30 Ebd., Mitteilung von Nordhoff an Knott vom 27.10.1956.

31 Ebd., Brief von van de Kamp an Nordhoff vom 25.7.1956 und die Antwort von Nordhoff vom 19.9.1956.

32 VW-Archiv, *Volkswagen of America 1.1.-30.6.1958*, Brief von Nordhoff an Köhler vom 20.1.1958.

33 VW-Archiv, *Händler-Organisation Ausland 1.1-31.12.1954*, »Why the Volkswagen should be Advertised in America«. [Anlage zum Brief von Arthur Stanton (World Wide Automobiles Corp.) an Nordhoff vom 14.7.1954.]

34 »Die örtliche oder regionale Händlerwerbung in den U.S.A., insbesondere die Zeitungs- und Zeitschriften-Insertion, bedarf bezüglich Stil und Aussage einer zentraleren Lenkung. Auch mit dieser Aufgabe ist Mr. Stewart beauftragt, wobei er sich in engem Einvernehmen mit unserer Exportabteilung und unserer Werbeabteilung befindet und wofür er einen Mitarbeiter aus Wolfsburg erhält. Die Zusammenarbeit mit einer geeigneten Werbeagentur wird dabei vermutlich unumgänglich sein. Mr. Stewart wird die Auswahl dieser Agentur vorbereiten, jedoch eine endgültige Bindung nur mit meiner ausdrücklichen Zustimmung eingehen. Es muß sich dabei um ein Institut handeln, dessen Beziehungen möglichst über die ganzen Staaten gehen und das nicht nur regionale Bedeutung hat.« (*VW-Archiv, Volkswagen of America 1.1.- 30.6.1958*, Brief von Nordhoff an van de Kamp und Lange vom 11.11.1957.)

35 Ebd., Brief von Stanton an Nordhoff vom 28.1.1958 und von Nordhoff an van de Kamp vom 19.2.1958.

36 Quelle: VW-Archiv, *Jahresberichte der Volkswagen of America* (laufende Jahrgänge). Die Zahlen beziehen sich auf den Pkw-Bereich.

37 VW-Archiv, *Volkswagen of America 1.7.-31.12.1958*, Bericht von van de Kamp an Nordhoff vom 5.12.1958.

38 VW-Archiv, *Volkswagen of America 1.1.-30.6.1958*, Brief von Nordhoff an van de Kamp vom 19.5.1958.

39 Ebd., Brief von Nordhoff an van de Kamp vom 19.2.1958.

40 VW-Archiv, *Volkswagen of America 1.7.-31.12.1958*, Brief von Nordhoff an Jensen, Frank und Hinke.

41 1962 wurde das Büro in San Francisco dann doch geschlossen.

42 VW-Archiv, *Volkswagen of America 1.1.-31.12.1959*, Brief von Nordhoff an Kalmbach vom 2.4.1995.

43 Ebd., Brief von Hahn an Nordhoff vom 10.8.1959.

44 VW-Archiv, *Volkswagen of America 1.7.-31.12.1960*, Brief von Hahn an Nordhoff vom 11.11.1960.

45 VW-Archiv, *Volkswagen of America 1.1.-31.12.1959*, Brief von Hahn an Nordhoff vom 14.8.1959.

46 Ebd., Brief von Hahn an Nordhoff vom 2.9.1959.

47 VW-Archiv, *Volkswagen of America 1.10.-31.12.1961*, Brief von Hahn an Nordhoff vom 8.12.1961.

48 VW-Archiv, *Volkswagen of America 1.7.-30.9.1961*, Brief von Hahn an Nordhoff vom 8.12.1961.

49 Vgl. VW-Archiv, *Volkswagen of America 1.1.-30.6.1961*, Brief von Hahn an Frank vom 31.8.1961.

50 »Die Firma John Moynahan & Co. wurde mit der Wahrnehmung der Public Relations der Volkswagen of America beauftragt.« (VW-Archiv, *Volkswagen of America 1.1.-31.12.1959*, Interne Mitteilung von Hahn an Nordhoff und Jensen vom 3.7.1959.) Im Mai hatte Nordhoff Hahn diesbezüglich instruiert: »Ich glaube, daß wir nun auch an die Zusammenarbeit mit einer Public Relations Agency herangehen müssen, weil diese Aufgaben in U.S.A. nur getrennt zu behandeln sind. Wir werden uns dieser Notwendigkeit nicht entziehen können.« (Ebd., Brief von Nordhoff an Hahn vom 5.5.1959.)

51 Ebd., Brief von Nordhoff an Hahn vom 5.11.1959.

52 VW-Archiv, *Volkswagen of America 1.7.-31.12.1960*, Brief von Hahn an Nordhoff vom 11.11.1960.

53 VW-Archiv, *Volkswagen of America 1.1.-30.6.1961*, Brief von Hahn an Nordhoff vom 15.5.1965.

54 VW-Archiv, *Volkswagen of America 1.7.-31.12.1960*, Brief von Hahn an Nordhoff vom 1.7.1960.

55 Ebd., Brief von Hahn an Nordhoff vom 29.9.1960.

56 Ebd., Brief von Hahn an Nordhoff vom 8.12.1960.

57 VW-Archiv, *Volkswagen of America 1.1.-30.6.1961*, Brief von Hahn an Nordhoff vom 23.12.1960.

58 Ebd., Brief von Hahn an Nordhoff vom 17.1.1961.

59 Ebd., Brief von Hahn an Nordhoff vom 7.3.1961.

60 Ebd., Brief von Hahn an Nordhoff vom 18.4.1961.

61 VW-Archiv, *Volkswagen of America 1.7.-30.9.1961*, Brief von Hahn an Nordhoff vom 31.8.1961.

62 Ebd.

63 Ebd., Brief von Hahn an Nordhoff vom 8.12.1961.

64 Die amerikanische Automobilindustrie selbst bezog indessen keine protektionistische Position, sondern favorisierte, im Vertrauen auf ihre Stärke, im Gegenteil Fortschritte bei der Liberalisierung des internationalen Handels.

65 VW-Archiv, *Volkswagen of America 1.1.-31.12.1959*, Brief von Hahn an Nordhoff vom 28.8.1959.

66 VW-Archiv, *Volkswagen of America 1.1.-30.6.1960*, Brief von Nordhoff an Hahn vom 22.2.1960.

67 VW-Archiv, *Volkswagen of America 1.7.-30.9.1961*, Brief von Hahn an Nordhoff vom 19.10.1960.

68 »Die Preise fuer Graumarkt-Volkswagen fielen im zweiten Halbjahr 1959 von $1.900.- bis $1.950.- an der Ostkueste um ueber $ 200. – auf etwa $1.695 ab. In den letzten Wochen sanken die Preise vereinzelt auf $1.595.- fuer das Modell 113 und $1.650.- fuer das Modell 117. Unser empfohlener Verkaufspreis fuer das Modell 113 einschließlich Kunststoffpolsterung betraegt ebenfalls $1.595.-, fuer das Modell 117 mit Kunststoffpolsterung $1.685. In unserer Organisation wurde urspruenglich angenommen, dass ein derartiger Preisrueckgang dem Grauwagenmarkt das Rueckgrat brechen wuerde. Das ist jedoch keineswegs der Fall. Da die Einkaufspreise der Grauwagen-Importeure in Deutschland ebenfalls stark zurueckgingen, hat sich die Gewinnspanne ihrer Vertretungen nicht wesentlich verschmaelert. Das Geschaeftsgebaren dieser Unternehmer laesst auch nicht die geringste Beunruhigung in diesem Punkt erkennen.« (Ebd.)

69 VW-Archiv, *Volkswagen of America 1.1.-31.12.1959*, Brief von Hahn an Nordhoff vom 7.2.1959.

70 VW-Archiv, *Volkswagen of America 1.7.-31.12.1960*, Brief von Hahn an Nordhoff vom 29.9.1960.

71 VW-Archiv, *Volkswagen of America 1.7.-31.12.1961*, Brief von Hahn an Nordhoff vom 8.12.1961.

72 Renault und andere Importeure hatten in den Vereinigten Staaten mit ähnlichen Schwierigkeiten zu kämpfen.

73 VW-Archiv, *Volkswagen of America 1.1.-30.9.1962*, Aktennotiz vom 19.2.1961.

74 Vgl. Kapitel 8.

75 VW-Archiv, *Volkswagen of America 1955/56*, Brief von Dr. Knott an Nordhoff vom 30.11.1956.

76 Ebd.

77 »seperate facilities«-Programm: Auflage an die Händler und Großhändler, die Vertretung von Konkurrenzprodukten räumlich vom Volkswagenverkauf und -service zu trennen.

78 VW-Archiv, *Volkswagen of America 1.1.-31.12.1959*, Brief von Herzfeld an Knott vom 7.10.1959.

79 VW-Archiv, *Volkswagen of America 1.7.-31.12.1961*, Mitteilung von Dr. Knott an Frank und Hinke vom 23.10.1961.

80 Ebd., Fernschreiben von Herzfeld an Nordhoff, Siebert, Franke und Hinke, in Wolfsburg eingegangen am 24.10.1961.

81 »Ich lese mit einiger Bestürzung die Schreiben von Herrn Rubin vom 28. Juni an Herrn Dr. Hahn und mich und mit noch viel größerem Entsetzen die Aktennotiz, die Mr. Donohue über seine Besprechung mit Mr. Nichols gefertigt hat sowie seinen Brief vom 21. Juni an Mr. Nichols. Damit ist also das Kind schon in den Brunnen gefallen. Alles, was wir mit unserer Besprechung am 22. Juni und Ihrem daraufhin an Ihr Büro

... gesandten Fernschreiben verhindern wollten, war offenbar schon geschehen. ... Ein Elefant in einem Porzellanladen ist nichts gegen dieses unqualifizierbar törichte, jede Taktik und jedes Fingerspitzengefühl entbehrende Verhalten. Es ist unglaublich und empörend, dass man sich durch die Eigenmächtigkeit eines solchen Verhandlers mit einiger Wahrscheinlichkeit die groessten Unannehmlichkeiten und Schwierigkeiten machen lassen muss, ohne noch viel dagegen tun zu können. ... Wieweit Herr Dr. Hahn von diesem Vorgehen des Mr. Donohue unterrichtet war, entzieht sich meiner Kenntnis. Ich weiss jedenfalls nicht, wie man einem solchen "Anwalt" überhaupt noch irgendwelches Vertrauen entgegenbringen kann. Der Mann ist scheinbar viel zu primitiv, um zu kapieren, worum es hier geht. Die Bettelei, in die seine Unterhaltung mit Mr. Nichols vielfach ausläuft, doch nur ja die Durchführung der endgültigen Zollveranlagungen nicht aufzuheben bezw. die dahingehende, schon erfolgte Anordnung rückgängig zu machen, ist im höchsten Grade unwürdig und fast widerwärtig.« (Ebd., Brief von Knott an Herzfeld vom 3.7.1961.)

82 VW-Archiv, Volkswagen of America 1.1.-31.12.1961, Fernschreiben von Nordhoff an Hahn vom 23.10.1961. Noch am gleichen Tag telegraphierte Hahn nach Wolfsburg zurück und fügte dabei den auf die in Rede stehende Zollangelegenheit bezogenen Einlassungen folgende Zeilen hinzu: »Bedaure zutiefst, daß Sie in einer Art informiert worden sind, die Ihr Vertrauen in meine Integrität erschüttert haben muß. Besonders auch aus diesem Grunde möchte ich Sie um eine baldige Rücksprache bitten, für die Herr Dr. Herzfeld und ich, wenn Sie dies wünschen, ab Mittwoch nachmittag zur Verfügung stehen könnten.« (Ebd., Fernschreiben von Hahn an Nordhoff vom 23.10.1961.)

83 VW-Archiv, *Volkswagen of America 1.1.-30.9.1962*, Interne Mitteilung von Dr. Knott an Nordhoff, Siebert und Frank vom 8.2.1962.

84 Ebd., Brief von Herzfeld an Dr. Knott vom 3.2.1962, S. 5.

85 Ebd., Brief von Nordhoff an Dr. Knott vom 9.2.1962.

86 Ebd., Fernschreiben von Nordhoff an Hahn und Herzfeld vom 16.2.1962.

87 Ebd., United States District Court – District of New Jersey – Final Judgment vom 7.5.1962.

88 »Die Taktik von Studebaker ist zweifellos gefaehrlich, weil uns im Augenblick weitgehend die Haende gebunden sind, da wir unsere Verhandlungen mit der Regierung am Donnerstag, den 12. April, nicht durch irgendwelche Erklaerungen gefaehrden wollen. Hinzu kommt, dass jede Publizitaet auf dem Antitrustgebiet, ganz gleich, wie sehr wir im Recht sind, unerwuenscht ist.« (Ebd., Brief von Hahn an Nordhoff vom 9.4.1962.)

89 Ebd., Brief von Nordhoff an Hahn vom 25.4.1962.

90 Ebd., Brief von Herzfeld an Dr. Knott vom 6.4.1962.

91 Ebd., Brief von Herzfeld an Knott vom 14.5.1962.

92 Ebd., Brief von Herzfeld an Dr. Knott vom 6.4.1962.

93 VW-Archiv, *Volkswagen of America 1.1.-31.12.1959*, Brief von Hahn an Nordhoff vom 19.5.1959.

94 VW-Archiv, *Volkswagen of America 1.1.-30.9.1962*, Brief von Hahn an Nordhoff vom 5.9.1962.

95 Ebd., Brief von Hahn an Nordhoff vom 12.4.1962. Zur die Pläne von Stanton (World-Wide) ebenfalls entschieden ablehnenden Wolfsburger Position vgl. die Interne Mitteilung von Dr. Siebert an Nordhoff vom 24.4.1962.

96 »Mr Perkins hat mir ausfuehrlich von der Hilfe berichtet, die Sie wiederum dem amerikanischen Markt gewaehrten. Wiederum haben Sie eine Entwicklung verhindert, die sich genau so schaedlich ausgewirkt haette, wie die im Sommer 1959 urspruenglich

beabsichtigte Zersplitterung der damals fuer Amerika in Sonderschichten produzierten Fahrzeuge.« (VW-Archiv, *Volkswagen of America 1.7.-31.12.1960*, Brief von Hahn an Nordhoff vom 11.11.1960.)

97 Ebd., Brief von Hahn an Nordhoff vom 21.10.1960.

98 VW-Archiv, *Volkswagen of America 1.1.-30.6.1961*, Brief von Nordhoff an Hahn vom 18.1.1961.

99 VW-Archiv, *Volkswagen of America 1.10.-31.12.1962*, Brief von Hahn an Nordhoff vom 28.9.1962.

100 VW-Archiv, *Volkswagen of America 1.1.-30.9.1962*, Brief von Nebelung (Betriebswirtschaftliche Abteilung) an Dr. Knott vom 23.3.1962. (Teilnehmer der besagten Vorstandssitzung waren die Herren Nordhoff, Frank, Höhne, Siebert, Novotny, Hahn, Hinke, Kabisch und Nebelung.)

101 Ebd., Interne Mitteilung von Knott an Nordhoff vom 26.3.1962.

102 Ebd., Brief von Nordhoff und Frank an Hahn vom 16.5.1962.

103 Ebd., Brief von Hahn an Nordhoff vom 25.4.1962.

104 Ebd., Interne Mitteilung von Nordhoff an Paulsen (Einkaufsleitung) vom 21.5.1962.

Kapitel 10: Volkswagen do Brasil

1 VW-Archiv, *Brasilien 1959 (12/3)*, Einweihungsrede von Nordhoff in São Paulo.

2 VW-Archiv, *Jahresbericht der Volkswagen do Brasil für das Jahr 1962*, S. 7.

3 Vgl. Kapitel 2.

4 Dr. Knott zog den Sinn dieser Praxis 1960 in Zweifel: »Stände denn etwas einer Regelung entgegen, wonach die Umrechnung der DM-Fakturenwerte in Cruzeiros jeweils zu dem im Zeitpunkt der Kapitalerhöhung (oder der Maschineneinbringung) massgebenden Kurs erfolgt? Mag sein, dass damit nicht – wenigstens nicht immer – die hohen Cruzeiro-Beträge erreicht werden, die sich bei einem Umrechnungskurs von 90 ergeben und dass deshalb die Kapitalerhöhungen nicht so hoch ausfallen wie das bei einem höheren Umrechnungskurs möglich wäre. Das einzige Risiko, das dabei aber sich ergibt, besteht offenbar doch wohl nur darin, dass man dann unter Umständen höher in die Mehrgewinnsteuer hineinkommt. Ist das aber wirklich ein so grosses Risiko und ein so grosser Nachteil, zumal ja doch die Steuer selbst dann auch wieder in weiter entwerteten Cruzeiros bezahlt wird. Je höher der Umrechnungskurs, umso höher die Kapitalerhöhungen und umso höher das jeweils sich ergebende Gesamtkapital, – wobei man aber auch daran denken muss, dass hier irgendwelche Grenzen beachtet werden müssen und dass nicht einfach unter dem „Aufwind" der Mehrgewinnsteuer der Gesamtbetrag des Gesellschaftskapitals in beliebige Höhe steigt. Die Risiken und Schwierigkeiten, die sich aus zu hoher Kapitalisierung irgend einmal für die Gesellschaft und für deren Leitung ergeben können und wohl ergeben werden, liegen auf der Hand.« (VW-Archiv, *Brasilien 1.1.-30.6.1960 (12/5)*, Brief von Knott an den Vorstand der VW do Brasil vom 28.6.1960.) »Im Rahmen des Vertrages über den ersten Abschnitt des Pkw-Projektes sind von hier Maschinen im Wert von rund DM 25 Millionen herausgegangen, die drüben mit etwas über DM 50 Millionen eingeführt wurden, und dieser (verdoppelte) DM-Betrag ist dann nochmals mit etwa dem Doppelten des tatsächlichen Kurses DM zu Cruzeiro (90) in Cruzeiros umgerechnet worden. Ob diese hohe Bewertung des Einbringens letztendig von den brasilianischen Steuerbehörden gebilligt wird, bleibt abzuwarten.« VW-Archiv, *Brasilien 1.1.-30.6.1961 (12/5)*, Interne Mitteilung von Knott an Nordhoff vom 10.1.1961.)

5 Quelle: Laufende Jahrgänge der Jahres- und Geschäftsberichte der Volkswagen do Brasil.

6 »... ich möchte nochmals betonen, dass wir vom ersten Jahre unseres Bestehens an Dividende bezahlt haben und dass die Gewinne der VWB von Jahr zu Jahr gestiegen sind.« (VW-Archiv, *Brasilien 1.7.-31.12.1960 (12/5)*, Brief von Schultz-Wenk an Nordhoff vom 13.12.1960.)

7 VW-Archiv, *Brasilien 1.1.-30.6.1961 (12/5)*, Brief von Schultz-Wenk an Nordhoff vom 24.1.1961.

8 VW-Archiv, *Brasilien 1.1.-30.9.1962 (12/5)*, Brief von Schultz-Wenk an Nordhoff vom 16.3.1962.

9 Vgl. Kapitel 6.

10 »Wie ich Ihnen in meinem Bericht vom 1. September schrieb, hatten wir vor, am 1. Oktober eine Preiserhöhung vorzunehmen. Wir haben uns aber dann doch entschlossen, die neuen Preise schon ab 7. September in Kraft treten zu lassen. *Weder bei unseren Haendlern noch bei unseren Kaeufern stellten wir die geringste Reaktion fest.* Man hatte wohl schon lange damit gerechnet, dass wir die Preise erhoehen wuerden.« (VW-Archiv, *Brasilien 1958 (12/3)*, Brief von Schultz-Wenk an Nordhoff vom 1.10.1958.)

11 Ebd., Brief von Schultz-Wenk an Nordhoff vom 1.9.1958. Diese Rekrutierungspolitik wurde bei der *Volkswagen do Brasil* flankiert durch eine integrative betriebliche Sozialpolitik, die offenbar im Sinne des Unternehmens durchaus positive Resultate zeitigte: »Kuerzlich hatten wir waehrend zehn Tagen in São Paulo einen Streik der Metallarbeiter. Es streikten 300.000 Arbeiter. Ich moechte hierzu erwaehnen und mit ganz besonderer Befriedigung darauf hinweisen, dass VW do Brasil der einzige Betrieb war, der in São Paulo nicht streikte. Das ist nun schon das dritte Mal, dass seit Bestehen der VWB die Metallarbeiter streiken und wir als einzige Firma nicht davon betroffen waren. Der Grund hierfür duerfte sein, dass wir fuer unsere Belegschaft in sozialer Hinsicht so viel leisten als irgend moeglich und zu verantworten ist, und zweitens dass das Betriebsklima bei uns ausgezeichnet ist.« (VW-Archiv, *Brasilien 1.7.-31.12.1960 (12/5)*, Brief von Schultz-Wenk an Nordhoff vom 17.11.1960.)

12 »Wie Sie wissen erreichen alle Angestellten in Industrie und Kommerz, u.s.w. nach 10 Jahren das Stabilitätsrecht, d.h. sie können nach 10 Jahren nicht verabschiedet werden. ... Alle großen Gesellschaften, wie Light&Power, General Motors, Ford etc. entlassen alle ihre Angestellten und Handwerker, bevor sie 9 Jahre Arbeitszeit erreichen. Wir – Monteiro Aranha – tun auch dasselbe und nur wenn unbedingt nötig, machen wir Ausnahmen, doch sind diese sehr selten, denn leider haben die Angestellten und besonders die Arbeiter dort keinen richtigen Begriff ihrer Pflichten. Ein guter Arbeiter, sobald er die Stabilität erreicht, wird fast ausnahmslos ein störendes Element, damit man ihn wegschickt und grossen Schadenersatz zu zahlen hat. Leider haben alle Industrien diese schlechten Erfahrungen gemacht und heute vermeiden sie, irgendjemanden mehr als 9 Jahre zu behalten. ... VW do Brasil ist gerade jetzt in der Situation, dass wenn sie nicht mit den Entlassungen beginnt, unsere Gesellschaft in diese sehr gefährliche Situation gerät. Ich mache Sie darauf aufmerksam und werde auf diesen Punkt insistieren, der lebensgefährlich für VW do Brasil sein kann.« (VW-Archiv, *Brasilien 1.1.-30.9.1962 (12/5)*, Brief von Aranha an Nordhoff und Siebert vom 27.9.1962.)

13 Ebd. Brief von Jensen an Nordhoff vom 25.10.1962.

14 VW-Archiv, *Brasilien 1954 (9b/3)*, Brief von O. E. de Souza Aranha an Nordhoff vom 11.12.1953.

15 VW do Brasil war zunächst als G.m.b.H. gegründet worden, wurde jedoch am 12.7.1955 in eine AG verwandelt, deren Aktienkapital sich zunächst auf 60 Millionen Cruzeiros belief. Heinrich Nordhoff wurde zum Diretor-Presidente gewählt, als dessen Stellvertreter Olavo Egydio de Souza Aranha und Oskar Wilhelm Jensen fungierten. Friedrich-Wilhelm Schultz-Wenk erhielt den Posten des Diretor-Superintendente, und Joaquim Monteiro de Carvalho sowie Fritz Jensen komplettierten den Vorstand als Diretor-Secretário bzw.

Diretor-Tesoureiro. (VW-Archiv, *Brasilien 1955 (9b/3)*, Protokoll der Generalversammlung der Volkswagen do Brasil vom 12.7.1955.) Im Dezember 1955 wurde das Aktienkapital der brasilianischen Tochtergesellschaft aus steuerlichen Gründen auf 100 Millionen Cruzeiros erhöht. (Ebd., Antrag der Geschäftsführung des Volkswagenwerks an den Aufsichtsrat vom 8.12.1955.)

16 Ebda.

17 VW-Archiv, *Brasilien 1954 (9b/3)*, Brief von O. W. Jensen an Schultz-Wenk vom 23.6.1954.

18 Ebd., Brief von O. E. de Souza Aranha an Nordhoff vom 27.9.1954.

19 Vgl. Kapitel. 1.

20 Ebd. Brief von Till (Düsseldorfer Büro) an Jensen vom 20.2.1954.

21 Ebd. Brief von Till an Jensen vom 10.2.1954.

22 Ebd. Brief von Till an Jensen vom 20.2.1954.

23 »1. *Maschinen und Einrichtungen.* Die von uns beantragte Summe beläuft sich auf insgesamt US-$ 15 Millionen. Eine nochmalige genaue Untersuchung durch unsere technischen Herren hat ergeben, daß eine Einsparung an diesem Betrage nicht möglich ist. Bei der Aufstellung des Maschinenprogramms für die an sich schon geringe Jahreskapazität von 13.500 Fahrzeugen hatte man sich an das unbedingte Bedarfsminimum gehalten. Auch eine Produktionskürzung würde hieran nichts ändern können, da es sich in *fast allen Fällen um Spezialmaschinen* handelt, die unter allen Umständen angeschafft werden müssen. ... 3. *Komplette, zerlegte Wagen* Um auch hier eine gleichmäßige Verteilung auf die einzelnen Jahre zu erreichen, erklären wir uns bereit, die Gesamtanforderung von $ 18 Millionen auf jährlich $ 3,6 Millionen aufzuteilen. *Da die Zubilligung dieser Beträge für den Export von kompletten, zerlegten Wagen nach Brasilien einen ausschlaggebenden Faktor für die finanzielle Durchführbarkeit des Gesamtprojektes darstellt, bitten wir sehr eindringlich um Anerkennung der von uns aufgeführten Beträge.*« Die Abstriche am ursprünglichen Projekt ergaben sich aus Streichungen bei den nach Brasilien einzuführenden Produktionsteilen. [Ebd., Schreiben des Volkswagenwerkes an das Bundeswirtschaftsministerium, z.Hd. Ministerialdirigent Dr. Felix Prentzel, vom 25.3.1954. Diese Schreiben wurde von Nordhoff und Jensen unterzeichnet.]

24 Ebd., Brief von O. E. de Souza Aranha an Nordhoff vom 27.9.1954.

25 »Die Informationen, die wir von ihnen erhalten haben, besagen, dass die Gemischte Kommission brasilianischerseits sowie auch die brasilianische Regierung nunmehr dem gekürzten Projekt zugestimmt haben. Ihre Mitteilungen enthalten jedoch keinen Hinweis darüber, ob diese Zustimmung sich auch auf die in unserem Projekt erwähnte Einfuhr der kompletten zerlegten Waren im Werte von US-$ 3,6 Millionen jährlich für die fünfjährige Dauer des Aufbaus bezieht. Eine absolut zufriedenstellende Lösung dieser Frage, in Form einer entsprechenden Garantieerklärung der brasilianischen Regierung, ist die *unbedingte* Voraussetzung für alle weiteren Entscheidungen, die für die Durchführung des Projektes erforderlich sind. Mit einer für uns annehmbaren Lösung dieses Problems steht und fällt, wie von Anfang an festgestellt, der Plan für die Errichtung einer Volkswagenfabrik in Brasilien, da nur auf diese Weise das Risiko, das wir nach den in dieser Zeit gwonnenen Erfahrungen höher einschätzen als vor einem Jahr, tragbar erscheint.« [Ebd., Brief von Nordhoff an Aranha vom 22.6.1954.]

26 Ebd., Brief von O. E. de Souza Aranha an Nordhoff vom 30.6.1954.

27 Ebd., Brief von Schultz-Wenk an Nordhoff vom 6.8.1954.

28 Ebd.., Brief von O. E. de Souza Aranha an Nordhoff vom 1.9.1954.

29 Ebd., Brief von Nordhoff an Aranha vom 30.8.1954.

30 »Die neue Regierung und der neue Finanzminister wollen als erste Reaktion alle Spesen soweit wie moeglich zurueckdruecken, und speziell Devisen und alle auslaendischen Waehrungen sparen und ausserdem die interne Inflation nach Moeglichkeit bekaempfen.

Sie sehen, deshalb bin ich mit Ihnen einverstanden, vorlaeufig nicht auf unser grosses Projekt zu draengen, jedoch finde ich es ratsam, unsere Vorschlaege nicht zurueckzuziehen. Es genuegt, dass wir keinen Druck ausueben, damit die ganze Angelegenheit in der Schwebe bleibt. Dieses hat den Vorteil, dass wir jederzeit unser Projekt wieder ins Leben rufen koennen, und hat nach meiner Meinung gar keinen Nachteil. Auch wenn alles approbiert werden wuerde, haben wir noch immer die Moeglichkeiten, das Projekt auszufuehren oder nicht, ohne dass dies in irgend einer Weise uns schaden koennte.« (Ebd., Brief von O. E. de Souza Aranha an Nordhoff vom 27.9.1954.)

31 »In der Frage des Geländekaufes habe ich folgenden Standpunkt: Ich bin der Meinung, dass die Dinge sich in Brasilien nicht sehr schnell entwickeln werden, aber ich bin unverändert ganz davon überzeugt, dass dieses Land eine große Entwicklung nehmen wird und dass hier für die Zukunft ein Markt für unseren Wagen liegt, dessen Grösse kaum überschätzt werden kann. Da die hier in Frage stehenden Zeiträume schwer mit Sicherheit geschätzt werden können, glaube ich auf Grund der bisherigen Erfahrungen eher mit etwas längeren Fristen rechnen zu müssen, als ich das früher getan habe. In der praktischen Konsequenz bedeutet das, dass es mir richtig erscheint, eine kleine Montagefabrik zu errichten, die bewusst auf diesen einen Zweck beschränkt bleiben soll, ohne damit die Möglichkeit einer späteren Fabrik in irgendeiner Weise zu präjudizieren. (Ebd., Brief von Nordhoff an Aranha vom 23.9.1954.)

32 »Wir lieferten bisher unsere Wagen nach Brasilien in zerlegtem Zustande. Sie werden auch jetzt noch bei unserem früheren Generalimporteur für Brasilien, der Brasmotor Cia. in São Paulo, zusammengesetzt. Die Firma Brasmotor hat nun den Montagevertrag gekündigt, so daß wir in kürzester Zeit selbst montieren müssen, da ein Import von Automobilen nur in zerlegtem Zustande möglich ist. Es ergibt sich daher die zwingende Notwendigkeit, das vorhergesehene Werk sofort in Angriff zu nehmen, um schnellstens die Montage unserer Wagen selbst vornehmen zu können. Für den Bau der für dieses Montagewerk notwendigen Halle und der erforderlichen maschinellen Einrichtungen werden zunächst 5 Millionen DM benötigt.« (Ebd., Brief von Nordhoff an Prof. Dr. H. M. Oeftering, Ministerialrat im Bundesfinanzministerium, vom 20.4.1954. Oeftering war zu dieser Zeit Vorsitzender des Volkswagen-Aufsichtsrates.)

33 Ebd., Brief von Schultz-Wenk an Nordhoff vom 23.9.1954.

34 Ebd., Brief von Nordhoff an Schultz-Wenk vom 23.9.1954.

35 Ebd., Brief von Schultz-Wenk an Nordhoff vom 19.12.1954.

36 Ebd., Brief von O. E. de Souza Aranha an Nordhoff vom 3.12.1954.

37 »Ich bin der Ansicht, daß es immer schwieriger sein wird, ganze Wagen zu importieren und dass der von uns gefasste Plan, Montage mit einem Preßwerk, der Weg ist, der uns am schnellsten zum Ziel fuehrt. Nach wie vor betrachten die Brasilianer Motor, Achsen, usw. als Dinge, die importiert werden muessen, aber sie stehen auf dem Standpunkt: Bleche werden im Lande produziert, also koennen sie auch hier verarbeitet werden. Das ist die Ansicht, die Du und ich schon lange vertreten.« (*VW-Archiv, Brasilien 1955 (9b/3)*, Brief von Schultz-Wenk an Nordhoff vom 9.5.1955.)

38 Ebd., Brief von Schultz-Wenk an Nordhoff vom 29.11.1955.

39 Ebd.

40 Ebd. Brief von Nordhoff an Schultz-Wenk vom 26.5.1955.

41 VW-Archiv, *Brasilien 1956 (9b/3a)*, Brief von O. E. de Souza Aranha an O.W. Jensen vom 16.4.1956.

42 Ebd., Brief von O. E. de Souza Aranha an O. W. Jensen vom 21.4.1956.

43 Ebd., Brief von Nordhoff an Aranha vom 20.4.1956.

44 Ebd., Brief von Nordhoff an Schultz-Wenk vom 20.4.1956.

45 Ebd., Brief von Nordhoff an Schultz-Wenk vom 21.4.1956.

46 Ebd., Brief von O. E. de Souza Aranha an O. W. Jensen vom 1.6.1956.

47 Ebd., Interne Mitteilung von Nordhoff an O. W. Jensen vom 15.6.1956.

48 Ebd., Brief von O. W. Jensen an Aranha vom 12.7.1956.

49 Ebd., Brief von Schultz-Wenk an Nordhoff vom 8.10.1956.

50 Ebd.

51 Ebd., Brief von Oeftering an Kubitschek vom 13.12.1956.

52 VW-Archiv, *Brasilien 1956 (12/3a)*, Brief von Nordhoff an Schultz-Wenk vom 12.4.1957.

53 »Herr Professor Nordhoff und Herr Jensen erklärten ... noch einmal, dass das Werk unter keinen Umständen bereit sei, den von Brasilien verlangten dreijährigen Lieferungskredit zu finanzieren. Man wolle – wie beim Kombiprojekt – nicht über einen Kredit von 12 Monaten hinausgehen.« (VW-Archiv, *Brasilien 1958 (12/3)*, Protokoll über die vorläufige Generalversammlung der Volkswagen do Brasil am 10. und 11. April 1958 in Zürich.)

54 Ebd., Brief von Schultz-Wenk an Nordhoff vom 26.2.1958.

55 In der vorletzten Woche machten Herr Joaquim Monteiro, Herr Fritz Jensen und ich einen Besuch bei Lucio Meira [– der brasilianische Verkehrsminister – V.W.] und teilten ihm mit, dass der Aufsichtsrat des Volkswagenwerkes das Personenwagen-Projekt genehmigt hat. Herr Lúcio Meira zeigte sich ausserordentlich erfreut und beglueckwuenschte uns. (Ebd., Brief von Schultz-Wenk an Nordhoff vom 1.7.1958.)

56 »Trotz Einschaltung Präsidenten PKW-Lizenzfrage bisher nicht geregelt stop Können unseres Erachtens auch nicht vor vier Wochen erteilt werden. ... Wir möchten es keinem Zweifel unterlassen, dass die Pkw-Lizenzen durchkommen. Es handelt sich nur um eine Zeitfrage ...« (Ebd., Telegramm von Schultz-Wenk an O. W. Jensen vom 22.8.1958.)

57 Ebd., Brief des Volkswagenwerks (O. W. Jensen) an die Geschäftsführung von VW do Brasil (Schultz-Wenk) vom 22.8.1958.

58 Ebd., Brief von Nordhoff an Schultz-Wenk vom 24.7.1958.

59 Ebd., Brief von Schultz-Wenk an Nordhoff vom 1.9.1958.

60 »Das Krupp-Projekt zum Bau einer Schmiede, mit einem Einbringungskapital von 11 Millionen Dollar, ist am Freitag Nachmittag von der GEIA genehmigt worden. Die Krupp-Leute, die auch mehrere Male hier in der Fabrik waren, versicherten, dass sie in der zweiten Haelfte 1959 mit der Produktion beginnen wollten. Damit waere fuer uns die Sorge der Schmiedeteile wohl zum groessten Teil behoben. Die bestehenden hiesigen Schmieden haben nur eine sehr kleine Kapazität und koennen schon den jetzigen Bedarf nicht decken, geschweige denn, wenn die Automobilindustrie weiter ausgebaut wird.« (Ebd., Brief von Schultz-Wenk an Nordhoff vom 1.7. 1958.) Im März 1959 berichtete Schultz-Wenk mit Blick auf die Zuliefererindustrie bereits nach Wolfsburg: »Unsere Zulieferanten bereiteten uns im Monat Februar das erste Mal nicht mehr derartig große Schwierigkeiten wie bisher. Das duerfte auf das allmaehliche Anlaufen der amerikanischen und europaeischen Zubringerindustrien zurueckzufuehren sein.« (VW-Archiv, *Brasilien 1959 (12/3)*, Brief von Schultz-Wenk an Nordhoff vom 2.3.1959.)

61 »Gott sei Dank ist diese Angelegenheit nun unter Dach und Fach. Die erste Lizenz fuer 537 Wagen haben wir nach Wolfsburg geschickt. Im November und Dezember werden wir je eine weitere Lizenz ueber die gleiche Anzahl Wagen ins Werk senden. Fuer das erste Halbjahr 1959 haben wir 3000 Wagen zur Verfuegung und fuer das zweite Halbjahr 7000. Wir hoffen die ersten Wagen so rechtzeitig zu erhalten, das wir im Dezember den Umlauf schaffen koennen, damit wir im Januar nach unserem Werksurlaub mit dem Ausstoss von Personenwagen beginnen koennen.« (VW-Archiv, *Brasilien 1958 (12/3)*, Brief von Schultz-Wenk an Nordhoff vom 5.11.1958.)

62 Ebd., Interne Mitteilung von Höhne an Nordhoff vom 8.10.1958.

63 Ebd., Brief von Nordhoff an Schultz-Wenk vom 13.10.1958.

64 Ebd., Brief von Schultz-Wenk an Nordhoff vom 7.11.1958.
65 Die GEIA war die Exekutivgruppe für die Automobilindustrie innerhalb der SUMOC.
66 VW-Archiv, *Brasilien 1959 (12/3)*, Brief von O. E. de Souza Aranha an Nordhoff und O.W. Jensen vom 3.2.1959.
67 Ebd., Brief von Nordhoff an Aranha vom 14.2.1959.
68 »Wir werden sicher Gelegenheit haben, über dieses Thema noch zu sprechen, aber ich möchte von Anfang an ganz klar machen, dass die Herstellung der Motorengehäuse aus Aluminium nicht in Betracht gezogen werden kann – es muss bei Magnesium bleiben.« (Ebd., Brief von Nordhoff an Aranha vom 23.3.1959.)
69 »Zwischenzeitlich haben wir die Teilproduktion des Motors aufgenommen. Mit Anlasser und Lichtmaschine haben wir damit die von der GEIA geforderten 60% des Motors erreicht.« (Ebd., Brief von Schultz-Wenk an Nordhoff vom 9.12.1959.)
70 VW-Archiv, *Brasilien 1956 (9b/3a)*, Brief von O.W. Jensen an Aranha vom 23.8.1956.
71 Ebd., Brief von O. E. de Souza Aranha an O.W. Jensen vom 27.8.1956.
72 VW-Archiv, *Brasilien 1958 (12/3)*, Brief von Schultz-Wenk an Nordhoff vom 5.11.1958.
73 VW-Archiv, *Brasilien 1959 (12/3)*, Brief von O. E. de Souza Aranha an O.W. Jensen vom 30.12.1958.
74 Ebd., Brief von Schultz-Wenk an Nordhoff vom 2.3.1959.
75 Vgl. VW-Archiv, *Geschäftsberichte der Volkswagen do Brasil*, laufende Jahrgänge.
76 VW-Archiv, *Brasilien 1959 (12/3)*, Brief von Schultz-Wenk an Nordhoff vom 2.3.1959.
77 Ebd., Brief von Schultz-Wenk an Nordhoff vom 9.12.1959.
78 Ebd.
79 Ebd.
80 VW-Archiv, *Brasilien 1958 (12/3)*, Brief von Schultz-Wenk an Nordhoff vom 5.11.1958.
81 VW-Archiv, *Brasilien 1959 (12/3)*, Brief von Schultz-Wenk an Nordhoff vom 5.6.1959.
82 Ebd., Brief von Schultz-Wenk an Nordhoff vom 9.12.1959.
83 Ebd., Brief von Schultz-Wenk an Nordhoff vom 3.7.1959.
84 Ebd. Brief von Schultz-Wenk an Nordhoff vom 5.6.1959.
85 Bis 1962 war dieser Anteil auf 80% gestiegen.
86 Ebd., Brief von O. E. de Souza Aranha an Nordhoff und O.W. Jensen vom 6.4.1959.
87 Ebd., Brief von Nordhoff an Schultz-Wenk vom 2.11.1959.
88 Ebd., Brief von Fritz Jensen an Nordhoff vom 17.12.1959.
89 Ebd., Brief von Nordhoff an Fritz Jensen vom 30.12.1959.
90 Vgl. VW-Archiv, *Brasilien 1.1.-30.6.1960 (12/5)*, Besprechungsprotokoll zum Thema »VW do Brasil« vom 9.3.1960.
91 Ebd., Brief von Schultz-Wenk an Nordhoff vom 13.4.1960.
92 »Bei der Frage der Erhoehung von Loehnen und Gehältern sind wir nicht einmal voellig frei in unseren Entscheidungen, da die Loehne periodisch aufgrund von Gewerkschaftsverträgen oder Gerichtsentscheidungen heraufgesetzt werden muessen. Wir wollen uns nur nicht die Initiative aus der Hand nehmen lassen und haben deshalb aus uns Erhoehungen vorgenommen bevor sie uns aufoktroyiert werden. Mit der Heraufsetzung der Loehne und Gehaelter haben wir alle Preise der Fahrzeuge Typ II um 10% erhoeht. Damit ist der Ausgleich gegeben und die Kosten- und Umsatzsituation erlaubt es uns, weiterhin in 1960 Gewinne zu erzielen, die der Groesse unserer Investitionen angemessen sind.« (Ebd., Brief von Schultz-Wenk an Nordhoff vom 4.3.1960.)
93 Ebd., Brief von Schultz-Wenk an Nordhoff vom 13.4.1960.
94 Ebd., Brief von Schultz-Wenk an Nordhoff vom 20.6.1960.

95 »In der letzten Zeit haben wir sehr viele Schwierigkeiten mit nationalen Lieferanten. Man hatte sich dort nicht auf die schnelle Produktionssteigerung eingestellt, wahrscheinlich fehlten auch die noetigen Mittel, Maschineneinrichtungen etc. zu importieren, so dass wir von einigen Zulieferungsfirmen nur kleckerweise beliefert werden. Wir versuchen jetzt, soviel als moeglich Kaufteile selber zu produzieren.« (Ebd., Brief von Schultz-Wenk an Nordhoff vom 13.4.1960.)

96 »In den naechsten drei Monaten werden wir unsere Produktion monatlich um rund 400 Einheiten (200 PKW und 200 Kombis reduzieren, da wir nicht genügend Teile zum Komplettieren unserer Fahrzeuge aus Wolfsburg erhalten koennen. Dies ist jedoch nicht die Schuld der Exportabteilung, sondern wir haben in den letzten Monaten mehr Fahrzeuge gebaut als unser urspruengliches Programm vorgesehen hat.« (Ebd.)

97 »Das Ergebnis des Monats April kann nicht als gut bezeichnet werden. ... Die verhaeltnismaessig niedrige Produktion das Monats April ergibt selbstverstaendlich auch eine wesentliche Unterdeckung bei den Gemeinkosten.« (Ebd., Brief von Schultz-Wenk an Nordhoff vom 4.3.1960.)

98 »Wenn alles gut geht und die Dampfer pünktlich eintreffen, werden wir in den letzten drei Monaten dieses Jahres durchschnittlich 3.100 Wagen pro Monat bauen koennen.« (Ebd., Brief von Schultz-Wenk an Nordhoff vom 20.6.1960.)

99 Ebd., Brief von Schultz-Wenk an Nordhoff vom 4.3.1960.

100 VW-Archiv, *Brasilien 1.7.-31.12.1961 (12/5)*, Brief von Schultz-Wenk an Nordhoff vom 14.11.1961.

101 »Im Oktober produzierten wir 4.537 Fahrzeuge, davon 2.999 Personenwagen und 1.538 Transporter. Das war der bisher beste Monat fuer VW do Brasil. Wir erreichten die hoechste Produktionsziffer, die bis heute von irgendeiner brasilianischen Automobilfabrik in einem einzigen Monat verzeichnet wurde.« (Ebd.)

102 Ebd., Brief von Schultz-Wenk an Nordhoff vom 5.6.1961.

103 Vgl. VW-Archiv, *Jahresbericht der VW do Brasil für 1961*, S. 5.

104 Der Banknotenumlauf in Brasilien erhöhte sich zwischen 1959 und 1962 von 154,6 Mrd. Cruzeiros auf 509,8 Mrd. (VW-Archiv, *Jahresbericht der VW do Brasil für 1962*, S. 11.)

105 VW-Archiv, *Brasilien 1.7.-31.12.1961 (12/5)*, Brief von Schultz-Wenk an Nordhoff vom 14.11.1961.

106 VW-Archiv, *Brasilien 1.1.-30.6.1961 (12/5)*, Telegramm von Nordhoff an Schultz-Wenk vom 7.11.1960.

107 »Vom 22. Dezember bis inklusive 19. Januar haben wir Kollektivferien. Diese Zeit soll ausgenutzt werden, um Maschinen und Werkzeuge zu ueberholen, und gleichzeitig soll begonnen werden, die vorhandenen Maschinen fuer die Giesserei zu installieren und die Strassen fuer die Zahnradbereitung aufzustellen.« (VW-Archiv, *Brasilien 1.7.-31.12.1961 (12/5)*, Brief von Schultz-Wenk an Nordhoff vom 14.11.1961.)

108 VW-Archiv, *Brasilien 1.1.-30.6.1961 (12/5)*, Brief von Schultz-Wenk an Nordhoff vom 21.2.1961.

109 Im Januar 1961 stand der freie Dollar-Kurs bei 218C$ = 1 US $. Im Dezember 1962 kostete der US $ auf dem freien Devisenmarkt dann bereits 780,89 C$. (VW-Archiv, *Jahresberichte der VW do Brasil für 1961 und 1962.*)

110 VW-Archiv, *Brasilien 1.1.-30.6.1961 (12/5)*, Brief von Nordhoff an Fritz Jensen vom 25.4.1961.

111 »Die Befuerworter des Gesetzes wollen erreichen, dass die Begrenzung des Gewinntransfers auf einen Satz von 8% bis 10% des Gesellschaftskapitals beschraenkt werden soll, was also praktisch keine Auswirkungen fuer uns haben sollte, da ja von unserer Seite nie mehr ueberwiesen worden ist.« (Ebd., Brief von Schultz-Wenk an Nordhoff vom 5.6.1961.)

112 VW-Archiv, *Jahresbericht der VW do Brasil für 1961*, S. 6.

113 VW-Archiv, *Brasilien 1.1.-30.6.1961 (12/5)*, Brief von Schultz-Wenk an Nordhoff vom 27.4.1961.

114 Ebd., Brief von Nordhoff an Schultz-Wenk vom 17.3.1961.

115 VW-Archiv, *Brasilien 1.7.-31.12.1961 (12/5)*, Brief von Nordhoff an Schultz-Wenk vom 5.12.1961.

116 In zusammenfassender Form ist dieses Programm, dessen Formulierung komplizierte interne Diskussionen vorausgegangen waren, enthalten in dem Fernschreiben von Dr. Siebert an Schultz-Wenk und Fritz Jensen vom 23.11.1961. (Ebd.)

117 »Ich möchte aber darauf hinweisen, dass wir alles rücksichtslos gestrichen haben, was einer Erweiterung unserer Produktion dienen koennte, d.h. dass wir auch nicht in der Lage sind, 1963 die Produktion nennenswert zu erhoehen, obgleich wir heute klar erkennen, dass wir 1962 wenigstens 300 Einheiten taeglich verkaufen koennten, um den Markt auch nur einigermassen zu befriedigen.« (VW-Archiv, *Brasilien 1.1.-30.9.1962 (12/5)*, Vorschau für das Jahr 1962.)

118 Ebd.

119 Ebd., Brief von Aranha an Siebert vom 29.3.19612.

120 Ebd., Brief von Siebert und Nebelung an Aranha vom 12.4.1962. An der fallenden Tendenz der Umsatzrentabilität bei der VW do Brasil ändern diese Argumente nichts.

121 Ebd., Brief von Schultz-Wenk an Nordhoff vom 16.3.1962.

122 Ebd., Brief von Nordhoff an Schultz-Wenk vom 9.3.1962.

123 Ebd., Brief von Schultz-Wenk an Nordhoff vom 16.3.1962.

124 VW-Archiv, *Jahresbericht der Volkswagen do Brasil für das Jahr 1962*, S. 7.

125 »Zur Verkaufssituation kann ich nur sagen, dass unsere Lieferfristen immer laenger werden, wir sind jetzt schon wieder bei 5-6 Monaten angelangt.« (VW-Archiv, *Brasilien 1.10.-31.12.1962 (12/5)*, Brief von Schultz-Wenk an Nordhoff vom 6.12.1962.)

126 »Ich bin mir der Verantwortung voll bewusst, wenn ich mir erlaube Ihnen vorzuschlagen, mit dem Ausbau der Halle sofort zu beginnen. Die politischen Verhältnisse haben sich so stabilisiert, dass nichts unterlassen werden sollte, damit VW do Brasil den Anschluss an die Allgemeinentwicklung nicht versaeumt.« (VW-Archiv, *Brasilien 1.1.-30.9.1962 (12/5)*, Telegramm von Schultz-Wenk an Nordhoff vom 4.5.1962.)

127 Ebd., Telegramm von Nordhoff an Schultz-Wenk Nordhoff vom 7.5.1962.

128 Ebd., Brief von Nordhoff an Jensen vom 13.7.1962.

129 Ebd., Brief von Jensen an Nordhoff vom 1.8.1962.

130 VW-Archiv, *Brasilien 1.10.-31.12.1962 (12/5)*, Brief von Nordhoff an Jensen vom 12.11.1962.

131 VW-Archiv, *Brasilien 1.1.-30.9.1962 (12/5)*, Brief von Nordhoff an Schultz-Wenk vom 3.9.1962.

132 Ebd., Brief von Schultz-Wenk an Nordhoff vom 18.9.1962.

133 VW-Archiv, *Brasilien 1.10.-31.12.1962 (12/5)*, Mitteilung der AFP vom 12.10.1962.

134 Erst die schwierigen Verhandlungen des Jahres 1962 mit der GEIA und den brasilianischen Steuerbehörden um die drohenden Konventional- und Steuerstrafen, die Aranha lange ohne greifbares Ergebnis für die Volkswagen do Brasil geführt hatte, resultierten in einer Verlagerung der Verhandlungsführung vom »Büro Rio« auf die Geschäftsleitung in São Paulo.

135 Wie verhärtet die Fronten zwischen Aranha und Schultz-Wenk phasenweise waren, mag folgendes Zitat aus einem Brief von Schultz-Wenk an Nordhoff aus dem Jahre 1961 illustrieren: »Und nun wieder die alte Platte: Herr Aranha wandte sich wieder einmal gegen

den Vorstand und die sonstigen Leiter der Werkes und verlangte, dass ein Direktor seines Vertrauens neben dem Superintendenten, also neben mir, ernannt werden soll. Dies tat er allerdings nicht in meiner und Herrn Jensens Gegenwart sondern in einer Besprechung, die er allein mit Herrn Dr. Siebert hatte. ... Du kannst daraus klar sehen, dass er sein Ziel nicht aufgegeben hat, einen seiner Leute in die aktive Geschaeftsfuehrung zu bringen, sondern nur zwei Jahre auf die Verwirklichung seines Zieles verzichtet hat, um erst einmal seine finanziellen Angelegenheiten bei uns zu regeln. Sein Vorhaben mag damit begruendet sein, dass ihn jetzt seine koerperlichen und geistigen Kraefte verlassen und er nun gerne sein Haus bestellt haben moechte. Da Herr Aranha mich nicht in Kenntnis gesetzt hat, dass er derartige Forderungen an Herrn Dr. Siebert stellen wuerde, und er mich noch kurz zuvor zur erfolgreichen Leitung der Firma beglueckwuenschte, und ferner sein Benehmen in Frankfurt und hier klar erwiesen hat, daß er niemals das Wohl der VW do Brasil im Auge hatte, sondern einzig und allein seine finanzielle Beteiligung, bin ich zu der Einsicht gelangt, das Verhaeltnis zwischen Monteiro-Aranha und mir in Zukunft auf die Basis des rein geschaeftlichen zu stellen. Herr Aranha ist der Vizepraesident der VW do Brasil und wird von mir als solcher respektiert; Herr Monteiro ist Direktor in Rio de Janeiro, und darueberhinaus gibt es keinerlei Bindungen mehr zwischen den Herren und mir. Hinzu kommt, dass seit einer gewissen Zeit Geruechte ausgestreut werden, die mir bisher unerklaerlich waren, die aber jetzt ihren Sinn fuer mich gefunden haben, wonach die VW do Brasil einen zweiten Mann erhalten wuerde, der neben dem Superintendenten eingesetzt werden soll. Ich wollte Dir diese Sache nur mitteilen, weil einige Herren noch immer die These vom „guten alten, verdienstvollen Partner, der nun zehn Jahre mit uns vertrauensvoll zusammenarbeitet" vertreten. Glaube mir, er ist dies nie gewesen! Er war immer nur auf seine Vorteile bedacht und hat einen gegen den anderen ausgespielt.« (VW-Archiv, *Brasilien 1.7.-31.12.1961,* Brief von Schultz-Wenk an Nordhoff vom 9.11.1961.)

136 »Der letzte Telegrammwechsel sowohl mit Herrn Aranha als mit Schultz-Wenk macht es für mich vollkommen klar, dass Aranha nichts anderes im Sinne hat, als uns in eine schwierige Situation zu bringen. Wir müssen sehr bald zu einem Entschluß kommen, welche Konsequenzen wir aus dieser Situation ziehen wollen. Ich komme dabei mehr und mehr zu der Auffassung, dass es eine zwingende Notwendigkeit ist, dass wir uns von Herrn Aranha trennen, und ich glaube, dass man ihn um einen Vorschlag bitten soll, auf welcher Grundlage eine solche Trennung durchgeführt werden kann.« (VW-Archiv, *Brasilien 1954 (9b/3),* Interne Mitteilung von Nordhoff an O. W. Jensen vom 6.10.1954.)

137 VW-Archiv, *Brasilien 1.17.-31.12.1961 (12/5),* Brief von Nordhoff an Schultz-Wenk vom 5.12.1961.

138 Ebd., Brief von Nordhoff und Siebert an Aranha vom 29.11.1961.

139 VW-Archiv, *Brasilien 1.7.-31.12.1960 (12/5),* Brief von Nordhoff an Aranha vom 7.11.1960.

140 Ebd., Rundschreiben der Volkswagen do Brasil an die brasilianische Verkaufsorganisation vom 1.12.1960.

141 Ebd., Brief von Nordhoff an Schultz-Wenk vom 28.12.1960.

Kapitel 11: Der Volkswagen-Konzern und der Staat

1 »Wie wir festgestellt haben, wird in der von Ihrem Amt herausgegebenen Export-Statistik im allgemeinen die Ausfuhr von Personenkraftwagen für Typen aller Art nach Stückzahl und Grenzwert zusammengefasst in der statistischen Nummer 915 a 2. Eine Ausnahme bildet nur der Volkswagen, dessen Ausfuhrziffern (Stückzahl und Grenzwert) unter einer eigenen statistischen Nummer – 915 a 2 a – bekanntgegeben werden. ... Aus den Angaben ... für Volkswagen kann unschwer der Export-Durchschnittserlös je Volkswagen errechnet werden, während das für irgend eine der anderen an der Ausfuhr beteiligten Kraftwagen-

marken nicht möglich ist. Daraus werden leicht von Stellen, die die Einzelheiten und Verhältnisse nicht genauer kennen, übereilt unrichtige Schlüsse über die Preispolitik unseres Werkes auf dem Inlandmarkt und im Export gezogen. Auch ausländische Interessenten könnten solche Zahlen und Schlüsse möglicherweise als Material für natürlich gänzlich unbegründete Angriffe gegen die Preispolitik bei der deutschen Ausfuhr überhaupt verwenden.« (VW-Archiv, *9b/2 Schriftwechsel mit auswärtigen Stellen II*, Brief von Nordhoff an das Statistische Bundesamt/Wiesbaden vom 29.8.1950.)

2   »Es ist aber nicht so, als ob in jedem Falle das Aufwenden solcher enormer Mittel der wirtschaftlich richtige und vernünftige Weg wäre. Die Möglichkeit der Automatisierung enthebt nicht der unverändert ganz im Vordergrund stehenden Nachprüfung und Entscheidung, ob der gewählte Weg der wirtschaftlich sinnvolle und vernünftige ist. Es wäre ein Fehler, anzunehmen, daß die Automatisierung an sich einen Fortschritt bedeutet, den man sich nur zunutze zu machen braucht. ... *Maßstab für alles bleibt der wirtschaftliche Erfolg,* der sich aus vielen Komponenten zusammensetzt, von denen Fabrikationsprobleme nur einen einzigen darstellen. ... Das große und ganz primäre Problem des Absatzes der Industrieerzeugnisse verdient unverändert, an erster Stelle genannt zu werden. ... Alle großen Erfolge unserer Zeit sind im Grunde Verkaufserfolge.« (Nordhoff, *Reden und Aufsätze,* Vortrag »Industrielle Wirtschaftsführung« an der TU Braunschweig vom 29.11.1955, S.176f.) Zu den theoretischen Aspekten dieses Problems vgl. Danyliuk, *Die Stabilität der Oligoplwirtschaft.*

3   Vgl. Kapitel 8

4   Vgl. Kapitel 10.

5   VW-Archiv, 12/3a, Schultz-Wenk 1.1.57-31.12.58, Brief von Nordhoff an Schultz-Wenk vom 2.7.1957.

6   Vgl. Kapitel 3.

7   Bundesarchiv Koblenz, *B 102/ 15129 (Heft 3),* Brief des Volkswagenwerks an Ministerialrat Otto Baier/Bundesministerium für Wirtschaft vom 13.5.1959.

8   Ebd., Brief von Baier an die Firma Buhne vom 17.3.1959.

9   Reinhardt hatte seine Initiative unter anderem mit folgenden Argumenten lanciert: »Mit dem nunmehr von der indischen Regierung geäußerten Wunsch auf eine Zusammenarbeit mit dem Volkswagenwerk bietet sich unter Ausschaltung der französischen, holländischen und japanischen Konkurrenz die einmalige Gelegenheit, einen Markt zu gewinnen, der in seiner Geschlossenheit von 420 Mio. Menschen von keinem anderen Staat, der sich dem Westen öffnet, übertroffen wird. ... Man wird auch nicht fehlgehen in dem Gedanken, die zu erwartende Beherrschung des indischen Straßenbildes durch den Volkswagen gewissermaßen als ein fahrendes Symbol einer besonders geglückten deutsch-indischen Zusammenarbeit betrachten zu dürfen. ... Durch die Herstellung des deutschen Volkswagens würde daher die Bundesrepublik einen nicht zu unterschätzenden Vertrauenskredit gewinnen. Ich wäre dankbar, wenn Sie die Frage einer etwaigen Beteiligung des Volkswagenwerks in Indien unter den vorstehenden Gesichtspunkten im Aufsichtsrat nochmals einer eingehenden Erörterung unterziehen würden, wobei natürlich, wie ich abschließend nochmals betonen möchte, die privatwirtschaftliche Verantwortlichkeit von den zuständigen Organen des Werkes getragen werden muß.« (Bundesarchiv Koblenz, *B 102/ 15129 (Heft 1),* Brief von Ministerialdirektor Dr. Reinhardt/Bundeswirtschaftsministerium an den Staatssekretär Dr. Hans Busch/Bundesministerium für wirtschaftlichen Besitz des Bundes vom 25.1.1961)

10   VW-Archiv, *Frankfurter Büro 1953-55 (3/6),* Interne Mitteilung von Till an Nordhoff vom 22.10.1955.

11   VW-Archiv, *9b/2 Schriftwechsel mit auswärtigen Stellen II,* Brief der Gesandtschaft der Bundesrepublik Deutschland/Montevideo an das Volkswagenwerk vom 29.7.1952.

12 VW-Archiv, Frankfurter Büro 1953-55 (3/6), Interne Mitteilung von Till an Dr. Welsch (Steuerabteilung des Volkswagenwerks) zum Thema Ausfuhrförderung vom 31.1.1955.

13 Der Kern der Argumentation dieses Memorandums ist in dem folgenden Auszug enthalten: »Als eine der tragenden Konjunktursäulen der Gesamtwirtschaft hat der Aussenhandel in hervorragender Weise zur Stabilisierung der deutschen Wirtschaft beigetragen. Damit ist zugleich auch die sozialpolitische Bedeutung gekennzeichnet, die sich aus dem Wachstum des deutschen Aussenhandels für die Beschäftigungslage ergibt. Bei den traditionellen deutschen Exportgütern handelt es sich zumeist um lohnintensive Erzeugnisse, die die Aufrechterhaltung eines hohen Beschäftigungsniveaus und damit die Erhaltung des sozialen Friedens gewährleisten. In der Industrie ist heute jeder dritte Beschäftigte unmittelbar oder mittelbar für den Export tätig. Darüber hinaus hat die immer enger werdende Verflechtung mit der Weltwirtschaft, auf die die Bundesrepublik angesichts der vorwiegend industriellen Struktur ihrer Wirtschaft stärker als vor dem Kriege angewiesen ist, die Stellung und das Ansehen der Bundesrepublik auch aussenpolitisch wesentlich gefördert. Der Beitrag, den der Aussenhandel in den letzten Jahren auf diesem Gebiete geleistet hat, sollte nicht unterschätzt werden. Diese Außenhandelsintensität der deutschen Volkswirtschaft zwingt zu Überlegungen, wie die deutsche Wettbewerbsfähigkeit im Interesse der notwendigen weiteren Konsolidierung und Stärkung der aussenwirtschaftlichen Grundlagen auf lange Sicht aufrechterhalten und gesichert werden kann. In einem Zeitpunkt, in dem der Fortfall der einzigen materiell ins Gewicht fallenden deutschen Massnahmen zur Erörterung steht, kommt dieser Fragestellung eine besondere Bedeutung zu. Der BDI ist der Auffassung, dass die Institution der Exportförderung nicht nach den jeweiligen Schwankungen der Handels- und Zahlungsbilanz, d.h. also nach mehr oder weniger kurzfristigen Entwicklungstendenzen, betrachtet und beurteilt werden kann. Nach sorgfältiger Prüfung sind wir zu dem Ergebnis gekommen, dass zwecks Vermeidung von Rückschlägen im deutschen Aussenhandel zunächst auf eine weitere wirtschaftspolitische Pflege des Exportes nicht verzichtet werden kann.« (*VDA-Mitteilungen Nr. 15/Oktober 1955,* Anlage 2, S. 1f.)

14 Bundesarchiv Koblenz, *B 102/ 15129 (Heft 1),* Mitteilung von Gehrels an Pollack vom 1.3.1961 betreffs des Exports von Kraftfahrzeugen nach Finnland.

15 VW-Archiv, *Frankfurter Büro 1953-55 (3/6),* Interne Mitteilung von Nordhoff an Till vom 16.12.1955.

16 VW-Archiv, *9b/2 Schriftwechsel mit auswärtigen Stellen II,* Brief von Nordhoff an Thoennissen/VDA vom 24.11.1951.

17 VW-Archiv, *Schriftwechsel mit den staatlichen Stellen,* Brief von Dr. F. D. Stünkel/ Außenhandelskontor Niedersachsen an Nordhoff vom 16.3.1950.

18 Ebd., Brief von Nordhoff an Dr. F. D. Stünkel/Handelskontor Niedersachsen vom 28.3.1950.

Schaubild 1: Die Handelsabkommen Westdeutschlands und die darin vorgesehenen Automobilkontigente (Stand: 15.8.1957(VDA, Tätigkeitsbericht 1956/57, S. 64)

Land	Ausfuhrkontingente und Bemerkungen	Handelsabkommen mit der BRD bis:
Europa		
Belgien/Lux.	Montagebestimmungen für Kfz; ansonsten Einfuhr ohne Beschränkungen möglich	2. Quartal 1958
Bulgarien	Erzeugnisse des Kfz-Baus inkl. Ersatzteile: 2,1 Mio. DM	1. Quartal 1958
Dänemark	Kfz-Einfuhr liberalisiert; hohe Sondersteuer	4. Quartal 1957
Finnland	keine Kontingentierung; Zusage großzügiger Lizenzen Beko-Mark-Abrechnung	4. Quartal 1957
Frankreich	für 12 Monate: Pkws: 1026 Mio. ffrs; Lkw. u. Spezial Kfz.: 430 ffrs; Busse: 94 Mio. ffrs.	3. Quartal 1958
Griechenland	Einfuhr liberalisiert, ausgenommen Pkws, die teurer als 1.800 $ sind	4. Quartal 1957
Großbritannien	Pkws: 2,62 Mio. £; Lieferwagen und Kombis: 0,45 Mio. £; Ersatzteile: 0,33 Mio. £	1. Quartal 1958
Irland	Einfuhr vollständiger Kfz in geringer Stückzahl möglich; Montageteile und Zubehör liberalisiert	4. Quartal 1957
Island	keine festen Kontingente; Kfz-Einfuhr nach Lizenzerteilung	2. Quartal 1958
Italien	Pkw: 2,2 Mio. $; Werkstatt-Kfz: 0,03 Mio. $; Spezial-Kfz: 0,07 Mio. $	1. Quartal 1958
Jugoslawien	keine Warenlisten mit festen Wertgrenzen	2. Quartal 1958
Niederlande	Benelux-Einfuhr aus OEEC-Ländern: jährlich 40.000 Kfz	3. Quartal 1957
Norwegen	Globalkontingente für Kfz-Einfuhren aus OEEC-Ländern	2. Quartal 1958
Österreich	Kfz-Einfuhren liberalisiert	4. Quartal 1957
Polen	Kfz und deren Einzelteile: 1,5 Mio. $	4. Quartal 1957
Portugal	Kfz und deren Ersatz- u. Zubehörteile liberalisiert	4. Quartal 1957
Rumänien	Erzeugnisse der Fahrzeugbaus inkl. Ersatzteile: o,5 Mio. $	4. Quartal 1957
Schweden	Pkw: 140,0 Mio. skr; Lkw: 10,0 Mio. skr; Kfz-Einfuhren quasi liberalisiert	2. Quartal 1958
Schweiz	Pkws liberalisiert; Verschiedenes (u. a.: Lkw und Busse): 12 Mio. sfrs	3. Quartal 1957
Spanien	Global-Warenliste (u. a. Kfz aller Art): 40 Mio. DM	1. Quartal 1958
CSSR	Erzeugnisse der Kfz-Industrie: 1,2 Mio. $	4. Quartal 1957
Türkei	Einfuhrrestriktionen infolge von Zahlungsschwierigkeiten; ansonsten Liberalisierung im Kfz-Bereich	2. Quartal 1958
Ungarn	Erzeugnisse des Fahrzeugbaus: 3 Mio. DM	4. Quartal 1957
Afrika		
Ägypten	keine Einfuhrlisten; Einfuhr deutscher Waren ist frei, aber Restr. im Pkw-Bereich	4. Quartal 1957
Südafrika	keine festen Kontingente; Behandlung als Weichwährungsland zugesichert	3. Quartal 1957
Amerika		
Kuba	keine Waren mit festen Wertgrenzen	4. Quartal 1959
Mexiko	Abkommen auf freier Dollarbasis außer Kraft; Wiederaufnahme von Verhandlungen in Aussicht gestellt	
Argentinien	Anlagegüter: 58,7 Mio. $; Ersatzteile: 3,0 Mio. $	3. Quartal 1957
Brasilien	keine Warenlisten mit festen Wertgrenzen	3. Quartal 1957

Chile	Kfz aller Art, Motoren, Ersatz- und Zubehörteile: 2,5 Mio. $	3. Quartal 1957
Ecuador	keine Warenlisten; Zahlungen in frei konverteirbarer Währung	3, Quartal 1957
Kolumbien	keine Warenlisten mit festen Wertgrenzen	3. Quartal 1957
Paraguay	keine Warenlisten mit festen Wertgrenzen	3. Quartal 1957
Peru	Maschinen- und Fahrzeugbau: 4,0 Mio. $	2. Quartal 1958
Uruguay	keine Warenlisten mit festen Wertgrenzen	3. Quartal 1957

Asien

Afghanistan	Abkommen auf Kompensationsbasis; keine Warenlisten mit Kontingenten	2. Quartal 1958
Ceylon	keine Warenlisten mit Kontingenten	1. Quartal 1958
Indien	Einfuhrmöglichkeiten im Rahmen von Globalkontingenten für alle Weichwährungsländer	3. Quartal 1957
Indonesien	Kfz, Motorräder und deren Teile: 12 Mio. hfl (3,158 $)	1. Quartal 1958
Irak	Lastwagen und Omnibusse	4. Quartal 1957
Iran	Pkw bis 1700 kg: 1,5 Mio. $; Kombis: 1,5 Mio. $; Dreiräder: 0,2 Mio. $	1. Quartal 1957
Japan	Motorkraftwagen: 0,2 Mio. $, davon 20% für Teile	1. Quartal 1957
Libanon	keine Warenlisten, Einfuhren ohne Beschränkungen möglich	1. Quartal 1957
Pakistan	keine festen Kontingente	2. Quartal 1958
Birma	Dreijahresvertrag ohne feste Wertgrenzen	2. Quartal 1959

Australien

Austr. Bund	keine festen Kontingente; Behandlung als Weichwährungsland zugesichert	4. Quartal 1957
Neuseeland	keine festen Kontingente; Behandlung als Weichwährungsland zugesichert	1. Quartal 1958

Schaubild 2: Das Volkswagenwerk im Jahre 1962

Volkswagenwerk Aktiengesellschaft Wolfsburg

Werke: Wolfsburg
Hannover
Braunschweig
Kassel

Beteiligungen:	Volkswagen do Brasil (São Bernado do Campo):	80%
	Volkswagen Canada Ltd. (Toronto):	100%
	Volkswagen France (Paris):	75,5%
	Volkswagen of America (Englewood Cliffs)	100%
	South African Motor Assemblers and Distributors Ltd. - SAMAD (Uitenhage)	63%
	Volkswagen Australasia Pty. Ltd (Melbourne)	100%
	Volkswagen-Finanzierungsgesellschaft m.b.H. (Wolfsburg)	100%
	VW-Wohnungsbau m.b.H. (Wolfsburg)	100%
	VW-Siedlungsgesellschaft m.b.H. (Wolfsburg)	100%

Schaubild 3: Werkseigene Wohnungen bei VW

1948: - Gemeinschaftsunterkünfte: 1548 alleinstehende Werksangehörige + 59 Familien
       - Werkseigene Wohnungen: 571 Familien
1949: - Neuunterbringung von 273 Familien
       - Ende des Jahres liegen noch 1719 unerledigte Wohnungsanträge vor.
1950: - Fertigstellung von 142 Wohnungen
       - Ende des Jahres liegen noch ca. 2400 unerledigte Wohnungsanträge vor.
1951: - Fertigstellung von 479 Wohnungen
       - Ende des Jahres liegen noch 2.321 unerledigte Wohnungsanträge vor.
       - Abgesehen von Fachkräften, werden Werksangehörige, die ab 1950 eingestellt wurden,
         nicht mehr berücksichtigt.
1952: - Fertigstellung von 473 Wohnungen
1953: - Fertigstellung von 956 Wohnungen
       - Ende des Jahres liegen noch 2346 unerledigte Wohnungsanträge vor.
1954: - Fertigstellung von 774 Wohnungen
       - Ende des Jahres liegen noch 1563 unerledigte Wohnungsanträge vor.
1955: - Fertigstellung von 1067 Wohnungen
       - Ende des Jahres liegen noch 3488 unerledigte Wohnungsanträge vor.
1956: - Fertigstellung von 524 Wohnungen
       - Ende des Jahres liegen noch 3571 unerledigte Wohnungsanträge vor.
1957: - Fertigstellung von 804 Wohnungen
       - Ende des Jahres liegen noch 2338 unerledigte Wohnungsanträge vor. („Da seit Frühjahr
         1957 Wohnungsanträge nur an Facharbeiter und langjährige Werksangehörige ausgege-
         ben werden, ergibt die Gesamtzahl der registrierten Anträge nicht den tatsächlichen
         Wohnungsbedarf. Dieser dürfte etwa 3 600 Wohnungseinheiten betragen.")
1958: - Fertigstellung von 743 Wohnungen
       - Ende des Jahres liegen noch 2337 unerledigte Wohnungsanträge vor.
1959: - Fertigstellung von 1297 Wohnungen
       - Ende des Jahres liegen noch über 2000 unerledigte Wohnungsanträge vor.
1960: - Fertigstellung von 628 Wohnungen
       - Ende des Jahres liegen noch über 1500 unerledigte Wohnungsanträge vor.
1961: - Fertigstellung von 747 Wohnungen
1962: - Fertigstellung von 777 Wohnungen
       - Ende des Jahres befinden sich noch ca. 2000 Wohnungen im Bau.

Quelle: VW-Archiv, Jahresberichte der Hauptabteilung Personal

Schaubild 4: Tarifregelungen bei VW

1947:   – Gleichstellung des Lohns für Frauen, die Männerarbeit verrichten, mit den Bezügen der erwachsenen männlichen Vollarbeiter (21.10.);
  – Herabsetzung der Altersgrenze für Vollarbeiter von 21 auf 19 Jahre (21.10.);
  – Bezüge für jugendliche Werksarbeiter stipuliert:

für 18-19 jährige Werksangehörige auf	90% des Voll-Lohnes
für 17-18 jährige Werksangehörige auf	80% des Voll-Lohnes und
für die bis 17-jährigen Werksangehörigen auf	70% des Voll-Lohnes

1948:   – Direktive Nr. 40 (28.4.): Amerikanische und britische Behörden stimmen einer begrenzten Lockerung des Lohnstops zu, indem sie den Arbeitgebern und Gewerkschaften gestatten, in gemeinsamen Verhandlungen die bei Kriegsende gezahlten Lohn- und Gehaltssätze oder sonstigen Lohnnebenbedingungen im Durchschnitt um nicht mehr als 15% zu erhöhen.
  – Abschluß einer Tarifvereinbarung mit der DEUTSCHEN ANGESTELLTEN-GEWERKSCHAFT (DAG), Landesverband Niedersachsen, über eine Gehaltserhöhung um durchschnittlich 15% für alle Angestellten, die nach der Gehaltsordnung vom 8.4. und 19.8.1942 bezahlt wurden (3.9.). Im einzelnen ergeben sich Gehaltserhöhungen von
  23,5% für die unteren Angestellten
  18,5% für die mittleren Angestellten
  11,5% für die oberen Angestellten.
  – Abschluß einer *provisorischen* Tarifvereinbarung mit der INDUSTRIEGEWERKSCHAFT METALL für den Kreis Gifhorn über eine Erhöhung der Löhne um ebenfalls durchschnittlich 15% (3.9.). Dabei profitieren die unteren Lohngruppen stärker als die oberen. Die Erhöhung beläuft sich auf
  27,6% in der Lohnklasse 1
  11,1% in der Lohnklasse 8.
  – Innerbetriebliche Vereinbarungen zwischen Werksleitung und Betriebsrat führen zu weiteren Lohnsteigerungen, die die Lohnsätze gegenüber der Lohnregelung vom 27.5.1946 um durchschnittlich 22% anhoben. Für die weiblichen Werksangehörigen werden die Löhne im Mittel um 50% erhöht. Der Ecklohn wird von 0,88 DM auf 1,14 DM erhöht.
  – Die Lohn- und Gehaltserhöhungen treten rückwirkend zum 1.9.1948 in Kraft.
  – 3.11.1948: Die einschränkenden Bestimmungen hinsichtlich der Festsetzung der Löhne und Gehälter werden aufgehoben, so daß die Tarifvertragsparteien nunmehr über volle Handlungsfreiheit verfügen.
1949:   – kein Abschluß von Tarifvereinbarungen;
  – Aufbesserung der Löhne im Zeitlohn und Akkordlohn durch innerbetriebliche Regelung;
  – Aufbesserung der Gehälter durch Erhöhung der Leistungszulagen;
  – keine Differenzen im Werk über Entlohnung;
  – stark nachlassendes Interesse im Werk an Schwerarbeiterzulagen für Seife, Milch etc.
1950:   – 25.8.: Vorlage eines Manteltarifvertrages durch die IG Metall
  – während der laufenden Verhandlungen Abschluß besonderer Lohn- und Gehaltstarifverträge mit der IG Metall und der DAG (13.10.). Diese sehen vor (mit Wirkung vom 21.10 bzw. 1.11):
  a) Bruttolohnerhöhungen von 0,10-0,15 DM/Stunde für Bezieher von Akkordlöhnen
  b) eine Bruttolohnerhöhung von 0,10 DM/Stunde für die Bezieher von Zeitlöhnen zuzüglich individueller Leistungszulagen von ca. 0,5 DM/Stunde
  c) Gehaltserhöhungen zwischen 10% und 15%
1951:   – 17.4. 1951: Abschluß neuer Lohn- und Gehaltstarifverträge
  Löhne: a) Akkordlöhne: Steigerungen des Akkordrichtsatzes um 0,16-0,23 DM, d.h.
  Steigerung des Durchschnittsstundenverdienstes um 0,21-0,29 DM (gültig ab 1.5.)

b) Zeitlöhne: Steigerungen um 0,17-0,25 DM/St. bei Männern (ab 21.4.)

                     Steigerungen um 0,14-0,19 DM/St. bei Frauen (ab 21.4.)

Gehaltssteigerungen:

- Tarifgruppen 1-5   18%
- Tarifgruppen 6 u. 7   16%
- Tarifgruppen 8 u. 9   14%
- Tarifgruppe 10   12%
- Tarifgruppen 11 u. 12 11%

Erhöhung der Erziehungsbeihilfen für Lehrlinge um 10 DM (ab 1.5.)

1952: - Abschluß eines Kurzarbeitszeit-Abkommens am 21.2.

Danach erfolgte die Errechnung des Lohnes

bei mindestens 46,75 Arbeitsstunden in der Woche nach Lohntafel I

                     (Ecklohn DM 1,43)

bei mindestens 42,5 Arbeitsstunden in der Woche nach Lohntafel II

                     (Ecklohn DM 1,50)

bei mindestens 41,25 Arbeitsstunden in der Woche nach Lohntafel III

                     (Ecklohn DM 1,53)

bei mindestens 40 Arbeitsstunden in der Woche nach Lohntafel IV

                     (Ecklohn DM 1,57)

Die Kürzung der Angestellten bei Kurzarbeit erfolgte

um 3% bei einer wöchentlichen Arbeitszeit von unter 44 Stunden

um 5% bei einer wöchentlichen Arbeitszeit von unter 42 Stunden

um 7% bei einer wöchentlichen Arbeitszeit von unter 40 Stunden

um 9% bei einer wöchentlichen Arbeitszeit von unter 38 Stunden

um 12% bei einer wöchentlichen Arbeitszeit von unter 35 Stunden

nach bes. Vereinbarung bei einer wöch. Arbeitszeit von unter 32 Stunden.

- 29.8. 1952: Abschluß neuer Lohn- und Gehaltstarifverträge:

Löhne: a) Erhöhung des Ecklohnes

          bei 48 Stunden Wochenarbeitszeit von 1,43 auf 1,50 DM u.

          bei 44 Stunden Wochenarbeitszeit von 1,50 auf 1,57 DM.

b) Akkordlöhne: Steigerungen des Akkordrichtsatzes um 0,8-0,10

          DM (ab 1.9);

          Akkordüberverdienste je nach Leistungsstand der

          einzelnen Akkordgruppe

c) Zeitlöhne: Steigerungen um 0,11-0,30 DM/St. bei Männern

          (ab 21.8.);

          bes. Berücksichtigung der Facharbeiterlohngruppen

          6,7 u. 8.

d) Bezüge für jugendliche Werksarbeiter stipuliert:

          für 18-19 jährige Werksangehörige auf 90% des Voll-Lohnes

          für 17-18 jährige Werksangehörige auf 80% des Voll-Lohnes

          für 16-17 jährige Werksangehörige auf 70% des Voll-Lohnes

          für unter 16 jährige Werksang. auf 65% des Voll-Lohnes

e) Anhebung der Frauenlöhne von 90% auf 92% des Voll-Lohnes für

    Männer

Gehälter: Anhebung um 9% in allen Tarifgruppen

1953: - keine Änderung in der Lohn- und Gehaltsentwicklung. Löhne und Gehälter blieben nach

dem Lohn- bzw. Gehaltstarifvertrag vom 29.8.1952 unverändert.

1954: - Inkrafttreten der Manteltarifverträge für das VW-Werk vom 20.11.1953:

A. Manteltarifvertrag für LOHNEMPFÄNGER vom 20.11.1953. Er trat am 1.1.1954 in

Kraft und enthielt die folgenden zentralen Bestimmungen:

a) Neuregelung des Arbeitsverhältnisses

b) Neufestsetzung der Lohnzuschläge. Demzufolge festgesetzt
der Mehrarbeitszuschlag auf   33 1/3% (vorher 25%),
der Zuschlag für Nachtschichtarbeit (22.00-6.00 Uhr) auf   15%,
der Zuschlag für Mehrarbeit zwischen 22.00 u. 6.00 Uhr auf   50%,
der Zuschlag für Arbeit an gesetzlichen Feiertagen auf   150%.
c) Neuregelung der Vergütung von Verdienstausfällen; hierbei bes. wichtig: Lohnausgleichzahlung bei Krankheit
d) Erhöhung des Urlaubsanspruches für Werksangehörige im Alter von 26-30 Jahren um einen Tag auf 16 Tage
e) Neuregelung des Arbeitsverhältnisses für Lehrlinge und Anlernlinge; Sonderregelungen für Frauen, Schwerbeschädigte, mit Akkordarbeit beschäftigte Jugendliche und die in gesundheitsgefährdenden Betrieben arbeitenden Werksangehörigen
f) Übernahme des Kurzarbeitsabkommens in der Fassung vom 321.8.1952, des Lohntarifvertrages vom 29.8.1952 und des Tarifvertrages über die Beschäftigung von Arbeitskräften im Erholungsheim Altenau
g) Auslaufen des Lehrlingsvertrages vom 23.12.1949, des Abkommens über die Beschäftigung von Jugendlichen mit Akkordarbeit vom22.4.1952 und der Tarifordnung für die Eisen-, Metall- und Elektroindustrie für das Wirtschafsgebiet Niedersachsen vom 1.10.1940.
B. Manteltarifvertrag für ANGESTELLTE vom 15.7.1955. Er trat rückwirkend am 1.1.1954 in Kraft und enthielt die folgenden zentralen Bestimmungen:
a) Festlegung allgemeiner Fragen des Arbeitsverhältnisses
b) Neuregelung der Gehaltszuschläge. Demzufolge festgesetzt
der Mehrarbeitszuschlag auf   33 1/3% (vorher 25%),
der Zuschlag für Mehrarbeit zwischen 22.00 u. 6.00 Uhr auf   50%,
der Zuschlag für Arbeit außerhalb der normalen Früh- und Spätschicht auf 10% für die Zeit zwischen 20.00 und 22.00 Uhr und auf 15% für die Zeit zwischen 22.00 und 6.00 Uhr.
c) Neuregelung des Verfahrens zur Gehaltsfestsetzung, der Leistungszulagenewährung und der Gehaltszahlung in Sonderfällen, wobei besonders hervorzuheben ist die neue Bestimmung zur Gehaltsausgleichzahlung bei Krankheit. Diese wird einschließlich des für die ersten 6 Wochen zu zahlenden Gehaltes für die Dauer von 2 Monaten gewährt. Bei einer Werkszugehörigkeit von mehr als 5 Jahren erhöht sich diese Zeit auf 4 Monate, bei einer Werkszugehörigkeit von mehr als 10 Jahren auf 6 Monate.
d) Modifikation der Urlaubsregelung: Erhöhung der Maximalzahl freier Tage von 18 auf 21 in Abhängigkeit von Lebensalter und Betriebszugehörigkeit, wobei die Betriebszugehörigkeit stärker als bisher als Faktor berücksichtigt wird.
Im einzelnen erhöht sich die Urlaubsdauer
um 1 Tag bei einer Werkszugehörigkeit von mindestens 5 Jahren,
um 2 Tage bei einer Werkszugehörigkeit von mindestens 10 Jahren,
um 3 Tage bei einer Werkszugehörigkeit von mindestens 15 Jahren.
e) Neuregelung der Kündigungsfristen, die nunmehr bei einer Lösung des Arbeitsverhältnisses durch das Werk bei einer Werkszugehörihgkeit von unter 5 Jahren 6 Wochen
bei einer Werkszugehörigkeit von mindestens 5 Jahren   3 Monate,
bei einer Werkszugehörigkeit von mindestens 8 Jahren   4 Monate,
bei einer Werkszugehörigkeit von mindestens 10 Jahren   5 Monate,
bei einer Werkszugehörigkeit von mindestens 12 Jahren   6 Monate
zum Schluß eines Kalendervierteljahres betragen. Bei Angestellten über 50 Jahre erhöhen sich diese Kündigungsfristen nach einer Werkszugehörigkeit um weitere 3 Monate.

- 16.7.: Nachtrag zum Lohntarifvertrag vom 29.8. 1952, der eine Erhöhung des Ecklohnes (Lohngruppe 5) von 1,89 DM auf 1,98 DM bei einer Wochenarbeitszeit von 46,75 Stunden und mehr vorsieht. Bei einer Wochenarbeitszeit von 42,50 oder 44 Stunden erhöht sich der Ecklohn von 1,98 DM und 2,08 DM. Dies impliziert:

eine Erhöhung der Akkordrichtsätze in der Alterstufe über 19 Jahre je nach Lohngruppe und Lohntafel von 0,06-0,11 DM,

eine Erhöhung der Stundenverdienste für Zeitlohnempfänger derselben Alterstufe je nach Lohngruppe und Lohntafel von 0,07-0,14 DM.

Darüberhinaus werden für »überdurchschnittlich befähigte« Facharbeiter Sonderzuschläge zwischen 0,04 und 0,10 DM gewährt werden. Die Erhöhung der am 31.7.1954 gezahlten Monatslöhne beträgt 5%. Die in den Lohntafeln enthaltene Tabelle für Frauenzeitlohn bleibt vorläufig bestehen, es wird aber vereinbart, daß die Entlohnung gleichzustellen ist, wo kein wesentlicher Unterschied zu einem Männerarbeitsplatz besteht.

- 16.7.: Nachtrag zu den Gehaltstarifverträgen vom 17.4 bzw. 29.8.1952, in dem ei am 31.7. 1954 bestehenden Bruttogehälter generell um 5% erhöht werden. Die Gehälter der weiblichen Angestellten werden unter Anrechnung bisher gewährter Ausgleichs zulagen denen der männlichen gleichgestellt. Der Gehaltsabschlag bei Jugendlichen wird ermäßigt.

- 16.7.: Protokollnotiz über die Aufnahme von Verhandlungen über einen neuen Gehaltstarifvertrag.

1955: - 10.2: Nachtrag zum Manteltarif-Vertrag für Lohempfänger:

a) Angleichung der Urlaubsregelung für Arbeiter an die die Bestimmungen des Manteltarifvertrages für Angestellte vom 15.7.1954.

b) Lohnausgleichszahlungen bei Krankheit werden nicht mehr mit Zeitunterbrechungen, sondern fortlaufend bei einer Werkszugehörigkeit bis zu

5 Jahren bis zum 77. Krankheitstag,

bei einer Werkszugehörigkeit von mehr als

5 Jahren bis zum 133. Krankheitstag,

bei einer Werkszugehörigkeit von mehr als

10 Jahren bis zum 182. Krankheitstag gezahlt.

- 10.6.: Gehaltstarifvertrag

a) Auffächerung des Gehaltsspektrums gegenüber Nivellierungstendenzen. Die Grundgehälter für technische und kaufmännische Angestllet werden festgelegt

auf:

250 DM	in der Gruppe 1
275 DM	in der Gruppe 2
300 DM	in der Gruppe 3
340 DM	in der Gruppe 4
390 DM	in der Gruppe 5
450 DM	in der Gruppe 6
515 DM	in der Gruppe 7
565 DM	in der Gruppe 8
640 DM	in der Gruppe 9
725 DM	in der Gruppe 10
825 DM	in der Gruppe 11
925 DM	in der Gruppe 12.

b) Einführung eines strikten Stellenbeschreibung als Grundlage für die Entlohnung: „Während für die Einstufung der Angestellten in den vergangenen Jahren im wesentlichen die Berufsbezeichnung als Grundlage diente, wird nunmehr die tatsächlich ausgeübte Tätigkeit der Bewertung zu Grunde gelegt. Diese völlig neue Bewertung erfolgt auf Grund eines umfangreichen Verzeichnisses der Beschreibung der Angestelltentätigkeiten, das im Einvernehmen der Tarifvertragspartner unabhängig von der Geltungsdauer des Gehaltstarif-Vertrages der jeweiligen Entwicklung der betrieblichen Verhältnisses entsprechend geändert werden kann."

- 13.10.: Die IG-Metall konkretisiert ihre Forderungen für die kommende Tarifrunde:
  a) Stufenweise Einführung der 40-Stunden Woche bei vollem Lohnausgleich
  b) Generelle Erhöhung der Löhne um 12%
  c) Fortfall der Frauenzeitlohntabelle
  d) zusätzliche Erhöhung der Löhne für Zeitlöhner um 10%
  e) Erweiterung des Rahmens für Sonderzuschläge, die an besonders befähigte Facharbeiter gezahlt werden können. Gefordert wird die Festsetzung der entsprechenden Margen auf:

  25% in der Lohngruppe 5,
  40% in der Lohngruppe 6,
  70% in den Lohngruppen 7 und 8.

  f) 12%ige Erhöhung der bestehenden Brutto-Gehälter

- 22.12.: Da keine Einigung über diese Forderungen erzielt werden kann, kommt zum Nachtrag zu den Lohntarif-Vertägen vom 29.8.1952 und 16.7. 1954, der für den Januar 1956 folgende Lohnerhöhungen stipuliert:

Lohngruppe	Akkordrichtsatz (Dpf / je Stunde)	Zeitlohn (Dpf / je Stunde)
1	8	10
2	8	10
3	9	11
4	10	12
5	10	13
6	11	14
7	11	15
8	-	17

- 23.12.: Beginn der Verhandlungen über eine neue Gehaltsordnung: Die Tarifkomission des Werkes bietet 6% an, doch wird diese Offerte von IGM und DAG abgelehnt.

1956:
- 31. 1.: Betriebsvereinbarung über die Arbeitszeit, einen neuen Lohntarif-Vertrag und einen Nachtrag zum Gehaltstarifvertrag vom 10.6.1955. (Laufzeit: bis 31.3.1957.)
- 22.5.: Abschluß eines Vertrages zwischen den Tarifparteien über die Erhöhung der Erziehungsbeihilfen für Lehrlinge. Diese Erhöhung beträgt 5-10DM, je nach Lebensalter bei Beginn der Lehre und Lehrjahr
- 6.4: Tarifvertrag mit IGM und DAG über eine Erweiterung des Betriebsrates um 3 Personen, die zur Durchführung der Aufgaben des Betriebsrates nach Hannover abgeodnet werden bis zur turnusmäßigen Neuwahl der Betriebsräte im Jahre 1957
- 17.12: Der Christliche Metallarbeiterverband Deutschlands (CMV) tritt dem Mantel-Tarifvertrag für Lohnempfänger vom 29.1.1954 und den darin aufgeführten weiteren Abkommen bei.
- 22.5.: Beginn der Verhandlungen zum Abschluß eines Lohntarif-Vertrages für Bezieher von Monatslohn

1957:
- Neufassung der Passagen in den Manteltarif-Verträgen für Lohnempfänger und Angestellte, die sich auf die Urlaubsvergütung beziehen.
- 10.9.: Abschluß eines Tarifvertrages für Monatslohnempfänger, der rückwirkend zum 1.8. in Kraft tritt.
- „In Anpassung an die veränderten betrieblichen Gegebenheiten und an die zwischenzeitlich ergangenen gesetzlichen Regelungen wurden einzelne Bestimmungen des Mantel-Tarif-Vertrages für Lohnempfänger vom 29.1.1954 und des Mantel-Tarif-Vertrages für Angestellte vom 16.7.1954, hinsichtlich des Feststellung der regelmäßigen Arbeitszeit, der Zuschläge für Mehr- und Nachtschichtarbeit und der Berücksichtigung des Gesetzes zur Verbesserung der wirtschaftlichen Sicherung der Arbeiter im

362

Krankheitsfalle vom 26.6.1957 am 30.11.1957 neu gefaßt. Die geänderten Mantel-Tarif-Verträge traten am 1.12.1957 in Kraft."

1958: - 1.1.: Inkrafttreten einer Erhöhung der Löhne und Gehälter um 6%

1959: - 1.1.: Erhöhung der Löhne und Gehälter auf Grund von Tarifvereinbarungen:

	Lohn	Monatslohn	Gehalt
Mit Wirkung vom 1.1. um	2,3%	2,3%	2,3%
Mit Wirkung vom 1.6. um	3,0%	3,0%	4,0%
Mit Wirkung vom 1.10:	2,5%	3,0%	3,0%

- 15.1.: Abschluß von Nachtragsverträgen zu dem Manteltarifvertrag für Lohnempfänger und Angestellte:
  a) Regelung der Arbeitszeitverkürzung von 45 auf 44 Stunden
  b) Für Lohnempfänger eine 3-monatige Lohngarantie bei Umsetzungen aus Anlaß von Produktionsverlagerungen

- 20.5.: Übernahme der für die anderen Werke gültigen Lohntarifverträge für das Werk Kassel

- Mit der Neuwahl des Betriebsrates im Werk Kassel trat der mit der IGM und der DAG am 9.7.1958 abgeschlossene Tarifvertrag über die Regelung der Betriebsvertretung im Werk Kassel außer Kraft.

- 1.6.: Inkrafttreten der Arbeitszeitregelungen für die anderen Werke in Kassel

1960: - 11.8.: Abschluß neuer Lohn- und Gehaltstarifverträge: Erhöhung der Löhne und Gehälter um 8,5% mit Wirkung vom 1.7.1960 und um weitere 5% mit Wirkung vom 1.7.1961 (Grundlage: Bad Homburger Abkommen); Erhöhung der Lehrlingsvergütungen um durchschnittlich 10% mit Wirkung vom 11.8.1960.

- 11.4.: 2. Nachtragsvertrag zu den Manteltarifverträgen für Lohnempfänger und Angestellte (jeweils vom 30.11.1957); entscheidende Punkte:
  - Der Tarifurlaub für alle Werksangehörigen wird um drei Tage erhöht.
  - Bei über 50 Jahre alten Lohnempfängern mit einer Betriebszugehörigkeit von mehr als 5 Jahren verdoppeln sich die Kündigungsfristen.
    Außerdem wurde vereinbart, daß die zusätzliche Kündigungsfrist von 3 Monaten bei über 50 Jahre alten Angestellten schon nach 5 (früher 8) Jahren Werkszugehörigkeit wirksam wird.
  - Angestellte, die vertretungsmäßig bzw. aushilfsweise eine höherwertige Tätigkeit ausüben, erhalten bereits von der 5. Woche an (früher: von Beginn des übernächsten Monats an) das Grundgehalt der höherwertigen Tätigkeit.
  - Als Mehrarbeit gilt die Zeit, die vor oder nach der regelmäßigen Arbeitszeit geleistet wird.

- 11.8.: Nachdem durch das Bad Homburger Abkommen ein langfristiger Stufenplan für die Arbeitszeitverkürzung in der Metallindustrie vereinbart worden war, wurde die getroffene Regelung durch 3. Nachträge zum Mantel-Tarif-Vertrag für Lohnempfänger und zum Mantel-Tarif-Vertrag für Angestellte für das Volkswagenwerk übernommen. Die Nachträge traten am 1.6.1960 in Kraft und bestimmen im wesentlichen:
  „Die regelmäßige Arbeitszeit darf

bis zum 31.12.1961	44	Stunden,
bis zum 31.12.1963	42,5	Stunden,
bis zum 30.6.1965	41,5	Stunden
und vom 1.7.1965 an	40	Stunden in der Woche

  nicht überschreiten.

- 11.8. Betriebsvereinbarung mit den Betriebsräten aller Werke über die Gewährung eines Lohnausgleichs: Danach kann ein Lohnempfänger, der mindestens 50 Jahre alt und 15 Jahre im Betrieb tätig ist oder nach 15-jähriger betrieblicher Tätigkeit einen

Betriebsunfall erlitten hat, an einen seiner geistigen und körperlichen Leistungsfähigkeit entsprechenden Arbeitsplatz bei Gewährung eines Lohnausgleichs
umgesetzt werden, wenn er infolge seiner Konstitution, seines schlechten Gesund-
heitszustandes oder eines Unfalls den Anforderungen seines bisherigen Arbeits-
platzes nicht mehr gewachsen ist. Der Lohnausgleich wird bei einme Alter von
mindestens 55 Jahren mit 100%, bei einem Alter von mindestens 50Jsahren mit 75%
gewährt. Der auf Grund eines Betriebsunfalls zu zahlende Ausgleich beträgt 100%.
Der Errechnung des Lohnausgleichs wird bei Umsetzung innerhalb des Akkord-
oder Zeitlohnes eine Lohnminderung von höchstens zwei Lohngruppen oder von
Akkord- zu Zeitlohn um höchstens eine Lohngruppe zu Grunde gelegt. Die
Betriebsvereinbarung trat rückwirkend zum 1.8. in Kraft.
- Neufassung der Arbeitsordnung

1961: - Löhne und Gehälter werden mit Wirkung vom 1.7. um 5% erhöht.
- 17.1.: Abschluß eines neuen Tarifvertrages für Monatslohnempfänger mit den
Gewerkschaften, der rückwirkend zum 1.1.1961 in Kraft tritt.
- Modifikation der Stellenbeschreibungen für Angestellte in Verhandlungen mit den
Gewerkschaften

1962: - Als Auswirkung des Manteltarifvertrages für Lohnempfänger in der Fassung vom 11.8.1960
(stufenweise Arbeitszeitverkürzung) steigen die Löhne mit Wirkung vom 1.1.1962 an um
durchschnittlich 3,5%. Die regelmäßige tarifliche Arbeitszeit beträgt ab diesem Zeitpunkt
in der Woche 42,5 Stunden.
- 3.3. Abschluß neuer Tarifverträge mit den Gewerkschaften, die rückwirkend ab 1.1.1962
in Kraft treten:
a) Manteltarifvertrag für Lohnempfänger
b) Lohntarifvertrag
c) Tarifvertrag für Monatslohnempfänger
e) Manteltarifvertrag für Angestellte
f) Gehaltstarifvertrag
Damit werden die Löhne rückwirkend ab 1.1.1962 um etwa 6% auf der Basis der schon
durch die Arbeitszeitverkürzung angeobenen Löhne erhöht, ebenso die Gehälter der
Angestellten.
Die Staffelung des Urlaubsanspruchs nach Werkszugehörigkeit wird fallengelassen. Die
Urlaubsdauer bemißt sich künftig nur noch nach dem Lebensalter und beträgt
bis zum vollendeten 18. Lebensjahr   24 Werktage,
bis zum vollendeten 22. Lebensjahr   17 Werktage,
bis zum vollendeten 26. Lebensjahr   19 Werktage,
bis zum vollendeten 30. Lebensjahr   21 Werktage,
und vm 30. Lebensjahr an   24 Werktage.
- Die im neuen Manteltarifvertrag für Angestellte vorgesehene Gehaltskomission nimmt im
Mai 1962 ihre Tätigkeit auf. Sie setzt sich aus drei Vertretern der Personalleitung und drei
fachkundigen Betriebsratsmitgliedern der Angestelltengruppe zusammen.

Quelle: VW-Archiv, Jahresberichte der Hauptabteilung Personal

Schaubild 5: Dahrlehen, Sonderzahlungen und sonstige Gratifikationen bei VW

1947: - Betriebsordnung sieht Gewährung von Heiratsbeihilfen, Geburtsbeihilfen, Beihilfen in unverschuldeten Notfällen und im Todesfalle vor.
- Weihnachtsgratifikation von 20 bzw. 30 RM.

1948: - Zahlungen im Rahmen der Notstandsunterstützungskasse: ca. 16.000 DM (Berücksichtigung von 464 Unterstützungsanträgen)
- Weihnachtsgratifikation von 50 DM für alle Beschäftigten.

1949: - Neuregelung der Gewährung von Darlehen durch Organisationsrichtlinien vom August: Werksangehörige erhelten bei einem außergewöhnlichen Notstand zinslose Darlehen bis zur Höhe eines Monatseinkommens. (1.9.-31.12.1949: ca. 500 Anträge bearbeitet, von denen 280 positiv beschieden wurden.)
- Einführung von zinslosen Baudarlehen in Höhe von 1000 DM (ab 27.10.1949; bis zum Jahresende: 38 Anträge, von denen 33 positiv beschieden wurden.)
- Zahlungen im Rahmen der Notstandsunterstützungskasse: ca. 80.000 DM (Berücksichtigung von 1783 Unterstützungsanträgen, die hauptsächlich vom Betriebsrat bearbeitet wurden.)
- Zahlung einer Urlaubszuwendung in Höhe von 25 DM anläßlich des Ablaufes des 50.000. Wagens
- Weihnachtsgratifikation von 100 DM für alle Beschäftigten.
- Zahlung einer einmaligen Überbrückungshilfe von 100 DM an alle aus der Kriegsgefangenschaft zurückkehrenden Werksangehörigen (seit dem 1.1.).

1950: - Sonderzahlung in Höhe eines Drittels des jeweiligen Monatseinkommens an alle Werksangehörigen anläßlich des Ablaufes des 100.000. Wagens
- Weihnachtsgratifikation
für Werksangehörige, die bis spätestens am 31.12.1949 bei VW eingestellt worden waren, in Höhe von:
  100 DM für Ledige
  110 DM für Verheiratete ohne Kinder
  120 DM für Verheiratete mit Kindern;
für Werksangehörige, die vom 1.1.- 30.11.1950 bei VW eingestellt worden waren, in Höhe von:
  75 DM für Ledige
  75 DM für Verheiratete ohne Kinder
  80 DM für Verheiratete mit Kindern;
- Zahlung einer einmaligen Überbrückungshilfe von 100 DM an alle aus der Kriegsgefangenschaft zurückkehrenden Werksangehörigen
- Einführung der kostenlosen Abgabe von Vollmilch an Werksangehörige, die unter besonders schwierigen Bedingungen arbeiteten (39.488 Portionen zu 1/4 Liter + 67.225 Portionen zu 1/2 Liter.)
- Gewährung von Darlehen an Werksangehörige in sozialen Notlagen: 457 von 765 Anträgen werden positiv beschieden.
- Gewährung von Baudarlehen: 163 Anträge, davon 95 genehmigt, 1 abgelehnt, 67 bis zum Jahresende noch nicht entschieden (Gesamthöhe: 76.000 DM)
- Zahlungen im Rahmen der Notstandsunterstützungskasse: 123.039,34 DM (Berücksichtigung von 2.961 Unterstützungsanträgen.)
- Zahlung von Umzugskostenbeihilfen: 39 Fälle/3.465 DM
- Gewährung eines bezahlten Urlaubstages an Werksangehörige mit 10 jähriger Betriebszugehörigkeit.

1951: - Zahlung einer lohnsteurfreien Prämie in Höhe von 70 DM anläßlich des Ablaufes des 250.000. Wagens (Gesamtaufwendung: ca. 1,25 Millionen DM)

- Zahlung einer Weihnachtsgratifikation in Höhe von
    100 DM in der Steuergruppe I
    110 DM in der Steuergruppe II
    120 DM in der Steuergruppe III (Gesamtaufwendung: ca. 1,5 Millionen DM)
- kostenlose Bereitstellung von 38.163 Milchportionen zu O,25 Liter und von 159.416 Milchportionen zu 0,5 Liter für Werksangehörige, die unter besonders schwierigen und/oder gesundheitsgefährdenden Bedingungen arbeiteten (Lackiererei, Härterei, Gießerei, Aschefahrer, Schweißer in Kabinen u.ä.)
- kostenlose Bereitstellung von 1.569.200 Litern Kaffee
- Zahlung von Umzugskostenbeihilfen: 149 Fälle/11.855 DM
- kostenfreier Aufenthalt im Erholungsheim Bad Lauterberg für 702 Werksangehörige bei Fortzahlung des Lohnes
- Zahlungen im Rahmen der Notstandsunterstützungskasse: 30.000 DM Beitrag des Werkes (Berücksichtigung von 3.462 Unterstützungsanträgen, Ablehnung von 254 Anträgen.)
- Gewährung von Darlehen an Werksangehörige in sozialen Notlagen: 622 von 951 Anträgen werden positiv beschieden.
- Gewährung von Baudarlehen: 272 Anträge, davon 192 genehmigt + Genemigung von 67 Anträgen aus dem Jahre 1950, 1 abgelehnt, 104 Darlehen gelangten bis zum Jahresende zur Auszahlung (Gesamthöhe: 127.625 DM)
- bis zum Jahresende haben 756 weibliche Werksangehörige Anspruch auf einen bezahlten Hausarbeitstag im Monat.

1952: - Zahlung einer Weihnachtsgratifikation in Höhe von
    100 DM in der Steuergruppe I
    110 DM in der Steuergruppe II
    120 DM in der Steuergruppe III
- Zahlung einer Sonderprämie in Anerkennung guter Leistungen in Höhe von
    30 DM in der Steuergruppe I
    35 DM in der Steuergruppe II
    40 DM in der Steuergruppe III
- kostenlose Bereitstellung von 1.394.755 Litern Kaffee + 145.200 Litern Tee
- kostenlose Bereitstellung von 95.200 Litern Milch für Werksangehörige, die unter besonders schwierigen und/oder gesundheitsgefährdenden Bedingungen arbeiteten
- Zahlung von Umzugskostenbeihilfen: 172 Fälle/14.666 DM
- kostenfreier Aufenthalt im Erholungsheim Bad Lauterberg (bis 16.2.) resp. Altenau (ab 23.2.1952) für 682 Werksangehörige bei Fortzahlung des Lohnes
- Zahlungen im Rahmen der Notstandsunterstützungskasse: 152.865,35 DM (Gesamthöhe) (Berücksichtigung von 887 Unterstützungsanträgen, Ablehnung von 207 Anträgen.)
- Gewährung von Darlehen an Werksangehörige in sozialen Notlagen: 712 von 899 Anträgen werden positiv beschieden. (Gesamtbetrag: 161.065 DM)
- Gewährung von Baudarlehen: 356 Anträge werden positiv beschieden (Gesamthöhe: 1.062.000 DM) + verbindliche Zusagen in Höhe von 1.440.000 DM; 267 Darlehen gelangten bis zum Jahresende zur Auszahlung (Gesamthöhe: 625.300 DM)
- bis zum Jahresende haben 918 weibliche Werksangehörige Anspruch auf einen bezahlten Hausarbeitstag im Monat.

1953: - Zahlung einer lohnsteurfreien Prämie anläßlich des Ablaufes des 500. 000. Wagens. Die Prämie belief sich auf:
    130 DM für Werksangehörige mit Eintrittsdatum   bis 4.3.1950,
    100 DM für Werksangehörige mit Eintrittsdatum   bis 6.10.1951,
    70 DM für Werksangehörige mit Eintrittsdatum ab 7.10. 1951 bis 31.12.1952,
    50 DM für Werksangehörige mit Eintrittsdatum ab 1.1.1953 bis 30.6.1953,
    30 DM für Lehrlinge im 1. Lehrjahr,
    40 DM für Lehrlinge im 2. Lehrjahr,
    50 DM für Lehrlinge im 3. u. 4. Lehrjahr sowie für Praktikanten.

- Zahlung einer Weihnachtsgratifikation in Höhe von
    100 DM in der Steuergruppe I
    110 DM in der Steuergruppe II
    120 DM in der Steuergruppe III
- Zahlung einer Sonderprämie in Anerkennung guter Leistungen in Höhe von
    30 DM in der Steuergruppe I
    35 DM in der Steuergruppe II
    40 DM in der Steuergruppe III für alle Werksangehörigen mit Eintrittsdatum
    vor dem 1.1.1953.
- 100 DM als Weihnachtsgratifikation für Jungarbeiter, Lehrlinge, Laufboten und Pensionäre.
- kostenlose Bereitstellung von 1.494.230 Litern Kaffee + 250.784 Litern Tee
- kostenlose Bereitstellung von 124.649,5 Litern Milch für Werksangehörige, die unter besonders schwierigen und/oder gesundheitsgefährdenden Bedingungen arbeiteten
- Zahlung von Umzugskostenbeihilfen: 216 Fälle/20.419 DM
- kostenfreier Aufenthalt im Erholungsheim Altenau für 611 Werksangehörige bei Fortzahlung des Lohnes
-- Zahlungen im Rahmen der Notstandsunterstützungskasse: 284.617,47 DM (Gesamthöhe) (Berücksichtigung von 1985 Unterstützungsanträgen, Ablehnung von 213 Anträgen.)
- Gewährung von Darlehen an Werksangehörige in sozialen Notlagen: 878 von 977 Anträgen werden positiv beschieden.
- Gewährung von Baudarlehen: 588.950 DM + verbindliche Zusagen in Höhe von 359.000 DM; 412 Darlehen gelangten bis zum Jahresende zur Auszahlung (Gesamthöhe: 1.088.450 DM).
- bis zum Jahresende haben 1054 weibliche Werksangehörige Anspruch auf einen bezahlten Hausarbeitstag im Monat.

1954:
- Beteiligung sämtlicher Werksangehöriger an dem Gewinn des Jahres 1953. Begünstigt werden
    a) alle Werksangehörigen, die 1953 im Werk beschäftigt waren und es es am Tage der Auszahlung weiterhin sind,
    b) alle ehemaligen Werksangeheörigen, die inzwischen zu einer Tochtergesellschaft delegiert worden sind,
    c) alle ehemaligen Werksangehörigen, die ab 1953 aus Alters- oder Gesundheitsgründen pensioniert worden sind,
    d) Witwen und Waisen von Werksangehörigen, die bis1953 im Werk beschäftigt waren und in der Zwischenzeit verstorben sind.
    Die Zahlung beläuft sich auf 4% des jeweiligen Bruttojahreinkommens. Für Lehrlinge wird eine Sonderregelung getroffen. Sie erhalten
        30 DM im 1. Lehrjahr,
        40 DM im 2. Lehrjahr,
        50 DM im 3. Lehrjahr,
        60 DM im 4. Lehrjahr.
- Zahlung einer Weihnachtsgratifikation in Höhe von
    110 DM in der Steuergruppe I
    130 DM in der Steuergruppe II
    150 DM in der Steuergruppe III an Werksangehörige mit Eintrittsdatum
    vor dem 1.1.1954;
- Zahlung einer Weihnachtsgratifikation in Höhe von
    75 DM in der Steuergruppe I
    90 DM in der Steuergruppe II
    100 DM in der Steuergruppe III an Werksangehörige mit Eintrittsdatum
    nach dem 1.1.1954;

- Zahlung einer Weihnachtsgratifikation in Höhe von 100 DM für Jungarbeiter, Lehrlinge und Laufboten mit Eintrittsdatum vor dem 1.1.1954;
- Zahlung einer Weihnachtsgratifikation in Höhe von 75 DM für Jungarbeiter, Lehrlinge und Laufboten mit Eintrittsdatum nach dem 1.1.1954; alle Werkspensionäre erhalten 100 DM.
- kostenfreier Aufenthalt im Erholungsheim Altenau für 1116 Werksangehörige bei Fortzahlung des Lohnes
- kostenfreier Aufenthalt in der Erholungsstätte Müden für 34 Werksangehörige bei Fortzahlung des Lohnes
- kostenlose Bereitstellung von 1.226.500 Litern Kaffee + 838.000 Litern Tee
- kostenlose Bereitstellung von 160.677,5 Litern Milch für Werksangehörige, die unter besonders schwierigen und/oder gesundheitsgefährdenden Bedingungen arbeiteten
- Zahlung von Umzugskostenbeihilfen: 643 Fälle/56.759 DM
- Zahlung von 930 Heiratsbeihilfen (je 100 DM) und 1473 Geburtsbeihilfen (je 50 DM)
- Gewährung von Darlehen an Werksangehörige in sozialen Notlagen: 829 von 994 Anträgen werden positiv beschieden. (Gesamtbetrag: 198.113 DM)
- Gewährung von Baudarlehen: 763.300 DM + verbindliche Zusagen in Höhe von 705.000 DM
-- Zahlungen im Rahmen der Notstandsunterstützungskasse: 315.396,82 DM (Gesamthöhe) (Berücksichtigung von 3262 Unterstützungsanträgen)
- Eingang von 818 Anträgen von Werksangehörigen auf Lieferung eines Volkswagens
- Ausgabe von insgesamt 4094 Benzinkarten, die zum Erwerb verbilligten Kratfstoffes im Werk berechtigen
- Geschenke im Wert von jeweils 20 DM für 187 Werksangehörige aus Anlaß der Silberhochzeit

1955:
- Zahlung einer lohnsteurfreien Prämie anläßlich des Ablaufes des 1. 000. 000. Wagens. Die Prämie belief sich auf:

150 DM für Werksangehörige mit Eintrittsdatum	bis 4.3.1950,
130 DM für Werksangehörige mit Eintrittsdatum	ab 5.3.1959 bis
6.10.1951,	
100 DM für Werksangehörige mit Eintrittsdatum	ab 7.10. 1951 bis
4.7.1953,	
80 DM für Werksangehörige mit Eintrittsdatum	ab 5.7.1953 bis
31.12.1954,	
50 DM für Werksangehörige mit Eintrittsdatum	ab 1.1.1955 bis
15.7.1955,	

30 DM für Lehrlinge im 1. Lehrjahr,
40 DM für Lehrlinge im 2. Lehrjahr,
50 DM für Lehrlinge im 3. u. 4. Lehrjahr sowie für Praktikanten;
darüberhinaus werden 51 Volkswagen und 1 Porsche Cabriolet unter den Werksangehörigen verlost.
- Zahlung einer Erfolgsprämie in Höhe von 4% des Jahreseinkommens an alle Werksangehörigen
- Zahlung einer Weihnachtsgratifikation in Höhe von
110 DM in der Steuergruppe I
130 DM in der Steuergruppe II
150 DM in der Steuergruppe III an Werksangehörige mit Eintrittsdatum vor dem 1.1.1955;
- Zahlung einer Weihnachtsgratifikation in Höhe von
75 DM in der Steuergruppe I
90 DM in der Steuergruppe II
100 DM in der Steuergruppe III an Werksangehörige mit Eintrittsdatum nach dem 1.1.1955;

- Zahlung einer Weihnachtsgratifikation in Höhe von 100 DM für Jungarbeiter, Lehrlinge und Laufboten mit Eintrittsdatum vor dem 1.1.1955;
- Zahlung einer Weihnachtsgratifikation in Höhe von 75 DM für Jungarbeiter, Lehrlinge und Laufboten mit Eintrittsdatum nach dem 1.1.1955; alle Werkspensionäre erhalten 100 DM.
- Zahlung einer zusätzlichen Treueprämie in Höhe von jeweils 50 DM an alle Werksangehörigen mit Eintrittsdatum bis einschließlich 31.12.1948.
- Zahlung einer Weihnachtsbeihilfe an 209 Werksrentner und Pensionärswitwen in Höhe von insgesamt 20.900 DM.
- kostenfreier Aufenthalt im Erholungsheim Altenau für 1257 Werksangehörige bei Fortzahlung des Lohnes
- kostenfreier Aufenthalt in der Erholungsstätte Müden für 435 Werksangehörige bei Fortzahlung des Lohnes
- kostenlose Bereitstellung von 2.575.560 Litern Tee
- kostenlose Bereitstellung von 230.625,5 Litern Milch für Werksangehörige, die unter besonders schwierigen und/oder gesundheitsgefährdenden Bedingungen arbeiteten
- Zahlung von Umzugskostenbeihilfen: 149.964,42 DM
- Zahlung von 1043 Heiratsbeihilfen (je 100 DM) und 1912 Geburtsbeihilfen (je 50 DM)
- Gewährung von Darlehen an Werksangehörige in sozialen Notlagen: 722 von 864 Anträgen werden positiv beschieden. (Gesamtbetrag: 177.885 DM)
- Gewährung von Baudarlehen: 1.044.000 DM + verbindliche Zusagen in Höhe von 498.200 DM
- Beihilfen in besonderen sozialen Notfällen: 10.530 DM
-- Zahlungen im Rahmen der Notstandsunterstützungskasse: 410.714,31 DM (Gesamthöhe) (Berücksichtigung von 3262 Unterstützungsanträgen)
- Positiver Bescheid für 1337 von 1385 Anträgen von Werksangehörigen auf Lieferung eines Volkswagens
- Ausgabe von monatlich bis zu 1170 Benzinkarten, die zum Erwerb verbilligten Kratfstoffes im Werk berechtigen
- Geschenke im Wert von jeweils 20 DM für 200 Werksangehörige aus Anlaß der Silberhochzeit

1956:
- Zahlung einer Erfolgsprämie nach den Richtlinien des Vorjahres; Gesamthöhe: 5.966.060 DM.
- Zahlung einer Weihnachtsgratifikation in Höhe des Vorjahres; Gesamtaufwand: 4.533.035 DM.
- kostenfreier Aufenthalt im Erholungsheim Altenau bzw. in den Erholungsstätten Bad Sachsa und Müden für 2469 Werksangehörige bei Fortzahlung des Lohnes
- Gewährung von Darlehen an Werksangehörige in sozialen Notlagen: 738 von 929 Anträgen werden positiv beschieden. (Gesamtbetrag: 199.410 DM)
- Gewährung von Baudarlehen: 745.500 DM
- Gewährung von Studienbeihilfen an 13 studierende Werksangehörige in einer Geamthöhe von 4.050 DM.
- Beihilfen in besonderen sozialen Notfällen: 13.560 DM
- Zahlung von Umzugskostenbeihilfen: 83.859,50 DM
- Zahlung von Trennungsbeihilfen an Werksangehörige, die als Führungskräfte im Werk Hannover zum Einsatz kamen, in Höhe von 150-250 DM monatlich
- Zahlung von 1112 Heiratsbeihilfen (je 100 DM) und 2167 Geburtsbeihilfen (je 50 DM)
- kostenlose Bereitstellung von 2.504.880 Litern Tee
- kostenlose Bereitstellung von 197.286 Litern Milch für Werksangehörige, die unter besonders schwierigen und/oder gesundheitsgefährdenden Bedingungen arbeiteten
- Positiver Bescheid für 2684 von 2795 Anträgen von Werksangehörigen auf Lieferung eines Volkswagens
- Ausgabe von monatlich bis zu 2050 Benzinkarten, die zum Erwerb verbilligten Kratfstoffes im Werk berechtigen. Die Abgabe von verbilligtem Kraftstoff wurde mit dem 30.9.1956 eingestellt.

-- Zahlungen im Rahmen der Notstandsunterstützungskasse: 439.475,85 DM (Gesamthöhe)

1957: - Zahlung einer Erfolgsprämie nach den Richtlinien des Vorjahres; Gesamthöhe: 7.313.580 DM.
- Zahlung einer Weihnachtsgratifikation in Höhe des Vorjahres; Gesamtaufwand: .209.827,50 DM.
- kostenfreier Aufenthalt im Erholungsheim Altenau bzw. in den Erholungsstätten Bad Sachsa und Müden für 2661 Werksangehörige bei Fortzahlung des Lohnes
- Gewährung von Darlehen an Werksangehörige in sozialen Notlagen: 654 von 801 Anträgen werden positiv beschieden. (Gesamtbetrag: 199.985 DM)
- Gewährung von Baudarlehen: 1.022.000 DM
- Gewährung von Studienbeihilfen an 19 studierende Werksangehörige in einer Geamthöhe von 7.500 DM.
- Beihilfen in besonderen sozialen Notfällen: 11.221 DM (69 Fälle)
- Zahlung von Umzugskostenbeihilfen: 78.968,07 DM (820 Fälle, 98 Anträge wurden abgelehnt.)
- Zahlung von Beiträgen aus den Unterstützungskassen der Werke: 330.866,63 DM
- Zahlung von 1919 Heiratsbeihilfen (je 100 DM) und 3317 Geburtsbeihilfen (je 50 DM)
- kostenlose Bereitstellung von 2.218.650 Litern Tee
- kostenlose Bereitstellung von 258.166 Litern Milch für Werksangehörige, die unter besonders schwierigen und/oder gesundheitsgefährdenden Bedingungen arbeiteten
- Positiver Bescheid für 5269 von 5376 Anträgen von Werksangehörigen auf Lieferung eines Volkswagens

1958: - Zahlung einer Erfolgsprämie nach den Richtlinien des Vorjahres; Gesamthöhe: 8.689.480 DM.
- Zahlung einer Weihnachtsgratifikation in Höhe des Vorjahres; Gesamtaufwand: 5.733.160 DM.
- kostenfreier Aufenthalt im Erholungsheim Altenau bzw. in den Erholungsstätten Bad Sachsa und Müden für 3409 Werksangehörige bei Fortzahlung des Lohnes
- Gewährung von Darlehen an Werksangehörige in sozialen Notlagen: 423 Anträge werden positiv beschieden. (Gesamtbetrag: 124.040 DM)
- Gewährung von Baudarlehen: 1.868.500 DM
- Gewährung von Studienbeihilfen an 28 studierende Werksangehörige in einer Geamthöhe von 14.390 DM.
- Beihilfen in besonderen sozialen Notfällen: 7.495 DM (42 Fälle)
- Zahlung von Umzugskostenbeihilfen: 92.210 DM (888 Fälle)
- Zahlung von Beiträgen aus den Unterstützungskassen der Werke: 541.191,61 DM (6.460 Fälle)
- Zahlung von 2.276 Heiratsbeihilfen (je 100 DM) und 3.318 Geburtsbeihilfen (je 50 DM)
- kostenlose Bereitstellung von 2.155.500 Litern Tee
- kostenlose Bereitstellung von 300.428 Litern Milch für Werksangehörige, die unter besonders schwierigen und/oder gesundheitsgefährdenden Bedingungen arbeiteten
- Positiver Bescheid für 9.729 Anträge von Werksangehörigen auf Lieferung eines Volkswagens

1959: - Zahlung einer Erfolgsprämie nach den Richtlinien des Vorjahres; Gesamthöhe: 10.111.860 DM.
- Zahlung einer Weihnachtsgratifikation gemäß Familienstand und Werkszugehörigkeit; Gesamtaufwand: 7.507.275 DM.
- Zahlung von Weihnachtszuwendungen an Werksrentner oder deren Witwen; Gesamthöhe: 76.800 DM
- Gewährung von Darlehen an Werksangehörige in sozialen Notlagen: 362 Anträge werden positiv beschieden. (Gesamtbetrag: 110.020 DM)
- Gewährung von Baudarlehen: 1.200.000 DM

- Gewährung von Studienbeihilfen an 57 studierende Werksangehörige in einer Geamthöhe von 31.600 DM.
- Zahlung von Umzugskostenbeihilfen: 136.757 DM
- Beihilfen in besonderen sozialen Notfällen: 9.823 DM (52 Fälle)
- Verdienstausfallerstattung: gemäß den Bestimmungen des Manteltarifvertrages in 4.764 Fällen (insgesamt für 25.805 Stunden)
- Zahlung von 1.859 Heiratsbeihilfen (je 100 DM) und 3.361 Geburtsbeihilfen (je 50 DM)
- Silberne und Goldene Hochzeiten: 409 Werksangehörige erhalten jeweils 20 DM.
- kostenlose Bereitstellung von 2.389.625 Litern Tee
- kostenlose Bereitstellung von 366.498 Litern Milch
- Positiver Bescheid für 11.059 von 11.200 Anträgen von Werksangehörigen auf Lieferung eines Volkswagens zu Vorzugsbedingungen. In 2.264 Fällen wurde Finanzierungshilfe durch die VFG in Anspruch genommen.
- Zahlung von Beiträgen aus den Unterstützungskassen der Werke: 569.728,58 DM (7.853 Fälle)
- kostenfreier Aufenthalt im Erholungsheim Altenau bzw. in den Erholungsstätten Bad Sachsa und Müden für 3539 Werksangehörige bei Fortzahlung des Lohnes

1960:
- Zahlung einer Erfolgsprämie in Höhe von 6% des Jahreseinkommens an Alle Arbeiter und Angestellten nach den Richtlinien des Vorjahres
- Zahlung einer Weihnachtsgratifikation an alle Werksanhörigen sowie einer Weihnachts- zuwendung an Rentner oder deren Witwen in einer gegenüber dem Vorjahr unveränder- ten Höhe
- Zahlung von Heiratsbeihilfen (je 100 DM) und Geburtsbeihilfen (je 50 DM)
- Silberne und Goldene Hochzeiten: Werksangehörige erhalten jeweils 20 DM.
- Zahlung von Sterbegeld: jeweils 4.000 DM
- Zahlung von Beiträgen aus den Unterstützungskassen der Werke: 622.000 DM (ca 9.000 Fälle)
- Gewährung von Darlehen an Werksangehörige in sozialen Notlagen: 364 Fälle Gewäh- rung von Baudarlehen: 1.260.300 DM
- Verdienstausfallerstattung: gemäß den Bestimmungen des Manteltarifvertrages
- kostenfreier Aufenthalt in den Erholungsheimen Altenau und Parkhotel Geese bzw. in den Erholungsstätten Bad Sachsa und Müden für 3470 Werksangehörige bei Fortzahlung des Lohnes
- Positiver Bescheid für 13.2299 Anträge von Werksangehörigen auf Lieferung eines Volks- wagens zu Vorzugsbedingungen. In 1.838 Fällen wurde Finanzierungshilfe durch die VFG in Anspruch genommen.
- kostenlose Bereitstellung von Milch und Tee

1961: A. Sonderzahlungen:

- Erfolgsprämie:	6% der Brutto-Lohn bzw. Gehaltssumme des vorangegangenen Jahres:	DM	24.877.750
- a) Weihnachtsgratifikation wie im Vorjahr:		DM	10.050.655
b) Weihnachtszuwendungen an Rentner:		DM	163.195
- Heiratsbeihilfen:	2.969 Werksangehörige	DM	299.600
- Geburtsbeihilfen:	4.812 Werksangehörige		DM 240.600
- Silberhochzeiten	503 Werksangehörige		DM 11.230
- Beihilfe bei Sterbefällen:	97 Sterbefälle		DM 388.000
- Umzugsbeihilfen:	1.015 Werksangehörige		DM 136.375
- Beihilfen für Notstände:	40 Werksangehörige		DM 9.195
- Notstandsunterstützungskasse:	10.100 Werksangehörige		DM 762.792
- Rentenzahlungen:	1.106 Werksangehörige		DM 470.622
- Ablauf des fünfmillionsten Volkswagens, Zahlung zusätzlich zur Gedenkmünze:			DM 4.407.335
- Wohlfahrtslotterie			DM 32.500

371

- Kurzfristige Darlehen: 277 Werksangehörige DM 133.860
- Baudarlehen: 886 Werksangehörige DM 3.102.000
- Volkswagenaktien: Jeder Werksangehörige erhielt einen Gutschein für eine Volkswagen-Aktie, den er bei einer Bank einlösen konnte, sofern er die gesetzlichen Voraussetzungen für den Kauf von Volkswagen-Aktien erfüllte.
- Verdienstausfall: Den Verdienstausfall ewurden ersetzt bei den in den Manteltarif-Verträgen festgelegten Fällen.

B) Sonderleistungen:
- Wagenkaufanträge: 21.976 Kaufanträge auf Lieferung eines Volkswagens zu den Vorzugsbedingungen für Werksanhörige wurden an die Verkaufsabteilung befürwortend weitergeleitet.
- Erholungsverschickungen: In 153 Transporten wurden 4.493 Werksangehörige in die werkseigenen bzw. angemieteten Erholungsheime verschickt. Die Gesamtzahl der verschickten Werksangehörigen erhöhte sich bis zum Jahreende 30.746.
- Milchausgabe: Die kostenlose Milchausgabe wurde festgesetzt, und zwar wurden … insgesamt 530.627,5l Vollmilch … verteilt.
- Krankenbesuche: Über 3.000 Werksangehörige wurden in Krankenhäusern besucht und mit einer kleinen Aufmerksamkeit bedacht.

1962: A. Sonderzahlungen:
- Erfolgsprämie: 6% der Brutto-Lohn bzw. Gehaltssumme
  des vorangegangenen Jahres: DM 29.174.454
- a) Weihnachtsgratifikation wie im Vorjahr: DM 11.317.305
  b) Weihnachtszuwendungen an Rentner: DM 178.105
- Heiratsbeihilfen: 3.038 Werksangehörige DM 303.800
- Geburtsbeihilfen: 5.255 Werksangehörige DM 262.750
- Silberhochzeiten 512 Werksangehörige DM 12.800
- Beihilfe bei Sterbefällen: 137 Sterbefälle DM 548.000
- Umzugsbeihilfen: 1.101 Werksangehörige DM 157.372
- Beihilfen für Notstände: 79 Werksangehörige DM 18.892
- Notstandsunterstützungskasse: 11.897 Werksangehörige DM 883.487
- Rentenzahlungen: 1.326 Werksangehörige DM 562.968
- Ablauf des fünfmillionsten Volkswagens,
  Zahlung zusätzlich zur Gedenkmünze: DM 4.407.335
- Wohlfahrtslotterie DM 37.000
- Kurzfristige Darlehen: 213 Werksangehörige DM 106.960
- Baudarlehen: DM 1.339.000
- Verdienstausfall: Den Verdienstausfall ewurden ersetzt bei den in den Manteltarif-Verträgen festgelegten Fällen.

B) Sonderleistungen:
- Wagenkaufanträge: 26.828 Kaufanträge auf Lieferung eines Volkswagens zu den Vorzugsbedingungen für Werksanhörige wurden an die Verkaufsabteilung befürwortend weitergeleitet.
- Erholungsverschickungen: In 171 Transporten wurden 5.062 Werksangehörige in die werkseigenen bzw. angemieteten Erholungsheime verschickt. Die Gesamtzahl der verschickten Werksangehörigen erhöhte sich bis zum Jahreende 35.808.
- Milchausgabe: Die kostenlose Milchausgabe wurde festgesetzt, und zwar wurden insgesamt 612.097 l Vollmilch verteilt.
- Krankenbesuche: Über 4.000 Werksangehörige wurden in Krankenhäusern besucht und mit einer kleinen Aufmerksamkeit bedacht.

Quelle: VW-Archiv, Jahresberichte der Hauptabteilung Personal

Schaubild 6: Der Betriebsrat bei VW

1948: - Neuwahl des Betrriebsrates
1949: - Neuwahl des Betrriebsrates (insgesamt 19 Mitglieder, 16 davon wiedergewählt; Betriebsversammlungen am 9.3., 13.9., 1.10. und 23.12.)
1950: - Neuwahl des Betriebsrates (insgesamt 20 Mitglieder; IG Metall: 15; Wählergemeinschaft: 3; DAG: 1)
   - „Die Zusammenarbeit mit dem Betriebsrat war gut."
1951: - Neuwahl des Betrriebsrates (insgesamt 25 Mitglieder, 13 davon wiedergewählt; 3 Betriebsversammlungen, keine besonderen Vorkommnisse)
   - „Die Zusammenarbeit mit dem Betriebsrat war gut."
1952: - Betriebsrätegesetz vom 19.4.1952: Amtsdauer des Betriebsrates wird auf 2 Jahre festgesetzt, daher keine Neuwahlen bei VW; Vorbereitung der weiteren, vom Gesetz vorgesehenen Ausschüsse, z.B. Wirtschaftsausschuß; 3 Betriebsversammlungen, keine besonderen Vorkommnisse)
   - „Die Zusammenarbeit mit dem Betriebsrat war gut."
1953: - Neuwahl des Betriebsrates (insgesamt 25 Mitglieder; davon 20 Arbeiter [IG Metall: 11; Wählergemeinschaft: 4; DAV: 5]; und 5 Angestellte [DAG: 4; IG Metall: 1]); [Die Wahl vollzog sich in Form der Gruppenwahl, da die Angestellten die Gemeinschaftswahl ablehnten.]; 2 Betriebsversammlungen, Finanzminister Schäffer spricht zur Eigentumsfrage des VW- Werks.)
   - „Das Verhältnis zum Betriebsrat stand im Zeichen gegenseitigen Vertrauens"
1954: - Betriebsversammlungen am 19.3., 26.8. und 26.11. 1954; keine besonderen Vorkommnisse;
   - „Gemäß den Bestimmungen des Betriebsverfassungsgesetzes hat sich auch im Werk ein Wirtschaftsausschuß konstituiert, dem von seiten der Geschäftsleitung und des Betriebsrates je 4 Herren angehören. Der Wirtschaftsausschuß trat erstmals am 30.11.1953 zusammen und tagte im Berichtsjahr in 3 Sitzungen."
   - „Das Verhältnis zum Betriebsrat stand im Zeichen vertrauensvoller Zusammenarbeit."
1955: - Neuwahl des Betriebsrates in Wolfsburg und Braunschweig. In Wolfsburg lag die Wahlbeteiligung bei 80,8% (Arbeiter) bzw 78,3 (Angestellte). Die Ergebnisse in Wolfsburg, wo sich der Betriebsrat aus insgesamt 25 Mitgliedern zusammensetzt:
     20 Arbeiter: IG Metall: 13; Christlich Sozialer Block: 2; Deutscher Arbeiter Verband (DAV): 3; Wählergemeinschaft Unabhängige: 2;
     5 Angestellte: DAG: 3; IG Metall: 1; Deutscher Handlungsgehilfenverband und Verband Deutscher Techniker: 1.
   - Betriebsversammlung vom 18.3.: Nordhoff nimmt zur Situation des Werkes auf den diversen Märkten Stellung;
   - Betriebsversammlung vom 1.7.: Im Mittelpunkt steht das Ablaufen des 1.000.000. Volkswagens, Ankündigung der Gewährung einer Prämie,
   - Betriebsversammlung vom 25.10.: Forderung der Belegschaft nach einem Fahrgeldzuschuß für die Werksangehörigen der Halle I; Diskussion um die 40-Stunden Woche: Nordhoff sagt die Möglichkeit der Prüfung einer stufenweisen Einführung zu;
   - „Der Wirtschaftsausschuß tagte in paritätischer Zusammensetzung dreimal im Berichtsjahr. Der Inhalt der Besprechungen, die der Unterrichtung des Betriebsrates in wirtschaftlichen Angelegenheiten dienten, wurde in Protokollen niedergelegt."
   - „Die Zusammenarbeit mit Betriebsrat und Jugendvertretung des Hauptwerkes und des Werkes Braunschweig erfolgte im Rahmen der Bestimmungen des Betriebsverfassungsgesetzes und war beiderseits loyal und vertrauensvoll."
   - In Besprechungen vom 17.11. und 1.12. akzeptiert der Betriebsrat die von der Werksleitung vorgeschlagene Änderung der Arbeitsordnung von 1947.
1956: - „Im Jahre 1956 fanden 3 Betriebsversammlungen statt, die am 23.3., 22.6. und 2.11. 1956 bzw. 30.10.1956 (für das Werk Braunschweig) durchgeführt wurden. Im Mittelpunkt dieser

Versammlungen standen die Situationsberichte von Herrn Generaldirektor Prof. Dr.-Ing. Nordhoff, der zur Geschäftslage und zu internen Fragen des Werkes Stellung nahm. Seine Ausführungen über die Erfolge des Volkswagens im In- und Ausland sowie die in der Betriebsversammlung vom 22.6.1956 gegebene Mitteilung, daß auch für das Jahr 1955 eine Erfolgsprämie zur Auszahlung käme, wurden von der Belegschaft stürmisch begrüßt. Die Belegschaft der Werke Braunschweig unf Hannover nahm durch direkte Drahtübertragung an den Betriebsversammlungen teil. Sämtliche Betriebsversammlungen verliefen ruhig."

- „Der Wirtschaftsausschuß – lt. Betriebsverfassungsgesetz – tagte in paritätischer Zusammensetzung zweimal im Berichtsjahr. Die behandelten Fragen dienten der Unterrichtung des Betriebsrates in wirtschaftlichen Angelegenheiten des Werkes."
- „Wie in den Vorjahren war die Zusammenarbeit mit dem Betriebsrat und der Jugendvertretung eine ausgleichend gute, wozu nicht zuletzt die monatlichen Aussprachen mit dem Gesamtbetriebsrat und den Betriebsleitern wesentlich beigetragen haben."

1957:   - Neuwahl des Betriebsrates in Wolfsburg und Braunschweig; Wahl des Betriebsrates in Hannover;
Ergebnisse Wolfsburg:
A) Arbeitergruppe (Wahlbeteiligung: 88,9%; Zahl der Sitze: 29)

IG Metall:	80,9%	24 Sitze
DAV:	9,4%	2 Sitze
Christlicher Gewerkschaftsbund Deutschlands- Metallarbeiterverband:	9,7%	3 Sitze

B) Angestelltengruppe (Wahlbeteiligung 76%; Zahl der Sitze: 6)

DAG:	55,5%	4 Sitze
IG Metall:	32,0%	2 Sitze
Deutscher Handels-und Industrie-Angestelltenverband und Verband deutscher Techniker:	12,5%	0 Sitze

Ergebnisse Hannover:
A) Arbeitergruppe (Wahlbeteiligung: 87,3%; Zahl der Sitze: 18)

IG Metall:	90,7%	17 Sitze
Unabhängige:	7,0%	1 Sitz
Christlicher Gewerkschaftsbund Deutschlands:	2,3%	0 Sitze

B) Angestelltengruppe (Wahlbeteiligung 90,2%; Zahl der Sitze: 3)

DAG:	64,8%	2 Sitze
IG Metall:	35,2%	1 Sitz

Ergebnisse Braunschweig:
A) Arbeitergruppe: Wahlbeteiligung: 84,5%; Alle 11 Sitze werden von der IG Metall besetzt.
B) Angestelltengruppe: Wahlbeteiligung: 91,5%; Beide Sitze werden von der DAG besetzt.

- „In der konstituierenden Sitzung des Betriebsrates vom 3.5.1957 wurde der gesetzlich vorgeschriebne Betriebsausscuß gewählt, der aus 5 Mitgliedern besteht."
- „Der Wirtschaftsausschuß tagte in paritätischer Zusammensetzung laut Betriebsverfassungsgesetz zweimal im Berichtsjahr. Die behandelten Fragen dienten der Unterrichtung des Betriebsrates in wirtschaftlichen Angelegenheiten des Werkes."
- „Wie in den Vorjahren war die Zusammenarbeit mit dem Betriebsrat und der Jugendvertretung ausgleichend und gut, wozu nicht zuletzt die monatlichen Aussprachen mit dem Gesamtbetriebsrat und den Betriebsleitern wesentlich beigetragen haben."
- „Im Berichtsjahr fanden in den Werken Wolfsburg, Hannover und Braunschweig je 3 Betriebsversammlungen statt … Im Mittelpunkt der … Versammlungen … standen die Situationsberichte von Herrn Generaldirektor Prof Dr. Ing. Nordhoff, der über die Situation des Werkes und die der europäischen Automobilindustrie berichtete. Seine Ausführunge über

die Erfolge unseres Volkswagens im In- und Ausland wurden von der Belegschaft stürmisch begrüßt. Auch gab Herr Prof. Dr. Nordhoff bekannt, daß in Kürze mit der Ersatzteile-Produktion in dem Werk Kassel begonnen werde. Unter den Wolfsburger Werksangehörigen löste die Mitteilung, daß das Werk die Kosten für den Bau einer Mehrzweckhalle in Wolfsbur zur Hälfte übernehmen werde, Freude aus. Diese Mehrzweckhalle soll sportlichen und kulturellen Veranstaltungen dienen und mit einer großen Gemäldeausstellung eröffnet werden."

1958: - 6.6: Wahlen zur Sozialversicherung der Angestellten
      - je fünf Betriebsversamlungen in den Werken Wolfsburg, Hannover und Braunschweig
      - 2.-4.9.: Wahl der Arbeitnehmervertreter im Aufsichtsrat, wobei 5 Kandidaten der IGM gewählt wurden: Hugo Bork, Otto Brenner, Siegfried Ehlers, Heinrich Rudolf, Hans Grimm
      - Der Wirtschaftsausschuß tagte zweimal im Berichtsjahr.
      - „Wie in den Vorjahren war die Zusammenarbeit mit dem Betriebsrat und der Jugendvertretung ausgleichend gut, wozu nicht zuletzt die monatlichen Aussprachen mit dem Geamtbetriebsrat und den Betriebsleitern wesentlich beigetragen haben."

1959: - Neuwahlen der Betriebsräte; Ergebnisse:

Arbeitergruppe

	Sitze	IGM	CGD	DAV	Unabh.
Werk Wolfsburg	29	25	3	1	-
Werk Hannover	20	14	5	-	1
Werk Braunschweig	14	14	-	-	-
Werk Kassel	9	9	-	-	-

Angestelltengruppe

	Sitze	IGM	DAG
Werk Kassel	6	2	4
Werk Hannover	3	1	2
Werk Bruanschweig	3	1	2
Werk Kassel	2	2	-

      - je drei Betriebsversammlungen in allen Werken
      - „Wie in den Vorjahren war die Zusammenarbeit mit dem Betriebsrat und der Jugendvertretung ausgleichend gut, wozu nicht zuletzt die monatlichen Aussprachen mit dem Gesamtbetriebsrat und den Betriebsleitern wesentlich beigetragen haben."

1960: - Neuwahlen der Betriebsräte in den Werken Hannover und Kassel, da sich die Belegschaft seit den letzten Wahlen um mehr als 50% erhöht hatte; Ergebnisse:

Arbeitergruppe

	Sitze	IGM	CGD	Unabh.
Werk Hannover	31	24	6	1
Werk Kassel	15	15	-	-

Angestelltengruppe

	Sitze	IGM	DAG
Werk Hannover	4	1	3
Werk Kassel	2	1	1

      - je drei Betriebsversammlungen in allen Werken
      - „Alle Fragen, die für die Belegschaft von grundsätzlicher Bedeutung waren, wurden mit dem Betriebsrat besprochen Soweit dies nich in Einzelgesprächen erledigt werden konnte, wurden diese Fragen in den monatlichen Aussprachen zwischen dem Gesamtbetriebsrat und den Betriebs-, Hallen- und Abteilungsleitern erörtert."

1961: - „Die Betriebsratswahlen, die Wahl der Arbeitnehmenrvertreter im Aufsichtsrat sowie die Neuwahl der Jugendvertreter verliefen in allen Werken ohne Zwischenfälle."

Quelle: VW-Archiv, Jahresberichte der Hauptabteilung Personal

Schaubild 7: Die VW-Generalimporteure/Stand 1962

Land/Kontinent	Importeur	Weitere Vertragsgebiete
Europa		
Andorra	Vda. de Amadeo Rosell	
Belgien	ANCIENS ETABLISSEMENTS D´IETEREN FRERES S.A.	
Bulgarien	Raznoiznos	
Dänemark	SKANDINAVISK MOTOR CO. A/S	
Finnland	VW-Auto Oy	
Frankreich	VW France SA	Monaco
Gibraltar	Rock Motors Limited	
Griechenland	Panas Brothers & Co., o. El	
Großbritannien mit Nordirland u. Ins.	VW Motors Ltd.	
Irland	VW Distributors	
Island	Heildverzlunin Hekla Ltd.	
Italien	AUTOGERMA	San Marino
Jugoslawien	Interexport	
Malta	The Continental Car Co.	
Niederlande	Pon's AUTOMOBILHANDEL N. V.	
Norwegen	Harald A. Möller A/S	
Österreich	Porsche Konstruktionen AG	
Portugal	Sociedade Comercial Guérin	
Schweden	Aktiebolaget Scania Vabis	
Schweiz	AMAG Automobil- und Motoren	Liechtenstein
Spanien	SEIDA	
Türkei	Çiftçiler Ticaret T.A.S. Sait Ciftci	
Zypern	P. M. Tseriotis Limited	
Nordamerika		
Bermuda	Masters Limited	
Kanada	Volkswagen Kanada Ltd.	
USA	VW of America, Inc.	
Mittel- und Südamerika		
Argentinien	Fevre y Basset Limitada S. A.	
Bolivien	Hansa Ltda.	
Brasilien	Volkswagen do Brasil	
Chile	Chilean Autos S. A.	
Paraguay	DIESA	
Peru	Motor Import S. A.	
Uruguay	Julio César Lestido S. A.	
Karibischer Raum/Mittelamerika/ Mexiko	VW Interamericana S. A.	Brit. Guayana Brit. Honduras Costa Rica Cuba Curaçao Dominikanische Republik

		Guatemala
		Haiti
		Honduras
		Nicaragua
		Panama
		El Salvador
		Surinam
		Franz. Guayana
		Franz. Westindien
		Westindische Föderation
		Ecuador
		Kolumbien
Venezuela	VW Interamericana, C. A.	

Australien/Ozenanien

Australien	VW Australasia Pty, Ltd.	Brit. Salomon Inseln
		Fidschi-Inseln
Guam	Hoylan Motor Company	
Neue Hebriden	Breckwoldt & Co.	
Neukaledonien	De Rouvray & Cie.	
Neuseeland	VW Motors Limited	
Tahiti	Gérard Manuel	

Afrika

Algerien	Soc. Algér. de L´Autom. Pojoul	
Äthiopien	Seferian & Co. S. A.	
Angola	Guérin, Ltda.	
Ceuta	Ibanez y Benet S. A.	
Eritrea	Seferian & Co. Ltd.	Aden
Ghana	R. T. Briscoe, Ltd.	
Guinea	La Guinéenne	
Kanarische Inseln	Domingo Alonso	
Kenia	The Cooper Corp. Ltd.	Tanganjika
		Uganda
Kongo Republik	Difco s.c.r.l.	Ruanda Urundi
Liberia	Jos. Hansen & Soehne	
Lybien	EURAFRIKA	
Madagaskar	SODIAMA	Komoren
Marokko	Sociéte CENTRALE AUTOMOBILE CHERIFIENNE	
Mauritius	HALL GENEVE LANGLOIS LTD.	
Melilla	Eugenio Kraemer Walter	
Mosambik	GUERIN (MOÇAMBIQUE) LDA.	
Nigeria	Mandilas & Karaberis	
Njassaland	R.W. Gunson (Exports) Ltd.	
Réunion	Mauirice de la Giroday & Cie.	
Rhodesien	Thos. Barlow & Sons Ltd.	
Sierra Leone	Brewo Motors ltd.	
Sudan	Seferian & Co. Ltd.	
Südafrika	SAMAD	
Tunesien	ENNAKL	
Ägypten	Misr. Car Trading Co.	

Asien

Afghanistan	Kabul Aut. + Service Co.	
Burma	Myanma Exp. + Import	
Ceylon	Car Mart Ltd.	
Hongkong	Jebsen & Co.	Taiwan
Indien	Dewar's Garage (India)	Nepal
Indonesien	P.T. Piola	
Irak	F. A. Kettaneh	
Iran	Iran Volkswagen Co. Inc.	
Japan	Yanase Automobile Co. Ltd.	Okinawa
Jordanien	Motor Trade Company Ltd.	
Kambodscha	The East Asiatic Company Ltd.	
Kuweit	Morad Yousuf Behbehani	Bahrein
Libanon	Ets. F. A. Kettaneh	
Pakistan	Modern Motors Limited	
Philippinen	D. M. H. Inc.	
Goa	Ropbert Hepp - Mandovi Motors	
Qatar	The People´s Car Company	Trucial States
Saudiarabien (Ost)	Consulting & Developing, Eng.	
Saudiarabien (West)	Ghazi Ibrahim Shaker & Bros.	
Singapur	Champion Motors (Malaya) Limited	Malaii. Föderation Brit. Nordborneo, Borneo, Sarawak
Südkorea	Überseehandel AG	
Syrien	Syrien Import Export & Distrib.	
Thailand	The Yantra Comp. Ltd.	Laos
Vietnam (Süd)	The East Asiatic Comp. Ltd.	

Schaubild 8: Volkswagen of America, Inc. 1962

Board of Directors

Prof. Dr.-Ing e.h. Heinrich Nordhoff, Chairman
Fritz Frank
Dr. Wolfgang Siebert
Dr. Herman Knott
Manuel Hinke
Dr. Carl H. Hahn
Ernest H. Meili

Officers

President	Prof. Dr.-Ing e.h. Heinrich Nordhoff
Executive Vice President and General Manager	Dr. Carl H. Hahn
Secetary	Dr. Hermann Knott
Treasurer	Carl Nebelung
Vice President – Dealer and Distributor Relations	Alfred F. Kalmbach
Vice President – Sales Division	J. Stuart Perkins
Vice President – Administrative Division	H. J. Ritscher
Assistant Secretary	Andrew B. Crummy
Assistant Treasurer	Goetz Grimm

378

Zitierte gedruckte und ungedruckte Quellen

A. Gedruckte Quellen:

Statistisches Bundesamt,	Statistisches Jahrbuch für die Bundesrepublik Deutschland (laufende Jahrgänge);
Statistisches Bundesamt (Hg.),	Fachserie N: Volkswirtschaftliche Gesamtrechnungen; Reihe 2: Input-Output-Tabellen, Stuttgart und Mainz 1965;
Verband der deutschen Automobilindustrie (VDA),	Tatsachen und Zahlen aus der Kraftverkehrswirtschaft (laufende Jahrgänge);
VDA,	Jahresberichte;
VDA,	Tätigkeitsberichte;
VDA,	Diverse Publikationen der 50 und 60er Jahre;
VDA,	Mitteilungen (laufende Nummern)

VW-Informationen (laufende Nummern);

Volkswagenwerk GmbH/AG,	Geschäftsberichte;
Volkswagen Do Brasil	Jahresberichte;
Volkswagen of America	Annual Reports

B. Ungedruckte Quellen

Bundesarchiv/
Zwischenarchiv Hangelar: - Bestand B 102/99;
Bundesarchiv Koblenz: - Bestand B 102/1193, Heft 1,2;
                      - Bestand B 102/1196, Heft 1,2;
                      - Bestand B 102/5196, Heft 1;
                      - Bestand B 102/ 15128, Heft 1,2;
                      - Bestand B 102/15129, Heft 1, 2,3;
                      - Bestand B 102(15131, Heft 1;
                      - Bestand B 102/15262

Unternehmensarchiv Stiftung AutoMuseum Volkswagen (VW-Archiv) (angegeben sind die Obertitel der umfangreichen Bestände):

- Interne Materialien der Betriebswirtschaftlichen Abteilung (bis 1962);
- Vorträge und Vorlesungen von Heinrich Nordhoff;
- Jahresberichte der Hauptabteilungen Personalwesen, Produktion, Finanzen, Einkauf und Materialverwaltung (bis 1962);
- Interne Korrespondenz und Niederschriften der Produktionsleitung (bis 1962);
- TE-Leitung (bis 1962);
- Einkauf - Diverse Abteilungen 1946-1949;
- Anfänge der Exportorganisation;
- Händler-Organisation Ausland (bis 1962);
- Exportleitung (bis 1962);
- von Oertzen (bis 1962);
- Volkswagen of America (bis 1962);
- USA-Office;
- VW Do Brasil (bis 1962);
- Schultz-Wenk (bis 1962);
- Frankfurter/Düsseldorfer Büro 1953-55 (bis 1962);
- Schriftwechsel mit auswärtigen Stellen (bis 1962).

Literaturverzeichnis

W. Abelshauser, *Wirtschaft in Westdeutschland 1945-1948. Rekonstruktion und Wachstumsbedingungen in der amerikanischen und britischen Zone,* Stuttgart 1975

ders., *Wirtschaftsgeschichte der Bundesrepublik Deutschland (1945-1980),* Frankfurt 1983

ders., *Der Ruhrkohlenbergbau seit 1945. Wiederaufbau, Krise, Anpassung,* München 1984

ders., *Die langen fünfziger Jahre. Wirtschaft und Gesellschaft der Bundesrepublik Deutschland 1949-1966,* Düsseldorf 1987

ders., *Die Rekonstruktion der westdeutschen Wirtschaft und die Rolle der Besatzungspolitik,* in: H. J. Schröder, Marshallplan und westdeutscher Wiederaufstieg, Stuttgart 1990

ders., *Hilfe zur Selbsthilfe. Zur Funktion des Marshallplans beim westdeutschen Wiederaufbau,* in: H. J. Schröder, Marshallplan und westdeutscher Wiederaufstieg, Stuttgart 1990

ders., *Die ordnungspolitische Epochenbedeutung der Weltwirtschaftskrise in Deutschland: Ein Beitrag zur Entstehungsgeschichte der Sozialen Marktwirtschaft,* in: D. Petzina (Hg.), Ordnungspolitische Weichenstellungen nach dem Zweiten Weltkrieg, Berlin 1991

M. Aglietta, *Regulación y crisis del capitalismo. La experiencia de los Estados Unidos,* Madrid 1979 (1976)

ders., *Die gegenwärtigen Grundzüge der Internationalisierung des Kapitals,* in: Ch. Deubner u. a. (Hg.), Die Internationalisierung des Kapitals, Frankfurt 1979

ders., *La violence de la monnaie,* Paris 1982

E. Altvater u. a., *Vom Wirtschaftswunder zur Wirtschaftskrise. Ökonomie und Politik in der Bundesrepublik,* Berlin 1982[2] (2 Bände)

ders., *Bruch und Formwandel eines Entwicklungsmodells, – Analysen und Kontroversen zur Krisentheorie,* in: J. Hoffmann (Hg.), Überproduktion, Unterkonsumption, Depression, Hamburg 1983, S. 217-252

ders. u. a., *Alternative Wirtschaftspolitik jenseits des Keynesianismus. Wirtschaftspolitische Optionen der Gewerkschaften in Westeuropa,* Berlin 1983

ders., *Sachzwang Weltmarkt – Verschuldungskrise, blockierte Industrialisierung, ökologische Gefährdung – der Fall Brasilien,* Hamburg 1987

ders. u. a. (Hg.), *Die Armut der Nationen,* Berlin 1987

ders., *Die Enttäuschung der Nachzügler oder: Der Bankrott »fordistischer« Industrialisierung,* in: B. Mahnkopf (Hg.), Der gewendete Kapitalismus. Kritische Beiträge zur Theorie der Regulation, Münster 1988

ders., *Die Zukunft des Marktes. Ein Essay über die Regulation von Geld und Natur nach dem Scheitern des »real existierenden Sozialismus«,* Münster 1992[2]

ders., *Der Preis des Wohlstands,* Münster 1992

G. Ambrosius, *Staatsausgaben und Staatsquoten in den 50er Jahren – ihre Einflußfaktoren im internationalen Vergleich,* in: D. Petzina (Hg.), Ordnungspolitische Weichenstellungen nach dem Zweiten Weltkrieg, Berlin 1991

S. Amin u. a., *Dynamik der globalen Krise,* Opladen 1986

Ph. Armstrong u. a., *Capitalism since World War II,* London 1984

K. J. Arrow/G. Debreu, *Existence of an equilibrium for a competitive economy,* in: Econometrica 22/1954

K. J. Arrow/F. H. Hahn, *General Competitive Analysis*, London 1972

D. Avramovic, *Economic Growth and External Debt*, Baltimore 1964

R. J. Barro, *Makroökonomie*, Regensburg 1986

W. Benz (Hg.), *Die Geschichte der Bundesrepublik Deutschland. Bd. 2: Wirtschaft*, Frankfurt 1989²

K. Benz-Overhage u. a., Neue Technologien und alternative Arbeitsgestaltung. Auswirkungen des Computereinsatzes in der industriellen Produktion, Frankfurt 1982

V. Berghahn, *Unternehmer und Politik in der Bundesrepublik*, Frankfurt 1985

ders., *Zur Amerikanisierung der westdeutschen Wirtschaft*, in: L. Herbst u. a. (Hg.), Vom Marshallplan zur EWG. Die Eingliederung der Bundesrepublik Deutschland in die westliche Welt, München 1990

A. Bhaduri, *Makroökonomie. Die Dynamik der Warenproduktion*, Marburg 1988

F. Blaich, *Die »Fehlrationalisierung« in der deutschen Automobilindustrie 1924 bis 1929*, in: Tradition 18/1973

C. J. Bliss, *Capital Theory and the Distribution of Income*, Amsterdam 1975

G. Bombach, *Wirtschaftswachstum*, in: HdSW, Göttingen 1965, S. 763ff

K. Borchardt K./Ch. Buchheim, *Die Wirkung der Marshallplan-Hilfe in Schlüsselbranchen der deutschen Wirtschaft*, in: H. J. Schröder, Marshallplan und westdeutscher Wiederaufstieg, Stuttgart 1990

R. Boyer, *La crise actuelle: une mise en perspective historique*, in: Critique de léconomie politique, nouvelle série, 7/8 (1979)

ders., *La flexibilidad del trabajo en Europa. Un Estudio comparativo de las transformaciones del trabajo asalariado en siete pa'ses, entre 1973 y 1985*, Madrid 1986

ders., *La theorie de la régulation*, Paris 1986

ders. (Hg.), *Capitalimes fin de siècle*, Paris 1986

A. Brady, *The Rationalization Movement in German Industry. A Study in the Evolution of Economic Planning*, New York 1974 (1933)

F. Braudel, *Die Dynamik des Kapitalismus*, Stuttgart 1986

H. Braverman, *Die Arbeit im modernen Produktionsprozeß*, Frankfurt 1977

J. H. v. Brunn, *Das Automobil und die nationale Wirtschaft. Dargestellt am Beispiel Deutschlands*, Frankfurt 1965 (unveröffentlichtes Manuskript)

Ch. Buchheim, *Die Währungsreform 1948 in Westdeutschland*, in:Vierteljahreshefte für Zeitgeschichte 36/1988

ders., *Der Ausgangspunkt des westdeutschen Wirtschaftswunders*, in: Ifo-Studien 34/ 1988

ders., *Zur Kontroverse über den Stellenwert der Währungsreform für die Wachstumsdynamik in der Bundesrepublik Deutschland*, in: P. Hampe (Hg.), Währungsreform und Soziale Marktwirtschaft, München 1989

ders., *Die Bundesrepublik und die Überwindung der Dollar-Lücke*, in: L. Herbst u. a. (Hg.), Vom Marshallplan zur EWG. Die Eingliederung der Bundesrepublik Deutschland in die westliche Welt, München 1990

ders., *Die Wiedereingliederung Deutschlands in die Weltwirtschaft 1945-1958*, München 1990

ders., *Die Überwindung des Bilateralismus Westeuropas in der Nachkriegszeit – Vorbild für die Eingliederung der sozialistischen Staaten Osteuropas in die multilaterale Weltwirtschaft*, in: J. Siebke J. (Hg.), Monetäre Konfliktfelder der Weltwirtschaft, Berlin 1991

ders., Die Notwendigkeit einer durchgreifenden Wirtschaftsreform zur Ankurbelung des westdeutschen Wirtschaftswachstums in den 190er Jahren, in: D. Petzina (Hg.), Ordnungspolitische Weichenstellungen nach dem Zweiten Weltkrieg, Berlin 1991

W. Bührer, *Erzwungene oder freiwillige Liberalisierung? Die USA, die OEEC und die westdeutsche Außenhandelspolitik 1949-1953*, in: L. Herbst u. a. (Hg.), Vom Marshallplan zur EWG. Die Eingliederung der Bundesrepublik Deutschland in die westliche Welt, München 1990

M. Burawoy, *The Politics of Production*, London 1990

K. Busch, *Strukturwandlungen der westdeutschen Automobilindustrie. Ein Beitrag zur Erfassung und Deutung einer industriellen Entwicklungsphase vom produktions-orientierten zum marktorientierten Wachstum*, Freiburg 1965

D. Calleo, *The Imperious Economy*, Cambridge (Mass.) 1982

R. Cameron, *Geschichte der Weltwirtschaft*, Stuttgart 1991 (2 Bände)

E. H. Chamberlin, The Theory of Monopolistic Competition – A Re-orientation of the Teory of Value, London 1948⁶ (1933)

A. D. Chandler, *Giant Enterprise. Ford, General Motors and the Automobile Industry. Sources and Readings*, New York 1964

ders., *The Visible Hand: the Managerial Revolution in American Business*, Cambridge (Mass.) 1977

ders., *The Growth of the Transnational Firm in the United States and the United Kingdom. A Comparative Analysis*, in: The Economic History Review (Second Series) 23/ 1980

ders., *Fundamentos Tecnológicos y Organizativos de la Empresa Multinacional Industrial: La dinámica de la ventaja competitiva*, in: A. Teichova u. a. (Hg.), Empresas Multinacionales, Finanzas, Mercados y Gobiernos en el siglo XX, Madrid 1990

ders., *Scale and scope. The Dynamics of Industrial Capitalism*, Cambridge (Mass.) 1990

J. Chan-Lee./H. Sutch, *Profits and Rate of Return in OECD-Countries. OECD Working Papers*, Paris 1985

R. N. Cooper, *The Economics of Interdependence: Economic Policy in the Atlantic Community*, New York 1968

ders., *The International Monetary System. Essay in World Economics*, Cambridge 1987

B. Coriat, *El taller y el cronómetro. Ensayo sobre el taylorismo, el fordismo y la producción en masa*, Madrid 1982

A. Danyliuk, *Die Stabilität der Oligopolwirtschaft. Nachfragekontrolle als marktwirt-schaftliche Selbstregulierung*, Frankfurt 1984

H. Deams, *The Holding Company and Corporate Control*, Leiden 1978

J. C. Debeir u. a., *Prometheus auf der Titanic. Geschichte der Energiesysteme*, Frankfurt 1986

G. Debreu, *Werttheorie. Eine axiomatische Analyse des allgemeinen Gleichgewichtes*, Heidelberg 1976

R. Delorme, *Staat und ökonomische Entwicklung*, in: A. Demirovic u. a. (Hg.), Hegemonie und Staat Kapitalisitische Regulation als Projekt und Prozeß, Münster 1992

E. F. Denison, *Why Growth Rates Differ. Postwar Experience in Nine Western Countries*, Waschington 1967

K. W. Deutsch/A. Eckstein, *National Industrialization and the Declining Share of the International Economic Sector, 1890-1959*, in: World Politics 13/1961

Deutsche Bundesbank (Hg.), *Deutsches Geld- und Bankwesen in Zahlen 1876 bis 1975*, Frankfurt 1976

A. Dieckmann, *Automobilindustrie*, in: Management-Enzyklopedie, Bd. 1, München 1969

ders., *Die Rolle der Automobilindustrie im wirtschaftlichen Wachstumsprozeß*, in: VDA (Hg.), Autombil-Technischer Fortschritt und wirtschaftliches Wachstum, Frankfurt 1970

383

M. Dobb, *Wert- und Verteilungstheorien seit Adam Smith. Eine nationalökonomische Dogmengeschichte,* Frankfurt 1977

R. Doleschal/R. Dombois (Hg.), *Wohin läuft VW? Die Automobilproduktion in der Wirtschaftskrise,* Hamburg 1982

E. Domar, *Essays in the Theory of Growth,* London 1957

R. Dombois, *Massenentlassungen bei VW, Individualisierung der Krise,* in: Leviathan 4/1976

R. Dornbusch/St. Fischer, *Makroökonomik,* München 1988[3]

D. Due u. a., *Krise der Automobilindustrie. Das Beispiel des Multis General Motors/Opel AG,* Frankfurt 1981

G. D. Dumler, *Die Kapitalrentabilität der deutschen Wirtschaft 1956-1980. Eine Wirtschaftszweig- und Rechtsformdifferenzierte Untersuchung unter besonderer Berücksichtigung von Gewinn- und Kapitalstruktur,* München 1983

H. Edelmann, *Vom Luxusgut zum Gebrauchsgegenstand. Die Geschichte der Verbreitung von Personenkraftwagen in Deutschland,* Frankfurt 1989

R. Edwards, *Contested Terrain: the Transformation of the Workplace in the Twentieth Century,* New York 1979

A. S. Eichner (Hg.), *A Guide to Post-Keynesian Economics,* London 1979

A. Einstein, *Grundzüge der Relativitätstheorie,* Braunschweig 1990[6] (1922)

L. Erhard (Hg.), *Deutschlands Rückkehr zum Weltmarkt,* Düsseldorf 1954[2]

H. R. Etzold, *The Beetle. The Cronicals of the Peoples Car,* New Park CA 1988 (3 Bände.)

E. Feess-Dörr, *Mikroökonomie,* Marburg 1992

ders., *Die Redundanz der Mehrwerttheorie. Ein Beitrag zur Kontroverse zwischen Marxisten und Neoricardianern,* Marburg 1989

W. Fellner u. a., *The Problem of Rising Prices,* Paris 1961

W. Fischer, *Die Weltwirtschaft im 20. Jahrhundert,* Göttingen 1979

J. Foreman-Peck, *Historia de la econom'a mundial. Las relaciones economicas internacionales desde 1859,* Barcelona 1985

Th. v. Freyberg, *Industrielle Rationalisierung in der Weimarer Republik. Untersucht an Beispielen aus dem Maschinenbau und der Elektroindustrie,* Frankfurt 1989

ders./T. Siegel , *Industrielle Rationalisierung unter dem Nationalsozialismus,* Frankfurt 1991

A. Friedman, *Industry and Labour. Class Struggle at Work and Monopoly Capitalism,* London 1977

R. Fry, *The VW Beetle,* Newton Abbot 1980

H. Ganßmann, *Der Sozialstaat als Regulationsinstanz,* in: B. Mahnkopf B. (Hg.), *Der gewendete Kapitalismus. Kritische Beiträge zur Theorie der Regulation,* Münster 1988

P. Garegnani, *Switching of Techniques,* in: The Quarterly Journal of Economics 1966

ders., *Heterogeneous Capital, the Production Function and the Theory of Distribution,* in: The Review of Economic Studies 38/1970

ders., *Kapital, Einkommensverteilung und effektive Nachfrage. Beiträge zur Renaissance des klassischen Ansatzes in der Politischen Ökonomie,* Marburg 1989

J. P. Gaudemar, *L'ordre de la production. Naissance et formes de la discipline d'usine,* Paris 1982

N. Georgescu-Roegen, *The Entropy Law and the Economic Process,* Cambridge (Mass.) 1971

R. Gilpin, *The Political Economy of International Relations,* Princeton 1987

W. Glastetter u.a., *Die wirtschaftliche Entwicklung der Bundesrepublik Deutschland 1950-1980. Befunde, Aspekte, Hintergründe,* Frankfurt 1983[2]

W. Glastetter, *Konjunkturpolitik. Ziele, Instrumente, alternative Strategien*, Köln 1987

F. Gottl-Ottlilienfeld, *Fordismus. Über Industrie und Technische Vernunft*, Jena 1926

A. Gramsci, *Passato e Presente*, Turin 1954

ders., *Philosophie der Praxis*, Frankfurt 1967

ders., *Zu Politik, Geschichte und Kultur*, Leipzig 1980

H. J. Habakkuk, *American and British Technology in the Nineteenth Century*, Cambridge 1962

B. Hächler, *Automobilmachung in Spanien. Zur Geschichte der Massenmotorisierung Spaniens (1939-1975)*, Saarbrücken 1991.

R. Hachtmann, *Industriearbeit im »Dritten Reich«. Untersuchungen zu den Lohn- und Arbeitsbedingungen in Deutschland 1933-1945*, Göttingen 1989

H. Hagemann, *Rate of Return und Profitrate. Eine kapitaltheoretische Kontroverse zwischen Neoklassikern und Postkeynesianern im Rahmen der Cambridge-Debatte*, Meisenheim 1977

F. H. Hahn/R. C. O. Matthews, The theory of economic growth. A Survey, in: Economical Journal74/1964

F. Hahn, *The Neoricardians*, in: Cambridge Journal of Economics 6/1982

ders., *Die allgemeine Gleichgewichtstheorie*, in: D. Bell/ I. Kristol (Hg.), Die Krise der Wirtschaftstheorie, Berlin 1984

G. Hardach, *Der Marshallplan in Deutschland 1947-1952*, in: D. Petzina (Hg.), Ordnungspolitische Weichenstellungen nach dem Zweiten Weltkrieg, Berlin 1991

R. F. Harrod, Towards Dynamic Economics, London 1948

G. Hartwich, Moderne Fertigungsmethoden in der Automobilindustrie, in: VDA (Hg.), Autombil-Technischer Fortschritt und wirtschaftliches Wachstum, Frankfurt 1970

H. H. Hartwich, *Arbeitsmarkt, Verbände und Staat, Berlin 196*

E. F. Heckscher/B. Ohlin, *Heckscher-Ohlin Trade Theory*, Cambridge (Mass.) 1991

M. Heinrich, *Was ist die Werttheorie noch wert? Zur neueren Debatte um das Transformationsproblem und die Marx´sche Werttheorie*, in: Prokla 72, 18/1988

ders., *Die Wissenschaft vom Wert. Die Marxsche Kritik der politischen Ökonomie zwischen wissenschaftlicher Revolution und klassischer Tradition*, Hamburg 1991

F. Helmedag, *Warenproduktion mittels Arbeit. Zur Rehabilitation des Wertgesetzes*, Marburg 1992

J. Hirsch/R. Roth, *Das neue Gesicht des Kapitalismus. Vom Fordismus zum Post-Fordismus*, Hamburg 1986

J. Hirsch, *Kapitalismus ohne Alternative?*, Hamburg 1990

ders., *Regulation, Staat und Hegemonie*, in: A. Demirovic u. a. (Hg.), Hegemonie und Staat. Kapitalisitische Regulation als Projekt und Prozeß, Münster 1992

S. Hirsch, *Location of Industry and International Competitveness*, Oxford 1967.

H. Homburg, *Anfänge des Taylorsystems in Deutschland vor dem 1. Weltkrieg. Eine Problemskizze unter besonderer Berücksichtigung der Arbeitskämpfe bei Bosch 1913*, in: Geschichte und Gesellschaft 4./1978

dies., *Rationalisierung und Industriearbeit. Arbeitsmarkt-Management-Arbeiterschaft im Siemens-Konzern Berlin 1900-1939*, Berlin 1991

K. B. Hopfinger, *The Volkswagen Story*, Henley on Thames, 1971

Th. Horstmann, *Die Alliierten und die deutschen Großbanken. Bankenpolitik nach dem Zweiten Weltkrieg in Westdeutschland*, Bonn 1991

K. Hübner, *Theorie der Regulation. Eine kritische Rekonstruktion eines neuen Ansatzes der Kritik der Politischen Ökonomie*. Berlin 1989 ders., *Die Krisentheorien der Regulationisten,* in: B. Mahnkopf (Hg.), Der gewendete Kapitalismus. Kritische Beiträge zur Theorie der Regulation, Münster 1988

ders., *»Wer Macht hat, kann sich alles erlauben!« Anmerkungen zu den Konzepten Hegemonie – Dominanz – Macht – Kooperation in der globalen Ökonomie,* in: Prokla 81, 20/1990

Th. Hurtienne, *Entwicklungen und Verwicklungen – Methodische Probleme des Regulationsansatzes,* in: B. Mahnkopf (Hg.), Der gewendete Kapitalismus. Kritische Beiträge zur Theorie der Regulation, Münster 1988

Th. Huth, *Kapital und Gleichgewicht. Zur Kontroverse zwischen neoklassischer und neoricardianischer Theorie des allgemeinen Gleichgewichts,* Marburg 1989

P. Imbusch, *'Das moderne Weltsystem'. Eine Kritik der Weltsystemtheorie Immanuel Wallersteins,* Marburg 1990

I. E. Iranzo Mart'n, *La energ'a en la econom'a mundial y en Espa–a,* Madrid 1988

H. Jaeger, *Geschichte der Wirtschaftsordnung in Deutschland,* Frankfurt 1988

F. Jánossy/M. Hollo, *Das Ende der Wirtschaftswunder. Erscheinung und Wesen der wirtschaftlichen Entwicklung,* Frankfurt 1969

F. Jerchow, *Deutschland in der Weltwirtschaft 1944-1947. Alliierte Deutschland- und Reparationspolitik und die Anfänge der westdeutschen Außenwirtschaft,* Düsseldorf 1978

B. Jessop, *State Theory. Putting Capitalist States in their Place,* Cambridge 1990

ders., *Regulation und Politik,* in: A. Demirovic u. a. (Hg.), Hegemonie und Staat. Kapitalistische Regulation als Projekt und Prozeß, Münster 1992

U. Jürgens u.a., *Moderne Zeiten in der Automobilindustrie. Strategien der Produktions-modernisierung im Länder- und Konzernvergleich. Ergebnis eines Forschungsprojekts des Wissenschaftszentrums Berlin für Sozialforschung (WZB),* Berlin 1989

N. Kaldor, *Capital Accumulation and Economic Growth,* in: F. A. Lutz/D. C. Hague, The Theory of Capital, London 1961

M. Kalecki, *Krise und Prosperität im Kapitalismus. Ausgewählte Essays 1933-1971,* Marburg 1987

P. Kalmbach, *Wachstum und Verteilung in neoklassischer und postkeynesianischer Sicht,* Berlin 1972

S. Katterle, *Konzentrationstendenzen – Auswirkungen auf Inflation, Verteilung und Beschäftigung,* in:WSI (Hg.), Krise der ökonomischen Theorie – Krise der Wirtschafts-politik, Köln 1978

S. Kebir, *Gramsci's Zivilgesellschaft,* Hamburg 1991

P. Kennedy, *Aufstieg und Fall der großen Mächte,* Frankfurt 1987

R. Keohane/J. Nye, *Power and Interdependence, World Politics in Transition,* Boston 1977

R. Keohane, *After Hegemony. Cooperation and Discord in the World Political Economy,* Princeton 1984

H. Kern/M. Schumann, *Das Ende der Arbeitsteilung? Rationalisierung in der industriellen Produktion,* München 1984

J. M. Keynes, *Allgemeine Theorie der Beschäftigung, des Zinses und des Geldes,* Berlin 1983[6]

H. Kiesewetter, *Amerikanische Unternehmen in der Bundesrepublik Deutschland 1950-1974,* in: H. Kaelble (Hg.), Der Boom 1948-1973, Opladen 1992

Ch. P. Kindleberger, *Foreign Trade and the National Economy,* Yale 1962

ders., *Europe's Postwar Growth. The Role of Labor Supply,* Cambridge (Mass.) 1967

ders., *The world in depression,* Cambridge (Mass.) 1973

ders., *Manias, Panics, Crashes. A History of Financial Crises*, New York 1978

ders., *A Financial History of Western Europe*, London 1984

ders., *The International Economic Order. Essays on Financial Crises and International Public Goods*, New York 1988

ders., *Economic Laws and Economic History*, Cambridge (Mass.) 1989

P. **Kirchberg**, *Typisierung in der deutschen Kraftfahrzeugindustrie und der Generalbevollmächtigte*, Jahrbuch für Wirtschaftsgeschichte 8/1969

B. **Klemm/G. J. Trittel**, *Vor dem »Wirtschaftswunder«. Durchbruch zum Wachstum oder Lähmungskrise?*, in: Vierteljahreshefte für Zeitgeschichte 35/1987

D. **Klenke**, *Bundesdeutsche Verkehrspolitik und Motorisierung. Konfliktträchtige Weichenstellungen in den Jahren des Wiederaufstiegs*, Stuttgart 1993

P. **Kluke**, *Hitler und das Volkswagenprojekt*, in: Vierteljahreshefte für Zeitgeschichte 8/1960

J. **Kocka**, *Unternehmer in der deutschen Industrialisierung*, Göttingen 1975

ders., *The Modern Industrial Enterprise in Germany*, in: A. D. Chandler/H. Deams (Hg.), Managerial Hierarchies. Comparative Perspective on the Rise of the Modern Industrial Enterprise, Cambridge (Mass.) 1980

Ch. **Kohler u.a.**, *Konjunktur und Personalanpassung. Betriebliche Beschäftigungspolitik in der deutschen und amerikanischen Automobilindustrie*, Frankfurt 1983

St. D. **Krasner**, *Oil is the Exception*, in: Foreign Policy 14/1974

ders., *International Regimes*, Ithaka 1983

R. **Krengel**, *Some Reasons for the Rapid Growth of the German Federal Republic*, in: Banca Nazionale del Lavoro Quarterly Review 64/1963

J. **Kromphardt**, *Wachstumstheorie III: postkeynesianische*, in: Handwörterbuch der Wirtschaftswissenschaften, Bd. 8, Stuttgart 1980

W. **Krumbein**, *Wirtschaftssteuerung in Westdeutschland 1945 bis 1949*, Stuttgart 1989

A. **Kugler**, *Von der Werkstatt zum Fließband. Etappen der frühen Automobilproduktion in Deutschland*, in: Geschichte und Gesellschaft 13/1987

E. **Laclau/Ch. Mouffe**, *Hegemonie und radikale Demokratie. Zur Dekonstruktion des Marxismus*, Wien 1991

P. S. **Laplace**, *Essai philosophique sur les probabilités*, Paris 1814

W. **Lazonick**, *Competitive Advantage on the Shop Floor*, Cambridge (Mass.) 1990

G. **Leithauser**, *Flexibilidades ... y, sin embargo, crisis: La República Federal de Alemania*, in: R. Boyer (Hg.), La flexibilidad del trabajo en Europa

W. W. **Leontieff**, *Factor Proportions and the Structure of American Trade: Further Theoretical and Empirical Analysis*, In: Review of Economics and Statistics 37/1956

D. **Levhari**, *A Nonsubstitution Theorem and Switching of Techniques*, in: The Quarterly Journal of Economics 79/1965

ders./P. **Samuelson**, *The Nonswitching Theorem is false*, in: The Quarterly Journal of Economics 80/1966

M. **Lévy-Leboyer**, *The Large Corporation in Modern France*, in: A. D. Chandler/Hg. Deams(Hg.), Managerial Hierarchies. Comparative Perspective on the Rise of the Modern Industrial Enterprise, Cambridge (Mass.) 1980

A. **Lewis**, *Economic Development with Unlimited Supplies of Labour*, in: Manchester School of Economic and Social Studies, Bd.22, 2 /1954

W. **Link**, *Deutsche und amerikanische Gewerkschaften und Geschäftsleute 1945-1975. Eine Studie über transnationale Beziehungen*, Düsseldorf 1978

A. **Lipietz**, Towards Global Fordism ?, in: New Left Review 3/4 (1982) ders., *Akkumulation, Krisen und Auswege aus der Krise: Einige methodische Überlegungen zum Begriff »Regulation«,* in: Prokla 58, 15/1985

ders., *Behind the Crisis: The Exhaustion of a Regime of Accumulation. A »regulation school« perspective on some French empirical works,* in: Review of Radical Political Economics18/1986

ders., *Mirages and Miracles. The Crises of Global Fordism,* London 1987

ders., *Vom Althusserismus zur »Theorie der Regulation«,* in: A. Demirovic u. a. (Hg.), Hegemonie und Staat. Kapitalistische Regulation als Projekt und Prozeß, Münster 1992

ders., *Allgemeine und konjunkturelle Merkmale der ökonomischen Staatsintervention,* in: A. Demirovic u. a. (Hg.), Hegemonie und Staat. Kapitalistische Regulation als Projekt und Prozeß, Münster 1992

K. Ludvigsen, *Wheels to the World,* Princeton 1975

B. Lutz, *Der kurze Traum immerwährender Prosperität,* Frankfurt 1989[2]

ders., *Die Singularität der europäischen Prosperität nach dem Zweiten Weltkrieg,* in: H. Kaelble (Hg.), Der Boom 1948-1973, Opladen 1992

A. Maddison, *Economic Policy and Performance in Europe,* in: C. M. Cipolla (Hg.), The Fontana Economic History of Europe, Bd. 5, London 1976

ders., *Phases of Capitalist Development,* Oxford 1982

ders., *The World Economy in the 20th Century,* Paris 1989

B. Mahnkopf, *Soziale Grenzen »fordistischer Regulation«,* in: dies. (Hg.), Der gewendete Kapitalismus. Kritische Beiträge zur Theorie der Regulation, Münster 1988

G. Mai, *Osthandel und Westintegration 1847-1957. Europa, die USA und die Entstehung einer hegemonialen Partnerschaft,* in: L. Herbst (Hg.), Vom Marshallplan zur EWG. München 1990

A. Maizels, *Growth and Trade,* Cambridge 1970

H. Majer, *Wirtschaftswachstum. Paradigmenwechsel vom quantitativen zum qualitativen Wachstum,* München 1992

Th. Malsch/R. Seltz (Hg.), *Die neuen Produktionskonzepte auf dem Prüfstand,* Berlin 1988

F. Manske, *Kontrolle, Rationalisierbarkeit und Arbeit. Kontinuität durch Wandel. Die Ersetzbarkeit des Taylorismus durch moderne Kontrolltechniken,* Berlin 1991

St. Marglin/J. Schor (Hg.), *The Golden Age of Capitalism,* Oxford 1990

P. Mattick (Hg.), *Krisen und Krisentheorien,* Frankfurt 1974

J. Meinert, *Strukturwandlungen der westdeutschen Energiewirtschaft. Die Energiepolitik der Bundesregierung 1950-1977 unter Berücksichtigung internationaler Dependenzen,* Frankfurt 1980

M. Meyer-Renschhausen, *Energiepolitik in der BRD von 1950 bis heute. Analyse und Kritik,* Köln 1977

A. S. Milward, *The Reconstruction of Western Europe 1945-51,* London 1984

ders., *Der Zweite Weltkrieg,* München 1977

H. P. Minsky, *The Financial-Instability Hypothesis: Capitalist Processes and the Behaviour of the Economy,* in: Ch. P. Kindleberger/J.-P. Laffarge (Hg.), Financial Crises – Theory, History and Policy, Cambridge 1982

ders., *Stabilizing an Unstable Economy,* New Haven 1986

ders., *John Maynard Keynes. Finanzierungsprozesse, Investition und Instabilität des Kapitalismus,* Marburg 1990

Ph. Mirowski, *More Heat than Light. Economics as Social Physics, Physics as Nature's Economics,* Cambridge 1989

J. Mistral, *Régime international et trajectoires nationales,* in: Boyer R. (Hg.), Capitalimes fin de siècle, Paris 1986

G. Modelski (Hg.), *Long Cycles of World Leadership,* in: Thompson R. W. (Hg.), Contending Approaches to World System Analysis, Beverly Hills 1983.

ders., *Exploring Long Cycles,* London 1987

L. Moore, *The Growth and Structure of International Trade Since the Second World War,* Sussex 1985

R. Murray, *Fordismus und sozialistische Entwicklung,* in: Prokla 81, 20/1990

R. Neebe, *Technologietransfer und Außenhandel in den Anfangsjahren der Bundesrepublik,* in: Vierteljahreszeitschrift für Wirtschafts- und Sozialgeschichte 76/1989

ders., *Überseemärkte und Exportstrategien in der westdeutschen Wirtschaft 1945-1966,* Stuttgart 1991

W. H. Nelson, *Small Wonder: The Amazing Story of the VW,* Boston 1970

Ch. Neusüss, *Imperialismus und Weltmarktbewegung des Kapitals,* Erlangen 1972

H. Nordhoff, *Reden und Aufsätze. Zeugnisse einer Ära,* Düsseldorf 1992

M Olson, *Aufstieg und Niedergang von Nationen. Ökonomisches Wachstum, Stagflation und soziale Starrheit,* Tübingen 1991²

R. J. Overy, Transportation and Rearmament in the Third Reich, in: The Historical Journal 16/1973

ders., *Cars, Roads and Economic Recovery in Germany 1932-8,* in: Economic History Review 28/1975

ders., *The Nazi Economic Recovery, 1932-9,* London 1982

L. L. Pasinetti, *Vorlesungen zur Theorie der Produktion,* Marburg 1988

P. Petit, Slow Growth and the Service Economy, London 1986

F. Petri, *The Difference between Long-Period and Short-Period General Equilibrium and the Capital Theory Controversy,* in: Autralian Economic Papers, Bd. 17

D. Petzina/B. Weisbrod, *Industrielles System und Politische Entwicklung in der Weimarer Republik,* Düsseldorf 1974

M. J. Piore/Ch. F. Sabel, *Das Ende der Massenproduktion. Eine Studie über die Requalifizierung der Arbeit und die Rückkehr der Ökonomie in die Gesellschaft,* Frankfurt 1989

W. Plumpe, *Vom Plan zum Markt. Wirtschaftsverwaltung und Unternehmerverbände in der britischen Zone,* Düsseldorf 1987

H. Poincaré, *Science and Hypothesis,* New York 1952

N. Poulantzas, *Staatstheorie – Politischer Überbau, Ideologie, Sozialistische Demokratie,* Hamburg 1978.

K. Polanyi, *The Great Transformation. Politische und ökonomische Ursprünge von Gesellschaften und Wirtschaftssystemen,* Wien 1977

M. V. Posner, *International Trade and Technical Change,* in: Oxford Economic Papers 13/1961

M. M. Postan, *An Economic History of Western Europe, 1945-1964,* London 1967

F. Quaas, *Das Transformationsproblem. Ein theoriehistorischer Beitrag zur Analyse der Quellen und Resultate einer Diskussion,* Marburg 1992

A. Ritschl, Die Währungsreform von 1948 und der Wiederaufstieg der westdeutschen Industrie, in: Vierteljahreshefte für Zeitgeschichte 33/1985

L. Robbins, *The Nature of Economic Generalizations. An Essay on the Nature and Significance of Economic Science,* London 1935

J. Robinson, *The Production Function and the Theory of Capital,* in: The Review of Economic Studies 21/ 1953

dies., *The Economics of Imperfect Competition,* London 1969² (1933)

dies., *Ökonomische Theorie als Ideologie – über einige altmodische fragen der Wirtschaftstheorie,* Farnkfurt 1974

K. Rose/K. Sauerheimer, *Theorie der Außenwirtschaft*, München 1992[11]

H. P. Rosellen, *Ford-Schritte in Deutschland, 1945-1970*, Frankfurt 1988

W. W. Rostow, *The World Economy. History & Prospect*, London 1978

K. W. Rothschild, *Einführung in die Ungleichgewichtstheorie*, Berlin 1981

D. Ruelle, *Zufall und Chaos*, Heidelberg 1993[2]

P. A. Samuelson, *Parable and Realism in Capital Theory: The Surrogate Production Function*. in: Review of Economic Studies 29/1962

S. B. Saul (Hg.), *Technological Change: The United States and Britain in the Nineteenth Century*, London 1970

R. Schmiede/E. Schudlich, *Die Entwicklung von Zeitökonomie und Lohnsystem im deutschen Kapitalismus*, in: IfS (Hg.), Gesellschaftliche Arbeit und Rationalisierung, Opladen 1981

E. Schneider, *Theorie der Produktion*, Wien 1934

U. Schreiber, *Die politische Theorie A. Gramscis*, Hamburg 1990

H. G. Schröter, *Außenwirtschaft im Boom; Direktinvestitionen bundesdeutscher Unternehmen im Ausland 1950-1975*, in: H. Kaelble (Hg.), Der Boom 1948-1973, Opladen 1992

V. Schröter, *Die deutsche Industrie auf dem Weltmarkt 1929 bis 1933. Außenwirtschaftliche Strategien unter dem Druck der Weltwirtschaftskrise*, Frankfurt 1984

A. Schubert, *Die internationale Verschuldung. Die Dritte Welt und das transnationale Bankensystem*, Frankfurt 1985

H. St Seidenfus, *Einfluß des Automobils auf die Produktivitätsentwicklung im Transportverkehr*, in: VDA (Hg.), Autombil-Technischer Fortschritt und wirtschaftliches Wachstum, Frankfurt 1970

Ch. Gr. v. Seherr-Thoss, *Die deutsche Automobilindustrie. Eine Dokumentation von 1886 bis 1979*, Stuttgart 1979[2]

A. Sloan, *My Years with General Motors*, o.O. 1986

J. Sloaninger, *The VW Story*, Cambridge 1980

A. Sohn-Rethel, *Geistige und körperliche Arbeit*, Weinheim 1989[2]

ders., *Industrie und Nationalsozialismus. Aufzeichnungen aus dem »Mitteleuropäischen Wirtschaftstag«*, Berlin 1992

R. M. Solow, *Capital Theory and the Rate of Return*, Amsterdam 1963

ders., *Wachstumstheorie. Darstellung und Anwendung*, Göttingen 1971

L Spaventa, *Rate of Profit, Rate of Growth and Capital Intensity in a Simple Production Model*, in: Oxford Economic Papers (Neue Serie)22/1970

P. Sraffa, *Production of Comodities by Means of Comodities. Prelude to a Critique of Economic Theory*, Cambridge 1960

M. Stanger, Krisentendenzen der Kapitalakkumulation – Theoretische Kontroversen und empirische Befunde, Berlin 1988

S. Strange, *Casino Capitalism*, Oxford 1986

dies., *States and Markets – An Introduction to International Political Economy*, London 1988

W. Streeck, *Industrial Relations in West Germany: A Case Study of the Car Industry*, London 1984

F. W. Taylor, *Die Grundsätze wissenschaftlicher Betriebsführung*, München 1913

P. Temin (Hg.), *New Economic History*, Harmondsworth 1968

St. Tolliday, *Rethinking the German Miracle: Volkswagen in Posperity and Crisis, 1939-1992*, Harvard University 1991 (unveröffentlichtes Manuskript)

ders. (Hg.), *The Automobile Industry and Its Workers. Between Fordism and Flexibility*, Blackwell 1987

R. **Triffin,** *Gold and the Dollar Crisis,* Yale 1961

I. **Turner,** *British Occupation Policy and Its Effects on the Town of Wolfsburg and the Volkswagenwerk, 1945-49,* Ph. D. Thesis, University of Manchester Institute of Science and Technology, 1984

R. **Vernon,** *International Investment and International Trade in the Product Cycle,* in: Quarterly Journal of Economics 80/1966

K. **Voy u. a.,** *Beiträge zur Wirtschafts- und Gesellschaftsgeschichte der Bundesrepublik Deutschland (1948-1989),* Marburg 1991 (2 Bände)

U. **Voßkamp/V. Wittke,** *Fordismus in einem Land – Das Produktionsmodell der DDR,* in: Sozialwissenschaftliche Informationen 3/1990

I. **Wallerstein I. (Hg.),** *World Inequality,* Montreal 1975

ders., *Das moderne Weltsystem. Die Anfänge kapitalistischer Landwirtschaft und die europäische Weltökonomie im 16. Jahrhundert,* Frankfurt 1986

ders., *The Modern World-System II. Mercantilism and the Consolidation of the European World-Economy,* London 1980

ders., *Der historische Kapitalismus,* Berlin 1989[2]

M. **Wannöffel,** *Sachzwang Japan. Zum organisatorischen Umbruch in der Internationalen Automobilindustrie,* Münster 1991

H. **van der Wee,** *Der gebremste Wohlstand. Wiederaufbau, Wachstum und Struktur-wandel der Weltwirtschaft seit 1945,* München 1984

H. U. **Wehler (Hg.),** *Geschichte und Ökonomie,* Königstein 1985[2]

V. **Wellhöner,** *»Fordismus« in Spanien. Import, Dynamik und Perspektiven eines Industrialisierungskonzeptes,* in: Prokla 80, 20/1990

K. **Wicksell,** *A Mathematical Analysis of Dr. Åckerman's Problem,* in: ders., Lectures on Political Economy, Bd. 1, London 1934

M. **Wilkins/F. E. Hill,** *American Business Abroad. Ford on Six Continents,* Detroit 1964

J. **Wood,** *The VW Beetle, including Karman Ghia,* London 1983

S. **Wood (Hg.),** *The Degradation of Work? Skill, Deskilling and the Labour Process,* London 1983

G. **Ziebura,** *Weltwirtschaft und Weltpolitik 1922/24-1931,* Frankfurt 1984

ders. u.a., *Deutschland in einer neuen Weltära,* Opladen 1992

K. G. **Zinn,** *Preissystem und Staatsinterventionismus – Geschichte und Theorie der privaten Preisadministration und der Preiskontrolle in Großbritannien und den USA,* Köln 1978

Elmar Altvater/ Birgit Mahnkopf
Grenzen der Globalisierung
Ökonomie, Ökologie und Politik in der Weltgesellschaft
1996 - ca. 400 S. - ca. DM 48,00 - ÖS 355 - SFR 48,00
ISBN 3-929586-75-4

Elmar Altvater
Der Preis des Wohlstands oder Umweltplünderung und neue Welt(un)ordnung
1992 - 262 S. - DM 29,80 - ÖS 221 - SFR 31,00
ISBN 3-924550-72-7

Michael Bruch/ Hans-Peter Krebs (Hrsg.)
Unternehmen Globus
Facetten nachfordistischer Regulation
1996 - ca. 260 S. - ca. DM 39,80 - ÖS 295 - SFR 39,80
ISBN 3-929586-69-X

Alex Demirovic/ Hans-Peter Krebs/ Thomas Sablowski (Hrsg.)
Hegemonie und Staat
Kapitalistische Regulation als Projekt und Prozeß
Beiträge von: A.Lipietz, R.Boyer, B.Jessop, J.Hirsch, R.Keil u.a.
1992 - 320 S. - DM 39,80 - ÖS 295 - SFR 41,00
ISBN 3-924550-66-2

Manfred Wannöffel
Sachzwang Japan.
Zum arbeitsorganisatorischen Umbruch in der internationalen Automobilindustrie
1991 - 281 S. - DM 48,00 - ÖS 355 - SFR 49,40
ISBN 3-924550-57-3

Hans Wupper-Tewes
Rationalisierung als Normalisierung
Betriebswissenschaft und betriebliche Leistungspolitik in der Weimarer Republik
(Schriftenreihe Hans-Böckler-Stiftung)
1995 - 384S. - DM 56,00 - ÖS 415 - SFR 57,60
ISBN 3-929586-40-1

WESTFÄLISCHES DAMPFBOOT
Dorotheenstr. 26a · 48145 Münster · Tel. 02 51 / 6 08 60 80

Theorie und Geschichte ...

Bd. 1   Heide Gerstenberger
Die subjektlose Gewalt
Theorie der Entstehung bürgerlicher Staatsgewalt
1990 - 658 S. - DM 78,00 - ÖS 577 - SFR 79,90 - ISBN 3-924550-40-9

Bd. 2   Reinhart Kößler
Arbeitskultur im Industrialisierungsprozeß
Studien an englischen und sowjetrussischen Paradigmata
1990 - 514 S. - DM 65,00 - ÖS 481 - SFR 66,70 - ISBN 3-924550-41-7

Neuauflage

Bd. 3   Geoff Eley
Wilhelminismus, Nationalismus, Faschismus.
Zur historischen Kontinuität in Deutschland.
Vorwort von Alf Lüdtke und Adelheid von Saldern
1996 - 320 S. - DM 62,00 - ÖS 459 - SFR 63,70 - ISBN 3-924550-47-6

„Von dieser häufig provozierend zugespitzten, scharfsinnigen Analyse
läßt sich bei der Bekämpfung eigener Vorurteile immer wieder lernen."
H.U. Wehler   Frankfurter Allgemeine Zeitung

Bd. 4   Logie Barrow, Dorothea Schmidt, Jutta Schwarzkopf (Hrsg.)
Nichts als Unterdrückung?
Geschlecht und Klasse in der englischen Sozialgeschichte
Beiträge von U.Frevert, C.Cockburn, L.Davidoff, S.Alexander, E.Rosenhaft u.a.
1991 - 280 S. - DM 39,80 - ÖS 295 - SFR 41,00 - ISBN 3-924550-51-4

Bd. 6   Stephanie Coontz
Die Entstehung des Privaten
Amerikanisches Familienleben vom 17. bis zum ausgehenden
19. Jahrhundert
1994 - geb. - 410 S. - DM 78,00 - ÖS 577 - SFR 79,90 - ISBN 3-924550-81-6

WESTFÄLISCHES DAMPFBOOT
Dorotheenstr. 26a · 48145 Münster · Tel. 02 51 / 6 08 60 80

... der bürgerlichen Gesellschaft

WESTFÄLISCHES DAMPFBOOT

Dorotheenstr. 26 · 48145 Münster · Tel. 02 51 / 6 08 60 80

einsprüche

die kritische Auseinandersetzung mit vorherrschenden Diskussionen

Bd. 1 *Dieter R. Knoell*
Kritik der deutschen Wendeköpfe
Frontberichte vom publizistischen Feldzug zur
Herbeiführung des Endsiegs über die zersetzende
Gesellschaftskritik
1992 - 222 S. - DM 25,00 - ÖS 185 - SFR 26,30
ISBN 3-924550-71-9

Bd. 2 *Ivan Glaser/ Ernst Köhler*
Für das kleinere Ganze
Zu einem anderen Verständnis vom Ende Jugoslawiens
1993 - 150 S. - DM 25,00 - ÖS 185 - SFR 26,30
ISBN 3-924550-80-8

Bd. 3 *Alain Lipietz*
Berlin, Bagdad, Rio
Das 21. Jahrhundert hat begonnen
1993 - 130 S. - DM 25,00 - ÖS 185 - SFR 26,30
ISBN 3-924550-90-5

Bd. 4 *Veit Bader*
Rassismus, Ethnizität, Bürgerschaft.
Soziologische und philosophische Überlegungen
1995 - 181 S. - DM 25,00 - ÖS 185 - SFR 26,30
ISBN 3-929586-47-9

Bd. 5 *Basso-Sekretariat Berlin (Hrsg.)*
Festung Europa auf der Anklagebank.
Dokumentation des Basso-Tribunals zum Asylrecht in
Europa.
Mit Beiträgen u.a. von Elmar Altvater, Jean-Yves Carlier, Herbert
Leuninger, Kunia Ndumbe III., Oskar Negt, Frances Webber.
1995 - 292 S. - DM 19,80 - ÖS 147 - SFR 21,00

WESTFÄLISCHES DAMPFBOOT
Dorotheenstr. 26a · 48145 Münster · Tel. 02 51 / 6 08 60 80